陕西省考古研究院田野考古报告　第85号

Taicheng Han Cemetery

邰城汉墓 下

陕西省考古研究院
杨凌区文物管理所　编著

上海古籍出版社

205. 2010YFSDM209

（1）位置

北距SDM210约2.0米，东南距SDM114约1.5米。

（2）形制结构（图三四八）

墓向：275°。

墓道：位于洞室西侧。口大底小。口呈长方形，南长3.14、北长3.14、东宽1.92、西宽1.88米。斜壁。平底，南长2.88、北长2.88、东宽1.64、西宽1.64米。自深3.20米。

洞室：拱形顶，直壁，平底。洞室口位于墓道东壁中部，洞室宽小于墓道底宽。洞室口南壁距墓道南壁0.16、北壁距墓道北壁0.10米。底部平面呈长方形，南长3.70、北长3.70、东宽1.40、西宽1.40米。高1.30米。

壁龛：呈圆拱形，1个。位于洞室南壁近口处，人骨右侧，龛底与洞室底齐平。平顶，直壁，平底，底部平面呈长方形。口宽0.38、进深0.14、高0.30米。

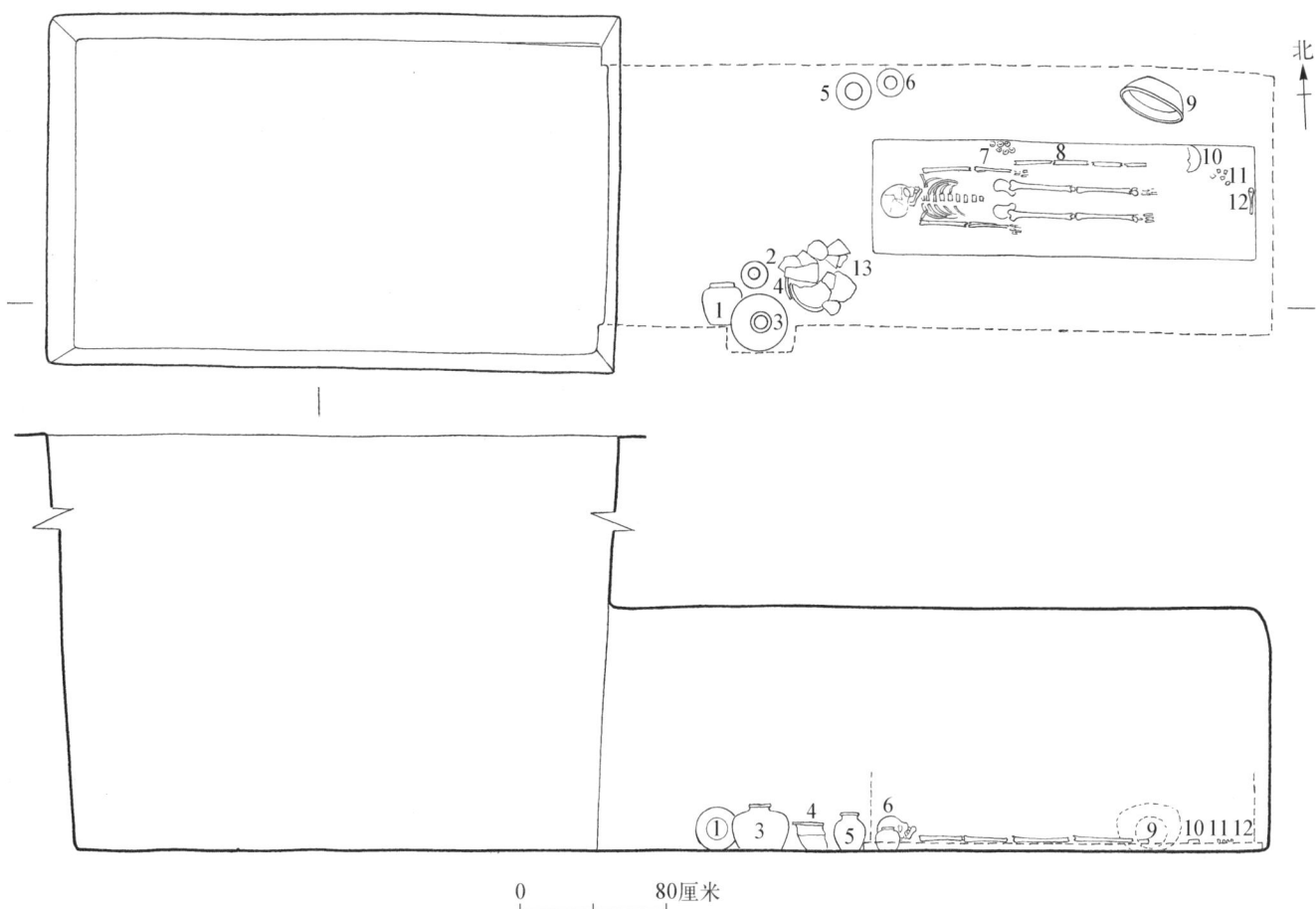

0　　　　　　80厘米

图三四八　SDM209墓葬平、剖图

1.陶直口折肩罐　2.铁鍪　3、13.陶缶　4.陶盆　5.陶小口旋纹罐　6.陶罐口釜　7.铜钱　8.铁剑　9.陶盆形甑
10.铜镜　11.穿孔梭形器　12.铁削

填土：墓道土色黄褐色，土质松散。洞室土色褐色，土质较疏松，局部生土块较多。

（3）葬具

单棺，呈矩形。置于洞室偏东。棺长1.90米，宽0.60米

（4）墓主人

人骨保存较好。葬式为仰身直肢葬，双臂伸直置于躯体两侧。头向与墓道方向相同，面向北。

（5）随葬品及其位置

共13件（组），包括陶器7件、铁器3件、铜镜1面、铜钱1组8枚、穿孔梭形器1组8件。棺外西北角由西向东依次为小口旋纹罐（:5）、罐口釜（:6），6号倒置。盆形甑（:9）侧置于棺外东北，口向南。缶（:3）位于洞室南壁底部、近洞室口的壁龛内，缶（:13）、盆（:4）位于其东北侧，直口折肩罐（:1）位于其西北侧，铁鍪（:2）位于其北侧。铜钱（:7）位于棺内墓主左臂北侧，铁剑（:8）位于其东南侧，剑柄位于墓主手部。铜镜（:10）、穿孔梭形器（:11）、铁削（:12）位于棺内墓主脚端，由西北向东南依次排列。

（6）随葬品介绍

缶　共2件。皆夹砂细灰陶。大体，小口束颈，折沿下倾；隆肩、弧腹，腹上部弧鼓，下部内凹，平底微内凹。肩部饰数周暗旋纹。标本SDM209:13，肩部阴刻"王氏十斗、里"，上腹饰四周麦粒状绳纹，下腹局部饰竖行绳纹，肩及腹部有铁锈痕迹。口径8.9、器身最大径37.6、底径17.3、通高32.1厘米（图三四九，1）。标本SDM209:3，肩腹及上下腹交接处饰旋纹和麦粒状绳纹各一周，下腹饰一周旋纹。口径9.4、器身最大径39.0、底径15.5、通高32.2厘米（图三四九，2）。

小口旋纹罐　1件。标本SDM209:5，夹细砂灰陶。小口束颈，折沿下倾，尖唇；圆鼓肩，腹近斜直，平底。肩及腹上部饰旋断绳纹。口径9.2、器身最大径24.7、底径11.5、通高28.4厘米（图三五〇，11；彩版三三，3）。

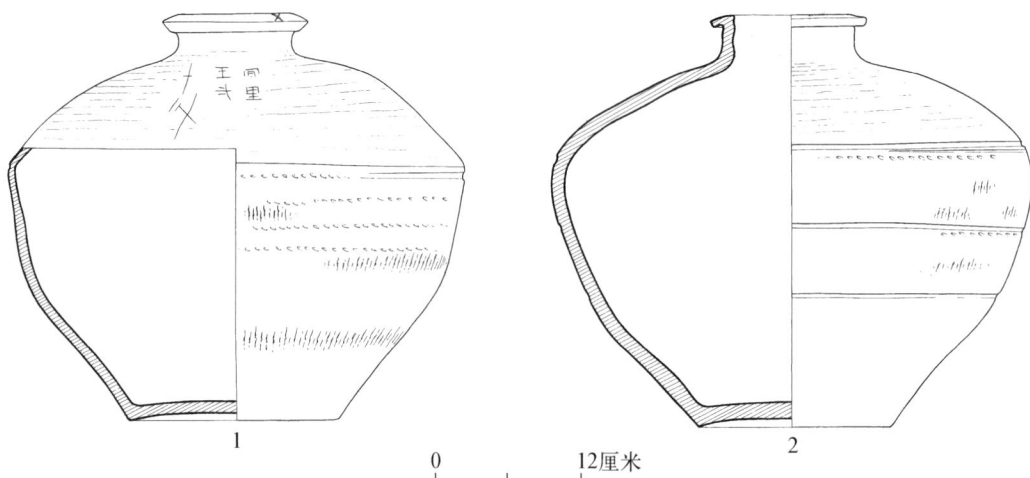

0　　　　12厘米

图三四九　SDM209随葬陶器

1、2.陶缶（SDM209:13、SDM209:3）

　　直口折肩罐　1件。标本SDM209：1，夹细砂灰陶。大体，直口方唇，唇面有一周凹槽；圆折肩，上腹略弧，下腹斜直，上下腹交接处圆弧，仅以一周旋纹分界，形成"符号亚腰"，平底。肩部饰数周暗旋纹，肩腹交接处饰一周旋纹。下腹有轮制痕迹。口径15.3、器身最大径28.0、底径12.1、通高21.2厘米（图三五〇，7；彩版一七，4）。

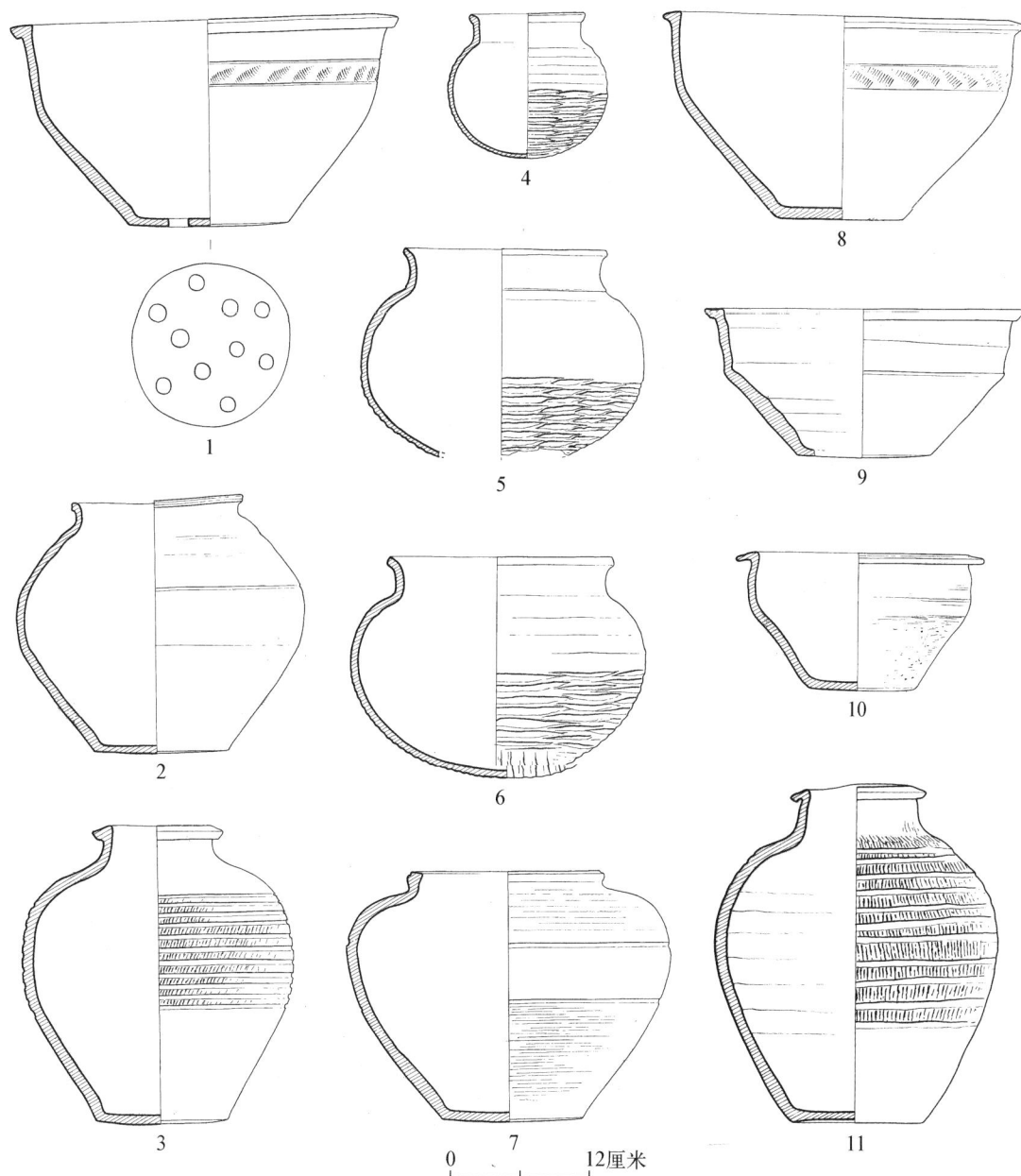

图三五〇　SDM209、SDM210随葬陶器

1. 盆形甑（SDM209：9）　2. 卷沿折肩罐（SDM210：5）　3、11. 小口旋纹罐（SDM210：3、SDM209：5）
4、5、6. 罐口釜（SDM210：4、SDM209：6、SDM210：1）　7. 直口折肩罐（SDM209：1）　8. 盆（SDM209：4）
9. 盆改甑（SDM210：6）　10. 盂（SDM210：2）

盆 1件。标本SDM209：4，夹细砂灰陶。敞口，折沿微下倾，尖唇；弧腹微折，上腹微弧近直，下腹弧收，上腹占腹部比例略大于三分之一，平底。腹上部饰两周旋纹间以一周楔形绳纹。口径28.3、底径11.0、通高17.2厘米（图三五〇，8）。

盆形甑 1件。标本SDM209：9，夹细砂灰陶。敞口，折沿微下倾，尖唇；弧腹微折，上腹近直，下腹斜直，上腹占腹部比例略大于三分之一，平底；器底戳制10个圆形甑孔，布局为中心四孔与边缘一周。腹上部饰两周旋纹间以一周楔形绳纹。口径29.8、底径13.8、通高17.5厘米（图三五〇，1）。

罐口釜 1件。标本SDM209：6，底残，夹砂红陶。大体，卷沿，方圆唇，微溜肩，鼓腹，圜底。腹下部饰横向篮纹。底部有烟炱。口径16.7、器身最大径24.4、残高17.6厘米（图三五〇，5；彩版三〇，2）。

铁剑 1件。标本SDM209：8，残。剑身自格至锋渐窄，锋端弧收成尖，剑身断面呈棱形；长条形柄，断面呈长方形，柄部窄于刃部。长66.4、剑身最宽处2.7、剑柄宽1.2厘米（图三四六，12）。

铁削 1件。标本SDM209：12，锋端残。单面刃，直背直刃，削身断面呈三角形；长扁平柄，柄部略窄于刃部，圆形环首。残长12.00、刃最宽处1.05、刃厚0.40、柄最宽处0.80、环首宽3.10厘米（图三四六，14）。

铁鍪 1件。标本SDM209：2，侈口，方唇，束颈，溜肩，肩面斜直，鼓腹，圜底。口径12.2、器身最大径18.0、通高16.0厘米（图三四六，19）。

穿孔梭形器 共8件。泥质灰褐陶。均为橄榄形，长轴方向有圆形穿孔。素面（彩版四八，8）。标本SDM209：11-3，长3.90、最大径1.95厘米（图三四六，1）。标本SDM209：11-2，长3.50、最大径2.05、孔径0.35厘米（图三四六，2）。标本SDM209：11-6，长4.10、最大径1.90厘米（图三四六，3）。标本SDM209：11-4，长4.00、最大径1.90厘米（图三四六，4）。标本SDM209：11-1，长3.80、最大径1.80厘米（图三四六，6）。标本SDM209：11-5，长3.65、最大径2.05厘米（图三四六，7）。

铜钱 共8枚。标本SDM209：7，大小近同，文字略异。SDM209：7-1，文字凸起，字等于穿。"半"字头部呈"八"字状，两横线等长，竖线略出下横线；"两"字上横线比肩略短，折肩，为"双人两"。钱径2.5、穿宽0.7厘米，重量2.4克（图三五一，1）。SDM209：7-2，文字不清晰。钱径2.4、穿宽0.7厘米，重量2.3克。SDM209：7-3，文字扁平，字等于穿。"半"字头部呈"八"字状，两横线等长，竖线出于下横线；"两"字上横线与肩等长，折肩，为"十字两"。穿上有一道长方形凸起。钱径2.4、穿宽0.9厘米，重量2.7克（图三五一，3）。SDM209：7-4，文字扁平，字等于穿。"半"字头部转折，下横线略短，竖线出于下横线；"两"字上横线与肩等长，折肩，为"十字两"。钱径2.5、穿宽0.8厘米，重量2.5克。SDM209：7-5，文字不清晰。穿不规则。钱径2.5、穿宽0.8厘米，重量3.3克。SDM209：7-6，文字扁平，字等于穿。"半"字头部转折，两横线等长，竖线出于下横线；"两"字上横线与肩等长，折肩，为"十字两"。钱径2.4、穿宽0.8厘米，重量2.5克（图三五一，2）。SDM209：7-7，文字扁平，字等于穿。"半"字头部转折，两横线等长，竖线出于下横线，"两"字上横线略短，折肩，为"连山两"。钱径2.4、穿宽0.7厘米，重量2.6克。SDM209：7-8，文字凸起，字等于穿。"半"字头部转折，下横线略短，竖线出于下横线；"两"字上横线比肩略长，折肩，为"十

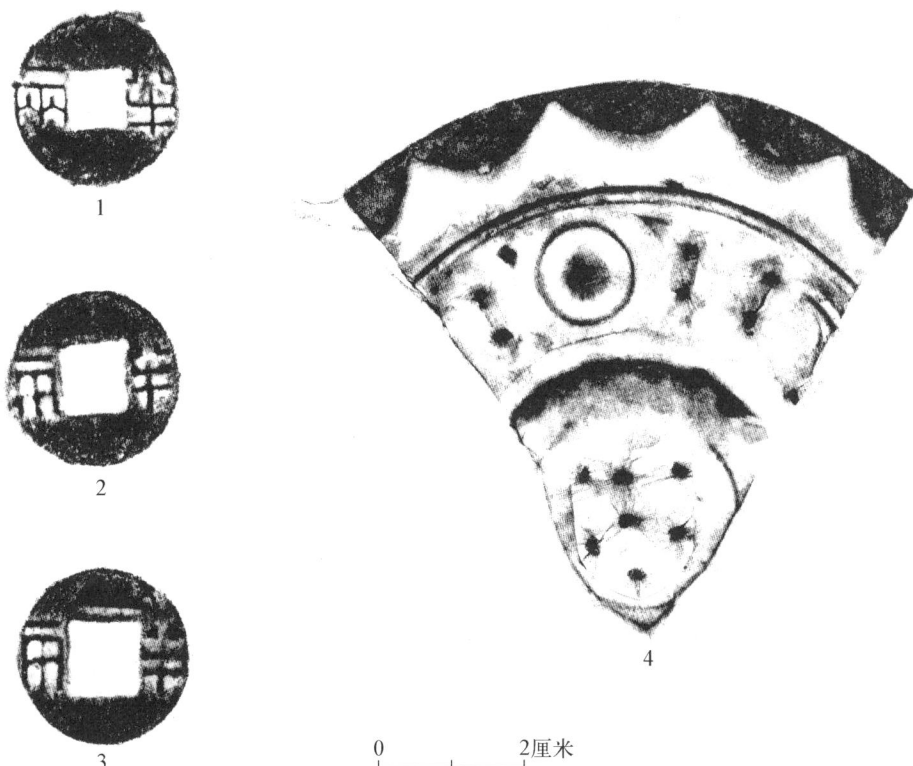

图三五一　SDM209随葬铜钱、镜拓片

1、2、3.铜钱（SDM209：7-1、SDM209：7-6、SDM209：7-3）　4.铜镜（SDM209：10）

字两"。钱径2.5、穿宽0.7厘米，重量2.6克。

铜镜　1面。标本SDM209：10，残，素地弦纹镜。圆形，镜面平直；桥形钮，无钮座，镜背饰两周弦纹，平镜缘。半径7.3厘米（图三五一，4）。

206. 2010YFSDM210

（1）位置

南距SDM209约1.9米，北距SDM214约2.6米。

（2）形制结构（图三五二）

墓向：276°。

墓道：位于洞室西侧。口大底小。口呈长方形，南长2.72、北长2.72、东宽1.74、西宽1.90米。斜壁。平底，南长2.56、北长2.56、东宽1.52、西宽1.54米。自深3.50米。

洞室：拱形顶，直壁，平底。洞室口位于墓道东壁中部，洞室宽小于墓道底宽。洞室口南壁距墓道南壁0.38、北壁距墓道北壁0.20米。底部平面呈长方形，南长3.02、北长3.08、东宽0.96、西宽0.96米。高1.30米。

填土：墓道土色黄褐色，夹杂少量的红色土颗粒，土质较硬，经过夯打，夯层与夯窝不清。洞室土色黄色，土质较硬。

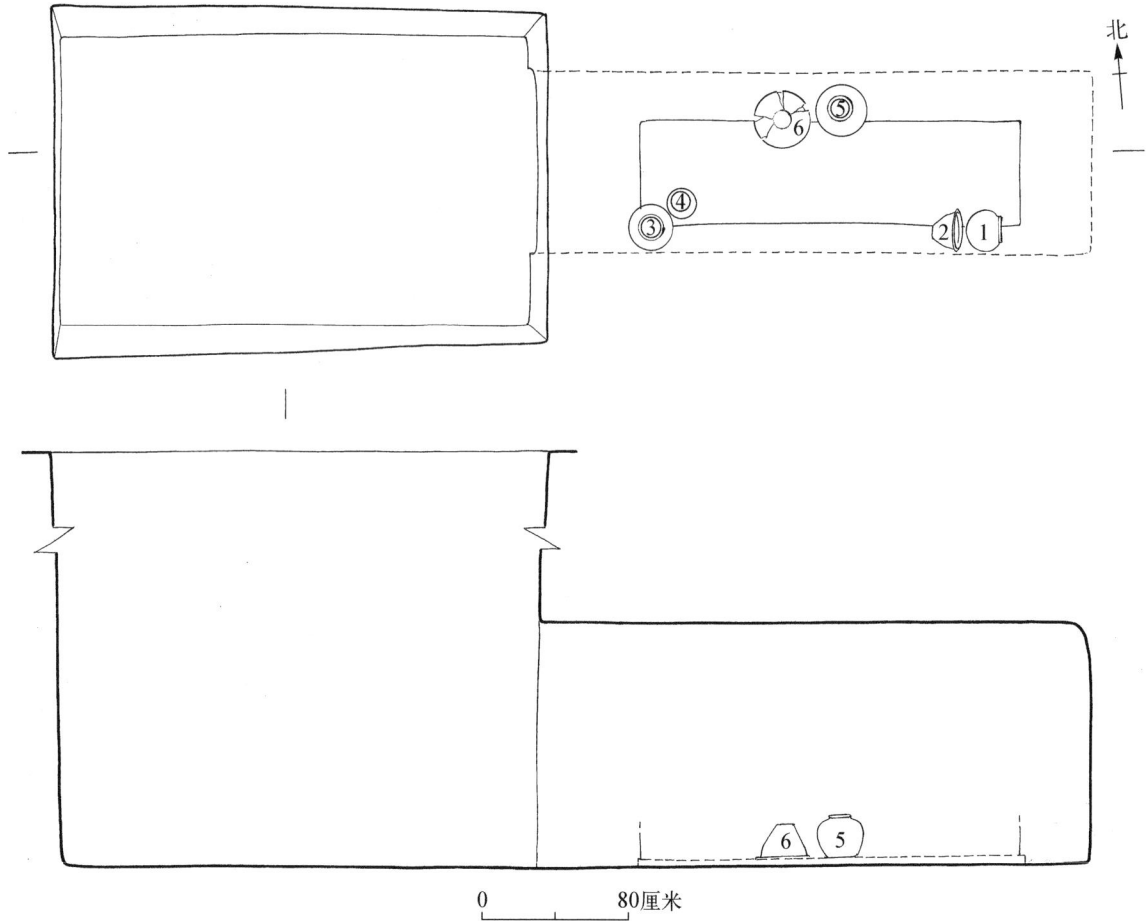

图三五二　SDM210墓葬平、剖图

1、4.陶罐口釜　2.陶盂　3.陶小口旋纹罐　5.陶卷沿折肩罐　6.陶盆改甑

（3）葬具。

单棺,呈矩形。置于洞室中部。棺长2.06、宽0.56米。

（4）墓主人

骨架不存,葬式不明。

（5）随葬品及其位置

共6件,皆陶器。罐口釜(：1)、盂(：2)侧置于棺南侧板东部的残痕上。小口旋纹罐(：3)位于棺西南角残痕上,罐口釜(：4)位于棺内、3号东北侧。卷沿折肩罐(：5)、盆改甑(：6)位于棺北侧板残痕上,6号倒置。6件器物原应位于棺盖板上相应位置。

（6）随葬品介绍

小口旋纹罐　1件。标本SDM210：3,夹细砂灰陶。小口束颈,折沿下倾,尖圆唇;圆鼓肩,腹微弧近直,平底。肩及腹上部饰数周旋断绳纹。口径8.5、器身最大径23.4、底径11.5、通高25.3厘米(图三五〇,3)。

卷沿折肩罐　1件。标本SDM210：5,夹细砂灰陶。卷沿方唇,圆折肩,上腹略弧,下腹斜直,上下腹交接处圆弧,仅以一周旋纹分界,形成"符号亚腰",平底。肩部饰隐约可见的数周暗旋纹。口径13.7、器身最大径24.9、底径11.7、通高21.4厘米(图三五〇,2)。

盂　1件。标本SDM210:2,夹细砂灰陶。直口,折沿微下倾,方圆唇;弧腹微折,上腹微弧,下腹斜直微内凹,上腹占腹部比例大于三分之一,平底。素面。下腹有修整刮痕。口径18.3、底径9.4、通高11.5厘米(图三五〇,10)。

盆改甑　1件。标本SDM210:6,夹细砂灰陶。敞口,平折沿,沿面微内凹,尖圆唇;折腹,上腹近直,下腹斜直,上腹占腹部大于三分之一,平底,器底凿制一个大圆形甑孔。上腹饰一周弦纹,上下腹交接处有一周折棱。口径25.2、底径11.7、通高12.5厘米(图三五〇,9)。

罐口釜　共2件。皆夹砂红褐陶,底部夹粗砂。矮直颈,圆肩,鼓腹,圜底。肩及腹上部饰数周瓦纹,腹下部饰横向篮纹,底部饰纵向篮纹。腹底有烟炱。标本SDM210:4,小体,口部变形成椭圆形,厚圆唇。口径9.3、器身最大径13.9、通高12.2厘米(图三五〇,4)。标本SDM210:1,大体,卷沿,方圆唇。口径18.2、器身最大径25.3、通高18.5厘米(图三五〇,6)。

207. 2010YFSDM211

（1）位置

东距SDM214约0.7米,西距SDM212约0.5米。

（2）形制结构（图三五三）

墓向：195°。

墓道：位于洞室南侧。口大底小。口呈长方形,东长3.42、西长3.42、南宽1.60、北宽1.66米。斜壁。平底,东长3.00、西长3.00、南宽1.18、北宽1.30米。自深5.70米。

洞室：拱形顶,直壁,平底。洞室口位于墓道北壁中部,洞室宽小于墓道底宽。洞室口东壁距墓道东壁0.14、西壁距墓道西壁0.14米。底部平面呈长方形,东长3.10、西长3.10、南宽1.00、北宽1.00米。高1.20米。

填土：墓道为浅黄色五花土,内夹杂黑土块,土质较硬。洞室为黄色塌土,夹杂少量的褐色土颗粒,土质较疏松。

（3）葬具

单棺,呈矩形。置于洞室偏北。棺侧板与端板四角闭合相接。棺长1.95、宽0.60、厚0.04米。

（4）墓主人

骨架保存较好。葬式为仰身直肢葬,双臂伸直置于躯体两侧。头向与墓道方向相同,面向上。

（5）随葬品及其位置

共5件(组),包括陶器4件、铜钱1组14枚。陶器均位于墓主头端棺外。小口旋纹罐(:1)、盂(:2)、盆形甑(:3)、鬲口釜(:4)由南向北依次排列,紧邻洞室西壁,2号叠置于3号内。铜钱(:5)分布于棺内墓主左肩、脊椎骨东侧和左侧盆骨。

（6）随葬品介绍

小口旋纹罐　1件。标本SDM211:1,夹细砂灰陶。小口束颈,方唇,微出沿;微溜肩,腹近斜

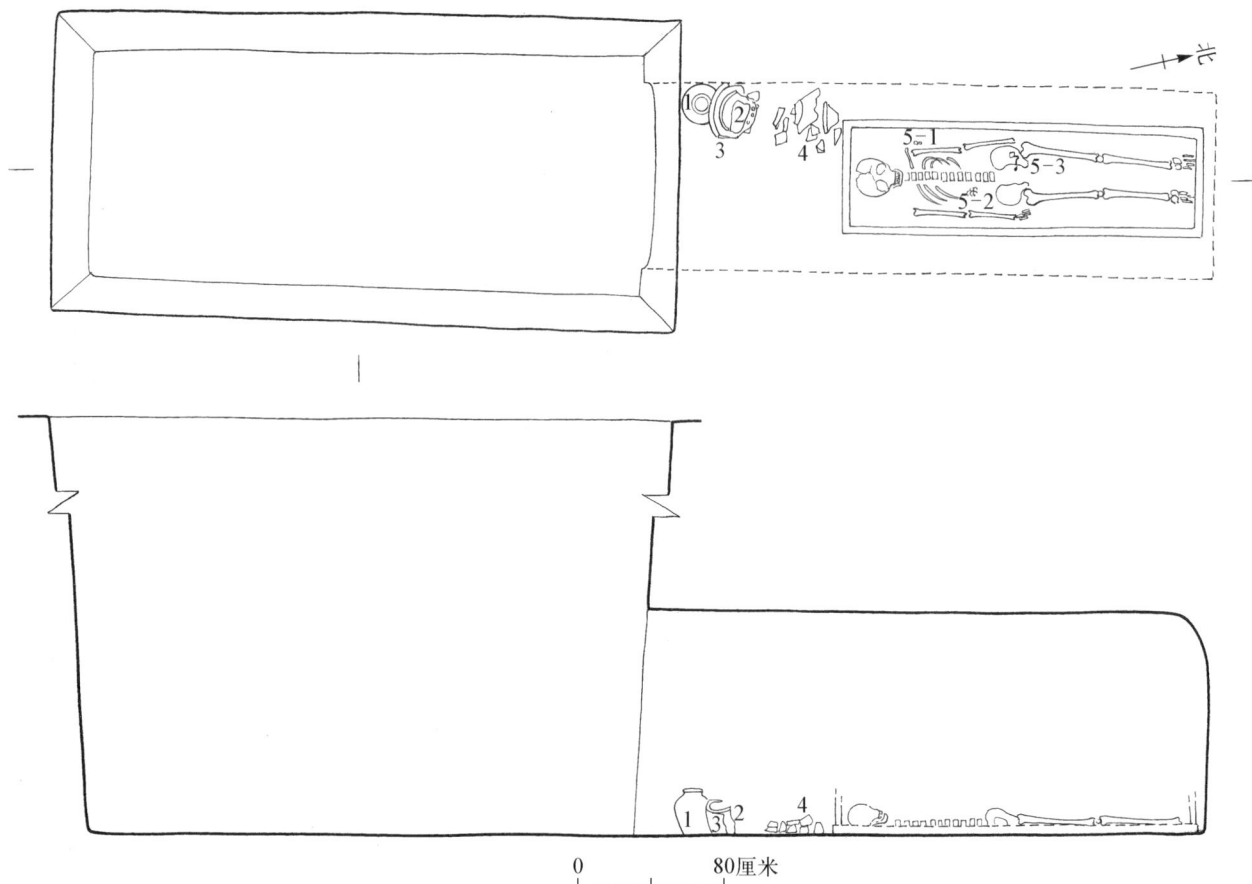

图三五三　SDM211墓葬平、剖图

1.陶小口旋纹罐　2.陶盉　3.陶盆形甑　4.陶豁口釜　5.铜钱

直,平底。肩部饰数周旋纹。腹下部有轮制痕迹。口径8.1、器身最大径24.0、底径12.7、通高26.8厘米(图三五四,6)。

盉　1件。标本SDM211:2,夹细砂灰陶。直口,折沿微下倾,沿面微鼓,尖圆唇;折腹,上腹近直,下腹斜直,上腹占腹部比例大于三分之一,平底。上腹饰两周旋纹,上下腹交接处有一周折棱。底内壁有交错划痕,呈菱形方格纹。口径22.5、底径11.7、通高13.5厘米(图三五四,3)。

盆形甑　1件。标本SDM211:3,夹细砂灰陶。直口,折沿微下倾,沿面微鼓,圆唇;弧腹微折,上腹近直,下腹斜直,上腹占腹部比例近半,平底;器底戳制13个圆形甑孔,布局为中心四孔与边缘一周。腹上部饰两周旋纹间以一周楔形绳纹。口径29.2、底径12.6、通高18.7厘米(图三五四,1)。

豁口釜　1件。标本SDM211:4,底残,夹砂红褐陶。口微侈,斜方唇,唇面有一周凹槽;微溜肩,肩面近口处略平,腹部整体圆弧,圜底。腹下部饰横向篮纹。口径22.4、器身最大径30.0、残高20.4厘米(图三五四,4)。

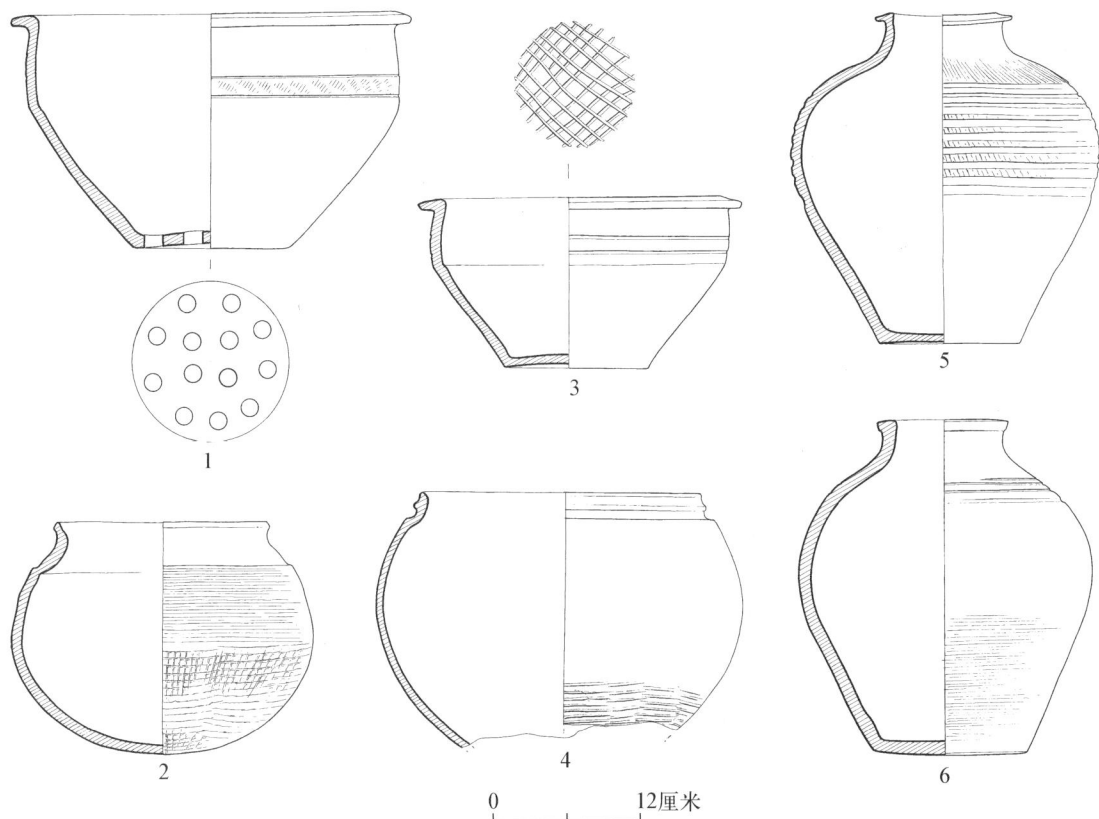

图三五四 SDM211、SDM213随葬陶器

1. 盆形甑(SDM211:3) 2. 罐口釜(SDM213:6) 3. 盂(SDM211:2) 4. 鬲口釜(SDM211:4)
5、6. 小口旋纹罐(SDM213:9、SDM211:1)

铜钱 共14枚。标本SDM211:5,均为"半两"。肉上或有孔。穿多方正,少数穿孔不规则。仅有2枚钱文可辨,文字各异。其余均文字不清晰。钱缘或有铸口或有毛茬。铸造多较规整。钱径2.2~2.6、穿宽0.6~1.0厘米,重量1.1~4.6克。具体形制详见表二五。

208. 2010YFSDM213

(1)位置

南距SDM214约1.0米,西距SDM211约1.0米。

(2)形制结构(图三五五;彩版一〇,1)

墓向:275°。

墓道:位于洞室西侧。口大底小。口呈长方形,南长3.00、北长3.00、东宽1.74、西宽1.74米。斜壁近直。平底,南长2.80、北长2.80、东宽1.52、西宽1.52米。自深3.00米。

洞室:拱形顶,直壁,平底。洞室口位于墓道东壁中部,洞室宽小于墓道底宽。洞室口南壁距墓道南壁0.10、北壁距墓道北壁0.14米。底部平面呈长方形,南长3.60、北长3.60、东宽1.30、西宽1.30米。高1.10米。

表二五　SDM211 铜钱统计表

编号	种类	钱径	穿宽	重量	文字	形制	记号	附着物	图号	备注
SDM211：5-1	半两	2.3	1	2.7	文字清晰	穿孔不规则 钱缘有毛茬				有1对对称铸口
SDM211：5-2		2.3	0.9	1.4	同上					
SDM211：5-3		2.6	0.9	4.6	同上	穿孔不规则				
SDM211：5-4		2.3	0.8	1.9	同上		肉上有孔			钱缘残损
SDM211：5-5		2.3	0.8	1.6	同上					
SDM211：5-6		2.2	0.9	1.7	同上	穿孔不规则				
SDM211：5-7		2.2	0.9	1.1	文字扁平、字小于穿。"半"字头部转折，两横线等长，竖线出于下横线，折肩。"两"字上横线比肩略短，折肩，为"双人两"		肉上有不规则孔		图三五八，1	
SDM211：5-8		2.2	0.6	2.1	文字清晰					
SDM211：5-9		2.3	0.9	1.7	同上					钱缘残损
SDM211：5-10		2.2	0.7	1.4	字迹依稀可见，但不可辨形				图三五八，2	
SDM211：5-11		2.3	0.8	1.4	同上					
SDM211：5-12		2.4	0.6	2.3	文字扁平、字等于穿。"半"字锈蚀不清；"两"字上横线比肩略短，折肩，为"十字两"				图三五八，3	钱缘残损
SDM211：5-13		2.3	0.7	1.4	同上					
SDM211：5-14		2.2	0.8	1.6	同上					钱缘残损

图三五五　SDM213墓葬平、剖图

1.铜鍪　2.铜勺　3、4.铜盆　5.铜钱　6.陶罐口釜　7.铁剑　8.铜镦　9.陶小口旋纹罐　10.陶盆形甑　11.铁釜　12.石砚
13.铁戟　14、15.陶缶　16.陶直口折肩罐　17、18.陶盆　19.动物骨骼

壁龛：呈长方形,1个。位于洞室北壁近口处,人骨左侧,龛底与洞室底齐平。拱形顶,直壁,平底,底部平面呈长方形。口宽0.80、进深0.70、高0.74米。

填土：墓道土色青灰色,土质疏松。洞室土色黄色,土质较疏松。

（3）葬具

单棺,呈矩形,置于洞室偏东南。棺侧板与端板四角闭合相接。棺长2.30、宽0.70、厚0.06米。棺下加棺床,棺床由17块木板纵向铺设,由西向东长、宽依次为1.20×0.22、1.18×0.18、1.18×0.16、1.20×0.26、1.18×0.22、1.18×0.16、1.18×0.18、1.18×0.18、1.16×0.20、1.14×0.20、1.14×0.14、1.14×0.22、1.14×0.24、1.10×0.20、1.12×0.21、1.12×0.14、1.10×0.14 m²。

（4）墓主人

仅存头骨和部分肢骨痕迹。葬式不明。头向与墓道方向相同,面向北。

（5）随葬品及其位置

共19件(组),包括陶器8件、铜器5件、铜钱1组2枚、铁器3件、石器1件、动物骨骼1堆。铜鏊（：1）位于墓主头端棺外，铜勺（：2）位于其内。铜盆（：3、：4）位于洞室北壁壁龛外，3号叠置于4号上，动物骨骼（：19）位于4号内。铜钱（：5）位于4号南侧，铁戟（：13）位于其西侧。铁剑（：7）、铜镞（：8）位于棺内墓主左侧，南北向排列。石研（：12）位于棺内东北角。罐口釜（：6）倒置于棺外北侧，其余器物均位于墓室北壁底部、近洞室口的壁龛内，分两排放置。南排由西向东依次为小口旋纹罐（：9）、盆形甑（：10）、铁釜（：11）、盆（：17），10号倒置于11号上。北排由西向东依次为缶（：14、：15）、直口折肩罐（：16），盆（：18）位于两件缶之间的北侧。

（6）随葬品介绍（图版一五，2）

缶 共2件。皆夹细砂灰陶。大体，小口束颈，折沿下倾，尖圆唇；隆肩，腹部整体圆弧，下腹近底处微内凹。肩部饰数周暗旋纹，肩腹交接处饰一周旋纹。标本SDM213：14，平底。上腹饰四周麦粒状绳纹。口径9.2、器身最大径39.0、底径17.2、通高34.0厘米（图三五六，3）。标本SDM213：15，平底微内凹。上腹饰三周麦粒状绳纹。口径8.9、器身最大径39.2、底径17.2、通高32.9厘米（图三五六，6）。

小口旋纹罐 1件。标本SDM213：9，夹细砂灰陶。小口束颈，折沿下倾，沿面有一周凹槽，尖圆唇；圆鼓肩，腹微弧近直，平底。肩部饰斜行细绳纹，肩及腹上部饰数周旋断绳纹。口径8.5、器身最大径25.3、底径11.7、通高26.2厘米（图三五四，5；彩版三二，3）。

直口折肩罐 1件。标本SDM213：16，夹细砂灰陶。大体，直口方唇，口外侧有一周凹槽；折肩，腹微折，肩腹部呈"微亚腰"状，上腹略弧，下腹斜直，平底。肩部饰数周暗旋纹，肩腹及上下腹交接处各饰一周旋纹。口径15.6、器身最大径29.0、底径14.9、通高22.3厘米（图三五六，5）。

盆 共2件。皆夹细砂灰陶。折沿微下倾，平底。标本SDM213：18，敞口，折腹，上腹近直，下腹斜直，上腹占腹部比例小于三分之一。上下腹交接处有一周折棱。口径31.9、底径12.5、通高15.8厘米（图三五六，2；彩版二二，1）。标本SDM213：17，直口，弧腹，上腹微弧近直，下腹斜直微内凹，上腹占腹部比例大于三分之一。上腹饰两周旋纹间以一周楔形绳纹。口径29.5、底径15.0、通高15.4厘米（图三五六，4）。

盆形甑 1件。标本SDM213：10，夹细砂灰陶。直口，平折沿，尖圆唇；弧腹微折，上腹微弧，下腹斜直微内凹，上腹占腹部比例不足三分之一，平底；底部残留20个圆形甑孔，布局为中心一孔与边缘两周。器内壁饰数周暗旋纹，上腹饰两周旋纹间以一周楔形绳纹，近口处饰一周旋纹。内壁有铁锈痕迹。口径31.4、底径12.6、通高18.2厘米（图三五六，1；彩版二二，8）。

罐口釜 1件。标本SDM213：6，夹砂红褐陶，底部夹粗砂。卷沿，方圆唇，肩面近口处略平，圆肩，鼓腹，圜底。腹上部饰数周旋纹，腹下部及底部饰方格纹。腹底有烟炱。口径16.6、器身最大径24.7、通高18.5厘米（图三五四，2；彩版二九，4）。

铜盆 共2件。皆残。敞口，折沿内倾，尖唇，浅折腹，上腹近直，下腹急收，平底。素面。标本SDM213：4，口径24.2、残高4.2厘米（图三五七，2）。标本SDM213：3，口径25.6、底径11.0、通高3.0厘米（图三五七，3）。

铜鍪 1件。标本SDM213：1，侈口方唇，束颈，圆肩，鼓腹，圜底近平。肩部饰一周旋纹，腹上部饰对称环形竖耳。口径12.2、器身最大径17.8、耳宽2.6、通高15.2厘米（图三五七，4；彩版四二，2）。

铜勺 1件。标本SDM213：2，勺口呈椭圆形，腹略深，圜底；勺柄斜直上翘，中空呈管状，勺柄中部有对称圆形穿孔。勺口长6.2、深3.0、柄长7.8、柄径1.0厘米（图三五七，7；彩版四二，4）。

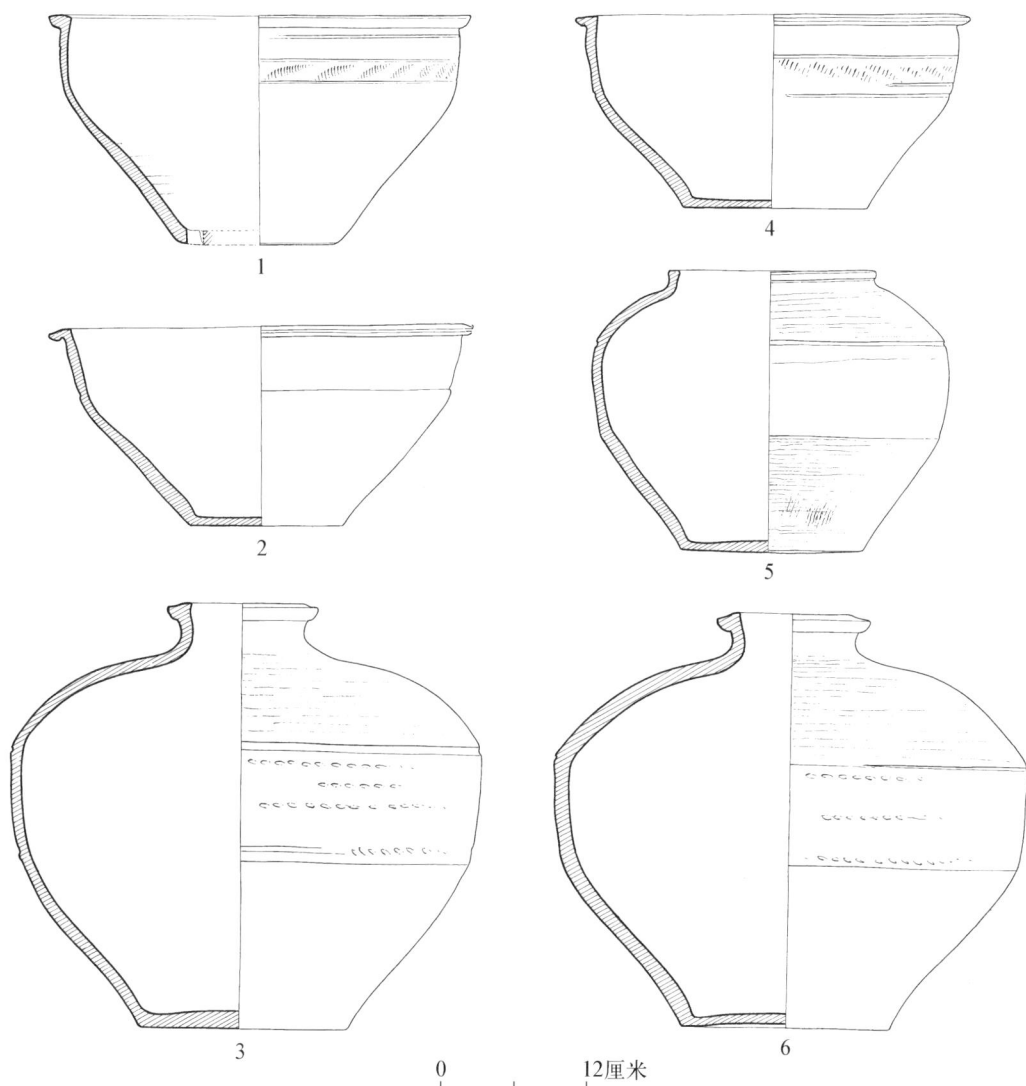

图三五六 SDM213 随葬陶器

1. 盆形甑(SDM213:10) 2、4. 盆(SDM213:18、SDM213:17) 3、6. 缶(SDM213:14、SDM213:15) 5. 直口折肩罐(SDM213:16)

铜镦 1件。标本SDM213:8,空心管状,圜底,断面近椭圆形,器身上部有一周带状突起及对称圆形穿孔。内有木柄残痕。长11.9、宽3.4厘米(图三五七,11;彩版四三,3)。

铁戟 1件。标本SDM213:13,残。平面呈"卜"字形,刺与胡位于一条直线,直刺与横枝交接处有柲帽,柲帽中空,内有木质残痕,侧面有一孔以安装枝。刺锋至胡末残长17.7、枝长13.6、枝最宽处2.7、柲冒长6.1、柲冒直径2.3厘米(图三五七,1;彩版四六,6)。

铁剑 1件。标本SDN213:7,残。剑身两面起脊,断面呈菱形,柄与剑身间以铜质菱形剑格。剑身局部有木质剑鞘残痕。残长25.7、刃最宽处3.5、剑格宽4.9厘米(图三五七,12;彩版四六,7)。

铁釜 1件。标本SDM213:11,直口方唇,微出沿,矮直颈,圆肩,鼓腹,圜底近平,肩腹交接处饰对称环形竖耳。口径22.7、器身最大径34.6、耳宽2.2、通高23.7厘米(图三五七,13)。

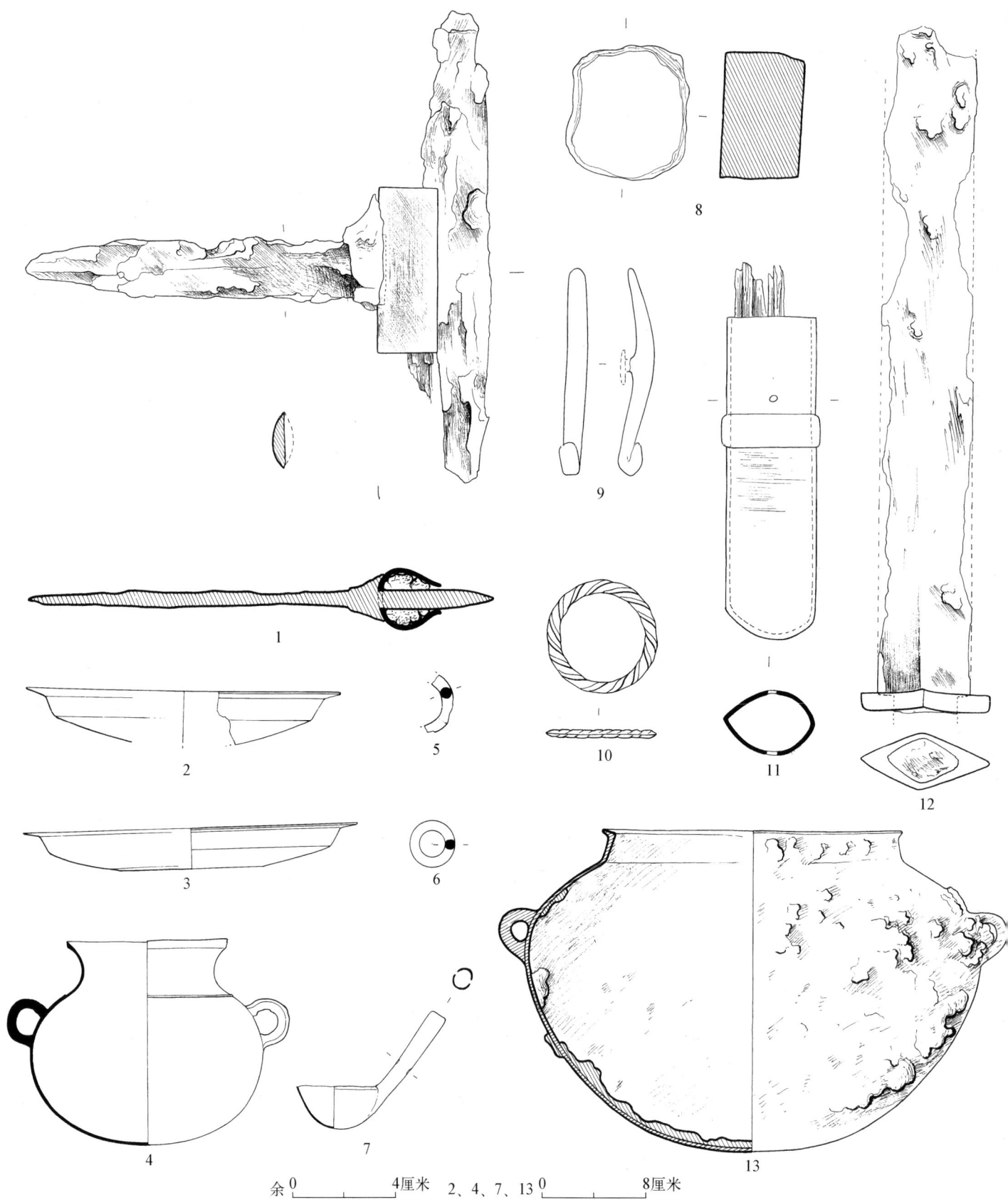

图三五七　SDM213、SDM214、SDM218、SDM245随葬小件器物

1.铁戟（SDM213：13）　　2、3.铜盆（SDM213：4、SDM213：3）　　4.铜鍪（SDM213：1）
5、6、10.铜环（SDM218：11、SDM245：8、SDM214：16-5）　7.铜勺（SDM213：2）　8.石研（SDM213：12）
9.铜带钩（SDM218：10）　11.铜镦（SDM213：8）　12.铁剑（SDM213：7）　13.铁釜（SDM213：11）

石研 1件。标本SDM213：12，变质岩。不规则扁平块状，上小下大，两面皆平，上面略粗糙，下面光滑，侧面竖直。长5.10、宽3.50、厚2.95厘米（图三五七，8）。

铜钱 共2枚。标本SDM213：5，均为"半两"。大小近同，钱缘不规整。SDM213：5-1，文字不清晰。钱径2.1、穿宽0.9厘米，重量0.9克。SDM213：5-2，文字扁平，字小于穿。"半"字头部呈"八"字状，两横线等长，竖线略出于下横线；"两"字锈蚀不清。钱径2.4、穿宽1.0厘米，重量1.0克（图三五八，4）。

动物骨骼 1堆。标本SDM213：19，残碎，无法辨识。

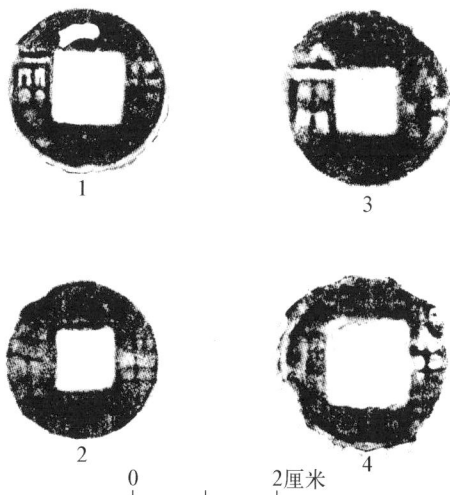

图三五八 SDM211、SDM213随葬铜钱拓片
1.SDM211：5-7 2.SDM211：5-10
3.SDM211：5-12 4.SDM213：5-2

209. 2010YFSDM214

（1）位置

北距SDM213约1.0米，西距SDM211约0.7米，南距SDM210约2.6米。

（2）形制结构（图三五九；图版三，2）

墓向：275°。

墓道：位于洞室西侧。口大底小。口呈长方形，南长3.20、北长3.20、东宽2.10、西宽2.10米。斜壁。平底，南长2.80、北长2.80、东宽1.68、西宽1.68米。自深6.00米。

洞室：拱形顶，直壁，平底，底部低于墓道底部0.08米。洞室口位于墓道东壁中部，洞室宽小于墓道底宽。洞室口南壁距墓道南壁0.20、北壁距墓道北壁0.26、高1.60米。底面略呈梯形，南长4.10、北长4.10、东宽1.49、西宽1.60米。高1.60米。

填土：墓道为浅红色五花土，土质较松散。洞室土色黄色，土质较疏松，有大量生土块。

（3）葬具

一棺一椁，均呈矩形，椁侧板与端板四角闭合相接。棺长1.60、宽0.60米。椁长3.62、宽1.20、端板厚0.04～0.05、侧板厚0.04～0.06米。

（4）墓主人

仅存下肢骨。葬式不明，头向似与墓道方向相同。

（5）随葬品及其位置

共19件（组），包括陶器7件、铜器2组（铜环1件、铜铃1组3件）、铜镜1面、铁器2件、料器1件、铜钱4组（2、8、8、563枚）、漆器2件。铜环（：16）位于棺内墓主两脚之间，其余器物均位于棺椁之间。铁灯（：1）、壶（：11）分置椁内西南、西北角。盂（：7）、盂形甑（：13）分置棺外西南、西北角。钫（：12）位于13号西侧，其上4个"S"形钮散落于钫西侧。钫以南由西向东依次为漆器（：19、18）、盛身（：9-1）、直口折肩罐（：10），盛盖（：9-2）位于10号内。鼎（：6）位于10号南侧，

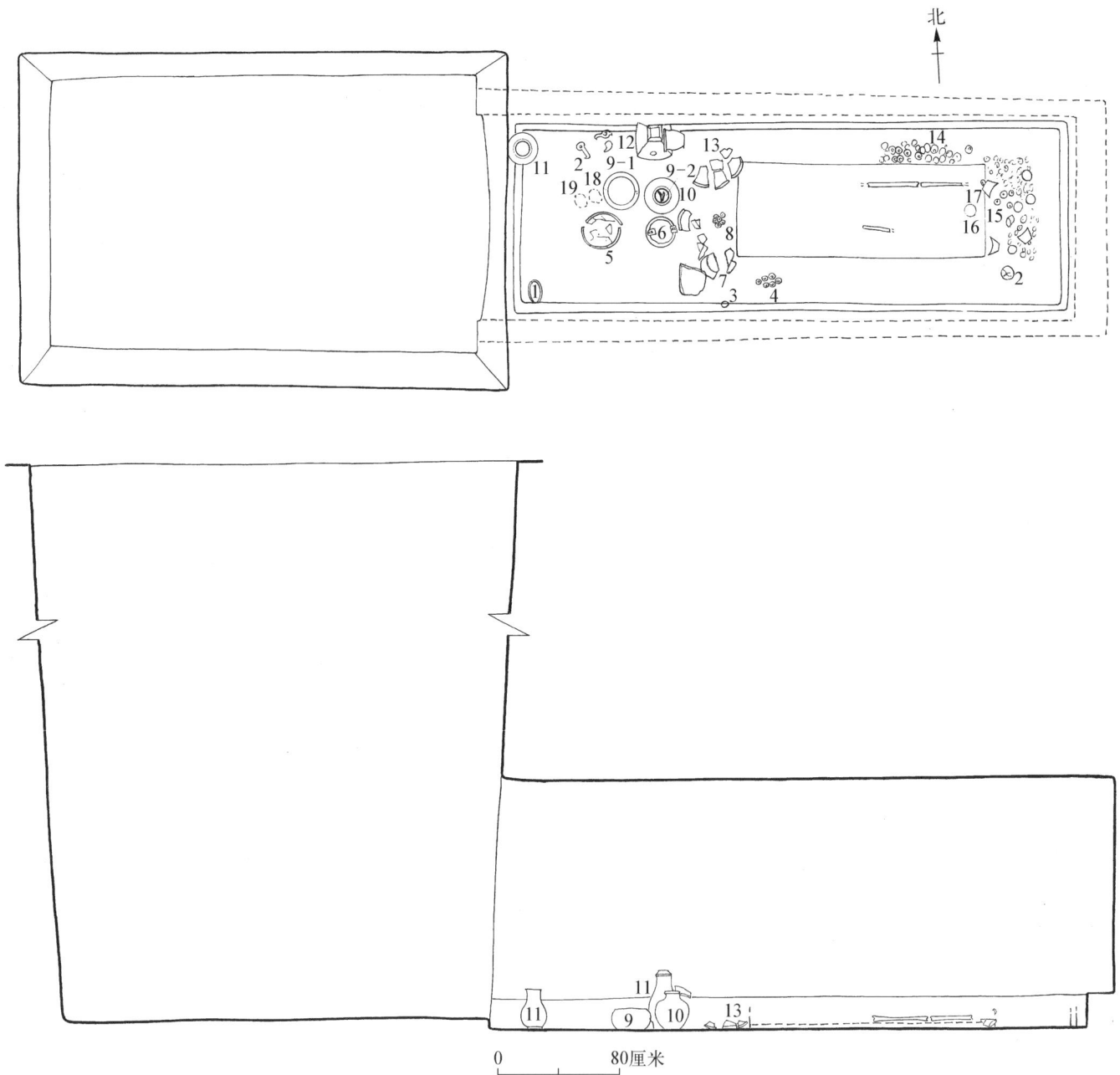

图三五九　SDM214墓葬平、剖图

1.铁灯　2.铜镜　3、4、8、14.铜钱　5.铁釜　6.陶鼎　7.陶盉　9.陶盌　10.陶直口折肩罐　11.陶壶　12.陶钫　13.陶盉形甑
15.料珠　16.铜环　17.铜铃　18、19.漆器

铁釜（ :5）位于9号西南侧。铜钱（ :3、 :4）位于棺外南侧，铜钱（ :8）位于棺外西侧，铜钱（ :14）位于棺外北侧及东侧。铜镜（ :2）、料珠（ :15）、铜铃（ :17）位于棺外东侧，铜铃散落于14号上。

（6）随葬品介绍（图版一六,1）

钫　1件。标本SDM214:12,泥质灰陶。覆斗形盖,盖面有四个"S"形钮,钮上各有一圆形穿孔,盖与器身以子母口扣合；器身侈口方唇,口外侧加厚一周泥条,束颈,溜肩,鼓腹,方形圈足微外撇；肩部对称饰一对兽面衔环状铺首,铺首立体感较强,纹饰复杂精致,印痕清晰。颈部饰红色三角蕉叶纹,颈肩、肩腹交接处各饰条带状红彩,铺首及衔环描红。钮高10.6、盖高3.8、盖顶阔6.1、盖阔10.0、口阔10.4、器身最大径22.2、器身高40.8、足高4.6、足阔13.5、通高43.2厘米(图三六〇,1;彩版三一,1)。

壶　1件。标本SDM214∶11,泥质灰陶。伞形盖,盖面圆弧,盖与器身以子母口扣合;壶身侈口方唇,口外侧加厚一周泥条,束颈,溜肩,肩面近直,鼓腹,圈足外撇。颈部饰红色三角蕉叶纹,内填红色云纹;颈肩交接处饰一窄一宽两周条带状红彩,肩腹交接处饰两周细密的麦粒状绳纹,圈足饰两周条带状红彩。口径8.4、器身最大径20.7、底径12.4、通高30.0厘米(图三六五,3)。

鼎　1件。标本SDM214∶6,泥质灰陶。盖面微弧近平,盖腹较浅,上饰三半圆形乳突,乳突较大;盖与鼎身以子母口扣合,口部内沿明显高于外沿;深弧腹,上下腹交接处有一周凸棱,圜底近平;双附耳,耳微外撇,有长方形穿,耳穿透出鼎身部分与未透出部分大小相当;耳、足与鼎身连接处距腹部凸棱较远,蹄足细高微内收,耳足呈五点式分布。盖面饰三组白色云纹,腹上部饰两周条带状白彩,双耳顶端饰红彩。器盖口径17.6、器盖高4.3、耳高6.4、器身口径15.2、器身最大径20.2、器身高10.7、足高7.7、通高16.9厘米(图三六五,4)。

盛　1件。标本SDM214∶9,泥质灰陶。盖面圆弧,盖腹较浅,上有矮圈足状捉手,盖面最高处略低于捉手上缘;盖与器身以子母口扣合,口部内沿略高于外沿,沿面内凹成槽;弧腹,平底。器盖口径18.0、器盖高5.2、捉手直径9.0、器身口径16.4、器身最大径20.0、底径7.2、器身高10.5、通高15.0厘米(图三六五,1)。

直口折肩罐　1件。标本SDM214∶10,夹细砂灰陶。大体,直口方唇;折肩,腹微折,肩腹部呈"微亚腰"状,上腹略弧,下腹斜直微内凹,平底。素面。口径14.0、器身最大径27.9、底径12.5、通高17.2厘米(图三六五,9)。

盂　1件。标本SDM214∶7,夹细砂灰陶。直口,折沿下倾,尖圆唇;折腹,上腹近直,下腹斜直,上腹占腹部比例不足三分之一,平底。上腹饰两周弦纹,上下腹交接处有一周折棱。口径24.4、底径12.3、通高13.6厘米(图三六五,5)。

盂形甑　1件。标本SDM214∶13,夹细砂灰陶。直口,折沿下倾,沿面微鼓,方圆唇;折腹,上腹近直,下腹斜直,上腹占腹部比例约四分之一,平底;器底残留7个戳制圆形甑孔。上腹饰一周弦纹,上下腹交接处有一周折棱。口径22.9、底径10.8、通高12.5厘米(图三六五,8)。

铜环　共5件。皆环形纽索状,断面呈扁圆形(彩版四二,8)。标本SDM214∶16-5,环外径4.20、环内径3.20厘米(图三五七,10)。标本SDM214∶16-2,环外径4.20、环内径3.00厘米(图三六一,1)。标本SDM214∶16-1,环外径4.05、环内径3.10厘米(图三六一,2)。标本SDM214∶16-3,环外径3.80、环内径2.75厘米(图三六一,3)。标本SDM214∶16-4,环外径4.05、环内径3.20厘米(图三六一,4)。

铜铃　共3件。体形较大,器壁较薄,宽扁似元宝,两侧斜张程度较大,弧形凹口,方形扁钮,铃内鼻穿挂一长条形舌。铃身饰菱格乳钉纹。标本SDM214∶17-3,上缘宽4.00、下缘宽6.80、钮高1.95、通高5.90厘米(图三六一,5)。标本SDM214∶17-1,钮及舌残。上缘宽4.30、下缘宽8.10、通高4.00厘米(图三六一,6)。标本SDM214∶17-2,上缘宽4.05、下缘宽8.10、钮高1.90、通高5.90厘米(图三六一,10)。

0   4厘米

图三六〇　SDM214随葬陶钫

SDM214：12

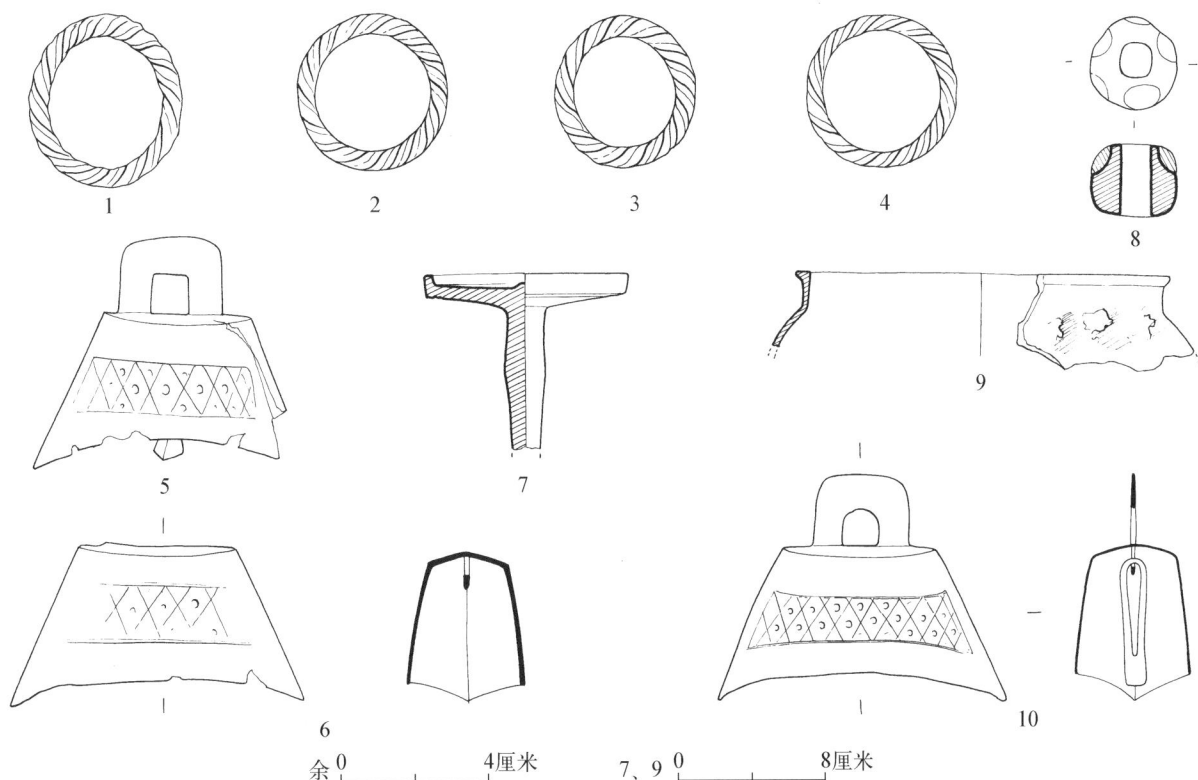

图三六一 SDM214随葬小件器物

1、2、3、4. 铜环（SDM214：16-2、SDM214：16-1、SDM214：16-3、SDM214：16-4）
5、6、10. 铜铃（SDM214：17-3、SDM214：17-1、SDM214：17-2） 7. 铁灯（SDM214：1） 8. 料珠（SDM214：15） 9. 铁釜（SDM214：5）

铁灯 1件。标本SDM214：1，底残，豆形灯。浅折盘，方唇，盘壁竖直，盘中心有一圆锥形烛钎，盘底近平，下接实心柱柄。盘底饰三周旋纹。口径10.6、残高9.2厘米（图三六一，7）。

铁釜 1件。标本SDM214：5，残。直口方唇，微出沿，矮直颈，微溜肩。口径19.2、残高5.1厘米（图三六一，9）。

料珠 1件。标本SDM214：15，不透明黑色，圆柱形，中有一孔，表面有大小不等的圆形坑窝，内填绿色釉块。器表较粗糙。珠径2.4、孔径0.9厘米（图三六一，8；彩版四八，3）。

铜镜 1面。标本SDM214：2，素地弦纹镜。圆形，镜面平直。双弦桥形钮，无钮座。镜背饰两周细凸弦纹。平镜缘。直径8.7厘米（图三六二）。

铜钱 共581枚。标本SDM214：3、SDM214：4、SDM214：8、SDM214：14，均为"半两"。肉上或有孔或有凸起。穿多方正，少数不规则或广穿，有圆形穿1枚。少数钱为粘合体，其亦有2枚铜钱间以1枚铁钱粘合。偶有钱郭或穿下郭者。可辨钱文的文字各异，字与穿比例不同。"半"字头部转折程度不同，两横线及竖线出于下横线的长度不等；"两"字上横线与肩长度比例不同，均折肩，"两"字内部结构亦有区别。铸造略粗糙。钱缘或有铸口或有毛茬。钱径2.2～3.1、穿宽0.6～1.2厘米，重量0.9～8.5克（图三六三）。具体形制详见（表二六）。

漆器 共2件。标本SDM214：18、SDM214：19，无法提取。

0   2厘米

图三六二　SDM214随葬铜镜拓片

SDM214：2

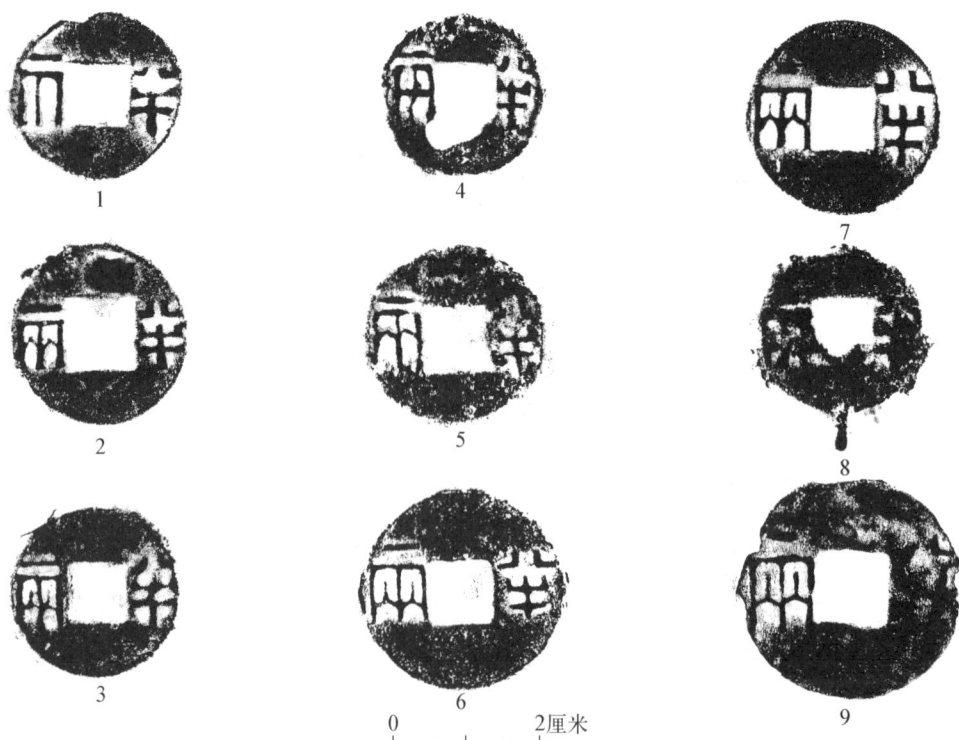

0   2厘米

图三六三　SDM214随葬铜钱拓片

1. SDM214：4-5　2. SDM214：14-5　3. SDM214：14-21　4. SDM214：14-7　5. SDM214：4-2　6. SDM214：4-7　7. SDM214：14-8
8. SDM214：14-20　9. SDM214：4-1

表二六　SDM214铜钱统计表

编号	种类	钱径	穿宽	重量	文字	形制	记号	附着物	图号	备注
SDM214：3-1	半两	3	0.9	2.5	字体扁平，字等于穿。"半"字头部转折，下横线较短，竖线出于下横线，"两"字上横线较短，折肩，为"倒T两"		字上有孔		图三七四,4	有1对对称铸口
SDM214：3-2		2.5	1.2	2.6	字体扁平，字等于穿。"半"字头部转折，下横线较短，"两"字横线比肩略长，折肩，内部锈蚀					有1对不对称铸口
SDM214：4-1		3	0.9	1.7	字体扁平，字大于穿。"半"字锈蚀不清；"两"字上横线较短，折肩，为"双人两"，人字首部较长	钱缘不规整			图三六三,9	
SDM214：4-2		2.5	0.8	2.5	文字略凸起，字略等于穿。"半"字头部锈蚀不清，两横线略等，竖线出于下横线，折肩；"两"字横线比肩略短，为"连山两"				图三六三,5	
SDM214：4-3		2.8	0.9	2.6	文字凸起，字大于穿。"半"字头部转折明显，两横线等长，竖线长出下横线，折肩；"两"字横线比肩略短，折肩，为"倒T两"				图三七四,6	
SDM214：4-4		2.6	0.7	2.5	字文凸起，字略大于穿。"半"字头部呈"八"字状，两横线等长，下横线长，竖线出于下横线较短，折肩，为"双人两"					
SDM214：4-5		2.3	0.7	2.1	文字凸起，字略大于穿。"半"字头部转折，两横线等长，竖线长出下横线，折肩；"两"字上横线比肩略短，折肩，为"1字两"	钱郭			图三六三,1	
SDM214：4-6		2.4	1.1	2.6	文字不清晰	钱缘有毛茬，穿孔不规则				
SDM214：4-7		2.7	0.8	2.7	文字略凸起，字大于穿。"半"字头部转折折明显，下横线略短，竖线略出于下横线；"两"字上横线略短，折肩，为"双人两"，人字首部较长				图三六三,6	

续表

编号	种类	钱径	穿宽	重量	文字	形制	记号	附着物	图号	备注
SDM214：4-8		2.7	0.9	2.5	文字凸起，字略等于穼。"半"字头部轮折，两横线等长，竖线出于下横线；"两"字上横线与肩等长，折肩，为"倒T两"					
SDM214：8-1		2.3	0.8	2.5	文字不清晰					
SDM214：8-2		2.7	0.8	2.7	同上					
SDM214：8-3		2.7	0.8	2.3	文字扁平，字大于穼。"半"字头部轮折，两横线略等长；"两"字上横线比肩略短，折肩，为"倒T两"					
SDM214：8-4	半两	2.7	0.9	2.5	文字凸起，字大于穼。折，下横线略短，竖线微出于下横线；"两"字上横线较短，折肩，为"双人两"		肉上有孔			
SDM214：8-5		2.8	0.9	2.2	文字扁平，字大于穼。"半"字部锈蚀清，"两"字上横线等长，折肩，为"双人两"					
SDM214：8-6		2.5	0.8	2.5	文字扁平，字大于穼。"半"字头转折，两横线等长，竖线出于下横线；"两"字上横线与肩等长，折肩，为"双人两"					
SDM214：8-7		2.3	0.7	2.1	文字凸起，字略等于穼。"半"字头部转折，两横线等长，竖线出于下横线；"两"字上横线与肩等长，折肩，为"十字两"					有1铸口
SDM214：8-8		2.3	0.7	2.4	文字凸起，字略等于穼。"半"字头部转折，两横线等长，竖线出于下横线；"两"字上横线略短，折肩，为"连山两"					有1铸口
SDM214：14-1		2.4	0.7	2.7	文字凸起，字略等于穼。"半"字头部转折，下横线等长，竖线出于下横线；"两"字上横线与肩等长，折肩，为"双人两"					

续表

编号	种类	钱径	穿宽	重量	文字	形制	记号	附着物	图号	备注
SDM214:14-2	半两			5	文字不清晰					2铜钱+1铁钱
SDM214:14-3				6.9	同上					
SDM214:14-4				8.5	同上					
SDM214:14-5		2.5	0.9	2.5	文字凸起，字等于穿。"半"字头部转折，两横线等长，竖线出于下横线，折肩，"两"字上横线与肩等长，为"连山两"		穿上方有一不规则凸起		图三六三,2	
SDM214:14-6		2.4	0.9	1.7	文字凸起，字等于穿。"半"字头部转折，两横线等长，竖线微出于下横线，折肩，"两"字上横线与肩等长，为"连山两"	穿不规则				
SDM214:14-7		2.3	0.8	2.8	文字凸起，字略大于穿。"半"字头部转折，下横线略短，竖线出于下横线，折肩，"两"字上横线与肩等长，为"十字两"	穿不规则			图三六三,4	
SDM214:14-8		2.6	0.8	2.1	文字凸起，字大于穿。"半"字头部转折明显，下横线略短，竖线出于下横线，折肩，"两"字上横线较短，折肩，为"双人两"				图三六三,7	
SDM214:14-9		3	1	2.4	文字凸起，字略等于穿。"半"字头部转折，下横线略短，竖线出于下横线，折肩，为"倒T两"					
SDM214:14-10		2.4	0.9	2.8	文字凸起，字略等于穿。"半"字头部呈"八"字状，两横线等长，竖线出于下横线，折肩，为"连山两"		穿上下有一不规则凸起		图三七四,5	
SDM214:14-11		2.6	0.9	2.1	文字凸起，字大于穿。"半"字头部转折，下横线较短，竖线出于下横线，折肩，"两"字上横线比肩略短，为"双人两"					
SDM214:14-12		2.7	1	2.5	文字不清晰	钱缘有毛茬	穿上有孔			

续表

编　　号	种类	钱径	穿宽	重量	文　　字	形　制	记　号	附着物	图　号	备　注
SDM214∶14-13		2.5	0.7	1.5	文字扁平，字大于穿。"半"字头部转折，两横线等长，竖线出于下横线，"两"字上横线较短，折肩，为"双人两"					
SDM214∶14-14		2.7	0.9	1.8	同上	钱缘有毛茬				
SDM214∶14-15		2.6	1.1	2.5	文字扁平，字等于穿。"半"字头部转折，两横线等长，竖线出于下横线，"两"字上横线与肩等长，折肩，为"十字两"					
SDM214∶14-16		2.8	0.9	2.4	文字扁平，字小于穿。"半"字头部转折，两横线等长，竖线出于下横线，"两"字上横线与肩等长，折肩，为"连山两"					
SDM214∶14-17	半两	2.7	0.9	2.2	文字扁平，字等于穿。"半"字头部转折，下横线略短，竖线出于下横线，"两"字无上横，折肩，为"双人两"					
SDM214∶14-18		2.6	1.1	2.4	文字扁平，字大于穿。"半"字头部转折，两横线等长，竖线微出横线，"两"字上横线较短，折肩，为"双人两"					
SDM214∶14-19		2.3	0.8	2	文字扁平，字等于穿。"半"字头部转折，两横线较短，竖线出于下横线，"两"字上横线与肩略等，折肩，为"双人两"					
SDM214∶14-20		2.4	0.6	4.3	字迹依稀可见，但不可辨形	圆穿			图三六三,8	
SDM214∶14-21		2.4	0.7	2.4	文字凸起，字略等于穿。"半"字头部呈"八"字状，两横线等长，竖线出于下横线；"两"字上横略与肩略等，为"倒T两"				图三六三,3	有1铸口
SDM214∶14-22		2.5	0.8	2.6	文字凸起，字略大于穿。"半"字头部转折，下横线较短；"两"字上横线较短，折肩，为"双人两"					

续表

编号	种类	钱径	穿宽	重量	文字	形制	记号	附着物	图号	备注
SDM214:14-23	半两	2.7	0.8	2.6	文字不清晰	钱缘有毛茬				
SDM214:14-24		2.6	0.8	2.3	文字凸起,字等于穿。"半"字头一部转折,下横线较短,竖线微凸出下横线;"两"字锈蚀不清	钱缘有毛茬	肉上有孔			有1铸口
SDM214:14-25		2.5	0.7	2.5	同上					
SDM214:14-26		2.3	0.8	1.7	文字不清晰					
SDM214:14-27		2.4	0.8	2	文字扁平,字大于穿。"半"字头一部转折,两横线等长,竖线出于下横线;"两"字锈蚀不清					
SDM214:14-28		2.4	0.8	2.8	文字不清晰					钱缘残损
SDM214:14-29		2.6	0.8	2.5	文字扁平,字等于穿。"半"字头一部转折,两横线不明显,折肩,为"倒T两"					
SDM214:14-30		2.7	0.8	2.3	文字不清晰					
SDM214:14-31		2.7	0.8	3.4	文字扁平,字大于穿。"半"字头一部转折,两横线出于下横线;"两"字锈蚀不清	穿不规则				
SDM214:14-32		2.4	0.9	2.7	文字扁平,字等于穿。"半"字头一部转折,两横线等长,竖线出于肩;"两"字上横线与肩等长,折肩,为"双人两"	穿不规则	穿上方凸起			
SDM214:14-33		2.4	0.9	2.7	文字扁平,两横线等长,竖线出于肩;"两"字上横线与肩等长,折肩,为"十字两"		穿上下各有一道凸起			
SDM214:14-34		2.4	0.8	2.5	文字不清晰					

编　号	种类	钱径	穿宽	重量	文　字	形　制	记　号	附着物	图　号	备　注
SDM214：14-35		2.5	0.8	1.9	文字凸起,笔画较细,字大于芬。"半"字头部转折,两横线等长,竖线出于下横线;"两"字上横线比肩略短,折肩,内部锈蚀					
SDM214：14-36		2.3	0.9	2.4	文字扁平,字等于芬。"半"字头部转折,两横线等长,竖线出于下横线;"两"字上横线与肩等略短,折肩,为"十字两"					有3铸口
SDM214：14-37		2.5	0.7	2.9	文字凸起,字等于芬。"半"字头部转折,两横线等长,竖线出于下横线;"两"字上横线与肩略等,折肩,为"倒T两"	穿孔不规则				
SDM214：14-38		2.3	0.8	2.5	文字不清晰					
SDM214：14-39	半两	2.3	0.7	2.7	同上					有1铸口
SDM214：14-40		2.5	1	2.7	文字凸起,字小于芬。"半"字头部锈蚀不清,两横线等长,竖线略出下横线;"两"字上横线比肩略短,折肩,为"十字两"					有1铸口
SDM214：14-41		2.6	0.8	2.4	文字不清晰		肉上有孔			
SDM214：14-42		2.5	0.9	3	文字扁平,字等于芬。"半"字头部转折,两横线等长,竖线出于下横线;"两"字上横线与肩等,折肩,为"十字两"		穿上下各有一道凸起			有1铸口
SDM214：14-43		2.5	0.8	2.4	文字扁平,字大于芬。"半"字头部转折,两横线等长,竖线出于下横线;"两"字上横线与肩略等,折肩,为"双人两"					
SDM214：14-44		2.3	0.7	2.5	文字扁平,字等于芬。"半"字头部转折,两横线等长,竖线出于下横线;"两"字上横线与肩等略短,折肩,为"十字两"	穿孔不规则				
SDM214：14-45		2.6	1	2.6	文字不清晰	穿孔不规则				

续表

编号	种类	钱径	穿宽	重量	文字	形制	记号	附着物	图号	备注
SDM214：14-46		2.5	0.8	2.5	同上	穿孔不规则 钱缘有毛茬				
SDM214：14-47		2.6	0.8	2.3	同上	穿孔不规则				
SDM214：14-48		2.3	0.8	3	文字扁宽,字等于穿。"半"字锈蚀不清;"两"字上横线较短,折肩,为"连山两"					有1铸口
SDM214：14-49		2.4	0.8	2	文字不清晰					
SDM214：14-50		2.4	0.9	2.5	文字凸起,字等于穿。"半"字锈蚀不清;"两"字上横线与肩略等,折肩,内部锈蚀					有1铸口
SDM214：14-51	半两	2.4	0.9	1.9	文字锈蚀不清					
SDM214：14-52		2.5	1	2.3	文字凸起,字等于穿。"半"字头上部转折,竖线微出于下横线;"两"字上横线较短,折肩,为"倒T两"		肉上有孔			
SDM214：14-53		2.6	0.9	1.9	文字浅细,两横线等长。"半"字头部转折,两横线出于下横线;"两"字上横线较短,折肩,为"十字两"					
SDM214：14-54		2.4	1	2.5	文字凸起,字等长。"半"字头部转折,两横线等长,竖线出于下横线;"两"字上横线长,折肩,为"十字两"		穿上下各有一凸起			
SDM214：14-55		2.5	0.6	2.1	文字锈蚀不清	钱缘有毛茬				
SDM214：14-56		2.6	0.9	2	同上	同上				
SDM214：14-57		2.6	0.7	2	同上	同上				
SDM214：14-58		2.4	1	2.4	文字扁平,字等长。"半"字头上部转折,竖线出于下横线;"两"字上横线与肩等长,折肩,为"双人两"	同上				
SDM214：14-59		2.6	0.8	2.6	文字不清晰					

续表

编号	种类	钱径	穿宽	重量	文字	形制	记号	附着物	图号	备注
SDM214：14-60	半两	2.5	0.9	2.1	文字凸起,字等于穿。"半"字头部转折,下横线略短,竖线微出下横线,折肩,"两"字上横线与肩等长,内部锈蚀	同上				
SDM214：14-61		2.4	0.7	2.6	文字扁平,字等于穿。"半"字头部转折,两横线等长,竖线出于肩等长,折肩,"两"字上横线与肩等长,内部锈蚀	穿孔不规则				
SDM214：14-62		2.4	0.9	2.4	文字凸起,字等于穿。"半"字头部转折,两横线等长,折肩;"两"字上横线与肩略等,为"连山两"	同上				
SDM214：14-63		2.3	0.7	1.9	文字不清晰	钱缘有毛茬				
SDM214：14-64		2.5	0.9	2.4	文字浅细,字等于穿。"半"字头部转折,两横线等长,竖线出于下横线,折肩,"两"字上横线较短,锈蚀	同上				
SDM214：14-65		2.7	1	2.5	文字大于穿。"半"字头部呈"八"字状,下横线略短,竖线出下横线;"两"字无上横线,折肩,为"双人两"					
SDM214：14-66		2.4	1	2.8	文字锈蚀不清					
SDM214：14-67		2.7	0.9	2.3	文字扁平,字大于穿。"半"字头部转折,两横线等长,竖线出于下横线,折肩,"两"字无上横线,为"双人两"	穿孔不规则				
SDM214：14-68		2.3	0.9	2.5	文字扁平,字等于穿。"半"字头部转折,两横线等长,竖线出于肩等长,内部锈蚀					有1铸口
SDM214：14-69		2.4	0.7	2.1	文字扁平,字等于穿。"半"字头部转折,下横线略短,竖线出于下横线,折肩,"两"字上横线与肩等长,为"双人两"	穿孔不规则				

续表

编号	种类	钱径	穿宽	重量	文字	形制	记号	附着物	图号	备注
SDM214：14-70		2.4	0.7	2.4	文字凸起，字略大于穿。"半"字头部转折，两横线等长，竖线出于下横线；"两"字上横线与肩等长，折肩，为"双人两"		穿上有一凸起			
SDM214：14-71		2.4	0.8	2.4	文字扁平，字等于穿。"半"字头部转折，两横线略等，竖线出于下横线；"两"字上横线与肩等长，折肩，为"十字两"					钱缘残损
SDM214：14-72		2.7	0.9	2.3	文字锈蚀不清					钱缘残损
SDM214：14-73		3.1	0.8	3.9	同上					
SDM214：14-74		2.8	0.8	2.5	文字扁平，字大于穿。"半"字头部转折，下横线略长，竖线出于下横线；"两"字上横线较短，折肩，为"双人两"					
SDM214：14-75	半两	3	0.9	2.5	文字锈蚀不清					
SDM214：14-76		2.5	0.9	2.6	文字凸起，字等于穿。"半"字头部呈"八"字状，两横线等长，竖线出于下横线；"两"字上横线略等，折肩，为"连山两"					
SDM214：14-77		2.5	0.9	2.5	文字锈蚀不清					
SDM214：14-78		2.4	0.8	1.9	同上					
SDM214：14-79		2.7	1	2.3	文字浅细，字大于穿。"半"字头部转折，下横线略短，竖线出于下横线；"两"字上横线较短，折肩，为"双人两"					
SDM214：14-80		3.1	0.9	2.3	文字锈蚀不清		肉上有孔			
SDM214：14-81		2.5	0.8	1.9	同上	钱缘不规整				
SDM214：14-82		2.7	0.9	2.3	同上					
SDM214：14-83		2.4	0.7	2.4	同上					

续表

编号	种类	钱径	穿宽	重量	文字	形制	记号	附着物	图号	备注
SDM214:14-84	半两	2.9	0.8	2.7	文字凸起,字大于穿。"半"字头部转折,下横线略短,竖线微出下横线;"两"字上横线不明显,折肩,为"双人两"					
SDM214:14-85		2.7	0.8	2.5	文字不清晰	钱缘不规整				
SDM214:14-86		2.6	0.9	2.5	同上		肉上有孔			
SDM214:14-87		2.6	0.8	1.9	文字扁平、字大于穿。"半"字头部转折,下横线略短,竖线微出下横线;"两"字上横线不明显,折肩,为"双人两"					
SDM214:14-88		2.7	0.8	2.5	文字不清晰	穿孔不明显				
SDM214:14-89		2.6	0.8	2.9	同上					
SDM214:14-90		2.5	0.8	2.6	文字扁平、字等于穿等,两横线略短,竖线出肩等长,折肩,为"双人两"					
SDM214:14-91		2.7	0.8	2.1	文字凸起,字略大于穿等,两横线略短,竖线出于下横线;"两"字无上横线,折肩,为"双人两"					
SDM214:14-92		2.6	0.9	2.8	文字不清晰					
SDM214:14-93		2.7	0.8	2.5	同上					有1铸口
SDM214:14-94		2.5	0.8	2	同上					钱缘残损
SDM214:14-95		2.5	0.9	2.2	同上					
SDM214:14-96		2.5	0.7	2.4	同上					
SDM214:14-97		2.7	0.8	2	同上					
SDM214:14-98		2.7	0.8	2.6	文字凸起,字略大于穿。"半"字头部转折,下横线略短,竖线微出下横线;"两"字上横线不明显,折肩,为"双人两"					

续表

编号	种类	钱径	穿宽	重量	文字	形制	记号	附着物	图号	备注
SDM214：14-99		2.9	1	2.6	文字扁平，字略大于穿。"半"字头部转折，两横线等长，竖线出于肩等长；"两"字上横线与肩等长，折肩，为"倒T两"	钱缘不规整				
SDM214：14-100		2.7	0.8	2.7	文字扁平，字大于穿。"半"字头部转折，下横线略短，竖线出于肩等长；"两"字上横线与肩等长，折肩，为"连山两"					
SDM214：14-101		2.4	0.9	2	笔画较细，字大于穿。"半"字头部转折，两横线等长，竖线出于肩等长；"两"字上横线与肩等长，折肩，为"连山两"					
SDM214：14-102		2.4	0.9	2.1	文字凸起，笔画较细，字大于穿。"半"字头部转折，两横线等长，竖线比肩略短，折肩；"两"字上横线较短，折肩，为"连山两"					
SDM214：14-103	半两	2.4	0.7	2.7	文字不清晰					
SDM214：14-104		2.3	0.8	2.1	文字扁平，字等于穿。"半"字头部转折，两横线等长，竖线略出于肩等长；"两"字上横线与肩等长，折肩，为"双人两"	钱郭				
SDM214：14-105		2.7	0.9	2.3	文字扁平，字略大于穿。"半"字头部转折，两横线等长，竖线出于肩等长；"两"字上横线较短，折肩，为"双人两"					
SDM214：14-106		2.4	0.7	2.7	文字不清晰					有1铸口
SDM214：14-107		2.7	0.9	2.3	同上	钱郭				
SDM214：14-108		2.9	0.9	2.4	同上					钱缘残损
SDM214：14-109		2.6	0.9	2.6	同上					同上
SDM214：14-110		2.7	0.9	2.3	同上					同上
SDM214：14-111		2.5	0.7	2.9	同上	穿孔不规则				同上

续表

编号	种类	钱径	穿宽	重量	文字	形制	记号	附着物	图号	备注
SDM214：14-112		2.8	0.7	2.2	同上					
SDM214：14-113		2.8	0.8	2.2	文字扁平，字大于穿。"半"字锈蚀不清；"两"字上横线较短，折肩，为"双人两"					
SDM214：14-114		2.7	0.9	2.4	同上					
SDM214：14-115		2.6	0.9	2.2	文字不清晰					钱缘残损
SDM214：14-116		2.5	0.9	2.1	文字扁平，字等于穿。"半"字锈蚀不清；"两"字上横线与肩等长，折肩，为"双人两"					有1铸口
SDM214：14-117		2.9	0.9	2.2	文字不清晰					
SDM214：14-118		2.7	0.9	2.5	文字凸起，字大于穿。"半"字头部转折，下部锈蚀不清；"两"字上横线较短，折肩，为"连山两"					
SDM214：14-119	半两	2.7	0.9	2.4	文字不清晰	穿孔不规则				
SDM214：14-120		2.6	0.7	2.4	同上					
SDM214：14-121		2.7	0.9	2.5	文字扁平，字略大于穿。"半"字头部转折，两横线等长，竖线出于下横线；"两"字上横线较短，折肩，为"双人两"					
SDM214：14-122		2.8	0.8	2.4	同上		肉上有孔			
SDM214：14-123		2.7	0.9	2.6	文字扁平，字状。"半"字头部呈"八"字状，下横线略短，竖线出于下横线；"两"字上横线较短，折肩，为"双人两"					有1铸口
SDM214：14-124		2.4	0.8	2.3	文字不清晰					
SDM214：14-125		2.6	0.8	1.9	文字凸起，字略大于穿。"半"字头部转折，下横线略短，竖线出于下横线；"两"字上横线较短，折肩，为"双人两"					

续表

编　号	种类	钱径	穿宽	重量	文　字	形　制	记　号	附着物	图　号	备　注
SDM214：14-126		2.8	0.9	2.5	文字不清晰					
SDM214：14-127		2.6	0.8	2.4	同上					
SDM214：14-128		2.6	0.8	2.2	文字扁平，字略大于穿。"半"字头部转折，下横线略短，竖线微出下横线；"两"字无上横线，折肩，为"双人两"					
SDM214：14-129		2.7	0.8	2.8	文字不清晰					
SDM214：14-130		2.4	0.9	1.9	同上					钱缘残损
SDM214：14-131		2.7	0.8	2	文字凸起、字大于穿。"半"字头部转折，下横线较短，竖线出于下横线；"两"字上横线较短，折肩，为"双人两"					
SDM214：14-132	半两	2.4	0.7	2.6	文字凸起，字略大于穿等长，两横线等长。"半"字头部转折折，两横线略短，竖线出于下横线，折肩，为"倒T两"		穿上下各有一凸起			
SDM214：14-133		2.8	0.9	2.5	文字扁平、字大于穿。"半"字头部转折，下横线较短，竖线出于下横线；"两"字上横线，为"双人两"					有1对对称铸口
SDM214：14-134		2.8	0.9	2.2	文字扁平，字大于穿。"半"字头部转折，下横线略短，竖线较短，折肩，为"双人两"	穿孔不规则				
SDM214：14-135		2.3	0.7	2.2	文字不清晰					
SDM214：14-136		2.7	0.9	2.6	文字凸起，字大于穿。"半"字头部转折，两横线等长，竖线出于下横线；"两"字上横线较短，折肩，为"双人两"					钱缘残损
SDM214：14-137		2.9	0.8	2.3	文字不清晰					

续表

编号	种类	钱径	穿宽	重量	文字	形制	记号	附着物	图号	备注
SDM214:14-138	半两	2.6	0.8	1.7	文字凸起，字大于穿。"半"字头部转折，下横线较短，"两"字上横线较短，折肩，为"双人两"					
SDM214:14-139		2.7	0.9	2.2	文字不清晰					有1铸口
SDM214:14-140		2.7	0.8	2.1	同上					
SDM214:14-141		2.4	0.7	2.6	文字凸起，字等于穿。"半"字头部转折，两横线等长，竖线出于下横线；"两"字上横线与肩等长，折肩，为"十字两"					有1铸口
SDM214:14-142		2.8	0.9	4	文字凸起，字略等于穿。"半"字头部转折，下横线出于下横线；"两"字上横线与肩略等，折肩，为"双人两"					钱缘残损
SDM214:14-143		2.7	0.7	2.5	文字不清晰					
SDM214:14-144		2.6	0.7	2.3	同上					
SDM214:14-145		2.4	0.7	2.8	同上					有1铸口
SDM214:14-146		2.6	0.9	2.1	同上					
SDM214:14-147		2.8	0.9	2.3	笔画较细，字大于穿。"半"字头部呈"八"字状，两横线等长，竖线出于下横线；"两"字上横线，为"双人两"					
SDM214:14-148		2.5	0.9	2	文字凸起，字略大于穿。"半"字头部呈"八"字状，上横线较短，竖线出于下横线，"两"字上横线与肩等短，折肩，为"连山两"					
SDM214:14-149		2.7	0.9	2.4	文字扁平，字略等于穿。"半"字头部转折，两横线等长，"两"字上横线较短，折肩，为"连山两"					钱缘残损

续表

编号	种类	钱径	穿宽	重量	文字	形制	记号	附着物	图号	备注
SDM214：14-150	半两	2.5	0.9	2.4	文字扁平、字大于穿。"半"字头部呈"八"字状,两横线等长,竖线微伸出下横线;"两"字上横线与肩略等,折肩,为"连山两"					
SDM214：14-151		2.9	1	2.2	文字不清晰					
SDM214：14-152		2.7	1.1	2.3	文字不清,字大于穿。"半"字头部转折,下横线略短,竖线出于下横线;"两"字上横线比肩略短,折肩,为"双人两"		肉上有孔			
SDM214：14-153		2.6	0.8	2.4	文字不清晰					
SDM214：14-154		2.6	0.8	2.5	文字扁平、字大于穿。"半"字头部转折,下横线略短,竖线出于下横线;"两"字上横线较短,折肩,为"双人两"					
SDM214：14-155		2.5	0.8	2.5	文字不清晰					
SDM214：14-156		2.8	0.9	2.5	文字凸起、字大于穿。"半"字头部转折,两横线略等长,竖线出于下横线;"两"字上横线较短,折肩,为"双人两"					
SDM214：14-157		2.6	0.8	1.9	文字凸起、字大于穿。"半"字头部转折,两横线略等,竖线出于下横线;"两"字上横线较短,折肩,为"双人两"					
SDM214：14-158		2.8	0.8	4.6	文字不清晰					
SDM214：14-159		2.7	0.9	1.9	文字凸起、字大于穿。"半"字头部转折,两横线等长,竖线伸出下横线;"两"字上横线较短,折肩,为"双人两"					钱缘残损
SDM214：14-160		2.5	0.8	2.3	文字扁平、字等大于穿。"半"字头部转折,两横线略等,竖线出于下横线;"两"字上横线比肩略短,折肩,为"双人两"	穿孔有毛茬				

续表

编 号	种类	钱径	穿宽	重量	文 字	形 制	记 号	附着物	图 号	备 注
SDM214:14-161		2.8	0.8	2.7	文字不清晰					有1对对称铸口
SDM214:14-162		2.8	0.9	2.2	文字扁平、字等于穿。"半"字头部转折,两横线略等,竖线出于下横线;"两"字锈蚀不清					
SDM214:14-163		2.7	0.8	2.1	文字凸起,字大于穿。"半"字头部转折,下横线较短,竖线出于肩等长;"两"字上横线与肩等长,为"双人两"					
SDM214:14-164		2.3	0.8	2.9	文字扁平、字等于穿。"半"字头部转折,两横线略等,竖线出于下横线;"两"字上横线比肩略长,折肩,为"双人两"					
SDM214:14-165	半两			6	文字扁平、字等于穿。"半"字头部转折,两横线略等,竖线出于下横线;"两"字上横线略短,折肩,为"双人两"		穿上下各有一道凸起			2枚粘合
SDM214:14-166		2.5	0.8	2	文字扁平、字大于穿。"半"字头部转折,两横线等长,竖线出于下横线;"两"字上横线锈蚀不清,折肩,为"双人两"					
SDM214:14-167				2.5	文字不清晰					
SDM214:14-168		2.4	1	2.6	同上					
SDM214:14-169		2.7	0.8	2.1	文字扁平、字大于穿。"半"字头部转折,两横线等长,竖线出于下横线;"两"字上横线等长,折肩,为"十字两"		穿上下各有一道凸起			2枚粘合
SDM214:14-170		2.6	0.9	2.6	文字凸起,字大于穿。"半"字头部转折,两横线略等,竖线微出下横线;"两"字上横线较短,折肩,为"双人两"		肉上有孔			

续表

编号	种类	钱径	穿宽	重量	文字	形制	记号	附着物	图号	备注
SDM214：14-171	半两	2.8	0.8	2.4	文字扁平、字等于穿。"半"字头部转折，两横线略等，竖线微出下横线；"两"字上横线较短，折肩，为"双人两"					
SDM214：14-172		2.4	0.8	2.5	文字不清晰					有1铸口
SDM214：14-173		2.7	0.8	2.4	文字凸起、字大于穿。"半"字头部转折，两横线略等，竖线出于下横线；"两"字上横线比肩略短，折肩，为"双人两"	穿下有郭				
SDM214：14-174		2.6	0.8	2	文字扁平、字大于穿。"半"字头部转折，下横线略短，竖线出于下横线；"两"字上横线较短，折肩，为"双人两"					
SDM214：14-175		2.8	0.8	4.6	文字凸起、字大于穿。"半"字头部转折，下横线较短，竖线出于下横线；"两"字上横线较短，折肩，为"双人两"					
SDM214：14-176		2.8	0.8	2.2	文字凸起、字大于穿。"半"字头部呈"八"字状，两横线略等，竖线出于下横线；"两"字上横线不明显，为"双人两"					
SDM214：14-177		2.5	0.9	2.5	文字凸起、字大于穿。"半"字头部转折，下横线略长，竖线出于下横线；"两"字上横线与肩略等，折肩，为"双人两"					
SDM214：14-178		2.7	0.8	2.2	文字凸起、字大于穿。"半"字头部转折，下横线较短，竖线不明显，折肩；"两"字上横线不明显，折肩，为"双人两"	钱缘有毛茬				
SDM214：14-179		2.7	0.8	2.6	文字不清晰					
SDM214：14-180		2.7	0.8	2.8	同上					

编　号	种类	钱径	穿宽	重量	文　字	形　制	记　号	附着物	图　号	备　注
SDM214:14-181		2.8	0.8	2.1	文字凸起,字大于笔。"半"字头部转折,两横线略等,竖线出于下横线;"两"字上横线较短,为"双人两"					
SDM214:14-182		2.6	0.9	2.6	文字不清晰					有1铸口
SDM214:14-183		2.7	0.8	2.4	同上					
SDM214:14-184		2.7	0.9	2.5	文字凸起,字大于笔。"半"字头部转折,下横线较短,竖线出于肩,折肩;"两"字上横线较短,为"连山两"					
SDM214:14-185		2.7	0.8	2.7	文字凸起,字大于笔。"半"字头部转折,两横线略等,竖线出于下横线;"两"字上横线较短,折肩,为"双人两"					
SDM214:14-186	半两	2.5	0.7	1.9	文字扁平,字大于笔。"半"字头部转折,下横线较短,竖线出于下横线;"两"字上横线较短,为"双人两"					
SDM214:14-187		2.7	0.8	2.3	文字凸起,字大于笔。"半"字头部转折,两横线略等,竖线出于下横线;"两"字上横线较短,折肩,为"双人两"		穿上有孔			
SDM214:14-188		2.8	0.8	3	文字扁平,字大于笔。"半"字头部转折,两横线略等,竖线出于下横线;"两"字上横线较短,折肩,为"双人两"					
SDM214:14-189		2.7	0.8	2.7	文字不清晰					
SDM214:14-190		2.7	0.9	2.5	同上		穿上有孔			
SDM214:14-191		2.6	1	2.1	文字扁平,字略等于笔。"半"字头部转折,下部锈蚀不清;"两"字上横线较短,折肩,为"双人两"					
SDM214:14-192		2.8	0.8	2.4	文字不清晰					

续表

编号	种类	钱径	穿宽	重量	文字	形制	记号	附着物	图号	备注
SDM214:14-193	半两	2.7	0.8	2.3	文字扁平,字略等于穿。"半"字头部转折,两横线略等;竖线出于下横线;"两"字上横线不明显,折肩,为"双人两"					
SDM214:14-194		2.7	0.8	2.6	文字扁平,字略等于穿。"半"字头部残损,两横线略等,竖线微出下横线;"两"字无上横线,折肩,为"双人两"					
SDM214:14-195		2.7	0.8	2.4	文字凸起,字略等于穿。"半"字头部转折,两横线略等,竖线微出下横线;"两"字无上横线,折肩,为"双人两"					
SDM214:14-196		2.5	0.8	2.1	文字不清晰	钱缘有毛茬				
SDM214:14-197		2.4	0.9	2.2	同上					
SDM214:14-198		2.3	0.9	1.6	同上	穿孔不规则				
SDM214:14-199		2.7	1	2.5	文字凸起,字略等于穿。"半"字头呈"八"字状,下横线比肩略短,折肩,为"两";"两"字上肩略短,折肩,为"连山两"					
SDM214:14-200		2.4	0.9	3	文字凸起,字大于穿。"半"字头部呈"八"字状,两横线略等,竖线微出下横线;"两"字上横线较短,折肩,为"连山两"					
SDM214:14-201		2.7	0.9	2.5	文字扁平,字大于穿。"半"字头部呈"八"字状,下横线短,竖线出于下横线;"两"字上横线不明显,折肩,为"双人两"					
SDM214:14-202		2.7	0.9	2.8	文字不清晰					
SDM214:14-203		2.3	0.9	2.4	文字扁平,字略等于穿。"半"字头部转折,两横线略等;竖线出于下横线;"两"字上横线不明显,折肩,为"十字两"					

续表

编 号	种类	钱径	穿宽	重量	文 字	形 制	记 号	附着物	图 号	备 注
SDM214：14-204	半两	2.7	0.9	2.6	文字凸起，字大于穿。"半"字头部转折，下横线略短，竖线出于下横线；"两"字上横线较短，折肩，为"双人两"		肉上有孔			
SDM214：14-205		2.8	0.8	2.5	文字不清晰					
SDM214：14-206		2.4	0.9	1.8	同上					
SDM214：14-207		2.6	0.9	2	文字扁平，字略大于穿。"半"字头部转折，两横线略等，竖线出于下横线；"两"字上横线较短，折肩，为"连山两"					
SDM214：14-208		2.8	0.8	2.5	文字扁平，字略大于穿等 竖线出于下横线；"半"字头部转折，两横线不明显，折肩，为"两"字上横线不明显，折肩，为"双人两"					
SDM214：14-209		2.6	0.9	1.8	文字不清晰					
SDM214：14-210		2.9	0.9	2.6	同上					
SDM214：14-211		2.8	0.8	2.6	同上					
SDM214：14-212		2.7	0.8	2.6	文字扁平，字略等于穿。"半"字头部锈蚀，下横线出于竖线长，折肩，为"双人两"					
SDM214：14-213		2.9	0.8	2.7	文字扁平，字大于穿。"半"字头部转折，两横线略等，竖线出于下横线；"两"字上横线较短，折肩，为"双人两"					
SDM214：14-214		2.7	0.8	2.5	文字扁平，字大于穿。"半"字锈蚀不清；"两"字上横线较短，折肩，为"双人两"					
SDM214：14-215		2.6	0.7	2.7	文字不清晰					
SDM214：14-216		2.9	0.8	2.2	同上					钱缘残损

续表

编　号	种类	钱径	穿宽	重量	文　字	形　制	记　号	附着物	图　号	备　注
SDM214∶14-217	半两	2.4	0.7	2.4	文字凸起，字略等于笭。"半"字头部转折，两横线略等，竖线出于下横线；"两"字上横线较短，折肩，为"双人两"					
SDM214∶14-218		2.4	0.8	2.2	文字凸起，字略等于笭。"半"字头部转折，两横线略等，竖线出于下横线；"两"字锈蚀不清					有1铸口
SDM214∶14-219		2.7	0.8	2.6	文字扁平，字大于笭。"半"字头部转折，两横线略等，竖线出于下横线；"两"字上横线不明显，折肩，为"双人两"					
SDM214∶14-220		2.7	0.8	2.3	文字扁平，字大于笭。"半"字头部呈"八"字状，两横线略等，竖线出于下横线；"两"字上横线略，为"双人两"					
SDM214∶14-221		2.5	0.9	2.1	文字扁平，字略等于笭。"半"字头部转折，两横线略等，竖线出于下横线；"两"字上横线与肩宽略，折肩，为"双人两"					
SDM214∶14-222		2.8	0.9	2.3	文字不清晰					
SDM214∶14-223		2.5	0.9	2.1	文字扁平，字状呈"八"字，两横线略等，竖线出于下横线；"两"字上横线与肩等长，折肩，为"十字两"					
SDM214∶14-224		2.5	0.8	2.4	文字扁平，字略等于笭。"半"字头部转折，两横线略等，竖线出于下横线；"两"字上横线与肩长，折肩，为"双人两"	穿孔有毛茬				有1铸口
SDM214∶14-225		2.8	0.8	2.5	文字不清晰					
SDM214∶14-226		2.7	0.8	2.3	文字扁平，字大于笭。"半"字锈蚀不清；"两"字上横线较短，折肩，为"双人两"					

续表

编 号	种类	钱径	穿宽	重量	文 字	形 制	记 号	附着物	图 号	备 注
SDM214：14-227	半两	2.7	0.7	2.4	文字扁平，字大于穿。"半"字头部转折，下横线较短，竖线出于下横线；"两"字上横线较短，折肩，为"双人两"					
SDM214：14-228		2.7	0.8	2	文字扁平，字大于穿。"半"字头部转折，下横线较短，竖线出于下横线；"两"字上横线与肩略等，折肩，为"双人两"					
SDM214：14-229		2.8	0.8	6.3	文字凸起，字大于穿。"半"字头部转折，两横线略等，竖线微出下横线；"两"字上横线略短，折肩，为"双人两"					
SDM214：14-230		2.8	0.9	2.4	文字扁平，字大于穿。"半"字头部转折，两横线略等，竖线出于下横线；"两"字上横线较短，折肩，为"双人两"					
SDM214：14-231		2.5	0.7	2.2	文字扁平，字略等于穿。"半"字头部转折，两横线略等，竖线出于下横线；"两"字上横线较短，折肩，内部锈蚀					
SDM214：14-232		2.4	0.8	2.6	文字凸起，字大于穿。"半"字头部转折，两横线略等，竖线出于下横线；"两"字上横线较短，折肩，为"双人两"					有1铸口
SDM214：14-233		2.6	0.9	3.1	文字不清晰					有1铸口
SDM214：14-234		2.4	0.7	2.9	文字扁平，字略等于穿。"半"字头部转折，两横线略等，竖线出于下横线；"两"字上横线与肩等长，折肩，为"双人两"		穿上下各有一道凸起			
SDM214：14-235		2.8	0.8	2.3	文字扁平，字略等于穿。"半"字头部转折，下横线较短，竖线出下横线；"两"字无上横线，折肩，为"双人两"					有1铸口
SDM214：14-236		2.6	0.8	2.7	文字不清晰					

续表

编　号	种类	钱径	穿宽	重量	文　字	形　制	记　号	附着物	图　号	备　注
SDM214∶14-237		2.6	0.8	3.8	文字凸起,字大于穿。"半"字头部锈蚀不清,两横线略等,竖线出于下横线;"两"字上横线较短,折肩,为"连山两"	钱缘有毛茬				
SDM214∶14-238		2.8	0.8	2.1	文字扁平,字等于穿。无"半"字;"两"字上横线不明显,折肩,为"双人两"					
SDM214∶14-239		2.6	0.8	2	文字扁平,字大于穿。"半"字部转折,下横线略短,竖线出于下横线;"两"字上横线较短,折肩,为"双人两"					
SDM214∶14-240	半两	2.7	0.9	2.6	文字扁平,字略等于穿。"半"字头部转折,两横线略等,竖线出于下横线;"两"字上横线与肩宽略等,为"双人两"					
SDM214∶14-241		2.5	0.8	1.5	文字扁平,字略等于穿。"半"字头部转折,两横线略等;"两"字上横线较短,折肩,为"双人两"					
SDM214∶14-242		2.5	0.7	2.1	文字不清晰					
SDM214∶14-243		2.7	0.8	2.8	同上					
SDM214∶14-244		2.7	0.7	2.6	文字扁平,字略等于穿。"半"字头部转折,下横线略短,竖线出于下横线;"两"字上横线不明显,折肩,为"双人两"					
SDM214∶14-245		2.4	0.9	2.2	文字凸起,字略等于穿。"半"字部转折,两横线略等,竖线出于下横线;"两"字上横线较短,折肩,为"双人两"					
SDM214∶14-246		2.7	0.9	2.6	文字不清晰					
SDM214∶14-247		2.7	1	2.3	文字凸起,字略大于穿。"半"字头部转折,两横线略等,竖线出于下横线;"两"字上横线较短,折肩,为"双人两"					

续表

编号	种类	钱径	穿宽	重量	文字	形制	记号	附着物	图号	备注
SDM214:14-248	半两	2.6	0.9	2.1	文字扁平,字略等于穿。"半"字头部转折,下横线略短,竖线出于下横线;"两"字上横线较短,折肩,为"双人两"					
SDM214:14-249		2.6	0.9	2.4	文字不清晰					有1铸口
SDM214:14-250		2.5	0.7	2.8	同上					钱缘残损
SDM214:14-251		2.2	0.9	1.6	文字扁平,瘦长,字等于穿。"半"字头部转折,下横线略短,竖线出于下横线;"两"字横线与肩略等,折肩,内部锈蚀	广穿				
SDM214:14-252		2.4	1	2	文字不清晰	钱缘有毛茬				
SDM214:14-253		2.4	0.9	3	文字不清晰		穿上下各有一道凸起			
SDM214:14-254		2.4	1	1.9	文字扁平,字略等于穿。"半"字头部转折,两横线略等,竖线出于下横线;"两"字上横宽于肩略等,为"双人两"					
SDM214:14-255		2.7	0.9	2.1	文字扁平,字大于穿。"半"字头部转折,"两"字上横线不明显,为"双人两"					
SDM214:14-256		2.8	0.8	2.5	文字不清晰					
SDM214:14-257		2.5	0.8	1.4	文字扁平,字略大于穿。"半"字下部锈蚀不清,"两"字上横线不明显,折肩,内部锈蚀					
SDM214:14-258		2.7	0.8	2.6	文字扁平,字略大于穿。"半"字头部转折,两横线略等,竖线出于下横线;"两"字上横线较短,折肩,为"双人两"					

续表

编 号	种类	钱径	穿宽	重量	文 字	形 制	记 号	附着物	图 号	备 注
SDM214∶14-259	半两	2.6	0.9	2.4	文字扁平,字略等于穿。"半"字头部转折,两横线略等,竖线出于下横线;"两"字上横线较短,折肩,为"双人两"					
SDM214∶14-260		2.8	0.8	2.8	文字扁平,字略大于穿。"半"字头部转折,两横线略等,竖线出于下横线;"两"字上横线较短,折肩,为"连山两"					
SDM214∶14-261		2.7	0.8	2.6	文字不清晰					有1对对称铸口
SDM214∶14-262		2.7	0.8	1.9	同上					
SDM214∶14-263		2.6	0.9	2.6	文字扁平,字大于穿。"半"字头部转折,两横线略等,竖线出于下横线;"两"字上横线较短,折肩,为"双人两"		肉上有一孔			
SDM214∶14-264		2.7	0.9	2.5	文字凸起,字略等于穿。"半"字头部转折,两横线略等,竖线出于下横线;"两"字与肩部宽略等,折肩,内部锈蚀					钱缘残损
SDM214∶14-265		2.4	0.8	2.4	文字凸起,字略大于穿。"半"字头部转折,下横线较短,竖线微出下横线;"两"字上横线较短,折肩,为"双人两"					
SDM214∶14-266		2.7	0.8	2.3	文字凸起,字略大于穿。"半"字头部呈"八"字状,两横线略等,竖线出于下横线;"两"字上横线较宽略等,折肩,为"1字两"					
SDM214∶14-267		2.5	1	1.5	文字不清晰	广穿	穿上有孔			
SDM214∶14-268		2.7	0.8	2	文字扁平,细长,字略大于穿。"半"字头部细长,两横线略等,竖线出于下横线;"两"字上横线较短,折肩,为"双人两"					
SDM214∶14-269		2.7	1	2.4	文字不清晰					

续表

编号	种类	钱径	穿宽	重量	文字	形制	记号	附着物	图号	备注
SDM214:14-270	半两	2.7	1	2.2	文字扁平，较细长，字略等于穿。"半"字头部转折，下横线略短，竖线出于下横线；"两"字上横线较短，折肩，为"双人两"					
SDM214:14-271		2.4	0.9	2.1	同上					
SDM214:14-272		2.5	0.9	2.2	文字扁平，较细长，字略等穿。"半"字头部转折，两横线略等，竖线出于下横线，"两"字上横线与肩等长，折肩，为"连山两"					
SDM214:14-273		2.4	0.7	2.6	文字扁平，字略等于穿。"半"字部转折，两横线略等，竖线出于下横线，"两"字上横线与肩等长，折肩，为"连山两"					钱缘残损
SDM214:14-274		2.7	0.9	2.1	文字扁平，字略等于穿。"半"字上横线较短，折肩，为"十字两"不清；"两"字较短，折肩，为"十字两"					
SDM214:14-275		2.4	0.9	2.4	文字扁平，字略大于穿。"半"字头部转折，下横线略短，竖线出于下横线；"两"字上横线较短，折肩，为"双人两"		穿上有孔			
SDM214:14-276		2.7	0.9	2.8	文字凸起，较细长，字略等穿。"半"字头部转折，两横线略等，竖线出于下横线，"两"字上横线与肩等长，折肩，为"十字两"					
SDM214:14-277		2.7	0.8	2	文字扁平，字略大于穿。"半"字头部转折，下横线略短，竖线出于下横线；"两"字上横线较短，折肩，为"双人两"					
SDM214:14-278		2.8	0.9	2.3	文字扁平，字略等于穿。"半"字锈蚀不清晰；"两"字无上横线，折肩，为"双人两"					

续表

编　号	种类	钱径	穿宽	重量	文　字	形　制	记　号	附着物	图　号	备　注
SDM214:14-279	半两	2.8	0.9	2.4	文字扁平，字略等于茶。"半"字头部略呈"八"字状，两横线略等，竖线出于下横线；"两"字上横线较短，折肩，为"倒T两"					
SDM214:14-280		2.8	0.8	2.3	文字凸起，字略大于茶。"半"字头部转折，下横线略短，竖线出于下横线；"两"字上横线较短，折肩，为"双人两"	钱缘有毛茬				
SDM214:14-281		2.7	0.8	1.9	文字扁平，字略等于茶。"半"字头部转折不明显，两横线略等，竖线出于下横线；"两"字上横线较短，折肩，为"倒T两"	穿孔不规则				
SDM214:14-282		2.6	0.8	2.4	文字扁平，字略大于茶。"半"字头部转折，两横线略等，竖线出于下横线；"两"字上横线较短，折肩，为"倒T两"					
SDM214:14-283		2.7	0.9	1.9	文字不清晰					
SDM214:14-284		2.4	0.9	2.6	同上					
SDM214:14-285		2.5	1	2	文字扁平，字略等于茶。"半"字头部转折，两横线略等，竖线出于下横线；"两"字上横线与肩等，折肩，为"双人两"					
SDM214:14-286		2.8	0.8	5.1	文字凸起，字略等于茶。"半"字头部呈"八"字状，两横线略等，竖线长，折肩等；"两"字上横线与肩等，折肩，为"倒T两"					
SDM214:14-287		2.7	0.8	1.8	文字扁平，字略等于茶。"半"字头部转折，两横线略等，竖线出于下横线；"两"字上横线较短，折肩，为"双人两"					
SDM214:14-288		2.7	0.9	2.7	文字扁平，字略等于茶。"半"字头部转折，两横线略等，竖线出于下横线；"两"字无上横线，折肩，为"双人两"					

续表

编号	种类	钱径	穿宽	重量	文字	形制	记号	附着物	图号	备注
SDM214：14-289		2.7	1	2.7	文字扁平、字略等于柰。"半"字头部转折，下横线略短，竖线出于肩，折肩，为"双人两"					
SDM214：14-290		2.7	0.8	2.1	文字不清晰					
SDM214：14-291		2.5	0.9	3.2	文字扁平、字略等于柰。"半"字头部转折，下横线略短，竖线出于肩，折肩，为"倒T两"					
SDM214：14-292		2.7	0.8	2	文字扁平、字略等于柰，两横线略短，"半"字头部转折，两横线与肩等长，折肩，"两"字上横线与肩等长，折肩，为"连山两"		柰上下各有一道凸起			
SDM214：14-293		2.8	0.8	2.4	文字不清晰					
SDM214：14-294	半两	2.6	0.8	2.6	同上					
SDM214：14-295		2.8	0.7	2.5	文字扁平、字大于柰。"半"字头部转折，下横线略长，竖线出于肩；"两"字上横线略短，折肩，内部锈蚀					
SDM214：14-296		2.4	0.6	2.3	文字扁平、字大于柰。"半"字头部转折，竖线出于下横线，"两"字上横线略短，折肩，为"倒T两"					
SDM214：14-297		2.6	0.8	2.5	文字扁平、两横线略等。"半"字头部转折，竖线出于肩，竖线与肩等长；"两"字上横线略长，为"倒T两"					
SDM214：14-298		2.4	0.9	2.2	文字扁平、两横线略等。"半"字头部转折，下横线略短，竖线出于肩，折肩，为"连山两"		肉上有孔			

续表

编　号	种类	钱径	穿宽	重量	文　字	形　制	记　号	附着物	图　号	备　注
SDM214：14-299	半两	2.4	0.7	2.5	文字扁平，笔画较细，字略大于穿。"半"字头部锈蚀不清，两横线略等，竖线出于下横线；"两"字上横线与肩略等，折肩，为"双人两"					
SDM214：14-300		2.7	0.7	2.6	文字不清晰		肉上有一孔			
SDM214：14-301		2.4	0.9	2.6	文字扁平，字略等于穿。"半"字锈蚀不清，"两"字上横线与肩等长，折肩，为"双人两"					有1对对称铸口
SDM214：14-302		2.7	0.9	2.7	文字扁平，字等于穿。"半"字头部呈"八"字状，下横线较短，竖线出于下横线；"两"字上横线较短，折肩，为"双人两"					
SDM214：14-303		2.7	0.8	2.6	文字凸起，字略大于穿。"半"字头部转折，下横线较短，竖线微出下横线；"两"字上横线比肩略短，折肩，为"双人两"		肉上有孔			
SDM214：14-304		2.6	1	2.5	文字凸起，字等于穿。"半"字头部呈"八"字状，两横线略等，竖线出于下横线；"两"字上横线较短，折肩，为"倒T两"					
SDM214：14-305		2.7	0.9	2.3	文字扁平，字略大于穿。"半"字头部呈"八"字状，下横线略短，竖线出于下横线；"两"字上横线不明显，折肩，为"双人两"		肉上有孔			
SDM214：14-306		2.7	1	2.6	文字凸起，字略大于穿。"半"字头部转折，下横线略短，竖线出于下横线；"两"字上横线不明显，折肩，为"双人两"		肉上有孔			
SDM214：14-307		2.7	0.8	2.4	文字不清晰					

续表

编　号	种类	钱径	穿宽	重量	文　字	形　制	记　号	附着物	图　号	备　注
SDM214:14-308	半两	2.7	0.9	2.4	文字扁平，字略大于穿。"半"字头部转折，下部笔画残缺。"两"字上横线不明显，折肩，为"连山两"					
SDM214:14-309		2.6	0.8	1.7	文字不清晰					
SDM214:14-310		2.6	0.8	2	文字凸起，字大于穿。"半"字头部转折，两横线略等，竖线出于下横线；"两"字上横线较短，折肩，为"双人两"					
SDM214:14-311		2.6	0.9	2.2	文字凸起，笔画较细，字大于穿。"半"字头部转折，下横线略短，竖线出于下横线；"两"字上横线较短，折肩，为"双人两"					
SDM214:14-312		2.7	0.8	2.4	文字凸起，字大于穿。"半"字头部转折，两横线略等，竖线出于下横线；"两"字上横线比肩略短，折肩，为"双人两"					
SDM214:14-313		2.8	0.7	5.1	文字不清晰					
SDM214:14-314		2.6	0.9	2.1	文字凸起，字大于穿。"半"字头部转折，两横线略等，竖线出于下横线；"两"字上横线不明显，折肩，为"双人两"					
SDM214:14-315		2.4	0.7	1.5	文字不清晰					
SDM214:14-316		2.4	0.8	2.4	文字凸起，笔画较细，字略等于穿。"半"字头部转折，两横线略等，竖线出于下横线；"两"字上横线，折肩，为"十字两"					
SDM214:14-317		2.6	0.8	2.2	文字不清晰					
SDM214:14-318		2.7	0.8	2.5	文字扁平，字略等于穿。"半"字锈蚀不清；"两"字上横线不明显，折肩，为"倒T两"					

续表

编 号	种类	钱径	穿宽	重量	文 字	形 制	记 号	附着物	图 号	备 注
SDM214∶14-319		2.7	0.9	2.5	文字扁平，字略等于铢。"半"字头部转折，下横线略短，竖线出于下横线，"两"字上横线不明显，折肩，为"双人两"					
SDM214∶14-320		2.7	0.8	2.6	文字不清晰					钱缘残损
SDM214∶14-321		2.7	0.7	2.2	同上					
SDM214∶14-322		2.2	0.9	3.2	同上					
SDM214∶14-323		2.7	0.8	2.2	文字扁平，字略大于铢。"半"字头部转折，两横线略等，竖线出于下横线，"两"字上横线较短，折肩，为"双人两"					
SDM214∶14-324		2.4	0.7	3	文字不清晰					钱缘残损
SDM214∶14-325		2.4	0.8	2.4	同上					
SDM214∶14-326	半两	2.4	0.9	2.6	文字扁平，字略等于铢。"半"字头部转折，两横线略等，竖线出于下横线，"两"字上横线，为"十字两"					
SDM214∶14-327		2.4	0.9	1.9	文字扁平，两横线略等，竖线出于下横线，"两"字上横线与肩等长，折肩，为"连山两"					
SDM214∶14-328		2.6	0.8	1.7	文字扁平，字略等于铢。"半"字头部转折，两横线略等，竖线出于下横线，"两"字上横线，折肩，为"双人两"		肉上有孔			
SDM214∶14-329		2.4	0.9	1.5	文字扁平，两横线略等转折，竖线出于下横线，"两"字上横线比肩略短，折肩，为"双人两"		肉上有孔			
SDM214∶14-330		2.4	0.8	2.8	文字不清晰					

续表

编　号	种类	钱径	穿宽	重量	文　字	形　制	记　号	附着物	图　号	备注
SDM214:14-331	半两	2.3	0.7	2.3	文字扁平,字略等于穿。"半"字头部转折,两横线略等,竖线出于下横线;"两"字上横线比肩略短,折肩,内部锈蚀		穿上下各有一道凸起			
SDM214:14-332		2.6	0.9	2.3	文字扁平,字略大于穿。"半"字头部转折,两横线略等,竖线出于下横线;"两"字上横线不明显,折肩,为"1字两"					
SDM214:14-333		2.4	0.8	2.8	文字不清晰					
SDM214:14-334		2.7	0.8	2.3	文字扁平,字大于穿。"半"字头部转折,两横线略等,竖线出于下横线;"两"字上横线较短,折肩,为"双人两"		穿上有一道凸起			
SDM214:14-335		2.6	0.8	2.5	文字扁平,字大于穿。"半"字头部转折,两横线略短,竖线与肩等短;"两"字上横线较短,折肩,为"双人两"					
SDM214:14-336		2.6	0.8	1.9	文字不清晰					
SDM214:14-337		2.4	0.9	3	同上					
SDM214:14-338		2.4	0.9	2.6	文字扁平,字略等于穿。"半"字头部转折,两横线略等,竖线出于下横线;"两"字上横线与肩等长,折肩,内部锈蚀		穿上下各有一道凸起			
SDM214:14-339		2.3	0.8	2.6	文字扁平,字略等于穿。"半"字头部转折,两横线略短,竖线与肩等长,折肩,为"十字两"					
SDM214:14-340		2.5	0.8	2.7	文字扁平,字略等于穿。"半"字头部转折,两横线略短,竖线出于下横线;"两"字上横线不明显,折肩,为"连山两"		穿上有一道凸起			

续表

编号	种类	钱径	穿宽	重量	文字	形制	记号	附着物	图号	备注
SDM214：14-341		2.4	0.9	2.5	文字凸起，笔画较细，字略等于穿。"半"字头部转折，两横线略等，竖线出于下横线；"两"字上横线与肩等长，折肩，为"连山两"					
SDM214：14-342		2.5	0.9	2.1	同上					
SDM214：14-343		2.5	1	2.7	文字凸起，字略等于穿。"半"字头部转折，下横线略短，竖线出于下横线；"两"字上横线与肩等长，折肩，为"倒T两"					
SDM214：14-344		2.6	0.9	2.4	文字不清晰					有1铸口
SDM214：14-345		2.4	0.9	2.6	同上					
SDM214：14-346	半两	2.5	0.9	2.3	文字凸起，字略等于穿。"半"字头部转折，两横线等长，竖线出于下横线；"两"字上横线与肩等长，折肩，为"双人两"	钱缘有有毛茬				
SDM214：14-347		2.6	0.8	3	文字不清晰					
SDM214：14-348		2.3	0.9	2.9	文字扁平，字略等于穿。"半"字头部转折，两横线略等，竖线出于下横线；"两"字上横线与肩等长，折肩，为"十字两"					
SDM214：14-349		2.4	0.9	1.7	同上					
SDM214：14-350		2.5	1	2.7	文字不清晰					
SDM214：14-351		2.3	0.8	2.1	文字凸起，字略等于穿。"半"字头部转折，两横线略等，竖线出于下横线；"两"字上横线与肩等长，折肩，"两"字锈蚀不清					
SDM214：14-352		2.6	0.8	2.6	文字扁平，字头呈"八"字状，两横线等长，竖线出于下横线；"两"字上部呈"双人两"					

编　号	种类	钱径	穿宽	重量	文　字	形　制	记　号	附着物	图　号	备　注
SDM214:14-353		2.7	0.9	2.5	文字不清晰					
SDM214:14-354		2.4	0.7	2.3	文字扁平，字略等于叙。"半"字头部呈"八"字状，下横线略短，竖线出于下横线；"两"字上横线与肩等长，折肩，为"十字两"					
SDM214:14-355		2.4	0.7	2.4	文字扁平，字略等于叙。"半"字头部转折，下横线略短，竖线出于下横线；"两"字上横线略短，为"双人两"					有1铸口
SDM214:14-356		2.5	0.8	2.1	文字不清晰					
SDM214:14-357	半两	2.4	0.9	1.9	文字扁平，字略等于叙。"半"字头部转折，两横线略等，竖线出于下横线；"两"字上横线与肩等长，折肩，为"倒T两"					
SDM214:14-358		2.6	0.9	1.9	文字扁平，字略等于叙。"半"字头部呈"八"字状，下横线略短，竖线出于下横线；"两"字上横线与肩等长，折肩，为"1字两"					
SDM214:14-359		2.5	0.7	1.8	文字不清晰		肉上有孔			钱缘残损
SDM214:14-360		2.2	0.8	2.4	同上					
SDM214:14-361		2.5	0.8	2.3	同上					
SDM214:14-362		2.5	0.6	2.9	同上					
SDM214:14-363		2.4	0.8	2.4	同上					
SDM214:14-364		2.8	0.8	2.1	文字浅细，字略等于叙。"半"字头部转折，两横线略等，竖线出于下横线；"两"字上横线比肩略短，折肩，为"连山两"					

续表

编　号	种类	钱径	穿宽	重量	文　字	形　制	记　号	附着物	图　号	备　注
SDM214∶14-365	半两	2.3	0.7	1.3	文字扁平，字略等于半铢。"半"字锈蚀不清；"两"字上横线较短，折肩，为"双人两"					
SDM214∶14-366		2.7	0.7	4.4	文字浅细，字略等于半铢。"半"字锈蚀不清晰；"两"字上横线与肩等长，折肩，为"十字两"					
SDM214∶14-367		2.6	0.9	2.7	文字不清晰					
SDM214∶14-368		2.4	0.8	2.3	文字凸起，字略等于半铢。"半"字头呈"八"字状，下横线略短，竖线出于下横线；"两"字上横线比肩略短，折肩，为"倒T两"					
SDM214∶14-369		2.4	0.8	2.5	文字凸起，字略等于半铢。"半"字锈蚀不清；"两"字上横线较短，折肩，为"双人两"					
SDM214∶14-370		2.7	0.9	2	文字凸起，字略等于半铢。"半"字头部转折，两横线等长，竖线出于下横线；"两"字上横线与肩等长，折肩，为"十字两"					
SDM214∶14-371		2.5	1	2	文字凸起，字略等于半铢。"半"字头部转折，下横线略短，竖线出于下横线；"两"字上横线与肩等长，折肩，为"双人两"					
SDM214∶14-372		2.6	0.9	2.4	文字不清晰					
SDM214∶14-373		2.8	0.8	2.5	文字扁平，字等于半铢。"半"字头呈"八"字状，下横线略短，竖线微出下横线；"两"字上横线较短，折肩，内部锈蚀					
SDM214∶14-374		2.7	0.7	3.7	文字不清晰					
SDM214∶14-375		2.5	0.9	2.2	同上					
SDM214∶14-376		2.6	0.9	2.2	同上					

续表

编　号	种类	钱径	穿宽	重量	文　字	形　制	记　号	附着物	图　号	备　注
SDM214：14-377	半两	2.5	0.8	1.9	文字凸起，字略等于穿。"半"字头部转折，两横线略等，竖线出于下横线；"两"字上横线不明显，折肩，为"双人两"					
SDM214：14-378		2.5	0.8	2.3	文字不清晰					有1铸口
SDM214：14-379		2.4	0.9	1.6	同上					
SDM214：14-380		2.5	0.8	2.3	文字凸起，字大于穿。"半"字头部转折，两横线略等，竖线出于下横线；"两"字上横线与肩略等，折肩，为"双人两"					
SDM214：14-381		2.3	0.7	2.4	文字凸起，字大于穿。"半"字头部转折，下横线略短，竖线出于下横线；"两"字上横线比肩略短，折肩，为"双人两"					
SDM214：14-382		2.5	0.7	1.5	文字不清晰					
SDM214：14-383		2.6	0.8	2.7	同上					
SDM214：14-384		2.7	0.9	2.5	文字扁平，字大于穿。"半"字头部转折，下横线略短，竖线出于下横线；"两"字上横线出于肩，折肩，为"双人两"					
SDM214：14-385		2.7	1	2.4	文字扁平，字略等于穿。"半"字头部呈"八"字状，下横线略短，下横线不明显，竖线出于横线；"两"字上横线略短，折肩，为"双人两"					
SDM214：14-386		2.8	0.9	2.5	文字凸起，字大于穿。"半"字头部转折，下横线略短，竖线出于下横线；"两"字上横线比肩略短，折肩，为"双人两"					
SDM214：14-387		2.8	0.9	2.1	文字扁平，字状，"八"字头略短，下横线短，竖线出于下横线，折肩，为"双人两"					

续表

编号	种类	钱径	穿宽	重量	文字	形制	记号	附着物	图号	备注
SDM214：14-388	半两	2.7	0.9	2.3	文字扁平，字略于篆等。"半"字头转折，两横线略等，竖线出于下横线，折肩，字上横线较短，折肩，为"双人两"					
SDM214：14-389		2.5	0.7	2.4	同上					
SDM214：14-390		2.5	0.7	2.4	文字扁平，字大于篆。"半"字头转折，两横线略等，竖线出于下横线，折肩，字上横线比肩略短，为"倒T两"					
SDM214：14-391		2.4	0.7	2.4	文字扁平，字大于篆。"半"字头转折，两横线略等，竖线出于下横线，折肩，字上横线比肩略短，为"双人两"					
SDM214：14-392		2.6	0.8	2.5	文字扁平，字略大于篆。"半"字头转折，下横线略长，竖线出于下横线，折肩，字上横线比肩略短，为"双人两"					
SDM214：14-393		2.7	0.7	2.3	文字扁平，字大于篆。"半"字头转折，下部锈蚀不清；"两"字上横线较短，折肩，为"双人两"		肉上有孔			
SDM214：14-394		2.4	1	1.7	文字不清晰		同上			
SDM214：14-395		2.5	0.7	1.9	文字凸起，字略于篆。"半"字头转折，下横线略短，竖线出于下横线，折肩，竖线与肩等长，为"连山两"					
SDM214：14-396		2.7	0.8	2	文字扁平，字大于篆。"半"字头转折，下横线略短，竖线出于下横线，折肩，字上横线较短，为"双人两"					
SDM214：14-397		2.7	0.8	2.3	文字锈蚀残缺					
SDM214：14-398		2.7	1	1.7	文字扁平，两横线相等，竖线出于下横线，折肩，"两"字上横线较短，折肩，为"双人两"					

续表

编号	种类	钱径	穿宽	重量	文字	形制	记号	附着物	图号	备注
SDM214：14-399	半两	2.6	0.7	1.9	文字凸起，笔画较细，字等于铢。"半"字头部转折，下横线短，竖线出于下横线；"两"字上横线比肩短，折肩，为"双人两"					
SDM214：14-400		2.5	0.9	2.2	文字扁平，字大于铢。"半"字头部转折，下横线略短，竖线出于下横线；"两"字上横线较短，折肩，为"双人两"					
SDM214：14-401		2.4	0.8	1.4	文字不清晰					
SDM214：14-402		2.3	0.7	2	同上					残
SDM214：14-403		2.3	0.8	2.7	同上					
SDM214：14-404		2.7	0.8	2.1	文字扁平，字略等于铢。"半"字头部转折，两横线略等，竖线出于下横线；"两"字上横线与肩等长，折肩，为"十字两"					
SDM214：14-405		2.7	0.9	2.9	文字扁平，字等于铢。"半"字头部转折，两横线略等，竖线出于下横线；"两"字上横线与肩等长，折肩，为"双人两"					
SDM214：14-406		2.7	0.9	2.3	文字扁平，字大于铢。"半"字头部转折，两横线略等，竖线出于下横线；"两"字上横线较短，折肩，为"双人两"					
SDM214：14-407		2.7	0.8	2.2	文字扁平，字大于铢。"半"字头部转折，两横线略等，竖线出于下横线；"两"字上横线较短，折肩，为"双人两"					
SDM214：14-408		2.7	0.9	2.5	文字凸起，字略等于铢。"半"字头部转折，下横线较短，竖线出于下横线，折肩，"两"字上横线较短，为"双人两"					

续表

编 号	种类	钱径	穿宽	重量	文 字	形 制	记 号	附着物	图 号	备 注
SDM214:14-409		2.3	0.9	1.6	文字扁平，字略大于穿。"半"字头部转折，下横线略短，竖线出于肩，折肩，"两"字上横线较短，折肩，为"双人两"					
SDM214:14-410		2.6	1.1	2.5	文字凸起，字略等于穿。"半"字头部转折，下横线略短，竖线出于肩，折肩，"两"字上横线较短，折肩，内部锈蚀					
SDM214:14-411		2.7	0.8	2.6	文字浅细，字等略等。"半"字头部转折，两横线略等，竖线与下横线；"两"字上横线与肩等长，折肩，为"连山两"					
SDM214:14-412	半两	2.7	0.8	2.5	文字凸起，字大于穿。"半"字头部转折，下横线短，两横线略短；"两"字上横线较短，折肩，内部锈蚀					
SDM214:14-413		2.6	0.8	2.3	文字扁平，字大于穿。"半"字头部转折，下横线略短，竖线出于肩，折肩，"两"字上横线较短，折肩，为"双人两"					
SDM214:14-414		2.7	0.9	2	文字扁平，字大于穿。"半"字头部转折，下横线略短，竖线微出下横线，折肩，"两"字上横线较短，折肩，为"十字两"					
SDM214:14-415		2.5	0.9	1.7	文字不清晰					
SDM214:14-416		2.6	1	2.5	同上					
SDM214:14-417		2.3	0.9	3.3	文字扁平，字略等于穿。"半"字头部转折，两横线略等，竖线出于下横线；"两"字上横线较短，折肩，为"双人两"					
SDM214:14-418		2.4	0.8	2.5	文字不清晰					
SDM214:14-419		2.4	0.9	2.5	同上					

续表

编　号	种类	钱径	穿宽	重量	文　　字	形　制	记　号	附着物	图　号	备　注
SDM214：14-420	半两	2.4	0.6	2.4	文字扁平，字略等于穿。"半"字头部转折，两横线略等，竖线出于下横线；"两"字上横线较短，折肩，为"双人两"					
SDM214：14-421		2.7	0.7	1.8	文字扁平，字略等于穿。"半"字头部转折，两横线略等，竖线出于下横线；"两"字上横线与肩略等，折肩，为"连山两"					
SDM214：14-422		2.4	0.7	1.9	文字扁平，字略等于穿。"半"字头部呈两点状，两横线略等，竖线出于下横线；"两"字上横线较短，折肩，为"双人两"					
SDM214：14-423		2.7	0.8	2.2	文字扁平，字略等于穿。"半"字头部转折，下横线略短，竖线出于下横线；"两"字无上横线，折肩，为"双人两"					
SDM214：14-424		2.6	0.9	1.9	文字凸起，字略等于穿。"半"字头部转折，两横线略等，竖线出于下横线；"两"字无上横线，折肩，为"双人两"					
SDM214：14-425		2.4	0.9	2.8	文字凸起，字大于穿。"半"字头部转折，下横线略短，竖线出于下横线；"两"字上横线较短，折肩，为"双人两"					
SDM214：14-426		2.5	0.9	2	文字不清晰					
SDM214：14-427		2.4	1	2.1	文字凸起，字略等于穿。"半"字头部转折，两横线略等，竖线出于下横线；"两"字上横线较短，折肩，为"双人两"					
SDM214：14-428		2.5	0.9	1.9	文字不清晰					
SDM214：14-429		2.4	0.9	2.1	文字凸起，字略等于穿。"半"字头部转折，两横线略等，竖线出于下横线；"两"字上横线与肩等长，折肩，为"1字两"					
SDM214：14-430		2.7	0.9	2.5	文字不清晰					

续表

编 号	种类	钱径	穿宽	重量	文 字	形 制	记 号	附着物	图 号	备 注
SDM214∶14-431	半两	2.7	0.8	2.6	文字扁平，字略等于筹。"半"字头部转折，两横线略等；"两"字上横线与肩等长，折肩，为"双人两"					
SDM214∶14-432		2.5	0.8	2.4	文字扁平，字略等于筹。"半"字头部转折，两横线略等；"两"字上横线较短，折肩，为"双人两"					
SDM214∶14-433		2.3	0.9	2.7	文字不清晰					
SDM214∶14-434		2.5	0.7	2.5	文字凸起，字略等于筹。"半"字头部转折，两横线略等；"两"字上横线与肩略等，折肩，为"双人两"					
SDM214∶14-435		2.4	0.9	2.9	文字凸起，字略等于筹。"半"字头部转折，两横线略等；"两"字上横线与肩等长，折肩，为"十字两"					
SDM214∶14-436		2.4	0.9	2.4	文字不清晰					
SDM214∶14-437		2.6	0.8	2	同上					
SDM214∶14-438		2.5	0.7	2.4	文字凸起，笔画较细，字略等于筹。"半"字头部转折，两横线略等，竖线出于下横线；"两"字上横线与肩等长，折肩，内部锈蚀					
SDM214∶14-439		2.4	0.9	1.6	文字扁平，字等于筹。"半"字头部转折，下横线略短，竖线出于下横线；"两"字上横线不明显，折肩，为"双人两"					
SDM214∶14-440		2.7	1	2.4	文字不清晰					
SDM214∶14-441		2.6	0.9	2.7	文字浅细，笔画较细，字略等于筹。"半"字头部转折，两横线略等，竖线出于下横线；"两"字上横线比肩略短，折肩，为"倒T两"					

续表

编号	种类	钱径	穿宽	重量	文字	形制	记号	附着物	图号	备注
SDM214：14-442	半两	2.7	0.8	2.4	文字不清晰					
SDM214：14-443		2.6	0.9	2.4	文字扁平，字略等于穿。"半"字头部转折，下横线略长，竖线出于下横线；"两"字无上横线，折肩，为"双人两"					
SDM214：14-444		2.7	0.8	2	文字不清晰					
SDM214：14-445		2.5	1	2.6	文字扁平，字略等于穿。"半"字部转折，下横线略短，竖线出于下横线；"两"字上横线不明显，折肩，为"双人两"					
SDM214：14-446		2.4	0.7	3.6	文字扁平，两横线略等，竖线出于下横线；"两"字上横线不明显，折肩，为"连山两"					
SDM214：14-447		2.3	0.7	1.7	文字不清晰					
SDM214：14-448		2.3	0.8	2.4	"半"字凸起，字略等于穿。"半"字头部转折，两横线略等，竖线出于下横线；"两"字上横线，折肩，为"倒T两"					
SDM214：14-449		2.5	0.8	2.3	文字凸起，笔画较细，字略等于穿。"半"字部转折，两横线略等，竖线出于下横线；"两"字上横线，折肩，为"1字两"					
SDM214：14-450		2.5	0.8	2.2	文字扁平，字略等于穿。"半"字头部转折，两横线略等，竖线出于下横线；"两"字上横线等长，折肩，为"双人两"					
SDM214：14-451		2.5	0.8	2.7	文字扁平，字略等于穿。"半"字锈蚀不清；"两"字上横线比肩略短，折肩，为"十字两"					

续表

编 号	种类	钱径	穿宽	重量	文 字	形 制	记 号	附着物	图 号	备 注
SDM214:14-452		2.7	0.7	2.2	文字扁平，字略等干茶。"半"字头部转折，两横线略等，竖线出于肩略长，折肩，为"双人两"					
SDM214:14-453		2.4	0.9	2.6	文字扁平，字略等干茶。"半"字头部转折，两横线略等，竖线出于肩略，折肩，为"双人两"					
SDM214:14-454		2.7	1	2.3	文字不清晰					
SDM214:14-455		2.6	0.8	2.4	文字扁平，字略等干茶。"半"字头部转折，两横线略等，竖线出于肩略，折肩，为"连山两"					
SDM214:14-456		2.7	0.8	2.6	文字扁平，字略大干茶。"半"字头部转折，下横线较短，竖线较短，折肩，为"连山两"					
SDM214:14-457	半两	2.7	1	2.8	文字不清晰					
SDM214:14-458		2.4	0.7	2.7	文字扁平，字略等干茶。"半"字锈蚀不清；"两"字上横线不明显，折肩，为"倒T两"					
SDM214:14-459		2.6	0.8	2.5	文字不清晰					有1铸口
SDM214:14-460		2.6	0.8	2.3	文字扁平，字略等干茶。"半"字头部转折，两横线略等，竖线出于肩略，折肩，为"连山两"					
SDM214:14-461		2.5	0.6	2.6	文字不清晰					
SDM214:14-462		2.3	0.6	2.3	同上					
SDM214:14-463		2.6	0.8	2	文字扁平，两横线略等，竖线出于肩略短，折肩；"两"字上横线比肩略短，折肩，为"倒T两"					

续表

编号	种类	钱径	穿宽	重量	文字	形制	记号	附着物	图号	备注
SDM214:14-464		2.5	0.9	2.6	文字不清晰					
SDM214:14-465		2.7	0.8	2.3	文字扁平，字略等于穿。"半"字头部转折，下横线略短，竖线出于下横线；"两"字上横线较短，折肩，为"双人两"					
SDM214:14-466		2.7	0.9	2.7	文字不清晰					
SDM214:14-467		2.6	1	2.3	文字扁平，字略等于穿。"半"字头部锈蚀不清，两横线略等，竖线出于下横线；"两"字上横线较短，折肩，为"双人两"					
SDM214:14-468		2.7	0.8	2.5	文字扁平，字大于穿。"半"字锈蚀不清；"两"字上横线较短，折肩，为"双人两"					
SDM214:14-469	半两	2.3	0.7	2.6	文字不清晰					
SDM214:14-470		2.4	0.7	2	同上					
SDM214:14-471		2.6	0.8	2.6	文字扁平，字略等于穿。"半"字头部转折，两横线略等，竖线出于下横线；"两"字上横线比肩略短，折肩，为"双人两"					
SDM214:14-472		2.5	0.8	2.1	同上					
SDM214:14-473		2.4	0.9	1.9	文字不清晰					
SDM214:14-474		2.7	0.9	2.5	同上					
SDM214:14-475		2.4	0.7	2.4	同上					
SDM214:14-476		2.7	1	2.6	文字扁平，字大于穿。"半"字头部转折，下横线略短，竖线出于下横线；"两"字上横线较短，折肩，为"双人两"					
SDM214:14-477		2.6	0.7	2.1	同上					有1铸口
SDM214:14-478		2.8	0.9	2.4	文字不清晰					

续表

编号	种类	钱径	穿宽	重量	文字	形制	记号	附着物	图号	备注
SDM214:14-479	半两	2.7	0.7	3	文字凸起,字大于穿。"半"字头部转折,两横线略等,竖线出于下横线,折肩较短,为"双人两"	钱郭				
SDM214:14-480		2.9	1	2.1	文字不清晰	穿孔不规则				
SDM214:14-481		2.7	0.8	2.4	同上					钱缘残损
SDM214:14-482		2.4	0.8	1.9	文字扁平,字大于穿。"半"字头部转折,下部锈蚀不清;"两"字上横线较短,折肩,为"双人两"					
SDM214:14-483		2.8	0.8	2.3	文字凸起,字略等于穿。"半"字头部转折,下横线略短,竖线出于下横线;"两"字上横线比肩略短,折肩,为"双人两"					
SDM214:14-484		2.6	0.9	2.6	文字不清晰					
SDM214:14-485		2.6	0.9	2.3	文字扁平,字略等于穿。"半"字头部转折,下横线略短,竖线出于下横线;"两"字上横线不明显,折肩,为"双人两"					
SDM214:14-486		2.8	0.9	2.5	文字略平,字略等于穿。"半"字头部呈"八"字状,两横线略等,竖线出于下横线;"两"字上横线比肩略短,折肩,为"倒T两"					
SDM214:14-487		2.4	0.8	2.7	同上					
SDM214:14-488		2.4	0.8	1.9	文字不清晰					
SDM214:14-489		2.6	0.8	2.3	文字扁平,字略等于穿。"半"字头部转折,下横线略长,竖线出于下横线;"两"字上横线与肩等长,折肩,为"双人两"					
SDM214:14-490		2.7	0.7	2.4	文字不清晰					

续表

编号	种类	钱径	穿宽	重量	文字	形制	记号	附着物	图号	备注
SDM214：14-491	半两	2.3	0.7	2.1	同上					
SDM214：14-492		2.5	0.9	2.5	同上					
SDM214：14-493		2.6	0.9	2.3	文字扁平、字略等于铢。"半"字头部转折，两横线略等，竖线出于下横线，字上横线与肩等长，折肩，为"十字两"					
SDM214：14-494		2.7	0.8	2.4	文字不清晰					
SDM214：14-495		2.7	0.9	2.3	文字扁平、字略等于铢。"半"字头部转折，下横线略短，竖线出于下横线，折肩，字上横线较短，为"双人两"					
SDM214：14-496		2.8	0.8	2.6	文字扁平、字略等于铢。"半"字头部转折，两横线略等，竖线出于下横线，字上横线较短，折肩，为"双人两"					
SDM214：14-497		2.8	0.7	2.3	同上					
SDM214：14-498		2.4	0.7	2.6	同上					
SDM214：14-499		2.7	1	2.7	文字扁平、字略等于铢。"半"字上横线不清；"两"字锈蚀不明显，折肩，为"倒T两"					
SDM214：14-500		2.4	0.8	2.3	文字扁平、字略等于铢。"半"字头部转折，两横线略等，竖线出于下横线，字上横线不清，折肩，为"倒T两"					
SDM214：14-501		2.7	0.8	2.4	文字扁平、字略等于铢。"两"字锈蚀不清；"两"字上横线较短，折肩，为"双人两"					
SDM214：14-502		2.5	0.9	1.9	文字扁平、字略等于铢。"半"字头部转折，两横线略等，竖线出于下横线，字上横线不明显，折肩，为"十字两"					

续表

编号	种类	钱径	穿宽	重量	文字	形制	记号	附着物	图号	备注
SDM214:14-503		2.6	0.8	2.5	文字不清晰					
SDM214:14-504		2.8	0.7	1.6	同上					
SDM214:14-505		2.6	0.8	2.4	文字扁平，字略等于朱。"半"字头部转折，下横线略短，竖线出于下横线；"两"字上横线较短，折肩，为"双人两"					
SDM214:14-506		2.6	0.8	2.5	文字不清晰					
SDM214:14-507		2.3	0.8	1.4	同上					
SDM214:14-508	半两	2.7	0.8	2.3	文字扁平，字略等于朱。"半"字头部转折，两横线略等，竖线出于下横线；"两"字上横线不明显，折肩，为"连山两"					
SDM214:14-509		2.5	0.7	2.5	文字不清晰					
SDM214:14-510		2.8	0.7	2.6	同上					
SDM214:14-511		2.4	0.7	2.5	文字扁平，字略等于朱。"半"字头部转折，两横线略略等，竖线出于下横线；"两"字上横线较短，折肩，为"双人两"					
SDM214:14-512		2.6	0.9	2.7	文字不清晰					
SDM214:14-513		2.4	0.7	2.5	文字凸起，字略等于朱。"半"字头部转折，两横线略等，竖线出于下横线；"两"字上横线略等，折肩，为"倒T两"					
SDM214:14-514		2.4	0.8	3.2	文字不清晰					
SDM214:14-515		2.6	0.9	2.3	文字凸起，字略等于朱。"半"字头部转折，两横线略等，竖线出于肩略等；"两"字上横线略短，折肩，为"双人两"					

续表

编 号	种类	钱径	穿宽	重量	文 字	形 制	记 号	附着物	图 号	备 注
SDM214:14-516	半两	2.5	0.9	2.1	文字凸起，笔画较细，字略等于穿。"半"字头部转折，两横线略等，竖线出于下下横线，"两"字上横线与肩等长，折肩，为"1字两"		穿上下各有一道凸起			
SDM214:14-517		2.4	0.9	2.7	文字不清晰					
SDM214:14-518		2.3	0.8	1.9	同上					
SDM214:14-519		2.4	0.7	2.2	文字扁平，字略等于穿。"半"字头部转折，下横线略短，竖线出于下下横线，折，"十"字两；"两"字上横线与肩等长，折肩，为"连山两"					
SDM214:14-520		2.5	0.8	2.9	文字凸起，笔画转折，字略等于穿。"半"字头部转折，下下横线，竖线出于下下横线，折，"两"字上横线等长，折肩，为"连山两"					
SDM214:14-521		2.3	0.8	2.5	文字扁平，笔画较细，字略呈"八"字状，两横线略等，"两"字上横线，折肩，为"双人两"					
SDM214:14-522		2.4	0.7	2.4	文字扁平，笔画较细，字略等于穿等，竖线出于下横线；"两"字上横线较短，折肩，折，为"连山两"					
SDM214:14-523		2.3	0.6	2.2	文字扁平，笔画转折，两横线略等，竖线出于横线与肩等长，折"半"字头部转折，竖线出于下下横线，"两"字上横线与肩等长，折肩，为"倒T两"					

续表

编号	种类	钱径	穿宽	重量	文字	形制	记号	附着物	图号	备注
SDM214:14-524	半两	2.4	0.6	2.5	文字凸起，笔画较细，字略等穿。"半"字头部转折，两横线略等，竖线出于横下肩，内部锈蚀					
SDM214:14-525		2.4	0.7	2.4	文字扁平，字略等于穿。"半"字头部呈"八"字状，两横线略等，竖线与肩等长，折肩；"两"字上横线与肩等长，为"双人两"					
SDM214:14-526		2.9	0.9	2.2	文字凸起，字略等于穿。"半"字头部转折，两横线略等，竖线出于肩等长，折肩；"两"字上横线与肩等长，为"倒T两"					
SDM214:14-527		2.4	0.7	2.6	文字凸起，笔画较细，字等于穿。"半"字头部转折，两横线略等，竖线出于下横线，折肩；"两"字上横线与肩等长，为"倒T两"					
SDM214:14-528		2.4	0.7	2.2	文字不清晰					
SDM214:14-529		2.6	0.8	2.4	同上					
SDM214:14-530		2.8	0.7	4	同上					
SDM214:14-531		2.5	0.7	1.6	同上					
SDM214:14-532		2.4	0.7	2.5	同上					
SDM214:14-533		2.4	0.9	2.9	同上					
SDM214:14-534		2.4	0.9	2.9	文字扁平，字略等于穿，两横线略等，竖线出于下横线；"两"字上横线与肩等长，折肩，为"双人两"					
SDM214:14-535		2.6	0.7	2.7	同上					

续表

编号	种类	钱径	穿宽	重量	文字	形制	记号	附着物	图号	备注
SDM214:14-536	半两	2.4	0.7	2.2	同上					
SDM214:14-537		2.5	0.9	2.4	同上					
SDM214:14-538		2.6	0.9	2	文字不清晰					
SDM214:14-539		2.6	1	2.3	文字凸起，字略等于穿。"半"字头部转折，下横线较短，竖线出于下横线，折肩；"两"字上横线较短，折肩，为"连山两"					
SDM214:14-540		2.8	0.9	2.8	文字凸起，字略等于穿。"半"字头部呈"八"字状，两横线略等，竖线出于下横线，折肩；"两"字无上横线，下横线，折肩，为"双人两"					
SDM214:14-541		2.4	0.7	3	文字不清晰					
SDM214:14-542		2.5	0.8	2.3	文字凸起，字略等于穿。"半"字头部转折，两横线略等，竖线出于下横线，折肩；"两"字上横线较短，折肩，为"双人两"					
SDM214:14-543		2.4	0.7	2.8	文字扁平，两横线略等；"半"字头部转折，竖线出于下横线；"两"字上横线出于下横线，折肩，为"连山两"		穿上下各有一道凸起			
SDM214:14-544		2.4	0.8	2	文字凸起，笔画较细，字等于穿。"半"字头部呈"八"字状，两横线略等，竖线出于下横线，折肩；"两"字上横线与肩略等，折肩，为"十字两"					
SDM214:14-545		2.3	1	0.9	文字不清晰					
SDM214:14-546		2.4	0.8	2.7	文字扁平，笔画较细，字等于穿。"半"字头部呈"八"字状，竖线略长，下横线较短，出于下横线；"两"字锈蚀不清					

续表

编号	种类	钱径	穿宽	重量	文字	形制	记号	附着物	图号	备注
SDM214∶14-547	半两	2.4	0.8	2.3	文字扁平，笔画较细，字大于穿。"半"字头部呈"八"字状，两横线略等，竖线出下横线较短，折肩，为"倒T两"					
SDM214∶14-548		2.4	0.7	2.3	文字凸起，笔画较细，字略等于穿。"半"字部转折，两横线略等，竖线与肩略出于下横线；"两"字上横线与肩等，折肩，为"双人两"		穿上有一道凸起			
SDM214∶14-549		2.7	1	1.9	文字凸起，字略等于穿。"半"字头转折，两横线略，竖线出于下横线；"两"字上横线比肩略短，折肩，为"连山两"					
SDM214∶14-550		2.5	0.9	2.1	文字凸起，笔画较细，字略等于穿。"半"字头部呈"八"字状，两横线略等，竖线出于下横线；"两"字上横线，折肩，为"倒T两"					
SDM214∶14-551		2.4	0.8	2.3	文字不清晰					
SDM214∶14-552		2.6	1	2.1	同上					
SDM214∶14-553		2.7	1.1	2.5	文字凸起，笔画较细，字略等于穿。"半"字头部转折，下横线较短，竖线出于下横线；"两"字上横线与肩等，折肩，为"倒T两"					
SDM214∶14-554		2.4	0.7	2	文字不清晰					
SDM214∶14-555		2.4	0.7	2.3	同上					
SDM214∶14-556		2.7	1	2.6	文字凸起，笔画较细，字略等于穿。"半"字头部转折，两横线略等，竖线出于下横线；"两"字上横线与肩等长，折肩，为"双人两"					

续表

编号	种类	钱径	穿宽	重量	文字	形制	记号	附着物	图号	备注
SDM214:14-557		2.5	0.7	2.2	文字扁平，字略小于穿。"半"字头部转折，下横线较短，竖线出于下横线，折肩；"两"字上横线较短，折肩，为"双人两"					
SDM214:14-558		2.6	0.8	2.2	文字扁平，字略等于穿。"半"字头部转折，两横线略等，竖线出于下横线；"两"字上横线与肩等长，折肩，为"双人两"					
SDM214:14-559	半两	2.6	1	2.3	文字扁平，字略等于穿。"半"字头部呈"八"字状，下横线略短，竖线比肩等长略短；"两"字上横线比肩略短，折肩，为"双人两"					
SDM214:14-560		2.4	0.7	1.9	文字扁平，字略小于穿。"半"字头部转折，下横线较短，竖线出于下横线；"两"字上横线较短，内部锈蚀					
SDM214:14-561		2.5	0.8	3.1	文字浅细，字等于穿。"半"字头部转折，两横线略等，竖线出于下横线；"两"字上横线略长，折肩，为"双人两"					
SDM214:14-562		2.6	0.7	2.5	文字扁平，字等于穿。"半"字头部转折，两横线略等，竖线出于下横线；"两"字上横线与肩等长，折肩，为"双人两"		穿上下各有一道凸起			
SDM214:14-563		2.4	0.8	2.5	文字扁平，字大于穿。"半"字头部呈"八"字状，两横线略等，竖线出于下横线；"两"字上横线与肩等长，折肩，为"双人两"					

210. 2010YFSDM217

（1）位置

南距SDM218约1.5米。

（2）形制结构（图三六四）

墓向：100°。

墓道：位于洞室东侧。口大底小。口呈宽长方形，南长2.80、北长2.80、东宽1.70、西宽1.70米。斜壁。平底，南长2.54、北长2.54、东宽1.42、西宽1.42米。自深3.50米。

洞室：拱形顶，直壁，平底。洞室口位于墓道西壁中部，洞室宽小于墓道底宽。洞室口南壁距墓道南壁0.06、北壁距墓道北壁0.06米。底部平面略呈窄长方形，南长3.10、北长3.10、东宽1.28、西宽1.28米。高1.30米。

填土：墓道为红褐色五花土，土质较硬，经过夯打，但夯层不明显。洞室为深褐色五花土，土

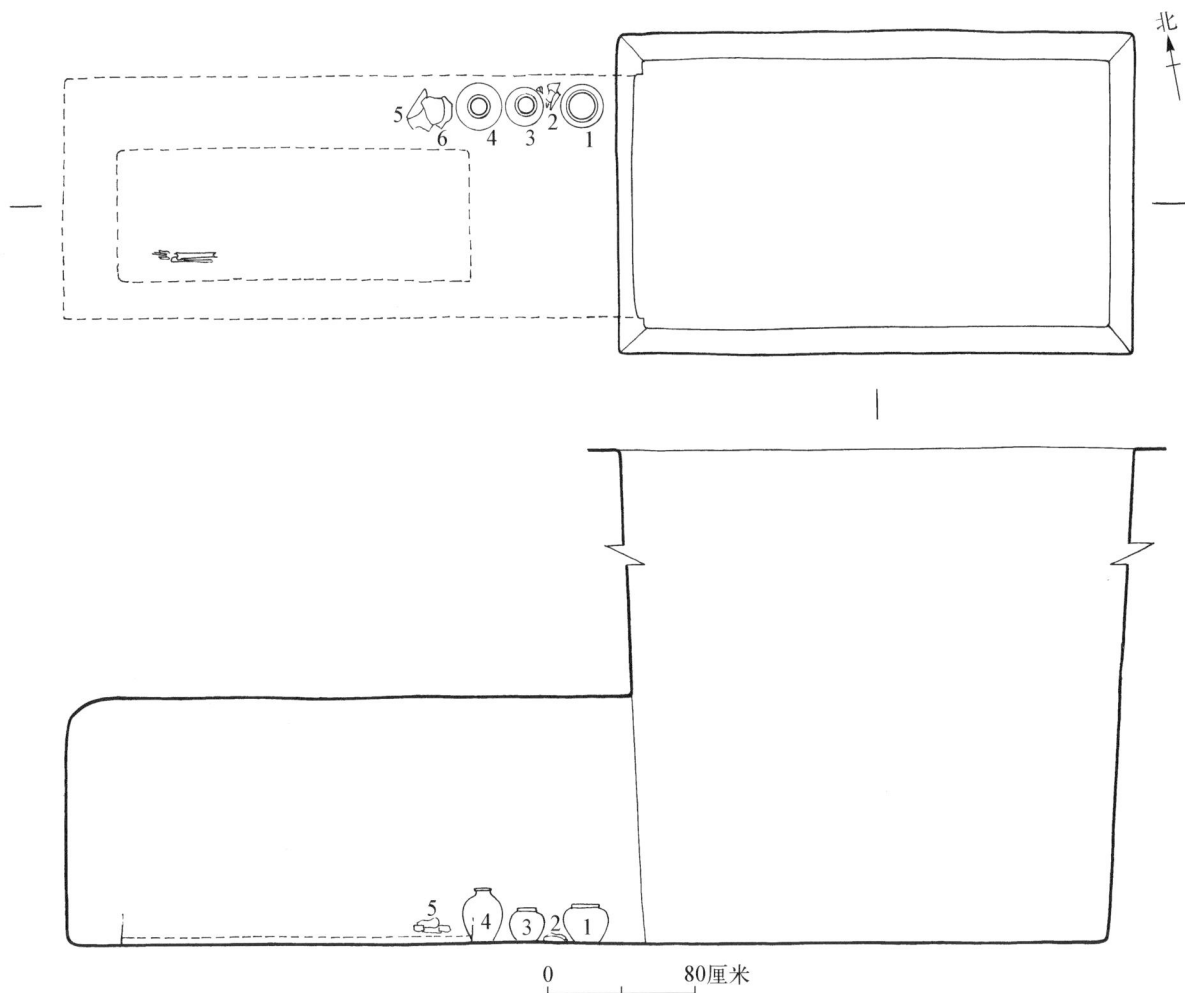

图三六四 SDM217墓葬平、剖图

1.陶直口折肩罐 2.陶罐口釜 3.陶高口釜 4.陶小口旋纹罐 5.陶盂改甑 6.陶盂

质较疏松。

（3）葬具

单棺，呈矩形，仅存板灰残痕。置于洞室西南。棺长1.90、宽0.70米。

（4）墓主人

仅存少量下肢骨痕迹。葬式不明，头向似与墓道方向相同。

（5）随葬品及其位置

共6件，皆陶器。均位于棺外北侧，紧邻洞室北壁。由东向西依次为直口折肩罐（：1）、罐口釜（：2）、鬲口釜（：3）、小口旋纹罐（：4）、盂（：6）、盂改甑（：5）。

（6）随葬品介绍

小口旋纹罐　1件。标本SDM217：4，夹细砂灰陶。小口束颈，折沿下倾，尖圆唇；圆鼓肩，腹微弧近直，平底。肩及腹上部饰数周旋纹。口径8.6、器身最大径25.9、底径11.7、通高27.6厘米（图三六五，12）。

直口折肩罐　1件。标本SDM217：1，夹细砂灰陶。大体，直口方唇，口外侧有一周凹槽；折肩，腹微折，肩腹部呈"微亚腰"状，上腹略弧，下腹斜直，平底。素面。下腹有轮制痕迹。口径14.3、器身最大径26.3、底径13.4、通高18.5厘米（图三六五，10）。

盂　1件。标本SDM217：6，夹细砂灰陶。卷沿，沿面近平，方圆唇；鼓腹，腹部有"微亚腰"作风，上腹近口部内敛，下腹斜直，平底。素面。口径20.4、底径11.5、通高11.4厘米（图三六五，6）。

盂改甑　1件。标本SDM217：5，夹细砂灰陶。卷沿，方圆唇，沿下角较大；鼓腹，腹部有"微亚腰"作风，上腹近口部内敛，下腹斜直，平底；器底凿制5个圆形甑孔，布局为中心一孔与边缘一周。素面。口径20.0、底径9.8、通高11.4厘米（图三六五，7）。

罐口釜　1件。标本SDM217：2，夹砂红褐陶，底部夹粗砂。小体，卷沿，方圆唇，矮直颈，圆鼓肩，鼓腹，圜底。腹部饰横向篮纹，底部饰纵向篮纹。腹底有烟炱。口径9.6、器身最大径14.7、通高11.9厘米（图三六五，2）。

鬲口釜　1件。标本SDM217：3，夹砂灰陶，底部夹粗砂。口微侈，斜方唇，唇面微内凹；隆肩，腹上部微弧近直，下部弧收，圜底。腹上部饰数周旋断绳纹，腹下部饰横向篮纹，底部饰纵向篮纹。口径15.2、器身最大径21.5、通高15.2厘米（图三六五，11）。

211. 2010YFSDM218

（1）位置

北距SDM217约1.5米。

（2）形制结构（图三六六）

墓向：105°。

墓道：位于洞室东侧。口大底小。口呈宽长方形，南长3.54、北长3.54、东宽1.98、西宽2.00米。斜壁。平底，南长3.28、北长3.28、东宽1.70、西宽1.70米。自深5.50米。

图三六五 SDM214、SDM217随葬陶器

1.盉(SDM214∶9) 2.罐口釜(SDM217∶2) 3.壶(SDM214∶11) 4.鼎(SDM214∶6) 5、6.盂(SDM214∶7、SDM217∶6)
7.盂改甑(SDM217∶5) 8.盂形甑(SDM214∶13) 9、10.直口折肩罐(SDM214∶10、SDM217∶1)
11.高口釜(SDM217∶3) 12.小口旋纹罐(SDM217∶4)

洞室:拱形顶,直壁,平底。洞室口位于墓道西壁中部,洞室宽小于墓道底宽。洞室口南壁距墓道南壁0.14、北壁距墓道北壁0.14米。底部平面呈窄长方形,南长3.68、北长3.68、东宽1.40、西宽1.40米。高1.26米。

填土:墓道土色红褐色,土质较硬。洞室土色深褐色,土质较疏松。

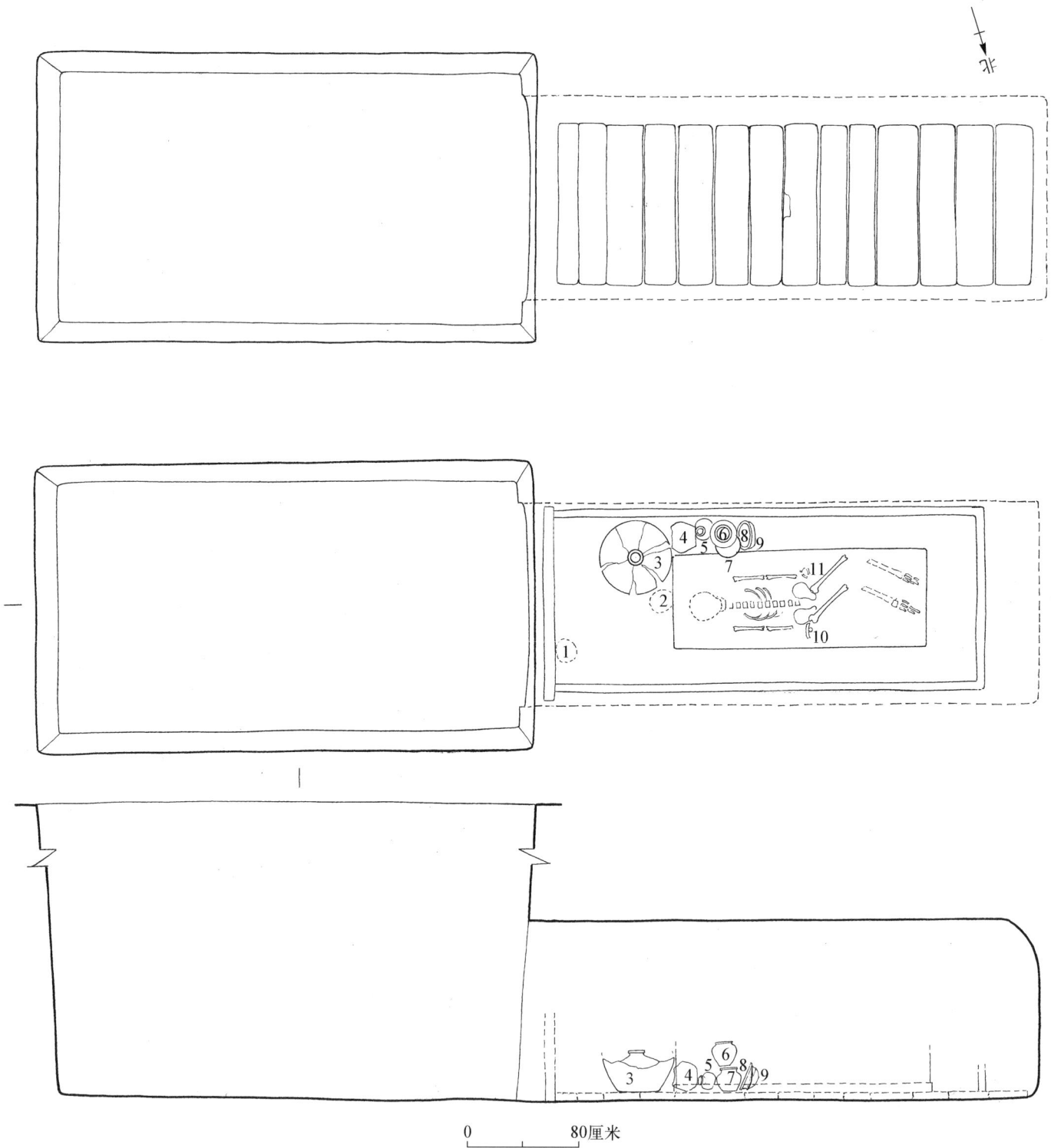

图三六六　SDM218墓葬平剖图、椁底板示意图

1、2.漆器　3.陶缶　4、6.陶直口折肩罐　5.陶有颈罐　7.陶鬲口釜　8.陶盂　9.陶盂改甑　10.铜带钩　11.铜环

（3）葬具

一棺一椁，均呈矩形。置于洞室偏东南。棺长1.80、宽0.68米。椁一端板与侧板闭合相接，另一端板两端伸出两侧板外侧。椁长3.13、宽3.12、东端板长1.34、西端板长1.28、侧板长3.05、侧板厚0.06米，椁底板由14块木板纵向铺设，由东向西各块木板长、宽依次为1.10×0.14、1.10×0.20、1.10×0.26、1.10×0.22、1.10×0.26、1.10×0.24、1.10×0.24、1.10×0.22、1.10×0.2、1.10×0.18、1.10×0.30、1.10×0.26、1.10×0.24、1.10×0.26 m²。

（4）墓主人

骨架仅存痕迹。葬式为仰身屈肢葬，下肢向左弯曲较甚。头向与墓道方向相同。

（5）随葬品及其位置

共11件，包括陶器7件、铜器2件、漆器2件。铜带钩（：10）和铜环（：11）位于棺内，分别置于墓主盆骨北侧和南侧。其余器物均位于棺椁之间。棺外南侧由东向西依次为缶（：3）、直口折肩罐（：4）、有颈罐（：5）、直口折肩罐（：6）、鬲口釜（：7）、盂（：8）、盂改甑（：9），4号侧置，6号叠置于7号上，8号叠置于9号内。漆器（：1）位于椁内东北角，漆器（：2）位于3号北侧。

（6）随葬品介绍

缶 1件。标本SDM218：3，夹细砂灰陶。大体，小口束颈，折沿微下倾，尖圆唇；宽平肩，斜直腹，平底。肩部饰数周暗旋纹。口径8.6、器身最大径43.7、底径18.9、通高29.5厘米（图三六七，10；彩版二一，3）。

直口折肩罐 共2件。皆夹细砂灰陶。大体，直口方唇，折肩，平底。标本SDM218：6，口外侧有一周凹槽，腹微折，上腹微弧，下腹斜直，肩腹部呈“微亚腰”状。肩腹及上下腹交接处各饰一周旋纹。口径15.9、器身最大径26.0、底径14.0、通高18.1厘米（图三六七，1）。标本SDM218：4，折腹，上腹竖直，下腹斜直微内凹，肩腹部呈“亚腰”状。肩部饰数周暗旋纹。口径14.2、器身最大径25.7、底径12.8、通高19.8厘米（图三六七，2）。

有颈罐 1件。标本SDM218：5，夹细砂灰陶。直口，微出沿，圆唇，矮直颈，圆折肩，腹部整体圆弧，平底。肩腹交接处有一周弦纹。口径6.2、器身最大径15.9、底径6.3、通高13.8厘米（图三六七，7）。

盂 1件。标本SDM218：8，夹细砂灰陶。敞口，折沿下倾，尖圆唇；腹微折，上腹近直，下腹斜直，上腹占腹部比例约三分之一，平底。上下腹交接处有一周折棱。口径21.7、底径11.4、通高10.6厘米（图三六七，3）。

盂改甑 1件。标本SDM218：9，夹细砂灰陶。敞口，折沿下倾，尖圆唇；折腹，上腹近直，下腹斜直，上腹占腹部比例约四分之一，平底；器底凿制8个圆形甑孔，布局为中心一孔与边缘一周。上下腹交接处有一周折棱。口径22.3、底径10.7、通高11.3厘米（图三六七，9）。

鬲口釜 1件。标本SDM218：7，夹砂灰陶，底部夹粗砂。口微侈，斜方唇，唇面微内凹；圆肩，鼓腹，上部近直，下弧收，圜底。腹上部饰数周旋纹，腹下部饰横向篮纹，底部饰纵向篮纹。口径17.7、器身最大径26.2、通高19.8厘米（图三六七，4）。

铜环 1件。标本SDM218：11，残。断面呈圆形，器表外圈凹凸不平，内圈光滑。环宽0.5厘米（图三五七，5）。

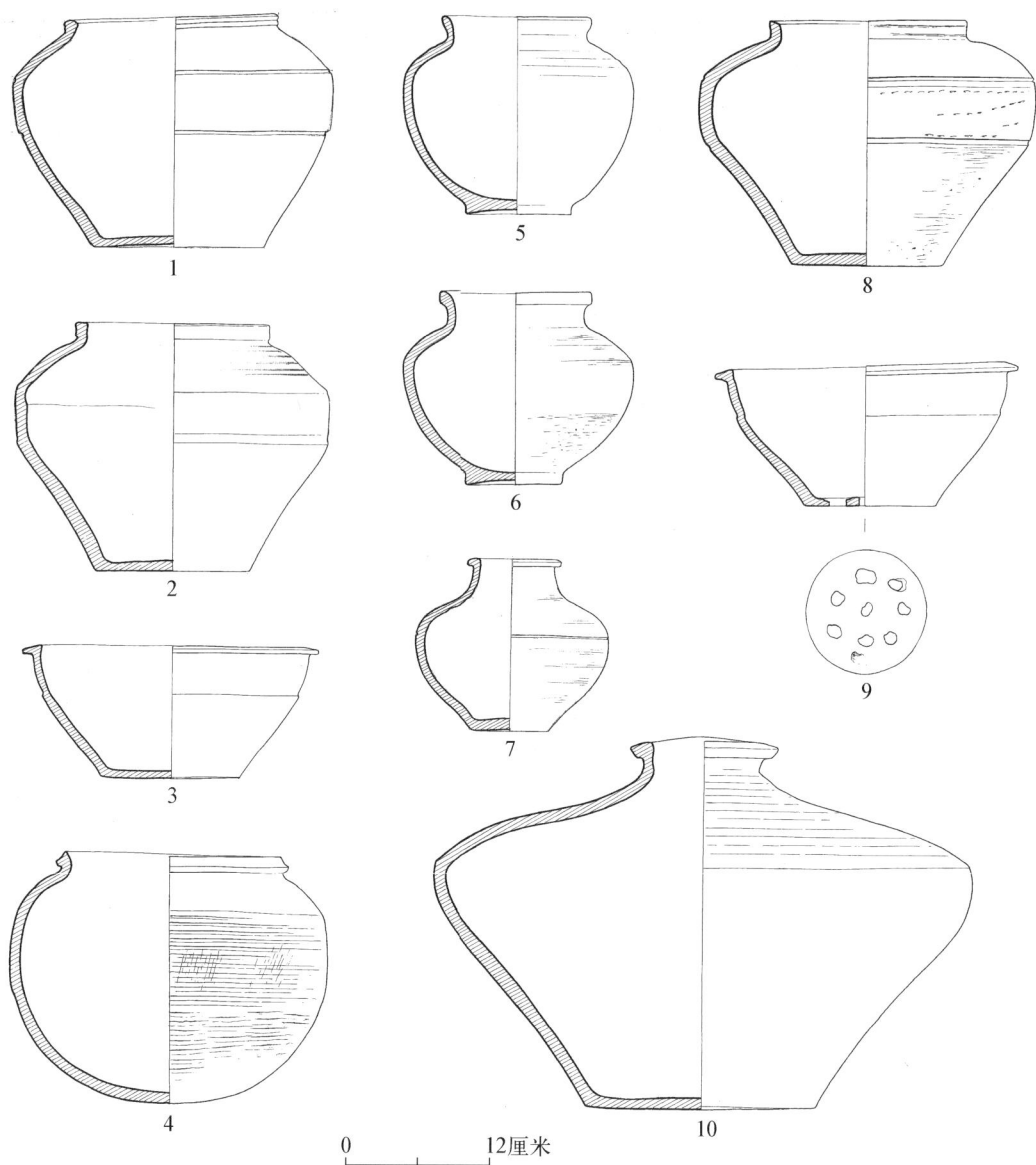

图三六七　SDM218、SDM222 随葬陶器

1、2、8. 直口折肩罐（SDM218：6、SDM218：4、SDM222：1）　3. 盂（SDM218：8）　4. 鬲口釜（SDM218：7）
5、6、7. 有颈罐（SDM222：3、SDM222：2、SDM218：5）　9. 盂改甑（SDM218：9）　10. 缶（SDM218：3）

铜带钩　1件。标本 SDM218：10。钮残。蛇形，钩体较长，断面呈半圆形，钮位于钩体中部。长 7.7、宽 0.7～0.8 厘米（图三五七，9）。

漆器　共 2件。标本 SDM218：1、SDM218：2，无法提取。

212. 2010YFSDM222

（1）位置

南距 SDM223 约 2.3 米，西距 SDM137 约 11.0 米。

（2）形制结构（图三六八）

墓向：8°。

墓道：位于洞室北侧。口底等大。口呈长方形，东长3.50、西长3.50、南宽1.26、北宽1.26米。直壁。平底。自深4.60米。

洞室：拱形顶，直壁，平底。洞室口位于墓道南壁中部偏东，洞室宽小于墓道底宽。洞室口东壁距墓道东壁0.06、西壁距墓道西壁0.14米。底部平面呈长方形，东长3.20、西长3.20、南宽1.04、北宽1.04米。高1.40米。

填土：墓道土色黄褐色，土质较硬。洞室土色黄褐色，夹杂少量的红土颗粒，土质较疏松。

（3）葬具

单棺，呈矩形，棺南端仅见痕迹。置于洞室偏南。棺长1.92、宽0.7米。

（4）墓主人

骨架不存，葬式不明。

（5）随葬品及其位置

共4件，包括陶器3件、漆器1件，均位于棺外北侧。直口折肩罐（:1）位于洞室内西北角。有颈罐（:2、:3）并置于1号东南。漆器（:4）位于3号东侧。

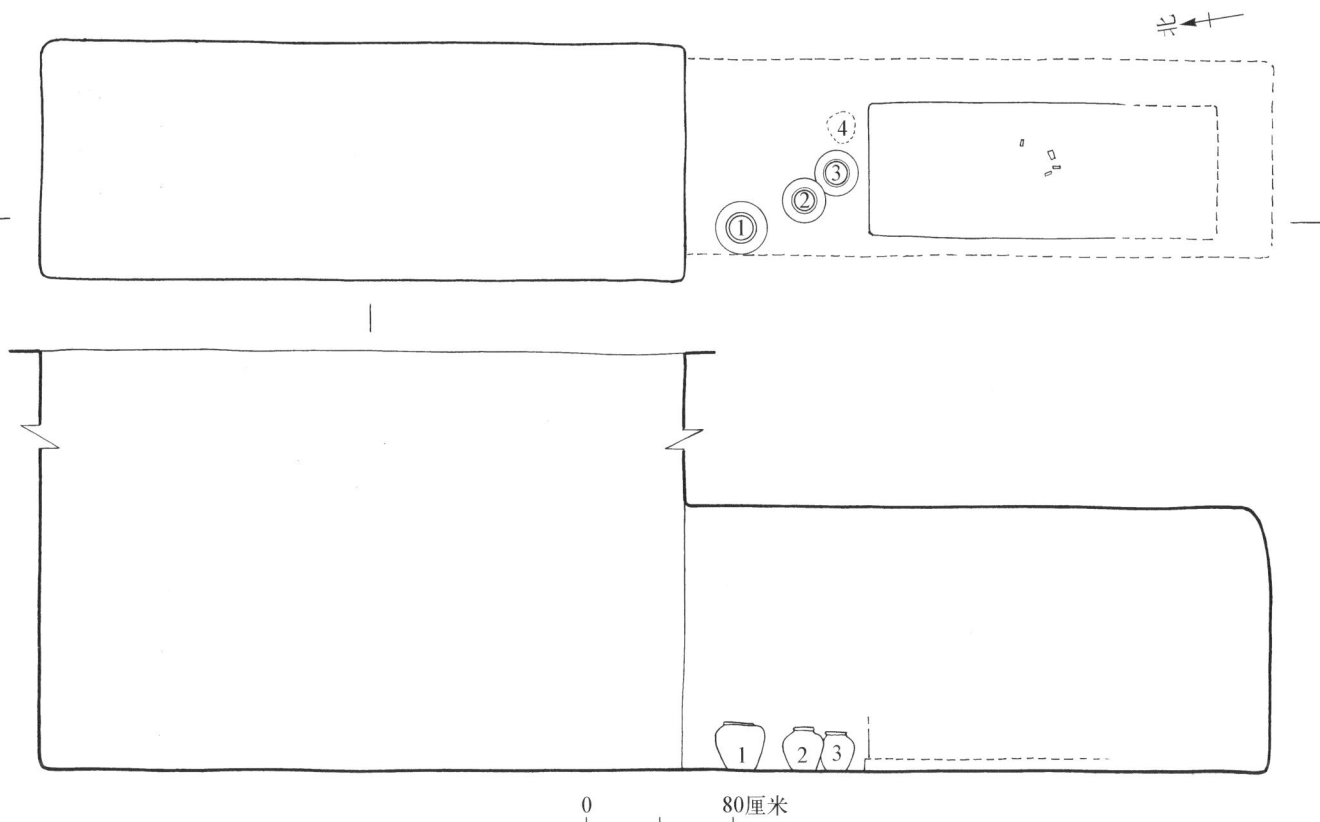

图三六八　SDM222墓葬平、剖图

1.陶直口折肩罐　2、3.陶有颈罐　4.漆器

（6）随葬品介绍

直口折肩罐　1件。标本SDM222：1，夹细砂灰陶。大体，直口方唇，口外侧有一周凹槽；折肩，腹微折，肩腹部呈"微亚腰"状，上腹略弧，下腹斜直微内凹，平底。肩腹及上下腹交接处各饰一周旋纹，上腹饰两至三周麦粒状绳纹。下腹有轮制痕迹。口径14.8、器身最大径27.3、底径12.4、通高19.5厘米（图三六七，8）。

有颈罐　共2件。皆夹细砂灰陶。口微侈，方圆唇，矮直颈，圆折肩，腹部整体圆弧，假圈足。肩部饰数周暗旋纹。标本SDM222：3，口径11.0、器身最大径18.8、底径8.7、通高15.9厘米（图三六七，5）。标本SDM222：2，唇部加厚。口径11.4、器身最大径18.7、底径7.8、通高15.3厘米（图三六七，6；彩版一九，4）。

漆器　1件。标本SDM222：4，无法提取。

213. 2010YFSDM224

（1）位置

西距SDM251约0.5米，东距SDM225约1.0米。

（2）形制结构（图三六九）

墓向：16°。

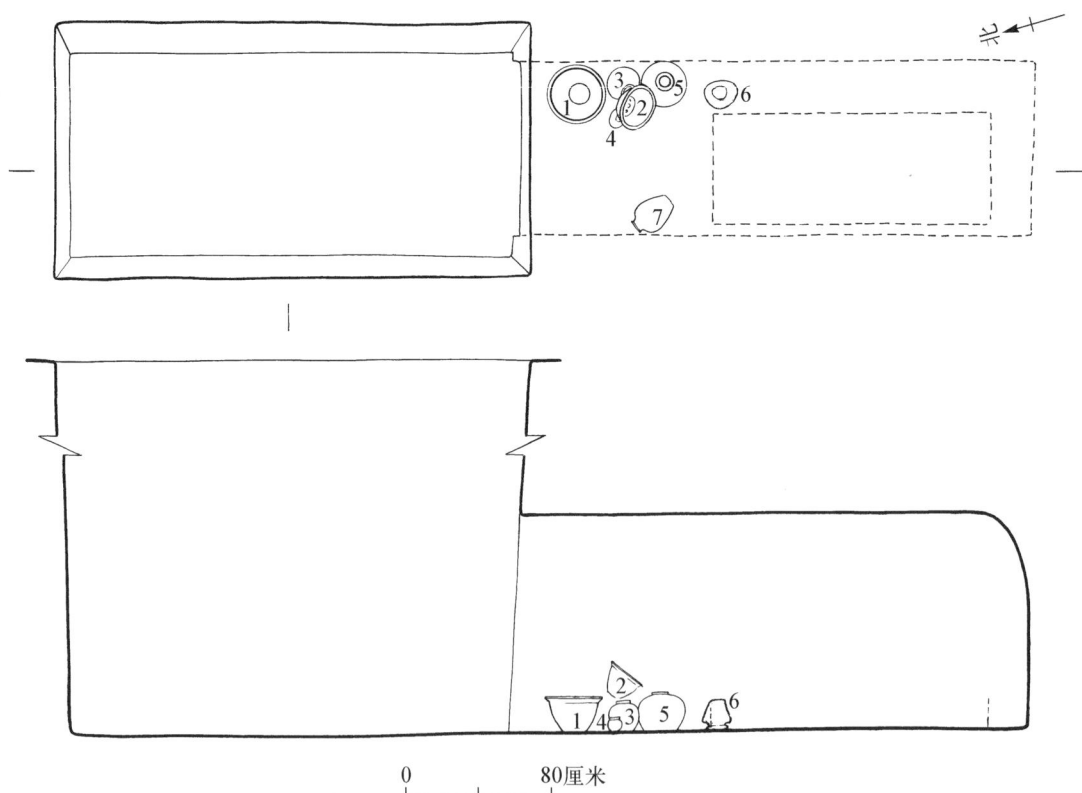

0　　　　80厘米

图三六九　SDM224墓葬平、剖图

1.陶盆　2.陶盉改甑　3、4.陶罐口釜　5、7.陶小口旋纹罐　6.陶卷沿折肩罐

墓道：位于洞室北侧。口大底小。口呈长方形，东长2.60、西长2.60、南宽1.36、北宽1.36米。斜壁。平底，东长2.44、西长2.44、南宽1.10、北宽1.08米。自深3.20米。

洞室：拱形顶，直壁，平底。洞室口位于墓道南壁中部，洞室宽小于墓道底宽。洞室口东壁距墓道东壁0.04、西壁距墓道西壁0.12米。底部平面略呈窄长方形，东长2.78、西长2.78、南宽0.92、北宽0.92米。高1.20米。

填土：墓道土色为红褐色，土质坚硬，局部地方有夯土，无明显夯层及夯窝。洞室土色黄色，土质较硬。

（3）葬具

单棺，呈矩形，仅存板灰残痕。置于洞室偏西南。棺长1.51、宽0.58米。

（4）墓主人

骨架不存，葬式不明。

（5）随葬品及其位置

共7件，皆陶器，均位于棺外北侧。紧邻洞室东壁，由北向南依次为盆（：1）、盂改甑（：2）、罐口釜（：3、：4）、小口旋纹罐（：5）、卷沿折肩罐（：6），2号叠置于3号上，3、4号东西向并列放置，6号倒置。小口旋纹罐（：7）与5号位置相对，紧邻洞室西壁，侧置，口向北。

（6）随葬品介绍

小口旋纹罐 共2件。皆夹细砂灰陶。小口束颈，折沿微下倾，尖圆唇，平底。标本SDM224：7，圆鼓肩，腹微弧近直。肩及腹上部饰数周旋纹，底部有两道凹槽。口径9.2、器身最大径22.8、底径9.2、通高24.5厘米（图三七〇，4）。标本SDM224：5，微溜肩，腹近斜直。肩及腹上部饰数周旋断绳纹。口径7.8、器身最大径23.6、底径12.0、通高25.6厘米（图三七〇，11）。

卷沿折肩罐 1件。标本SDM224：6，夹细砂灰陶。小体，卷沿方唇，圆折肩，弧腹，上下腹交接处圆弧，上腹似修整出折痕，形成"象征亚腰"，平底较大。素面。口径9.6、器身最大径17.0、底径10.9、通高14.2厘米（图三七〇，3）。

盆 1件。标本SDM224：1，夹细砂灰陶。敞口，折沿微下倾，尖圆唇；折腹，上腹近直，下腹斜直微内凹，上腹占腹部比例大于三分之一，平底。上下腹交接处饰一周旋纹。口径27.8、底径13.2、通高14.5厘米（图三七〇，10；彩版二二，2）。

盂改甑 1件。标本SDM224：2，夹细砂灰陶。敞口，折沿下倾，尖圆唇；折腹，上腹竖直，下腹斜直，上腹占腹部比例大于三分之一，平底；器底凿制5个圆形甑孔，布局为中心一孔与边缘一周。上下腹交接处有一周折棱。口径23.8、底径12.5、通高13.8厘米（图三七〇，1）。

罐口釜 共2件。皆底部夹粗砂。圜底。腹下部饰横向篮纹，底部饰纵向篮纹。标本SDM224：4，夹砂红褐陶。小体，卷沿，方圆唇，矮直颈，圆鼓肩，鼓腹。腹底有烟炱。口径10.2、器身最大径14.5、通高11.0厘米（图三七〇，2）。标本SDM224：3，夹砂灰陶。直口方唇，隆肩，腹上部微弧近直，下部弧收。腹上部饰数周旋纹。口径13.3、器身最大径19.3、通高14.9厘米（图三七〇，7）。

图三七〇　SDM224、SDM225随葬陶器

1、8. 盂改瓿（SDM224：2、SDM225：4）　2、6、7. 罐口釜（SDM224：4、SDM225：2、SDM224：3）
3、5. 卷沿折肩罐（SDM224：6、SDM225：1）　4、11. 小口旋纹罐（SDM224：7、SDM224：5）　9、10. 盆（SDM225：3、SDM224：1）

214. 2010YFSDM225

（1）位置

北距SDM226约0.5米，西距SDM224约1.0米。

（2）形制结构（图三七一）

墓向：285°。

墓道：位于洞室西侧。口底等大。口近梯形，南长2.16、北长2.04、东宽1.22、西宽1.20米。直壁。平底。自深1.80米。

洞室：拱形顶，直壁，平底。洞室口位于墓道东壁，洞室宽与墓道底宽等长。底部平面略呈长方形，南长1.86、北长1.86、东宽1.12、西宽1.22米。高1.00米。

填土：墓道土色浅黄色，土质较松散。洞室土色浅灰色，土质较松散。

（3）葬具

葬具不明。

（4）墓主人

骨架不存，葬式不明。

（5）随葬品及其位置

共4件，皆陶器，均位于洞室内西部。卷沿折肩罐（：1）紧邻洞室北壁，罐口釜（：2）位于其

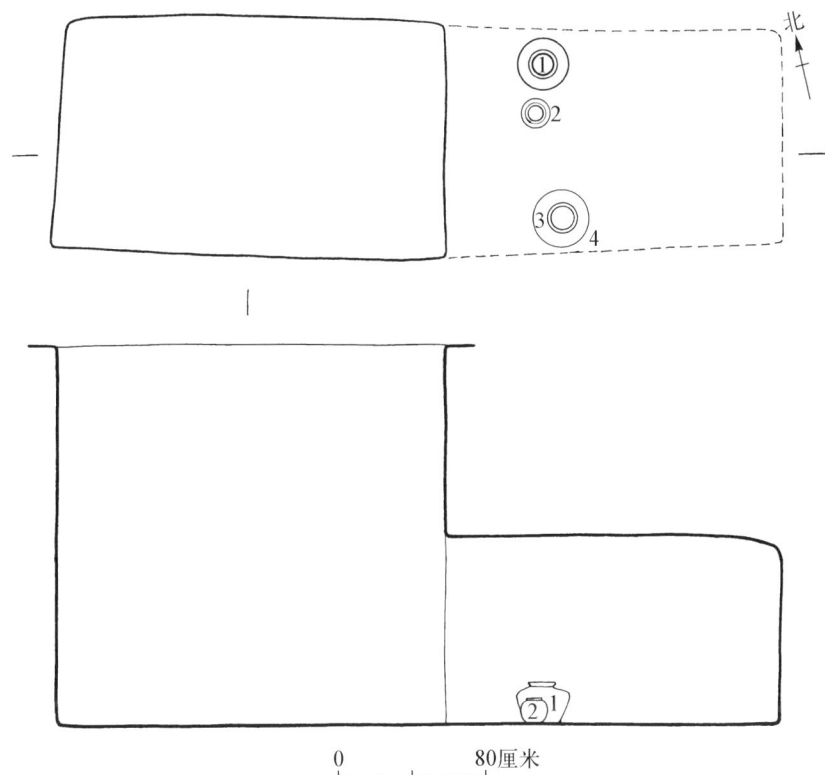

图三七一 SDM225墓葬平、剖图

1.陶卷沿折肩罐 2.陶罐口釜 3.陶盆 4.陶盉改瓶

南侧。盆(:3)、盂改甑(:4)紧邻洞室南壁,3号倒置于4号上。

（6）随葬品介绍

卷沿折肩罐　1件。标本SDM225:1,夹细砂灰陶。大体,卷沿,方唇,圆折肩,上腹略弧,下腹斜直,上下腹交接处圆弧,仅以一周旋纹分界,形成"符号亚腰",平底。肩腹交接处饰一周旋纹。口径14.2、器身最大径25.0、底径11.3、通高20.9厘米(图三七〇,5)。

盆　1件。标本SDM225:3,夹细砂灰陶。敞口,折沿微下倾,尖圆唇;弧腹微折,上腹微弧近直,下腹斜直内凹,上腹占腹部比例约三分之一,平底。上腹部饰两周旋纹间以一周楔形绳纹。口径27.2、底径11.0、通高14.0厘米(图三七〇,9)。

盂改甑　1件。标本SDM225:4,夹细砂灰陶。直口,折沿微下倾,尖圆唇;弧腹微折,上腹微弧近直,下腹斜直,上腹占腹部比例约三分之一,平底;器底凿制6个圆形甑孔,布局为中心一孔与边缘一周。上腹饰两周旋纹间以一周楔形绳纹,口径24.1、底径10.9、通高13.3厘米(图三七〇,8;彩版二七,5,6)。

罐口釜　1件。标本SDM225:2,夹砂红褐陶,底部夹粗砂。小体,卷沿,厚圆唇,矮直颈,圆肩,鼓腹,圜底。肩部饰数周瓦纹,腹下部饰横向篮纹,底部饰纵向篮纹。腹底有烟炱。口径12.7、器身最大径19.0、通高14.8厘米(图三七〇,6)。

215. 2010YFSDM226

（1）位置

南距SDM225约0.5米。

（2）形制结构（图三七二）

墓向:97°。

墓道:位于洞室东侧。口大底小。口呈长方形,南长3.50、北长3.48、东宽2.34、西宽2.34米。斜壁。平底,南长3.10、北长3.10、东宽1.96、西宽1.98米。自深4.50米。

洞室:拱形顶,直壁,平底。洞室口位于墓道西壁中部,洞室宽小于墓道底宽。洞室口南壁距墓道南壁0.36、北壁距墓道北壁0.30米。底部平面呈长方形,南长3.08、北长3.04、东宽1.28、西宽1.26米。高1.40米。

二层台:东、南、北三侧。东侧台面宽0.10、南侧台面宽0.36、北侧台面宽0.3米。高1.20米。

填土:墓道土色黄褐色,土质较硬,有明显的夯土块,夯层较模糊,夯窝不清。洞室土色黄色,夹杂少量的褐色土颗粒,土质较疏松,有大量生土块。

（3）葬具

单棺,呈矩形。置于洞室偏西南。棺长1.92、宽0.60米。

（4）墓主人

骨架不存,葬式不明。头向与墓道方向相同。

（5）随葬品及其位置

共7件,包括陶器6件、铜钱1枚。陶器均位于棺外北侧,由西向东依次为盆(:1)、直口折肩

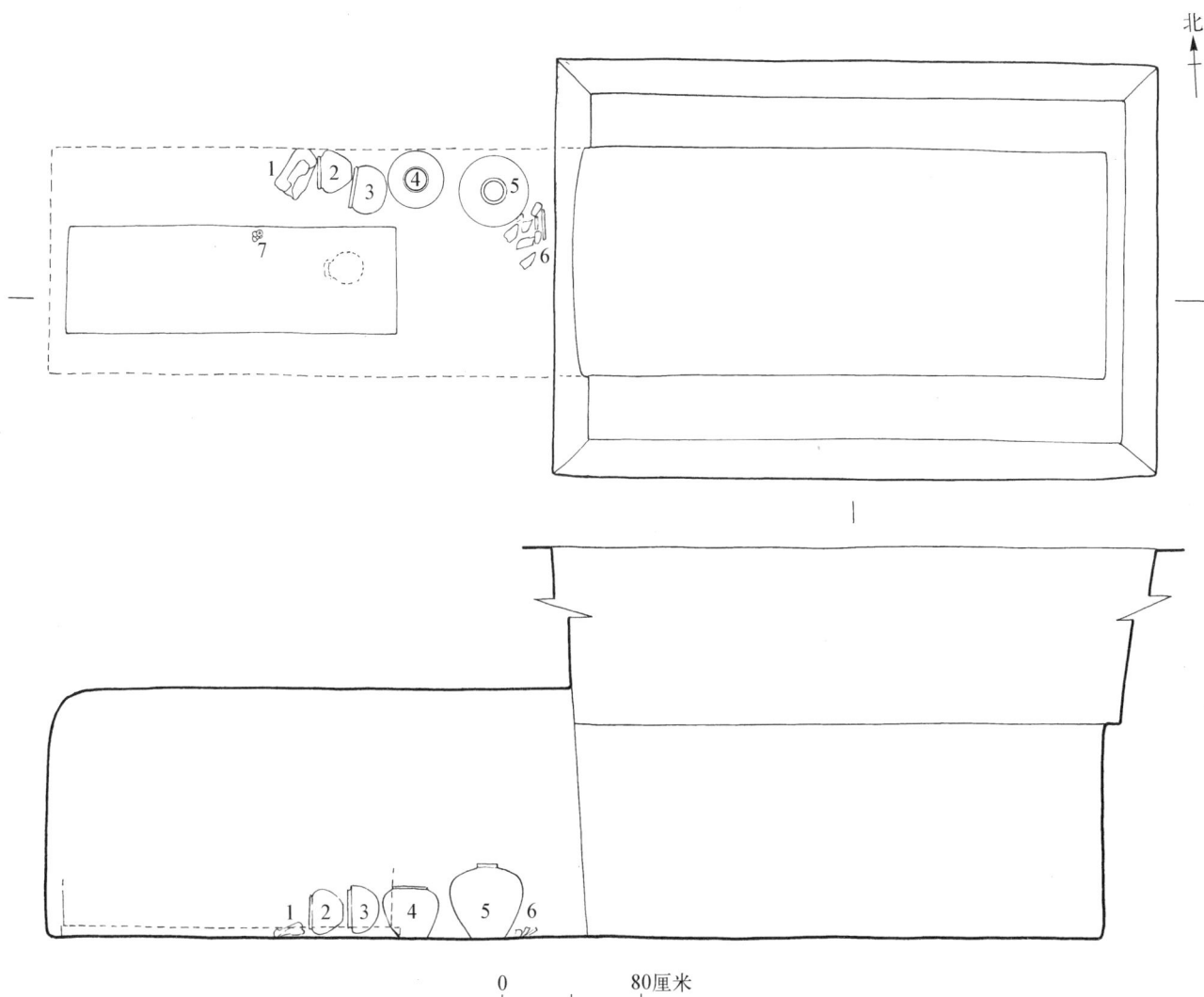

图三七二 SDM226墓葬平、剖图

1.陶盆 2、4.陶直口折肩罐 3.陶罐口釜 5.陶缶 6.陶盆改甑 7.铜钱

罐(:2)、罐口釜(:3)、直口折肩罐(:4)、陶缶(:5)、盆改甑(:6),2号、3号侧置,口向西。铜钱(:7)紧邻棺北侧板中部略偏东。

(6)随葬品介绍(图版一四,2)

缶 1件。标本SDM226:5,夹细砂灰陶。大体,小口束颈,折沿下倾,尖圆唇;隆肩,腹部整体圆弧,下腹近底处微内凹,平底。肩部饰数周暗旋纹,肩腹及上下腹交接处各饰一周旋纹,上腹饰三至四周麦粒状绳纹,下腹局部饰竖行绳纹。口径8.4、器身最大径38.0、底径16.6、通高31.7厘米(图三七三,6)。

直口折肩罐 共2件。皆夹细砂灰陶。大体,直口方唇,口外侧有一周凹槽;折肩,折腹,肩腹部呈"亚腰"状,上腹竖直,下腹斜直微内凹,平底。肩部饰数周暗旋纹,肩腹及上下腹交接处各饰一周旋纹。标本SDM226:4,下腹有轮制痕迹。口径15.7、器身最大径29.4、底径13.4、通高

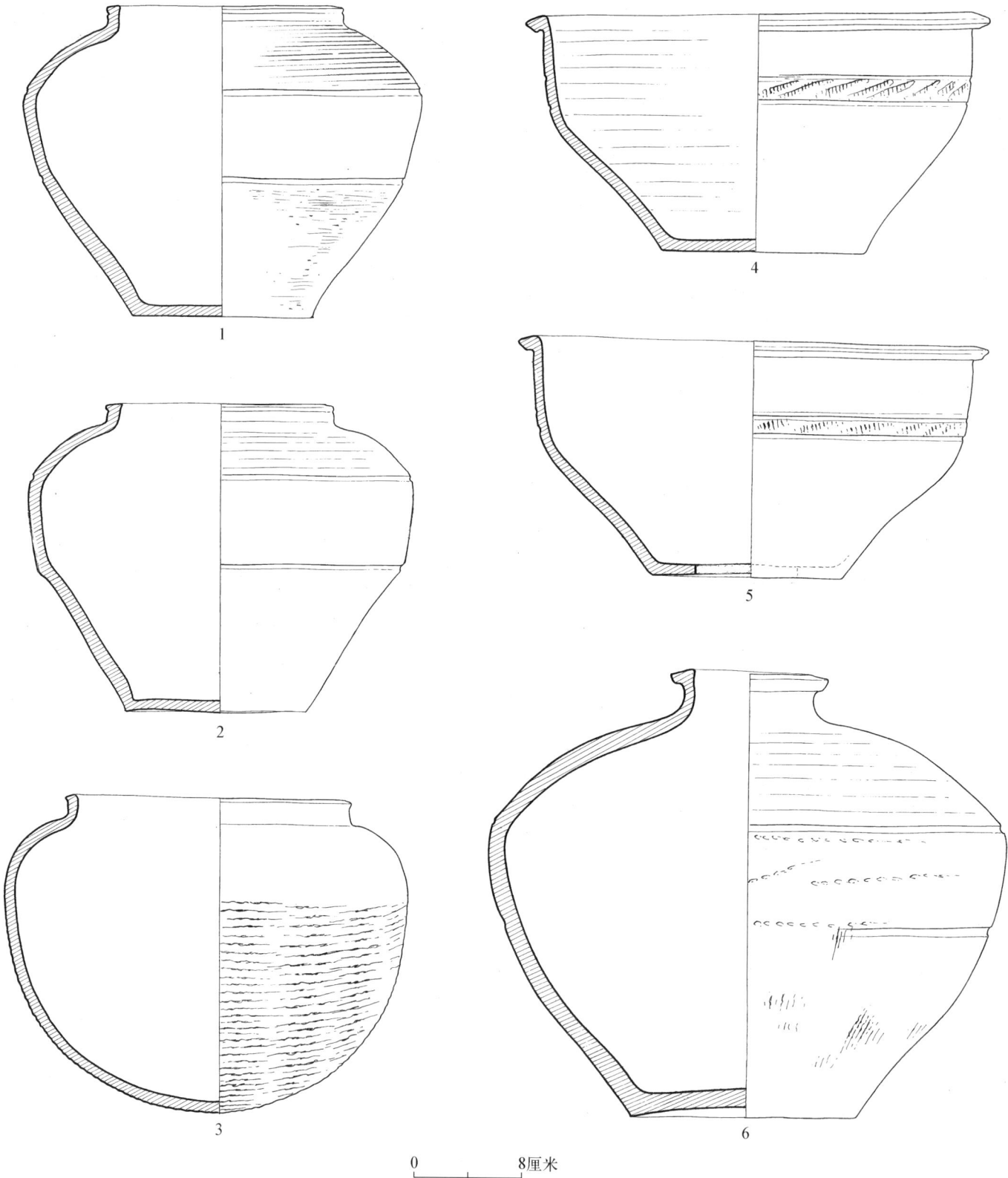

图三七三　SDM226随葬陶器

1、2.直口折肩罐（SDM226∶4、SDM226∶2）　3.罐口釜（SDM226∶3）　4.盆改甑（SDM226∶6）
5.盆（SDM226∶1）　6.缶（SDM226∶5）

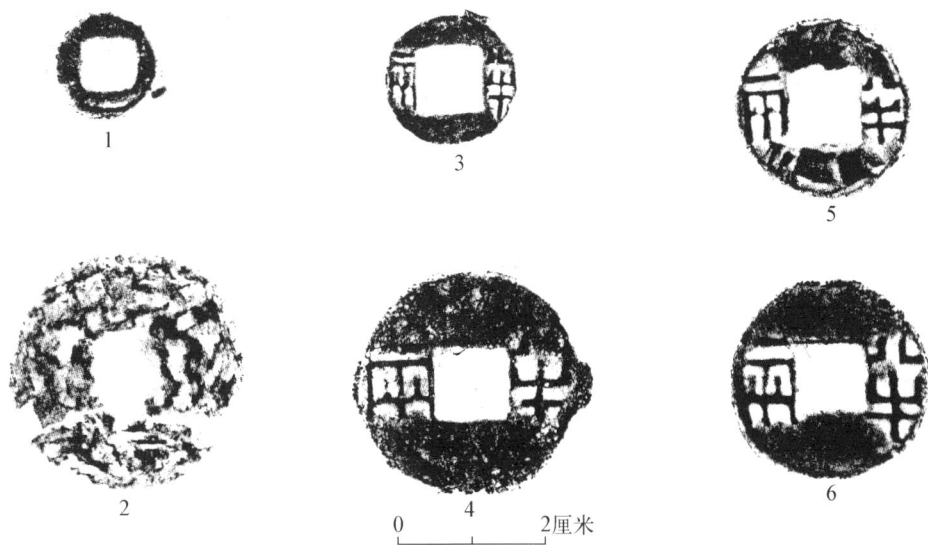

图三七四 SDM214、SDM226、SDM232随葬铜钱拓片

1.SDM232:4-5 2.SDM226:7 3.SDM232:4-7 4.SDM214:3-1 5.SDM214:14-10 6.SDM214:4-3

22.0厘米(图三七三,1)。标本SDM226:2,口径15.1、器身最大径28.4、底径13.2、通高22.1厘米(图三七三,2)。

盆 1件。标本SDM226:1,夹细砂灰陶。敞口,折沿微下倾,尖圆唇;弧腹微折,上腹微弧近直,下腹斜直内凹,上腹占腹部比例约三分之一,平底。沿面及器内壁饰数周暗旋纹,上腹饰两周旋纹间以一周楔形绳纹。口径31.5、底径14.0、通高16.9厘米(图三七三,5)。

盆改甑 1件。标本SDM226:6,夹细砂灰陶。敞口,折沿下倾,尖圆唇;弧腹微折,上腹微弧近直,下腹斜直,上腹占腹部比例约三分之一;平底,底部打制近圆形甑孔。器内壁饰数周暗旋纹,上腹饰两周旋纹间以一周楔形绳纹。口径30.9、底径14.9、通高17.0厘米(图三七三,4)。

罐口釜 1件。标本SDM226:3,夹砂灰陶,底部夹粗砂。大体,直口方唇,隆肩,腹上部微弧近直,下部弧收,圜底。腹及底部饰横向绳纹。口径19.6、器身最大径29.7、通高22.5厘米(图三七三,3;彩版二九,1)。

铜钱 1枚。标本SDM226:7,残,为"半两"。文字锈蚀不清。钱径3.2、穿宽0.8厘米,重量4.0克(图三七四,2)。

216. 2010YFSDM232

(1)位置

西距SDM240约1.0米,墓室东部被SDM239打破。

(2)形制结构(图三七五)

墓向:286°。

墓道:位于洞室西侧。口大底小。口呈长方形,南长3.40、北长3.40、东宽2.38、西宽2.34米。

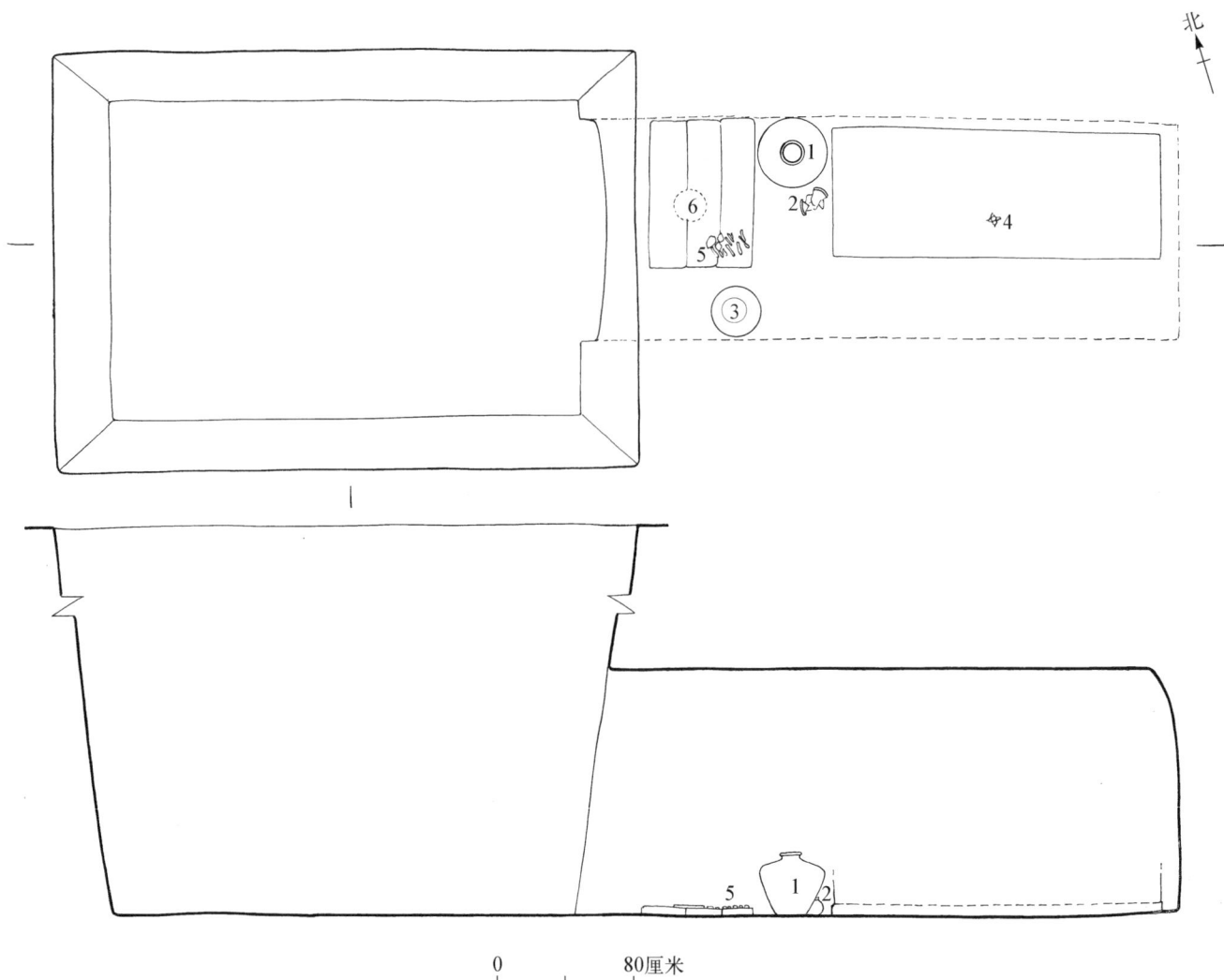

图三七五　SDM232墓葬平、剖图

1.陶缶　2.陶罐口釜　3.陶直口折肩罐　4.铜钱　5.动物骨骼　6.漆器

斜壁。平底,南长2.76、北长2.76、东宽1.80、西宽1.80米。自深3.20米。

洞室:拱形顶,直壁,平底。洞室口位于墓道东壁中部略偏北,洞室宽小于墓道底宽。洞室口南壁距墓道南壁0.42、北壁距墓道北壁0.12米。底部平面略呈窄长方形,南长3.40、北长3.40、东宽1.26、西宽1.26米。高1.40米。

填土:墓道土色红褐色,土质较硬。洞室土色黄褐色,夹杂少量红色土颗粒,土质较硬。

(3)葬具

单棺,呈矩形。置于洞室东北。棺长1.92、宽0.72米。棺下加棺床,棺床仅存3块木板置于棺西端,纵向铺设而成,由东向西各块木板长、宽依次0.86×0.20、0.84×0.16、0.84×0.22 m²。

(4)墓主人

骨架不存,葬式不明。

（5）随葬品及其位置

共6件（组），包括陶器3件、铜钱1组7枚、漆器1件、动物骨骼1堆。铜钱（:4）位于棺内中部略偏南。其余随葬品均位于棺外西侧。棺外西北角由北向南依次为缶（:1）、罐口釜（:2）。直口折肩罐（:3）位于棺外西南侧，紧邻洞室南壁，其北侧有一堆动物骨骼（:5）。漆器（:6）位于5号西北侧。

（6）随葬品介绍

缶　1件。标本SDM232:1夹细砂灰陶。大体，小口束颈，折沿下倾，尖圆唇；隆肩，弧腹，腹上部圆鼓，下部内凹，平底。沿面及肩部饰数周暗旋纹，肩部阴刻"直里原"三字，肩腹交接处饰一周旋纹，上腹部饰两周麦粒状绳纹。口径8.6、器身最大径38.0、底径16.5、通高31.2厘米（图三七七,10）。

直口折肩罐　1件。标本SDM232:3，夹细砂灰陶。大体，直口方唇，口外侧有一周凹槽；圆折肩，上腹略弧，下腹斜直，上下腹交接处圆弧，仅以一周旋纹分界，形成"符号亚腰"，平底。肩部饰数周暗旋纹，肩腹交接处饰一周旋纹，上腹饰两周麦粒状绳纹。口径13.8、器身最大径29.4、底径14.7、通高20.2厘米（图三七七,9）。

罐口釜　1件。标本SDM232:2，夹砂红褐陶，底部夹粗砂。小体，卷沿，方圆唇，矮直颈，圆肩，鼓腹，圜底。腹下部饰横向篮纹，底部饰纵向篮纹。腹底有烟炱。口径12.4、器身最大径18.6、通高15.2厘米（图三七七,7）。

铜钱　共7枚。标本SDM232:4，均为"榆荚半两"。大小近同。SDM232:4-1，锈蚀，无文字。钱径2.0、穿宽0.9厘米，重量1.3克。SDM232:4-2，文字浅细，笔画不全，不可辨形。钱径1.8、穿宽0.9厘米，重量0.6克。SDM232:4-3，锈蚀，无文字。钱径1.6、穿宽0.7厘米，重量0.4克。SDM232:4-4，锈蚀，无文字。钱径1.7、穿宽0.7厘米，重量0.8克。SDM232:4-5，锈蚀，无文字。钱径1.5、穿宽0.6厘米，重量0.5克（图三七四,1）。SDM232:4-6，锈蚀，无文字。钱径1.8、穿宽0.8厘米，重量0.8克。SDM232:4-7，文字扁平、浅细，字等于穿。"半"字头部转折，两横线等长，竖线长出下横线；"两"字上横线与肩等长，折肩，为"双人两"。钱径1.8、穿宽0.8厘米，重量0.8克（图三七四,3）。

动物骨骼　1堆。标本SDM232:5，残碎，无法辨识。

漆器　1件。标本SDM232:6，无法提取。

217. 2010YFSDM233

（1）位置

东南距SDM236约3.0米，西距SDM240约1.0米。

（2）形制结构（图三七六）

墓向：285°。

墓道：位于洞室西侧。口大底小。口呈长方形，南长3.22、北长3.22、东宽1.86、西宽1.83米。斜壁。平底，南长2.72、北长2.72、东宽1.40、西宽1.40米。自深2.90米。

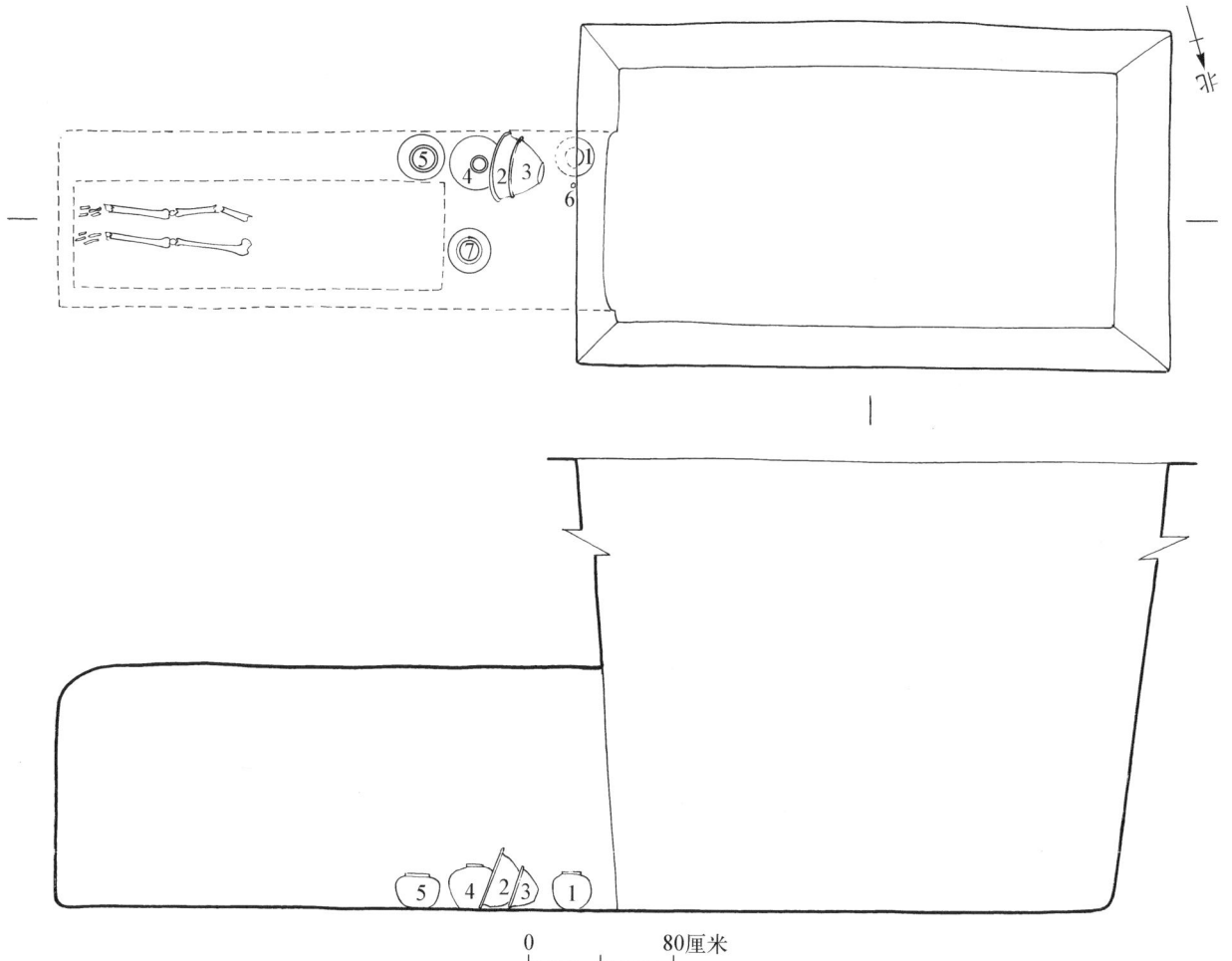

图三七六　SDM233墓葬平、剖图

1、5.陶罐口釜　2.陶盆　3.陶盆改甑　4.陶缶　6.铜钱　7.陶直口折肩罐

洞室：拱形顶，直壁，平底。洞室口位于墓道东壁中部偏北，洞室宽小于墓道底宽。洞室口南壁距墓道南壁0.36、北壁距墓道北壁0.06米。底部平面略呈窄长方形，南长3.00、北长3.02、东宽0.96、西宽0.96米。高1.30米。

填土：墓道土色黄褐色，土质坚硬。洞室土色黄色，土质较疏松，有大量生土块。

（3）葬具

单棺，呈矩形，仅存板灰痕迹。置于洞室东北。棺长2.02、宽0.58米。

（4）墓主人

仅存部分下肢骨。葬式为仰身直肢葬，头向似与墓道方向相同。

（5）随葬品及其位置

共7件（组），包括陶器6件、铜钱1组8枚，均位于棺外洞室内。棺外西南侧由西向东依次为罐口釜（∶1）、盆改甑（3）、盆（∶2）、缶（∶4）、罐口釜（∶5），2号叠置于3号上，均侧置，口向东。直口折肩罐（∶7）位于棺外西侧。铜钱（∶6）位于1号北侧。

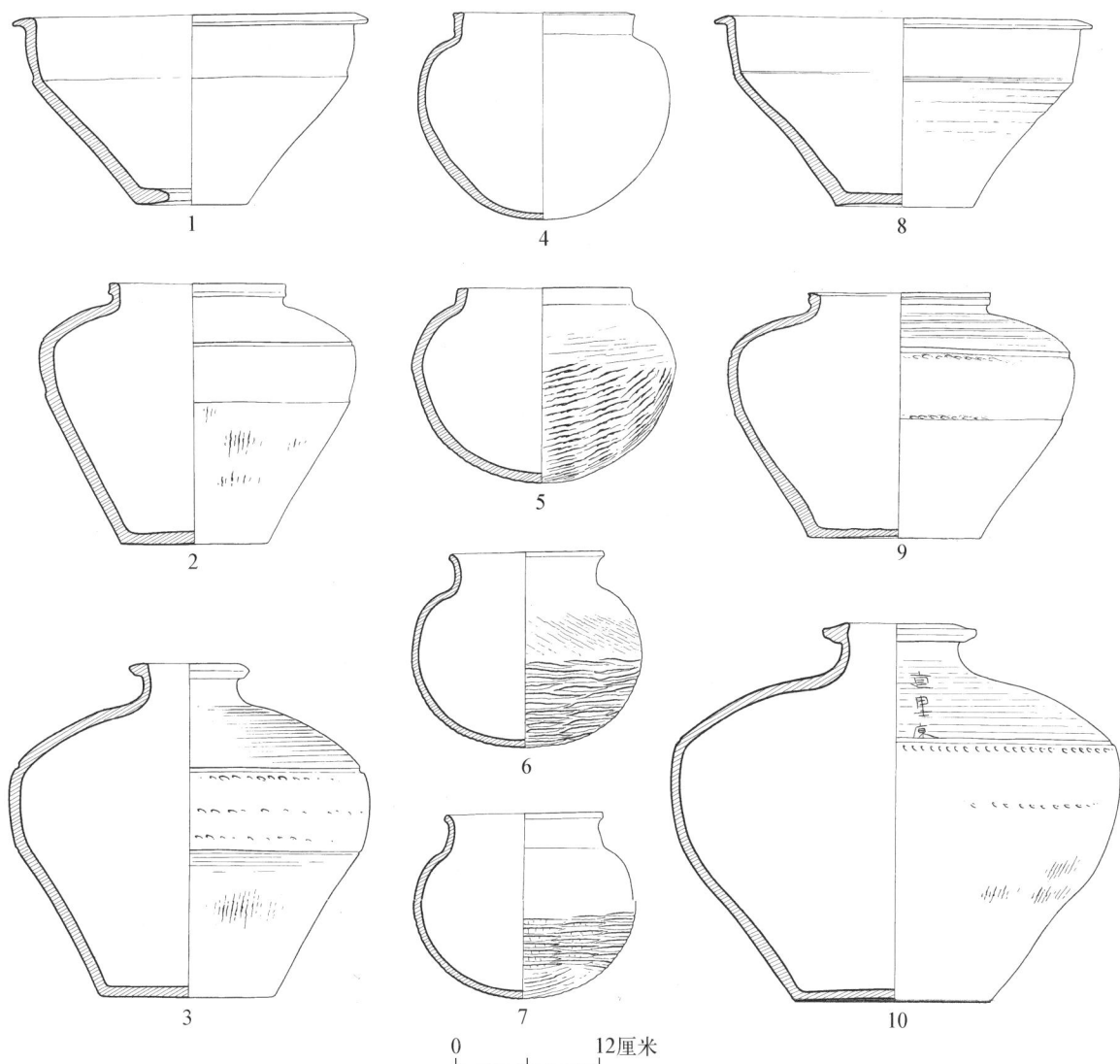

图三七七 SDM232、SDM233、SDM238 随葬陶器

1. 盆改甑（SDM233：3） 2、9. 直口折肩罐（SDM233：7、SDM232：3） 3、10. 缶（SDM233：4、SDM232：1）
4、5、6、7. 罐口釜（SDM238：4、SDM233：5、SDM233：1、SDM232：2） 8. 盆（SDM233：2）

（6）随葬品介绍

缶 1件。标本SDM233：4，夹细砂灰陶。小体，小口束颈，折沿微下倾，尖圆唇；折肩，上腹略弧，下腹斜直微内凹，上下腹交接处圆形，仅以一周旋纹分界，形成"符号亚腰"，平底。肩部饰数周暗旋纹，肩腹交接处饰一周旋纹，上腹饰两至三周麦粒状绳纹。口径7.5、器身最大径30.2、底径14.7、通高27.3厘米（图三七七，3）。

直口折肩罐 1件。标本SDM233：7，夹细砂灰陶。大体，直口方唇，口外侧有一周凹槽；圆折肩，上腹略弧，下腹斜直，上下腹交接处圆弧，仅以一周旋纹分界，形成"符号亚腰"，平底。肩腹交接处饰一周旋纹，下腹局部饰竖行绳纹。口径13.8、器身最大径26.5、底径12.4、通高21.4厘

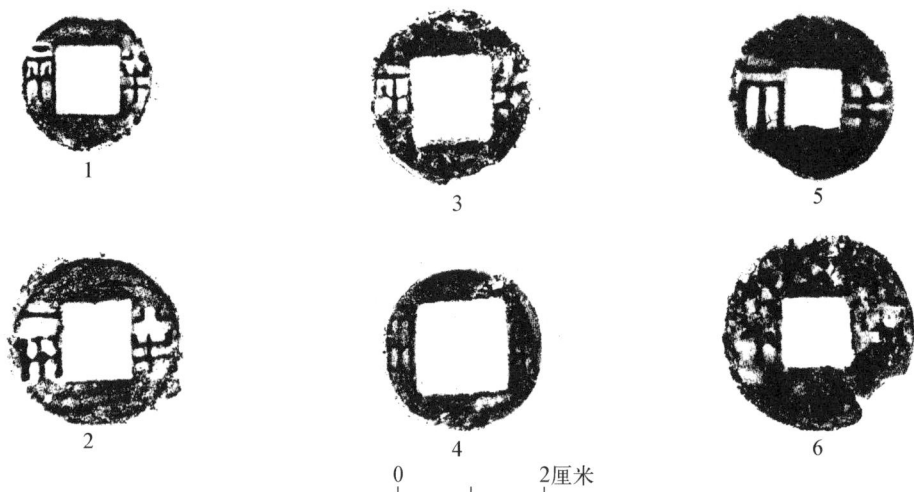

图三七八　SDM233、SDM254、SJM1 随葬铜钱拓片

1.SDM233：6-1　2.SDM254：5-1　3.SJM1：9-1　4.SDM233：6-5　5.SJM1：9-3　6.SJM1：9-4

米(图三七七,2)。

盆　1件。标本SDM233：2,夹细砂灰陶。敞口,折沿下倾,尖唇;折腹,上腹竖直,下腹斜直微内凹,上腹占腹部比例约四分之一,平底。上下腹交接处有一周折棱。口径29.0、底径11.6、通高15.5厘米(图三七七,8)。

盆改甑　1件。标本SDM233：3,夹细砂灰陶。敞口,折沿微下倾,尖圆唇;折腹,上腹竖直,下腹斜直微内凹,上腹占腹部比例约四分之一,平底,器底凿制1个圆形甑孔。上下腹交接处有一周折棱。口径26.9、底径9.2、通高15.4厘米(图三七七,1)。

罐口釜　共2件。皆底部夹粗砂。圆鼓肩,圜底。腹底有烟炱。标本SDM233：5,夹砂灰褐陶。直口方唇,微折腹。腹上部饰数周旋纹,腹下部及底饰斜行绳纹。口径13.6、器身最大径22.1、通高16.0厘米(图三七七,5)。标本SDM233：1,夹砂红褐陶。卷沿,方圆唇,矮直颈,弧腹。腹上部饰斜行绳纹,腹下部饰横向篮纹,底部饰纵向篮纹。口径12.2、器身最大径19.3、通高16.0厘米(图三七七,6)。

铜钱　共8枚。标本SDM233：6,均为"半两"。大小近同,文字略异。SDM233：6-1,文字扁平、浅细,字小于穿。"半"字头部转折,下横线略长,竖线出于下横线;"两"字上横线较短,折肩,为"双人两"。钱缘有毛茬。钱径1.9、穿宽0.8厘米,重量1.4克(图三七八,1)。SDM233：6-2,文字锈蚀不清。钱径1.9、穿宽0.9厘米,重量0.7克。SDM233：6-3,文字锈蚀不清。钱径1.9、穿宽0.9厘米,重量0.7克。SDM233：6-4,文字锈蚀不清。钱径1.9、穿宽0.9厘米,重量0.7克。SDM233：6-5,文字扁平、细长,字小于穿。"半"字头部锈蚀不清,下横线较长,竖线长出下横线;"两"字上横线较短,折肩,为"十字两"。广穿。钱径2.2、穿宽1.2厘米,重量1.0克(图三七八,4)。SDM233：6-6,文字扁平,字小于穿。"半"字头部转折,两横线较长,竖线出于下横线;"两"字上横线较短,折肩,为"十字两"。钱缘有毛茬。钱径2.0、穿宽0.9厘米,重量0.8克。

SDM233：6-7，文字扁平，字等于穿。"半"字头部转折，下横线较短，竖线出于下横线；"两"字上横线与肩等长，折肩，为"双人两"。钱缘有毛茬。有捆绑痕迹。钱径2.0、穿宽0.9厘米，重量1.5克。SDM233：6-8，文字扁平，字小于穿。"半"字头部锈蚀不清，两横线等长，竖线长出下横线；"两"字上横线与肩等长，折肩，为"十字两"。钱径1.9、穿宽0.9厘米，重量0.6克。

218. 2010YFSDM238

（1）位置

西北距SDM231约11.0米。

（2）形制结构（图三七九）

墓向：283°。

墓道：位于洞室西侧。口大底小。口呈长方形，南长3.20、北长3.20、东宽1.76、西宽1.76米。斜壁。平底，南长2.92、北长2.92、东宽1.50、西宽1.50米。自深6.40米。

洞室：拱形顶，直壁，平底。洞室口位于墓道东壁中部，洞室宽小于墓道底宽。洞室口南壁

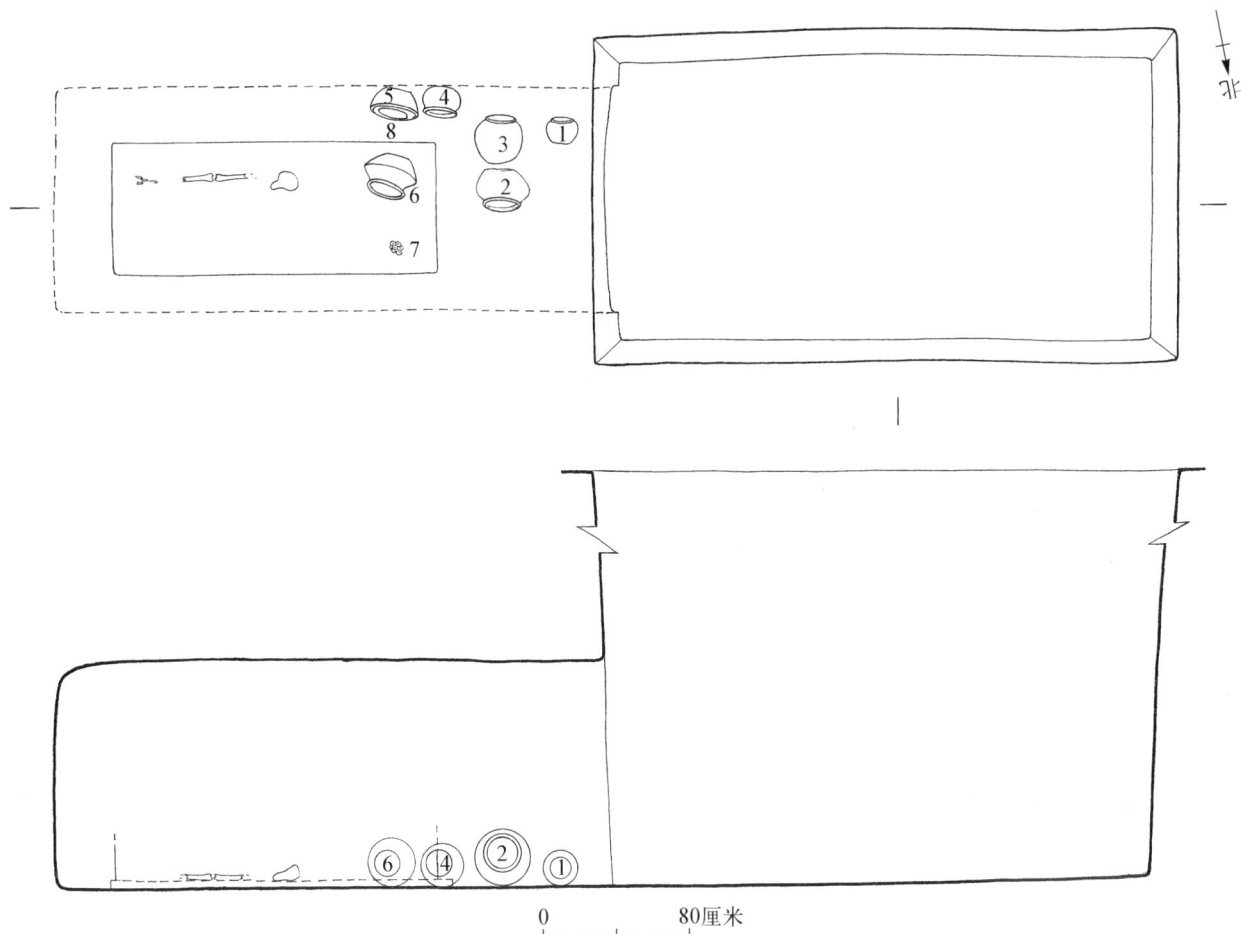

图三七九　SDM238墓葬平、剖图

1.陶卷沿圆肩罐　2.陶卷沿折肩罐　3.陶小口旋纹罐　4.陶罐口釜　5.陶盉　6.陶直口折肩罐　7.铜钱　8.陶盉改甑

距墓道南壁0.14、北壁距墓道北壁0.14米。底部平面略呈窄长方形,南长3.02、北长3.02、东宽1.20、西宽1.20米。高1.20米。

填土:墓道为浅红色五花土,土质较硬。洞室黄色淤土,土质细腻。

（3）葬具

单棺,呈矩形。棺长1.76、宽0.70米。

（4）墓主人

仅存少量骨骼。葬式不明,头向似与墓道方向相同。

（5）随葬品及其位置

共8件(组),包括陶器7件、铜钱1组35枚。棺外西南侧由西向东依次为卷沿圆肩罐(∶1)、小口旋纹罐(∶3)、罐口釜(∶4)、盂改甑(∶8)、盂(∶5),3号与4号距离稍远,8号叠置于5号内。3号北侧为卷沿折肩罐(∶2)。直口折肩罐(∶6)置于棺内西南角,原应位于棺盖板上相应位置。陶器均侧置,1、3号口向南,2、4、5、6、8号口向北,铜钱(∶7)位于棺内西北角。

（6）随葬品介绍

小口旋纹罐 共1件。标本SDM238∶3,夹细砂灰陶。小口束颈,折沿微下倾,尖圆唇;圆鼓肩,腹微弧近直,平底。肩及腹上部饰数周旋断绳纹。口径9.0、器身最大径25.0、底径12.5、通高25.0厘米(图三八〇,1)。

直口折肩罐 1件。标本SDM238∶6,夹细砂灰陶。大体,直口方唇,折肩,上腹略弧,下腹斜直,上下腹交接处圆弧,仅以一周旋纹分界,形成"符号亚腰",平底。肩部饰数周暗旋纹,肩腹交接处饰一周旋纹,上腹饰三周麦粒状绳纹。下腹有轮制痕迹。口径15.0、器身最大径27.8、底径14.0、通高20.5厘米(图三八〇,6;彩版一六,8)。

卷沿折肩罐 1件。标本SDM238∶2,夹细砂灰褐陶。大体,卷沿方唇,折肩,上腹略弧,下腹斜直微内凹,上下腹交接处圆弧,仅以一周旋纹分界,形成"符号亚腰",平底。肩腹交接处饰一周旋纹,上腹饰两至三周麦粒状绳纹。下腹有轮制痕迹。口径15.6、器身最大径25.2、底径11.7、通高20.1厘米(图三八〇,5;彩版一八,3)。

卷沿圆肩罐 1件。标本SDM238∶1,夹细砂灰陶。小体,卷沿,斜方唇,圆鼓肩,腹上部圆鼓,下部斜直,平底。腹下部有轮制痕迹。口径8.9、器身最大径17.0、底径9.2、通高15.5厘米(图三八〇,2;彩版一九,2)。

盂 1件。标本SDM238∶5,夹细砂灰陶。敞口,平折沿,尖唇;折腹,上腹近直,下腹斜直,上腹占腹部比例约三分之一,平底。上下腹交接处有一周折棱。口径23.5、底径10.8、通高12.5厘米(图三八〇,3;彩版二四,7)。

盂改甑 1件。标本SDM238∶8,夹细砂灰陶。敞口,折沿微下倾,尖唇;折腹,上腹近直,下腹斜直,上腹占腹部比例略大于三分之一,平底;器底凿制6个圆形甑孔,布局为中心一孔与边缘一周。上下腹交接处有一周折棱。口径22.3、底径9.4、通高12.2厘米(图三八〇,4;彩版二七,3、4)。

罐口釜 1件。标本SDM238∶4,夹砂灰陶,底部夹粗砂。直口方唇,隆肩,腹部整体圆弧,圜底。素面。口径13.5、器身最大径21.0、通高16.9厘米(图三七七,4)。

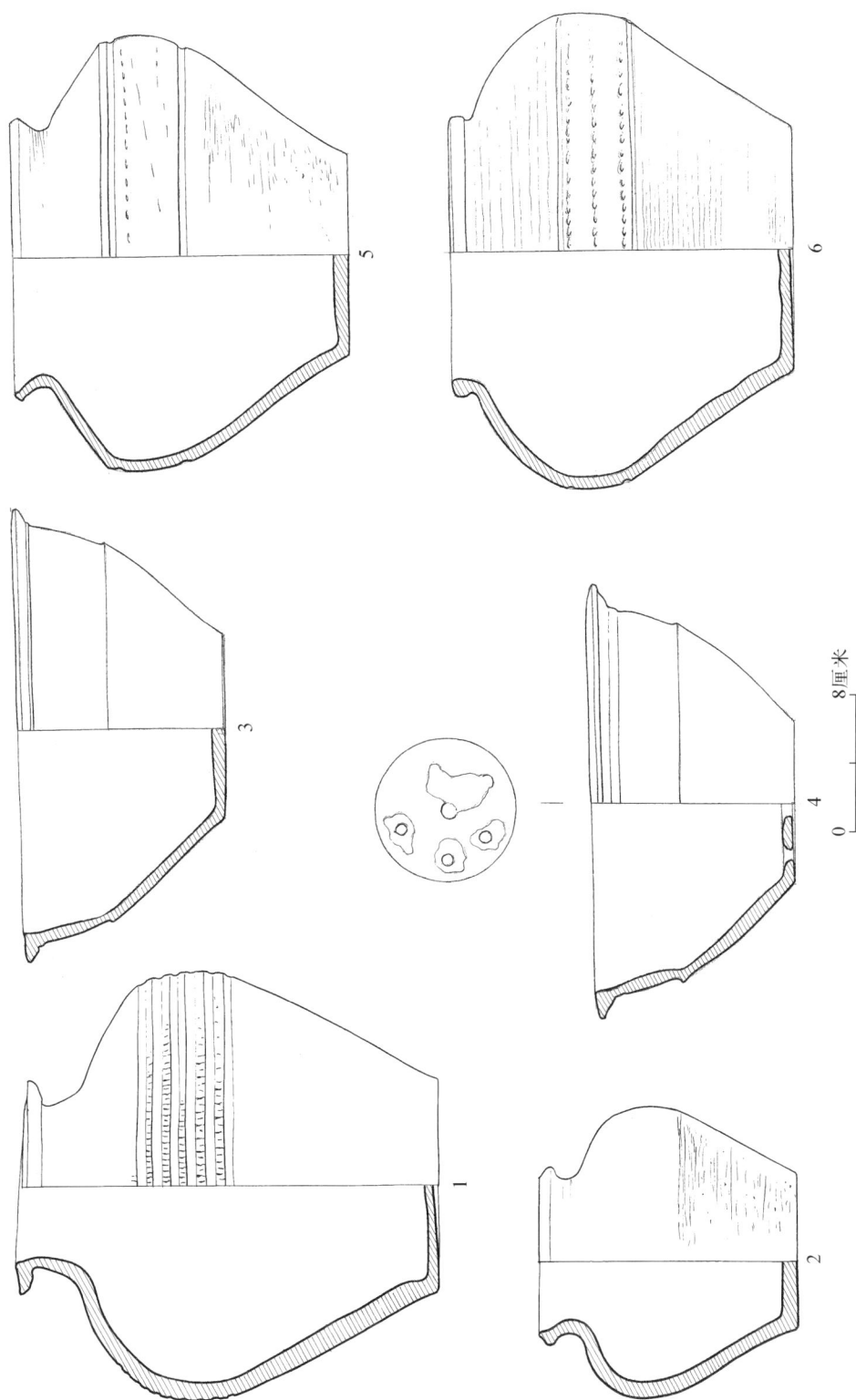

图三八〇 SDM238 随葬陶器

1. 陶小口旋纹罐（SDM238∶3） 2. 卷沿圆肩罐（SDM238∶1） 3. 盂（SDM238∶5） 4. 盂改甑（SDM238∶8）
5. 卷沿折肩罐（SDM238∶2） 6. 直口折肩罐（SDM238∶6）

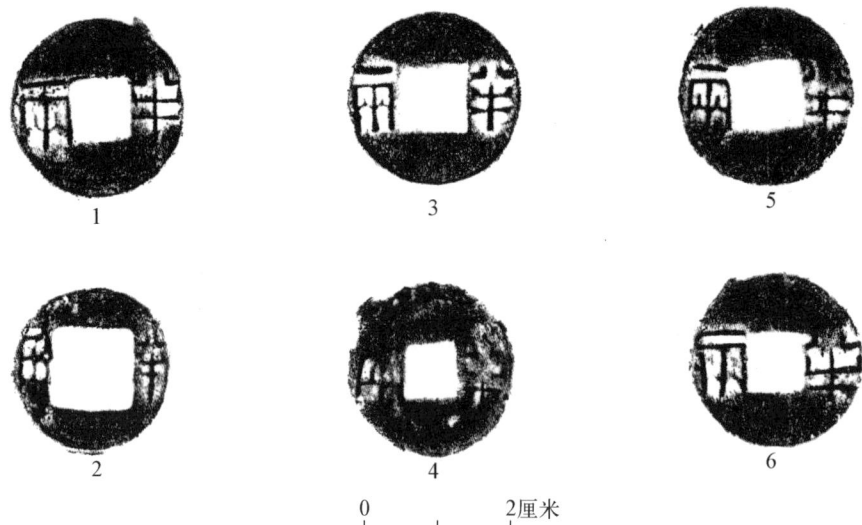

图三八一 SDM238随葬铜钱拓片

1. SDM238：7-6   2. SDM238：7-4   3. SDM238：7-15   4. SDM238：7-20   5. SDM238：7-11   6. SDM238：7-8

铜钱 共35枚,标本SDM238：7,均为"半两"。大小近同,文字各异。穿多方正,仅有1枚广穿,1枚有钱郭。少数钱为粘合体。多数可辨钱文的文字各异,字与穿比例不同。"半"字头部转折程度不同,两横线及竖线出于下横线的长度不等;"两"字上横线与肩长度比例不同,均折肩,"两"字内部结构亦有区别。铸造较为规整。钱缘或有铸口。钱径2.3~2.8、穿宽0.6~1.1厘米,重量1.3~5.9克(图三八一)。具体形制详见表二七。

219. 2010YFSDM241

（1）位置

东南距SDM247约6.3米,东北距SDM224约1.5米,打破SDM254。

（2）形制结构（图三八二）

墓向：274°。

墓道：位于洞室西侧。口大底小。口呈长方形,南长2.26、北长2.26、东宽1.30、西宽1.30米。斜壁,平底,南长2.08、北长2.10、东宽1.14、西宽1.10米。自深2.70米。

洞室：拱形顶,直壁,平底。洞室口位于墓道东壁中部偏北,洞室宽小于墓道底宽。洞室口南壁距墓道南壁0.24、北壁距墓道北壁0.06米。底部平面呈长方形,南长2.66、北长2.64、东宽0.80、西宽0.80米。高1.20米。

填土：墓道土色黄褐色,土质较硬。洞室土色黄色,土质较疏松,有大量生土块。

（3）葬具

单棺,呈矩形。置于洞室略偏南。棺长1.80、宽0.50米。

（4）墓主人

仅存下肢骨和右侧肱骨。葬式似为仰身直肢葬,头向似与墓道方向相同。

表二七 SDM238铜钱统计表

编 号	种类	钱径	穿宽	重量	文 字	形 制	记 号	附着物	图 号	备 注
SDM238：7-1	半两	2.5	0.8	3.3	文字扁平，字等于穿。"半"字头部呈"八"字状，两横线等长，竖线出于下横线；"两"字上横线与肩等长，折肩，内部锈蚀					
SDM238：7-2		2.6	0.8	3.1	文字扁平，字等于穿。"半"字锈蚀不清；"两"字上横线与肩等长，折肩，内部锈蚀					有1铸口
SDM238：7-3		2.5	0.7	3	文字不清晰					
SDM238：7-4		2.3	1.1	1.3	文字扁平，字略小于穿。"半"字头部呈"八"字状，下横线较短，竖线长出下横线；"两"字上横线与肩等长，折肩，为"十字两"	广穿			图三八一，2	
SDM238：7-5		2.3	0.6	2.7	同上					有1铸口
SDM238：7-6		2.5	0.8	2.8	文字扁平，笔画浅细，字等于穿。"半"字头部转折，两横线等长，竖线出于下横线；"两"字上横线与肩等长，折肩，为"双人两"	钱郭			图三八一，1	
SDM238：7-7		2.5	0.6	3.3	锈蚀，文字不清晰					有1铸口
SDM238：7-8		2.4	0.7	3.1	文字扁平，字略大于穿。"半"字头部呈"八"字状，下横线略短，竖线出于下横线；"两"字上横线与肩等长，折肩，为"1字两"				图三八一，6	
SDM238：7-9		2.4	0.6	2.9	文字不清晰					
SDM238：7-10		2.5	0.7	3	同上					
SDM238：7-11		2.5	0.9	3.1	文字浅细，字等于穿。"半"字头部呈"八"字状，两横线等长，竖线出于下横线；"两"字上横线比肩略短，折肩，为"倒T两"				图三八一，5	
SDM238：7-12		2.3	0.7	2.3	文字不清晰					
SDM238：7-13		2.4	0.8	2.8	同上					有1铸口

续表

编号	种类	钱径	穿宽	重量	文字	形制	记号	附着物	图号	备注
SDM238：7-14	半两	2.4	0.8	2.7	同上					
SDM238：7-15		2.4	0.8	3	文字略凸起，字等于穿。"半"字头部转折，两横线等长，竖线出于下横线，折肩与肩等长，为"连山两"				图三八一，3	
SDM238：7-16		2.4	0.8	2.6	文字凸起，字等于穿。"半"字锈蚀不清，竖线出于下横线，折肩；"两"字上横线较短，折肩，为"连山两"					
SDM238：7-17		2.4	0.8	3.5	同上					
SDM238：7-18		2.5	0.7	2.9	文字不清晰					
SDM238：7-19		2.5	0.7	2.8	文字扁平，字大于穿。"半"字头部转折，下横线较短，竖线出于下横线，折肩，为"双人两"					
SDM238：7-20		2.4	0.6	2.8	文字扁平，字略大于穿。"半"字头部转折，两横线等长，竖线略出下横线；"两"字上横线与肩等长，折肩，为"倒T两"				图三八一，4	有1铸口
SDM238：7-21		2.8	0.7	3	同上					
SDM238：7-22				5.9	文字扁平，字略大于穿。"半"字头部呈"八"字状，两横线等长，竖线出于下横线，折肩，为"连山两"					2枚粘合
SDM238：7-23		2.4	0.6	3.1	文字大于穿。"半"字头部转折，两横线等长，竖线微出下横线；"两"字上横线较短，折肩，为"双人两"					
SDM238：7-24		2.4	0.8	2.6	文字不清晰					有1铸口
SDM238：7-25		2.3	0.6	2.2	同上					

续表

编 号	种类	钱径	穿宽	重量	文 字	形 制	记 号	附着物	图 号	备 注
SDM238：7-26		2.4	0.7	2.9	同上					
SDM238：7-27		2.5	0.7	3.2	同上					
SDM238：7-28		2.5	0.8	3.1	同上					
SDM238：7-29	半两	2.3	0.7	2.7	文字扁平，字略大于穿。"半"字头部圆折，两横线等长，竖线出于下横线；"两"字上横线与肩等长，折肩，为"连山两"					有1铸口
SDM238：7-30		2.5	0.7	2.9	文字不清晰					
SDM238：7-31		2.3	0.6	2.8	同上					
SDM238：7-32		2.4	0.7	3	同上					
SDM238：7-33				5.6	同上					2枚粘合
SDM238：7-34				5.8	同上					2枚粘合
SDM238：7-35		2.4	0.7	3.1	同上					

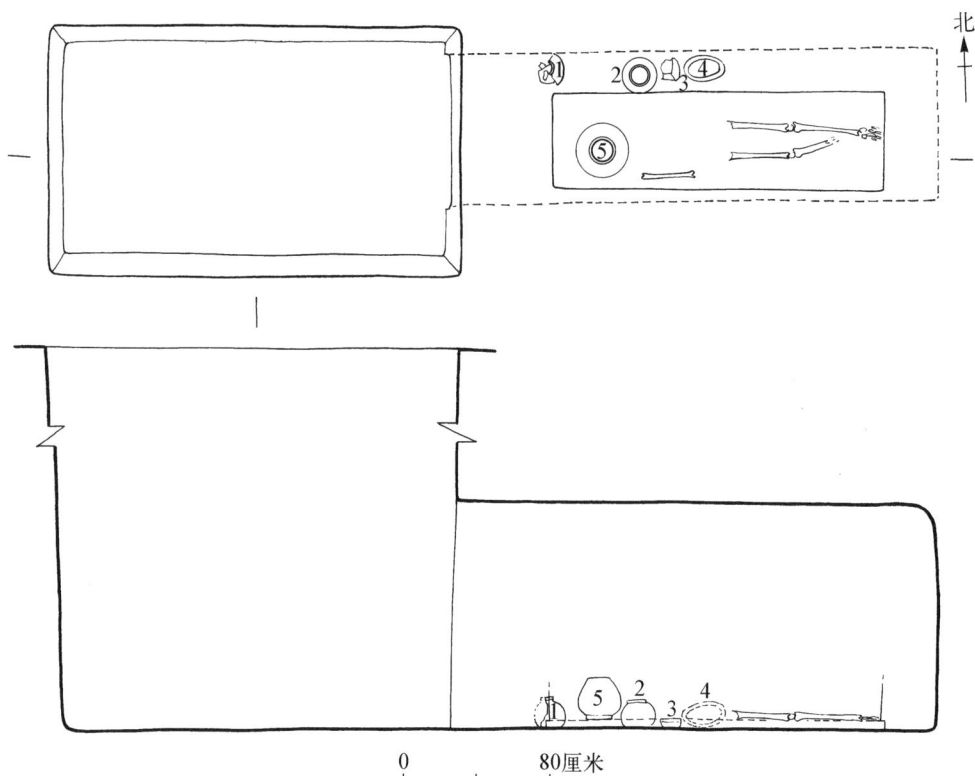

图三八二　SDM241墓葬平、剖图

1.陶小口旋纹罐　2.陶鬲口釜　3.陶盂形甑　4.陶盂　5.陶卷沿折肩罐

（5）随葬品及其位置

共5件，皆陶器。棺外北侧由西向东依次为小口旋纹罐（ :1）、鬲口釜（ :2）、盂形甑（ :3）、盂（ :4），1号距2号稍远，4号侧置，口向南。卷沿折肩罐（ :5）位于棺内，倒置于墓主头部，原应位于棺盖板上相应位置。

（6）随葬品介绍

小口旋纹罐　1件。标本SDM241:1，夹砂灰陶。小口束颈，折沿下倾，尖圆唇；微溜肩，腹近斜直，平底。肩及腹上部饰数周旋断绳纹。口径8.9、器身最大径27.0、底径12.5、通高26.9厘米（图三八三,7）。

卷沿折肩罐　1件。标本SDM241:5，夹细砂灰陶。大体，卷沿，斜方唇，唇面微内凹；圆折肩，上腹略弧，下腹斜直，上下腹交接处似修整出折痕，形成“象征亚腰”，平底。肩部饰数周暗旋纹。口径15.7、器身最大径26.0、底径12.4、通高19.8厘米（图三八三,4；彩版一八,4）。

盂　1件。标本SDM241:4，夹细砂灰陶。敞口，折沿下倾，尖唇；弧腹，腹上部微弧近直，下部斜直，上腹占腹部比例近半。下腹有修整刮痕。口径22.0、底径11.6、通高11.7厘米（图三八三,8）。

盂形甑　1件。标本SDM241:3，夹细砂灰陶。直口，折沿微下倾，尖圆唇；弧腹微折，上腹竖直，下腹斜直，上腹占腹部比例大于三分之一，平底；器底戳制13个圆形甑孔，布局为中心四孔与

图三八三 SDM241、SDM245 随葬陶器

1、5. 罐口釜（SDM245：6、DM245：1） 2. 鬲口釜（SDM241：2） 3. 盂形甑（SDM241：3） 4. 卷沿折肩罐（SDM241：5）
6、7. 小口旋纹罐（SDM245：2、SDM241：1） 8. 盂（SDM241：4） 9. 直口折肩罐（SDM245：3）

边缘一周。上腹饰两周旋纹。口径20.6、底径8.6、通高13.0厘米(图三八三,3)。

鬲口釜 1件。标本SDM241:2,夹砂灰陶,底部夹粗砂。口微侈,斜方唇,肩面近口处略平,腹上部微弧近直,下部弧收,圜底。肩部近口处饰一周弦纹,腹下部饰横向篮纹,底部饰纵向篮纹。口径14.4、器身最大径23.4、通高19.0厘米(图三八三,2)。

220. 2010YFSDM245

（1）位置

西距SDM243约6.4米,北紧邻并打破SDM247。

（2）形制结构(图三八四)

墓向:275°。

墓道:位于洞室西侧。口大底小。口呈长方形,南长3.40、北长3.40、东宽2.00、西宽1.98米。斜壁。平底,南长3.04、北长3.02、东宽1.84、西宽1.80米。自深3.50米。

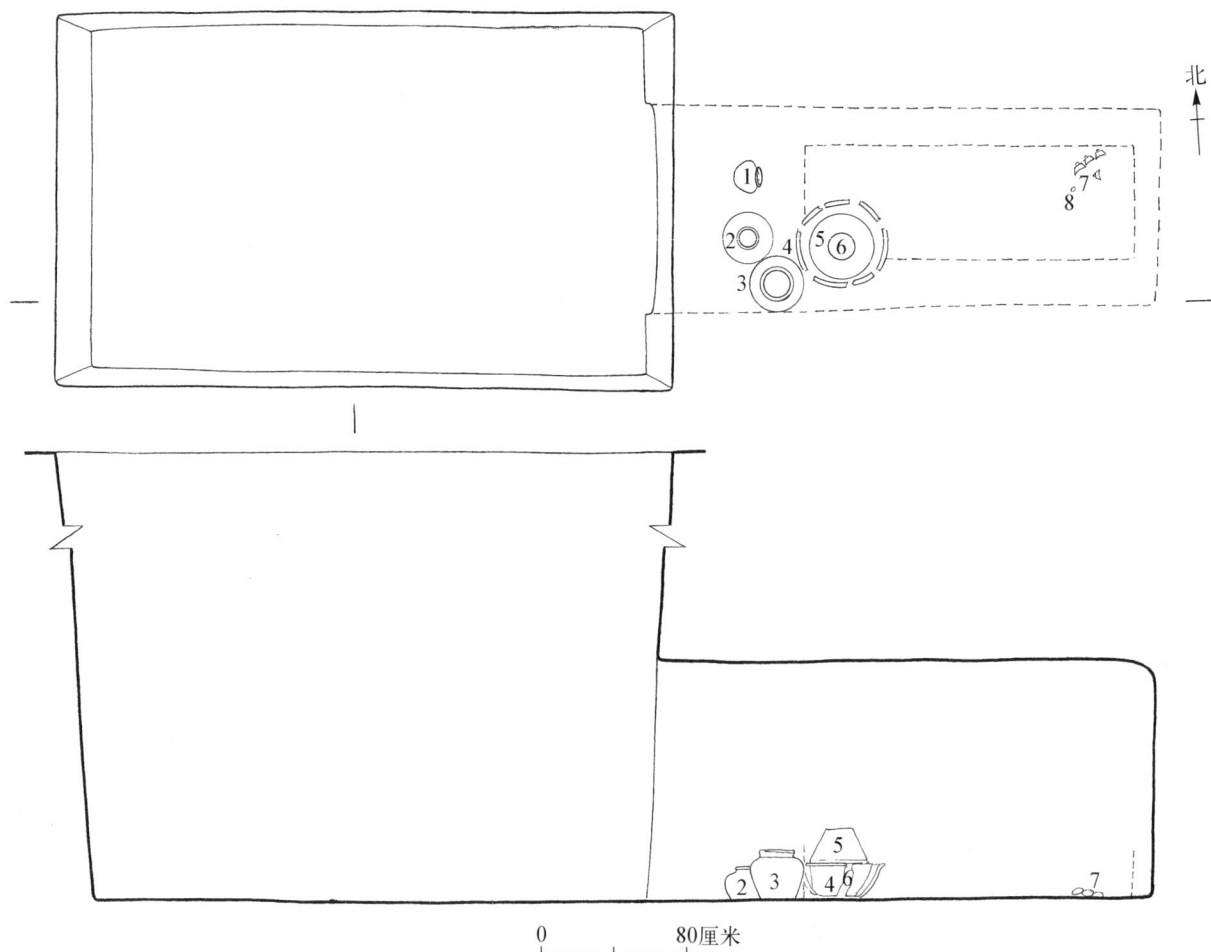

图三八四 SDM245墓葬平、剖图

1、6.陶罐口釜 2.陶小口旋纹罐 3.陶直口折肩罐 4.陶盆形甑 5.陶盆 7.铜铃 8.铜环

洞室：拱形顶，直壁，平底。洞室口位于墓道东壁中部，洞室宽小于墓道底宽。洞室口南壁距墓道南壁0.32、北壁距墓道北壁0.40米。底部平面呈长方形，南长2.70、北长2.76、东宽1.14、西宽1.10米。高1.30米。

填土：墓道为红褐色五花土，土质疏松。洞室为青灰色淤土，土质较疏松。

（3）葬具

单棺，呈矩形，仅存板灰痕迹。置于洞室略偏东。棺长1.79、宽0.60米。

（4）墓主人

骨架不存，葬式不明。

（5）随葬品及其位置

共8件（组），包括陶器6件、铜器2组（铜环1件、铜铃1组4件）。盆形甑（ :4）、盆（ :5）、罐口釜（ :6）位于西南角棺木残痕上，6号叠置于4号内，5号倒置于其上，三者原应位于棺盖板上相应位置。棺外西侧由北向南依次为罐口釜（ :1）、小口旋纹罐（ :2）、直口折肩罐（ :3）。铜铃（ :7）位于棺内东北角，铜环（ :8）位于其西南侧。

（6）随葬品介绍

小口旋纹罐 1件。标本SDM245 :2，夹细砂灰陶。小口束颈，折沿下倾，尖圆唇；圆鼓肩，腹微弧近直，平底。肩部饰竖行细绳纹，腹上部饰数周旋断绳纹。口径7.6、器身最大径23.2、底径11.0、通高24.8厘米（图三八三，6）。

直口折肩罐 1件。标本SDM245 :3，夹细砂灰陶。大体，直口方唇，口外侧有一周凹槽；圆折肩，上腹略弧，下腹斜直微内凹，上下腹交接处圆弧，仅以一周旋纹分界，形成"符号亚腰"，平底。肩腹交接处饰一周旋纹，上腹饰三周麦粒状绳纹，下腹局部可见竖行绳纹。口径18.3、器身最大径30.4、底径14.6、通高21.5厘米（图三八三，9）。

盆 1件。标本SDM245 :5，夹细砂灰陶。敞口，折沿微下倾，沿面微鼓，尖圆唇；弧腹微折，上腹微弧近直，下腹斜直微内凹，上腹占腹部比例略大于三分之一，平底。器内壁饰数周暗旋纹，腹上部饰两周旋纹间以一周楔形绳纹。口径31.4、底径15.0、通高17.3厘米（图三八五，4）。

盆形甑 1件。标本SDM245 :4，夹细砂灰陶。敞口，折沿微下倾，尖圆唇；弧腹微折，上腹微弧近直，下腹斜直，上腹占腹部比例约三分之一，平底；器底戳制15个圆形甑孔，布局为中心一孔与边缘两周。上腹饰两周旋纹间以一周楔形绳纹。口径31.9、底径13.5、通高17.8厘米（图三八五，1）。

罐口釜 共2件。皆夹砂红褐陶，底部夹粗砂。卷沿，方唇，矮直颈，圆鼓肩，鼓腹，圜底。腹底有烟炱。标本SDM245 :6，底残。大体，唇面有一周凹槽，腹上部近直，下部弧收。腹下部饰横向绳纹。口径16.0、器身最大径23.6、残高17.8厘米（图三八三，1）。标本SDM245 :1，小体，肩面近口处略平。腹上部饰数周弦纹，腹下部及底部饰方格纹。口径11.2、器身最大径17.0、通高14.0厘米（图三八三，5）。

铜环 1件。标本SDM245 :8，圆环形，断面呈圆形，器表内外光滑。环外径1.70、环内径0.95厘米（图三五七，6；彩版四四，5）。

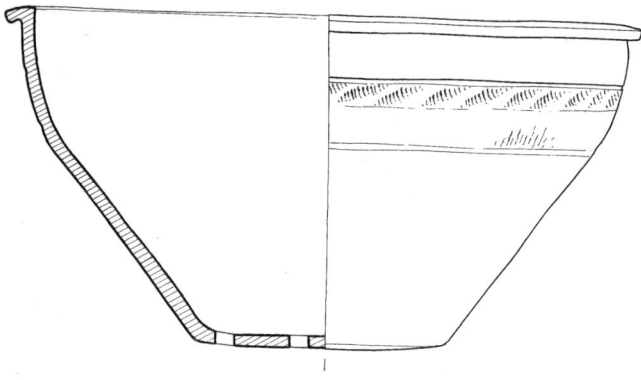

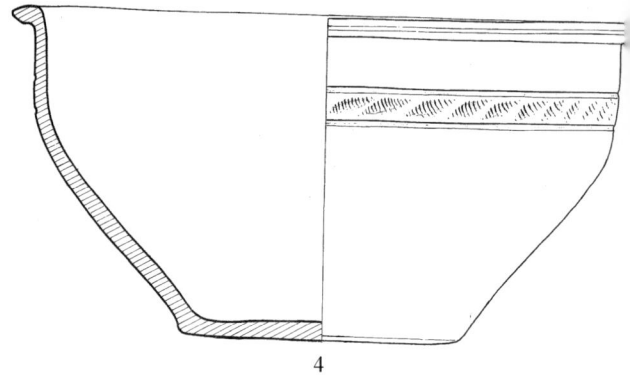

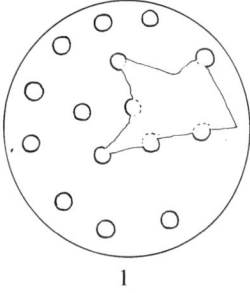

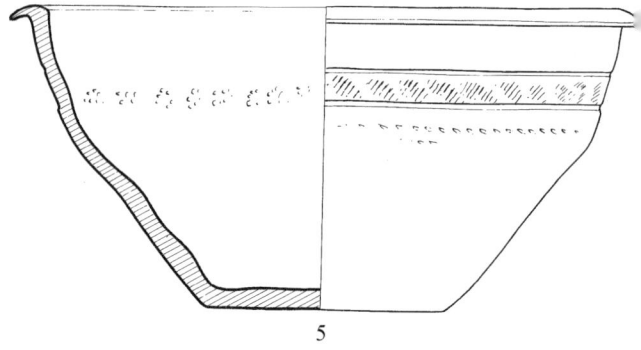

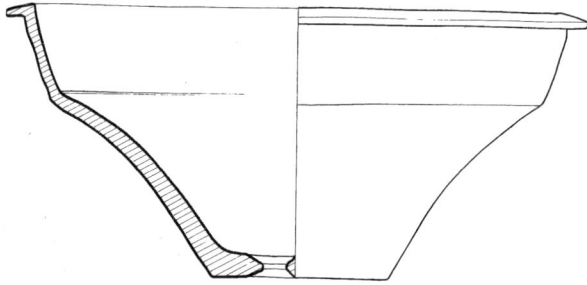

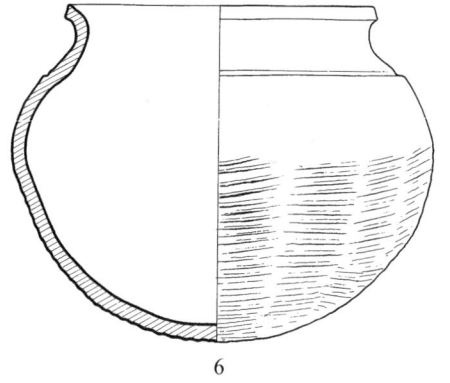

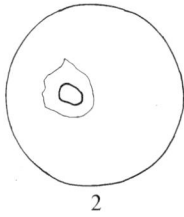

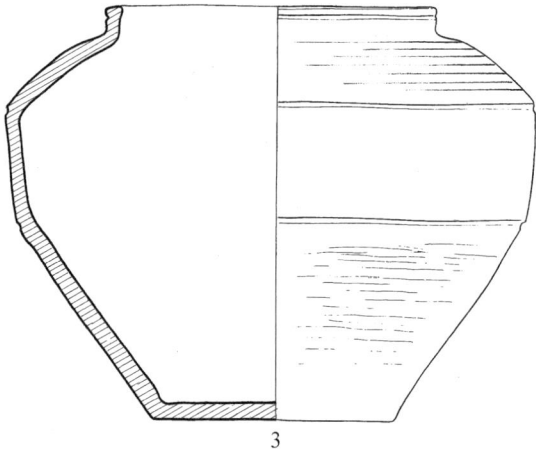

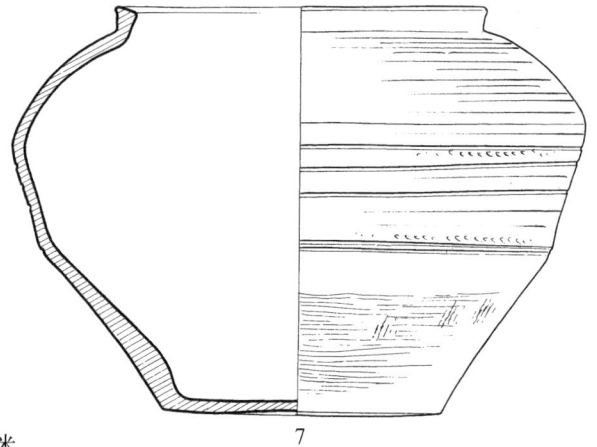

图三八五　SDM245、SDM247、SDM249随葬陶器

1. 盆形甑（SDM245：4）　2. 盆改甑（SDM247：3）　3、7. 直口折肩罐（SDM249：1、SDM247：6）
4、5. 盆（SDM245：5、SDM247：2）　6. 罐口釜（SDM247：5）

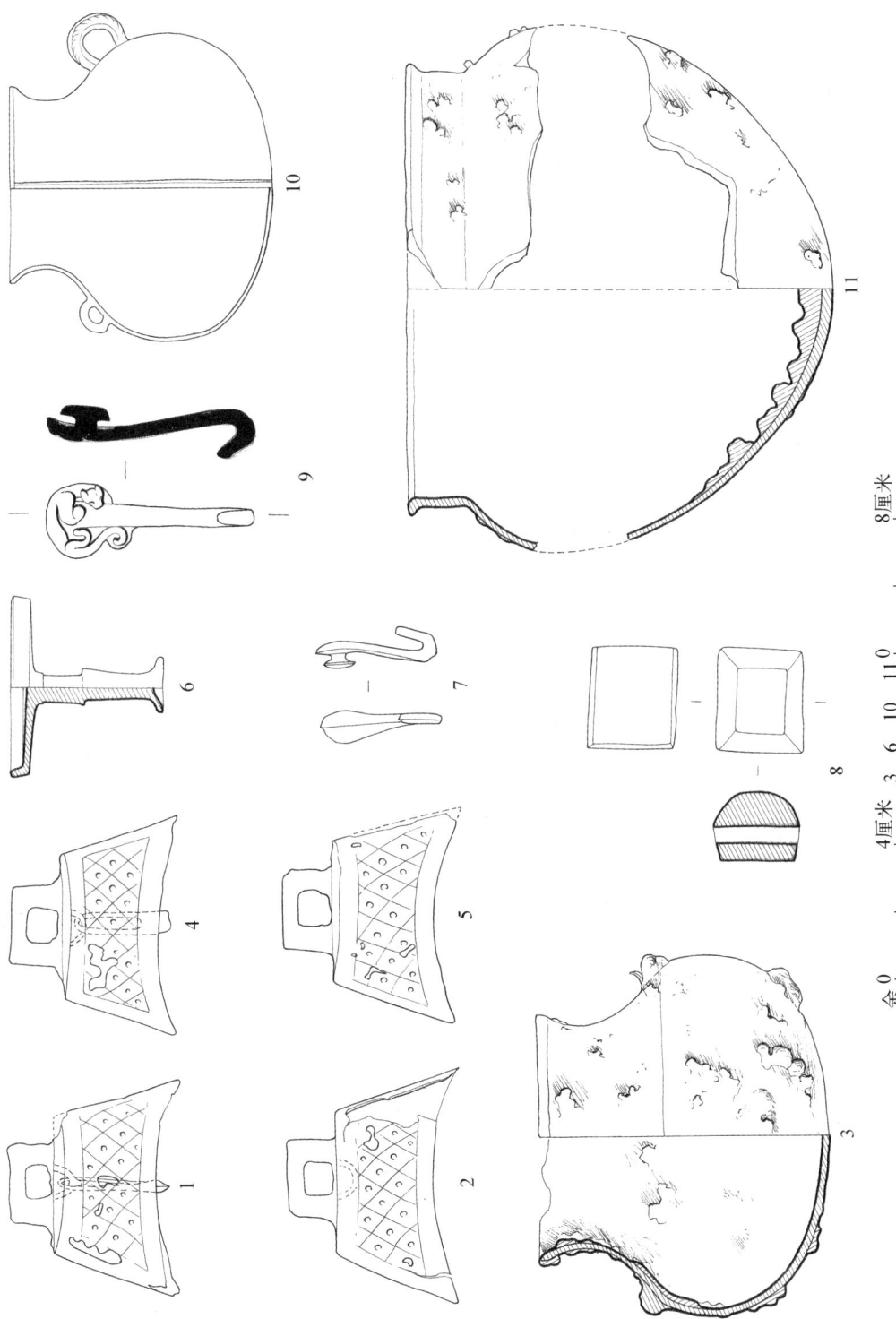

图三八六 SDM245、SDM247、SJM7、SJM10、SJM15、SJM20 随葬小件器物

1、2、4、5. 铜铃（SDM245：7-1、SDM245：7-4、SDM245：7-3、SDM245：7-2） 3. 铁錾（SJM7：2） 6. 铁钉（SJM7：1） 7、9. 铜带钩（SJM20：28、SJM10：1）
8. 陶印章（SJM20：8） 10. 铜釜（SDM247：4） 11. 铁釜（SJM15：6）

铜铃 共4件,器形较大,器壁较薄,宽扁似元宝,两侧斜张程度较大,弧形凹口,方形扁钮。铃身饰菱格乳钉纹。标本SDM245:7-3,铃内鼻穿挂一长条形舌。上缘宽4.10、下缘宽6.45、钮高1.30、通高5.10厘米(图三八六,1)。标本SDM245:7-1,铃内有鼻穿。上缘宽4.30、下缘宽7.10、钮高1.40、通高5.25厘米(图三八六,2)。标本SDM245:7-4,铃内鼻穿挂一长条形舌。上缘宽4.35、下缘宽6.50、钮高1.45、通高5.00厘米(图三八六,4)。标本SDM245:7-2,鼻穿及舌残。上缘宽4.20、下缘宽6.50、钮高1.50、通高5.40厘米(图三八六,5)。

221. 2010YFSDM247

（1）位置

南紧邻SDM245,东北距SDM224约6.5米,墓室南部被SDM245打破。

（2）形制结构（图三八七）

墓向:276°。

墓道:位于洞室西侧。口大底小。口呈长方形,南长3.30、北长3.30、东宽1.94、西宽1.92米。斜壁。平底,南长2.68、北长2.70、东宽1.34、西宽1.34米。自深4.00米。

洞室:拱形顶,直壁,平底。洞室口位于墓道东壁中部,洞室宽小于墓道底宽。洞室口南壁距墓道南壁0.14、北壁距墓道北壁0.20米。底部平面呈长方形,南长3.26、北长3.24、东宽1.04、西宽1.00米。高1.50米。

填土:墓道土色黄褐色,土质较硬。洞室土色黄褐色,土质较疏松。

（3）葬具

单棺,呈矩形。置于洞室偏东。棺长2.02、宽0.60米。

（4）墓主人

仅存头骨和部分左侧下肢骨。葬式为仰身直肢葬。头向似与墓道方向相同,面向南。

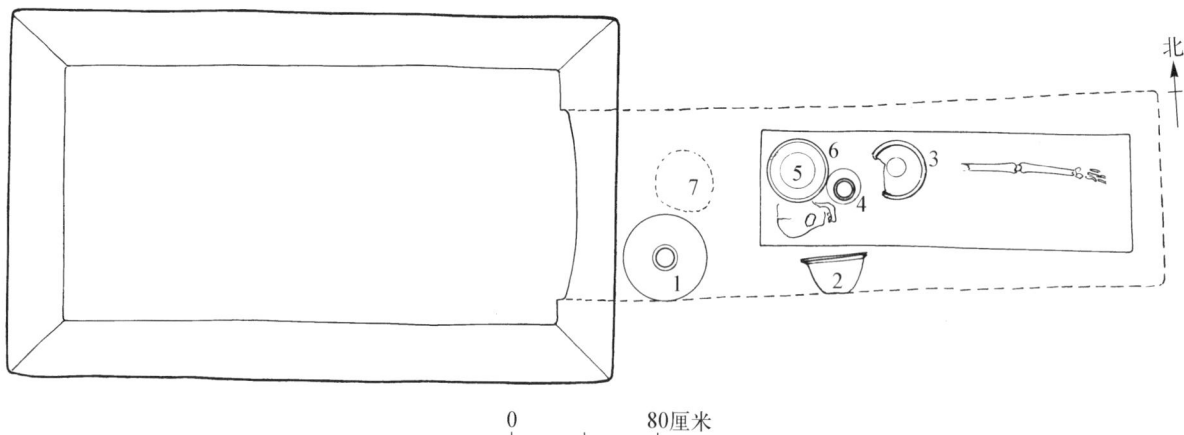

图三八七 SDM247墓葬平面图

1.陶缶 2.陶盆 3.陶盆改瓿 4.铜鍪 5.陶罐口釜 6.陶直口折肩罐 7.漆器

（5）随葬品及其位置

共7件，包括陶器5件、铜器1件、漆器1件。缶（：1）位于洞室西南角，漆器（：7）位于其北侧。盆（：2）侧置于棺外南侧。棺内由西向东依次为罐口釜（：5）、直口折肩罐（：6）、铜鍪（：4）、盆改甑（：3），原应位于棺盖板上相应位置，5号倒置于6号上，3号倒置。

（6）随葬品介绍

缶　1件。标本SDM247：1，夹细砂灰陶。大体，小口束颈，折沿下倾，尖圆唇；隆肩，腹部整体圆弧，下腹近底处微内凹，平底内凹。肩部饰数周暗旋纹，阴刻有文字，上腹饰三周麦粒状绳纹。下腹有轮制痕迹。口径8.8、器身最大径37.2、底径17.0、通高32.9厘米（图三八八，1）。

直口折肩罐　1件。标本SDM247：6，夹细砂灰陶。大体，直口方唇，折肩，腹微折，肩腹部呈"微亚腰"状，上腹近直，下腹斜直，平底。肩及上腹饰数周暗旋纹，上腹饰四周旋纹及两周麦粒状绳纹，下腹局部饰竖行绳纹。下腹有轮制痕迹。口径18.9、器身最大径31.3、底径15.0、通高21.5厘米（图三八五，7）。

盆　1件。标本SDM247：2，夹细砂灰陶。敞口，折沿下倾，沿面微鼓，尖唇；弧腹微折，上腹近直，下腹斜直，上腹占腹部比例略大于三分之一，平底。腹上部饰两周旋纹间以一周楔形绳纹，上下腹交接处饰一周麦粒状绳纹。口径31.0、底径12.9、通高16.0厘米（图三八五，5）。

盆改甑　1件。标本SDM247：3，夹细砂灰陶。敞口，折沿微下倾，尖圆唇；折腹，上腹近直，下腹斜直内凹，上腹占腹部比例小于三分之一，平底，器底凿制1个小圆形甑孔。上下腹交接处有一周折棱。口径29.0、底径9.7、通高14.5厘米（图三八五，2；彩版二三，7、8）。

罐口釜　1件。标本SDM247：5，夹砂灰陶，底部夹粗砂。卷沿，斜方唇，肩面近口处略平，鼓腹，圜底。腹部饰横向篮纹，底部饰纵向篮纹。口径16.4、最大径22.9、通高17.7厘米（图三八五，6）。

铜鍪　1件。标本SDM247：4，侈口方唇，束颈，溜肩，鼓腹，圜底近平，肩部饰对称环形双耳，耳一大一小，大耳呈纽索状。素面。器身有范缝。口径11.4、器身最大径17.9、大耳宽2.8、小耳宽1.4、通高16.0厘米（图三八六，10）。

漆器　1件。标本SDM247：7，仅残存部分髹漆痕迹，无法提取。

222. 2010YFSDM249

（1）位置

东距SDM229约10.8米，西距SDM223约13.7米。

（2）形制结构（图三八九）

墓向：195°。

墓道：位于洞室南侧。口大底小。口呈长方形，东长3.10、西长3.10、南宽1.58、北宽1.60米。斜壁。平底，东长2.70、西长2.70、南宽1.30、北宽1.30米。自深3.90米。

洞室：未清理完。拱形顶，直壁，平底。洞室口位于墓道北壁中部，洞室宽小于墓道底宽。洞室口东壁距墓道东壁0.08、西壁距墓道西壁0.08米。底部平面略呈长方形，东残长1.06、西残长

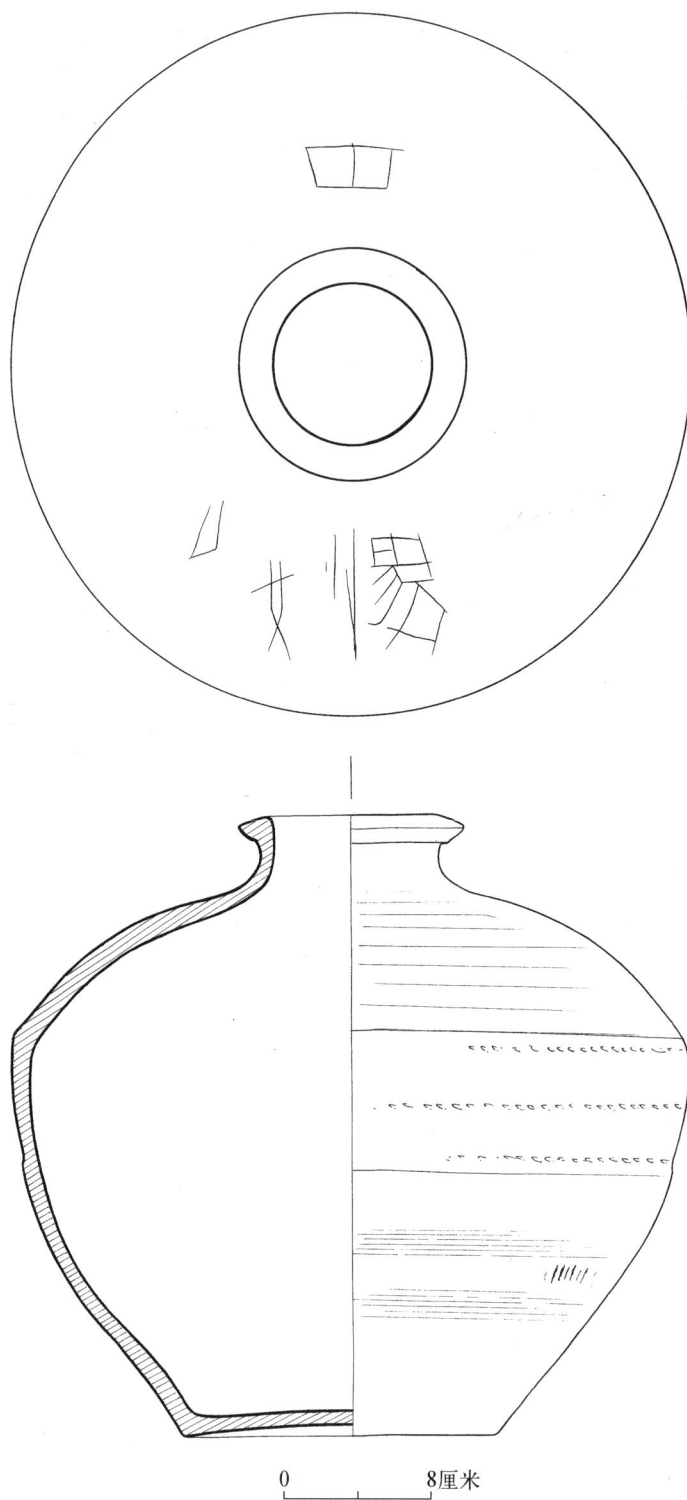

0 ____ 8厘米

图三八八 SDM247 随葬陶缶

SDM247：1

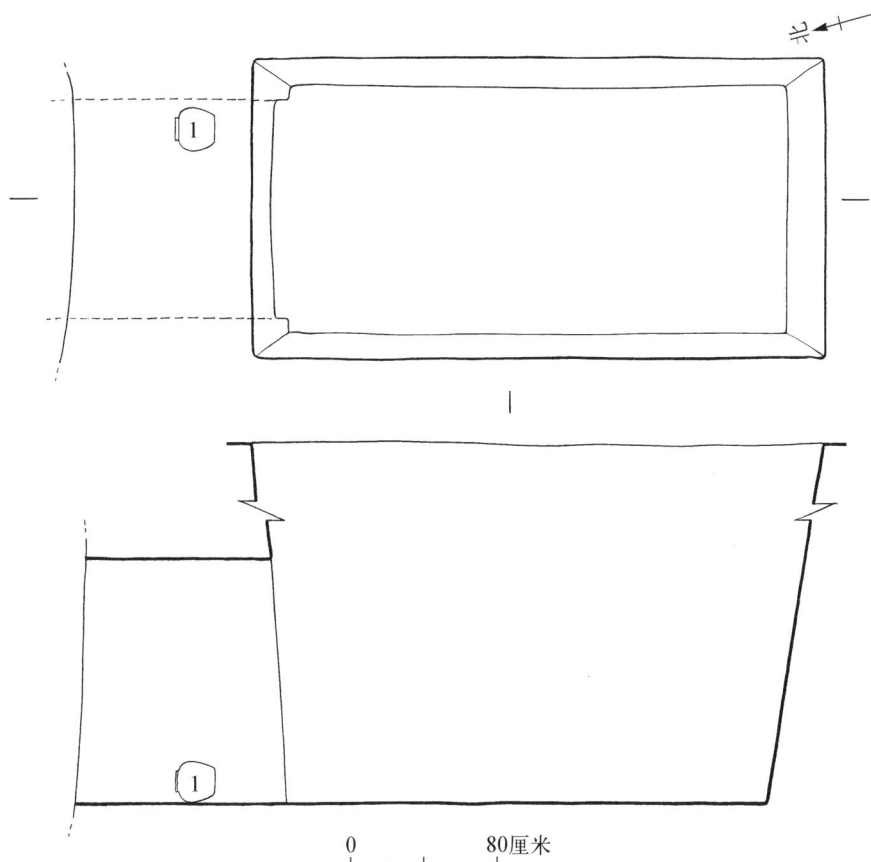

图三八九 SDM249墓葬平、剖图

1.陶直口折肩罐

1.12、南宽1.16米。高1.30米。

填土：墓道为黄褐色五花土，土质坚硬，经过夯打，但未见明显夯迹。洞室为黄色淤土，土质松软。

（3）葬具

葬具不明。

（4）墓主人

骨架不存，葬式不明。

（5）随葬品及其位置

仅随葬1件直口折肩罐（：1），位于洞室内东南角，侧置，口向北。

（6）随葬品介绍

直口折肩罐 1件。标本SDM249：1，夹细砂灰陶。大体，直口方唇，口外侧有一周凹槽；折肩折腹，肩腹部呈"亚腰"状，上腹近直，下腹斜直，平底。肩部饰数周暗旋纹，肩腹及上下腹交接处各饰一周旋纹。下腹有轮制痕迹。口径16.5、器身最大径29.0、底径13.2、通高21.9厘米（图三八五，3）。

223. 2010YFSDM251

（1）位置

北距SDM250约0.5米，被SDM252打破。

（2）形制结构（图三九〇）

墓向：271°。

墓道：位于洞室西侧。口略大于底。口呈长方形，南长2.30、北长2.30、东宽1.42、西宽1.44米。斜壁近直。平底，南长2.20、北长2.20、东宽1.34、西宽1.36米。自深2.80米。

洞室：拱形顶，直壁，平底。洞室口位于墓道东壁中部，洞室宽小于墓道底宽。洞室口南壁距墓道南壁0.06、北壁距墓道北壁0.12米。底部平面呈长方形，南长2.38、北长2.40、东宽1.10、西宽1.10米。高1.20米。

填土：墓道为红褐色五花土，土质疏松。洞室为青灰色塌土及淤土，土质疏松。

（3）葬具

单棺，呈矩形。置于洞室偏东南。棺长1.58、宽0.54米。

（4）墓主人

骨架保存较差。葬式为仰身直肢葬，头向与墓道方向相同。

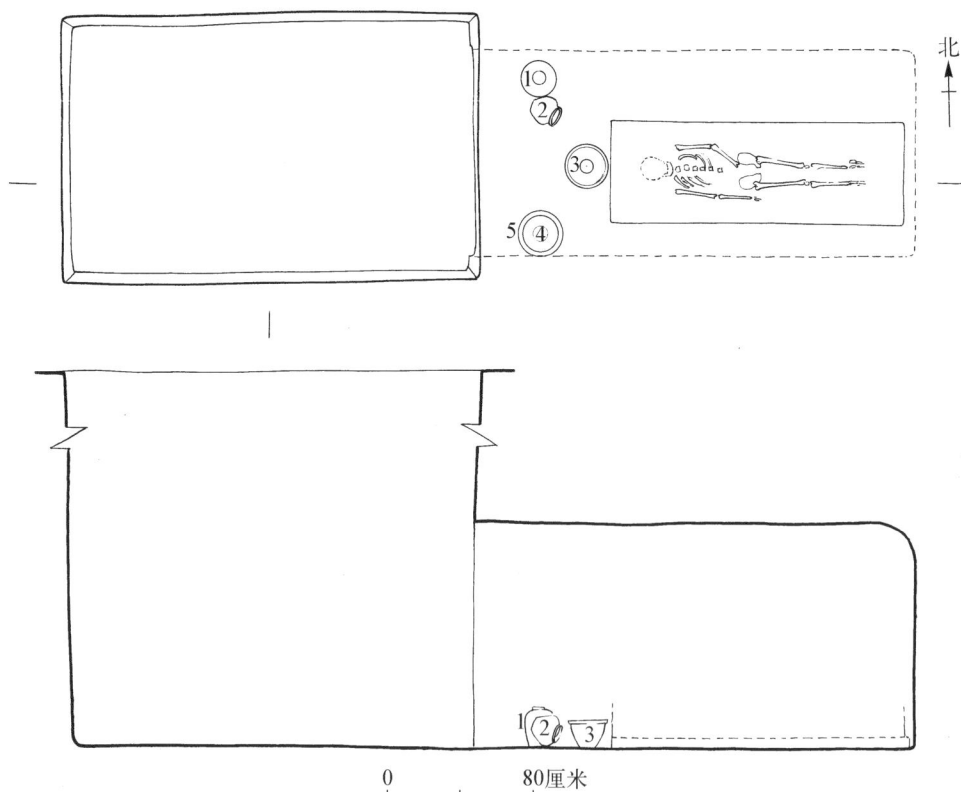

图三九〇　SDM251墓葬平、剖图

1.陶小口旋纹罐　2.陶高口釜　3.陶盉改甑　4.陶卷沿折肩罐　5.陶盂

（5）随葬品及其位置

共5件，皆陶器，均位于棺外西侧，由北向南依次为小口旋纹罐（∶1）、鬲口釜（∶2）、盂改瓿（∶3）、卷沿折肩罐（∶4）、盂（∶5），1号临近洞室北壁，2号侧置，4号、5号紧邻洞室南壁，4号叠置于5号内。

（6）随葬品介绍（图版一六，2）

小口旋纹罐 1件。标本SDM251∶1，夹细砂灰陶。小口束颈，平折沿，尖圆唇，唇面有一周凹槽；隆肩，肩面近口部略平，腹微弧近直，平底。肩、腹上部饰数周旋纹及旋断绳纹。口径9.6、器身最大径22.3、底径12.0、通高26.2厘米（图三九一，4）。

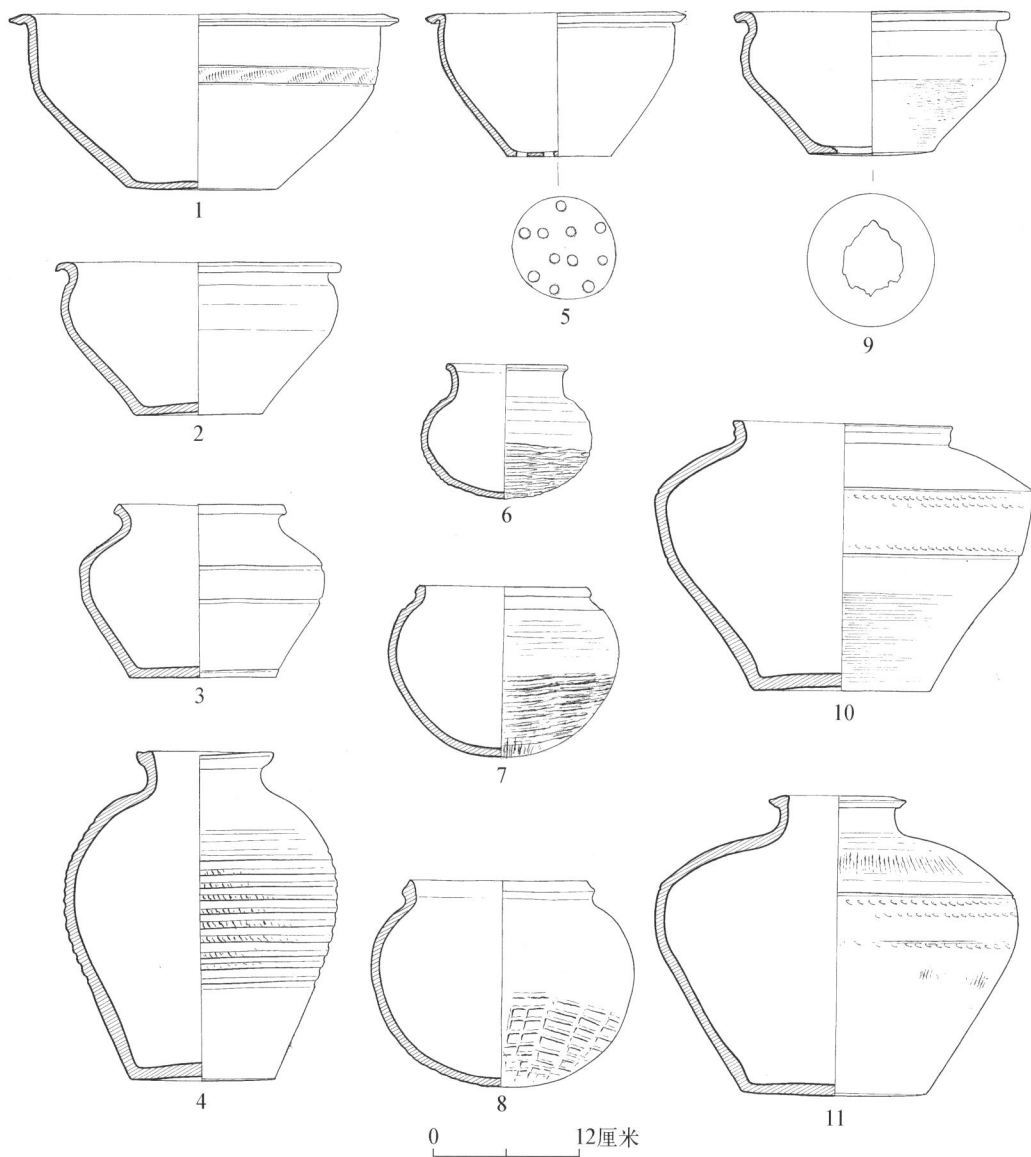

0　　　　　12厘米

图三九一 SDM251、SDM254、SDM304随葬陶器

1. 盆（SDM254∶3） 2. 盂（SDM251∶5） 3. 卷沿折肩罐（SDM251∶4） 4. 小口旋纹罐（SDM251∶1） 5. 盂形瓿（SDM254∶4）
6. 罐口釜（SDM304∶2） 7、8. 鬲口釜（SDM254∶2、SDM251∶2） 9. 盂改瓿（SDM251∶3）
10. 直口折肩罐（SDM304∶1） 11. 缶（SDM254∶1）

卷沿折肩罐 1件。标本SDM251：4，夹细砂灰陶。小体，卷沿，方唇，折肩折腹，肩腹部呈"亚腰"状，上腹微弧近直，下腹斜直，平底。肩腹及上下腹交接处各饰一周旋纹，下腹近底部有一周旋纹。口径13.2、器身最大径20.0、底径12.2、通高13.8厘米（图三九一，3；彩版一八，5）。

盂 1件。标本SDM251：5，夹细砂灰陶。卷沿，沿面近平，方唇；鼓腹，腹部有"微亚腰"作风，上腹近口部内敛，下腹斜直微内凹，平底。口径20.6、底径10.5、通高12.1厘米（图三九一，2）。

盂改甑 1件。标本SDM251：3，夹细砂灰陶。卷沿，沿面近平，方唇；鼓腹，腹部有"微亚腰"作风，上腹近口部内敛，下腹斜直微内凹，平底，器底凿制1个大圆形甑孔。下腹有轮制痕迹。口径21.0、底径10.5、通高11.6厘米（图三九一，9；彩版二八，3、4）。

鬲口釜 1件。标本SDM251：2，夹砂红陶，底部夹粗砂。口微侈，斜方唇，唇面微内凹；圆肩，鼓腹，腹上部近直，下部弧收，圜底。腹下部及底部饰方格纹。口径14.2、器身最大径21.5、通高16.4厘米（图三九一，8）。

224. 2010YFSDM254

（1）位置

东距SDM252约2米，北距SDM251约1.4米，墓室南部被SDM241打破。

（2）形制结构（图三九二）

墓向：11°。

墓道：位于洞室北侧。口大底小。口呈长方形，东长3.50、西长3.50、南宽2.30、北宽2.30米。斜壁。平底，东长2.92、西长2.90、南宽1.70、北宽1.70米。自深4.40米。

洞室：拱形顶，直壁，平底。洞室口位于墓道南壁中部，洞室宽小于墓道底宽。洞室口东壁距墓道东壁0.30、西壁距墓道西壁0.30米。底部平面呈长方形，东长3.24、西长3.26、南宽1.10、北宽1.10米。高1.30米。

填土：墓道土色灰褐色，土质疏松。洞室土色黄色，夹杂少量的褐色土颗粒，土质较疏松，有较多生土块和淤土。

（3）葬具

单棺，呈矩形，仅存板灰痕迹。置于洞室偏南。棺长1.83、宽0.60米。

（4）墓主人

仅存少量下肢骨。葬式不明。

（5）随葬品及其位置

共5件，包括陶器4件、铜钱1组2枚。陶器均位于棺外洞室内，缶（：1）位于洞室西北角，鬲口釜（：2）位于其南侧。盆（：3）、盂形甑（：4）位于棺外东北角，3号侧置于4号上，口向西。铜钱（：5）位于棺内西南角略偏北。

（6）随葬品介绍

缶 1件。标本SDM254：1，夹细砂灰陶。小体，小口束颈，折沿下倾，尖圆唇；折肩，上腹略弧，下腹斜直，上下腹交接处圆弧，仅以一周旋纹分界，形成"符号亚腰"，平底。肩部饰一周竖行

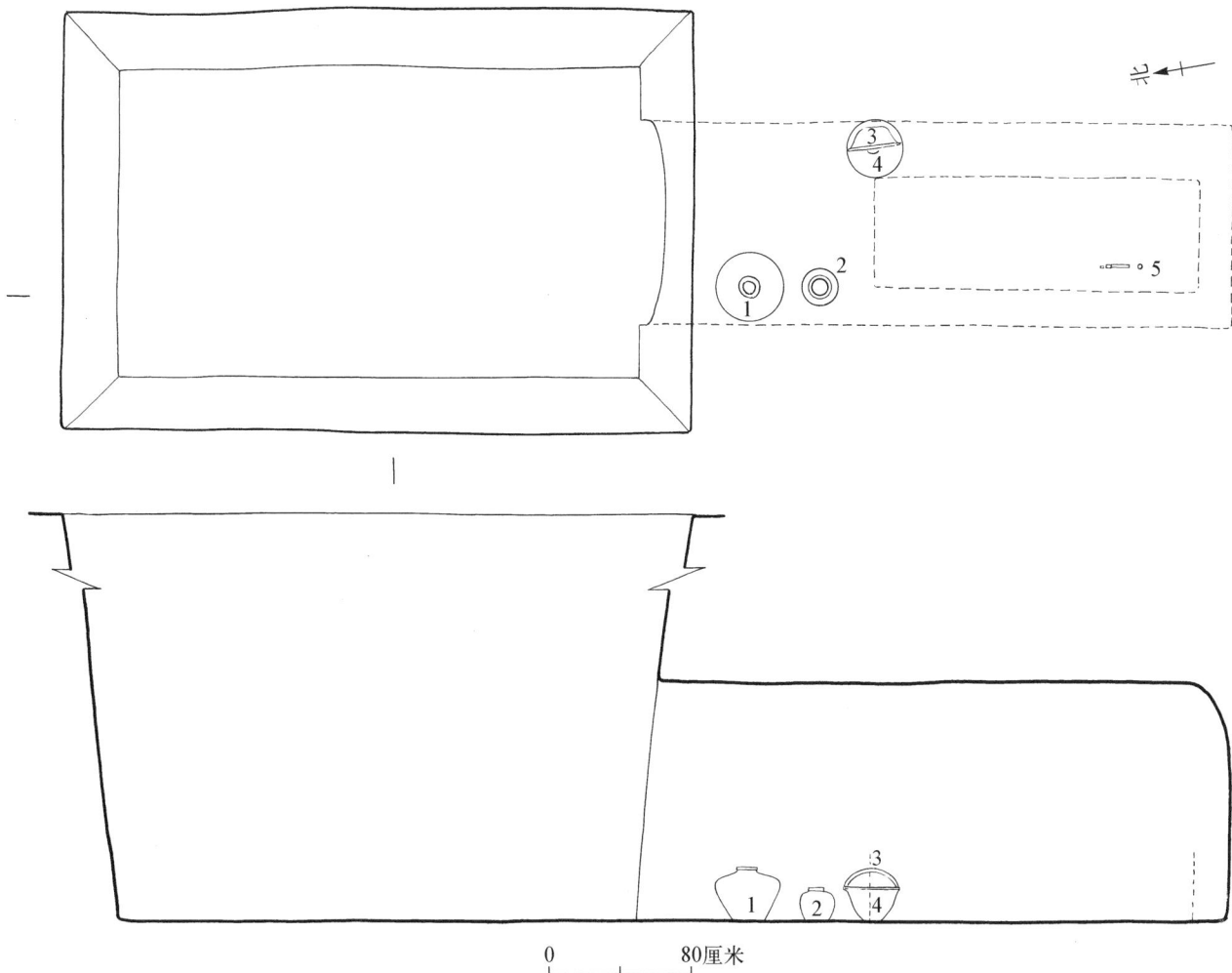

图三九二 SDM254墓葬平、剖图

1.陶缶 2.陶鬲口釜 3.陶盆 4.陶盂形甑 5.铜钱

细绳纹,并隐约可见数周暗旋纹,肩腹交接处饰一周旋纹,上腹部饰三周麦粒状绳纹。口径8.5、器身最大径30.0、底径15.4、通高24.0厘米(图三九一,11)。

盆 1件。标本SDM254:3,夹细砂灰陶。直口,折沿下倾,沿面微鼓,尖唇;弧腹微折,上腹竖直,下腹斜直,上腹占腹部比例大于三分之一。上腹饰两周旋纹间以一周楔形绳纹。口径27.8、底径12.1、通高13.9厘米(图三九一,1)。

盂形甑 1件。标本SDM254:4,夹细砂灰陶。直口,折沿下倾,尖唇;弧腹微折,上腹占腹部比例三分之一,平底;器底戳制11个圆形甑孔,布局为中心四孔与边缘一周。口径18.4、底径8.4、通高11.5厘米(图三九一,5)。

鬲口釜 1件。标本SDM254:2,夹砂灰陶,底部夹粗砂。口微侈,斜方唇,圆肩,肩面近口处略平,腹上部微弧近直,下部弧收,圜底。腹上部饰数周旋纹,腹下部饰横向篮纹,底部饰纵向篮纹。口径13.2、器身最大径18.6、通高13.5厘米(图三九一,7)。

铜钱　共2枚。标本SDM254：5，均为"半两"。大小近同，文字略异。SDM254：5-1，文字凸起，字略小于穿。"半"字头部转折，两横线等长，竖线出于下横线；"两"字上横线与肩等长，与肩距离略大，折肩，为"十字两"。钱缘有毛茬。钱径2.4、穿宽0.9厘米，重量2.4克(图三七八，2)。SDM254：5-2，文字扁平，字等于穿。"半"字头部呈"八"字状，两横线等长，竖线出于下横线；"两"字上横线与肩等长，折肩，为"十字两"。钱缘有一铸口。钱径2.4、穿宽0.8厘米，重量2.1克。

225. 2010YFSDM304

（1）位置

东北距SDM305约2.0米，东南距SDM312约2.0米。

（2）形制结构（图三九三）

墓向：96°。

墓道：位于洞室东侧。口略大于底。口呈长方形，南长2.60、北长2.60、东宽1.30、西宽1.30米。斜壁近直。平底，南长2.42、北长2.46、东宽1.20、西宽1.20米。自深3.60米。

洞室：拱形顶，直壁，平底。洞室口位于墓道西壁中部，洞室宽小于墓道底宽。洞室口南壁距墓道南壁0.10、北壁距墓道北壁0.09米。底部平面呈长方形，南长3.20、北长3.20、东宽1.00、西

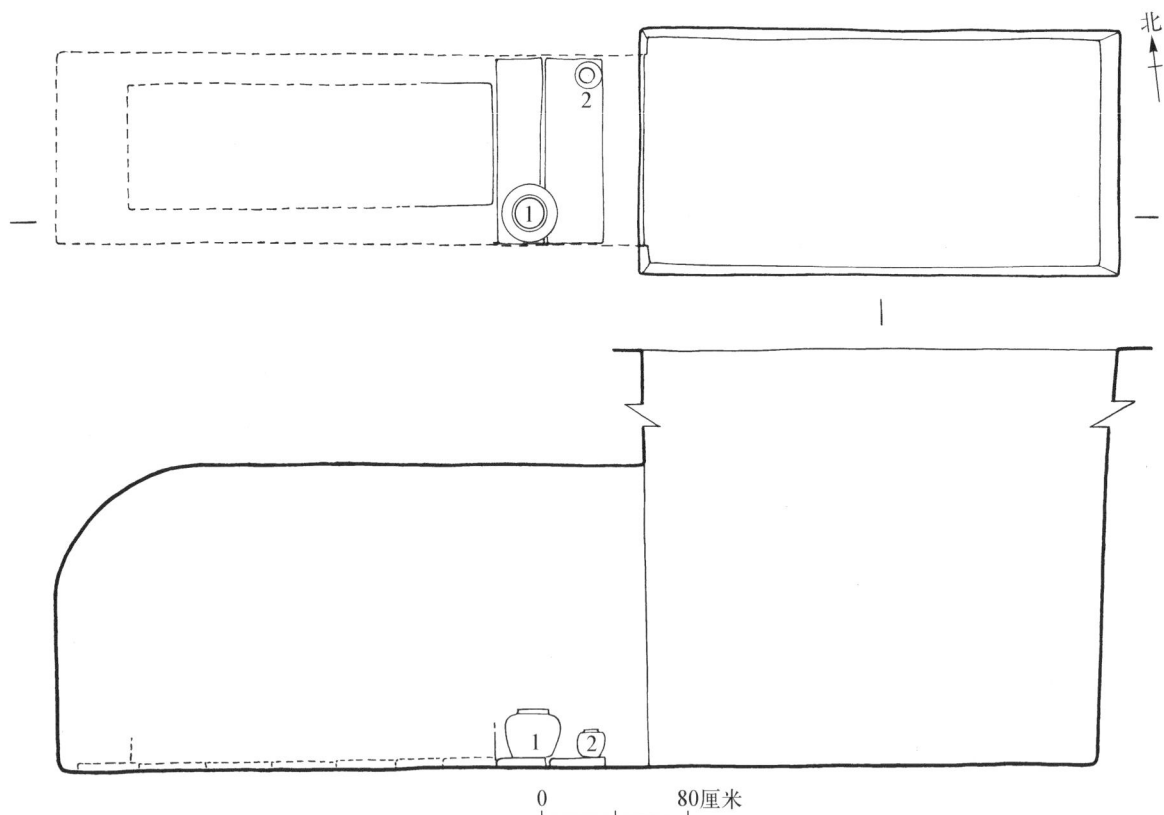

图三九三　SDM304墓葬平、剖图

1. 陶直口折肩罐　2. 陶罐口釜

宽1.00米。高1.60米。

填土:墓道为黄褐色五花土,土质较黏。洞室为浅灰色塌土和淤土,土质疏松。

(3)葬具

单棺,呈矩形,西端仅存板灰痕迹。棺长2.00、宽0.66米。棺下加棺床,棺床仅存2块木板置于棺东端,纵向铺设而成,由东向西长、宽依次为0.98×0.30、0.98×0.26 m²。

(4)墓主人

骨架不存,葬式不明。

(5)随葬品及其位置

共2件,皆陶器。直口折肩罐(:1)位于棺外东南角,罐口釜(:2)位于洞室内东北角。

(6)随葬品介绍

直口折肩罐 1件。标本SDM304:1,夹细砂灰陶。大体,直口方唇,口外侧有一周凹槽;折肩,上腹微弧近直,下腹斜直微内凹,上下腹交接处圆弧,仅以一周旋纹分界,形成"符号亚腰",平底。肩腹交接处饰一周旋纹,上腹饰两至三周麦粒状绳纹。下腹有轮制痕迹。口径16.6、器身最大径31.2、底径14.5、通高21.3厘米(图三九一,10)。

罐口釜 1件。标本SDM304:2,夹砂红褐陶,底部夹粗砂。小体,卷沿,圆唇,矮直颈,圆肩,鼓腹,圜底。肩及腹上部饰数周瓦纹,腹下部饰横向篮纹,底部饰纵向篮纹。腹底有烟炱。口径9.4、器身最大径14.0、通高10.7厘米(图三九一,6)。

226.2010YFSDM315

(1)位置

西距SDM313约15.5米。

(2)形制结构(图三九四)

墓向:6°。

墓道:位于甬道北侧。口底等大。口呈长方形,东长2.52、西长2.58、南宽1.10、北宽1.00米。直壁。平底。自深3.10米。

洞室:穹窿顶,直壁,平底。洞室口位于甬道南壁,洞室宽大于墓道底宽。甬道西壁距洞室口西壁0.10、东壁距洞室口东壁0.40米。底部平面近似长方形,东壁南部和西壁南部外凸,东长2.56、西长2.52、南宽1.60、北宽0.82米。穹窿顶最高1.70米。

甬道:位于墓道和洞室之间。平顶,直壁,平底,底部平面呈长方形。长0.82、进深0.30、高1.40米。

填土:墓道土色浅黄色,土质较松软。洞室土色黄色,土质较疏松。

(3)葬具

两组棺床,并排置于洞室中。东侧1处由5块木板呈南北纵向铺设,由东向西各块木板长、宽为1.90×0.10、1.88×0.18、1.90×0.16、1.90×0.18、19.20×0.18 m²。西南角1处由2块木板南北纵向铺设,由东向西各块木板长、宽为0.66×0.16、0.66×0.19 m²。

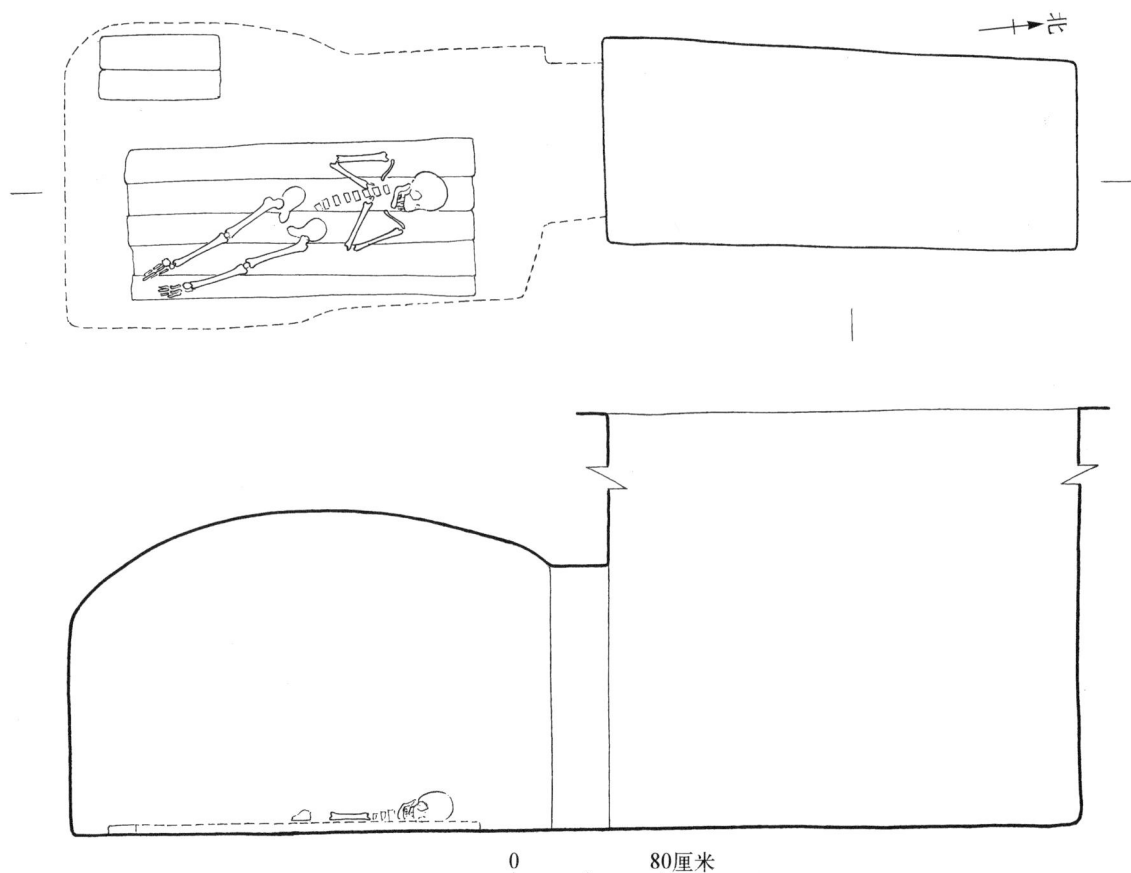

图三九四　SDM315墓葬平、剖图

（4）墓主人

东侧棺床上置1具骨架，仅存痕迹。葬式为仰身直肢葬，双手交叉于胸前。头向与墓道方向相同，面向东。

（5）随葬品及其位置

无随葬品。

227. 2010YFSJM1

（1）位置

西距SJM2约2.5米，南距SJM4约9.8米。

（2）形制结构（图三九五）

墓向：187°。

墓道：位于洞室南侧。口大底小。口呈长方形，东长2.90、西长2.90、南宽1.80、北宽1.80米。斜壁。平底，东长2.64、西长2.64、南宽1.44、北宽1.58米。自深5.50米。

洞室：拱形顶，直壁，平底。洞室口位于墓道北壁中部，洞室宽小于墓道底宽。洞室口西壁距墓道西壁0.06、东壁距墓道东壁0.08米。底部平面呈长方形，东长3.40、西长3.42、南宽1.48、北

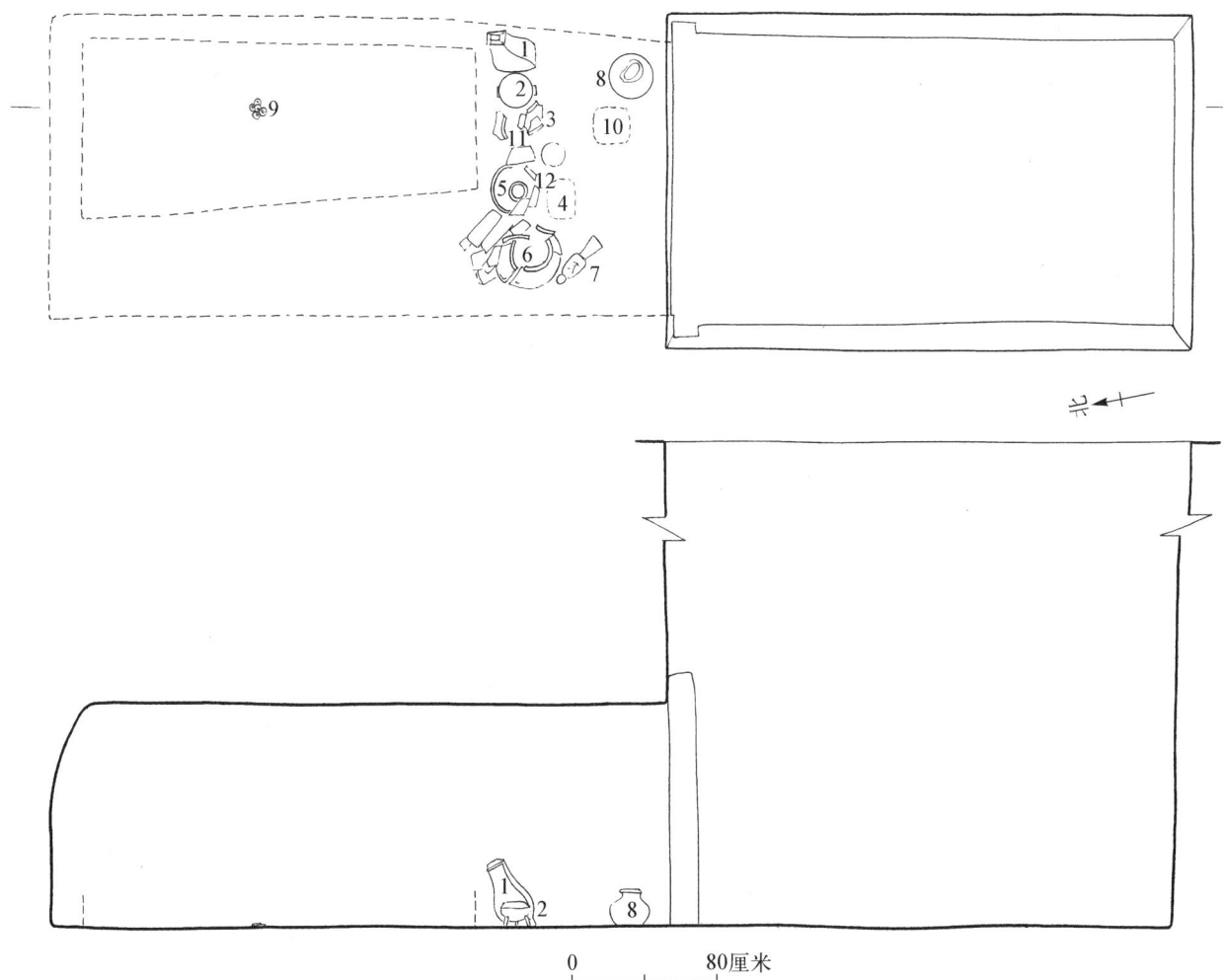

图三九五　SJM1 墓葬平、剖图

1. 陶钫　2. 陶鼎　3. 陶带把釜　4、10. 漆器　5. 陶簋形甄　6. 陶直口折肩罐　7. 女立俑　8. 陶小口旋纹罐
9. 铜钱　11. 陶盛　12. 陶锜

宽 1.64 米。高 1.20 米。

封门：木板封门，位于墓道与洞室连接处，仅残留板灰痕迹。东、西壁有封门槽。西侧封门槽宽 0.12、深 0.12、高 1.36 米，东侧封门槽宽 0.12、深 0.12、高 1.36 米。

填土：墓道为黄褐色五花土，土质坚硬，经过夯打，但未发现明显夯打痕迹。洞室土色黄色，土质较疏松。

（3）葬具

单棺，呈梯形。置于洞室偏东北。两端板长度不相等，棺侧板与端板闭合相接。棺长 2.16、北宽 0.97、南宽 0.76 米。

（4）墓主人

骨架不存，葬式不明。

（5）随葬品及其位置

共12件（组），包括陶器8件、陶俑1件、漆器2件、铜钱1组6枚。铜钱（：9）位于棺内中部略偏东。其余器物均位于棺外南侧，由东向西依次为钫（：1）、鼎（：2）、带把釜（：3）、盛（：11）、簋形甑（：5）、陶锜（：12）、直口折肩罐（：6），5号倒置于12号上。女立俑（：7）位于6号南侧，漆器（：4）位于5号南侧。小口旋纹罐（：8）位于洞室内东南角，漆器（：10）位于其西北侧。

（6）随葬品介绍

钫　1件。标本SJM1：1，泥质灰陶。覆斗形盖，盖与器身以子母口扣合；器身侈口方唇，口外侧加厚一周泥条，束颈，溜肩，鼓腹，方形圈足微外撇；肩部对称饰一对兽面衔环状铺首，兽面纹饰较模糊，无细部纹样。盖面饰条带状红、白彩；口部饰一周条带状白彩，口内壁满饰红彩；颈部近口处饰一周条带状红彩，下接红白色三角蕉叶纹，间以红白色云纹；颈肩交接处饰两周条带状红彩及一周条带状白彩，肩腹交接处饰条带状红、白彩各一周，肩部饰四组红、白色云纹，铺首描白，内填红圈；圈足饰条带状红、白彩各一周。盖高3.8、盖顶阔4.2、盖阔7.8、口阔10.4、器身最大径19.8、器身高37.0、足高4.6、足阔12.6、通高39厘米（图三九六；彩版三一，3）。

鼎　1件。标本SJM1：2，泥质灰陶。盖面圆弧，盖腹较深，上饰点状小乳突；鼎身与盖以子母口扣合，口部内沿略高于外沿，沿面内凹成槽；浅弧腹，上下腹交接处有一周凸棱，圜底近平；双附耳，耳微外撇，有长方形穿，耳穿略透出鼎身；耳、足与鼎身连接处距腹部凸棱较近，蹄足较矮且外撇，耳足呈五点式分布。鼎盖近口处饰一周条带状红彩，器身饰条带状红、白彩各一周。器盖口径16.8、器盖高4.0、耳高4.2、器身口径15.2、器身最大径17.6、器身高8.3、足高5.1、通高13.0厘米（图三九七，6）。

盛　1件。标本SJM1：11，盖残，泥质灰陶。内沿略高于外沿，沿面内凹成槽；弧腹，平底。腹部饰一周条带状白彩。器身口径16.5、器身最大径19.5、器身高8.8、底径9.7厘米（图三九七，8）。

锜　1件。标本SJM1：12，泥质灰陶。小直口方唇，弧肩，肩部对称饰一对兽面衔环状铺首，铺首小而纹饰简化、印痕较模糊；弧腹，平圜底，腹深小于肩高，肩腹转折处有腰檐，腰檐较窄，腹下接三蹄足，蹄足较矮。肩部近口处及近腰檐处饰条带状红、白彩各一周，间以四组绿、红、白彩云纹，铺首下有四条"胡须"状白彩，铺首外描红。口径6.4、器身最大径21.0、檐宽1.3、足高5.1、通高12.4厘米（图三九七，2）。

簋形甑　1件。标本SJM1：5，泥质灰陶。直口方唇，唇部微加厚；弧腹，圈足微内敛，器底戳制5个短条形甑孔，布局为中心一孔与边缘一周。内壁满饰红彩，器身饰五周条带状红、白彩，最上为红彩，其余均为白彩，圈足饰一周条带状红彩。口径17.5、底径9.4、通高10.0厘米（图三九七，7）。

小口旋纹罐　1件。标本SJM1：8，夹细砂灰陶。小口束颈，折沿下倾，尖圆唇；圆鼓肩，腹微弧近直，平底。肩部近口处竖行细绳纹，肩及腹上部饰数周旋断绳纹。口径8.6、器身最大径23.7、底径11.0、通高26.6厘米（图三九七，1）。

直口折肩罐　1件。标本SJM1：6，夹细砂灰陶。大体，直口方唇，口外侧有一周凹槽；圆折肩，上腹近直，下腹斜直，上下腹交接处圆弧，仅以一周旋纹分界，形成"符号亚腰"，平底。肩腹部交接处饰一周旋纹，上腹饰三周麦粒状绳纹。口径16.4、器身最大径33.7、底径18.3、通高25.6厘米（图三九七，9）。

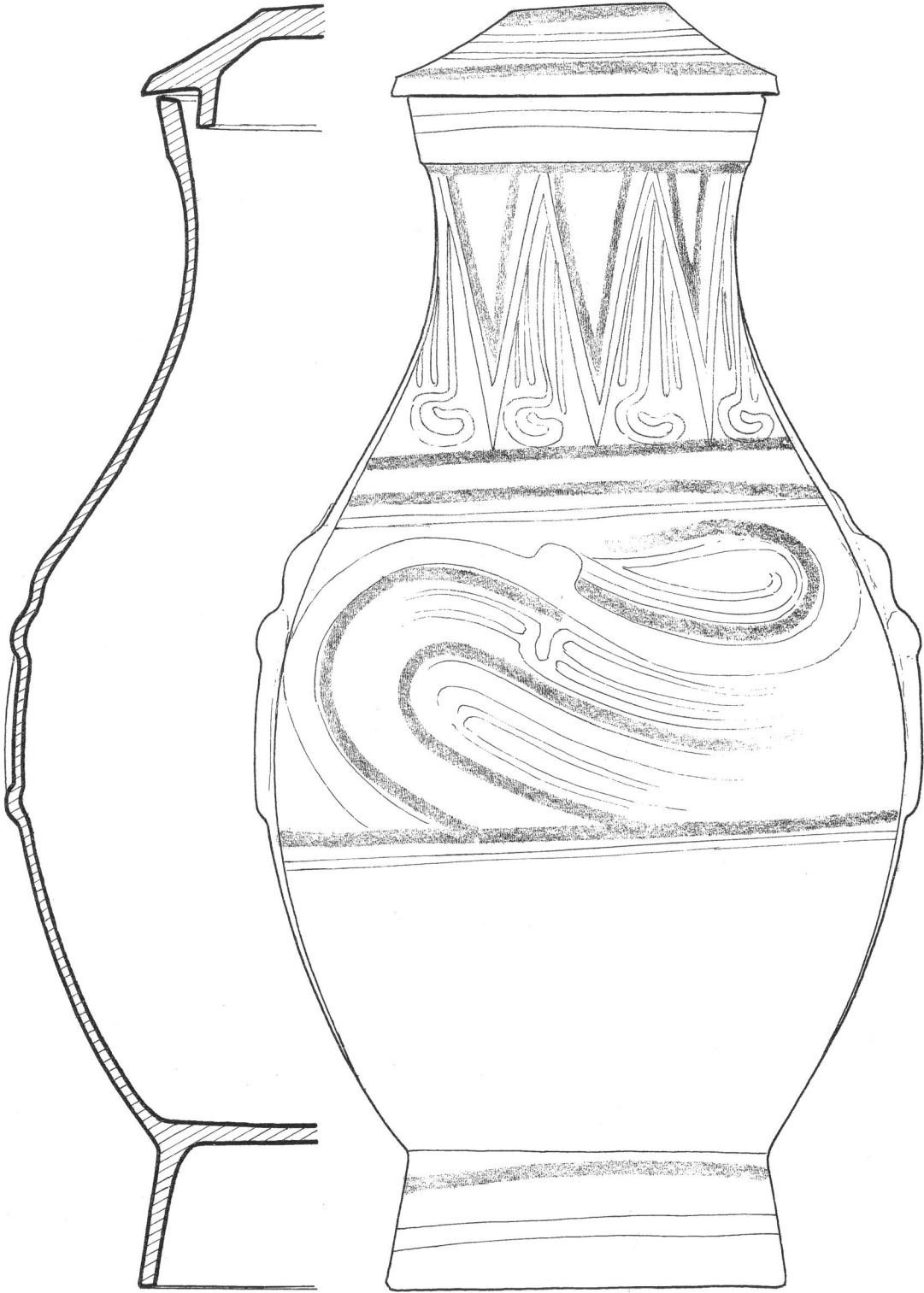

图三九六 SJM1 随葬陶钫

SJM1 : 1

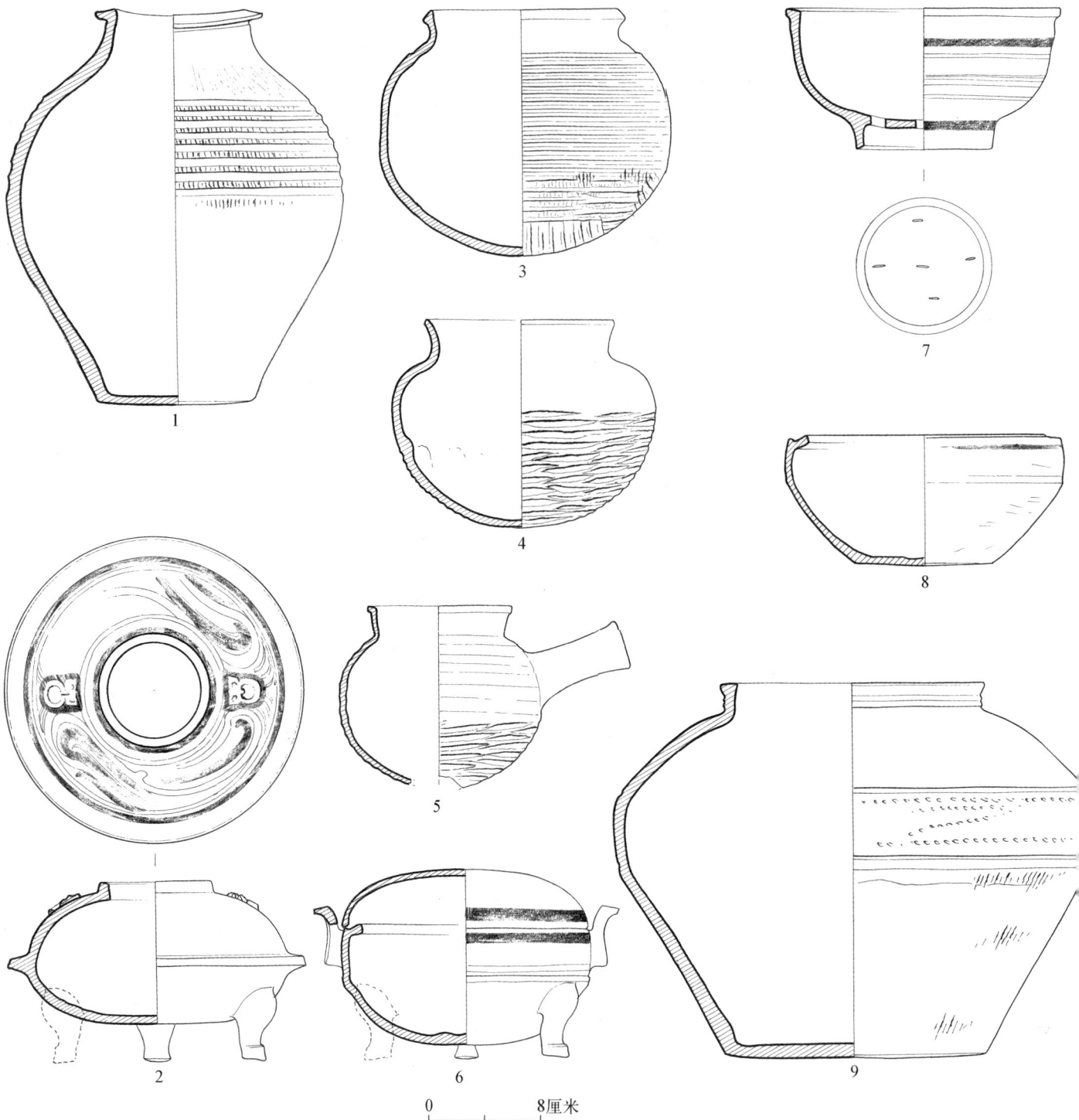

0   8厘米

图三九七　SJM1、SJM6随葬陶器

1.小口旋纹罐(SJM1∶8)　2.锜(SJM1∶12)　3.鬲口釜(SJM6∶5)　4.罐口釜(SJM6∶2)　5.带把釜(SJM1∶3)　6.鼎(SJM1∶2)
7.簋形甑(SJM1∶5)　8.盛(SJM1∶11)　9.直口折肩罐(SJM1∶6)

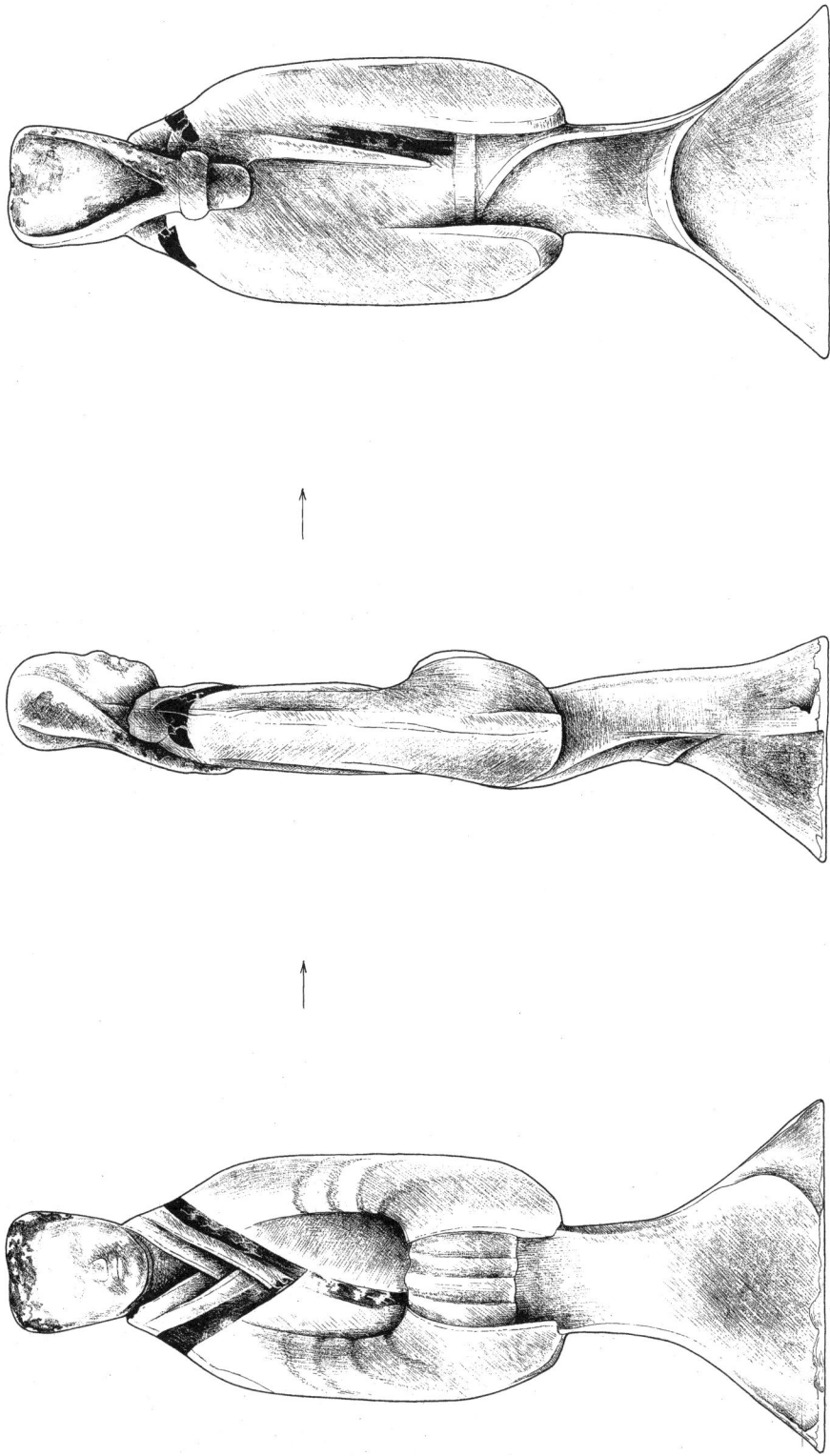

图三九八 SJM1 随葬女立俑
SJM1∶7

0 ⊢—⊣—⊢ 4厘米

带把釜　1件。标本SJM1：3，夹砂红褐陶，底部夹粗砂。口微侈，厚圆唇，矮直颈，圆肩，鼓腹，肩腹交接处有一圆筒形把，圜底。肩及腹上部饰瓦纹，腹下部饰横向篮纹，底部饰纵向篮纹。腹底有烟炱。口径9.2、器身最大径14.4、把长6.5、残高12.3厘米（图三九七，5）。

女立俑　1件。标本SJM1：7，体形修长，身穿交领左衽宽袖襦，裙长垂地。双手合拱隐于袖内。通体饰白色陶衣，头发饰黑彩，衣领处饰一道红彩。高23.90、头廓3.35、底宽9.90、肩宽5.90厘米（图三九八；彩版三六，2）。

铜钱　共6枚。标本SJM1：9，均为"半两"。大小近同，文字略异。SJM1：9-1，文字扁平，字小于穿。"半"字头部残损，两横线等长，竖线略出下横线；"两"字上横线与肩略等，折肩，为"双人两"。钱径2.3、穿宽1.0厘米，重量1.3克（图三七八，3）。SJM1：9-2，文字扁平，字等于穿。"半"字头部转折，下横线略短，竖线出于下横线；"两"字上横线与肩等长，折肩，为"双人两"。钱径2.4、穿宽0.8厘米，重量2.1克。SJM1：9-3，文字扁平，字等于穿。"半"字头部呈"八"字状，两横线等长，竖线略出下横线；"两"字上横线与肩略等，折肩，为"1字两"。钱径2.4、穿宽0.7厘米，重量1.9克（图三七八，5）。SJM1：9-4，文字扁平，字略等于穿。"半"字头部转折，下横线较短，竖线略出下横线；"两"字锈蚀不清。钱缘残损。钱径2.7、穿宽0.9厘米，重量1.9克（图三七八，6）。SJM1：9-5，文字锈蚀不清。钱缘残损。钱径2.5、穿宽0.9厘米，重量2.8克。SJM1：9-6，文字锈蚀不清。钱径2.4、穿宽0.7厘米，重量2.1克。

漆器　共2件。标本SJM1：4、SJM1：10。仅残存部分红色髹漆痕迹，无法提取。

228. 2010YFSJM6

（1）位置

北距SJM7约2.2米，西北距SJM9约2.8米。

（2）形制结构（图三九九）

墓向：90°。

墓道：位于洞室东侧。口底等大。口呈长方形，南长3.40、北长3.40、东宽0.92、西宽0.92米。直壁。平底。自深4.20米。

洞室：拱形顶，直壁，平底。洞室口位于墓道西壁，洞室宽与墓道底宽等长。底部平面呈不规则椭圆形，最长径2.80、东宽0.92、西宽1.30米。高1.60米。

填土：墓道为黄褐色五花土，土质疏松。洞室为青灰色塌土及淤土，土质较黏。

（3）葬具

单棺，呈矩形。置于洞室偏北。棺长2.00、宽0.66米。

（4）墓主人

骨架仅存痕迹。葬式为仰身直肢葬，头向与墓道方向相同。

（5）随葬品及其位置

共6件，皆陶器，均位于棺外东南侧。由东向西依次为缶（：1）、罐口釜（：2）、盆（：3）、鬲口釜（：5）、盆形甑（：6、：4）。2号倒置，5号、3号、6号依次叠置。

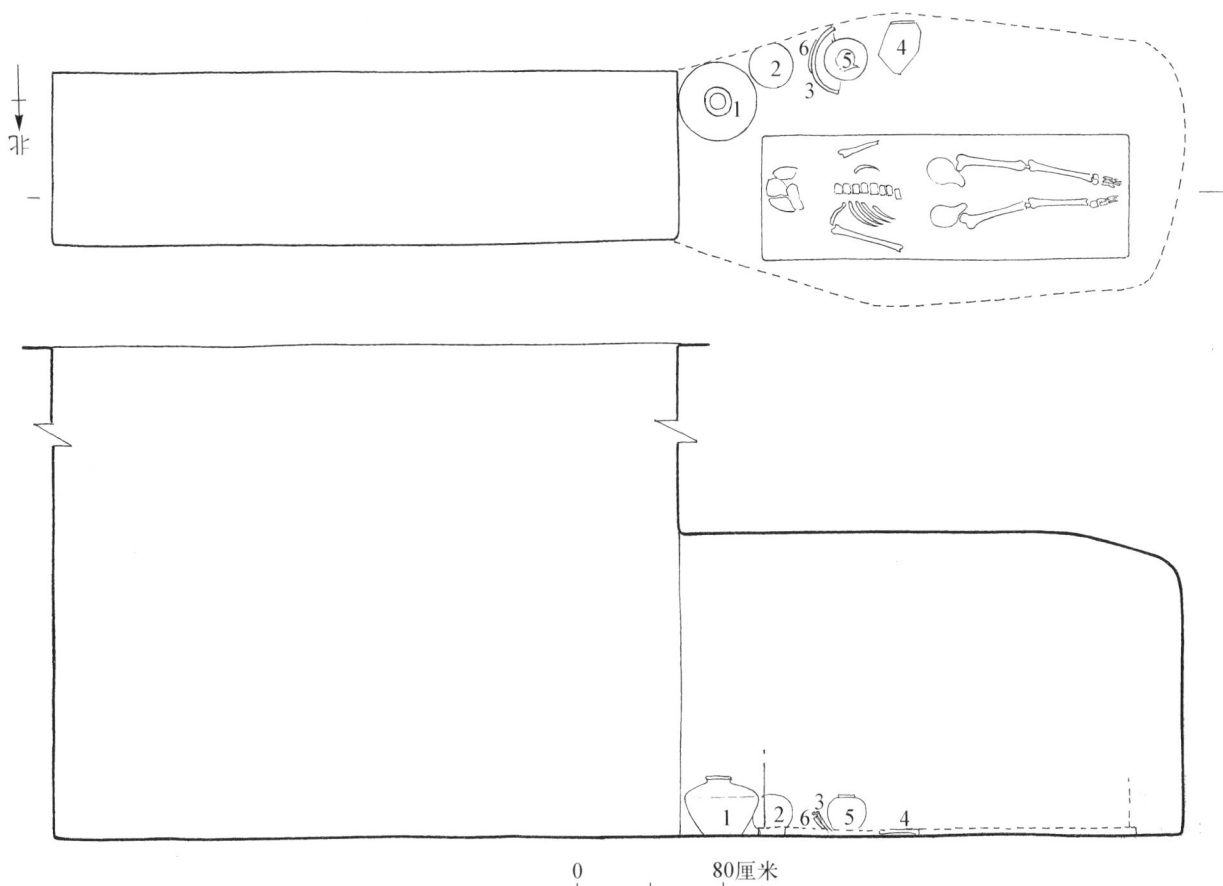

图三九九 SJM6墓葬平、剖图

1. 陶缶 2. 陶罐口釜 3. 陶盆 4、6. 陶盆形甑 5. 陶鬲口釜

（6）随葬品介绍

缶 1件。标本SJM6：1，夹细砂灰陶。大体，小口束颈，折沿下倾，沿面有一周凹槽，尖圆唇；隆肩，上腹弧鼓，下腹内凹，平底。沿面有"×"、"｜"两道刻划痕，肩部饰数周暗旋纹，肩腹交接处饰一周旋纹，上腹饰一至两周麦粒状绳纹。下腹有修整刮痕。口径9.1、器身最大径38.3、底径16.4、通高32.5厘米（图四〇〇，4）。

盆 1件。标本SJM6：3，夹细砂灰陶。敞口，折沿下倾，尖圆唇；折腹，上腹近直，下腹斜直，上腹占腹部比例小于三分之一，平底。上下腹交接处有一周折棱。下腹有轮制痕迹。口径33.0、底径12.9、通高18.6厘米（图四〇〇，1）。

盆形甑 共2件。皆夹细砂灰陶。直口，折沿下倾，尖圆唇；弧腹微折，上腹微弧近直，下腹斜直，上腹占腹部比例略大于三分之一，平底。腹上部饰两周旋纹间以一周楔形绳纹。标本SJM6：6，底部戳制20个圆形甑孔，布局为中心一孔与边缘两周。口径31.0、底径13.5、通高18.6厘米（图四〇〇，2）。标本SJM6：4，底部残留8个戳制圆形甑孔，布局为中心数孔与边缘一周。口径30.0、底径12.8、通高20.0厘米（图四〇〇，3）。

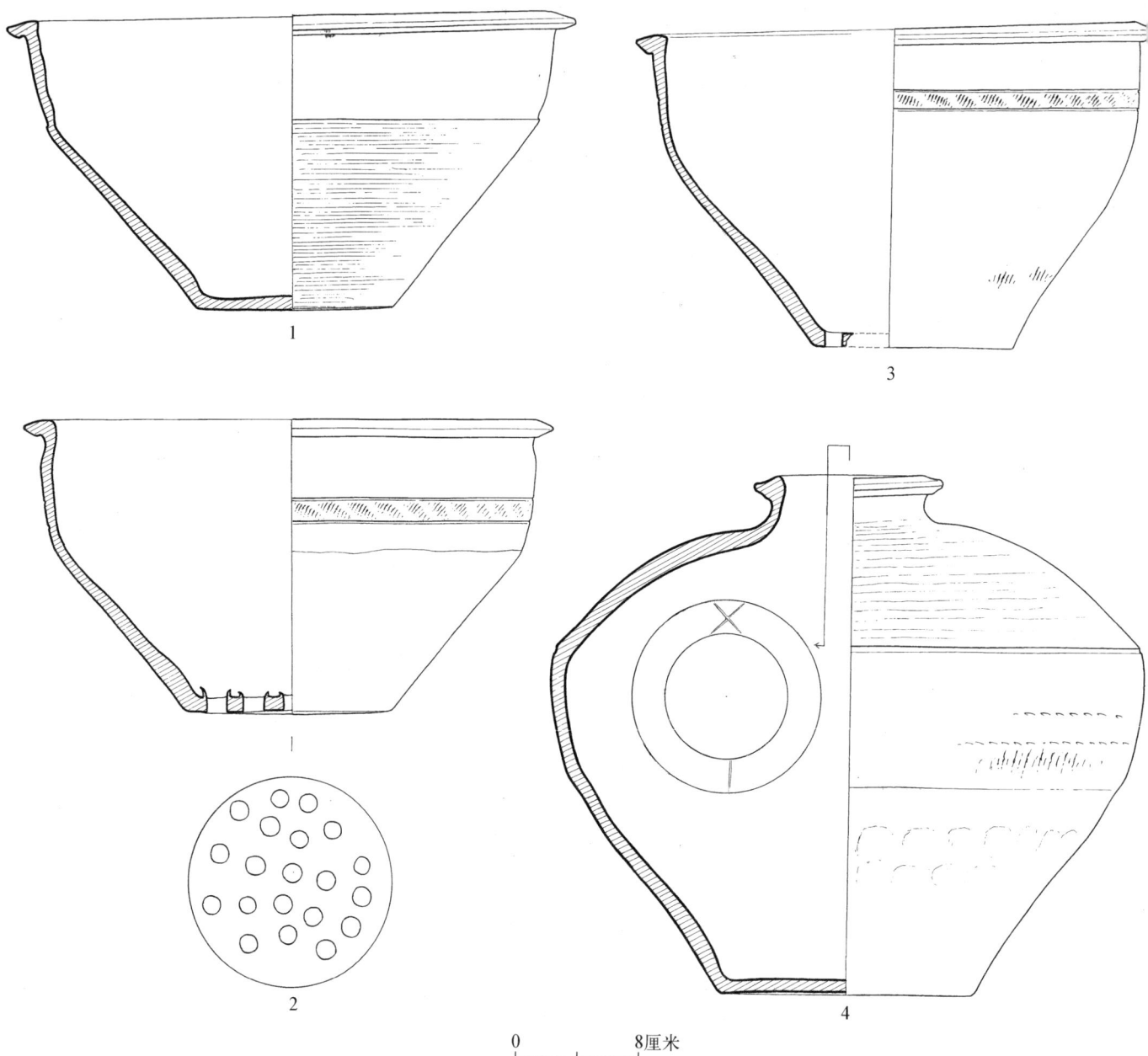

0   8厘米

图四〇〇　SJM6 随葬陶器

1.盆（SJM6：3）　2、3.盆形甑（SJM6：6、SJM6：4）　4.缶（SJM6：1）

　　鬲口釜　1件。标本 SJM6：5，夹砂灰陶，底部夹粗砂。口微侈，斜方唇，圆肩，肩部近口处略平，上腹微弧近直，下腹弧收，圜底。肩及腹上部饰旋纹，腹下部饰横向篮纹，底部饰纵向篮纹。口径13.2、器身最大径20.5、通高16.9厘米（图三九七，3）。

　　罐口釜　1件。标本 SJM6：2，夹砂红褐陶，底部夹粗砂。小体，卷沿，方圆唇，隆肩，鼓腹，圜底。腹部饰横向篮纹，底部饰纵向篮纹。腹底有烟炱。口径13.0、器身最大径18.7、通高14.2厘米（图三九七，4）。

229. 2010YFSJM7

（1）位置

北距SJM8约0.5米,西距SJM9约3.2米。

（2）形制结构(图四〇一;图版九,1)

墓向:270°。

墓道:位于洞室西侧。口大底小,口呈梯形,西窄东宽,南长3.06、北长3.06、东宽1.64、西宽1.24米。斜壁。平底,南长2.74、北长2.74、东宽1.30、西宽1.00米。自深3.50米。

洞室:拱形顶,直壁,平底。洞室口位于墓道东壁中部,洞室宽与墓道底宽等长。底部平面略呈长方形,南长3.50、北长3.50、东宽1.40、西宽1.30米。高1.40米。

封门:木板封门,位于墓道与洞室连接处,仅残留板灰痕迹。南、北壁有封门槽。北侧封门槽宽0.16、深0.10、高1.46米,南侧封门槽宽0.18、深0.10、高1.46米。

填土:墓道为浅黄色五花土,土质细密。洞室土色黄色,土质较疏松,有较多生土块和淤土。

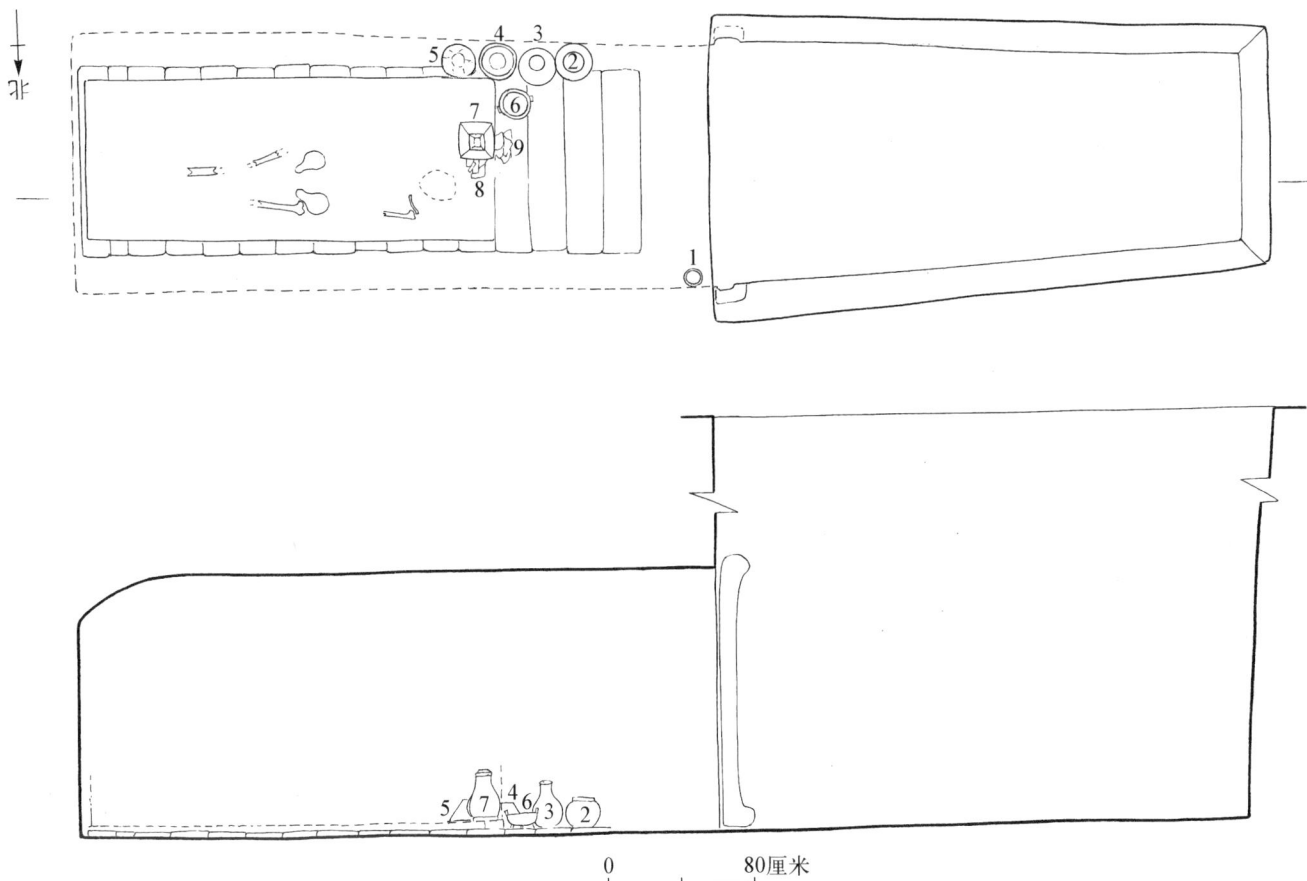

图四〇一 SJM7墓葬平、剖图

1.铁灯 2.铁鏊 3.陶小口旋纹罐 4.陶盉改甑 5.陶盂 6.陶鼎 7.陶钫 8.陶卷沿折肩罐 9.陶卷沿圆肩罐

（3）葬具

单棺，呈矩形。棺长2.24、宽0.87米。棺下加棺床，棺床由16块木板纵向铺设，由西向东各块木板长、宽依次为1.00×0.20、1.01×0.22、1.01×0.18、1.04×0.18、1.01×0.20、0.99×0.19、1.00×0.20、1.00×0.18、1.01×0.25、1.01×0.20、1.01×0.19、1.03×0.20、1.00×0.20、1.01×0.20、1.02×0.10、1.03×0.18 m²。

（4）墓主人

仅存部分肢骨。葬式似为仰身直肢葬，头向与墓道方向相同。

（5）随葬品及其位置

共9件，包括陶器7件、铁器2件。铁灯（：1）位于洞室西北角，近洞室口。棺外西南侧由西向东依次为铁鍪（：2）、小口旋纹罐（：3）、盂改甑（：4）、盂（：5），4号、5号倒置。鼎（：6）位于3号、4号之间的北侧。钫（：7）位于西侧棺板外侧，其北侧、西侧分别为卷沿折肩罐（：8）、卷沿圆肩罐（：9）。

（6）随葬品介绍

钫　1件。标本SJM7：7，泥质灰陶。覆斗形盖，盖与器身以子母口扣合；器身侈口方唇，口外侧加厚一周泥条，束颈，溜肩，鼓腹，方形圈足微外撇；肩部对称饰一对兽面衔环状铺首，兽面印痕极浅，几乎不见。口内壁满饰红彩，颈部近口处饰一周条带状红彩，下接红色三角蕉叶纹，腹下部及圈足饰条带状红、白彩各一周。盖高4.5、盖顶阔4.2、盖阔8.6、口阔11.0、器身最大径19.6、器身高35.0、足高4.0、足阔12.3、通高38.7厘米（图四〇二，1）。

鼎　1件。标本SJM7：6，泥质灰陶。盖面圆弧，盖腹较深，残留一个点状小乳突；鼎身与盖以子母口扣合，口部内沿略高于外沿，沿面内凹成槽；弧腹较浅，上下腹交接处有一周凸棱，圜底近平；双附耳，耳微外撇，有长方形穿，耳穿略透出鼎身；耳、足与器身连接处距腹部凸棱较近，蹄足粗矮而外撇，耳足呈五点式分布。盖面残存红彩，器身上腹饰两周条带状红彩。器盖口径17.6、器盖高4.4、耳高3.9、器身口径16.0、器身最大径18.7、器身高9.2、足高5.7、通高14.6厘米（图四〇三，6）。

小口旋纹罐　1件。标本SJM7：3，夹细砂灰陶。小口束颈，折沿微下倾，尖圆唇；微溜肩，腹近斜直，平底。肩及腹上部饰数周旋断绳纹。口径8.0、器身最大径19.7、底径9.2、通高23.2厘米（图四〇三，5；彩版三二，4）。

卷沿折肩罐　1件。标本SJM7：8，夹细砂灰陶。小体，卷沿，厚方唇；圆折肩，上腹略弧，下腹斜直，上下腹交接处似修整出折痕，形成"象征亚腰"，平底。素面。口径12.8、器身最大径23.1、底径10.7、通高18.3厘米（图四〇三，3）。

卷沿圆肩罐　1件。标本SJM7：9，夹细砂灰陶。小体，卷沿，方唇，唇面有一周凹槽；圆鼓肩，上腹略弧，下腹斜直，上下腹交接处似修整出折痕，平底。素面。口径13.9、器身最大径22.7、底径11.6、通高17.3厘米（图四〇三，4）。

盂　1件。标本SJM7：5，夹细砂灰陶。敞口，折沿下倾，尖圆唇；折腹，上腹近直，下腹斜直，上腹占腹部比例近半，平底。上下腹交接处有一周折棱。口径23.7、底径10.8、通高11.9厘米（图四〇三，2）。

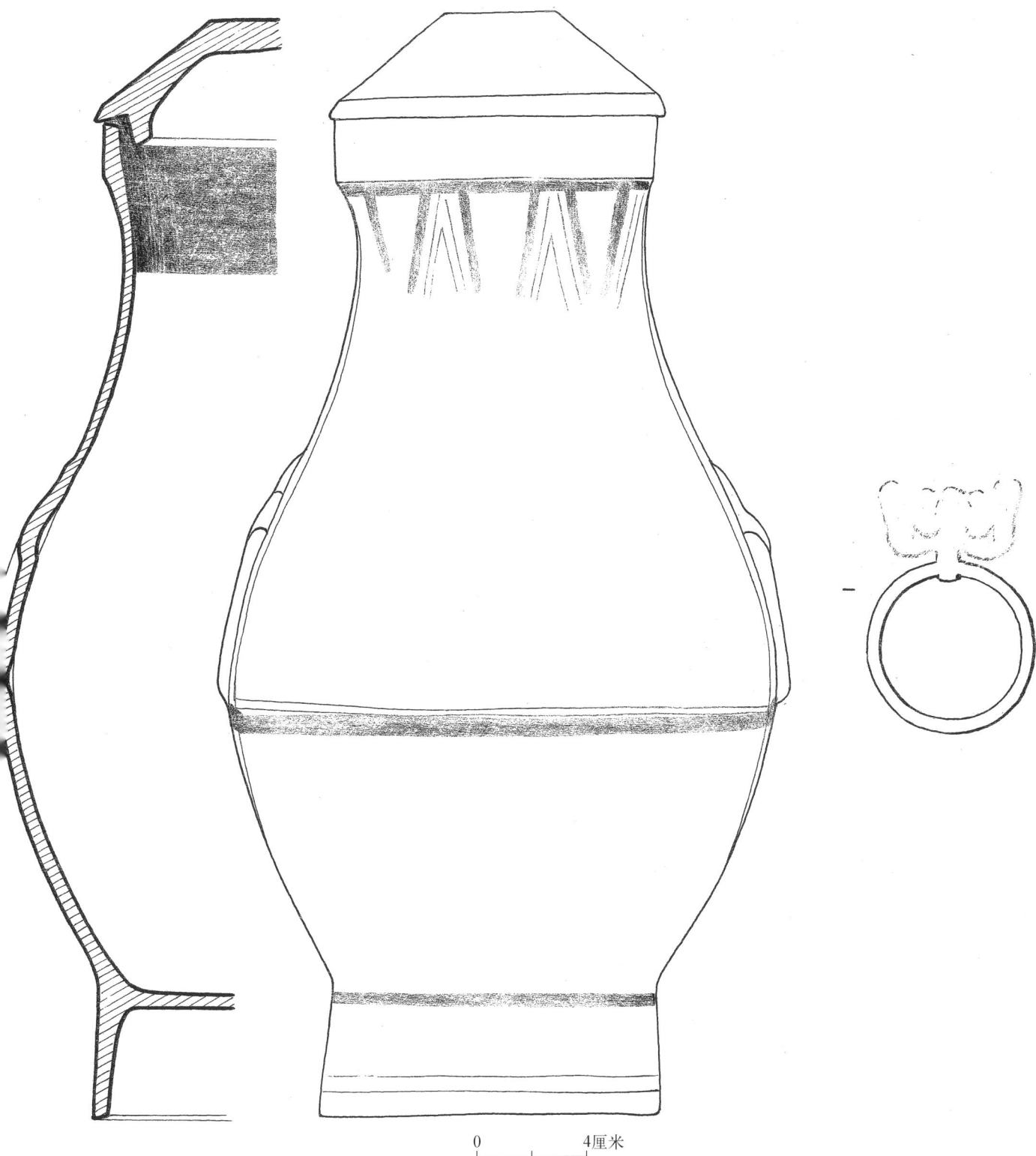

0   4厘米

图四〇二　SJM7随葬陶钫

SJM7：7

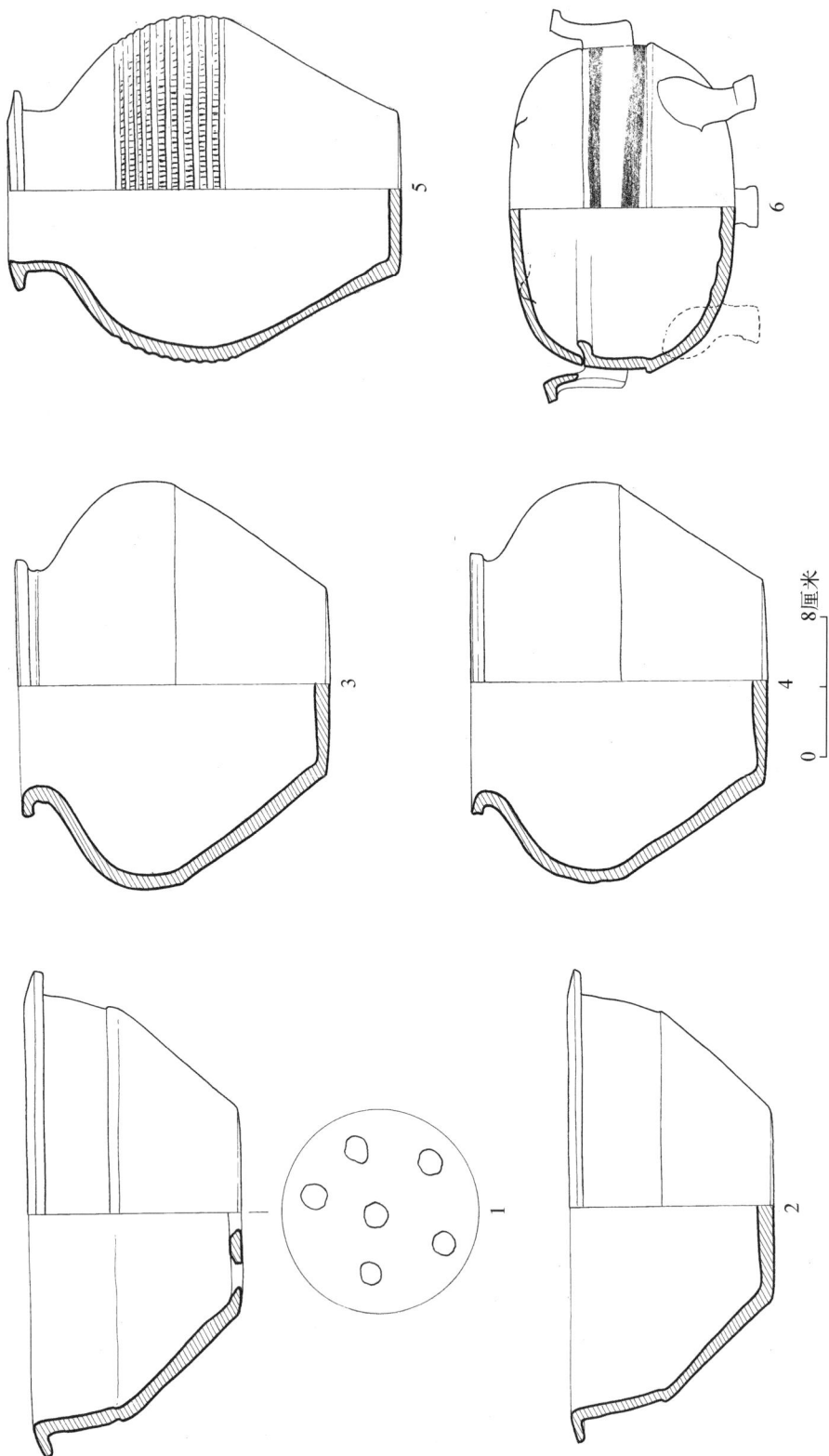

图四〇三　SJM7 随葬陶器

1. 盂改甑（SJM7：4）　2. 盂（SJM7：5）　3. 卷沿折肩罐（SJM7：8）　4. 卷沿圆肩罐（SJM7：9）　5. 小口旋纹罐（SJM7：3）　6. 鼎（SJM7：6）

盂改甑 1件。标本SJM7：4，夹细砂灰陶。敞口，折沿下倾，尖圆唇；折腹，上腹近直，下腹斜直，上腹占腹部比例约三分之一，平底；器底凿制6个圆形甑孔，布局为中心一孔与边缘一周。上下腹交接处有一周折棱。口径24.2、底径11.5、通高12.7厘米（图四〇三，1）。

铁鍪 1件。标本SJM7：2，侈口，尖唇，束颈，溜肩，肩面斜直，鼓腹，圜底近平，肩腹交接处饰对称小鋬。口径14.8、器身最大径21.2、通高17.8厘米（图三八六，3）。

铁灯 1件。标本SJM7：1，豆形灯。浅折盘，方唇，盘壁斜直，盘底近平，竹节状柱柄下接小喇叭形座。口径10.2、底径3.6、通高9.4厘米（图三八六，6）。

230. 2010YFSJM8

（1）位置

南距SJM7约0.5米，两墓并列而置。

（2）形制结构（图四〇四）

墓向：285°。

墓道：位于洞室西侧。口略大于底。口呈梯形，南长3.06、北长3.08、东宽1.68、西宽1.65米。斜壁近直。平底，南长2.90、北长2.95、东宽1.47、西宽1.35米。自深3.90米。

洞室：拱形顶，直壁，平底。洞室口位于墓道东壁中部略偏北，洞室宽小于墓道底宽。洞室口南壁距墓道南壁0.20、北壁距墓道北壁0.04米。底部平面略呈长方形，南长3.46、北长3.46、东宽1.00、西宽1.20米。高1.40米。

填土：墓道为深褐色五花土，土质致密。洞室为暗黄色淤土，土质细密。

（3）葬具

单棺，呈矩形。置于洞室偏东南。棺长1.87、宽0.60米。棺下加棺床，棺床由4块木板横向铺设，由南向北各块木板长、宽依次为2.90×0.30、2.93×0.25、2.93×0.22、2.96×0.30 m²。

（4）墓主人

骨架朽成粉末，葬式不明。

（5）随葬品及其位置

共7件，皆陶器。棺外西南侧由西向东依次为缶（：1）、直口折肩罐（：2）、盆形甑（：4）、盂（：5）、鬲口釜（：7），4号侧置，口向北。罐口釜（：6）位于1号、2号之间的北侧。直口折肩罐（：3）与4号位置相对，紧邻洞室北壁。

（6）随葬品介绍

缶 1件。标本SJM8：1，夹细砂灰陶。小体，小口束颈，平折沿，尖圆唇；折肩，腹微折，肩腹部呈"微亚腰"状，上腹近直，下腹斜直。肩腹及上下腹交接处各饰一周旋纹，上腹饰三至四周麦粒状绳纹。口径8.2、器身最大径32.0、底径13.2、通高27.4厘米（图四〇五，10）。

直口折肩罐 共2件，皆夹细砂灰陶。大体，直口方唇，折肩，腹微折，肩腹部呈"微亚腰"状，上腹微弧近直，下腹斜直，平底。标本SJM8：3，肩部饰数周暗旋纹。下腹有轮制痕迹。口径16.7、器身最大径29.3、底径15.4、通高19.5厘米（图四〇五，8）。标本SJM8：2，口径15.4、器身最

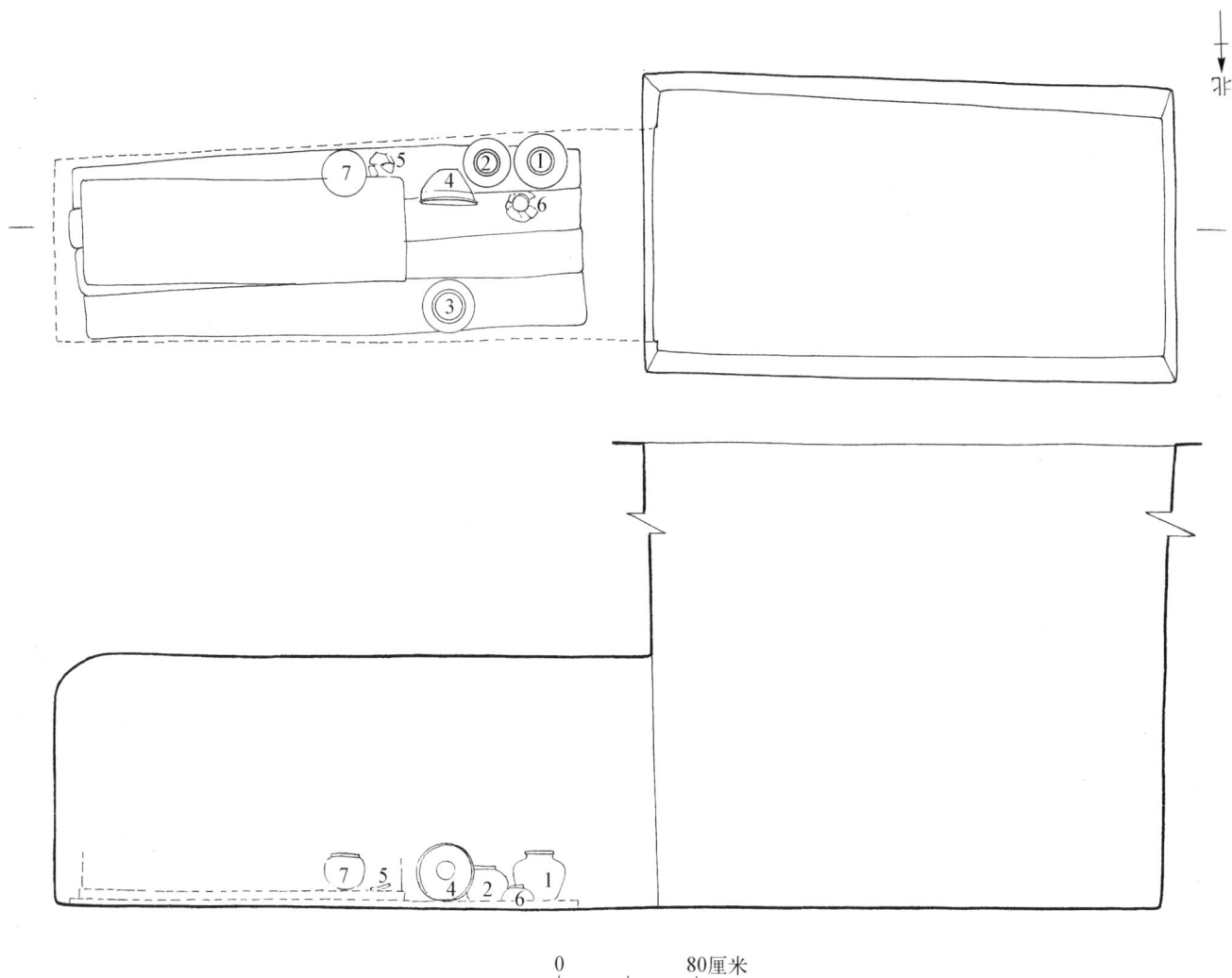

图四〇四　SJM8墓葬平、剖图

1. 陶缶　2、3. 陶直口折肩罐　4. 陶盆形甑　5. 陶盂　6. 陶罐口釜　7. 陶鬲口釜

大径28.3、底径14.5、通高19.6厘米（图四〇五,9；彩版一六,7）。

　　盂　1件。标本SJM8:5,夹细砂灰陶。敞口,折沿微下倾,尖圆唇；折腹,上腹近直,下腹斜直,上腹占腹部比例三分之一,平底。沿面隐约可见暗旋纹,上下腹交接处有一周折棱。口径23.2、底径9.6、通高11.2厘米（图四〇五,6；彩版二四,6）。

　　盆形甑　1件。标本SJM8:4,夹细砂灰陶。直口,折沿下倾,尖圆唇；折腹,上腹竖直,下腹斜直,上腹占腹部比例五分之一,平底；器底戳制10个圆形甑孔,布局为中心三孔与边缘一周。上腹饰三周弦纹。口径27.8、底径12.4、通高17.6厘米（图四〇五,1；彩版二二,5）。

　　鬲口釜　1件。标本SJM8:7,夹砂灰陶,底部夹粗砂。口微侈,斜方唇,唇面微内凹；隆肩,肩面近口处略平,腹上部微弧近直,下部弧收,圜底。腹上部饰数周旋纹,局部可见竖行绳纹,腹下部饰横向篮纹,底部饰纵向篮纹。口径17.5、器身最大径24.6、通高19.9厘米（图

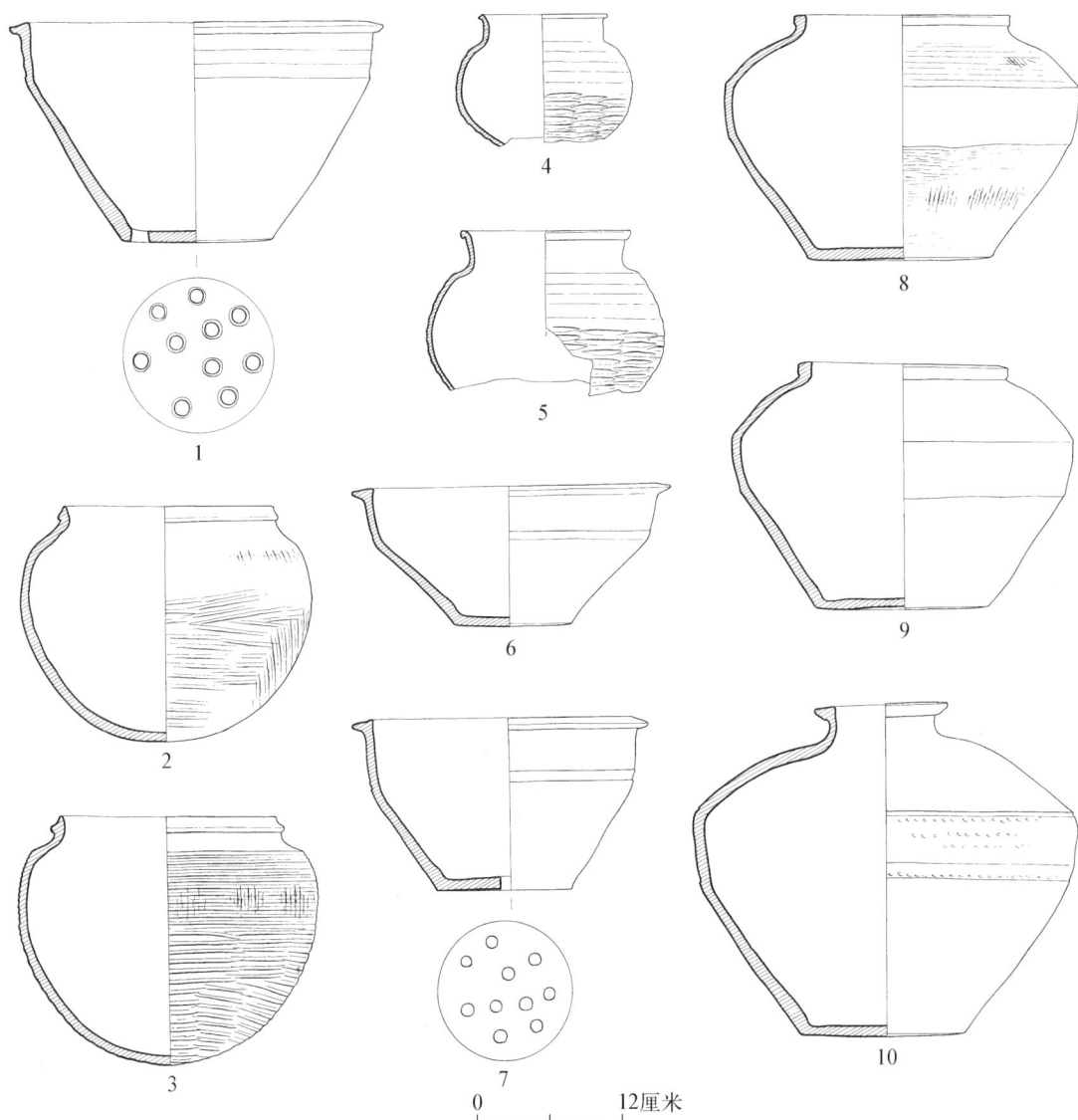

图四〇五 SJM8、SJM10随葬陶器

1. 盆形甑(SJM8:4) 2、3. 鬲口釜(SJM10:6、SJM8:7) 4、5. 罐口釜(SJM10:8、SJM8:6) 6. 盂(SJM8:5) 7. 盂形甑(SJM10:5) 8、9. 直口折肩罐(SJM8:3、SJM8:2) 10. 缶(SJM8:1)

四〇五,3)。

罐口釜 1件。标本SJM8:6,底残,夹砂红褐陶。小体,口微侈,厚圆唇,矮直颈,圆鼓肩,鼓腹,圜底。肩及腹上部饰数周瓦纹,腹下部饰横向篮纹。腹部有烟炱。口径13.0、器身最大径19.6、残高13.2厘米(图四〇五,5)。

231. 2010YFSJM10

(1)位置

西距SJM15约12.5米,东南距SJM9约6.8米。

（2）形制结构（图四〇六）

墓向：12°。

墓道：位于洞室北侧。口大底小。口呈长方形，东长3.50、西长3.50、南宽2.17、北宽2.14米。斜壁。平底，东长3.00、西长3.00米、南宽1.54、北宽1.54米。自深5.00米。

洞室：拱形顶，直壁，平底，底部南部略高形成一台阶。洞室口位于墓道南壁中部，洞室宽小于墓道底宽。洞室口东壁距墓道东壁0.20、西壁距墓道西壁0.20米。底部平面呈长方形，东长3.10、西长3.10、北宽1.04、南宽1.02米。高1.40米。

填土：墓道为黄褐色五花土，土质较硬。洞室为黄褐色淤土和塌土，土质较疏松。

（3）葬具

单棺，呈倒梯形。置于洞室偏南。两端板长度不相等，侧板与端板闭合相接。棺长2、北宽

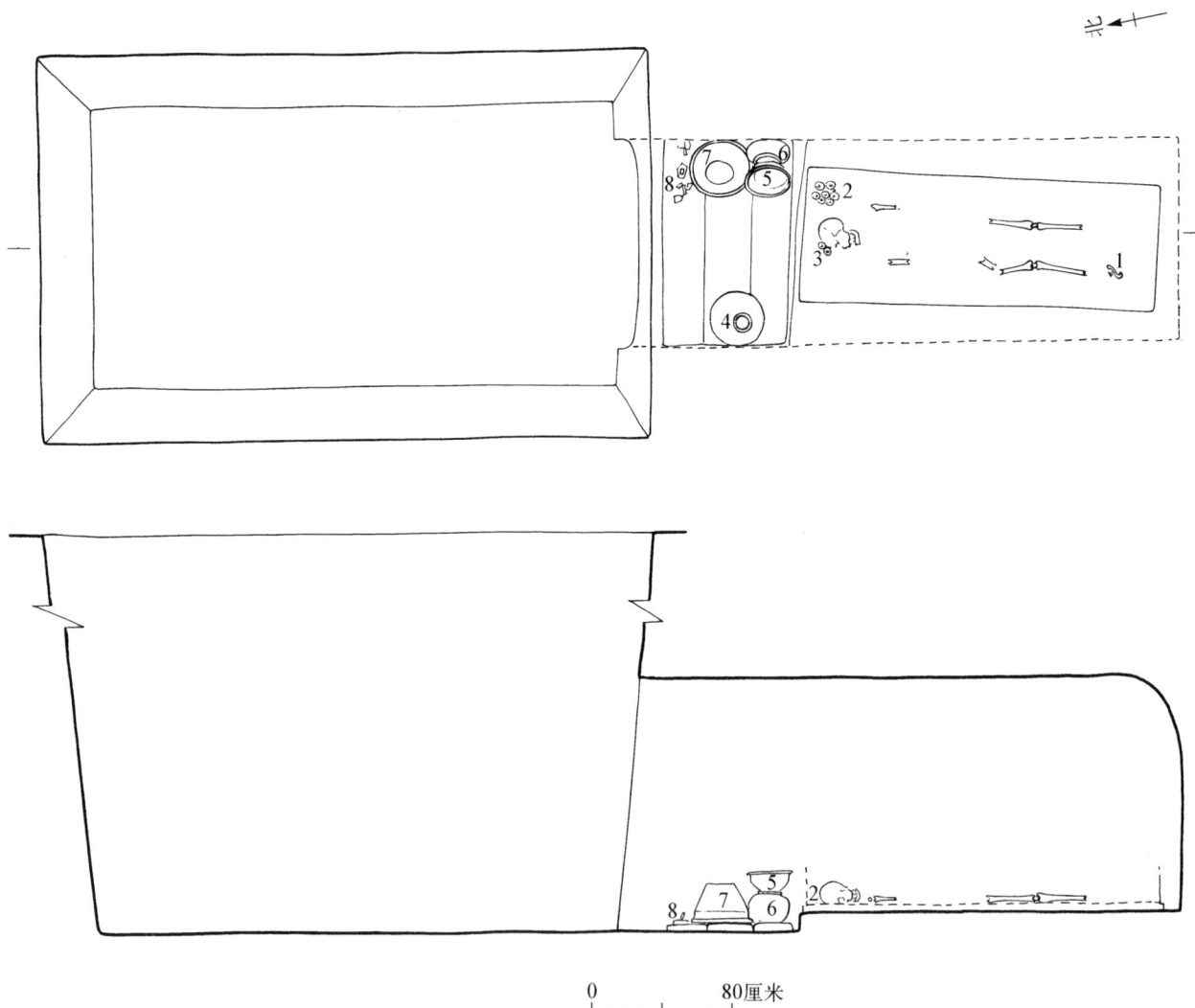

图四〇六　SJM10墓葬平、剖图

1.铜带钩　2、3.铜钱　4.陶缶　5.陶盂形甑　6.陶罱口釜　8.陶罐口釜　7.陶盆

0.75、南宽0.7米。棺下加棺床,棺床仅存3块木板置于棺北端,横向铺设而成,木板长均为1.14米,宽依次为0.24、0.28、0.2米。

（4）墓主人

仅存头骨、下肢骨痕迹。葬式似为仰身直肢葬,头向与墓道方向相同。

（5）随葬品及其位置

共8件,包括陶器5件、铜器1件、铜钱2组(45、3枚)。铜带钩(:1)位于棺内墓主右脚处,铜钱(:2)位于棺内东北角,铜钱(:3)位于棺内墓主头部。棺外东北角由北向南依次为罐口釜(:8)、盆(:7)、盂形甑(:5)、鬲口釜(:6),5号叠置于6号上,7号倒置。缶(:4)与6号位置相对,紧邻洞室西壁。

（6）随葬品介绍

缶 1件。标本SJM10:4,夹细砂灰陶。小体,小口束颈,折沿下倾,沿面圆鼓,尖圆唇;隆肩,上腹略弧,下腹斜直,上下腹交接处圆弧,仅以一周旋纹分界,形成"符号亚腰",平底。肩部饰数周暗旋纹,肩腹交接处饰一周旋纹,上腹部饰两周麦粒状绳纹。口径8.0、器身最大径30.2、底径11.6、通高27.5厘米(图四〇九,8)。

盆 1件。标本SJM10:7,夹细砂灰陶。折沿下倾,沿面微鼓,尖圆唇;折腹,上腹近直,下腹斜直微内凹,上腹占腹部比例约大于三分之一。上下腹交接处有一周折棱。口径30.5、底径14.0、通高16.7厘米(图四〇九,3)。

盂形甑 1件。标本SJM10:5,夹细砂灰陶。敞口,折沿下倾,尖圆唇;弧腹微折,上腹竖直,下腹斜直,上腹占腹部比例大于三分之一,平底;器底戳制10个圆形甑孔,布局为中心三孔与边缘一周。腹上部饰两周旋纹。口径21.4、底径11.2、通高13.8厘米(图四〇五,7)。

鬲口釜 共1件。标本SJM10:6,夹细砂灰陶。底部夹粗砂。口微侈,斜方唇,唇面微内凹;圆肩,鼓腹,腹部整体圆弧,圜底。腹部饰横向篮纹,底部饰纵向篮纹。口径16.9、器身最大径24.1、通高18.8厘米(图四〇五,2)。

罐口釜 1件。标本SJM10:8,底残,夹砂灰褐陶。小体,卷沿,方圆唇,矮直颈,圆肩,鼓腹,圜底。肩及腹上部饰数周瓦纹,腹下部饰横向篮纹。腹底有烟炱。口径10.1、器身最大径14.6、残高10.6厘米(图四〇五,4)。

铜带钩 1件。标本SJM10:1,钩体较短,断面呈长方形,兽形钩尾较大,圆形钩钮位于钩尾下部,以一短柱相连。长6.35、钩体宽0.40、钩尾最宽处2.20、钮径1.55厘米(图三八六,9;彩版四〇,8)。

铜钱 共48枚。标本SJM10:2、SJM10:3,均为"半两"。1枚肉上或有凸起。穿多方正,仅1枚穿不规则。偶有钱或穿郭。少数钱为粘合体。可辨钱文的文字各异,字与穿比例不同。"半"字头部转折程度不同,两横线及竖线出于下横线的长度不等;"两"字上横线与肩长度比例不同,均折肩,"两"字内部结构亦有区别。钱缘或有铸口。铸造略粗糙。钱径2.2～3.3、穿宽0.6～1.0厘米,重量2.3～5.9克(图四〇七)。具体形制详见表二八。

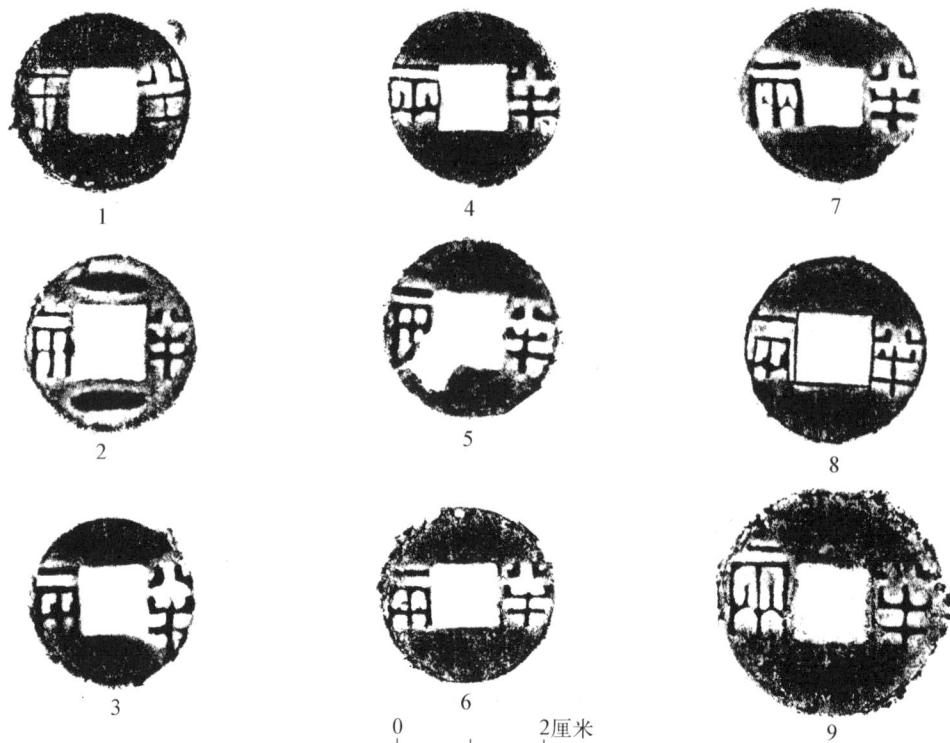

图四〇七　SJM10随葬铜钱拓片

1. SJM10：2-6　2. SJM10：2-43　3. SJM10：2-18　4. SJM10：2-1　5. SJM10：2-8　6. SJM10：2-13　7. SJM10：2-11

8. SJM10：2-3　9. SJM10：3-2

232. 2010YFSJM12

（1）位置

东距SJM9约8.0米，西距SJM13约3.8米。

（2）形制结构（图四〇八）

墓向：2°。

墓道：位于洞室北侧。口大底小。口呈长方形，东长3.12、西长3.11、南宽1.56、北宽1.57米。斜壁。平底，东长2.82、西长2.82、南宽1.22、北宽1.23米。自深2.90米。

洞室：拱形顶，直壁，平底。洞室口位于墓道南壁中部，洞室宽小于墓道底宽。洞室口东壁距墓道东壁0.12、西壁距墓道西壁0.04米。底部平面呈长方形，东长3.10、西长3.10、南宽1.05、北宽1.05米。高1.30米。

填土：墓道为红褐色五花土，土质松散。洞室土色黄褐色，土质疏松。

（3）葬具

单棺，呈矩形。置于洞室偏南。棺长1.95、宽0.73米。

（4）墓主人

仅存下肢骨，其余朽成粉末状。葬式为仰身屈肢葬，左下肢向右弯曲。头向与墓道方向相同。

表二八 SJM10铜钱统计表

编号	种类	钱径	穿宽	重量	文字	形制	记号	附着物	图号	备注
SJM10:2-1		2.4	0.8	2.8	文字扁平，字等于笏。"半"字等部转折，两横线等长，竖线出于下横线，折肩与肩等长，为"倒T两"				图四〇七,4	
SJM10:2-2		3.3	0.9	3.9	文字扁平，字略等于笏。"半"字部呈"八"字状，下横线略短，竖线出于下横线；"两"字上横线不明显，折肩，为"双人两"					
SJM10:2-3		2.6	0.9	3.1	文字略凸起，笔画较细，字体小于笏。"半"字部转折，下横线略长，竖线出于下横线；"两"字上横线比肩略长，折肩，为"连山两"	钱和穿郭			图四〇七,8	
SJM10:2-4		2.5	0.7	2.9	文字扁平，瘦长，字等于笏。"半"字头转折，两横线略等，竖线出于下横线；"两"字上横线与肩略等长，折肩，为"连山两"					
SJM10:2-5	半两	2.5	0.8	3.2	文字凸起，笔画较细，字大于笏。"半"字头转折，两横线等长，竖线出于下横线；"两"字上横线与肩等长，折肩，为"双人两"	钱部				
SJM10:2-6		2.5	0.8	3	文字扁平，笔画较细，字体大于笏。"半"字头部转折，两横线无上折，竖线出于下横线；"两"字上横线，无左右外框，折肩，为"双人两"				图四〇七,1	有1铸口
SJM10:2-7		2.4	0.9	2.6	文字扁平，笔画较细，字略大于笏。"半"字头部转折，两横线略等，下横线略短，竖线出于下横线；"两"字上横线与肩等长，折肩，为"双人两"	钱郭				
SJM10:2-8		2.5	0.9	3.3	文字扁平，字略等于笏。"半"字头部呈两点，下横线略长，竖线出于下横线；"两"字上横线与肩等长，折肩，为"十字两"	穿孔不规则			图四〇七,5	
SJM10:2-9		2.4	0.6	3.1	文字凸起，字略大于笏。"半"字头部转折，两横线等，竖线出于下横线；"两"字上横线较短，折肩，为"连山两"					
SJM10:2-10		2.4	0.7	3.4	同上					

续表

编号	种类	钱径	穿宽	重量	文字	形制	记号	附着物	图号	备注
SJM10:2-11	半两	2.4	0.7	3.1	文字凸起,字等于穿。"半"字头部转折,两横线略等,竖线出于下横线;"两"字上横与肩等长,折肩,为"连山两"				图四○七,7	
SJM10:2-12		2.3	0.8	2.3	同上					有1铸口
SJM10:2-13		2.4	0.8	2.5	文字凸起,字等于穿。"半"字头呈"八"字状,下横线较短,竖线出于下横线;"两"字上横线与肩等长,折肩,为"十字两"				图四○七,6	
SJM10:2-14		2.5	0.8	2.9	同上					
SJM10:2-15		2.4	0.7	2.7	文字不清晰					
SJM10:2-16		2.5	0.8	2.6	文字扁平,字略等于穿。"半"字头呈"八"字状,两横线等长,竖线出于下横线,折肩,为"十字两"	钱部				
SJM10:2-17				5.9	文字凸起,字略等于穿。"半"字头部转折,两横线等长,竖线出于下横线;"两"字上横与肩等长,折肩,为"倒T两"				图四○七,3	2枚粘合
SJM10:2-18		2.3	0.8	2.8	文字凸起,字等于穿。"半"字头部转折,两横线等长,竖线出于下横线;"两"字上横与肩等长,折肩,为"十字两"					
SJM10:2-19		2.4	0.6	2.9	文字扁平,笔画较细,字略等于穿。"半"字头部转折,两横线等长,竖线出于下横线;"两"字上横线与肩等宽,折肩,为"倒T两"					
SJM10:2-20		2.4	0.8	3.7	同上					
SJM10:2-21		2.4	0.8	3.2	文字扁平,字略等于穿。"半"字部转折,下横线略等,竖线出于下横线;"两"字上横线与肩等长,折肩,为"双人两"					
SJM10:2-22		2.4	0.7	3.1	文字扁平,字等于穿。"半"字头部转折,两横线较短,竖线出于下横线;"两"字上横线较短,内部锈蚀					

续表

编 号	种类	钱径	穿宽	重量	文 字	形 制	记 号	附着物	图 号	备 注
SJM10：2-23		2.4	0.7	2.8	文字扁平，字大于郭。"半"字头部锈蚀不清，两横线等出于下横线；"两"字上横线与肩等长，折肩，为"倒T两"					
SJM10：2-24				5.4	文字扁平，字略等于郭。"半"字头部转折，两横线等长，竖线出于下横线等长，折肩，为"连山两"					2枚粘合
SJM10：2-25		2.5	0.8	2.6	文字扁平，字略等于郭。"半"字头部转折，两横线等长，竖线出于下横线等长，折肩，为"十字两"					
SJM10：2-26		2.4	0.8	2.4	文字不清晰					
SJM10：2-27	半两	2.5	0.8	3	文字扁平，字略等于郭。"半"字头部转折，下横线略短，竖线出于下横线略短，折肩，为"倒T两"					
SJM10：2-28		2.4	0.8	2.9	文字扁平，字略等于郭。"半"字头部转折，下横线略短，竖线出于下横线略短，折肩，为"连山两"					
SJM10：2-29		2.5	0.8	2.8	文字凸起，字略等于郭。"半"字头部转折，两横线等，竖线出于下横线等长，折肩，为"双人两"					
SJM10：2-30		2.5	0.7	2.5	同上					
SJM10：2-31		2.6	1	2.9	文字凸起，字略等于郭。"半"字头部转折，下横线略短，竖线出于下横线等长，折肩，为"连山两"					
SJM10：2-32		2.4	0.8	3.1	文字不清晰					
SJM10：2-33		2.5	0.6	2.9	文字扁平，字略等于郭。"半"字头部转折，两横线等，竖线出于下横线等长，折肩，为"倒T两"					
SJM10：2-34		2.4	0.6	3.1	文字不清晰					

编号	种类	钱径	穿宽	重量	文字	形制	记号	附着物	图号	备注
SJM10:2-35	半两	2.5	0.7	3.4	文字凸起，字略等于穿。"半"字头部呈两短横线，两横线略等，竖线出于下横等；"两"字横线与肩线等肩等长，折肩，为"连山两"	钱郭				
SJM10:2-36		2.4	0.7	2.7	文字凸起，字略等于穿。"半"字头部转折，下横线略短，竖线出于下横线；"两"字横线与肩等长，折肩，为"双人两"					
SJM10:2-37		2.4	0.7	2.5	文字不清晰					
SJM10:2-38				5.1	同上					2枚粘合
SJM10:2-39		2.5	0.7	3.1	文字凸起，字略等于穿。"半"字头部转折，两横线略等，竖线出于下横线；"两"字横线与肩等长，折肩，为"双人两"					
SJM10:2-40		2.5	0.7	3.2	文字凸起，字略等于穿。"半"字头部转折，下横线略短，竖线长出下横线；"两"字横线与肩等长，折肩，为"双人两"					有1铸口
SJM10:2-41		2.5	0.6	2.6	文字不清晰					
SJM10:2-42		2.5	0.8	3.4	同上					
SJM10:2-43		2.2	0.8	2.7	文字凸起，字略等于穿。"半"字头部转折，两横线略等，竖线出于下横线；"两"字横线比肩略短，折肩，为"十字两"		穿上下各有一道长方形凸起		图四〇七,2	
SJM10:2-44				5.7	文字凸起，字略等于穿。"半"字头部转折，下横线略短，竖线长出下横线；"两"字横线与肩等长，折肩，为"连山两"					2枚粘合
SJM10:2-45		2.4	0.8	3	文字扁平，字略等于穿。"半"字锈蚀不清；"两"字上下横线与肩，折肩，为"连山两"					
SJM10:3-1		2.5	0.7	2.9	文字不清晰					
SJM10:3-2		3.1	0.9	3.4	文字凸起，字略大于穿。"半"字头部呈"八"字状，下横线较短，竖线出于下横线；"两"字上横线较短，折肩，人字首部较长				图四〇七,9	
SJM10:3-3		3.1	0.8	4.1	文字不清晰					有1铸口

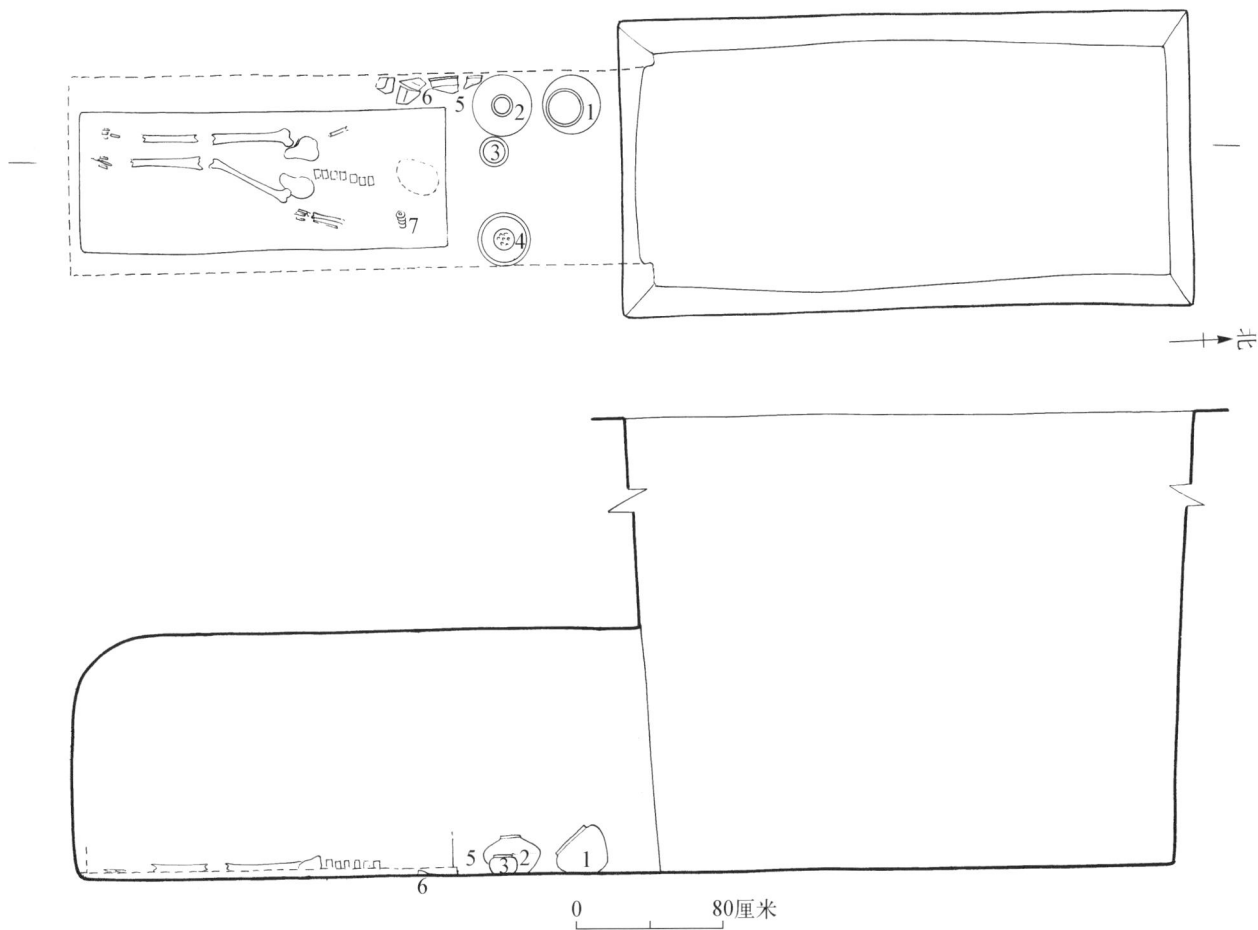

图四〇八　SJM12墓葬平、剖图

1. 陶卷沿圆肩罐　2. 陶缶　3、6. 陶罐口釜　4. 陶盂形甑　5. 陶盂　7. 铜钱

（5）随葬品及其位置

共7件（组），包括陶器6件、铜钱1组2枚。铜钱（：7）位于棺内墓主头部东侧。陶器均位于棺外洞室内，棺外西北侧由北向南依次为卷沿圆肩罐（：1）、缶（：2）、盂（：5）、罐口釜（：6）。罐口釜（：3）位于2号东侧。盂形甑（：4）与2号位置相对，紧邻洞室东壁。

（6）随葬品介绍

缶　1件。标本SJM12：2，夹细砂灰陶。小体，小口束颈，折沿下倾，尖圆唇；微溜肩，上腹近直，下腹斜直微内凹，上下腹交接处圆弧，仅以一周旋纹分界，形成"符号亚腰"，平底。肩腹交接处饰一周旋纹，上腹饰两至三周麦粒状绳纹。下腹有轮制痕迹。口径8.7、器身最大径30.6、底径14.0、通高27.2厘米（图四〇九，7）。

卷沿圆肩罐　1件。标本SJM12：1，夹细砂灰陶。大体，卷沿，斜方唇；圆鼓肩，腹上部略弧，下部斜直，平底。肩部饰数周旋纹，腹部局部饰竖行绳纹。口径16.3、器身最大径25.9、底径11.2、通高20.5厘米（图四〇九，1）。

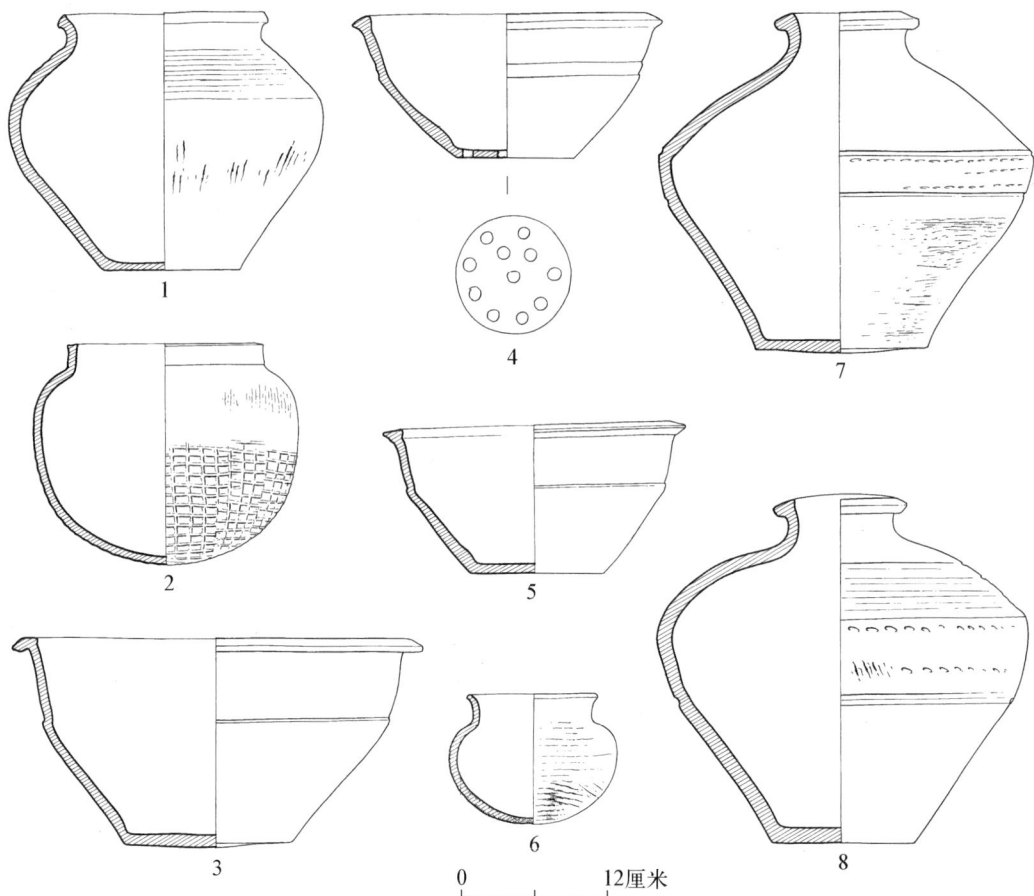

图四〇九　SJM10、SJM12随葬陶器

1. 卷沿圆肩罐（SJM12：1）　　2、6. 罐口釜（SJM12：6、SJM12：3）　　3. 盆（SJM10：7）　　4. 盂形甑（SJM12：4）

5. 盂（SJM12：5）　　7、8. 缶（SJM12：2、SJM10：4）

盂　1件。标本SJM12：5，夹细砂灰陶。敞口，折沿微下倾，尖圆唇；折腹，上腹近直，下腹斜直，上腹占腹部比例大于三分之一，平底。上下腹交接处有一周折棱。口径22.0、底径10.8、通高11.9厘米（图四〇九，5）。

盂形甑　1件。标本SJM12：4，夹细砂灰陶。敞口，折沿下倾，尖圆唇；弧腹微折，上腹占腹部比例大于三分之一，平底；器底戳制11个圆形甑孔，布局为中心三孔与边缘一周。上下腹交接处饰两周旋纹。口径22.6、底径9.6、通高11.5厘米（图四〇九，4）。

罐口釜　共2件。皆底部夹粗砂。圜底。标本SJM12：6，大体，夹砂灰陶。直口方唇，圆鼓肩，腹上部微弧近直，腹下部弧收。腹及底部饰方格纹。口径14.5、器身最大径21.8、通高17.5厘米（图四〇九，2）。标本SJM12：3，夹砂红褐陶。小体，卷沿，圆唇，矮直颈，圆鼓肩，鼓腹。肩部饰数周瓦纹，腹及底部饰横向绳纹。腹底有烟炱。口径9.9、器身最大径14.0、通高10.5厘米（图四〇九，6）。

铜钱　共2枚。标本SJM12：7，均为"半两"。大小不同，文字各异。SJM12：7-1，文字凸起，字大于穿。"半"字头部转折，两横线略等，竖线出于下横线；"两"字上横线与肩等长，折肩，为

图四一〇　SJM12、JM31 随葬铜钱拓片

1. SJM31：10-20　2. SJM31：9-3　3. SJM31：9-7　4. SJM31：9-4　5. SJM31：9-14　6. SJM12：7-1　7. SJM31：10-6
8. SJM31：9-26　9. SJM12：7-2

"双人两"。钱径3.0、穿宽0.8厘米，重量13.1克（图四一〇，6；彩版三八，7）。SJM12：7-2，文字扁平，字略大于穿。"半"头部呈"八"字状，下横线较短，竖线略出下横线；"两"字上横线较短，折肩，为"倒T两"。钱径3.3、穿宽1.0厘米，重量6.1克（图四一〇，9）。

233. 2010YFSJM13

（1）位置

西距SJM20约6米，东距SJM12约3.8米。

（2）形制结构（图四一一）

墓向：7°。

墓道：位于洞室北侧。口大底小。口呈宽长方形，东长3.36、西长3.36、南宽1.90、北宽1.90米。斜壁。平底，东长3.10、西长3.10、南宽1.50、北宽1.28米。自深3.55米。

洞室：拱形顶，直壁，平底。洞室口位于墓道南壁中部，洞室宽小于墓道底宽。洞室口东壁距墓道东壁0.12、西壁距墓道西壁0.14米。底部平面呈窄长方形，东壁近洞室口处略外撇，东长3.20、西长3.18、南宽1.10、北宽1.24米。高1.40米。

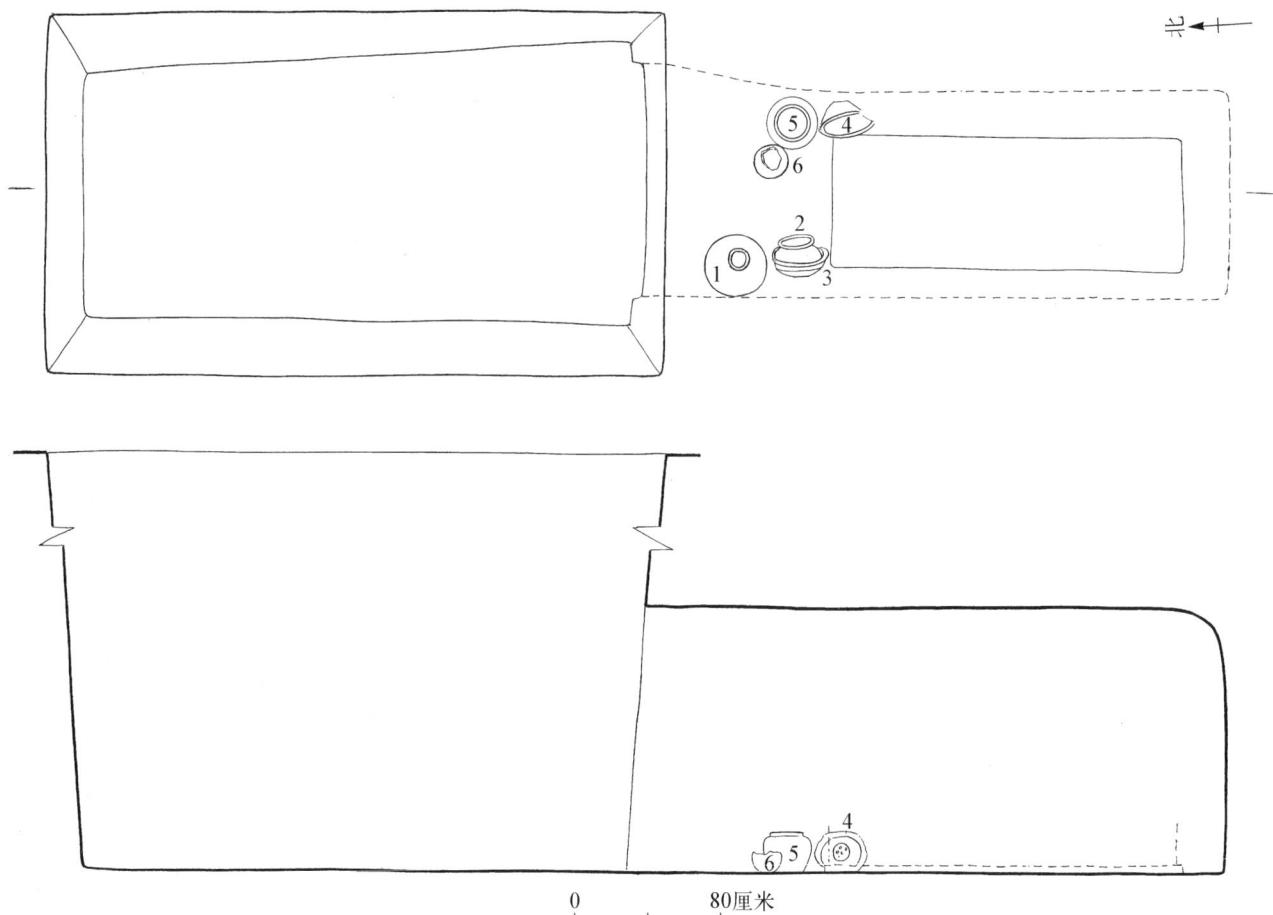

图四一一　SJM13墓葬平、剖图

1. 陶缶　2. 陶鬲口釜　3. 陶盂　4. 陶盂形甑　5. 陶卷沿折肩罐　6. 陶罐口釜

填土：墓道土色黄褐色，夹杂少量的红和灰色土颗粒，土质较硬。洞室土色黄色，土质较疏松，有较多生土块和淤土。

（3）葬具

单棺，呈矩形。置于洞室略偏南。棺长1.90、宽0.70米。

（4）墓主人

骨架不存，葬式不明。

（5）随葬品及其位置

共6件，皆陶器。棺外西北角由北向南依次为缶（：1）、鬲口釜（：2）、盂（：3），2号叠置于3号内。棺外东北角由北向南依次为罐口釜（：6）、卷沿折肩罐（：5）、盂形甑（：4），4号侧置，口向西。

（6）随葬品介绍

缶　1件。标本SJM13：1，夹细砂灰褐陶。小体，小口束颈，折沿微下倾，尖圆唇；微溜肩，腹近斜直，平底。腹下部局部饰竖行绳纹，肩部有划痕。口径8.4、器身最大径32.7、底径14.5、通高29.8厘米（图四一四，1）。

卷沿折肩罐 1件。标本SJM13:5,夹细砂灰陶。大体,卷沿,方唇,圆折肩,上腹略弧,下腹斜直,上下腹交接处圆弧,仅以一周旋纹分界,形成"符号亚腰",平底。肩腹交接处饰一周旋纹,上腹局部饰竖行绳纹,下腹近底处有一不规则划痕。口径15.6、器身最大径25.9、底径13.2、通高20.4厘米(图四一二,3)。

盂 1件。标本SJM13:3,夹细砂灰陶。敞口,折沿微下倾,沿面微内凹,尖圆唇;折腹,上腹近直,下腹斜直,上腹占腹部比例三分之一,平底。上下腹交接处有折痕。下腹有轮制痕迹。口径23.8、底径8.2、通高12.1厘米(图四一二,9)。

盂形甑 1件。标本SJM13:4,夹细砂灰陶。直口,折沿下倾,沿面微鼓,尖唇;折腹,上腹竖直,下腹斜直微内凹,上腹占腹部比例三分之一,平底;器底戳制14个圆形甑孔,布局为中心一孔

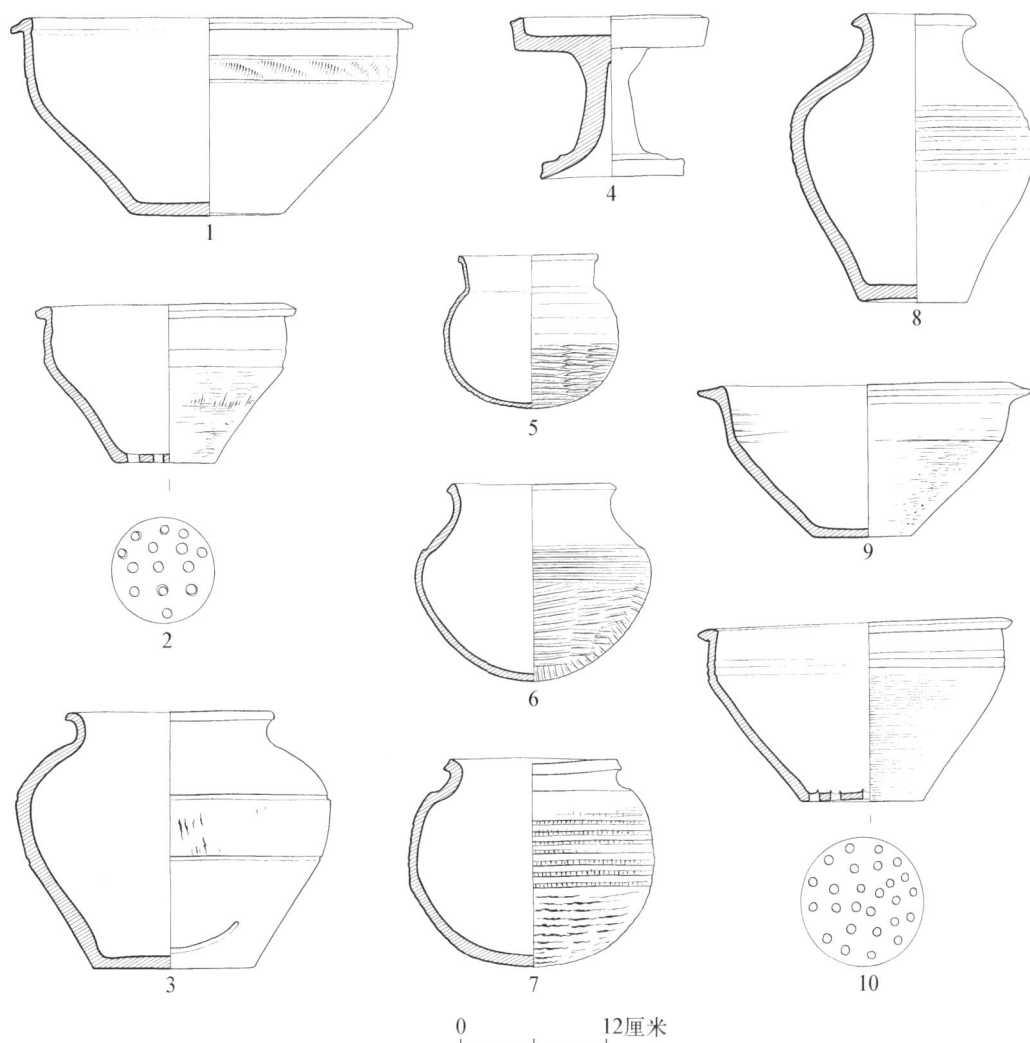

图四一二 SJM13、SJM15随葬陶器

1. 盆(SJM15:5) 2、10. 盂形甑(SJM13:4、SJM15:4) 3. 卷沿折肩罐(SJM13:5) 4. 灯(SJM15:1) 5. 罐口釜(SJM13:6)
6. 鍪(SJM15:3) 7. 鬲口釜(SJM13:2) 8. 小口旋纹罐(SJM15:2) 9. 盂(SJM13:3)

与边缘两周。上腹饰两周弦纹,下腹局部可见竖行绳纹。下腹有轮制痕迹。口径18.9、底径8.3、通高12.6厘米(图四一二,2)。

罐口釜 1件。标本SJM13:6,夹砂红褐陶,底部夹粗砂。小体,口微侈,厚圆唇,矮直颈,圆肩,鼓腹,圜底。肩及腹上部饰数周瓦纹,腹下部饰横向篮纹,底部饰纵向篮纹。腹底有烟炱。口径10.8、器身最大径14.4、通高12.2厘米(图四一二,5)。

鬲口釜 1件。标本SJM13:2,夹砂灰陶,底部夹粗砂。口微侈,斜方唇,唇面微内凹;肩面近口处略平,腹上部微弧近直,下部弧收,圜底。腹上部饰旋断绳纹,腹下部及底饰横向绳纹。口径13.3、器身最大径20.2、通高16.5厘米(图四一二,7)。

234. 2010YFSJM15

(1)位置

南距SJM20约5.0米。

(2)形制结构(图四一三)

墓向:272°。

墓道:位于洞室西侧。口大底小。口呈长方形,南长2.80、北长2.80、东宽1.90、西宽1.92米。斜壁。平底,南长2.62、北长2.60、东宽1.70、西宽1.70米。自深2.10米。

洞室:拱形顶,直壁,平底。洞室口位于墓道东壁中部,洞室宽小于墓道底宽。洞室口北壁距墓道北壁0.1、南壁距墓道南壁0.1米。底部平面略呈长方形,南壁靠近洞室口处略弧,南长3.70、北长3.70、东宽1.30、西宽1.46米。高1.40米。

填土:墓道为红褐色五花土,土质疏松。洞室土色黄色,土质较疏松,有大量生土块。

(3)葬具

单棺,呈矩形。置于洞室中部。棺长2.10、宽0.80米。

(4)墓主人

仅存一根肢骨。葬式不明,头向似与墓道方向相同。

(5)随葬品及其位置

共7件,包括陶器6件、铁器1件,均位于棺外西侧。由南向北依次为缶(:7)、盂形甑(:4)、盆(:5)、铁釜(:6)、小口旋纹罐(:2)、鍪(:3)、灯(:1),3号、2号东西向并列。4号、5号、6号依次叠置。

(6)随葬品介绍

缶 1件。标本SJM15:7,夹细砂灰陶。大体,小口束颈,平折沿,尖圆唇;隆肩,腹部整体弧收,平底。肩部饰数周暗旋纹,肩腹交接处饰一周旋纹,上腹饰三周麦粒状绳纹。口径9.2、器身最大径36.8、底径17.1、通高29.9厘米(图四一四,2)。

小口旋纹罐 1件。标本SJM15:2,夹细砂灰陶。小口束颈,折沿下倾,尖圆唇,圆鼓肩,腹微弧近直,平底。肩及腹上部饰数周旋纹。口径8.5、器身最大径20.0、底径9.0、通高22.9厘米(图四一二,8)。

盆 1件。标本SJM15:5,夹细砂灰陶。敞口,折沿下倾,沿面有一周凹槽,尖圆唇;弧腹微

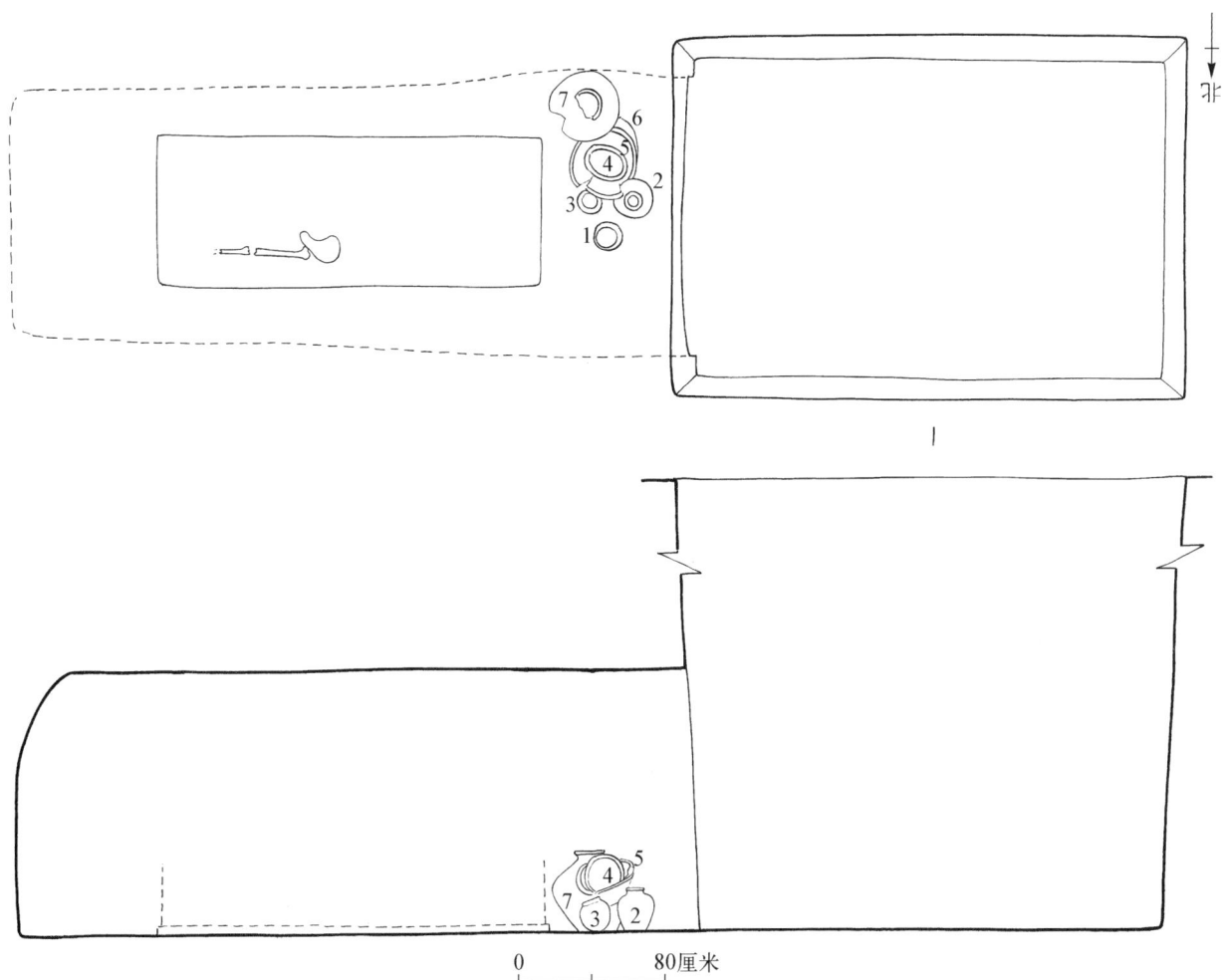

图四一三 SJM15墓葬平、剖图

1. 陶灯 2. 陶小口旋纹罐 3. 陶鍪 4. 陶盂形甑 5. 陶盆 6. 铁釜 7. 陶缶

折,上腹近直,下腹斜直,上腹占腹部比例大于三分之一,平底。上腹饰两周旋纹间以一周楔形绳纹。下腹有铁锈痕迹。口径30.0、底径12.5、通高15.8厘米(图四一二,1)。

盂形甑 1件。标本SJM15:4,夹细砂灰陶。直口,折沿下倾,尖圆唇;折腹,上腹竖直,下腹斜直,上腹占腹部比例四分之一,平底;器底戳制26个圆形甑孔,布局为中心四孔与边缘两周。上腹饰三周弦纹。下腹有轮制痕迹。口径23.5、底径10.2、通高14.3厘米(图四一二,10)。

鍪 1件。标本SJM15:3,夹砂红褐陶,底部夹粗砂。侈口,斜方唇,束颈,溜肩,肩面微内凹,鼓腹,圜底。腹上部饰数周旋纹,腹下部饰横向篮纹,底部饰纵向篮纹。腹底有烟炱。口径12.7、器身最大径19.3、通高15.6厘米(图四一二,6)。

灯 1件。标本SJM15:1,夹细砂灰陶。豆形灯。直口方唇,浅折盘,盘壁斜直,平底下接空心柱柄,喇叭形圈足。圈足上有一周凸棱。口径14.5、底径11.8、通高12.8厘米(图四一二,4;彩版三四,1)。

铁釜 1件。标本SJM15:6,残。直口方唇,微出沿,矮直颈,圆肩,腹略鼓,圜底。口径25.2、口部残高8.2、底部残高12.4厘米(图三八六,11)。

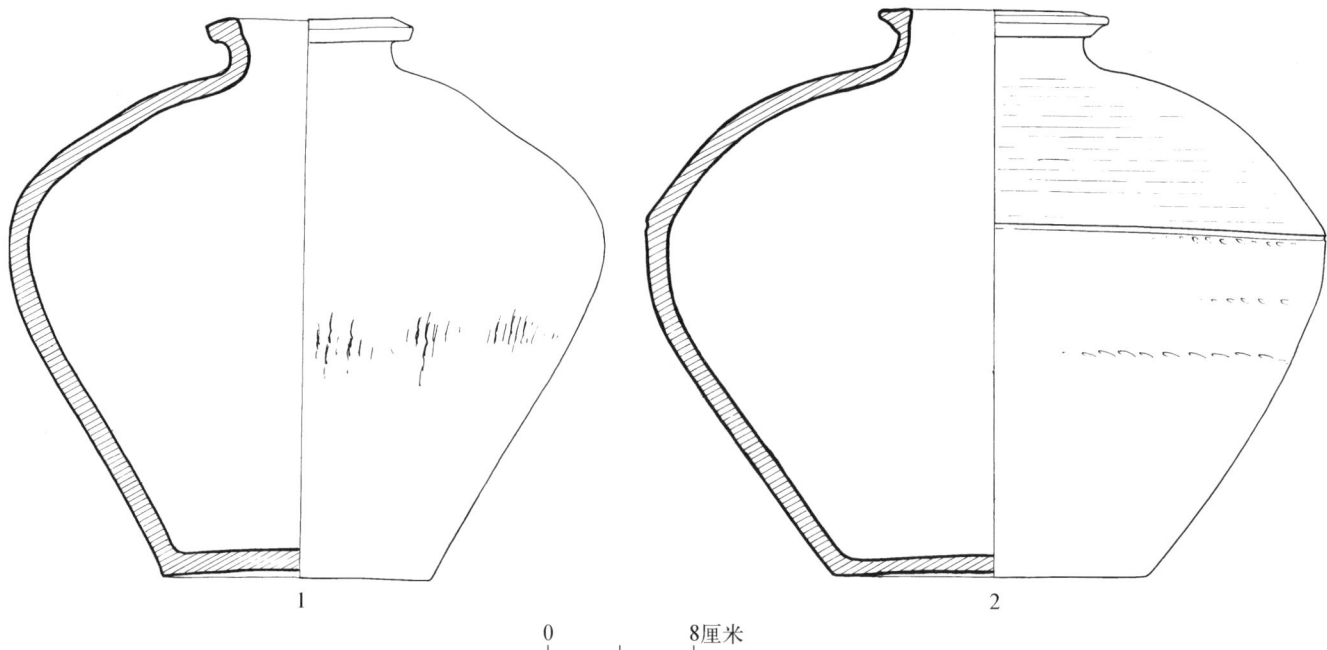

图四一四 SJM13、SJM15 随葬陶器

1、2.陶缶(SJM13：1、SJM15：7)

235. 2010YFSJM20

（1）位置

西北距SJM78约4.2米。

（2）形制结构（图四一五）

墓向：280°。

墓道：位于洞室西侧。口底等大。口呈长方形，南长2.00、北长2.00、东宽1.10、西宽1.10米。直壁。平底。自深4.34米。

洞室：拱形顶，直壁，平底。洞室口位于墓道东壁，洞室宽大于墓道底宽。甬道口南壁距墓道南壁0.1、北壁距墓道北壁0.18米。底部平面呈长方形，南长4.20、北长4.20、东宽1.44、西宽1.40米。高1.40米。

甬道：位于墓道和洞室之间。斜顶，直壁，平底，底部平面呈梯形。西长1.38、东长1.44、进深0.56、高1.40～1.44米。

封门：木板封门，位于洞室与甬道连接处。上、南、北壁有封门槽。上部封门槽宽0.14、长1.78、高0.08～0.16米，北侧封门槽宽0.14、深0.14、高1.54米，南侧封门槽宽0.12、深0.20、高1.54米。

填土：墓道为红褐色五花土，土质较硬。洞室为黄色淤土和塌土，土质较硬。

（3）葬具

单棺，呈矩形。置于洞室偏东南。棺长1.90、宽0.80米。

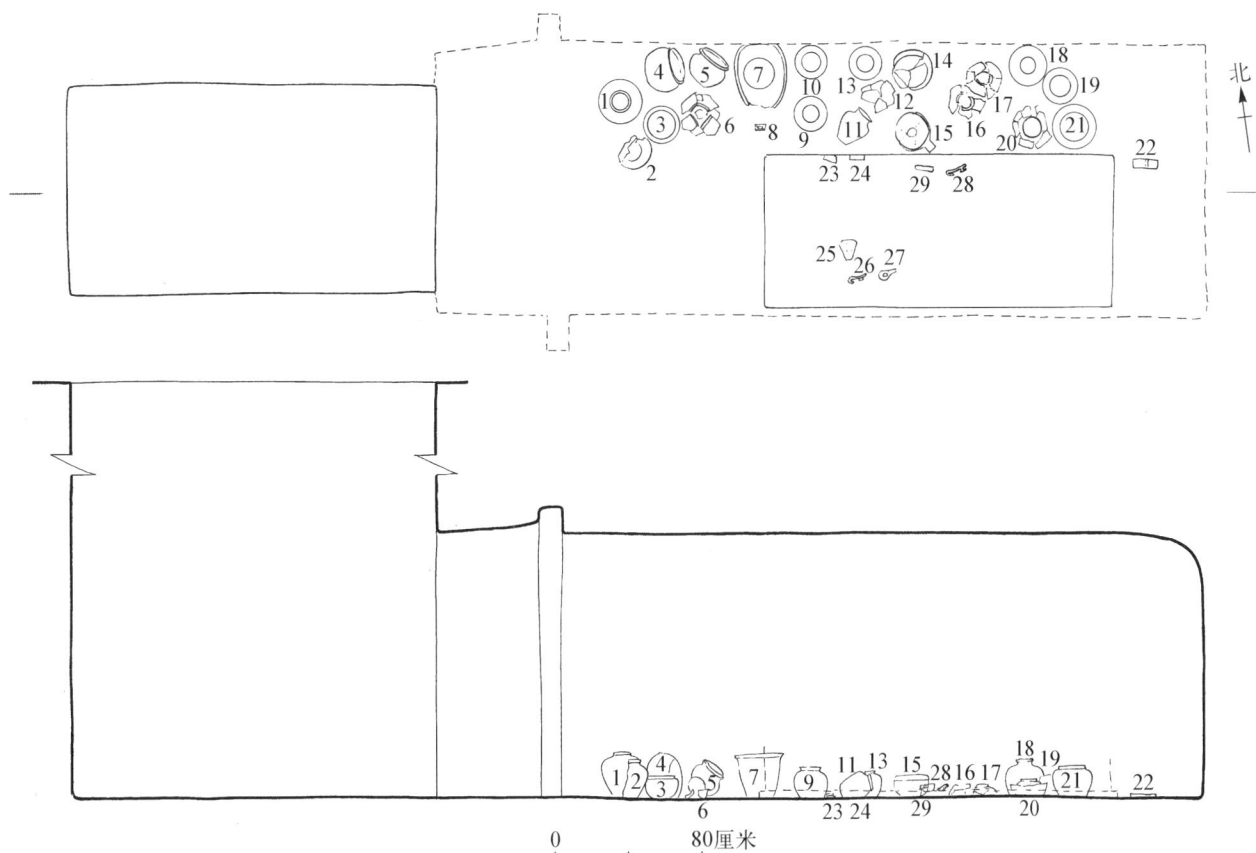

图四一五　SJM20墓葬平、剖图

1、5、9、10、12、13、16、17、18、19、20、21.陶直口圆肩罐　2.陶罐口釜　3.陶钵形器　4.铁釜　6.陶盂形甑　7.铜盆　8.陶印章
11.陶小口旋纹罐　14.陶盂　15.陶虎子形器　22.俾倪　23.车軎　24.铜锏　25.铜镜　26、28.铜带钩　27.铁削　29.铁管（？）

（4）墓主人

骨架不存，葬式不明。

（5）随葬品及其位置

共29件，包括陶器18件、铜器6件、铜镜1面、铁器3件、陶印章1枚。棺外北侧随葬品分南北两排，北排由西向东依次为直口圆肩罐（∶1）、铁釜（∶4）、直口圆肩罐（∶5）、铜盆（∶7）、直口圆肩罐（∶10、∶13、∶12）、盂（∶14）、直口圆肩罐（∶16、∶17、∶18、∶19）。其中1号、12号、16号略偏南。南排由西向东依次为罐口釜（∶2）、钵形器（∶3）、盂形甑（∶6）、印章（∶8）、直口圆肩罐（∶9）、小口旋纹罐（∶11）、虎子形器（∶15）、直口圆肩罐（∶20、∶21）。其中2号略偏南。俾倪（∶22）位于棺外东北角。车軎（∶23）、铜锏（∶24）位于棺内西北部，紧邻棺北侧板。其东侧依次为铜带钩（∶28）、铁管（？）（∶29）。铜镜（∶25）、铜带钩（∶26）、铁削（∶27）位于棺内西南部。

（6）随葬品介绍

小口旋纹罐　1件。标本SJM20∶11，夹细砂灰陶。小口束颈，平折沿，方圆唇；微溜肩，腹近斜直，平底。肩及腹上部饰数周旋纹。口径7.2、器身最大径16.9、底径10.0、通高19.2（图四一九，6）。

直口圆肩罐　共12件。皆夹细砂灰陶。直口方唇，圆鼓肩，腹上部圆弧，下部斜直，平底。

肩部隐约可见暗旋纹,腹下部有修整刮痕。标本SJM20:19,浅腹,底较大。口径11.0、器身最大径20.3、底径11.2、通高15.2厘米(图四一六,1)。标本SJM20:21,浅腹,底较大。肩腹交接处隐约可见两周旋纹。口径11.2、器身最大径20.8、底径11.8、通高15.8厘米(图四一六,2)。标本SJM20:9,浅腹,底较大。口径10.4、器身最大径20.5、底径11.6、通高17.5厘米(图四一六,3)。标本SJM20:13,浅腹,底较大。口径11.0、器身最大径20.6、底径11.7、通高17.8厘米(图四一六,4)。标本SJM20:20,浅腹,底较大。口径11.2、器身最大径20.8、底径12.0、通高15.1厘米(图四一六,5)。标本SJM20:10,深腹,底较小。口径10.2、器身最大径20.1、底径10.5、通高16.0厘米(图四一六,6;彩版一五,5)。标本SJM20:12,深腹,底较小。口径10.7、器身最大径20.3、底径10.1、通高17.2厘米(图四一六,7)。标本SJM20:1,深腹,底较小。肩腹交接处隐约可见两周旋纹。腹部有铁锈痕迹。口径10.8、器身最大径20.7、底径10.9、通高17.6厘米(图四一六,8)。标本SJM20:5,深腹,底较小。口径11.0、器身最大径19.6、底径10.9、通高15.7厘米(图四一六,9)。标本SJM20:16,深腹,底较小。口径11.4、器身最大径20.0、底径11.0、通高16.6厘米(图四一六,10)。标本SJM20:17,浅腹,底较大。肩腹交接处饰数周旋纹。口径12.8、器身最大径21.3、底径11.7、通高16.7厘米(图四一六,11)。标本SJM20:18,浅腹,底较大。肩腹交接处隐约可见两周旋纹。口径11.9、器身最大径21.6、底径12.4、通高17.4厘米(图四一六,12)。

盂 1件。标本SJM20:14,夹细砂灰陶。侈口,沿下角较大,鼓腹,上腹近口部内敛,下腹斜直微内凹,平底。器内壁两处刻划有文字,上腹饰一周旋纹。口径26.3、底径12.2、通高10.7厘米(图四一九,7;彩版二五,4)。

盂形甑 1件。标本SJM20:6,夹细砂灰陶。整体形态相对较高。敞口,折沿微下倾,弧腹微折,上腹微弧近直,下腹斜直,上腹占腹部比例近半,平底微内凹;器底戳制10个圆形甑孔,布局为中心三孔与边缘一周。器内壁饰数周暗旋纹,上腹饰两周旋纹。下腹有修整刮痕。口径23.9、底径13.4、通高14.9厘米(图四一九,11)。

罐口釜 1件。标本SJM20:2,夹砂灰陶,底部夹粗砂。小体,卷沿,圆唇,矮直颈,圆肩,鼓腹,圜底。肩及腹上部饰数周瓦纹,腹下部及底部饰横向粗绳纹。腹底有烟炱。口径11.9、器身最大径17.4、通高11.2厘米(图四一九,3)。

钵形器 1件。标本SJM20:3,夹细砂灰陶。直口,厚方唇,腹近口处内敛,弧腹近直,矮圈足上对称分布四个凹槽。口径13.8、底径13.0、通高6.9厘米(图四一九,8)。

虎子形器 1件。标本SJM20:15,夹细砂灰陶。整体呈矮柱状,顶部有圆饼形钮,器身顶面圆鼓,直腹,平底;腹部接一圆柱状流,略呈喇叭口。素面。把长3.5、底径17.8、通高11.4厘米(图四一九,9)。

俾倪 1件。标本SJM20:22,圆管状,一端口部内敛,并有一方形缺口;近中部有一周环状突棱。器内壁有木质残痕。长14.10、宽3.05、口径2.85、方形缺口长0.75厘米(图四二九,1;彩版四四,4)。

车軎 1件。标本SJM20:23,圆管状,器身中部有一对长方形穿孔。器内壁有木质残痕。长6.70、宽2.20、直径2.00、方孔长3.70、宽0.55厘米(图四二九,2;彩版四四,3)。

铜锏 1件。标本SJM20:24,残。圆管状,器身中部有一对圆形穿孔。长5.70、宽3.40、直径2.95厘米(图四二九,3;彩版四三,4)。

图四一六　SJM20随葬陶直口圆肩罐

1. SJM20：19　2. SJM20：21　3. SJM20：9　4. SJM20：13　5. SJM20：20　6. SJM20：10　7. SJM20：12　8. SJM20：1
9. SJM20：5　10. SJM20：16　11. SJM20：17　12. SJM20：18

铜盆　1件。标本SJM20：7，敞口，折沿内倾，尖唇，弧腹，平底微内凹。口径29.4、底径14.5、通高12.5厘米（图四二九，5；彩版四一，7）。

铜带钩　共2件。标本SJM20：26，钩体厚重，断面呈半圆形，兽形钩尾较大，圆形钩钮位于钩尾下部，以一短柱相连。长8.75、钩体宽0.70、钩尾最宽处3.10、钮径1.90厘米（图四二九，6；彩版四一，5）。标本SJM20：28，水禽形，钩体较小，断面呈半圆形，钩尾较宽，椭圆形钩钮位于钩尾下部，以一短柱相连。钩体正反两面自钩首至钩尾均有一道突棱。长3.75、宽0.35～1.00、钮径0.90厘米（图三八六，7；彩版四一，1）。

铁管（？）　1件。标本SJM20：29，管状，一端附着铁残块，上有木质痕迹。管外径2.1、管内径1.5、管高3.9、通高5.5厘米（图四二九，4）。

铁削　1件。标本SJM20：27，残。单面刃，直背直刃，削身断面近三角形，圆形环首。残长11.80、刃最宽处1.40、刃厚0.40、柄最宽处1.50、环首宽4.25厘米（图四二九，10）。

铁釜　1件。标本SJM20：4，直口方唇，微出沿，矮直颈，溜肩，鼓腹，腹下部斜收成小平底，腹部饰对称半环形竖耳。口径21.0、器身最大径28.1、耳宽1.7、底径8.2、通高20.0厘米（图四二九，12）。

陶印章　1枚。标本SJM20：8，泥质灰陶。印面长方形，断面拱形，中部有长方形穿。印面阴刻文字。印面长3.2、宽2.7、印顶长2.0、宽1.5、高2.1厘米（图三八六，8；彩版四五，4）。

铜镜　1面。标本SJM20：25，残。星云纹镜。圆形，镜面平直；博山形钮，弦纹圆形钮座，钮座外为内向小连弧纹，镜背主体纹饰为两周弦纹间以纵向星云纹、乳钉纹；镜缘为内向连弧纹，厚于镜体。直径13.0厘米（图四一七；彩版三八，1）。

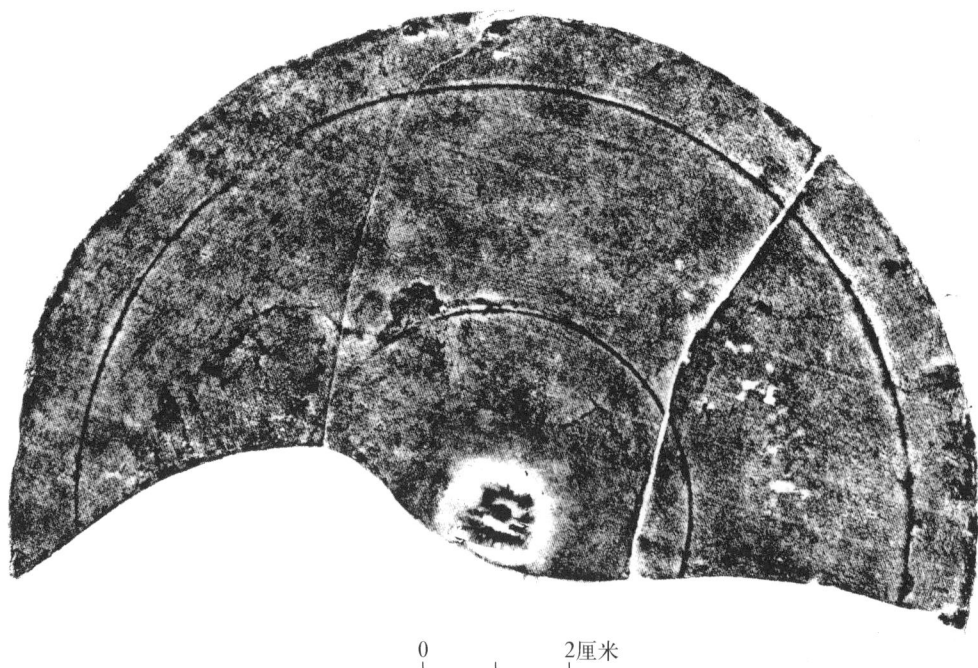

0 ⌞_____⌟ 2厘米

图四一七　SJM20随葬铜镜拓片

SJM20：25

236. 2010YFSJM22

（1）位置

南距SJM23约1.0米，西北距SJM26约2.0米。

（2）形制结构（图四一八）

墓向：280°。

墓道：位于洞室西侧。口大底小。口呈长方形，南长3.30、北长3.30、东宽2.14、西宽2.08米。斜壁。平底，南长2.72、北长2.70、东宽1.34、西宽1.08米。自深3.30米。

洞室：拱形顶，直壁，平底。洞室口位于墓道东壁中部，洞室宽小于墓道底宽。洞室口南壁距墓道南壁0.16、北壁距墓道北壁0.16米。底部平面略呈长方形，南长3.00、北长2.98、东宽0.94、西宽1.00。高1.40米。

填土：墓道为暗红色五花土，土质较软。洞室为黄色淤土，土质较疏松。

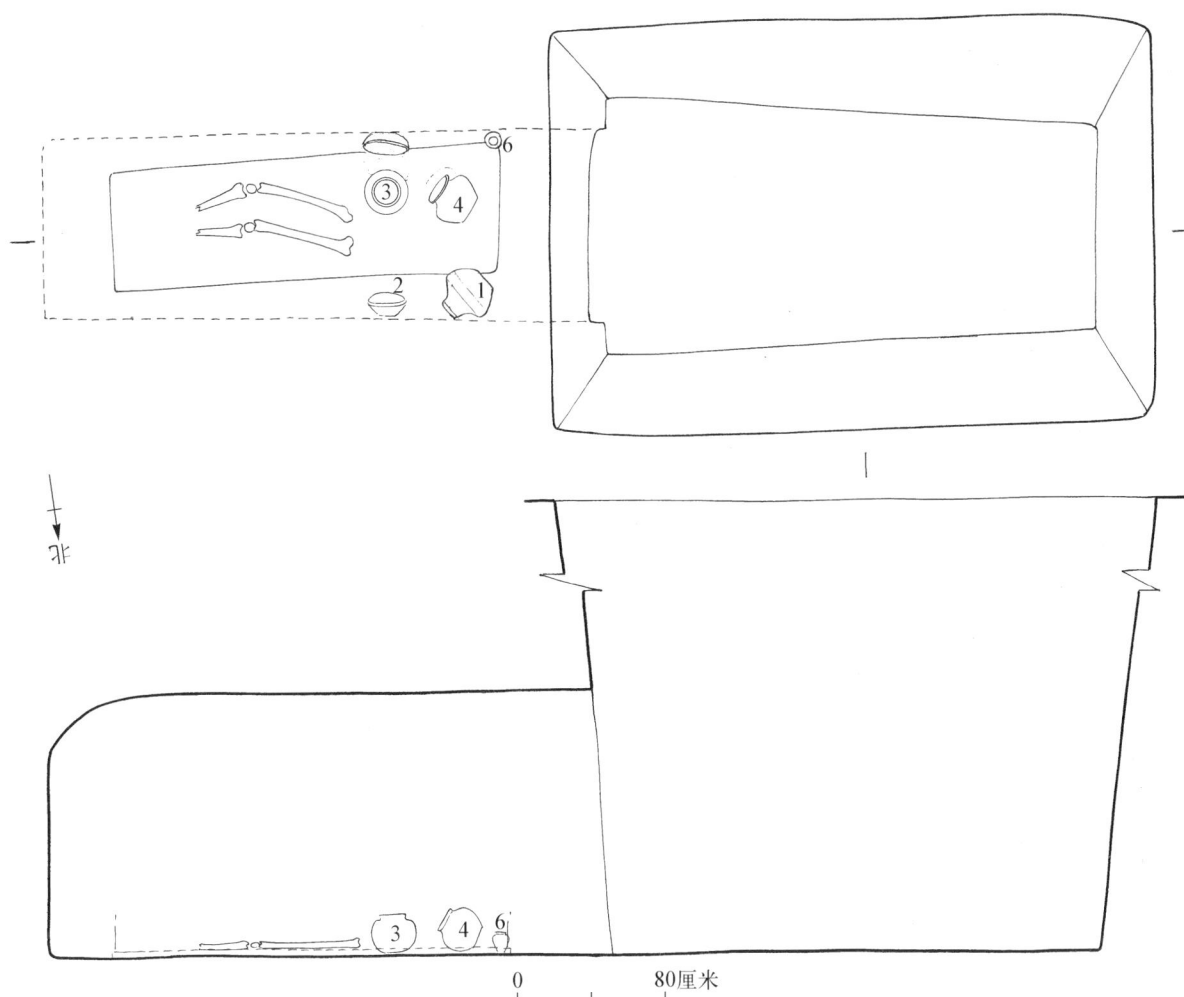

图四一八　SJM22墓葬平、剖图

1.陶缶　2.陶盆　3.陶罐口釜　4.陶卷沿折肩罐　5.陶盂形甑　6.陶有颈罐

（3）葬具

单棺，呈倒梯形。棺长2.10、西宽0.70、东宽0.61米。

（4）墓主人

仅存下肢骨。葬式为仰身屈肢葬，下肢略微向右弯曲。头向似与墓道方向相同。

（5）随葬品及其位置

共6件，皆陶器。棺外北侧由西向东依次为缶（：1）、盆（：2），1号、2号均侧置，1号口向东北，2号口向南。棺外南侧由西向东依次为有颈罐（：6）、盂形甑（：5），5号侧置，口向北。罐口釜（：3）、卷沿折肩罐（：4）位于棺内西部，原应位于棺盖板上相应位置。

（6）随葬品介绍（图版一九，2）

缶　1件。标本SJM22：1，夹细砂灰陶。小体，小口束颈，平折沿，尖圆唇；圆折肩，上腹略弧，下腹斜直微内凹，上下腹交接处圆弧，仅以一周旋纹分界，形成"符号亚腰"，平底。沿面及肩部饰数周暗旋纹，肩腹交接处饰一周旋纹，上腹饰三周麦粒状绳纹。下腹有轮制痕迹。口径8.3、器身最大径32.2、底径13.2、通高25.7厘米（图四一九，12）。

卷沿折肩罐　1件。标本SJM22：4，夹细砂灰陶。大体，卷沿，方唇；圆折肩，上腹略弧，下腹斜直微内凹，上下腹交接处圆弧，仅以一周旋纹分界，形成"符号亚腰"，平底。肩部局部饰竖行细绳纹，肩腹交接处饰一周旋纹。口径15.3、器身最大径26.4、底径14.4、通高19.0厘米（图四一九，2）。

有颈罐　1件。标本SJM22：6，夹细砂灰陶。侈口，圆唇，矮直颈，圆折肩，腹上部圆弧，下部微内凹，假圈足。口径8.4、器身最大径14.0、底径6.2、通高12.9厘米（图四一九，5）。

盆　1件。标本SJM22：2，夹细砂灰陶。敞口，折沿下倾，方圆唇；折腹，上腹近直，下腹斜直内凹，上腹占腹部比例大于三分之一，平底。上下腹交接处有一周折棱。口径27.2、底径11.4、通高13.4厘米（图四一九，1）。

盂形甑　1件。标本SJM22：5，夹细砂灰陶。敞口，折沿微下倾，方圆唇；折腹，上腹近直，下腹斜直，上腹占腹部比例近半，平底；器底戳制9个圆形甑孔，布局为中心三孔与边缘一周。上下腹交接处有一周折棱。口径25.0、底径11.9、通高14.0厘米（图四一九，10；彩版二五，7、8）。

罐口釜　1件。标本SJM22：3，夹砂红褐陶，底部夹粗砂。大体，口微侈，厚圆唇，矮直颈，圆肩，鼓腹，圜底。颈肩交接处有一周旋纹，腹下部饰横向篮纹，底部饰纵向篮纹。腹底有烟炱。口径16.9、器身最大径25.5、通高20.9厘米（图四一九，4；彩版二九，7）。

237. 2010YFSJM23

（1）位置

北距SJM22约1.0米，两墓并列而置。

（2）形制结构（图四二〇）

墓向：278°。

墓道：位于洞室西侧。口大底小。口呈长方形，南长3.00、北长3.00、东宽1.80、西宽1.80米。斜壁。平底，南长2.62、北长2.60、东宽1.40、西宽1.20米。自深3.80米。

图四一九　SJM20、SJM22 随葬陶器

1. 盆（SJM22：2）　2. 卷沿折肩罐（SJM22：4）　3、4. 罐口釜（SJM20：2、SJM22：3）　5. 有颈罐（SJM22：6）
6. 小口旋纹罐（SJM20：11）　7. 盂（SJM20：14）　8. 钵形器（SJM20：3）　9. 虎子形器（SJM20：15）
10、11. 盂形甑（SJM22：5、SJM20：6）　12. 缶（SJM22：1）

　　洞室：拱形顶，直壁，平底。洞室口位于墓道东壁中部，洞室宽小于墓道底宽。洞室口南壁距墓道南壁0.10、北壁距墓道北壁0.10米。底部平面大致呈长方形，南长3.40、北长3.40、东宽1.12、西宽1.20米。高1.30米。

　　填土：墓道为黄褐色五花土，土质坚硬，经过夯打，但未发现明显的夯打痕迹。洞室为黄色

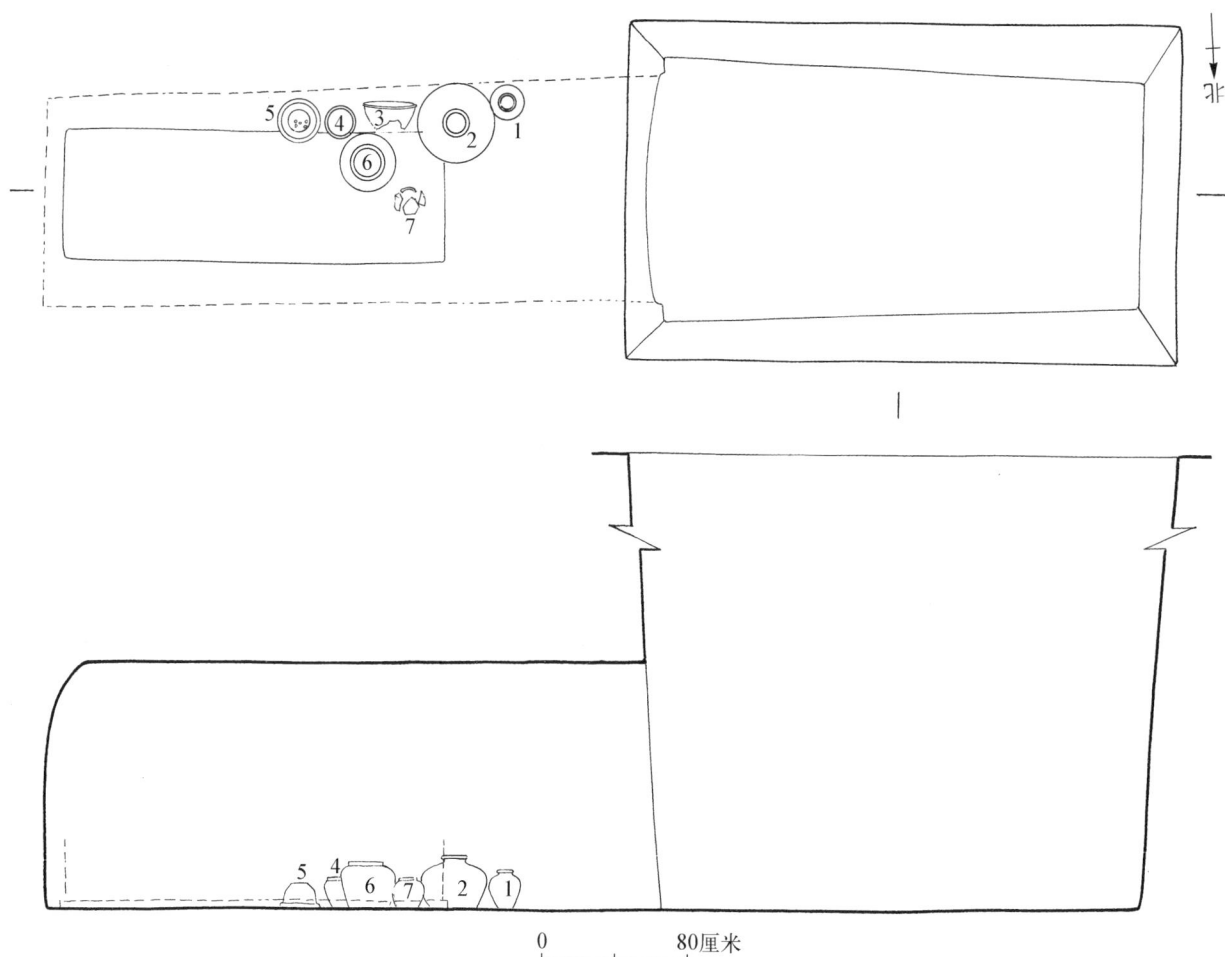

图四二〇　SJM23墓葬平、剖图

1.陶小口旋纹罐　2.陶缶　3.陶盆　4.陶罐口釜　5.陶盂形甑　6.陶直口折肩罐　7.陶卷沿圆肩罐

淤土，土质较疏松。

封门：木板封门，仅于墓道至洞室连接处底部残留板灰痕迹，未发现封门槽。

（3）葬具

单棺，呈矩形。置于洞室偏东。棺长2.10、宽0.70米。

（4）墓主人

骨架不存，葬式不明。

（5）随葬品及其位置

共7件，皆陶器。棺外南侧由西向东依次为小口旋纹罐（ :1）、缶（ :2）、盆（ :3）、罐口釜（ :4）、盂形甑（ :5），3号侧置，口向南，5号倒置。直口折肩罐（ :6）、卷沿圆肩罐（ :7）位于棺内西部，原应位于棺盖上相应位置。

（6）随葬品介绍

缶　1件。标本SJM23:2，夹细砂灰陶。大体，小口束颈，折沿下倾，尖圆唇；隆肩，腹部整体斜收，腹下部内凹，平底微内凹。肩部饰数周暗旋纹且有一道刻划痕，上腹饰两至三周麦粒状绳纹。口径9.2、器身最大径39.8、底径16.5、通高30.8厘米（图四二一，5）。

小口旋纹罐　1件。标本SJM23：1，夹细砂灰陶。小口束颈，折沿微下倾，沿面内凹，尖圆唇；圆鼓肩，腹上部微弧，腹下部斜直，平底。肩、腹上部饰数周旋纹及旋断绳纹。口径8.0、器身最大径19.8、底径6.8、通高22.0厘米（图四二一，4）。

卷沿圆肩罐　1件。标本SJM23：7，夹细砂灰陶。大体，卷沿，方圆唇，圆鼓肩，腹上部微鼓，下部斜直，平底。肩部饰两周旋纹。腹下部有轮制痕迹。口径16.2、器身最大径27.6、底径12.9、通高23.5厘米（图四二一，1）。

直口折肩罐　1件。标本SJM23：6，夹细砂灰陶。大体，直口方唇，圆折肩，上腹略弧，下腹斜直，上下腹交接处圆弧，仅有一周旋纹分界，形成"符号亚腰"，平底微内凹。肩部饰数周暗旋纹，肩腹交接处饰一周旋纹，上腹饰四至五周麦粒状绳纹。下腹有轮制痕迹。口径14.8、器身最大径30.0、底径14.2、通高22.3厘米（图四二一，2）。

盆　1件。标本SJM23：3，夹细砂灰陶。直口，折沿微下倾，尖圆唇；弧腹微折，上腹近直，下腹弧收，上腹占腹部比例大于三分之一，平底。上腹饰一周旋纹，局部饰竖行细绳纹。口径27.2、底径12.5、通高17.9厘米（图四二三，1）。

盂形甑　1件。标本SJM23：5，夹细砂灰陶。直口，折沿微下倾，尖圆唇；弧腹微折，上腹微弧近直，下腹斜直内凹，上腹占腹部比例大于三分之一，平底；器底戳制15个圆形甑孔，布局为中心一孔与边缘两周。上腹饰三周旋纹。下腹有修整刮痕。口径20.0、底径8.0、通高12.5厘米（图四二一，3）。

罐口釜　1件。标本SJM23：4，夹砂灰陶，底部夹粗砂。直口，斜方唇，圆鼓肩，鼓腹，腹上部竖直，下部弧收，圜底。腹上部饰竖行细绳纹，腹下部及底部饰斜行粗绳纹。口径14.3、器身最大径23.2、通高17.2厘米（图四二三，3）。

238. 2010YFSJM26

（1）位置

东南距SJM22约2.0米。

（2）形制结构（图四二二）

墓向：280°。

墓道：位于洞室西侧。口大底小。口呈梯形，东部略宽于西部，南长3.26、北长3.26、东宽2.10、西宽1.90米。斜壁。平底，南长3.00、北长3.00、东宽1.75、西宽1.60米。自深4.05米。

洞室：拱形顶，直壁，平底。洞室口位于墓道东壁中部，洞室宽小于墓道底宽。洞室口南壁距墓道南壁0.22、北壁距墓道北壁0.38米。底部平面呈长方形，南长3.19、北长3.19、东宽1.17、西宽1.17米。高1.10米。

填土：墓道为褐色五花土，土质较硬。洞室为黄褐色淤土及塌土，土质较疏松。

（3）葬具

单棺，似呈矩形，仅存板灰痕迹。置于墓室中间。棺长1.87、宽0.60米。

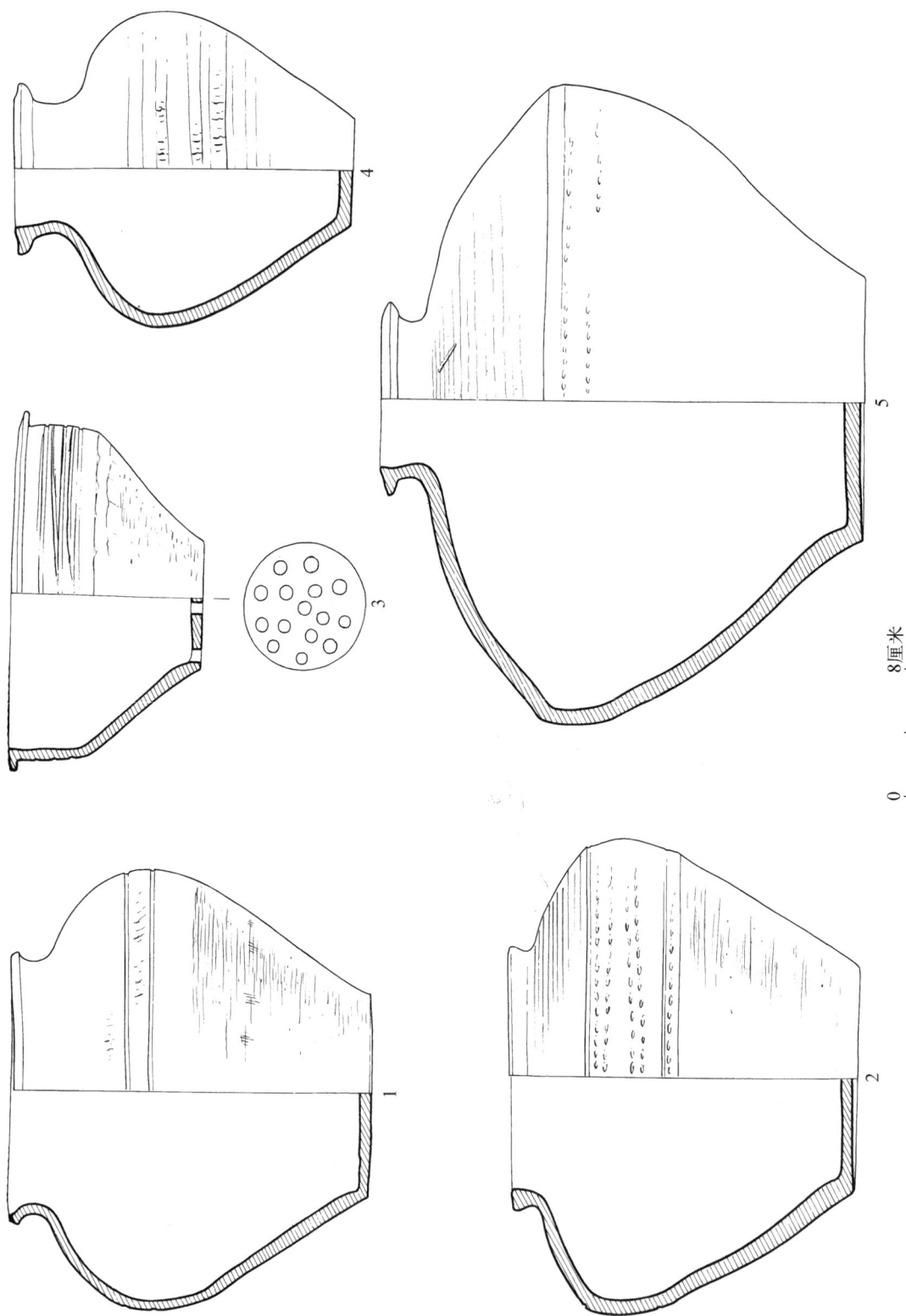

0 ___ 8厘米

图四二一 SJM23 随葬陶器

1. 卷沿圆肩罐（SJM23∶7） 2. 直口折肩罐（SJM23∶6） 3. 盂形甑（SJM23∶5） 4. 小口旋纹罐（SJM23∶1） 5. 缶（SJM23∶2）

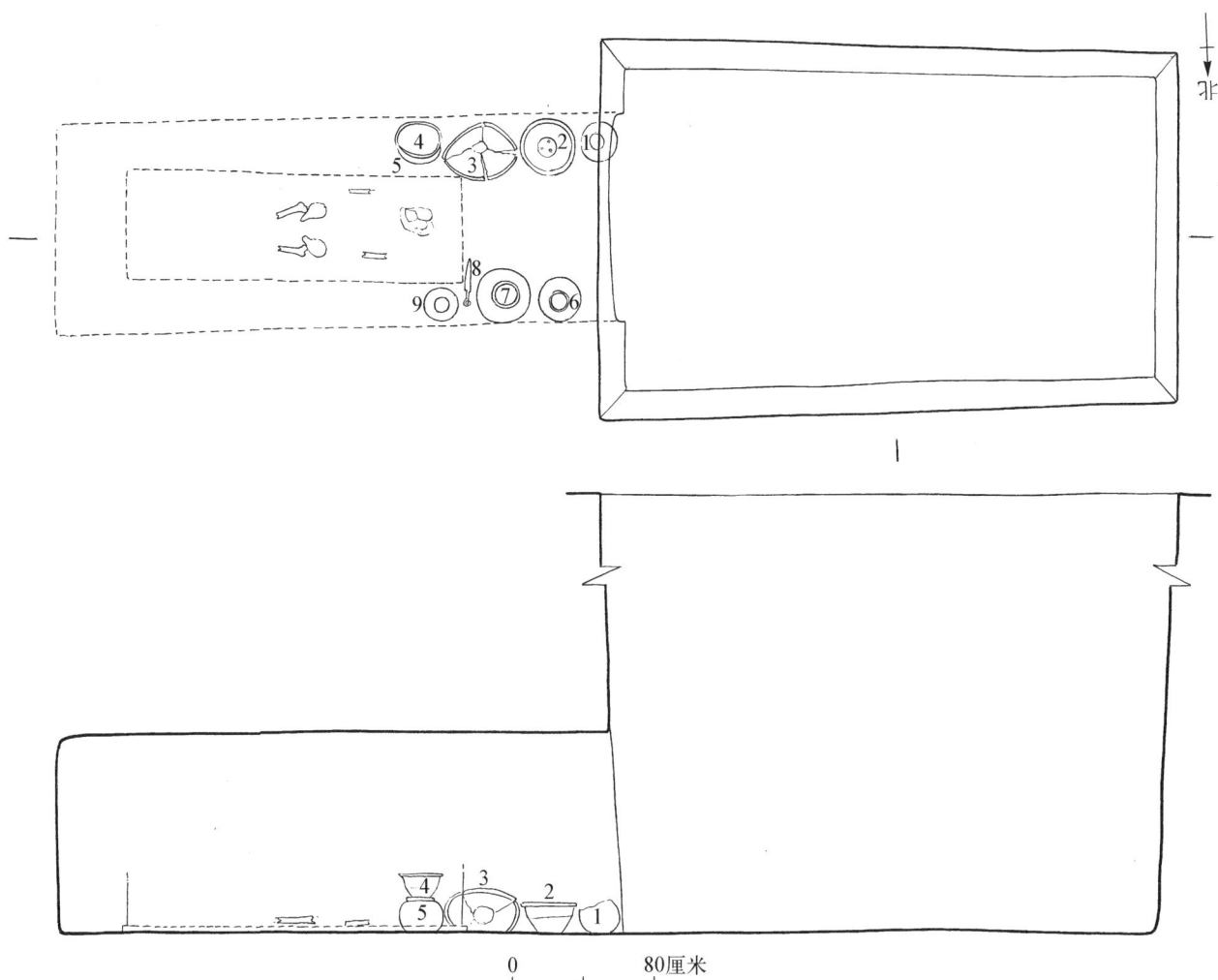

图四二二　SJM26墓葬平、剖图

1.陶有颈罐　2.陶盂改甑　3.陶盆　4.陶盂形甑　5.陶鬲口釜　6.陶小口旋纹罐　7.陶直口折肩罐　8.铁削　9.陶直口圆肩罐

（4）墓主人

仅见盆骨、头骨及部分肢骨，其余朽成粉末状。葬式似为仰身直肢葬，头向似与墓道方向相同。

（5）随葬品及其位置

共9件，包括陶器8件、铁器1件，均位于棺外西侧，分南北两排放置。棺外西南侧由西向东依次为有颈罐（∶1）、盂改甑（∶2）、盆（∶3）、盂形甑（∶4）、鬲口釜（∶5），4号叠置于5号上。棺外西北侧由西向东依次为小口旋纹罐（∶6）、直口折肩罐（∶7）、铁削（∶8）、直口圆肩罐（∶9）。

（6）随葬品介绍

小口旋纹罐　1件。标本SJM26∶6，夹细砂灰陶。小口束颈，折沿下倾，尖圆唇；圆鼓肩，腹微弧近直，平底。肩部饰数周旋纹，腹上部饰数周旋断绳纹。口径7.8、器身最大径22.7、底径10.0、通高25.2厘米（图四二三，5）。

直口折肩罐 1件。标本SJM26：7，夹细砂灰陶。大体，直口方唇，口外侧有一周凹槽；圆折肩，上腹微弧，下腹斜直，无亚腰特征，平底。肩腹交接处饰一周旋纹。口径17.2、器身最大径27.8、底径11.5、通高21.8厘米（图四二三，10）。

直口圆肩罐 1件。标本SJM26：9，夹细砂灰陶。直口，厚方唇，溜肩明显，弧腹近直，大平底。肩部饰数周暗旋纹。腹下部有修整刮痕。口径11.5、器身最大径21.2、底径14.3、通高19.1厘米（图四二三，4）。

有颈罐 1件。标本SJM26：1，夹细砂灰陶。口微侈，矮直颈，厚圆唇；圆肩，腹上部略弧，下部斜直，大平底。肩部隐约可见暗旋纹。口径11.2、器身最大径21.7、底径13.9、通高22.5厘米（图

图四二三 SJM23、SJM26随葬陶器

1、2. 盆（SJM23：3、SJM26：3） 3. 罐口釜（SJM23：4） 4. 直口圆肩罐（SJM26：9） 5. 小口旋纹罐（SJM26：6） 6. 有颈罐（SJM26：1） 7. 盂形甑（SJM26：4） 8. 盂改甑（SJM26：2） 9. 鬲口釜（SJM26：5） 10. 直口折肩罐（SJM26：7）

四二三,6)。

盆　1件。标本SJM26:3,夹细砂灰陶。敞口,折沿下倾,尖圆唇;折腹,上腹近直,下腹斜直内凹,上腹占腹部比例大于三分之一,平底。上下腹交接处有一周折棱。口径30.6、底径12.5、通高12.7厘米(图四二三,2)。

盂形甑　1件。标本SJM26:4,夹细砂灰陶。直口,折沿下倾,沿面微鼓,尖圆唇;弧腹微折,上腹竖直,下腹斜直,上腹占腹部比例三分之一,平底;器底戳制10个圆形甑孔,布局为中心三孔与边缘一周。素面。口径23.0、底径10.2、通高13.4厘米(图四二三,7)。

盂改甑　1件。标本SJM26:2,夹细砂灰陶。直口,折沿下倾,沿面微鼓,尖圆唇;上腹竖直,下腹斜直内凹,上腹占腹部比例近半,平底;器底凿制3个圆形甑孔,呈三角形布局。上下腹交接处有一周折棱。口径24.9、底径11.4、通高15.5厘米(图四二三,8)。

鬲口釜　1件。标本SJM26:5,夹砂灰陶,底部夹粗砂。口微侈,斜方唇,圆肩,肩面近口处略平,腹上部微弧近直,下部弧收,圜底。腹上部饰数周旋纹,局部饰竖行细绳纹,腹下部饰横向篮纹,底部饰纵向篮纹。口径14.3、器身最大径23.0、通高20.3厘米(图四二三,9)。

铁削　1件。标本　SJM26:8,锋端残。单面刃,直背直刃,削身断面呈三角形,刃部向背部弧收;长扁平柄,柄部略窄于刃部,圆形环首。残长18.30、刃最宽处2.10、刃厚0.35、柄最宽处2.20、环首宽3.95厘米(图四二九,7;彩版四七,3)。

239. 2010YFSJM27

(1)位置

北距SJM26约5.0米,西距SJM28约5.7米。

(2)形制结构(图四二四)

墓向:276°。

墓道:位于洞室西侧。口大底小。口呈长方形,南长3.64、北长3.64、东宽2.27、西宽2.27米。斜壁。平底,南长3.30、北长3.30、东宽1.80、西宽1.80米。自深3.20米。

洞室:拱形顶,直壁,平底。洞室口位于墓道东壁中部,洞室宽小于墓道底宽。洞室口南壁距墓道南壁0.32、北壁距墓道北壁0.34米。底部平面呈长方形,南长3.28、北长3.28、东宽1.10、西宽1.10米。高1.40米。

填土:墓道为深褐色五花土,土质较硬。洞室土色黄褐色,土质较松散。

(3)葬具

单棺,呈矩形。置于洞室偏东北。棺长2.10、宽0.70米。

(4)墓主人

仅存少量肢骨,头骨仅见痕迹。葬式不明,头向与墓道方向相同。

(5)随葬品及其位置

共7件,皆陶器。棺外南侧由西向东依次为罐口釜(:1)、缶(:2)、直口圆肩罐(:3)、盂形甑(:4),3号、4号间距稍远,1号、4号侧置,口向北。小口旋纹罐(:5)位于棺外西北角。鬲口釜

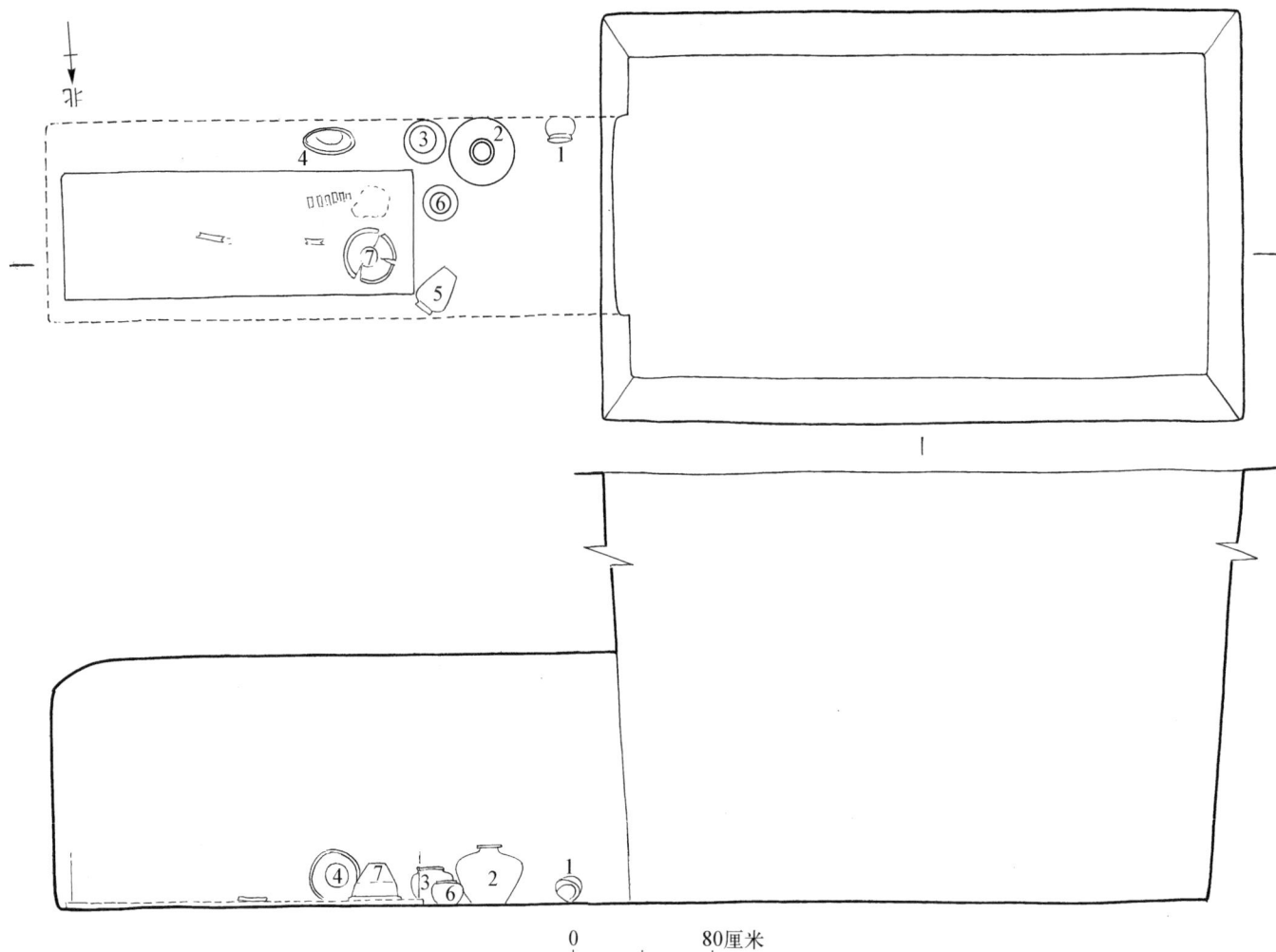

图四二四　SJM27墓葬平、剖图

1.陶罐口釜　2.陶缶　3.陶直口圆肩罐　4.陶盂形甑　5.陶小口旋纹罐　6.陶鬲口釜　7.陶盆

（　:6）位于棺外西侧中部。盆（　:7）倒置于棺内墓主头部北侧,原应位于棺盖上相应位置。

（6）随葬品介绍

缶　1件。标本SJM27:2,夹细砂灰陶。大体,小口束颈,折沿微下倾,尖圆唇;隆肩,腹上部弧鼓,下部内凹,平底。肩部饰数周暗旋纹,肩面有刻划符号。肩腹交接处饰一周旋纹,上腹饰两周麦粒状绳纹,下腹局部可见竖行绳纹。口径9.5、器身最大径38.5、底径18.5、通高33.1厘米(图四二五,10)。

小口旋纹罐　1件。标本SJM27:5,夹细砂灰陶。小口束颈,折沿微下倾,尖圆唇;圆鼓肩,腹微弧近直,平底。肩及腹上部饰数周旋纹。口径8.0、器身最大径22.6、底径9.6、通高25.5厘米(图四二五,2)。

直口圆肩罐　1件。标本SJM27:3,夹细砂灰陶。带盖,浅折盘盖,折盘微弧,盖面近平;器身直口微内敛,方唇,圆鼓肩,浅腹,平底较大。腹下部有修整刮痕。口径12.4、器身最大径23.4、底径12.9、器身高17.0、通高18.0厘米(图四二五,3)。

盆　1件。标本SJM27：7，夹细砂灰陶。直口，折沿下倾，尖圆唇；弧腹微折，上腹微弧近直，下腹斜直微内凹，上腹占腹部比例略大于三分之一，平底。器内壁饰数周暗旋纹，上下腹交接处似有一周凹痕。口径30.6、底径12.8、通高16.5厘米（图四二五，9）。

孟形甑　1件。标本SJM27：4，夹细砂灰陶。敞口，折沿微下倾，尖圆唇；弧腹微折，上腹近直，下腹斜直，上腹占腹部比例近半，平底；器底戳制10个圆形甑孔，布局为中心两孔与边缘一周。腹上部饰两周旋纹。口径17.5、底径9.2、通高10.0厘米（图四二五，4）。

鬲口釜　1件。标本SJM27：6，夹砂灰陶，底部夹粗砂。口微侈，斜方唇，唇面微内凹；肩面

图四二五　SJM27、SJM30随葬陶器

1、10.缶(SJM30：2、SJM27：2)　2.小口旋纹罐(SJM27：5)　3.直口圆肩罐(SJM27：3)　4、8.孟形甑(SJM27：4、SJM30：3)
5.鬲口釜(SJM27：6)　6、7.罐口釜(SJM27：1、SJM30：1)　9.盆(SJM27：7)

近口处略平,腹部整体圆弧,圜底。腹上部饰竖行绳纹,腹下部及底部饰交错绳纹。口径13.7、器身最大径21.0、通高15.4厘米(图四二五,5)。

罐口釜 1件。标本SJM27:1,底残,夹砂红褐陶。小体,卷沿,方圆唇,矮直颈,圆肩,鼓腹,圜底。肩及腹上部饰数周瓦纹,腹下部饰横向篮纹。腹底有烟炱。口径9.6、器身最大径14.9、残高11.2厘米(图四二五,6)。

240. 2010YFSJM30

(1)位置

西邻SJM33约4.0米,南距SJM29约6.4米

(2)形制结构(图四二六)

墓向:197°。

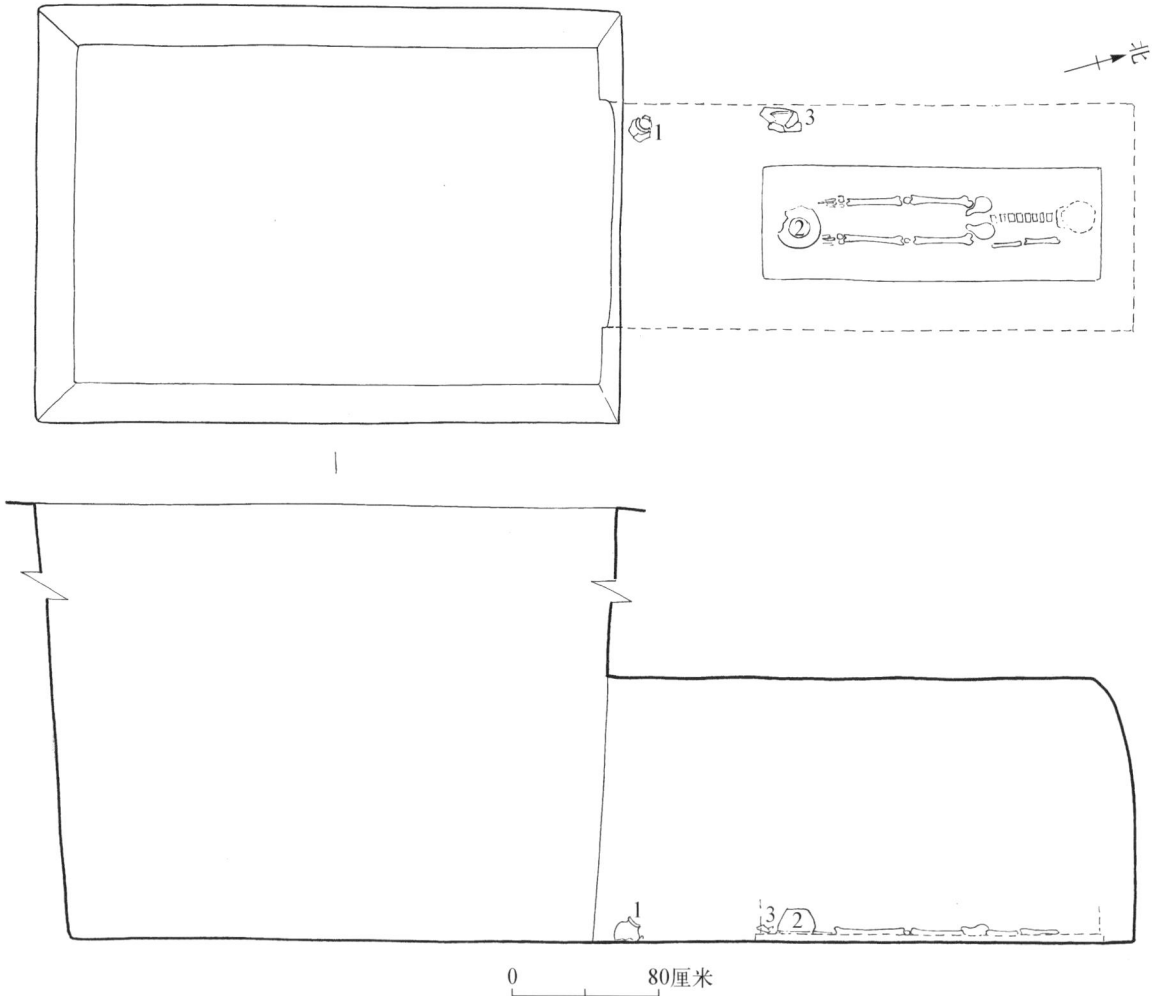

图四二六 SJM30墓葬平、剖图

1.陶罐口釜 2.陶缶 3.陶盂形甑

墓道：位于洞室南侧。口大底小。口呈长方形，东长3.20、西长3.20、南宽2.22、北宽2.20米。斜壁。平底，东长2.86、西长2.90、南宽1.80、北宽1.80米。自深5.20米。

洞室：拱形顶，直壁，平底。洞室口位于墓道北壁中部，洞室宽小于墓道底宽。洞室口东壁距墓道东壁0.30、西壁距墓道西壁0.30米。底部平面呈长方形，东长2.88、西长2.88、南宽1.20、北宽1.20米。高1.40米。

填土：墓道为红褐色五花土，土质较硬。洞室为青灰色塌土与淤土，土质较黏。

（3）葬具

单棺，呈矩形。置于洞室偏北。棺长1.83、宽0.60米。

（4）墓主人

仅余肢骨与椎骨，其余仅见痕迹。葬式为仰身直肢葬，头向与墓道方向相反，面向上。

（5）随葬品及其位置

共3件，皆陶器。罐口釜（：1）位于洞室西南角，盂形甑（：3）位于棺外西南角，靠近西壁。缶（：2）位于棺内墓主脚端，原应位于棺盖板上相应位置。

（6）随葬品介绍

缶　1件，标本SJM30：2，夹细砂灰陶。小体，小口束颈，折沿下倾，尖圆唇；微溜肩，上腹略弧，下腹斜直，上下腹交接处圆弧，仅以一周旋纹分界，形成"符号亚腰"，平底。肩部隐约可见数周暗旋纹，肩腹交接处饰一周旋纹，上腹饰三周麦粒状绳纹。口径8.5、器身最大径30.4、底径15.0、通高26.3厘米（图四二五，1）。

盂形甑　1件。标本SJM30：3，夹细砂灰陶。敞口，折沿下倾，尖圆唇；折腹，上腹竖直，下腹斜直，上腹占腹部比例约三分之一，平底；器底残存6个戳制圆形甑孔，布局似为中心一孔与边缘一周。上腹饰两周弦纹，上下腹交接处有一周折棱。口径22.3、底径10.0、通高11.9厘米（图四二五，8）。

罐口釜　1件。标本SJM30：1，夹砂红褐陶，底部夹粗砂。小体，口微侈，厚圆唇，矮直颈，圆肩，鼓腹，圜底。肩及腹上部饰数周瓦纹，腹下部饰横向篮纹，底部饰纵向篮纹。腹底有烟炱。口径9.2、器身最大径14.2、通高11.9厘米（图四二五，7）。

241. 2010YFSJM31

（1）位置

北距SJM32约4.4米，东距SJM29约7.7米。

（2）形制结构（图四二七）

墓向：95°。

墓道：位于洞室东侧。口大底小。口呈长方形，南长2.30、北长2.34、东宽1.54、西宽1.50米。斜壁。平底，南长2.10、北长2.10、东宽1.26、西宽1.26米。自深4.10米。

洞室：拱形顶，直壁，平底。洞室口位于墓道西壁中部，洞室宽小于墓道底宽。洞室口北壁距墓道北壁0.10、南壁距墓道南壁0.16米。底部平面呈长方形，南长2.58、北长2.60、东宽1.02、西宽1.02米。高1.20米。

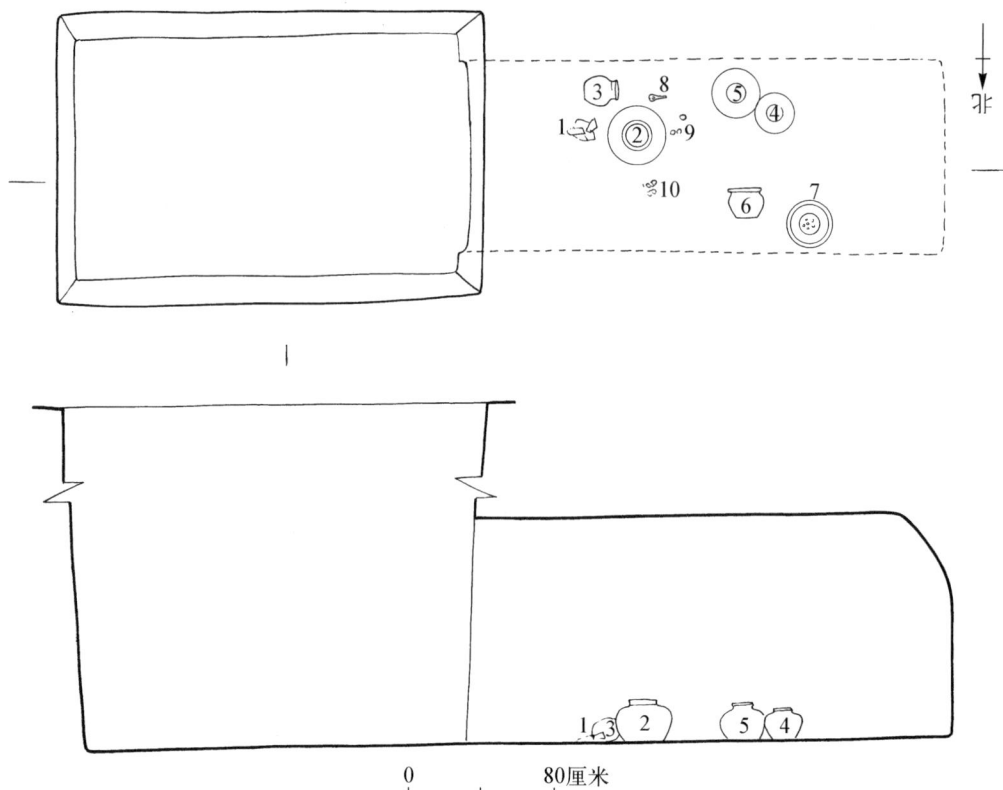

图四二七　SJM31墓葬平、剖图

1.陶罐口釜　2.陶缶　3、4.陶卷沿折肩罐　5.陶鬲口釜　6.陶盂　7.陶盂形甑　8.铁削　9、10.铜钱

填土：墓道为黄褐色五花土，土质较硬。洞室为黄色淤土，土质疏松。

（3）葬具

葬具不明。

（4）墓主人

骨架不存，葬式不明。

（5）随葬品及其位置

共10件，包括陶器7件、铁器1件、铜钱2组（29、24枚）。洞室内北侧由东向西依次为盂（：6）、盂形甑（：7），6号侧置，口向南，7号倒置。洞室内南侧由东向西依次为卷沿折肩罐（：3）、铁削（：8）、鬲口釜（：5）、卷沿折肩罐（：4），3号侧置，口向西。3号北侧由东向西依次为罐口釜（：1）、缶（：2）、铜钱（：9）。铜钱（：10）位于2号北侧。

（6）随葬品介绍

缶　1件。标本SJM31：2，夹细砂灰褐陶，陶色斑驳不均，局部红褐色。小体，小口束颈，折沿微下倾，尖圆唇；折肩，腹微折，肩腹部呈"微亚腰"状，上腹近直，下腹斜直。肩部饰数周暗旋纹，上腹饰三周麦粒状绳纹。口径7.5、器身最大径30.6、底径14.5、通高25.0厘米（图四二八，7）。

卷沿折肩罐　共2件。皆夹细砂灰陶。小体，卷沿，斜方唇，折肩，下腹斜直，平底。肩腹交接处有

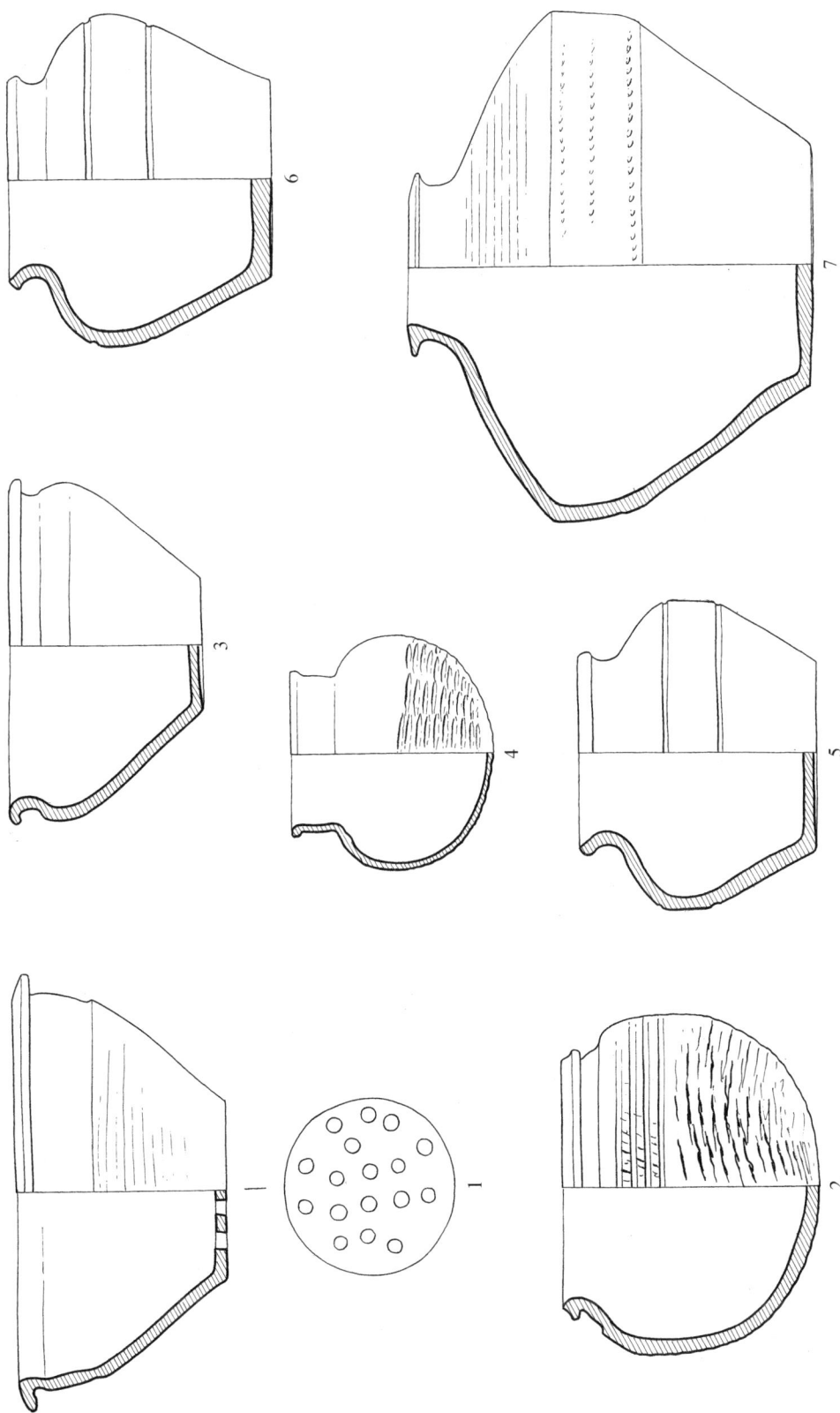

图四二八 SJM31 随葬陶器

1. 盂形甑（SJM31∶7） 2. 高口釜（SJM31∶5） 3. 盂（SJM31∶6） 4. 罐口釜（SJM31∶1） 5、6. 卷沿折肩罐（SJM31∶3、SJM31∶4） 7. 缶（SJM31∶2）

0   8厘米

一周旋纹。标本SJM31∶3,腹微折,肩腹部呈"微亚腰"状,上下腹交接处饰一周旋纹。口径11.2、器身最大径18.8、底径11.2、通高14.8厘米(图四二八,5)。标本SJM31∶4,上下腹交接处圆弧,仅以一周旋纹分界,形成"符号亚腰"。口径11.7、器身最大径20.0、底径11.8、通高16.2厘米(图四二八,6;彩版一八,7)。

盂 1件。标本SJM31∶6,夹细砂灰陶。卷沿,沿面近平,方圆唇;鼓腹,腹部有"微亚腰"作风,上腹近口部内敛,下腹斜直,平底。素面。口径18.9、底径8.0、通高11.8厘米(图四二八,3)。

盂形甑 1件。标本SJM31∶7,夹细砂灰陶。敞口,折沿下倾,尖圆唇;折腹,上腹近直,下腹斜直,上腹占腹部比例小于三分之一,平底;器底戳制17个圆形甑孔,布局为中心一孔与边缘两周。上下腹交接处有一周折棱。口径22.9、底径10.7、通高13.0厘米(图四二八,1)。

鬲口釜 1件。标本SJM31∶5,夹砂灰陶,底部夹粗砂。口微侈,斜方唇,唇面微内凹;圆肩,肩面近口处略平,腹上部近直,下部弧收,圜底。腹上部饰旋断绳纹,腹下部及底部饰横向绳纹。口径14.7、器身最大径20.4、通高16.0厘米(图四二八,2)。

罐口釜 1件。标本SJM31∶1,夹砂红褐陶,底部夹粗砂。小体,口微侈,厚圆唇,矮直颈,圆肩,鼓腹,圜底。腹下部饰横向篮纹,底部饰纵向篮纹。腹底有烟炱。口径9.2、器身最大径14.2、通高12.4厘米(图四二八,4)。

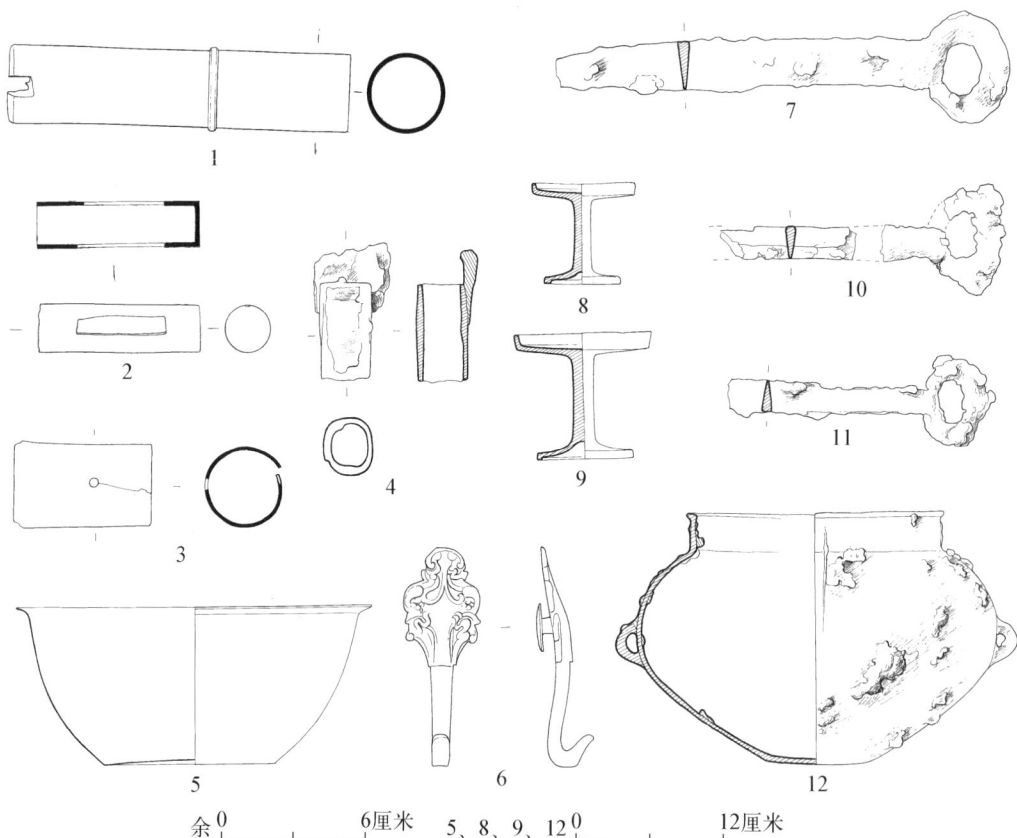

图四二九　SJM20、SJM26、SJM31、SJM32、SJM33随葬小件器物

1. 俾倪(SJM20∶22)　2. 车軎(SJM20∶23)　3. 铜铜(SJM20∶24)　4. 铁管(?)(SJM20∶29)　5. 铜盆(SJM20∶7)　6. 铜带钩(SJM20∶26)　7、10、11. 铁削(SJM26∶8、SJM20∶27、SJM31∶8)　8、9. 铁灯(SJM32∶5、SJM33∶1)　12. 铁釜(SJM20∶4)

铁削　1件。标本SJM31：8，锋端残。单面刃，直背直刃，削身断面近三角形；长扁平柄，柄部略窄于刃部，圆形环首。残长10.9、刃最宽处1.5、刀厚0.3、柄最宽处1.0、环首宽3.6厘米（图四二九，11）。

铜钱　共53枚。标本SJM31：9、SJM31：10，均为"半两"。肉上或有孔。穿多方正，少数不规则。仅1枚有钱郭。多数可辨钱文的文字各异，字与穿比例不同。"半"字头部转折程度不同，两横线及竖线出于下横线的长度不等；"两"字上横线与肩长度比例不同，均折肩，"两"字内部结构亦有区别。钱缘或有1至2个铸口。铸造较规范。钱径2.2～3.0、穿宽0.7～1.0厘米，重量0.8～5.6克。具体形制详见表二九。

242. 2010YFSJM32

（1）位置

北距SJM33约1.0米，两墓并列而置。

（2）形制结构（图四三〇）

墓向：270°。

墓道：位于洞室西侧。口大底小。口呈长方形，南长3.42、北长3.42、东宽2.00、西宽2.00米。斜壁，平底，南长2.72、北长2.66、东宽1.44、西宽1.52米。自深5.00米。

洞室：拱形顶，直壁，平底。洞室口位于墓道东壁中部，洞室宽小于墓道底宽。洞室口南壁距墓道南壁0.12、北壁距墓道北壁0.16米。底部平面呈梯形，西宽东窄，南长3.30、北长3.30、东宽1.02、西宽1.20米。高1.30米。

封门：木板封门，位于墓道与洞室连接处。南、北壁有封门槽，南侧封门槽宽0.20、深0.14、高1.40米，北侧封门槽宽0.22、深0.15、高1.40米。

壁龛：呈圆拱形，1个。位于洞室北壁中部略偏下，人骨左侧，近洞室口部，距洞室口约0.22、距墓底0.20米。拱形顶，直壁，平底，底面近似长方形。口宽0.80、进深0.44、高0.77米。

填土：墓道为褐色五花土，夹杂大量红色土颗粒，土质较松散。洞室为黄褐色淤土，土质细密，含少量木灰。

（3）葬具

单棺，呈倒梯形。两端板长度不相等，棺侧板与端板闭合相接。棺长1.82、东宽0.70、西宽0.80米。

（4）墓主人

骨架已朽成粉末状。葬式为仰身直肢葬，头向与墓道方向相同。

（5）随葬品及其位置

共11件（组），包括陶器8件、铁器2件、铜钱1枚。铜钱（：1）位于棺内墓主右侧股骨南侧。棺外西南侧由西向东依次为铁灯（：5）、带把釜（：3）、铁锛（：2），罐口釜（：4）位于3号西北侧。其余器物均位于洞室北壁中部、近洞室口的壁龛内。盆（：9）、盆形甑（：11）、罐口釜（：10）由东向西排列于壁龛口。缶（：6）位于9号北侧，直口折肩罐（：7）位于10号西北侧，直口折肩罐（：8）叠置于7号上。

表二九 SJM31铜钱统计表

编号	种类	钱径	穿宽	重量	文字	形制	记号	附着物	图号	备注
SJM31:9-1		3	0.8	4.4	文字扁平，字大于穿。"半"字锈蚀不清；"两"字上横线不明显，折肩，为"双人两"					
SJM31:9-2		2.4	0.7	3.5	文字凸起，字略等于穿。"半"字头部转折，下横线略短，竖线出于下横线；"两"字无上横线，折肩，为"十字两"					
SJM31:9-3		2.4	1	1.7	文字扁平，字小于穿。"半"字头部呈"八"字状，下横线略短，竖线出于下横线；"两"字上横线与肩略等，折肩，为"十字两"	钱郭			图四一〇,2	
SJM31:9-4		2.4	0.9	1.7	文字凸起，字等于穿。"半"字头部呈"八"字状，两横线略等，竖线出于下横线；"两"字上横线与肩等长，折肩，为"连山两"		"两"字上有两孔		图四一〇,4	
SJM31:9-5	半两	2.3	0.7	2.4	文字不清晰					
SJM31:9-6		2.4	0.9	2.2	同上					
SJM31:9-7		3	0.8	3.9	文字略凸起，字大于穿。"半"字头部呈"八"字状，两横线略等，竖线出于下横线；"两"字上横线，竖线出于下横线，为"倒T两"				图四一〇,3	
SJM31:9-8		2.3	0.9	1.7	文字不清晰					
SJM31:9-9		2.3	1	1.7	文字扁平，字大于穿。"半"字头部转折，两横线略等，竖线出于下横线；"两"字锈蚀不清					钱缘残损
SJM31:9-10		2.4	0.8	2.1	文字不清晰					有1铸口
SJM31:9-11		2.4	1	1.7	文字扁平，字略大于穿。"半"字头部转折，两横线略等，竖线出于下横线；"两"字上横线与肩等长，折肩，为"双人两"					
SJM31:9-12		2.5	1	1.8	文字不清晰					

续表

编号	种类	钱径	穿宽	重量	文字	形制	记号	附着物	图号	备注
SJM31：9-13		2.3	0.8	1.9	文字凸起，字略等于铢。"半"字头部转折，两横线略等，竖线出于下横线；肩等长，折肩，为"连山两"					
SJM31：9-14		2.4	0.9	3	文字略凸起，字等于铢。"半"字头部转折，两横线略等，竖线出于下横线；肩等长，折肩，为"十字两"				图四一〇,5	钱缘残损
SJM31：9-15		2.9	0.7	5.6	文字扁平，字大于铢。"半"字头部锈蚀不清，两横线略等，竖线出于下横线；肩等长，折肩，为"双人两"					
SJM31：9-16		2.2	0.9	1.6	文字凸起，字略等于铢。"半"字锈蚀不清；"两"字上横线与肩等，折肩，为"十字两"					
SJM31：9-17	半两	2.3	0.8	2.2	文字不清晰					
SJM31：9-18		2.5	1	3.6	同上					
SJM31：9-19		2.4	0.8	1.9	同上					
SJM31：9-20		2.6	1	2.2	同上					
SJM31：9-21		2.3	0.9	1.5	文字扁平，字略等于铢。"半"字头部转折，两横线与肩等长，折肩；"两"字上横线与肩等长，折肩，为"连山两"	钱缘有毛茬				
SJM31：9-22		2.2	0.9	1.2	文字不清晰					
SJM31：9-23		2.3	0.8	2.1	同上					
SJM31：9-24		2.3	0.8	1.7	同上					
SJM31：9-25		2.4	0.9	1.9	同上					
SJM31：9-26		2.4	0.9	1.9	文字凸起，字略等长。"半"字头部呈"八"字状，两横线等长，竖线长出下横线；"两"字上横线比肩略短，折肩，为"连山两"				图四一〇,8	

续表

编 号	种类	钱径	穿宽	重量	文 字	形 制	记 号	附着物	图 号	备 注
SJM31:9-27		2.5	0.8	3.1	文字凸起，字大于穿。"半"字头部转折，两横线略出于下横线与肩等长，竖线出于下横线，折肩，为"连山两"					
SJM31:9-28		2.6	0.9	2.5	文字不清晰					
SJM31:9-29		2.4	0.8	2.1	同上					
SJM31:10-1		2.4	0.9	2.2	同上					
SJM31:10-2		2.3	0.9	2.6	同上	穿孔不规则				
SJM31:10-3		2.3	0.7	1.7	文字扁平，字略等于穿。"半"字锈蚀不清；"两"字上横线比肩略短，折肩，内部锈蚀					钱缘残损
SJM31:10-4	半两	2.4	0.8	2.3	文字凸起，笔画较细，字略等于穿。"半"字头部转折，两横线略等于肩，竖线出于下横线，折肩，为"连山两"					
SJM31:10-5		2.3	0.8	1.7	文字凸起，笔画较细，字略等于穿。"半"字头部转折，下横线比肩短，竖线出于下横线，折肩，为"连山两"					
SJM31:10-6		2.3	0.9	2.3	文字扁平，字小于穿。"半"字锈蚀不清；"两"字上横线比肩略短，折肩，为"双人两"	穿孔不规则			图四一〇，7	有2铸口
SJM31:10-7		2.3	1	2.3	文字凸起，字略等于穿。"半"字头部转折，两横线等长，竖线出于下横线；"两"字上横线比肩略短，折肩，为"双人两"	穿孔不规则				
SJM31:10-8		2.4	0.9	2.2	同上	穿孔不规则				
SJM31:10-9		2.3	1	1.8	同上	穿孔不规则				
SJM31:10-10		2.4	0.9	2.7	文字扁平，字略等于穿。"半"字头部转折，下横线略短，竖线出于下横线，折肩；"两"字无上横线，折肩，为"连山两"					

续表

编 号	种类	钱径	穿宽	重量	文 字	形 制	记 号	附着物	图 号	备 注
SJM31：10—11		2.3	0.9	1.7	文字不清晰					
SJM31：10—12		2.4	0.9	1.6	同上					
SJM31：10—13		2.4	0.9	1.4	同上					
SJM31：10—14		2.4	0.9	1.6	同上					
SJM31：10—15		2.4	0.9	1.5	文字凸起，字略等于夯。"半"字头部转折，下横线略短，"两"字上横线比肩略短，折肩，为"十字两"					
SJM31：10—16		2.4	1	0.8	文字凸起，笔画较细，字略等于夯。"半"字头部转折，字略等略等，两横线略短，竖线出于肩，折肩，为"倒T两"					钱缘残损
SJM31：10—17	半两	2.4	1	1.4	文字不清晰					
SJM31：10—18		2.3	0.9	1.3	文字扁平，字略等于夯。"半"字头部转折，下横线略短，"两"字上横线与肩等长，折肩，为"连山两"					
SJM31：10—19		2.4	0.9	1.8	文字不清晰					
SJM31：10—20		2.4	1	1.5	文字扁平，字略小于夯。"半"字头部转折，下横线略短，"两"字上横线与肩等长，折肩，为"倒T两"				图四一〇,1	
SJM31：10—21		2.3	0.9	2	文字不清晰					
SJM31：10—22		2.3	0.9	1	同上					
SJM31：10—23		2.5	0.9	2.6	同上					
SJM31：10—24		2.3	0.9	1.6	同上					

图四三〇　SJM32墓葬平、剖图

1. 铜钱　2. 铁锛　3. 陶带把釜　4、10. 陶罐口釜　5. 铁灯　6. 陶缶　7、8. 陶直口折肩罐　9. 陶盆　11. 陶盆形甑

（6）随葬品介绍（图版一八，2）

缶　1件。标本SJM32：6，夹细砂灰陶。大体，小口束颈，平折沿，方圆唇；隆肩，腹上部弧鼓，下部内凹，平底微内凹。肩部饰数周暗旋纹，肩腹交接处饰一周旋纹，上腹饰三至四周麦粒状绳纹。口沿有"X"和"｜"的刻划符号。口径8.6、器身最大径36.8、底径16.9、通高33.7厘米（图四三一，6）。

直口折肩罐　共2件。皆夹细砂灰陶。直口方唇，上腹略弧，下腹斜直，平底。肩腹及上下腹交接处各饰一周旋纹。下腹有轮制痕迹。标本SJM32：8，小体，折肩，腹微折，肩腹部呈"微亚腰"状。口径13.4、器身最大径23.0、底径12.6、通高16.0厘米（图四三一，5；彩版一七，7）。标本SJM32：7，大体，圆折肩，上下腹交接处圆弧，仅以一周旋纹分界，形成"符号亚腰"。肩及上腹饰数周暗旋纹。口径16.2、器身最大径28.5、底径14.0、通高20.9厘米（图四三四，9）。

盆　1件。标本SJM32：9，夹细砂灰陶。直口，折沿下倾，尖圆唇；折腹，上腹竖直，下腹斜直

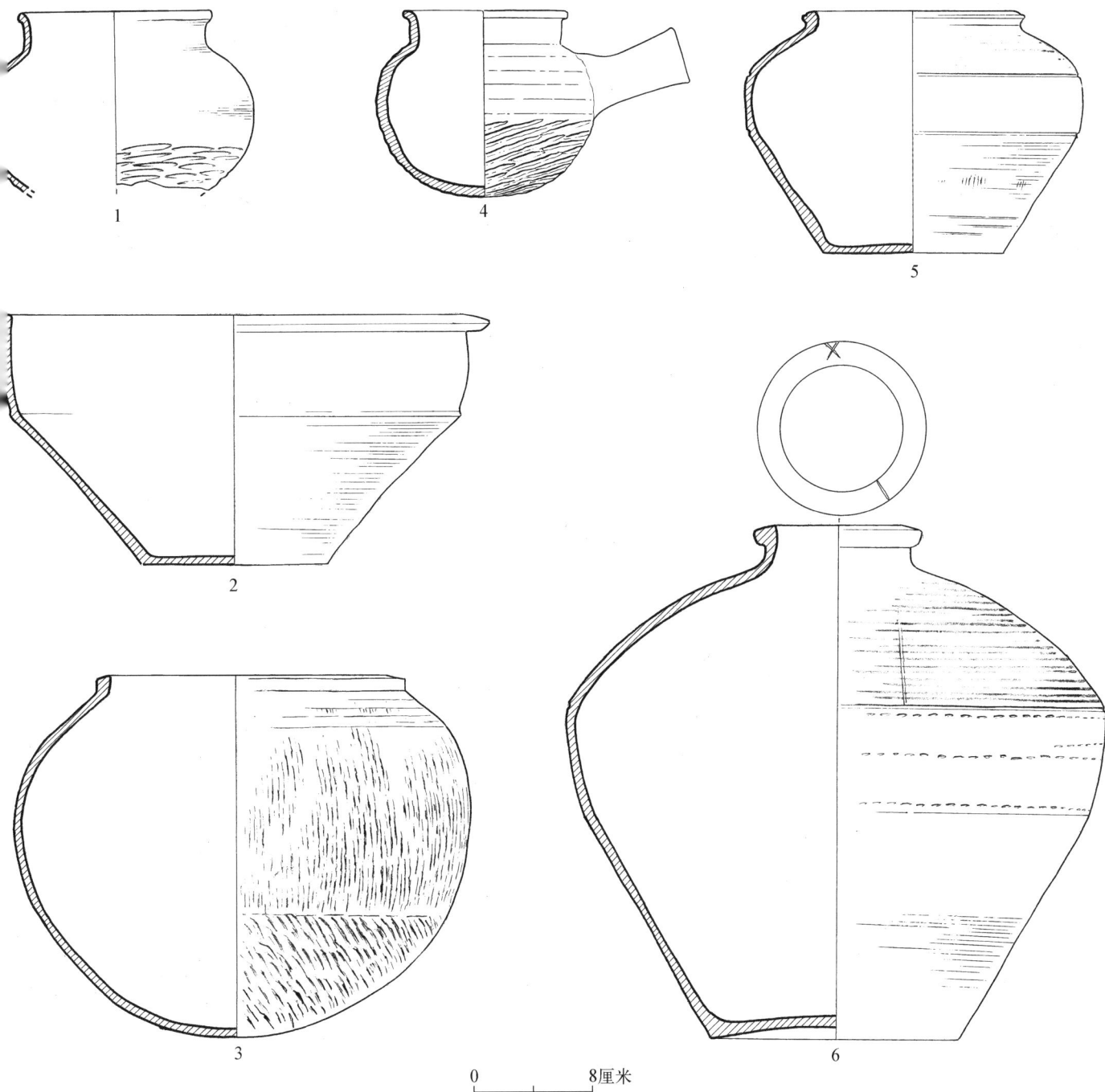

图四三一 SJM32随葬陶器

1、3.罐口釜（SJM32：4、SJM32：10） 2.盆（SJM32：9） 4.带把釜（SJM32：3） 5.直口折肩罐（SJM32：8） 6.缶（SJM32：6）

微内凹, 上腹占腹部比例约三分之一, 平底。上下腹交接处有一周折棱。下腹有轮制痕迹。口径30.4、底径12.7、通高16.4厘米(图四三一, 2)。

盆形甑 1件。标本SJM32∶11, 夹细砂灰陶。直口, 折沿下倾, 尖圆唇; 弧腹微折, 上腹竖直, 下腹斜直, 上腹占腹部比例大于三分之一, 平底; 器底残留12个戳制圆形甑孔, 布局似为中心一孔与边缘两周。上腹饰两周旋纹间以一周楔形绳纹。下腹有轮制痕迹。口径27.0、底径11.2、通高14.2厘米(图四三四, 7)。

罐口釜 共2件。皆圜底。标本SJM32∶4, 底残, 夹砂红褐陶。小体, 卷沿, 方圆唇, 矮直颈, 圆肩, 鼓腹。腹下部饰横向篮纹。口径12.2、器身最大径18.6、残高11.8厘米(图四三一, 1)。标本SJM32∶10, 夹砂灰陶, 底部夹粗砂。直口方唇, 圆肩, 腹上部微弧近直, 下部弧收。肩部饰数周旋纹, 腹上部饰竖行细绳纹, 腹下部及底部饰斜行粗绳纹。口径18.7、器身最大径31.0、通高24.0厘米(图四三一, 3)。

带把釜 1件。标本SJM32∶3, 夹砂红褐陶, 底部夹粗砂。口微侈, 厚圆唇, 矮直颈, 圆肩, 鼓腹, 肩腹交接处有一圆筒形把, 圜底。肩及腹上部饰数周瓦纹, 腹下部饰横向篮纹, 底部饰纵向篮纹。腹底有烟炱。口径10.0、器身最大径14.8、把长6.4、通高12.2厘米(图四三一, 4)。

铁灯 1件。标本SJM32∶5, 豆形灯。浅折盘, 方唇, 盘壁竖直, 盘底近平, 柱柄下接喇叭形座。口径7.8、底径6.2、通高7.9厘米(图四二九, 8)。

铁锛 1件。标本SJM32∶2, 呈倒"Y"字形, 首窄于刃, 两侧略弧, 宽弧刃; 銎口呈长方形, 内有木柄残痕。长9.10、刃宽7.00、首宽4.20、銎口厚1.25厘米(图四四七, 4; 彩版四五, 6)。

铜钱 1枚。标本SJM32∶1, 残, 为"半两"。文字凸起, 字略大于穿。"半"字头部转折, 两横线等长, 竖线出于下横线; "两"字上横线与肩等长, 折肩, 为"倒T两"。钱径2.4、穿宽0.8厘米, 重量2.0克(图四三二, 2)。

243. 2010YFSJM33

(1) 位置

南距SJM32约1.0米, 两墓并列而置。

(2) 形制结构(图四三三)

墓向: 278°。

墓道: 位于洞室西侧。口底等大。口呈不规则梯形, 南长2.80、北长2.80、东宽1.60、西宽1.32米。直壁。平底。自深4.80米。

洞室: 拱形顶, 直壁, 平底。洞室口位于墓道东壁, 洞室宽小于墓道底宽。底部平面呈长方形, 南长2.90、北长2.90、东宽1.60、西宽1.52米。高1.60米。

填土: 墓道为黄褐色五花土, 夹杂黑色土颗粒, 土质坚硬。洞室为黄色塌土, 土质较疏松。

(3) 葬具

葬具不明。

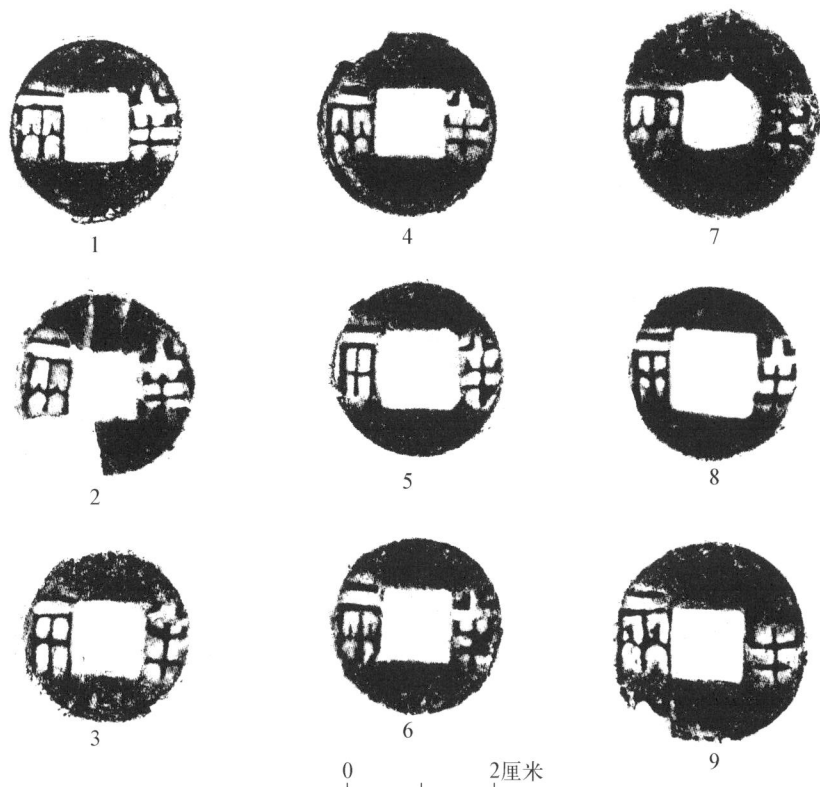

图四三二　SJM32、SJM35、SJM45随葬铜钱拓片

1.SJM45：5-3　2.SJM32：1　3.SJM45：5-4　4.SJM35：2-8　5.SJM35：2-5　6.SJM35：2-14　7.SJM35：2-12
8.SJM45：5-2　9.SJM45：5-7

（4）墓主人

骨架不存，葬式不明。

（5）随葬品及其位置

共10件，其中陶器7件、铁器3件。铁灯（：1）位于洞室西侧中部，铁削（：2）位于其西南侧。其余器物均位于洞室内南侧，分南北两排。南排由西向东依次为卷沿折肩罐（：5）、卷沿圆肩罐（：6）、罐口釜（：7）、铁釜（：9）、盂形甑（：10），7号、9号倒置。北排由西向东依次为罐口釜（：3）、卷沿圆肩罐（：4）、卷沿折肩罐（：8）。

（6）随葬品介绍

卷沿折肩罐　共2件。皆夹细砂灰陶。小体，卷沿，斜方唇，唇面有一周凹槽；圆折肩，上腹微弧，下腹斜直，上下腹交接处圆弧，仅以一周旋纹分界，形成"符号亚腰"，平底。肩部饰数周暗旋纹，肩腹交接处饰一周旋纹。下腹有轮制痕迹。标本SJM33：8，陶色斑驳不均，局部红褐色。下腹微内凹。上腹饰数周暗旋纹。口径11.0、器身最大径20.5、底径10.6、通高16.0厘米（图四三四，2）。标本SJM33：5，口径12.6、器身最大径23.2、底径13.0、通高18.5厘米（图四三四，3）。

卷沿圆肩罐　共2件。皆夹细砂灰陶，陶色斑驳不均。大体，卷沿，斜方唇，唇面有一周

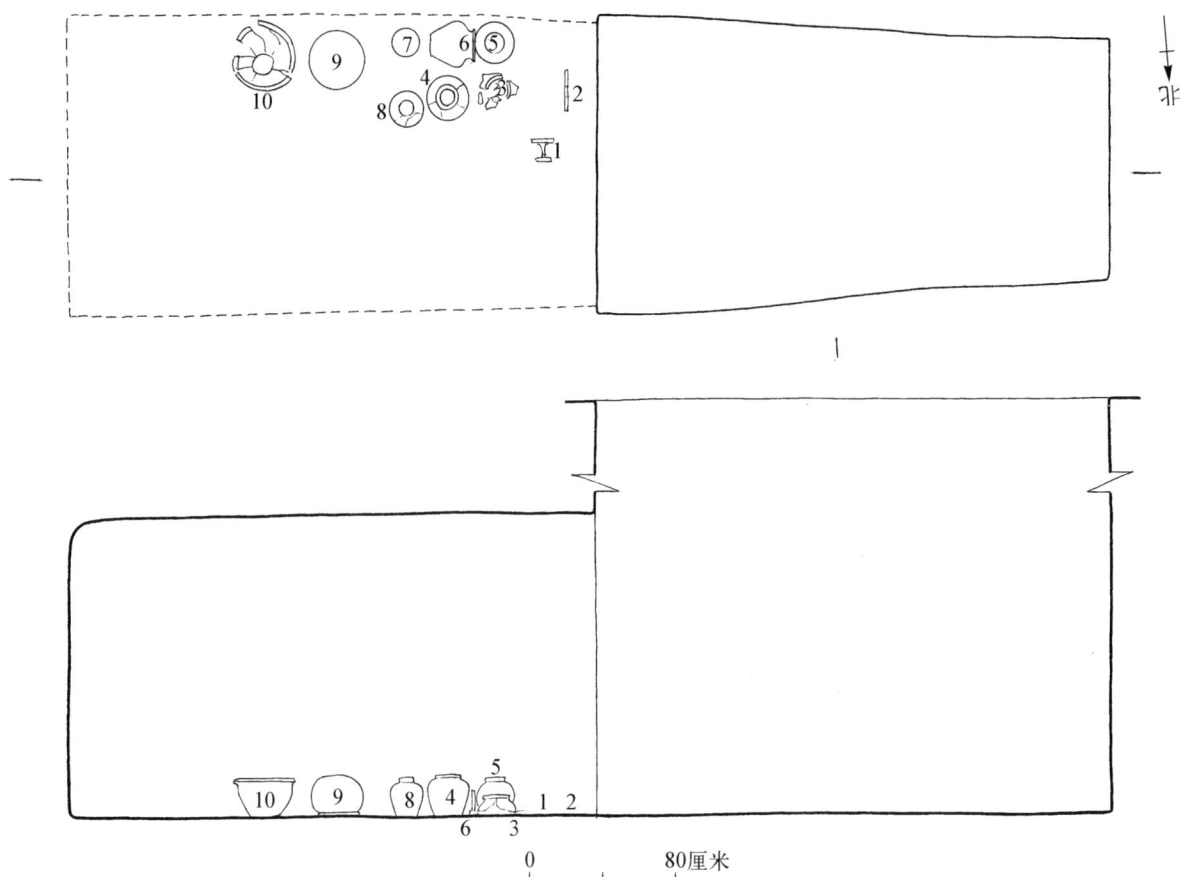

图四三三　SJM33墓葬平、剖图

1. 铁灯　2. 铁削　3、7. 陶罐口釜　4、6. 陶卷沿圆肩罐　5、8. 陶卷沿折肩罐　9. 铁釜　10. 陶盂形甑

凹槽;微溜肩,上腹略弧,下腹斜直,平底。肩、上腹部饰数周暗旋纹及四组八周旋纹。标本SJM33:6,口径11.7、器身最大径22.5、底径10.5、通高20.3厘米(图四三四,5)。标本SJM33:4,肩腹局部饰竖行细绳纹。口径12.0、器身最大径23.7、底径11.6、通高21.2厘米(图四三四,6)。

盂形甑　1件。标本SJM33:10,夹细砂灰陶。直口,折沿微下倾,尖圆唇;弧腹微折,上腹竖直,下腹斜直,上腹占腹部比例近半,平底;底部残留8个戳制圆形甑孔,布局似为中心一孔与边缘一周。上腹饰四周旋纹。口径23.2、底径11.0、通高12.2厘米(图四三四,1)。

罐口釜　共2件。底部夹粗砂。厚圆唇,矮直颈,圆肩,鼓腹,圜底。腹下部饰横向篮纹,底部饰纵向篮纹。标本SJM33:3,夹砂红褐陶。大体,口微侈,腹上部隐约可见竖行细绳纹。腹底有烟炱。口径15.8、器身最大径22.8、通高18.2厘米(图四三四,4)。标本SJM33:7,夹砂灰陶。小体,肩面近口处略平,底部有不规则凹痕。口径8.1、器身最大径14.8、通高10.9厘米(图四三四,8)。

铁釜　1件。标本SJM33:9,残。鼓腹,圜底。残高14.0厘米(图四四七,5)。

铁灯　1件。标本SJM33:1,豆形灯。浅折盘,方唇,盘壁竖直,盘底近平,柱柄下接大喇叭形座。口径10.8、底径8.1、通高10.0厘米(图四二九,9)。

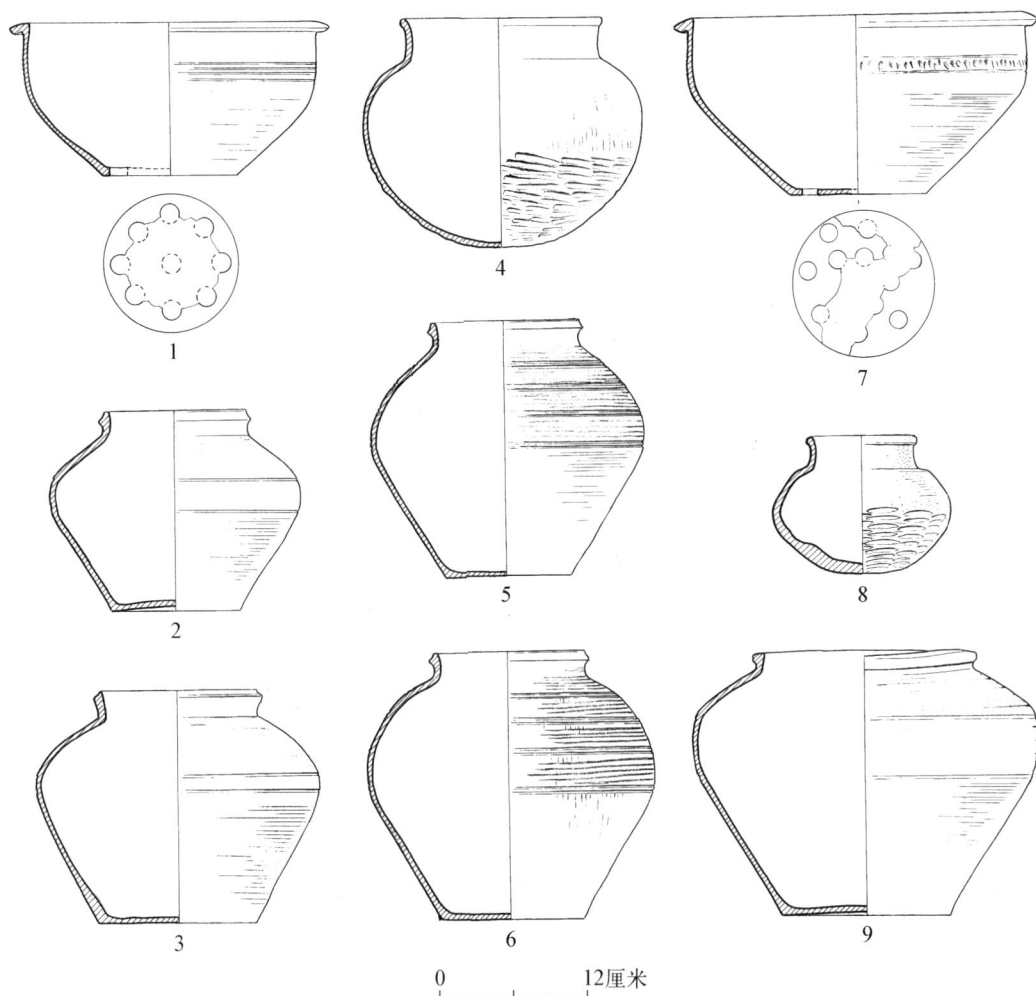

图四三四　SJM32、SJM33随葬陶器

1. 盂形甑（SJM33：10）　2、3. 卷沿折肩罐（SJM33：8、SJM33：5）　4、8. 罐口釜（SJM33：3、SJM33：7）

5、6. 卷沿圆肩罐（SJM33：6、SJM33：4）　7. 盆形甑（SJM32：11）　9. 直口折肩罐（SJM32：7）

铁削　1件。标本SJM33：2，残。直背直刃，削身断面近长方形，刃部较钝，长扁平柄。残长14.20、刃最宽处2.10、刃厚0.45、柄最宽处1.95厘米（图四四七，12）。

244. 2010YFSJM35

（1）位置

东距SJM33约5.4米，西距SJM39约6.6米。

（2）形制结构（图四三五）

墓向：12°。

墓道：位于洞室北侧。口大底小。口呈长方形，东长3.10、西长3.10、南宽1.90、北宽1.90米。东、西、北斜壁，南直壁。平底，东长2.80、西长2.80、南宽1.90、北宽1.34米。自深4.20米。

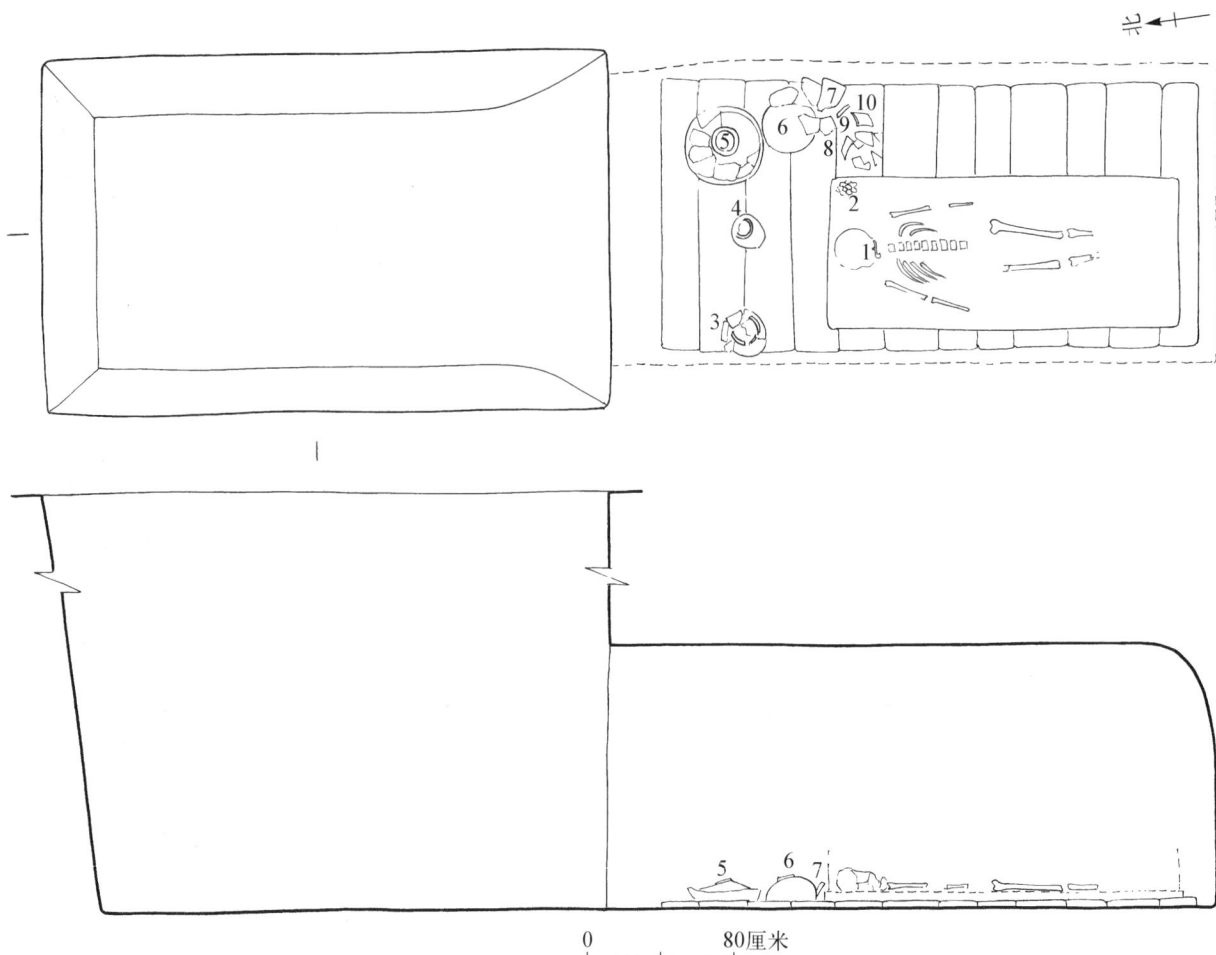

图四三五 SJM35 墓葬平、剖图

1. 铜带钩 2. 铜钱 3、6. 陶小口旋纹罐 4. 陶罐口釜 5. 陶缶 7. 陶盂 8. 陶卷沿折肩罐 9. 铁釜 10. 陶盂改瓿

　　洞室：拱形顶，直壁，平底。洞室口位于墓道南壁中部略偏东，洞室宽小于墓道底宽。洞室口东壁距墓道东壁0.12、西壁距墓道西壁0.22米。底部平面略呈窄长方形，东长3.30、西长3.30、南宽1.60、北宽1.56米。高1.40米。

　　填土：墓道为淡红色五花土，土质松软。洞室淡红色塌土，土质较松软。

　　（3）葬具

　　单棺，呈矩形。置于椁内西南。棺长1.90、宽0.80米。棺下加棺床，棺床由12块木板横向铺设，由北向南各块木板的长、宽依次为1.42×0.20、1.42×0.26、1.42×0.24、1.42×0.24、1.42×0.26、1.42×0.28、1.40×0.22、1.40×0.20、1.38×0.30、1.38×0.22、1.42×0.28、1.40×0.2 m^2。

　　（4）墓主人

　　骨架仅存痕迹。葬式为仰身直肢葬，头向与墓道方向相同。

　　（5）随葬品及其位置

　　共10件，包括陶器7件、铜器1件、铁器1件、铜钱1组20枚。铜带钩（∶1）位于棺内墓主口部,铜钱(:2)位于棺内东北角。其余器物均位于棺外洞室内。小口旋纹罐(:3)位于棺外西北角,罐口釜(:4)位于棺外北侧正中。棺外东北角由北向南依次为缶(:5)、小口旋纹罐(:6)、盂(:7)、铁釜(:9)、盂改甑(:10)。卷沿折肩罐(:8)紧邻6号西南侧。

（6）随葬品介绍

缶　1件。标本SJM35:5,夹细砂灰陶。大体,小口束颈,折沿下倾,尖圆唇;隆肩,腹部斜弧,腹下部内凹,平底。沿面及肩部饰数周暗旋纹,上腹饰一周旋纹、三至四周麦粒状绳纹。口径8.4、器身最大径38.3、底径15.2、通高30.6厘米（图四三八,2）。

小口旋纹罐　共2件。小口,折沿下倾,尖圆唇,束颈,平底。标本SJM35:6,夹细砂灰陶。微溜肩,腹微弧近直,近底部微内凹。肩及腹上部饰数周旋断绳纹。口径9.0、器身最大径24.0、底径11.7、通高25.5厘米（图四三六,2）。标本SJM35:3,夹细砂灰褐陶。圆鼓肩,腹近斜直。肩及腹上部饰数周旋纹,局部饰竖行绳纹,口径10.3、器身最大径25.5、底径12.7、通高27.6厘米（图四三六,6）。

卷沿折肩罐　1件。标本SJM35:8,夹细砂灰陶。小体,卷沿,斜方唇,唇面微内凹;圆折肩,上腹略弧,下腹斜直,上下腹交接处圆弧,仅以一周旋纹分界,形成"符号亚腰",平底。肩腹交接处饰一周旋纹。口径11.4、器身最大径20.0、底径10.3、通高18.0厘米（图四三六,1）。

盂　1件。标本SJM35:7,夹细砂灰陶。侈口,沿下角较大,方圆唇;鼓腹,上腹近口部内敛,下腹微内凹,平底。上腹饰两周旋纹,形成"符号亚腰"。沿面有铁锈痕迹。口径23.3、底径12.2、通高11.7厘米（图四三六,3）。

盂改甑　1件。标本SJM35:10,夹细砂灰陶。侈口,沿下角较大,方圆唇;鼓腹,上腹近口部内敛,下腹微内凹,平底;器底凿制7个圆形甑孔,布局为中心一孔与边缘一周。上腹饰两周旋纹,形成"符号亚腰"。沿面及上腹有铁锈痕迹。口径24.0、底径12.2、通高13.2厘米（图四三六,4）。

罐口釜　1件。标本SJM35:4,夹砂红陶,底部夹粗砂。小体,口微侈,厚圆唇,矮直颈,圆肩,鼓腹,圜底。腹下部饰横向篮纹,底部饰纵向篮纹。腹底有烟炱。口径10.9、器身最大径17.8、通高14.0厘米（图四三六,5）。

铜带钩　1件。标本SJM35:1,钩首残。水禽形,钩体厚重,钩尾较宽,圆形钩钮靠近钩尾,以一短柱相连。残长6.20、宽0.60～1.65、钮径1.65厘米（图四四七,6）。

铁釜　1件。标本SJM35:9,直口方唇,微出沿,矮直颈,微溜肩,鼓腹,圜底。口径13.8、器身最大径22.1、通高21.4厘米（图四四七,1）。

铜钱　20枚。标本SJM35:2,均为"半两"。肉上或有凸起。穿均方正。仅1枚附纤维状织物,1枚有钱郭,1枚与残钱粘合。可辨钱文的文字各异,字与穿比例不同。"半"字头部转折程度不同,两横线及竖线出于下横线的长度不等;"两"字上横线与肩长度比例不同,均折肩,"两"字内部结构亦有区别。钱缘或有铸口。铸造略粗糙。钱径2.4～2.8、穿宽0.6～0.9厘米,重量2.7～4.1克。具体形制详见表三〇。

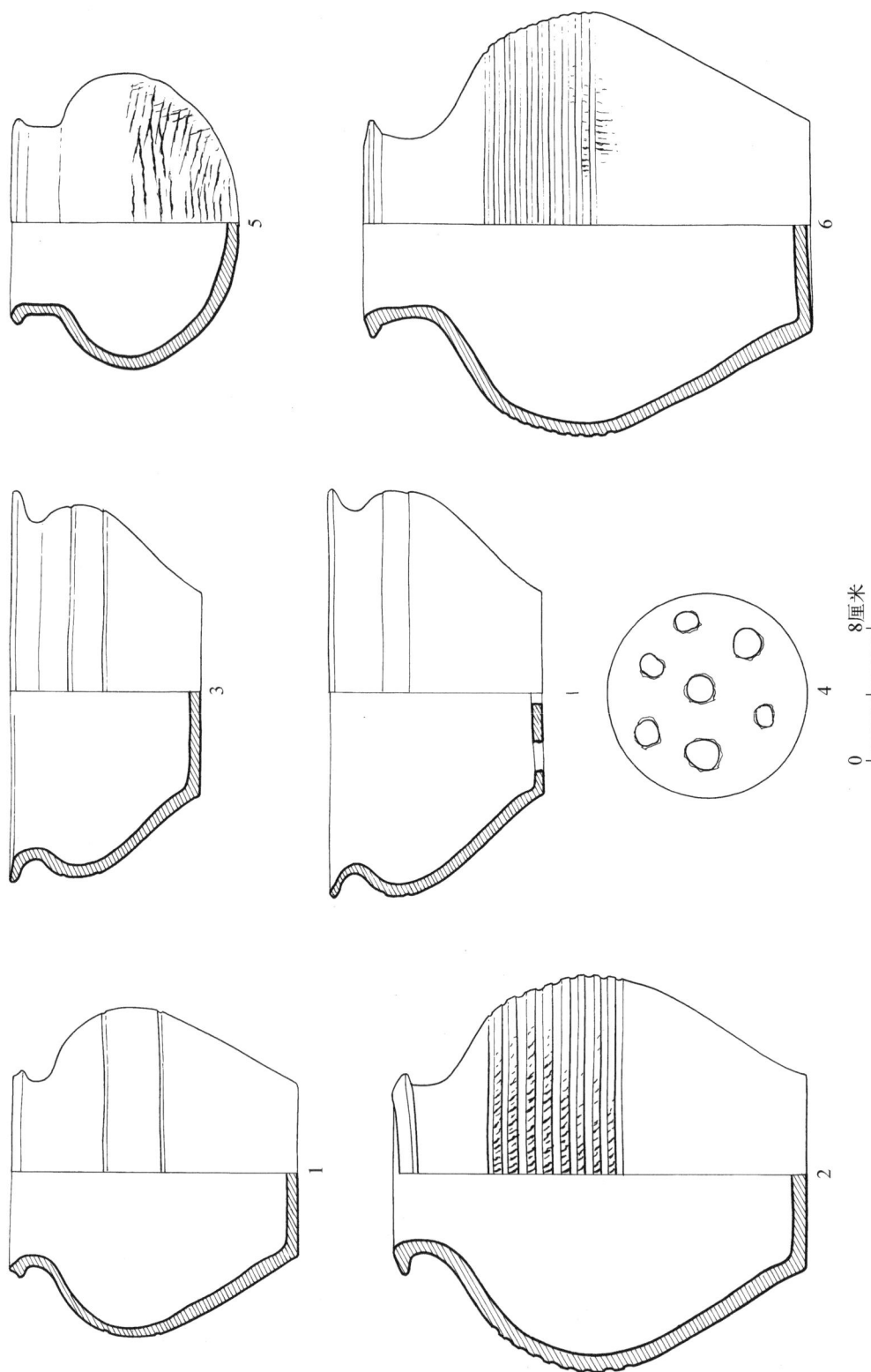

0 ___ 4 ___ 8厘米

图四三六 SJM35随葬陶器

1.卷沿折肩罐（SJM35：8） 2、6.小口旋纹罐（SJM35：6、SJM35：3） 3.盂（SJM35：7） 4.盂改甑（SJM35：10） 5.罐口釜（SJM35：4）

表三〇 SJM35铜钱统计表

编 号	种类	钱径	穿宽	重量	文 字	形制	记 号	附着物	图 号	备 注
SJM35 : 2-1	半两	2.7	0.8	3.3	文字扁平,字大于穿。"半"字头部转折,两横线略出于下横线;"两"字上横线与肩等长,折肩,为"双人两"					钱缘残损
SJM35 : 2-2		2.5	0.8	3.7	文字凸起,字略等于穿。"半"字头部转折,下横线略等长,竖线出于下横线;"两"字上横线与肩等长,为"双人两"					
SJM35 : 2-3		2.4	0.9	3.1	同上					
SJM35 : 2-4		2.4	0.7	3.3	文字扁平,字略大于穿。"半"字头部呈"八"字状,两横线略等,竖线出于下横线;"两"字锈蚀不清					
SJM35 : 2-5		2.4	0.9	2.7	文字凸起,字略等于穿。"半"字头部转折,两横线略等长,竖线出于下横线;"两"字上横线与肩等长,折肩,为"十字两"				图四三二,5	
SJM35 : 2-6		2.5	0.9	3.3	文字凸起,字略等于穿。"半"字头部锈蚀,两横线略等,竖线出于下横线;"两"字上横线与肩等长,折肩,为"连山两"			纤维状织物		
SJM35 : 2-7		2.5	0.6	3.2	锈蚀,文字不清晰					
SJM35 : 2-8		2.5	0.8	2.7	文字扁平,字等于穿。"半"字头部呈"八"字状,两横线略略等,竖线略出下横线;"两"字上横线较短,折肩,为"双人两"				图四三二,4	钱缘残损
SJM35 : 2-9		2.4	0.9	3	文字扁平,字略等于穿。"半"字头部锈蚀不清,两横线略略等,竖线出于下横线;"两"字上横线与肩等长,折肩,为"十字两"					穿上下各有一道凸起
SJM35 : 2-10		2.4	0.8	3.2	文字凸起,字略等于穿。"半"字头部转折,两横线略等,竖线出于下横线;"两"字上横线比肩略短,折肩,为"双人两"					

续表

编号	种类	钱径	穿宽	重量	文字	形制	记号	附着物	图号	备注
SJM35：2-11	半两	2.4	0.9	3.1	文字扁平，字略等于穿。"半"字头部转折，两横线等长，竖线出于下横线；"两"上横线与肩等长，折肩，为"连山两"					
SJM35：2-12		2.8	0.8	3.9	文字扁平，字略等于穿。"半"字头部锈蚀不清，两横线略等，竖线略出下横线；"两"字上横线较短，折肩，为"双人两"，人字首部较长				图四三二,7	
SJM35：2-13		2.5	0.8	3.5	文字凸起，字略等于穿。"半"字头部转折，两横线略等，竖线出于下横线；"两"字锈蚀不清					
SJM35：2-14		2.5	0.9	3.1	文字略凸起，字略等于穿。"半"字头部转折，下横线较短，竖线出于下横线；"两"字上横线比肩略短，折肩，为"倒T两"				图四三二,6	
SJM35：2-15		2.4	0.8	3	文字扁平，字略等于穿。"半"字头部转折，两横线略等，竖线出于下横线；"两"字上横线明显，折肩，为"倒T两"					
SJM35：2-16		2.4	0.7	2.8	锈蚀，文字不清晰	钱郭				有1铸口
SJM35：2-17		2.6	0.7	3.6	同上					
SJM35：2-18		2.5	0.8	3.4	同上					与残钱粘附
SJM35：2-19		2.6	0.8	3	同上					
SJM35：2-20		2.6	0.8	4.1	文字凸起，结构松散，字略大于穿。"半"字头部转折，下横线略短，竖线出于下横线；"两"字锈蚀不清					

245. 2010YFSJM38

（1）位置

北距SJM39约0.5米，两墓并列而置。

（2）形制结构（图四三七；彩版一〇,2）

墓向：276°。

墓道：位于洞室西侧。口大底小。口呈长方形，南长3.76、北长3.76、东宽2.10、西宽2.10米。斜壁。平底，南长3.20、北长3.20、东宽1.60、西宽1.50米。自深5.82米。

洞室：拱形顶，直壁，平底。洞室口位于墓道东壁中部，洞室宽小于墓道底宽。洞室口南壁距墓道南壁0.12、北壁距墓道北壁0.10米。底部平面呈长方形，南长3.14、北长3.14、东宽1.40、西宽1.40米。高1.30米。

填土：墓道为褐色五花土，土质较硬。洞室土色黄色，土质较疏松。

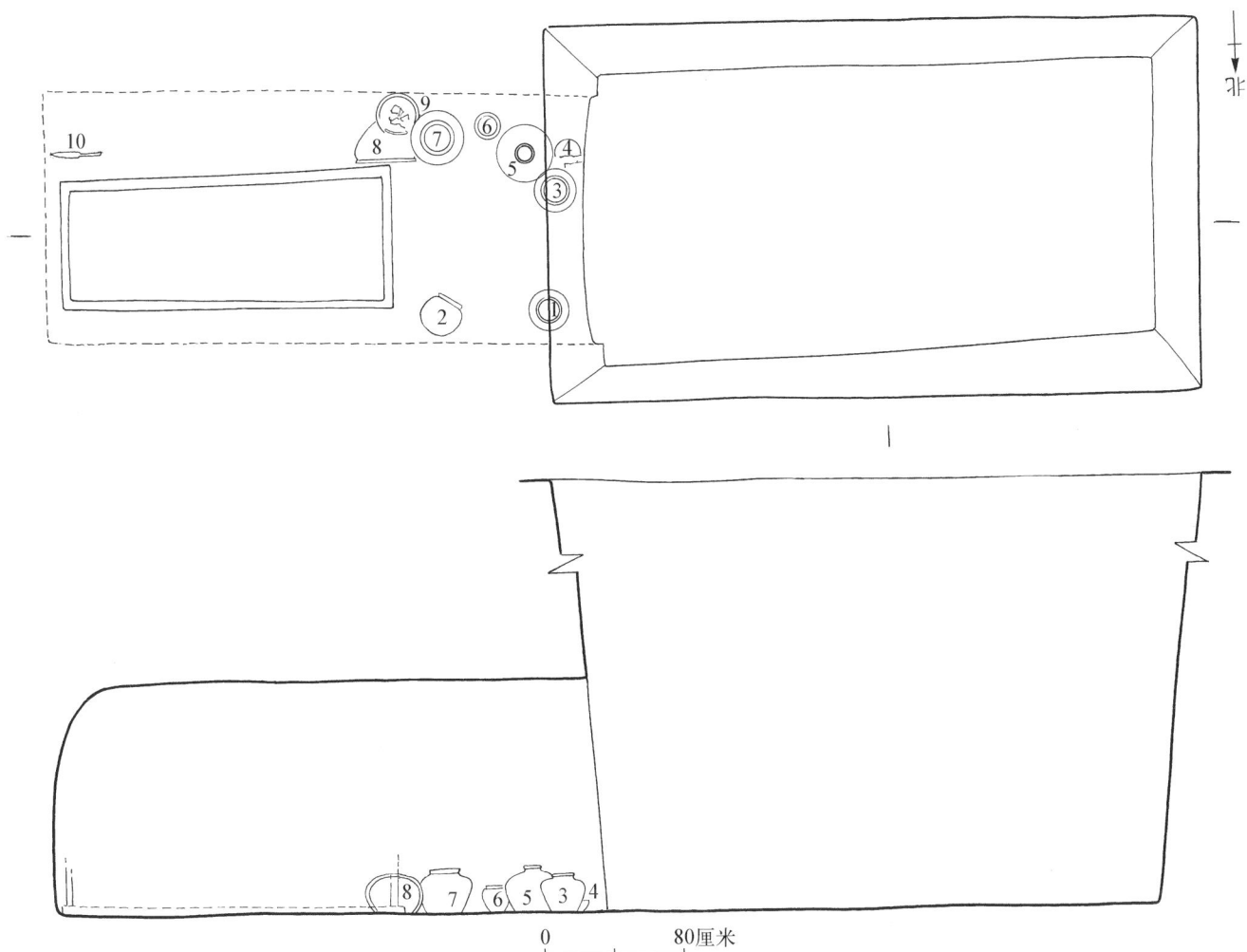

0　　　　　80厘米

图四三七　SJM38墓葬平、剖图

1.陶小口旋纹罐　2.陶高口釜　3、6.陶罐口釜　4.陶灯　5.陶缶　7.陶卷沿折肩罐　8.陶盆形甑　9.陶盉　10.铁矛

（3）葬具

单棺，呈倒梯形。置于墓室偏东。两端板长度不相等，棺侧板与端板闭合相接。棺长1.90、西宽0.80、东宽0.70、厚0.04米。

（4）墓主人

骨架不存，葬式不明。

（5）随葬品及其位置

共10件，包括陶器9件、铁器1件，均位于棺外洞室内。棺外西北侧由西向东依次为小口旋纹罐（:1）、鬲口釜（:2）。棺外西南侧由西向东依次为灯（:4）、缶（:5）、罐口釜（:6）、卷沿折肩罐（:7）、盂（:9）、盆形甑（:8），8号侧置，口向北。罐口釜（:3）位于5号北侧。铁矛（:10）位于棺外东南角，与棺南侧板平行。

（6）随葬品介绍

缶　1件。标本SJM38：5，夹细砂灰陶。大体，小口束颈，折沿下倾，尖圆唇；隆肩，腹上部弧鼓，下部内凹，平底。肩部饰数周暗旋纹，上腹饰三周麦粒状绳纹，肩腹交接处饰一周旋纹。口径9.3、器身最大径36.7、底径15.6、通高30.7厘米（图四三八，1）。

小口旋纹罐　1件。标本SJM38：1，夹细砂灰陶。小口束颈，折沿微下倾，沿面内凹，尖圆唇；圆鼓肩，腹微弧近直，平底。肩及腹上部饰数周旋断绳纹。口径8.2、器身最大径23.9、底径10.5、通高25.0厘米（图四三九，4）。

卷沿折肩罐　1件。标本SJM38：7，夹细砂灰陶。大体，卷沿，方圆唇；圆折肩，上腹略弧，下腹斜直，上下腹交接处圆弧，仅以一周麦粒状绳纹分界，形成"符号亚腰"，平底。口径16.6、器身最大径30.5、底径15.8、通高21.9厘米（图四三九，8）。

盂　1件。标本SJM38：9，夹细砂灰陶。敞口，平折沿，尖圆唇，弧腹，平底。腹上部饰两周旋纹。口径25.0、底径8.8、通高15.0厘米（图四三九，6）。

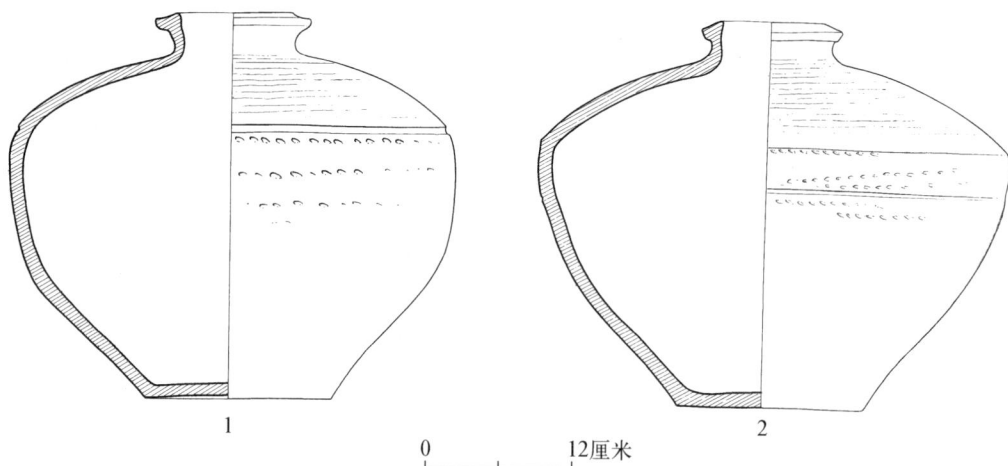

图四三八　SJM35、SJM38随葬陶器

1、2.陶缶（SJM38：5、SJM35：5）

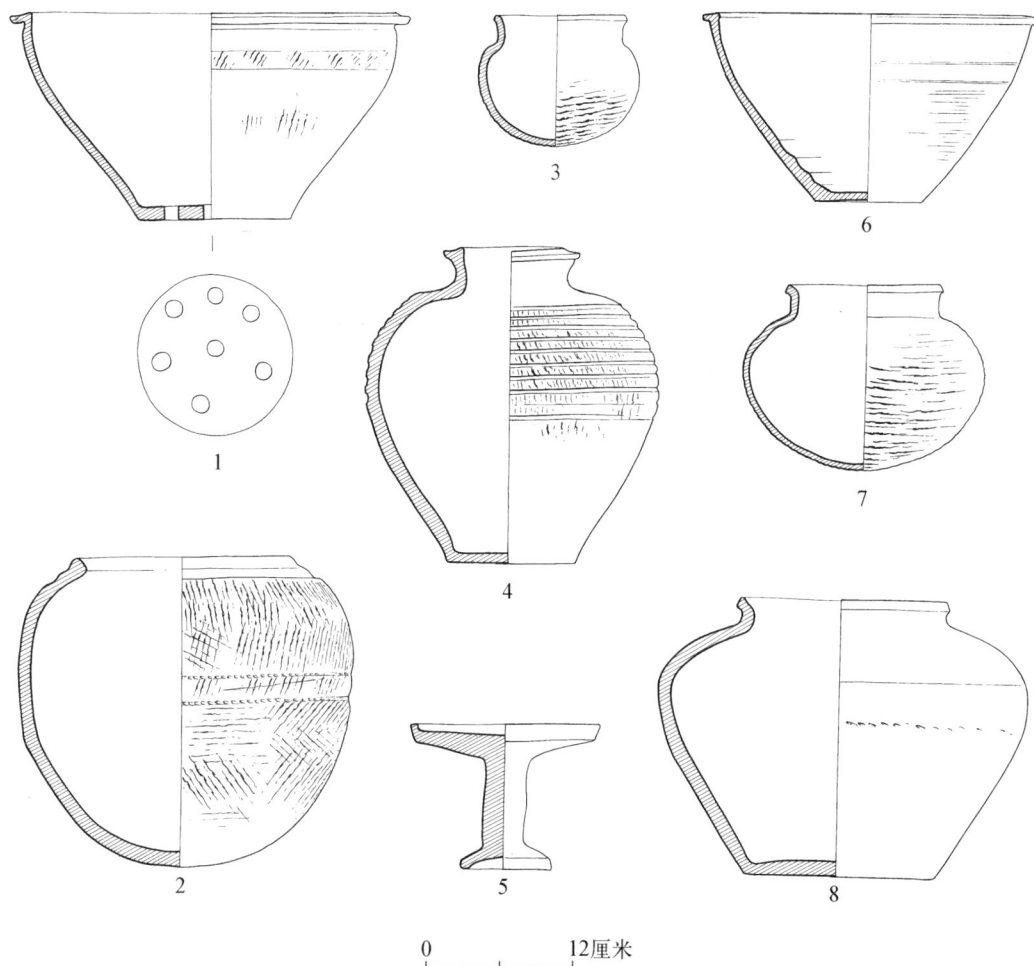

图四三九　SJM38 随葬陶器

1. 盆形甑（SJM38∶8）　2. 鬲口釜（SJM38∶2）　3、7. 罐口釜（SJM38∶6、SJM38∶3）　4. 小口旋纹罐（SJM38∶1）
5. 灯（SJM38∶4）　6. 盂（SJM38∶9）　8. 卷沿折肩罐（SJM38∶7）

　　盆形甑　1件。标本 SJM38∶8，夹细砂灰陶。敞口，折沿下倾，沿面微内凹，方唇；弧腹微折，上腹略弧，下腹斜直，上腹占腹部比例三分之一，平底；底部戳制 7 个圆形甑孔，布局为中心一孔与边缘一周。腹上部饰两周旋纹间以一周楔形绳纹，腹下部局部饰竖行绳纹。口径 29.5、底径 12.5、通高 16.4 厘米（图四三九，1）。

　　鬲口釜　1件。标本 SJM38∶2，夹砂灰陶，底部夹粗砂。口微侈，斜方唇，肩面近口处略平，腹上部近直，下部弧收，圜底。腹上部饰竖行细绳纹、两周麦粒状绳纹，腹下部及底饰交错细绳纹。口径 17.2、器身最大径 27.2、通高 24.7 厘米（图四三九，2）。

　　罐口釜　共 2 件。皆夹砂红褐陶，底部夹粗砂。小体，口微侈，厚圆唇，矮直颈，圆肩，鼓腹，圜底。腹部饰横向绳纹，底部饰纵向绳纹。腹底有烟炱。标本 SJM38∶6，口径 10.0、器身最大径 13.2、通高 10.3 厘米（图四三九，3）。标本 SJM38∶3，口径 12.2、器身最大径 20.0、通高 14.7 厘米（图四三九，7）。

灯 1件。标本SJM38：4，夹细砂灰陶。豆形灯。直口方唇，浅折盘，盘壁斜直，平底下接实心柱柄，喇叭形圈足。口径14.5、底径7.4、通高11.5厘米（图四三九，5；彩版三四，3）。

铁矛 1件。标本SJM38：10，柳叶形，矛叶双刃，前端收敛成锋，略有脊；骹中空，断面呈圆形，骹与木柲相接处略粗，与脊相接处渐细。骹内残留有木质痕迹。残长24.00、刃最宽处1.90、刃厚0.35、柄最宽处2.10厘米（图四四七，10；彩版四六，8）。

246. 2010YFSJM39

（1）位置

南距SJM38约0.5米，两墓并列而置。

（2）形制结构（图四四○）

墓向：275°。

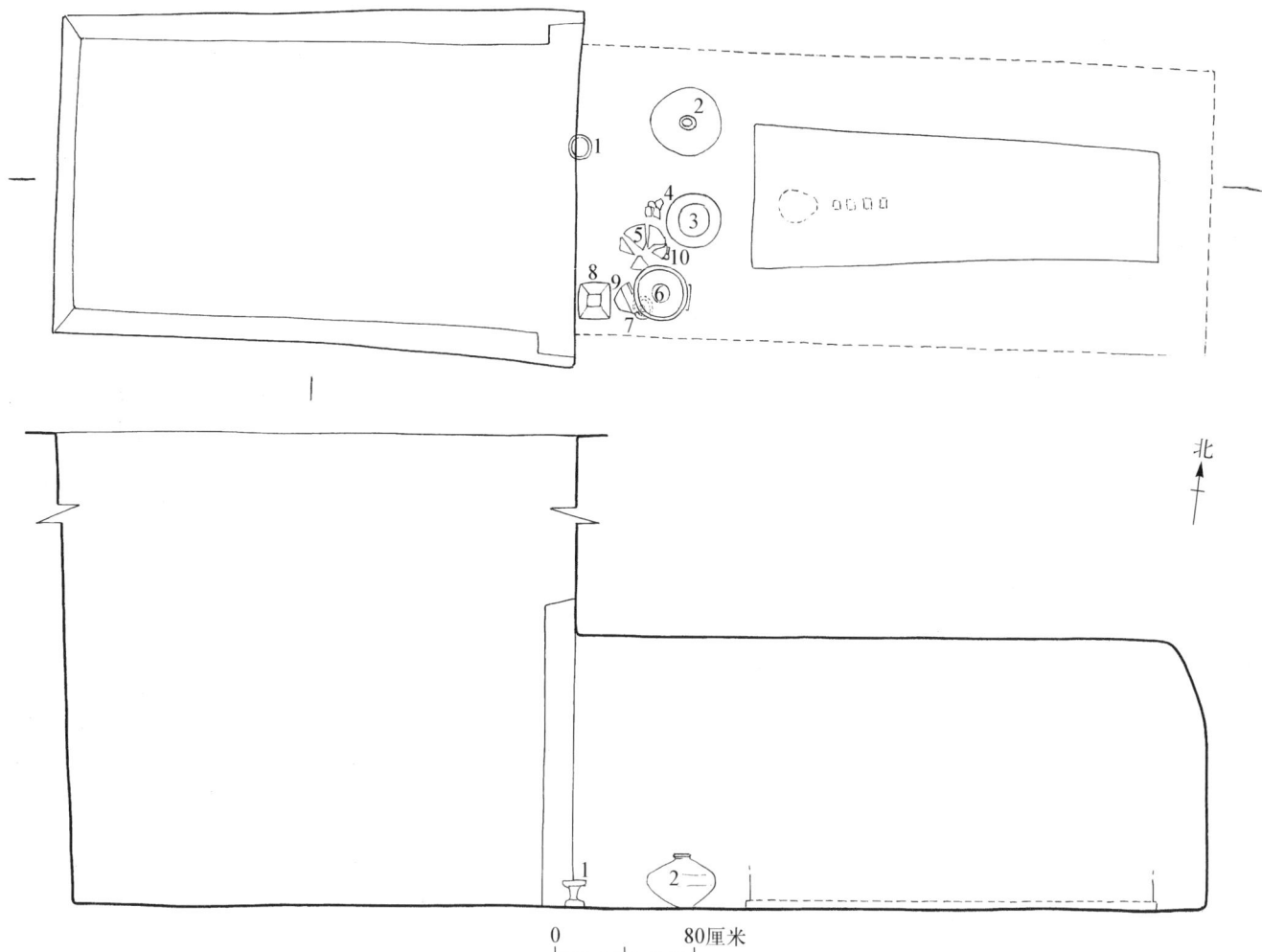

图四四○ SJM39墓葬平、剖图

1.铁灯 2.陶缶 3.陶卷沿折肩罐 4.陶盛 5.陶鼎 6.陶盆 7.陶锜 8.陶钫 9.陶篮形甑 10.陶鼎盖

墓道：位于洞室西侧。口大底小。口呈西窄东宽的梯形，南长3.10、北长3.10、东宽2.00、西宽1.78米。斜壁。平底，南长2.70、北长2.70、东宽1.60、西宽1.50米。自深5.80米。

洞室：拱形顶，直壁，平底。洞室口位于墓道东壁中部，洞室宽与墓道底宽等长。底部平面呈长方形，南长3.60、北长3.60、东宽1.60、西宽1.60米。高1.50米。

封门：木板封门，位于墓道与洞室连接处。南、北壁有封门槽，南侧封门槽宽0.20、深0.10、高1.70米，北侧封门槽宽0.20、深0.12、高1.70米。

填土：墓道为黄褐色花土，土质较硬。洞室为黄褐色淤土，土质较疏松。

（3）葬具

单棺，呈倒梯形。两端板长度不相等，棺侧板与端板闭合相接。棺长2.30、东宽0.60、西宽0.80米。

（4）墓主人

仅存部分头骨。葬式不明，头向与墓道方向相同。

（5）随葬品及其位置

共10件，包括陶器9件、铁器1件，均位于棺外西侧。铁灯（：1）位于洞室口中部略偏北。陶器分东西两排放置，东排由北向南依次为缶（：2）、卷沿折肩罐（：3）、盆（：6）。西排由北向南依次为盛（：4）、鼎（：5）、鼎盖（：10）、簋形甑（：9）、锜（：7），钫（：8）位于9号西侧。

（6）随葬品介绍

钫 1件。标本SJM39：8，颈部及盖残，泥质灰陶。束颈，溜肩，鼓腹，方形圈足微外撇；肩部对称饰一对兽面衔环状铺首，兽面纹饰较模糊，无细部纹样。肩部饰白色三角蕉叶纹，腹部饰红色云纹及一周条带状白彩。器身最大径20.8、器身残高30.4、足高3.8、足阔13.5厘米（图四四一）。

鼎 1件。标本SJM39：5，泥质灰陶。口部内沿略高于外沿，沿面内凹成槽；弧腹较浅，上下腹交接处有一周凸棱，圜底近平；双附耳，耳微外撇，有长方形穿，耳穿略透出鼎身；耳、足与器身连接处距腹部凸棱较近，蹄足粗矮而外撇，耳足呈五点式分布。上腹残存红、白彩。耳高5.1、器身口径16.7、器身最大径18.9、器身高9.6、足5.0、通高11.3厘米（图四四二，6）。

鼎盖 1件。标本SJM39：10，泥质灰陶。盖面微弧，盖腹较浅，上残留两点状小乳突。器盖口径18.0、器盖高3.4厘米（图四四二，5）。

盛 1件。标本SJM39：4，底残，泥质灰陶。盖面圆弧，盖腹略深，上有矮圈足状捉手，盖面最高处略低于捉手上缘；盖与器身以子母口扣合，口部内沿略高于外沿，沿面内凹成槽；弧腹。器盖捉手内及盖面隐约可见红、白彩，器身腹上部饰三周条带状白彩。器盖口径17.2、器盖高4.4、捉手直径9.6、器身口径16.8、器身最大径18.6、器身残高6.3、残高10.5厘米（图四四四，4）。

锜 1件。标本SJM39：7，泥质灰陶。小直口方唇，弧肩，肩部对称饰一对兽面衔环状铺首，铺首小而纹饰简化、印痕较模糊；弧腹，平圜底，腹深与肩高大致相等，肩腹转折处有腰檐，腰檐略宽；腹下接三蹄足，蹄足较矮。肩部近口处饰条带状白彩，肩面隐约可见红白色云纹，铺首外描红。口径6.8、器身最大径20.5、檐宽1.4、足高5.4、通高11.9厘米（图四四二，2）。

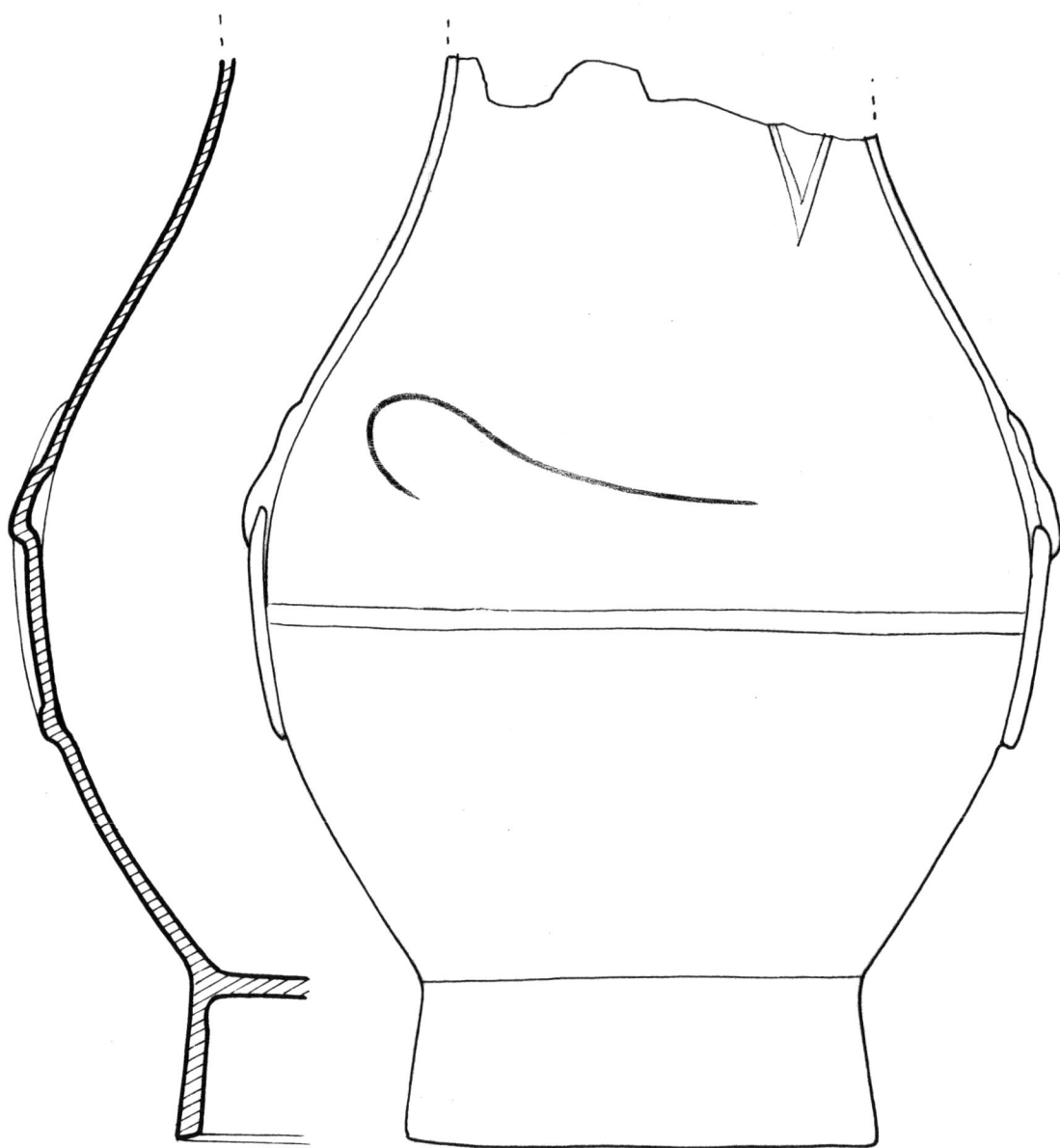

0   4厘米

图四四一　SJM39随葬陶钫

SJM39：8

　　簋形甑　1件。标本SJM39：9，泥质灰陶。敞口，平折沿，沿面近平，方唇；弧腹，器底内壁全部被刮，刮痕较浅，；器底戳制6个短条形甑孔，布局为中心一孔与边缘一周，圈足微内敛。内壁部分施红彩，器身饰四周条带状红、白彩，从上到下为白、红、白、白。口径19.9、底径10.2、通高8.8厘米（图四四二，1）。

　　缶　1件。标本SJM39：2，夹细砂灰陶。大体，小口束颈，折沿下倾，尖圆唇；微溜肩，上腹圆

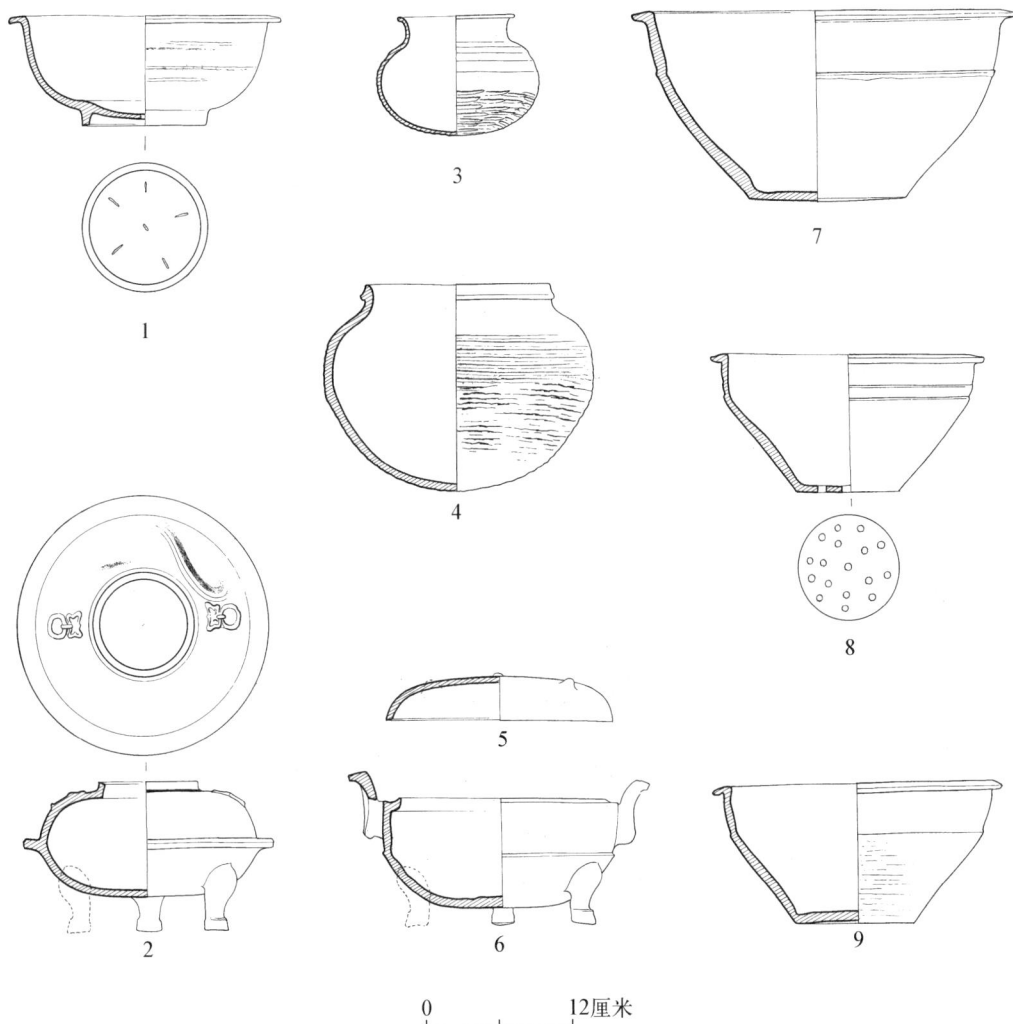

图四四二　SJM39、SJM45 随葬陶器

1. 簋形甑(SJM39∶9)　2. 錡(SJM39∶7)　3. 罐口釜(SJM45∶3)　4. 鬲口釜(SJM45∶6)　5. 鼎盖(SJM39∶10)　6. 鼎(SJM39∶5)
7. 盆(SJM39∶6)　8. 盂形甑(SJM45∶8)　9. 盂(SJM45∶7)

弧，下腹斜直微内凹，平底内凹。沿面及肩部饰数周暗旋纹，上腹饰四周麦粒状绳纹。下腹有轮制痕迹。口径8.2、器身最大径38.0、底径15.9、通高31.3厘米(图四四四，5；彩版二〇，8)。

卷沿折肩罐　1件。标本SJM39∶3，夹细砂灰陶。大体，卷沿方唇，沿面微内凹；圆折肩，上腹略弧，下腹斜直，上下腹交接处圆弧，仅以一周旋纹分界，形成"符号亚腰"，平底。肩部局部饰竖行绳纹，肩腹交接处饰一周旋纹，上腹饰两周麦粒状绳纹。下腹有轮制痕迹。口径15.6、器身最大径28.8、底径12.3、通高22.8厘米(图四四四，1)。

盆　1件。标本SJM39∶6，夹细砂灰陶。敞口，折沿微下倾，尖圆唇；折腹，上腹近直，下腹弧收，上腹占腹部比例约小于三分之一，平底。上下腹交接处有一周折棱。口径28.4、底径13.1、通高15.2厘米(图四四二，7)。

铁灯　1件。标本SJM39∶1，豆形灯。浅折盘，方唇，盘壁斜直，盘底近平，柱柄下接大喇叭形座。盘底隐约可见三周弦纹。口径10.1、底径7.4、通高11.0厘米（图四四七,2）。

247. 2010YFSJM45

（1）位置

东距SJM46约2.5米。

（2）形制结构（图四四三）

墓向：10°。

墓道：位于洞室北侧。口大底小。口呈长方形,东长3.18、西长3.18、南宽1.44、北宽1.48米。斜壁。平底,东长2.88、西长2.90、南宽1.22、北宽1.18米。自深4.56米。

洞室：拱形顶,直壁,平底。洞室口位于墓道南壁中部,洞室宽小于墓道底宽。洞室口东壁距墓道东壁0.04、西壁距墓道西壁0.10米。底部平面呈长方形,东长2.88、西长2.86、南宽1.16、北宽1.10米。高1.40米。

填土：墓道为黄褐色五花土,土质较硬。洞室为黄色淤土及塌土,土质较疏松。

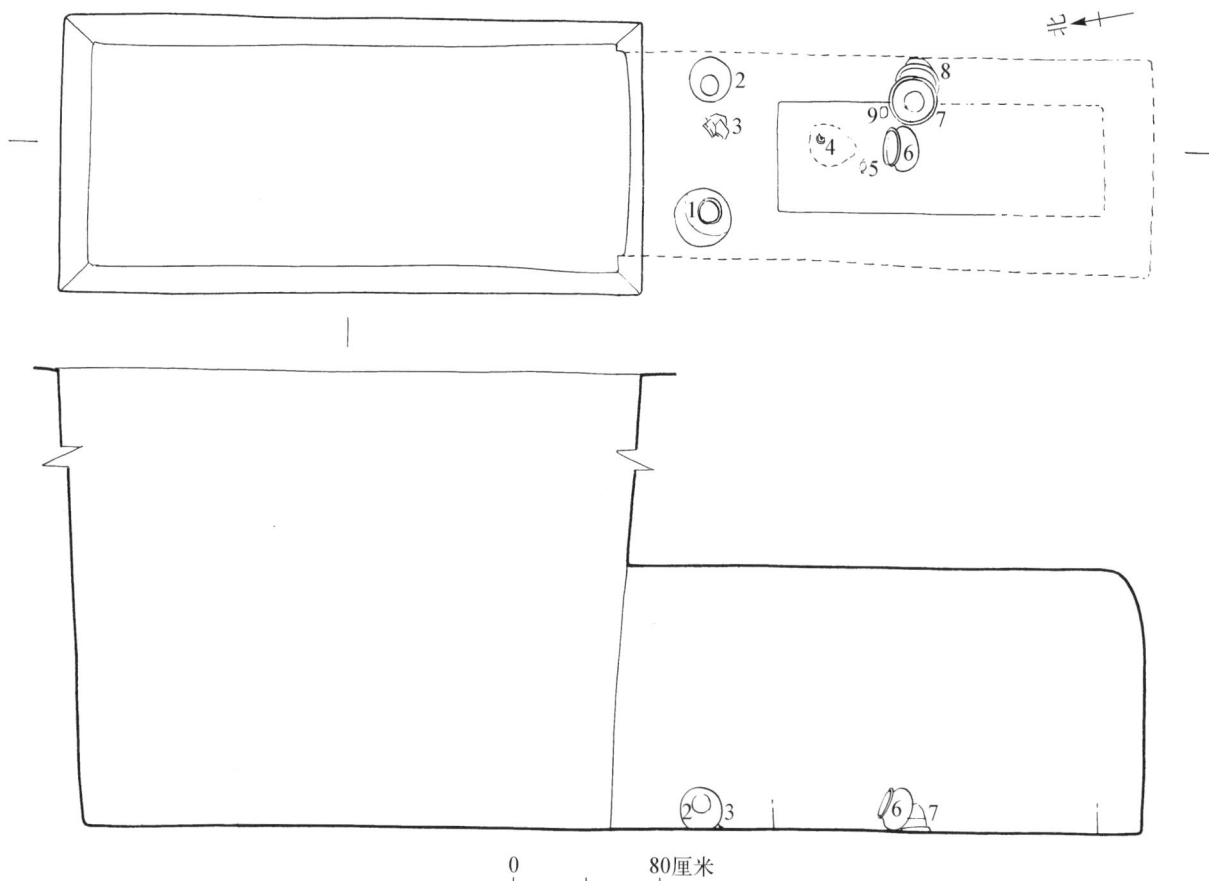

图四四三 SJM45墓葬平、剖图

1.陶缶 2.陶有颈罐 3.陶罐口釜 4、5.铜钱 6.陶鬲口釜 7.陶盂 8.陶盂形甑 9.圆陶片

（3）葬具

单棺,呈矩形,棺南端仅存板灰痕迹。棺长1.77、宽0.58米。

（4）墓主人

骨架朽成粉末状。葬式不明,头向与墓道方向相同。

（5）随葬品及其位置

共9件（组）,包括陶器6件、铜钱2组（2、11枚）、圆陶片1件。缶（：1）位于棺外西北角。有颈罐（：2）位于棺外东北角,罐口釜（：3）位于其西侧。鬲口釜（：6）、盂（：7）置于棺内中部略偏北,7号倒置,两器原应位于棺盖上相应位置。盂形甑（：8）位于棺外东侧。铜钱（：4、：5）位于棺内墓主头部,圆陶片（：9）位于棺内东北部。

（6）随葬品介绍

缶　1件。标本SJM45：1,夹细砂灰陶。小体,小口束颈,折沿下倾,尖圆唇;折肩,腹微折,肩腹部呈"微亚腰"状,上腹微弧近直,下腹斜直,平底。肩部饰数周暗旋纹,肩腹交接处饰一周旋纹,上腹饰两至三周麦粒状绳纹。口径8.0、器身最大径32.4、底径14.9、通高28.8厘米（图四四四,2）。

有颈罐　1件。标本SJM45：2,夹细砂灰陶。直口,厚圆唇,矮直颈,圆鼓肩,腹部整体圆弧,平底。素面。口径9.8、器身最大径18.7、底径10.7、通高16.2厘米（图四四四,3）。

盂　1件。标本SJM45：7,夹细砂灰陶。敞口,折沿下倾,尖圆唇;折腹,上腹近直,下腹斜直,上腹占腹部比例小于三分之一,平底。上下腹交接处有一周折棱。口径21.6、底径9.8、通高11.2厘米（图四四二,9）。

盂形甑　1件。标本SJM45：8,夹细砂灰陶。直口,折沿微下倾,尖圆唇;折腹,上腹竖直,下腹斜直,上腹占腹部比例四分之一,平底;器底戳制17个圆形甑孔,布局为中心一孔与边缘两周。上腹饰两周旋纹。口径20.0、底径8.6、通高10.9厘米（图四四二,8）。

罐口釜　1件。标本SJM45：3,夹砂红褐陶,底部夹粗砂。小体,卷沿,方圆唇,矮直颈,圆肩,鼓腹,圜底。肩及腹上部饰数周瓦纹,腹下部饰横向篮纹,底部饰纵向篮纹。腹底有烟炱。口径8.6、器身最大径13.4、通高9.5厘米（图四四二,3）。

鬲口釜　1件。标本SJM45：6,夹砂灰陶,底部夹粗砂。口微侈,斜方唇,唇面微内凹;圆肩,鼓腹,腹部整体圆弧,圜底。腹上部饰数周旋纹,腹下部饰横向绳纹,底部隐约可见绳纹。口径14.9、器身最大径22.0、通高16.3厘米（图四四二,4）。

圆陶片　1件。标本SJM45：9,泥质灰陶。一面压印粗绳纹。沿面径4.9、底径5.4、厚0.9厘米（图四四七,9;彩版四七,8）。

铜钱　共13枚。标本SJM45：4、SJM45：5,均为"半两"。穿多方正,1枚孔较大。1枚有钱郭。可辨钱文的文字各异,字与穿比例不同。"半"字头部转折程度不同,两横线及竖线出于下横线的长度不等;"两"字上横线与肩长度比例不同,均折肩,"两"字内部结构亦有区别。钱缘或有铸口。铸造较为粗糙。钱径2.3~2.7、穿宽0.7~1.0厘米,重量1.8~2.6克（彩版三八,8）。具体形制详见表三一。

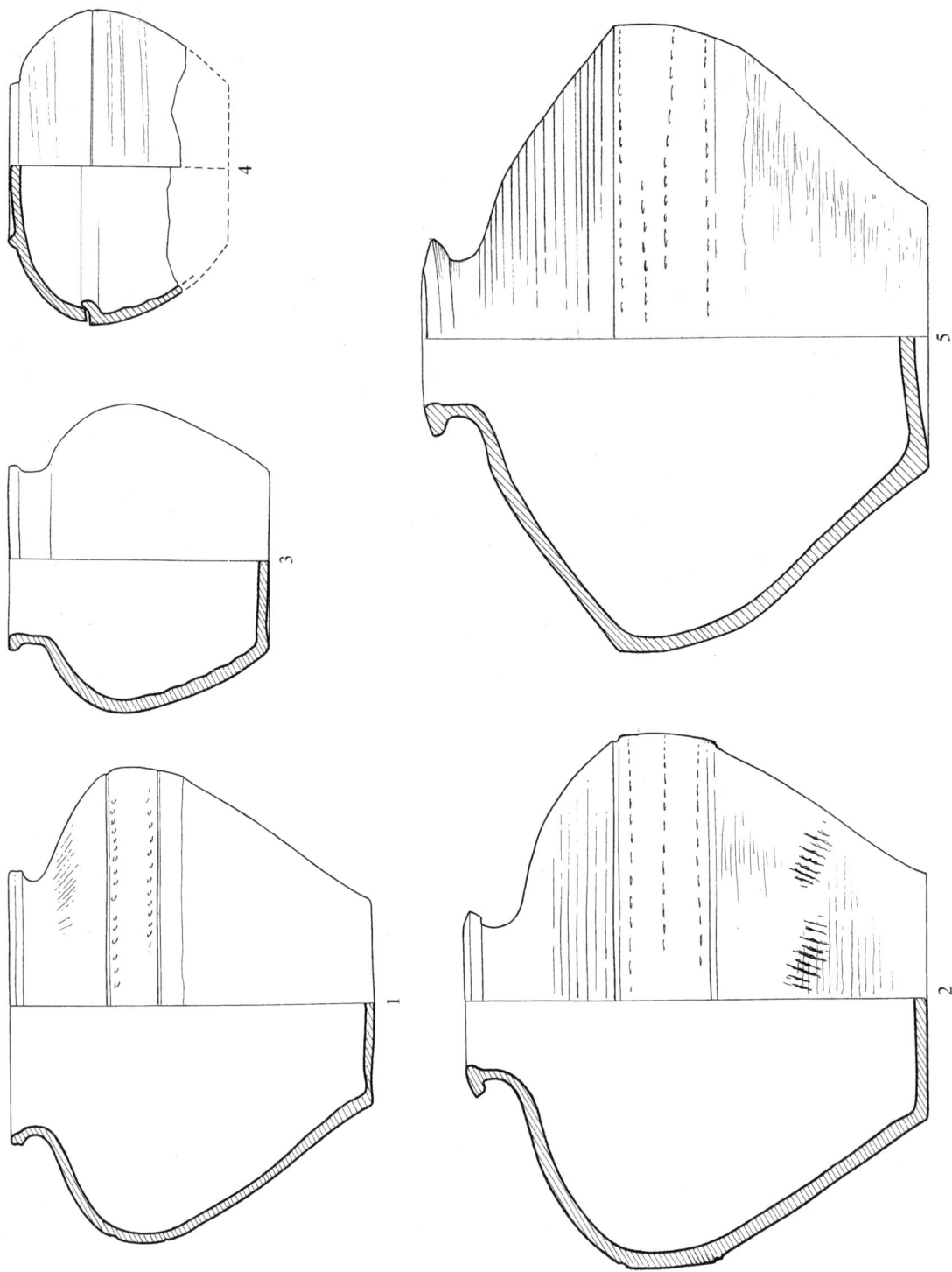

0 _____ 8厘米

图四四四　SJM39、SJM45 随葬陶器

1. 卷沿折肩罐（SJM39：3）　　2、5. 缶（SJM45：1，SJM39：2）　　3. 有颈罐（SJM45：2）　　4. 盛（SJM39：4）

表三一　SJM45铜钱统计表

编　号	种类	钱径	穿宽	重量	文　字	形　制	记　号	附着物	图　号	备　注
SJM45：4-1	半两	2.4	0.7	1.8	文字扁平，字略等于穿。"半"字头部转折，两横线等长，竖线出于下横线；"两"字上横线与肩等长，折肩，为"连山两"					
SJM45：4-2		2.4	0.7	2.5	文字扁平，字略等于穿。"半"字头部转折，两横线等长，竖线出于下横线；"两"字锈蚀不清					有1铸口
SJM45：5-1		2.3	0.9	2.3	文字扁平，字头等于穿。"半"字头部转折，下横线略短，竖线出于下横线；"两"字上横线较短，折肩，为"连山两"					
SJM45：5-2		2.4	1	2.5	文字扁平，字小于穿。"半"字头部转折，两横线等长，竖线出于下横线；"两"字上横线与肩等长，折肩，为"连山两"	穿孔较大			图四三二,8	
SJM45：5-3		2.5	0.8	2.4	文字扁平，字略大于穿。"半"字头部呈"八"字状，两横线略等，竖线微出下横线；"两"字上横线与肩等长，折肩，为"双人两"	钱郭			图四三二,1	
SJM45：5-4		2.4	0.8	1.8	文字凸起，字略大于穿。"半"字头部呈"八"字，两横线等长，竖线出于下横线；"两"字上横线与肩等长，折肩，为"十字两"				图四三二,3	
SJM45：5-5		2.5	0.8	2.6	文字凸起，字略等于穿。"半"字头部转折，两横线等长，竖线出于下横线；"两"字上横线与肩等长，折肩，为"双人两"					
SJM45：5-6		2.4	0.8	2.4	文字扁平，字略等于穿。"半"字头部转折，两横线等长，竖线出于下横线；"两"字上横线与肩等长，折肩，内部锈蚀					有2铸口

续表

编号	种类	钱径	穿宽	重量	文字	形制	记号	附着物	图号	备注
SJM45:5-7	半两	2.7	0.9	2.5	文字扁平,字大于穿。"半"字头部呈"八"字状,下横线较短,竖线略出于下横线;"两"字上横线比肩略短,折肩,为"双人两"				图四三二,9	钱缘残损
SJM45:5-8		2.6	0.8	2.5	文字略等于穿。"半"字头部略呈"八"字状,两横线略等,竖线略出于下横线;"两"字上横线略等于肩略等,折肩,为"连山两"					
SJM45:5-9		2.3	0.8	2.3	文字凸起,字略等于穿。"半"字头部转折,两横线略等,竖线出于下横线;"两"字上横线与肩等长,折肩,为"连山两"					有1铸口
SJM45:5-10		2.4	0.9	2.6	文字扁平,字略等于穿。"半"字头部转折,两横线等长,竖线出于下横线;"两"字上横线与肩等长,折肩,为"双人两"					
SJM45:5-11		2.4	0.8	2.5	锈蚀,文字不清晰					有1铸口

248. 2010YFSJM46

（1）位置

西距SJM45约2.5米,北距SJM35约5.8米,东距SJM47约4.8米。

（2）形制结构（图四四五）

墓向：270°。

墓道：位于洞室西侧。口大底小。口部平面呈西窄东宽的梯形,南长3.80、北长3.80、东宽2.28、西宽1.60米。斜壁。平底,南长3.00、北长3.00、东宽1.60、西宽1.08米。自深4.40米。

洞室：拱形顶,直壁,平底。洞室口位于墓道东壁中部,洞室宽与墓道底宽等长。底部平面呈长方形,南长3.60、北长3.60、东宽1.52、西宽1.60米。高1.40米。

封门：木板封门,位于墓道与洞室连接处。南、北壁有封门槽,南侧封门槽宽0.30、深0.15、高1.60米,北侧封门槽宽0.28、深0.16、高1.60米。

填土：墓道为黄褐色五花土,夹杂大量深褐色土颗粒,土质较松散。洞室为黄色淤土,土质细密。

（3）葬具

单棺,呈倒梯形。置于洞室略偏东。两端板长度不相等,棺侧板与端板闭合相接。棺长2.08、东宽0.62、西宽0.72米。

（4）墓主人

骨架仅存痕迹。葬式为仰身直肢葬,头向与墓道方向相同。

（5）随葬品及其位置

共9件（组）,包括陶器5件、铁器2件、铜器1组2件、铜钱1组66枚。铜带钩（:1）、铜钱（:2）位于棺内墓主脚端。棺外南侧由西向东依次为缶（:7）、直口折肩罐（:6）、直口折肩罐（:5）、铁釜（:3）、盆形甑（:4）,3号叠置于4号内。棺外西北角由西向东依次为铁灯（:8）、盂（:9）。

（6）随葬品介绍

缶 1件。标本SJM46:7,夹细砂灰陶。大体,小口束颈,折沿下倾,沿面有一周凹槽,尖圆唇;隆肩,腹部整体斜收,下腹内凹,平底微内凹。肩部饰数周暗旋纹且有阴刻文字,肩腹及上下腹交接处各饰一周旋纹,上腹饰两至三周麦粒状绳纹。口径10.2、器身最大径38.5、底径14.9、通高30.5厘米（图二四,1;图四四六,5;彩版二〇,3）。

直口折肩罐 共2件,皆夹细砂灰陶。大体,直口方唇,圆折肩,上腹略弧,下腹斜直,上下腹交接处圆弧,平底。肩部饰一周竖行绳纹。标本SJM46:6,口外侧有一周凹槽,上下腹交接处以一周旋纹分界,形成"符号亚腰"。肩腹交接处饰两周旋纹。口径16.0、器身最大径32.3、底径14.9、通高25.2厘米（图四四六,1）。标本SJM46:5,肩腹及上下腹交接处似修整出折痕,形成"象征亚腰"。唇部有铁锈痕迹。口径14.5、器身最大径28.1、底径13.6、通高22.0厘米（图四四六,3;彩版一七,1）。

盂 1件。标本SJM46:9,夹细砂灰陶。直口,折沿微下倾,尖圆唇;折腹,上腹竖直,下腹斜直,上腹占腹部比例大于三分之一,平底。上下腹交接处有一周折棱。沿面及内壁有铁锈痕迹。口径24.0、底径11.6、通高10.9厘米（图四四六,2）。

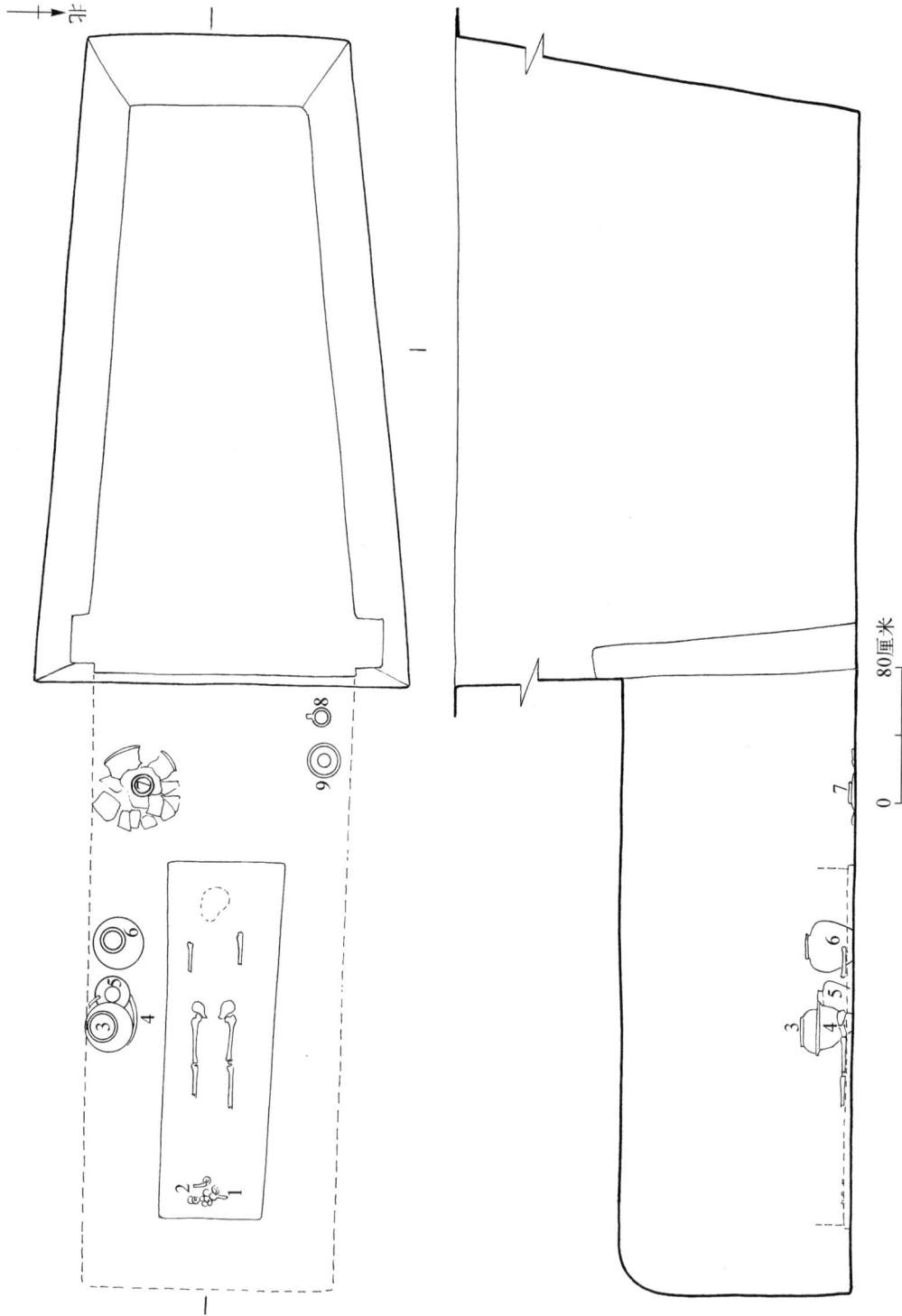

图四四五　SJM46 墓葬平、剖图

1. 铜带钩　2. 铜钱　3. 铁釜　4. 陶盆形甑　5、6. 陶直口折肩罐　7. 陶缶　8. 铁灯　9. 陶盂

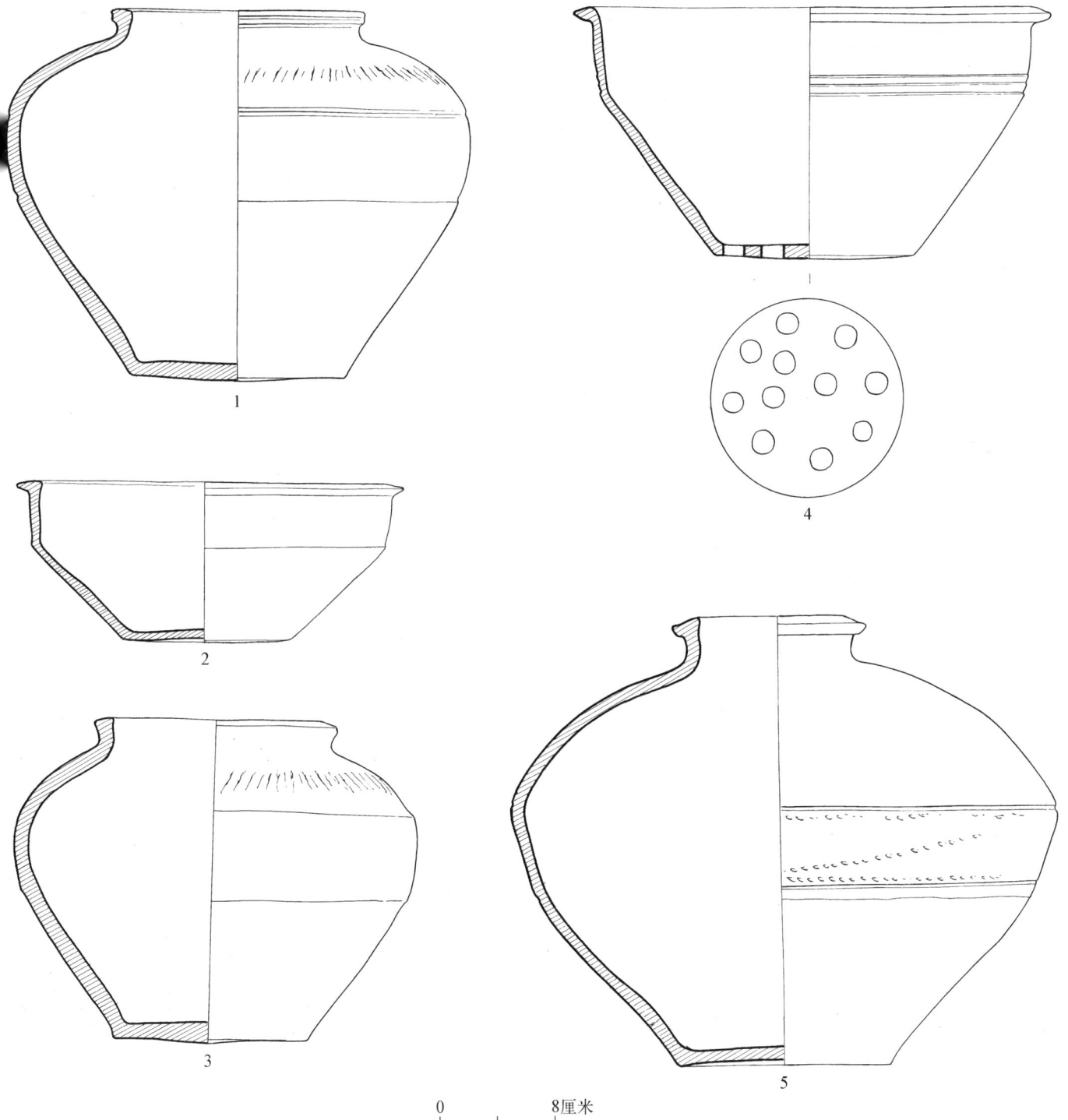

图四四六　SJM46随葬陶器

1、3.直口折肩罐（SJM46：6、SJM46：5）　2.盂（SJM46：9）　4.盆形甑（SJM46：4）　5.缶（SJM46：7）

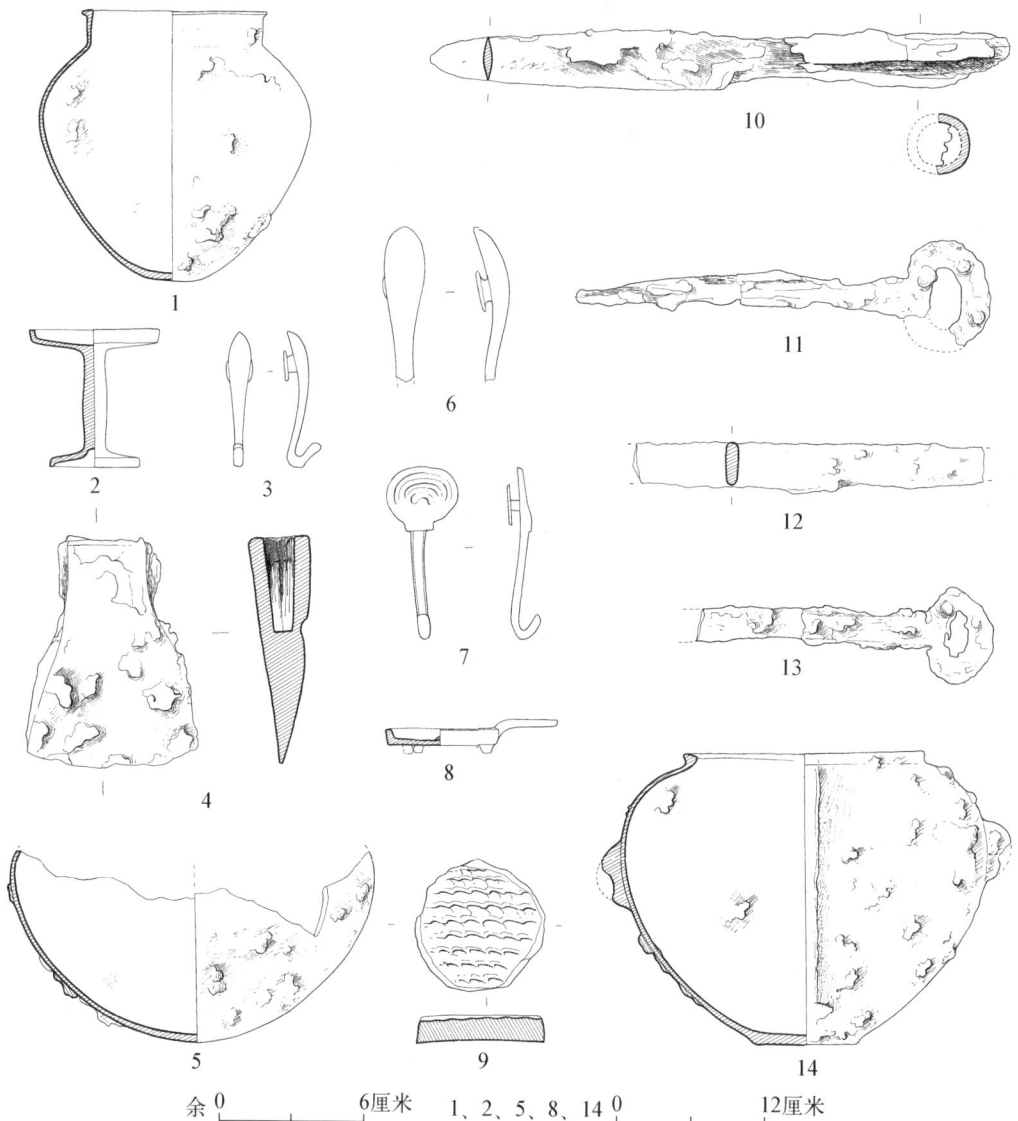

图四四七　SJM32、SJM33、SJM35、SJM38、SJM39、SJM45、SJM46、SJM51、SJM55随葬小件器物

1、5、14. 铁釜（SJM35：9、SJM33：9、SJM46：3）　2、8. 铁灯（SJM39：1、SJM46：8）　3、6、7. 铜带钩（SJM46：1、SJM35：1、SJM55：1）
4. 铁锛（SJM32：2）　9. 圆陶片（SJM45：9）　10. 铁矛（SJM38：10）　11、12、13. 铁削（SJM51：13、SJM33：2、SJM51：3）

盆形甑　1件。标本SJM46：4，夹细砂灰陶。敞口，折沿下倾，沿面微鼓，尖圆唇；折腹，上腹竖直，下腹斜直，上腹占腹部比例三分之一，平底；器底戳制11个圆形甑孔，布局为中心三孔与边缘一周。上腹饰三周旋纹。器内壁及上腹有铁锈痕迹。口径30.8、底径14.0、通高17.0厘米（图四四六，4；彩版二二，7）。

铜带钩　1件。标本SJM46：1，水禽形，钩体较小，断面呈半圆形；钩尾较宽，圆形钩钮位于钩尾下部，以一短柱相连。长5.35、宽0.35～1.00、钮径1.20厘米（图四四七，3；彩版四一，2）。

铁灯　1件。标本SJM46：8，行灯。浅折盘，方唇，盘壁斜直，灯盘中心有一圆锥形烛钎；平底下接三矮足，矮足断面呈半圆形；长条形柄略高于灯盘，其位置与一足相应。口径8.5、盘高

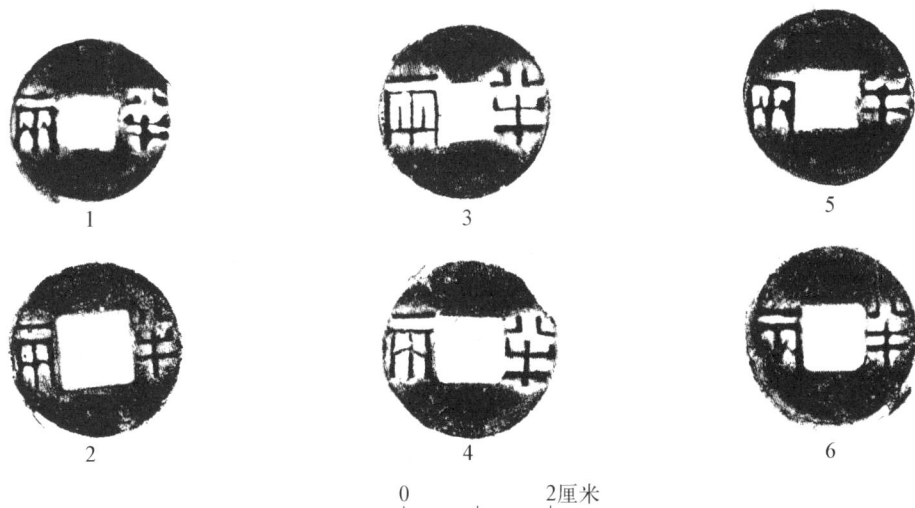

图四四八 SJM46随葬铜钱拓片

1. SJM46∶2-51　2. SJM46∶2-1　3. SJM46∶2-3　4. SJM46∶2-5　5. SJM46∶2-46　6. SJM46∶2-57

1.4、足高0.6、柄长4.0厘米(图四四七,8)。

铁釜　1件。标本SJM46∶3,耳残。直口方唇,隆肩,鼓腹较深,小平底,腹部饰对称小錾。口径19.8、器身最大径30.0、底径8.0、通高23.0厘米(图四四七,14)。

铜钱　共66枚。标本SJM46∶2,均为"半两"。肉上或有符号或有凸起和折棱。穿多方正,少数穿不规则。少数有钱郭。可辨钱文的文字各异,字与穿比例不同。"半"字头部转折程度不同,两横线及竖线出于下横线的长度不等;"两"字上横线与肩长度比例不同,均折肩,"两"字内部结构亦有区别。钱缘或有铸口。铸造略粗糙。钱径2.2～2.7、穿宽0.6～0.9厘米,重量2.0～3.7克(图四五一,4)。具体形制详见表三二。

249. 2010YFSJM47

(1)位置

东距SJM62约0.5米,北距SJM31约3.5米。

(2)形制结构(图四四九)

墓向:270°。

墓道:位于洞室西侧。口大底小。口部平面呈梯形,西窄东宽,南长3.50、北长3.50、东宽2.10、西宽1.84米。斜壁。平底,南长3.10、北长3.10、东宽1.60、西宽1.40米。自深3.00米。

洞室:拱形顶,直壁,平底。洞室口位于墓道东壁中部,洞室宽小于墓道底宽。洞室口南壁距墓道南壁0.10、北壁距墓道北壁0.10米。底部平面呈长方形,南长3.54、北长3.58、东宽1.40、西宽1.40米。高1.40米。

填土:墓道为黄褐色五花土,土质较松散,夹杂少量的烧土颗粒和木灰。洞室为黄色淤土,土质细密,含少量木灰。

表三二　SJM46铜钱统计表

编号	种类	钱径	穿宽	重量	文字特征	形制	记号	附着物	图号	备注
SJM46:2-1	半两	2.4	0.9	2.8	文字扁平,字略小于穿。"半"字头部转折,下横线略长,折肩;"两"字上横线与肩等长,折肩,为"十字两"				图四四八,2	
SJM46:2-2		2.7	0.9	3.2	文字凸起,字略大于穿。"半"字头部转折,下横线较短,折肩;"两"字上横线较短,折肩,为"双人两"				图四五一,4	
SJM46:2-3		2.4	0.7	2.5	文字凸起,字略大于穿。"半"字头部转折,两横略短,折肩;"两"字上横线比肩略长,折肩,为"倒T两"				图四四八,3	
SJM46:2-4		2.5	0.9	3.7	文字扁平,字略等于穿。"半"字锈蚀不清;"两"字上横线不清,为"倒T两"	穿不规则				有1铸口
SJM46:2-5		2.4	0.8	2.6	文字凸起,字等于穿。"半"字头部转折,下横线略短,折肩;"两"字上横线与肩等长,折肩,为"十字两","十"字的横略向上弧				图四四八,4	
SJM46:2-6		2.4	0.9	3.2	文字不清晰					有1铸口
SJM46:2-7		2.5	0.9	2.7	文字凸起,字略等于穿。"半"字头部转折,两横线略长,折肩;"两"字上横线与肩等长,折肩,为"连山两"		穿上有一V形符号			
SJM46:2-8		2.4	0.8	2.2	文字不清晰					
SJM46:2-9		2.3	0.8	3.5	同上	钱郭				
SJM46:2-10		2.4	0.8	2.8	文字凸起,字略等于穿。"半"字头部转折,两横线略短,折肩;"两"字上横线与肩等长,折肩,为"双人两"		穿下有一道凸起			
SJM46:2-11		2.4	0.7	2.8	文字扁平,字略等于穿。"半"字头部转折,下横线略短,竖线出于下横线;"两"字锈蚀不清					

续表

编　号	种类	钱径	穿宽	重量	文　字　特　征	形　制	记　号	附着物	图　号	备　注
SJM46：2-12		2.4	0.7	2.8	文字凸起，字大于穿。"半"字头部转折，两横线略等，竖线出于下横线等长，折肩，为"双人两"					
SJM46：2-13		2.5	0.7	2.8	文字扁平，字大于穿。"半"字头部不明显，两横线略出于下横线等；竖线出于下横线等；"两"字上横线与肩略等，折肩，为"十字两"					
SJM46：2-14		2.4	0.7	2.9	文字扁平，字略等于穿。"半"字头部不明显，两横线略等，竖线出于下横线等，折肩，为"连山两"					
SJM46：2-15		2.4	0.8	2.8	文字扁平，字略等于穿。"半"字头部呈"八"字状，两横线略等，竖线出于下横线等；"两"字上横线与肩略等，折肩，为"连山两"					有1铸口
SJM46：2-16	半两	2.5	0.7	3.2	文字扁平，笔画较细，字略等于穿。"半"字头部转折，两横线略等，竖线出于下横线等；"两"字上横线与肩略等，折肩，为"双人两"					
SJM46：2-17		2.4	0.9	2.8	同上					
SJM46：2-18		2.4	0.9	2.6	文字扁平，笔画较细，字略等于穿。"半"字头部转折，两横线略等，竖线出于下横线等，"两"字锈蚀不清					有1铸口
SJM46：2-19		2.4	0.8	2.9	文字凸起，字略等于穿。"半"字头部转折，两横线略等，竖线出于下横线等长，折肩，"两"字上横线比肩略长，折肩，为"双人两"					
SJM46：2-20		2.6	0.8	3.2	文字扁平，字略等于穿。"半"字锈蚀不清；"两"字上横线与肩，折肩，为"双人两"					
SJM46：2-21		2.4	0.8	2.9	文字扁平，字略等于穿。"半"字头部转折，两横线略等，竖线出于下横线等长，折肩，为"倒T两"					

续表

编号	种类	钱径	穿宽	重量	文字特征	形制	记号	附着物	图号	备注
SJM46：2-22		2.5	0.6	2.6	文字不清晰					有1铸口
SJM46：2-23		2.3	0.8	2.1	同上					
SJM46：2-24		2.4	0.8	2.9	文字扁平，字略等于穿。"半"字头部转折，两横线略出于下横线，折肩，为"十字两"					
SJM46：2-25		2.4	0.9	2.9	文字凸起，笔画较细，字略等于穿。"半"字头部转折，两横线略等，竖线出于下横线，横线与肩等长，折肩，为"双人两"					
SJM46：2-26		2.4	0.9	2.3	同上					
SJM46：2-27	半两	2.4	0.9	2.8	文字凸起，字略等于穿。"半"字头部略呈"八"字状，两横线略等，竖线出于下横线，横线与肩等长，折肩，为"倒T两"					
SJM46：2-28		2.4	0.8	2.7	文字凸起，字略等于穿。"半"字头部略呈"八"字状，两横线略等，竖线出于下横线，横线与肩等长，折肩，为"连山两"					
SJM46：2-29		2.5	0.8	2.6	文字不清晰					
SJM46：2-30		2.4	0.7	2.7	同上					
SJM46：2-31		2.4	0.8	2.8	文字凸起，字略等于穿。"半"字头部转折，两横线略出于下横线，竖线与肩等长，折肩，为"倒T两"					
SJM46：2-32		2.5	0.8	3	文字凸起，字大于穿。"半"字头部转折，两横线略等，竖线出于下横线，横线与肩等长，折肩，为"连山两"	穿不规则				
SJM46：2-33		2.5	0.8	3.5	文字凸起，字略等于穿。"半"字头部转折，两横线略出于下横线，竖线与肩短，折肩，为"连山两"					

续表

编 号	种类	钱径	穿宽	重量	文 字 特 征	形 制	记 号	附着物	图 号	备 注
SJM46:2-34	半两	2.3	0.8	2.8	文字凸起，字略等于芽。"半"字头部略呈"八"字状，下横线略长，竖线出于下横线；"两"字上横线与肩等长，折肩，为"双人两"					
SJM46:2-35		2.5	0.8	3.2	文字扁平，字略等芽，"半"字头部略呈"八"字状，两横线略等，竖线出于下横线；"两"字上横线与肩等长，折肩，为"十字两"					
SJM46:2-36		2.4	0.8	2.6	文字扁平，字略等等，"半"字头部转折，两横线略等，竖线出于下横线；"两"字上横线与肩等长，折肩，为"倒T两"					
SJM46:2-37		2.4	0.7	2.8	文字凸起，字略等于芽。"半"字头部锈蚀不清，两横线略等，竖线出于下横线；"两"字上横线较短，折肩，为"倒T两"					
SJM46:2-38		2.3	0.7	2.6	文字凸起，字略等于芽。"半"字头部转折，两横线略等，竖线出于下横线；"两"字上横线与肩等长，折肩，为"双人两"					
SJM46:2-39		2.3	0.7	2.2	文字扁平，字略等于芽。"半"字头部转折，下横线略等，竖线出于下横线；"两"字上横线比肩略短，折肩，为"十字两"					
SJM46:2-40		2.4	0.7	2.9	文字扁平，字略等于芽。"半"字锈蚀不清；"两"字上横线与肩等长，折肩，为"十字两"					
SJM46:2-41		2.4	0.7	2.8	文字扁平，字略等于芽。"半"字头部转折，两横线略等，竖线出于下横线；"两"字上横线与肩等长，折肩，为"双人两"					
SJM46:2-42		2.4	0.7	2.9	文字不清晰					
SJM46:2-43		2.4	0.7	2.9	文字凸起，字略等于芽。"半"字头部转折，两横线略等，竖线出于下横线；"两"字上横线与肩等长，折肩，为"连山两"					
SJM46:2-44		2.4	0.8	2.6	同上					

续表

编号	种类	钱径	穿宽	重量	文字特征	形制	记号	附着物	图号	备注
SJM46：2-45		2.4	0.6	3.2	文字扁平，字略等于铢。"半"字头部转折，两下横线等，竖线出于下横线，折肩，"两"字上横线比肩略长，为"双人两"					
SJM46：2-46		2.4	0.7	2.5	文字扁平，字等于铢。"半"字头部转折，两横线等长，竖线略出于下横线，为"双人两"	钱郭			图四四八,5	
SJM46：2-47		2.4	0.9	2.8	文字扁平，字略等于铢。"半"字头部转折，两横线略等，竖线略出于下横线，折肩，"两"字无上横线，为"连山两"		穿上有一横贯钱径的折棱			
SJM46：2-48		2.3	0.7	2.9	文字不清晰					
SJM46：2-49	半两	2.4	0.8	3	同上					
SJM46：2-50		2.4	0.7	2.4	文字扁平，字等于铢。"半"字头略呈"八"字状，两横线略等，竖线与肩等长，折肩，"两"字上横线等长，为"连山两"					
SJM46：2-51		2.3	0.7	2	文字扁平，字略等于铢。"半"字头部略呈"八"字状，两横线略等，竖线比肩略短，折肩，"两"字上横线与肩等，为"连山两"				图四四八,1	
SJM46：2-52		2.4	0.7	2.9	文字凸起，笔画较细，字略略等于铢。"半"字部转折，两横线略等，竖线出于下横线，折肩，"两"字上横线与肩等长，为"双人两"					
SJM46：2-53		2.4	0.9	2.8	文字扁平，字略等于铢。"半"字头部转折，两横线略等，竖线出于下横线，折肩，"两"字上横线与肩等长，为"十字两"					
SJM46：2-54		2.3	0.9	2.5	同上					
SJM46：2-55		2.4	0.8	2.5	文字扁平，字略等于铢。"半"字头部转折，两横线略等，竖线出于下横线，折肩，"两"字上横线与肩等长，为"双人两"					有1铸口

编　号	种类	钱径	穿宽	重量	文　字　特　征	形　制	记　号	附着物	图　号	备　注
SJM46：2-56		2.4	0.6	3.5	文字扁平，字略等于铢，"半"字头部转折，两横线出于下横线；"两"字上横线与肩等长，折肩，为"连山两"					
SJM46：2-57		2.5	0.7	3.2	文字扁平，字等于铢。"半"字头部转折微弧，两横线无上上折，竖线出于下横线；"两"字上横线与肩等长，折肩，为"两"				图四四八、6	有1铸口
SJM46：2-58		2.4	0.7	3.2	文字不清晰					
SJM46：2-59		2.3	0.7	2.7	同上					
SJM46：2-60		2.4	0.7	3	文字扁平，字略等于铢。"半"字头部呈"八"字状、下部锈蚀不清，"两"字上横线与肩等长，折肩，为"十字两"					有1铸口
SJM46：2-61	半两	2.4	0.7	3	文字不清晰					
SJM46：2-62		2.4	0.8	3	文字凸起，字略等于铢。"半"字头部转折，两横线略出于下横线；"两"字上横线与肩等长，折肩，为"十字两"					
SJM46：2-63		2.4	0.7	2.8	文字扁平，字略等于铢。"半"字头部锈蚀不清，两横线略出于下横线；"两"字上横线与肩等长，折肩，为"十字两"					有1铸口
SJM46：2-64		2.2	0.7	2.8	文字扁平，字略等于铢。"半"字头部转折，两横线出于下横线；"两"字上横线与肩等长，折肩，为"十字两"					
SJM46：2-65		2.3	0.6	2.1	文字凸起，字略等于铢。"半"字头部转折，两横线略出于下横线；"两"字上横线与肩等长，折肩，为"双人两"					
SJM46：2-66		2.4	0.7	3	文字扁平，字略等于铢。"半"字头部转折，两横线出于下横线；"两"字上横线与肩等长，折肩，为"连山两"					

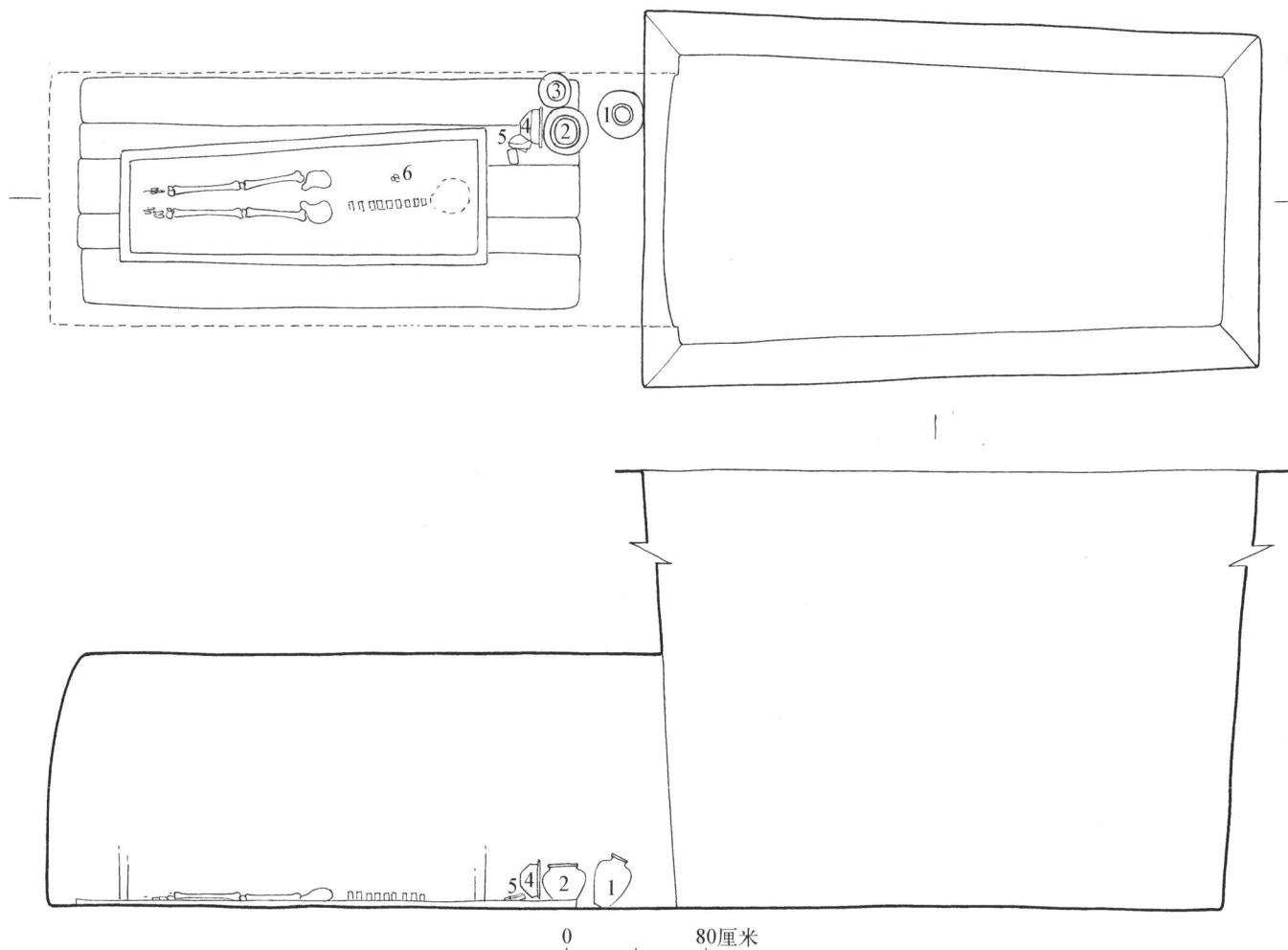

图四四九　SJM47墓葬平、剖图

1.陶小口旋纹罐　2.陶直口折肩罐　3.陶鬲口釜　4.陶盂形甑　5.陶罐口釜　6.铜钱

（3）葬具

单棺，呈倒梯形。两端板长度不相等，棺侧板与端板闭合相接。棺长2.10、东宽0.62、西宽0.76、厚0.06米。棺下加棺床，棺床由5块木板横向铺设，由北向南各块木板长、宽依次为2.86×0.30、2.90×0.22、2.87×0.30、2.87×0.20、2.86×0.26 m^2。

（4）墓主人

上肢骨及肋骨不存，头骨仅见痕迹。葬式为仰身直肢葬，头向与墓道方向相同。

（5）随葬品及其位置

共6件（组），包括陶器5件、铜钱1组3枚。陶器均位于棺外西南侧，由西向东依次为小口旋纹罐（∶1）、直口折肩罐（∶2）、盂形甑（∶4）、罐口釜（∶5），4号侧置，口向西。鬲口釜（∶3）位于2号东南侧。铜钱（∶6）位于棺内墓主脊椎骨南侧。

（6）随葬品介绍

小口旋纹罐　1件。标本SJM47：1，夹细砂灰陶。小口束颈，折沿微下倾，圆唇；微溜肩，腹近斜直，腹下部微内凹，平底。肩上部饰竖行细绳纹，肩及腹上部饰数周旋断绳纹，下腹局部饰竖行粗绳纹。口径10.0、器身最大径25.4、底径11.9、通高27.9厘米（图四五〇，8）。

直口折肩罐　1件。标本SJM47：2，夹细砂灰陶。大体，直口方唇，口外侧有一周凹槽；折肩，上腹近直，下腹斜直微内凹，上下腹交接处圆弧，仅以一周旋纹分界，形成"符号亚腰"，平底。肩部饰三角形及云形暗纹，肩腹交接处饰一周旋纹，上腹饰一周麦粒状绳纹。口径13.4、器身最大径25.4、底径10.2、通高18.5厘米（图四五〇，4）。

盂形甑　1件。标本SJM47：4，夹细砂灰陶。直口，折沿微下倾，圆唇；弧腹微折，上腹竖直，下腹弧收，上腹占腹部比例近半，平底；底部戳制5个圆形甑孔，布局为中心一孔与边缘一周。口径18.4、底径9.3、通高12.8厘米（图四五〇，1；彩版二六，3、4）。

罐口釜　1件。标本SJM47：5，夹砂红褐陶，底部夹粗砂。小体，卷沿，方圆唇，矮直颈，圆肩，鼓腹，圜底。肩及腹上部隐约可见数周瓦纹，腹下部饰横向篮纹，底部饰纵向篮纹。腹底有烟炱。口

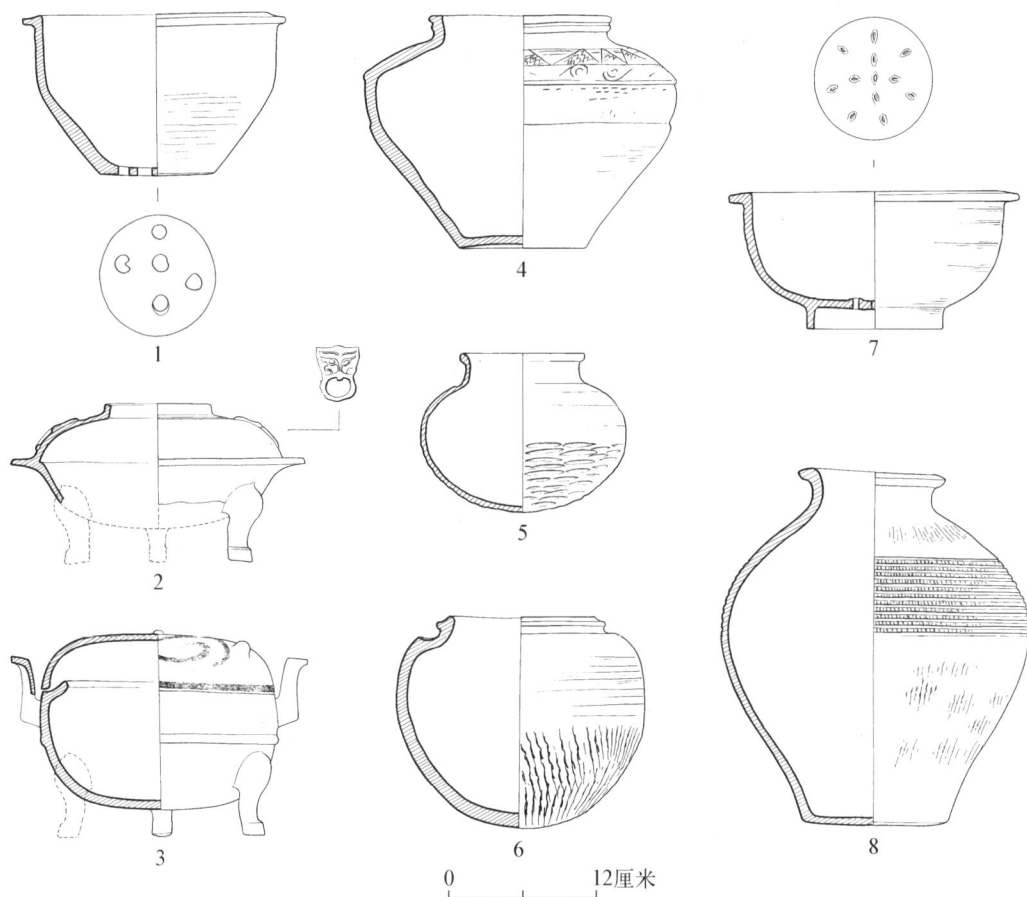

0　　　　　　12厘米

图四五〇　SJM47、SJM48随葬陶器

1.盂形甑（SJM47：4）　2.锜（SJM48：3）　3.鼎（SJM48：2）　4.直口折肩罐（SJM47：2）　5.罐口釜（SJM47：5）　6.鬲口釜（SJM47：3）
7.簋形甑（SJM48：4）　8.小口旋纹罐（SJM47：1）

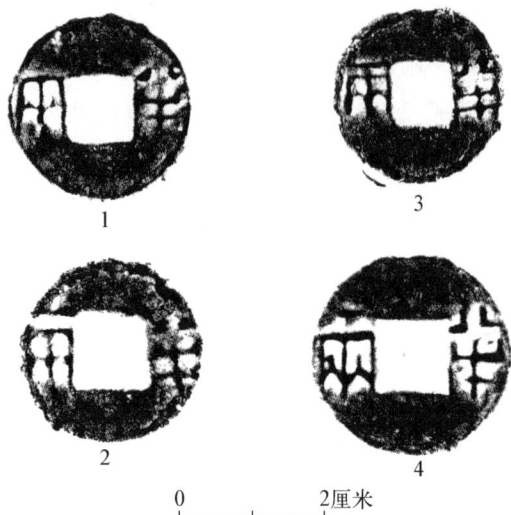

图四五一　SJM46、SJM47随葬铜钱拓片

1. SJM47:6-1　2. SJM47:6-2
3. SJM47:6-3　4. SJM46:2-2

径9.1、器身最大径16.7、通高12.7厘米（图四五〇,5）。

鬲口釜　1件。标本SJM47:3,夹砂灰陶,底部夹粗砂。口微侈,斜方唇,唇面微内凹;隆肩,肩面近口处略平,腹部整体圆弧,圜底。腹上部饰数周旋纹,腹下部及底饰粗绳纹。口径11.3、器身最大径20.2、通高16.9厘米（图四五〇,6）。

铜钱　共3枚。标本SJM47:6,均为"半两"。大小近同,文字略异。SJM47:6-1,文字略凸起,字略大于穿。"半"字头部呈"八"字状,下横线较短,竖线略出下横线;"两"字无上横线,折肩,为"连山两"。钱径2.5、穿宽0.8厘米,重量2.9克（图四五一,1）。SJM47:6-2,文字扁平,字等于穿。"半"字头部呈"八"字状,两横线等长,竖线略出下横线;"两"上横线与肩等长,折肩,为"十字两"。钱径2.5、穿宽0.9厘米,重量2.6克（图四五一,2）。SJM47:6-3,文字扁平,字略等于穿。"半"字头部转折,两横线等长,竖线出于下横线;"两"字上横线与肩等长,折肩,为"连山两"。钱径2.4、穿宽0.8厘米,重量2.7克（图四五一,3）。

250. 2010YFSJM48

（1）位置

北距SJM59约0.8米,东距SJM58约4.4米。

（2）形制结构（图四五二）

墓向:268°。

墓道:位于洞室西侧。口大底小。口呈长方形,南长3.30、北长3.30、东宽2.20、西宽2.20米。斜壁。平底,南长2.74、北长2.74、东宽1.48、西宽1.48米。自深3.40米。

洞室:拱形顶,直壁,平底。洞室口位于墓道东壁中部,洞室宽小于墓道底宽。洞室口南壁距墓道南壁0.12、北壁距墓道北壁0.10米。底部平面呈长方形,南长3.46、北长3.40、东宽1.30、西宽1.30米。高1.40米。

壁龛:呈圆拱形,1个。位于洞室北壁近口处,龛底与洞室底齐平。拱形顶,直壁,平底,底部平面大致呈半椭圆形。口宽1.00、进深0.40、高0.54米。

填土:墓道土色黄褐色,土质较硬。洞室土色黄色,夹杂少量的褐色土颗粒,土质较疏松,有大量生土块。

（3）葬具

单棺,呈矩形。置于洞室偏东南。棺长2.00、宽0.80米。

（4）墓主人

骨架不存,葬式不明。

图四五二　SJM48墓葬平、剖图

1.陶钫　2.陶鼎　3.陶锜　4.陶簋形甑

（5）随葬品及其位置

共4件，皆陶器，均位于洞室北壁底部、近洞室口的壁龛内。由东向西依次为钫（：1）、鼎（：2）、锜（：3）、簋形甑（：4）。

（6）随葬品介绍

钫　1件。标本SJM48：1，泥质灰陶。覆斗形盖，盖与器身以子母口扣合；器身侈口方唇，口外侧加厚一周泥条，束颈，溜肩，鼓腹，方形圈足微外撇；肩部对称饰一对兽面衔环状铺首，铺首立体感较强，兽面纹饰较精致，印痕清晰。钫盖饰两周条带状红彩，腹下部及圈足饰一周条带状红彩，铺首残存红彩。盖高4.3、盖顶阔5.0、盖阔7.2、口阔10.4、器身最大径11.4、器身高38.1、足高4.5、足阔13.4、通高41.4厘米（图四五三）。

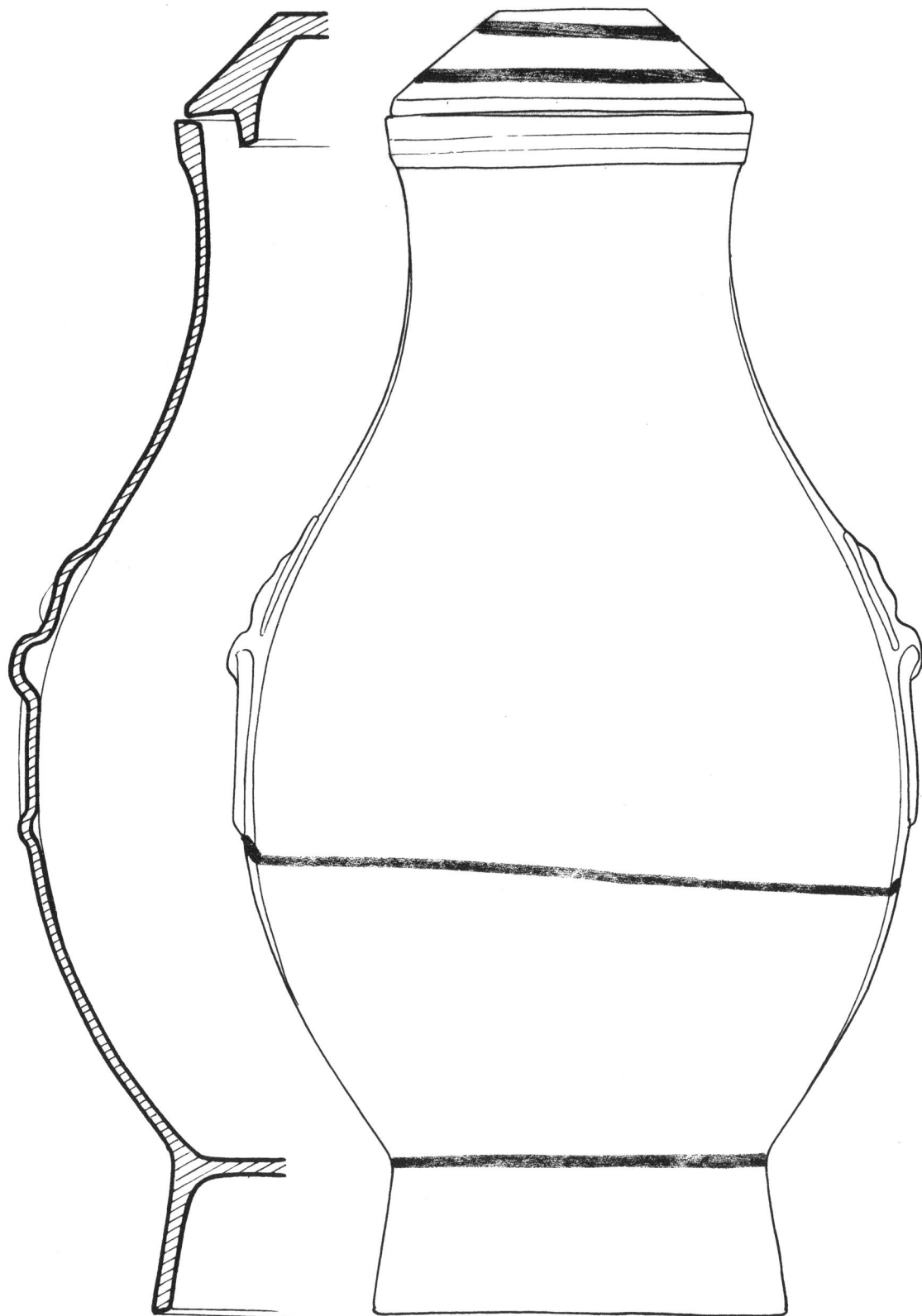

0   4厘米

图四五三　SJM48随葬陶钫

SJM48：1

鼎 1件。标本SJM48：2，泥质灰陶。盖面微弧近平，盖腹较浅，上饰三半圆形乳突，乳突较小；鼎身与盖以子母口扣合，口部内沿高于外沿，沿面微内凹；深弧腹，上下腹交接处有一周凸棱，圜底近平；双附耳，耳微外撇，有长方形穿，耳穿透出鼎身部分小于未透出部分；耳、足与鼎身连接处距腹部凸棱略远，蹄足较高微外撇，耳足呈五点式分布。盖面饰三组云纹，近口处饰一周条带状红彩；上腹隐约可见三周条带状彩绘。器盖口径17.6、器盖高4.1、耳高5.4、器身口径14.8、器身最大径19.3、器身高10.2、足高6.7、通高16.4厘米（图四五〇，3）。

锜 1件。标本SJM48：3，底及一足残，泥质灰陶。小直口方唇，弧肩，肩部对称饰一对兽面衔环状铺首，铺首大而纹饰精致、印痕清晰；弧腹，圜底，腹深大于肩高，肩腹转折处有腰檐，腰檐较宽；腹下接三蹄足，蹄足细高。肩部近口处饰一周弦纹。口径7.6、器身最大径24.0、檐宽1.6、足高6.4、通高13.8厘米（图四五〇，2）。

簋形甑 1件。标本SJM48：4，泥质灰陶。敞口，折沿微下倾，方唇；弧腹，器底内壁全部被刮，刮痕较深；器底戳制12个短条形甑孔，布局为中心一孔与边缘两周，圈足微内敛。口径20.8、底径10.6、通高11.2厘米（图四五〇，7）。

251. 2010YFSJM50

（1）位置

南距SJM51约0.5米。

（2）形制结构（图四五四）

墓向：278°。

墓道：位于洞室西侧。口略大于底。口呈长方形，南长2.80、北长2.80、东宽1.72、西宽1.43米。斜壁近直。平底，南长2.50、北长2.50、东宽1.52、西宽1.33米。自深4.80米。

洞室：拱形顶，直壁，平底。洞室口位于墓道东壁中部略偏北，洞室宽小于墓道底宽。洞室口南壁距墓道南壁0.28、北壁距墓道北壁0.16米。底部平面呈长方形，南长3.00、北长3.00、东宽1.06、西宽1.06米。高1.40米。

封门：木板封门，位于墓道与洞室连接处。南、北壁有封门槽，北侧封门槽宽0.18、深0.06、高1.52米，南侧封门槽宽0.18、深0.06、高1.52米。

填土：墓道为黄褐色五花土，土质较硬。洞室为黄色淤土，土质较松散。

（3）葬具

葬具不明。

（4）墓主人

骨架不存，葬式不明。

（5）随葬品及其位置

共3件，皆陶器，均位于洞室内西北角。由西向东依次为盆（：3）、盆改瓿（：2）、带把釜（：1）。

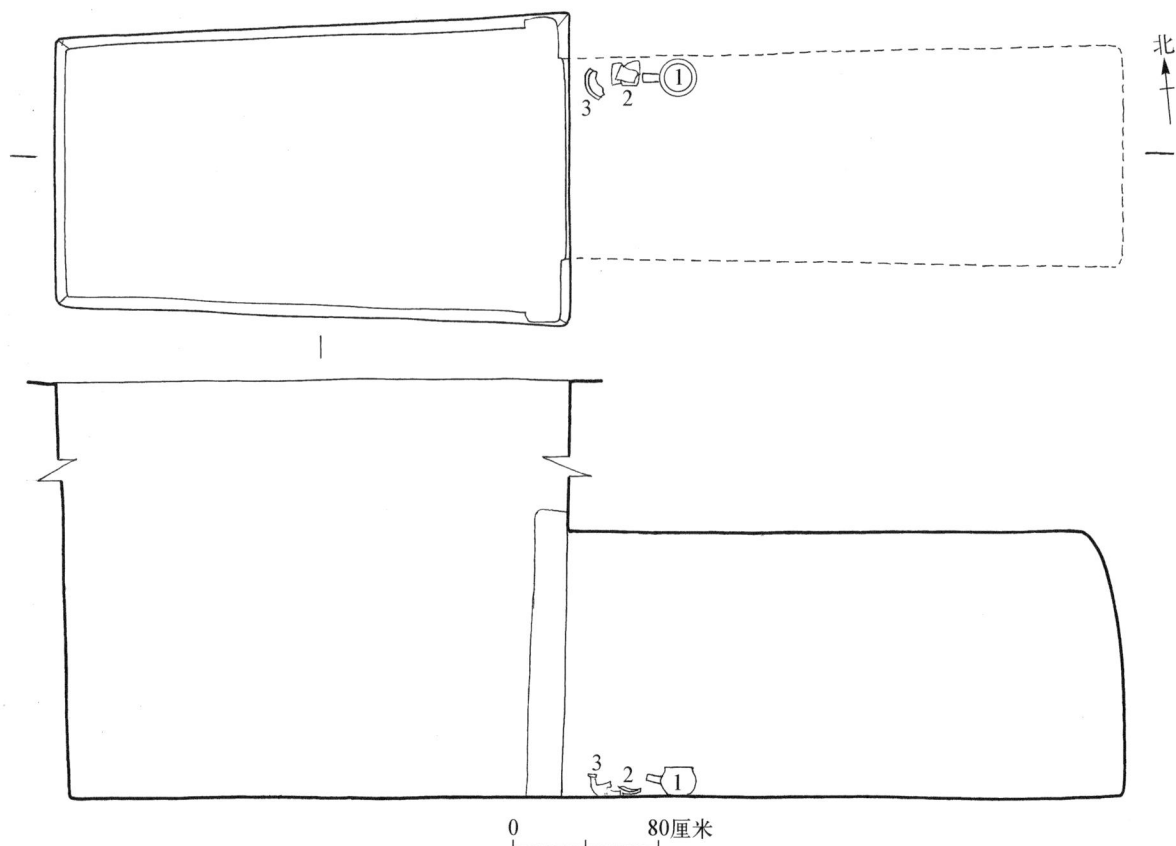

图四五四　SJM50墓葬平、剖图

1.陶带把釜　2.陶盆改甑　3.陶盆

（6）随葬品介绍

盆　1件。标本SJM50：3，夹细砂灰陶。直口，折沿微下倾，沿面微鼓，尖圆唇；折腹，上腹竖直微内敛，下腹斜直，上腹占腹部比例三分之一。器内壁及沿面饰数周暗旋纹，上下腹交接处有一周折棱。口径25.1、底径13.0、通高16.7厘米（图四五六，4）。

盆改甑　1件。标本SJM50：2，夹细砂灰陶。敞口，折沿下倾，沿面微鼓，尖圆唇；折腹，上腹竖直，下腹斜直，上腹占腹部比例三分之一，平底；器底残留8个凿制圆形甑孔。器内壁及沿面隐约可见数周暗旋纹，上下腹交接处有一周折棱，下腹局部饰竖行绳纹。口径25.2、底径13.0、通高14.2厘米（图四五六，5）。

带把釜　1件。标本SJM50：1，夹砂红陶，底部夹粗砂。口微侈，厚圆唇，矮直颈，圆肩，鼓腹，圜底，肩腹交接处有一圆筒形把。肩及腹上部饰数周瓦纹，腹下部饰横向篮纹，底部饰纵向篮纹。器表布满烟炱。口径10.0、器身最大径15.2、把长5.4、通高12.2厘米（图四五六，8）。

252. 2010YFSJM51

（1）位置

北距SJM50约0.5米，东南距SJM52约2.0米。

（2）形制结构（图四五五）

墓向：280°。

墓道：位于洞室西侧。口大底小。口呈长方形，南长3.20、北长3.20、东宽2.20、西宽2.20米。斜壁。平底，南长2.86、北长2.86、东宽1.86、西宽1.86米。自深4.80米。

洞室：拱形顶，直壁，平底。洞室口位于墓道东壁中部，洞室宽小于墓道底宽。洞室口南壁距墓道南壁0.12、北壁距墓道北壁0.14米。底部平面呈长方形，南长3.70、北长3.66、东宽1.60、西宽1.60米。高1.50米。

填土：墓道土色红褐色，土质较硬，经过夯打，但无明显夯层及夯窝。洞室土色黄色，土质较疏松，有大量生土块。

（3）葬具

一棺一椁，均呈矩形。棺置于椁内偏东南。棺长2.10、宽0.76米。椁长3.14、宽1.54米。

图四五五　SJM51墓葬平、剖图

1. 铜钱　2. 铜镜　3、13. 铁削　4. 陶罐口釜　5. 陶盂改甑　6. 铁釜　7. 陶盂　8. 陶缶
9、10. 陶小口旋纹罐　11. 陶直口折肩罐　12. 陶卷沿折肩罐

（4）墓主人

仅存下肢骨、盆骨和脊椎。葬式为仰身直肢葬，头向与墓道方向相同。

（5）随葬品及其位置

共13件（组），包括陶器8件、铁器3件、铜镜1面、铜钱1组26枚。铜钱（：1）、铜镜（：2）、铁削（：3、：13）位于棺内墓主脚端。其余器物均位于棺椁之间，棺外北侧由西向东依次为盂改甑（：5）、铁釜（：6）、盂（：7）、缶（8）、小口旋纹罐（：9、：10）、直口折肩罐（：11）、卷沿折肩罐（：12），5号叠置于6号上，7号倒置于8号上。10号、12号紧邻洞室北壁，9号、11号在它们南侧。罐口釜（：4）位于棺外西南侧。

（6）随葬品介绍

缶 1件。标本SJM51：8，夹细砂灰陶。大体，小口束颈，折沿下倾，沿面微内凹，尖圆唇；隆肩，腹部整体斜收，下腹近底处内凹，平底微内凹。沿面及肩部饰数周暗旋纹，上腹饰三周麦粒状绳纹。口径8.9、器身最大径41.0、底径15.5、通高33.7厘米（图四五六，12）。

小口旋纹罐 共2件，皆夹细砂灰陶。小口束颈，折沿微下倾，尖圆唇，平底。标本SJM51：10，微溜肩，腹近斜直，肩部隐约可见竖行绳纹。口径8.5、器身最大径21.8、底径8.9、通高24.7厘米（图四五六，1）。标本SJM51：9，圆鼓肩，腹微弧近直。肩及腹上部饰数周粗旋纹。下腹有轮制痕迹。口径8.4、器身最大径23.0、底径11.0、通高22.9厘米（图四五六，2）。

直口折肩罐 1件。标本SJM51：11，夹细砂灰陶。大体，直口，厚方唇，唇面微内凹；圆折肩，上腹圆弧，下腹斜直，上下腹交接处圆弧，无亚腰特征，平底较大。肩腹交接处饰一周旋纹，下腹局部饰竖行绳纹。下腹有轮制痕迹。口径14.9、器身最大径23.6、底径13.8、通高17.3厘米（图四五六，3；彩版一八，1）。

卷沿折肩罐 1件。标本SJM51：12，夹细砂灰陶。大体，卷沿，斜方唇，唇面有一周凹槽；圆折肩，上腹略弧，下腹斜直，上下腹交接处圆弧，仅以一周旋纹分界，形成"符号亚腰"，平底。肩腹交接处有一周旋纹，上腹饰三周麦粒状绳纹。口径14.8、器身最大径26.0、底径11.2、通高22.3厘米（图四五六，9）。

盂 1件。标本SJM51：7，夹细砂灰陶。侈口，斜方唇，沿下角较大；鼓腹，上腹近口部内敛，下腹斜直，平底。素面。口径25.7、底径11.2、通高13.2厘米（图四五六，6）。

盂改甑 1件。标本SJM51：5，夹细砂灰陶。直口，折沿下倾，沿面微内凹，圆唇；弧腹微折，上腹微弧近直，下腹斜直内凹，上腹占腹部比例近半；平底，器底凿制1个大圆形甑孔。上腹部饰两周旋纹间以一周楔形绳纹。下腹有铁锈痕迹。口径18.9、底径10.7、通高11.0厘米（图四五六，7；彩版二七，7、8）。

罐口釜 1件。标本SJM51：4，夹砂红陶，底部夹粗砂。小体，口微侈，厚圆唇，矮直颈，圆肩，鼓腹，圜底。肩及腹上部隐约可见瓦纹，腹下部饰横向篮纹，底部饰纵向篮纹。腹底有烟炱。口径11.9、器身最大径17.8、通高14.2厘米（图四五六，10；彩版二九，5）。

铁削 共2件。单面刃，直背直刃，削身断面近三角形；长扁平柄，柄部略窄于刃部，圆形

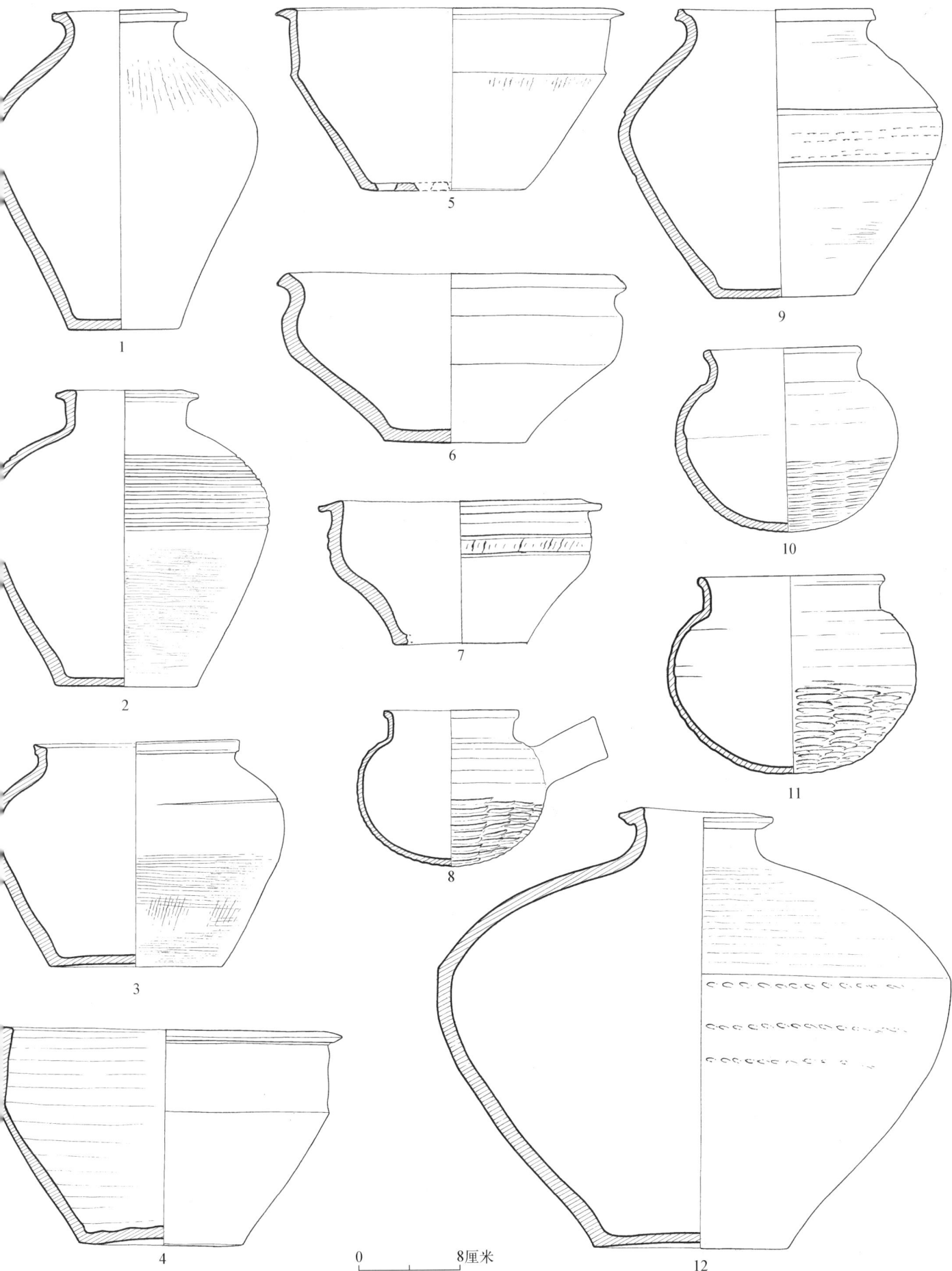

图四五六　SJM50、SJM51、SJM52随葬陶器

1、2.小口旋纹罐(SJM51：10、SJM51：9)　3.直口折肩罐(SJM51：11)　4.盆(SJM50：3)　5.盆改甑(SJM50：2)　6.盂(SJM51：7)
7.盂改甑(SJM51：5)　8.带把釜(SJM50：1)　9.卷沿折肩罐(SJM51：12)　10、11.罐口釜(SJM51：4、SJM52：1)　12.缶(SJM51：8)

环首。标本SJM51：13，环首残。长16.80、刃最宽处1.50、柄最宽处1.50、环首宽4.45厘米（图四四七，11）。标本SJM51：3，锋端残。残长12.15、刃最宽处0.90、柄最宽处1.10、环首宽3.80厘米（图四四七，13）。

铁釜　1件。标本SJM51：6，直口方唇，微出沿，矮直颈，圆肩，鼓腹，圜底近平，腹部饰对称小錾。口径18.40、器身最大径26.80、耳宽0.75、通高19.00厘米（图四六五，9）。

铜钱　共26枚。标本SJM51：1，均为半两。肉上或有凸起。穿多方正，仅1枚穿不规则。可辨钱文的文字各异，字与穿比例不同。"半"字头部转折程度不同，两横线及竖线出于下横线的长度不等；"两"字上横线与肩长度比例不同，均折肩，"两"字内部结构亦有区别。钱缘或有铸口。铸造较为规范。钱径2.3～2.5、穿宽0.6～1.1厘米，重量2.5～3.6克（图四五七，1～6）。具体形制详见表三三。

铜镜　1面。标本SJM51：2，残。素地弦纹镜。圆形，镜面平直；镜背饰两周弦纹，平镜缘。残径4.5厘米（图四五七，7）。

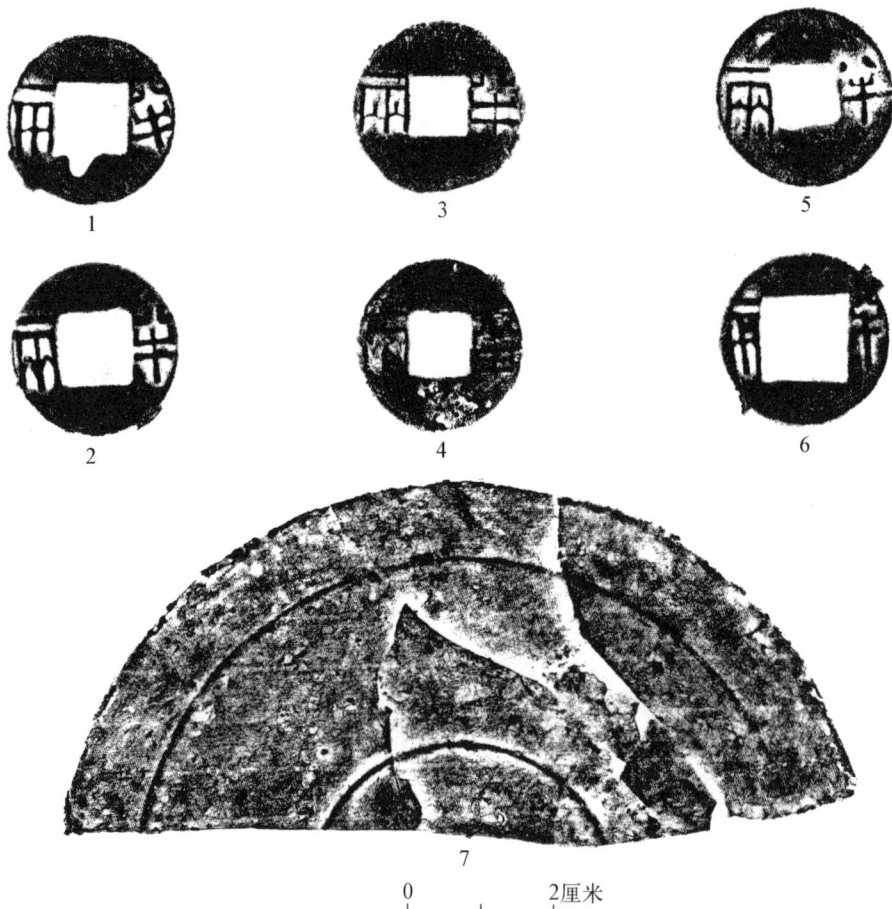

0 ____ 2厘米

图四五七　SJM51随葬铜钱、镜拓片

1、2、3、4、5、6.铜钱（SJM51：1-21、SJM51：1-8、SJM51：1-1、SJM51：1-20、SJM51：1-23、SJM51：1-18　7.铜镜（SJM51：2）

表三三　SJM51 铜钱统计表

编号	种类	钱径	穿宽	重量	文字	形制	记号	附着物	图号	备注
SJM51:1-1	半两	2.4	0.8	2.5	文字扁平，字等于芽。"半"字头部转折，两横线等长，竖线出于下横线；"两"字上横线与肩等长，折肩，为"双人两"				图四五七,3	
SJM51:1-2		2.3	0.8	2.8	文字扁平，字略等于芽。"半"字头部转折，下横线略出于下横线，竖线出于下横线；"两"字上横线比肩略长，折肩，为"1字两"					有1铸口
SJM51:1-3		2.4	0.7	3	文字凸起，字略等于芽。"半"字头部呈"八"字状，下横线略长，竖线出于下横线；"两"字上横线比肩略短，折肩，为"双人两"					
SJM51:1-4		2.4	0.7	2.8	文字扁平，字略大于芽。"半"字头部转折，两横线略等，竖线出于下横线；"两"字上横线比肩略长，折肩，为"双人两"					有1铸口
SJM51:1-5		2.4	0.8	2.7	文字凸起，字略等于芽。"半"字头部呈"八"字状，下横线较长，竖线出于钱郭，偏于钱郭，折于钱郭，为"十字两"					
SJM51:1-6		2.4	0.7	3.3	文字凸起，笔画较细，字略等于芽。"半"字头部转折，字略出于下横线，竖线出于下横线；"两"字上横线等，折肩，为"1字两"					
SJM51:1-7		2.4	0.8	2.7	文字凸起，字略等于芽。"半"字头部转折，两横线略等，竖线出于下横线；"两"字上横线比肩略短，折肩，为"双人两"					
SJM51:1-8		2.3	0.9	2.5	文字略凸起，瘦长，字略等于芽。"半"字头部转折，下横线略短，竖线长出于下横线；"两"字上横线与肩略等，折肩，为"连山两"				图四五七,2	有1对对称铸口
SJM51:1-9		2.4	0.8	2.5	文字不清晰					

续表

编号	种类	钱径	穿宽	重量	文字	形制	记号	附着物	图号	备注
SJM51:1-10		2.5	0.8	3.4	文字浅细，字略于穿。"半"字头部转折，两横线略出于下横线，竖线出于上横线与肩等长，折肩，为"双人两"					
SJM51:1-11		2.3	0.8	2.8	文字不清晰					有1铸口
SJM51:1-12		2.4	0.7	2.9	文字扁平，字略等于穿。"半"字头部呈"八"字状，下横线略短，竖线出于下横线等长，折肩，为"倒T两"					
SJM51:1-13		2.4	0.8	2.8	文字凸起，字略于穿。"半"字头部转折，两横线略出于下横线，竖线出于上横线与肩略等，折肩，为"连山两"					
SJM51:1-14	半两	2.4	0.7	2.8	文字不清晰					
SJM51:1-15		2.4	0.8	3.2	文字凸起，笔画较细，字略等于穿。"半"字头部略呈两短横，两横线略与肩等，"两"字上横线；竖线出于上横线，折肩，为"连山两"					
SJM51:1-16		2.4	0.8	2.8	文字凸起，笔画较细，字略等于穿。"半"字头部转折，两横线略等，竖线出于下横线，"两"字上横线与肩略等，折肩，为"连山两"		穿上下各有一道凸起			
SJM51:1-17		2.3	0.8	2.7	同上					
SJM51:1-18		2.4	1.1	2.7	文字略呈"八"字状，笔画细长，字等于穿。"半"字头部呈"八"字，两横线略等，竖线长出下横线，折肩，为"十字两"				图四五七，6	有1铸口
SJM51:1-19		2.4	0.7	2.9	文字不清晰					

续表

编　号	种类	钱径	穿宽	重量	文　　字	形制	记　号	附着物	图　号	备　注
SJM51：1-20		2.4	0.7	2.7	文字扁平，字等于筹。"半"字头部转折且分散，下横线略短，竖线略出下横线；"两"字上横线与肩略短，折肩，为"十字两"				图四五七.4	有1铸口
SJM51：1-21		2.4	0.9	2.7	文字凸起，字略小于筹。"半"字略向筹倾斜，头部呈"八"字状，下横线略长，竖线出于下横线；"两"字上横线比肩略短，折肩，为"十字两"	穿不规则			图四五七.1	
SJM51：1-22	半两	2.5	0.7	2.8	文字凸起，字略大于筹。"半"字头部转折，两横线略短，竖线等，折肩，为"倒T两"				图四九八.4	
SJM51：1-23		2.5	0.8	3.6	文字凸起，字略大于筹呈"八"字状，下横线较长，竖线出于下横线；"两"字上横线与肩略等，折肩，为"双人两"				图四五七.5	
SJM51：1-24		2.4	0.6	2.6	文字凸起，字略等于筹。"半"字头部转折，两横线略等，竖线等，折肩，为"双人两"					
SJM51：1-25		2.4	0.7	2.9	文字凸起，笔画较细，字略等于筹。"半"字部转折，两横线略等，竖线出于下横线；"两"字上横线与肩略等，折肩，为"双人两"					
SJM51：1-26		2.4	0.7	3.1	文字凸起，字略等于筹。"半"字头部转折，两横线略出于下横线；"两"字无上横线，折肩，为"双人两"					

253. 2010YFSJM52

（1）位置

西北距SJM51约2.0米，南距SJM49约5.5米。

（2）形制结构（图四五八）

墓向：96°。

墓道：位于洞室东侧。口大底小。口呈长方形，南长3.09、北长3.09、东宽1.80、西宽1.78米。斜壁。平底，南长2.88、北长2.88、东宽1.60、西宽1.60米。自深4.46米。

洞室：拱形顶，直壁，平底。洞室口位于墓道西壁中部，洞室宽小于墓道底宽。洞室口南壁距墓道南壁0.24、北壁距墓道北壁0.26米。底部平面呈长方形，南长2.74、北长2.74、东宽1.08、西宽1.14米。高1.84米。

填土：墓道为红褐色五花土，土质疏松。洞室土色黄褐色，土质疏松。

（3）葬具

单棺，呈矩形，仅见板灰痕迹。棺长1.80、宽0.64米。

（4）墓主人

骨架不存，葬式不明。

（5）随葬品及其位置

仅随葬1件罐口釜（:1），位于洞室内东南角。

（6）随葬品介绍

罐口釜　1件。标本SJM52:1，夹砂红陶，底部夹粗砂。小体，口微侈，厚圆唇，矮直颈，圆肩，鼓腹，圜底。肩及腹上部饰数周瓦纹，腹下部饰横向篮纹，底部饰纵向篮纹。腹底有烟炱。口径14.0、器身最大径20.0、通高15.2厘米（图四五六，11）。

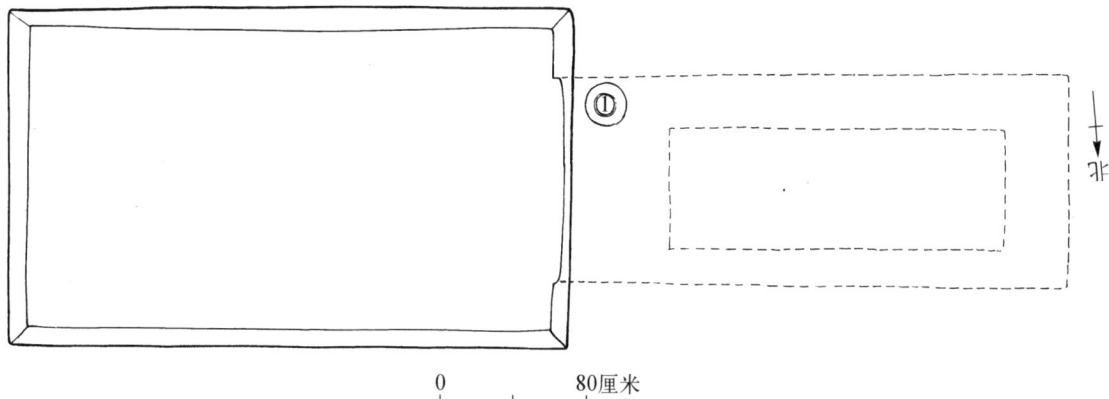

0   80厘米

图四五八　SJM52墓葬平面图

1. 陶罐口釜

254. 2010YFSJM53

（1）位置

南距SJM54约2.5米。

（2）形制结构（图四五九）

墓向：98°。

墓道：位于洞室东侧。口大底小。口呈长方形，南长3.20、北长3.20、东宽1.40、西宽1.40米。斜壁。平底，南长2.80、北长2.82、东宽1.16、西宽1.00米。自深3.80米。

洞室：拱形顶，直壁，平底。洞室口位于墓道西壁中部，洞室宽小于墓道底宽。洞室口南壁距墓道南壁0.08、北壁距墓道北壁0.08米。底部平面呈长方形，南长3.10、北长3.10、东宽1.00、西宽1.00米。高1.40米。

封门：木板封门，位于墓道与洞室连接处。南、北壁有封门槽，南侧封门槽宽0.10、深0.06、高1.47米，北侧封门槽宽0.14、深0.15、高1.47米。

填土：墓道为黄褐色五花土，土质松软。洞室为黄褐色淤土，土质细密。

（3）葬具

单棺，呈矩形。置于洞室偏东。棺长2.10、宽0.71米。

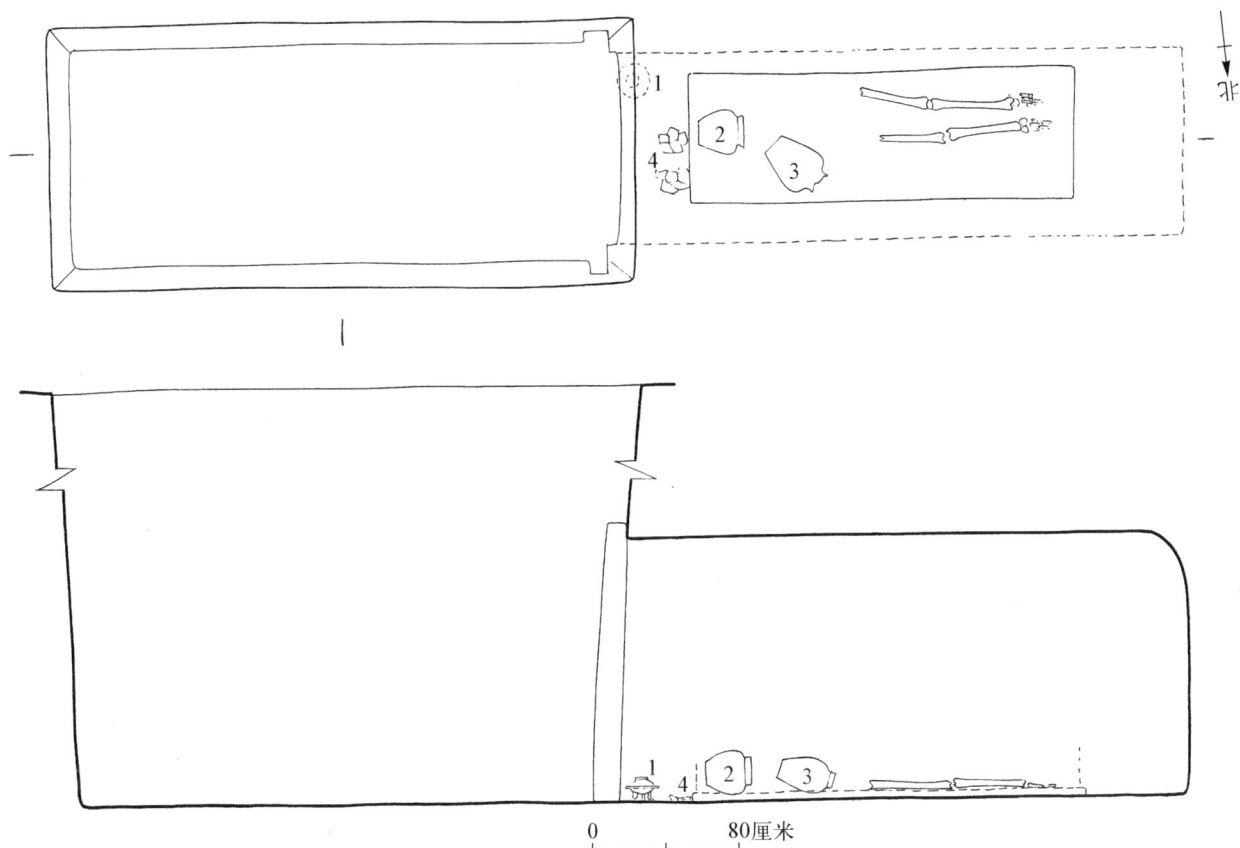

图四五九 SJM53墓葬平、剖图

1.陶锜 2.陶卷沿折肩罐 3.陶小口旋纹罐 4.陶簋形甑

（4）墓主人

仅存下肢骨。葬式为仰身直肢葬，头向似与墓道方向相同。

（5）随葬品及其位置

共4件，皆陶器。锜（:1）位于洞室内东南角，簋形甗（:4）位于其西北侧，相距较远。卷沿折肩罐（:2）、小口旋纹罐（:3）侧置于棺内东部，原应位于棺盖板上相应位置。

（6）随葬品介绍

锜　1件。标本SJM53:1，泥质灰陶。小直口方唇，弧肩，肩部对称饰一对兽面衔环状铺首，铺首小而纹饰简化、印痕较模糊；弧腹，圜底，腹深小于肩高，肩腹转折处有腰檐，腰檐较窄；腹下接三蹄足，蹄足较矮。肩部近口处及近腰檐处饰红、白彩各一周，间以四组绿、红、白色云纹，纹样对称分布且以铺首间隔；铺首外描红，下接"胡须"状白彩。口径6.0、器身最大径19.7、檐宽0.7、足高5.6、通高11.7厘米（图四六〇，3；彩版一四，7）。

簋形甗　1件。标本SJM53:4，泥质灰陶。直口方唇，唇部微加厚，弧腹，圈足微外撇；器底内壁被刮出一周浅痕，器底戳制5个短条形甗孔，布局为中心一孔与边缘一周。器身饰四组条带状红、白彩，由上至下为红、白、白、红，圈足饰一周条带状红彩，器内壁满饰红彩。口径16.7、底径9.8、通高9.3厘米（图四六〇，2）。

小口旋纹罐　1件。标本SJM53:3，夹细砂灰陶。小口束颈，折沿微下倾，尖圆唇；圆鼓肩，腹微弧近直，平底。肩及腹上部饰数周旋纹。口及肩部烧流而不规整，腹下部有轮制痕迹。口径8.0、器身最大径23.5、底径10.9、通高24.5厘米（图四六〇，10）。

卷沿折肩罐　1件。标本SJM53:2，夹细砂灰陶。大体，卷沿，斜方唇；圆折肩，上腹微弧，下腹斜直，上下腹交接处圆弧，仅以一周旋纹分界，形成"符号亚腰"，平底。口径14.8、器身最大径26.8、底径12.0、通高21.4厘米（图四六〇，1）。

255. 2010YFSJM54

（1）位置

北距SJM53约2.5米，南距SJM55约16.0米。

（2）形制结构（图四六一）

墓向：275°。

墓道：位于洞室西侧。口大底小。口呈长方形，南长3.80、北长3.82、东宽1.94、西宽2.00米。斜壁。平底，南长3.60、北长3.60、东宽1.76、西宽1.80米。自深6.20米。

洞室：拱形顶，直壁，平底。洞室口位于墓道东壁中部，洞室宽小于墓道底宽。洞室口南壁距墓道南壁0.12、北壁距墓道北壁0.16米。底部平面呈长方形，南长3.40、北长3.40、东宽1.22、西宽1.44米。高1.50米。

填土：墓道为黄褐色五花土，土质较硬。洞室为黄褐色淤土，夹杂黑垆土颗粒，土质较硬。

（3）葬具

单棺，呈矩形。棺长2.00、宽0.70米。棺底板由5块木板横向铺设，由南向北铺有4块长方形

图四六〇 SJM53、SJM54、SJM55 随葬陶器

1. 卷沿折肩罐（SJM53：2） 2. 簋形甑（SJM53：4） 3. 錡（SJM53：1） 4、5. 直口圆肩罐（SJM55：3、SJM55：6）

6、7. 鼎（SJM55：11、SJM55：8） 8. 罐口釜（SJM54：1） 9、10. 小口旋纹罐（SJM55：4、SJM53：3）

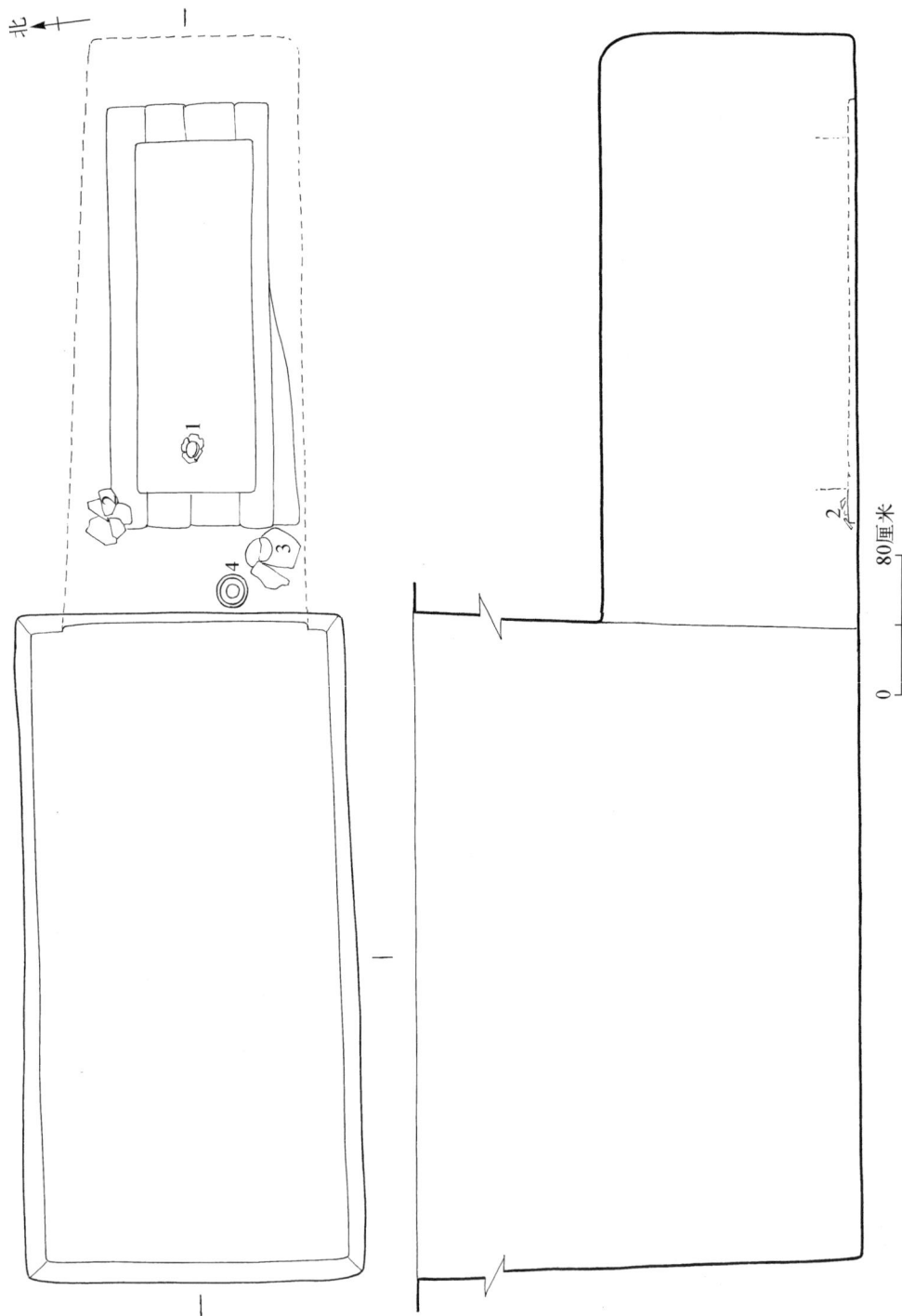

图四六一　SJM54 墓葬平、剖图

1. 陶罐口釜　2. 陶直口折肩罐　3. 陶盆形瓶　4. 陶盆

木板,尺寸相若,均长约2.40、宽0.22米。

(4)墓主人

骨架不存,葬式不明。

(5)随葬品及其位置

共4件,皆陶器。罐口釜(:1)位于棺内西侧中部,原应位于棺盖板上相应位置。直口折肩罐(:2)位于棺外西北角。盆形甑(:3)位于棺外西南角,盆(:4)位于3号西北侧。

(6)随葬品介绍

直口折肩罐 1件。标本SJM54:2,底残,夹细砂灰陶。直口方唇,唇面有一周凹槽;圆折肩,上腹略弧,下腹斜直,上下腹交接处圆弧,仅以一周旋纹分界,形成"符号亚腰"。肩部饰数周暗旋纹,肩腹交接处饰一周旋纹,上腹饰三周麦粒状绳纹。口径21.5、器身最大径35.9、底径约37.0、通高约24.7厘米(图四六二,4)。

盆 1件。标本SJM54:4,夹细砂灰陶。敞口,折沿微下倾,尖唇;弧腹微折,上腹近直,下腹弧收微内凹,上腹占腹部比例大于三分之一,平底。腹上部饰两周旋纹间以一周楔形绳纹。下腹有轮制痕迹。口径33.9、底径14.0、通高17.0厘米(图四六二,1)。

盆形甑 1件。标本SJM54:3,夹细砂灰陶。敞口,折沿微下倾,尖圆唇;弧腹微折,上腹近直,下腹斜直,上腹占腹部比例大于三分之一,平底;器底戳制16个圆形甑孔,布局为中心一孔与边缘两周。上腹饰两周旋纹间以一周楔形绳纹。下腹有轮制痕迹。口径33.6、底径14.4、通高16.9厘米(图四六二,2)。

罐口釜 1件。标本SJM54:1,底残,夹砂红褐陶,底部夹粗砂。小体,卷沿,圆唇,矮直颈,圆肩,鼓腹,圜底。腹下部饰横向篮纹。口径8.0、器身最大径11.6、残高10.0厘米(图四六〇,8)。

256. 2010YFSJM55

(1)位置

北距SJM54约16.0米,东距SJM48约30.0米。

(2)形制结构(图四六三)

墓向:280°。

墓道:位于洞室西侧。口大底小。口部平面呈西窄东宽的不规则梯形,南长3.90、北长3.90、东宽1.96、西宽1.60米。斜壁。平底,南长3.60、北长3.60、东宽1.73、西宽1.40米。自深4.00米。

洞室:拱形顶,直壁,平底。洞室口位于墓道东壁中部,洞室宽小于墓道底宽。洞室口南壁距墓道南壁0.10、北壁距墓道北壁0.10米。底部平面呈东窄西宽的梯形,南长3.40、北长3.40、东宽1.18、西宽1.50米。高1.50米。

填土:墓道土色黄褐色,土质较硬。洞室土色褐色,土质较疏松,局部生土块较多。

(3)葬具

单棺,仅存棺东部痕迹。棺北残长1.60、南残长1.02、东宽0.72、侧板和端板厚0.06米。

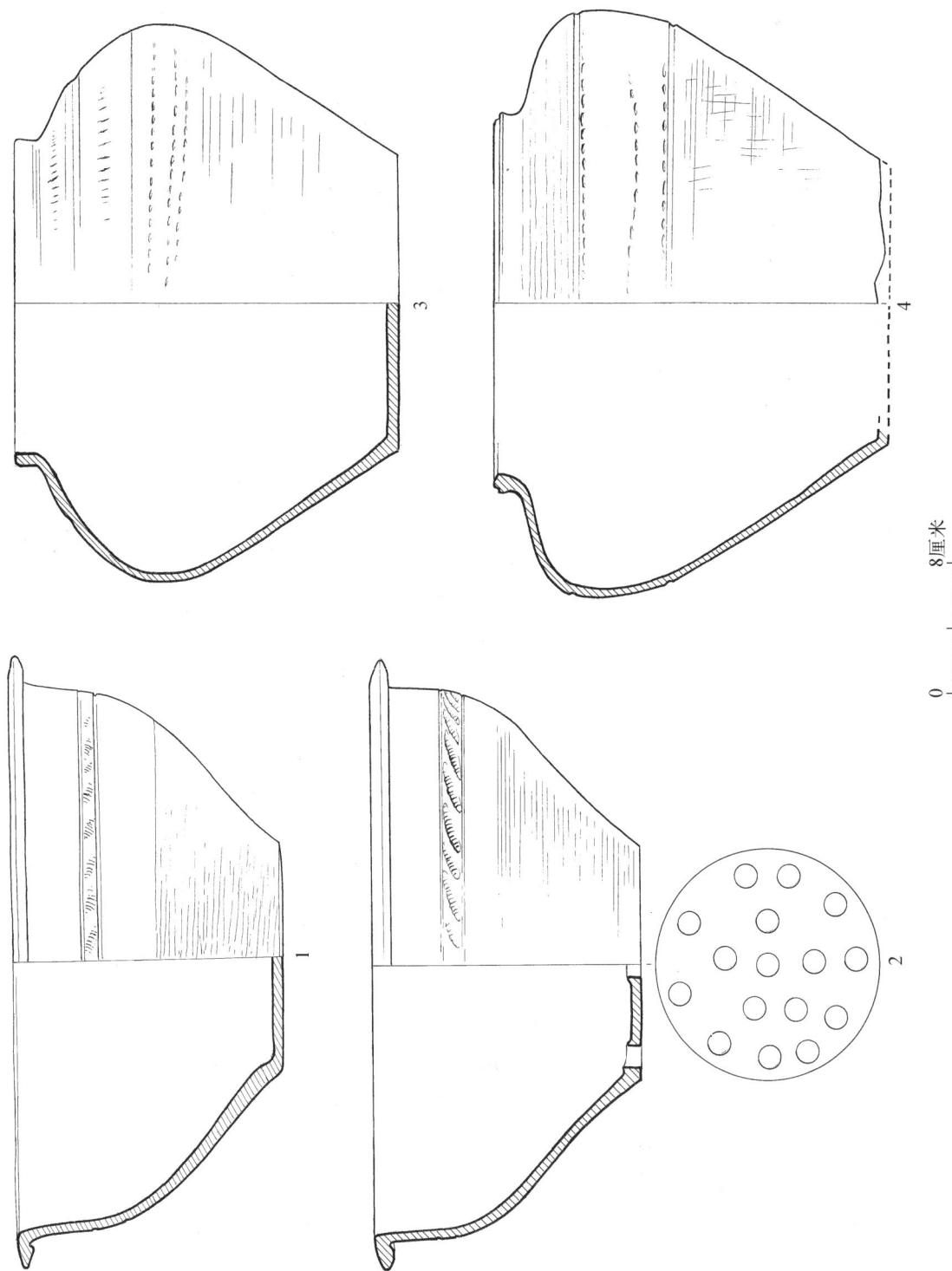

图四六二 SJM54、SJM55 随葬陶器

1. 盆（SJM54:4）　2. 盆形甑（SJM54:3）　3、4. 直口折肩罐（SJM55:9、SJM54:2）

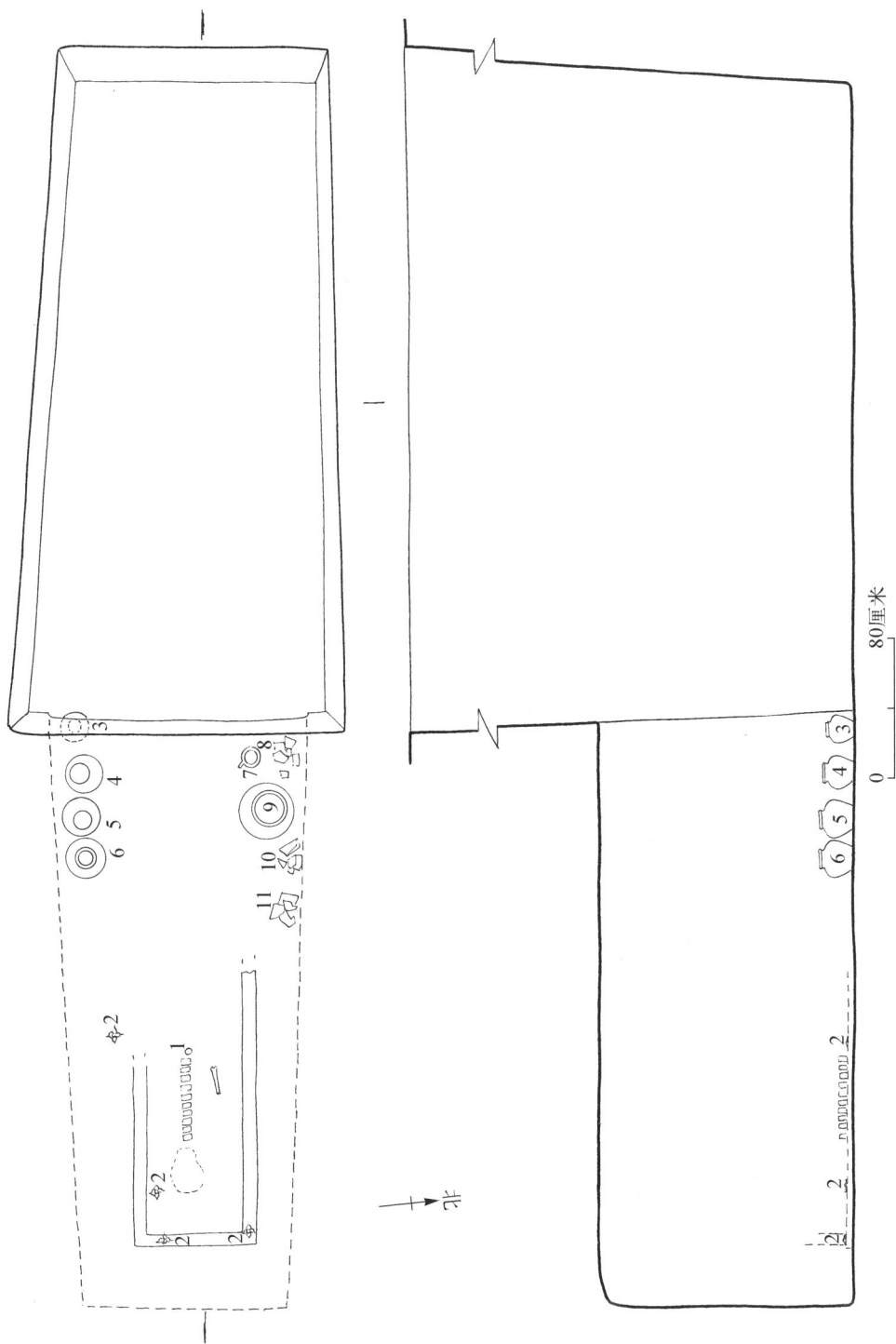

图四六三 SJM55 墓葬平、剖图

1. 铜带钩 2. 铜柿蒂形棺饰 3、6. 陶直口圆肩罐 4. 陶小口旋纹罐 5. 铁臿 7. 铁灯 8、11. 陶鼎 9. 陶直口折肩罐 10. 陶纺

（4）墓主人

仅存头骨和部分胸骨。葬式不明,头向与墓道方向相反。

（5）随葬品及其位置

共11件（组）,包括陶器7件、铜器2组、铁器2件。棺外西南侧由西向东依次为直口圆肩罐（:3）、小口旋纹罐（:4）、铁鍪（:5）、直口圆肩罐（:6）。棺外西北侧由西向东依次为鼎（:8）、直口折肩罐（:9）、钫（:10）、鼎（:11）,铁灯（:7）位于8号南侧。铜带钩（:1）位于棺内墓主腰部。铜柿蒂形棺饰（:2）分布于棺东北角及东南角残痕上、墓主头部南侧、棺南侧板外。

（6）随葬品介绍

钫　1件。标本SJM55:10,泥质灰陶。覆斗形盖,盖与器身以子母口扣合;器身侈口方唇,口外侧加厚一周泥条,束颈,溜肩,鼓腹,方形圈足微外撇,肩部对称饰一对衔环。盖顶及近口处各饰一周条带状红彩;口内壁饰红彩,颈部近口处饰一周条带状红彩,下接三角蕉叶纹红白彩;肩腹交接处饰条带状红、白彩各一周,下腹饰一周条带状红彩,间以云纹红彩;衔环描白,圈足饰一周条带状红彩。盖高3.7、盖顶阔5.3、盖阔9.6、口阔9.9、器身最大径19.8、器身高33.2、足高3.9、足阔12.0、通高35.8厘米（图四六四）。

鼎　共2件。皆泥质灰陶。口部内、外沿大致齐平,沿面有一周凹槽;浅弧腹,上下腹交接处有一周凸棱;双附耳,耳微外撇,有长方形穿,耳穿不透;耳、足与器身连接于腹部凸棱,蹄足粗矮而外撇,耳足呈五点式分布。标本SJM55:11,盖残,上腹残存部分红白彩。耳高4.8、器身口径14.4、器身最大径17.8、器身高8.3、足高4.9、通高9.9厘米（图四六〇,6）。标本SJM55:8,盖面残存红白彩,上腹残存条带状红、白彩。器盖口径约8.8、器盖高4.5、耳高4.7、足高4.8、通高14.5厘米（图四六〇,7）。

小口旋纹罐　1件。标本SJM55:4,夹细砂灰陶。小口束颈,折沿下倾,尖圆唇;微溜肩,腹近斜直,平底。肩上部饰一周竖行细绳纹,肩及腹上部饰数周旋纹及旋断绳纹。口径7.8、器身最大径19.8、底径10.4、通高22.9厘米（图四六〇,9）。

直口折肩罐　1件。标本SJM55:9,夹细砂灰陶。大体,直口方唇,圆折肩,上腹略弧,下腹斜直,上下腹交接处圆弧,无亚腰特征,平底。肩部隐约可见一周旋纹及竖行细绳纹,上腹饰三周麦粒状绳纹。口径18.3、器身最大径33.8、底径18.0、通高24.3厘米（图四六二,3）。

直口圆肩罐　共2件。皆夹细砂灰陶。直口方唇,圆鼓肩,弧腹,平底。腹下部有修整刮痕。标本SJM55:3,沿面有一周凹槽,底较小。肩部饰数周旋纹。口径7.8、器身最大径15.4、底径8.4、通高11.0厘米（图四六〇,4）。标本SJM55:6,底较大。腹上部隐约可见一周竖行绳纹。口径10.8、器身最大径19.9、底径13.4、通高15.5厘米（图四六〇,5）。

铜带钩　1件。标本SJM55:1,钩体细直,断面呈长方形;钩尾近圆形,圆形钩钮位于钩尾下部,以一短柱相连。长6.85、钩体宽0.45、钩尾最宽处2.90、钮径2.20厘米（图四四七,7）。

铜柿蒂形棺饰　共3件,残碎。四瓣花朵式,整体形状呈柿蒂形,铜泡内有一条横梁。标本SJM55:2-1,帽径1.30厘米（图四六五,7）。标本SJM55:2-2,蒂叶对角长3.05厘米（图四六五,15）。标本SJM55:2-3,帽径1.30厘米（图四六五,6）。

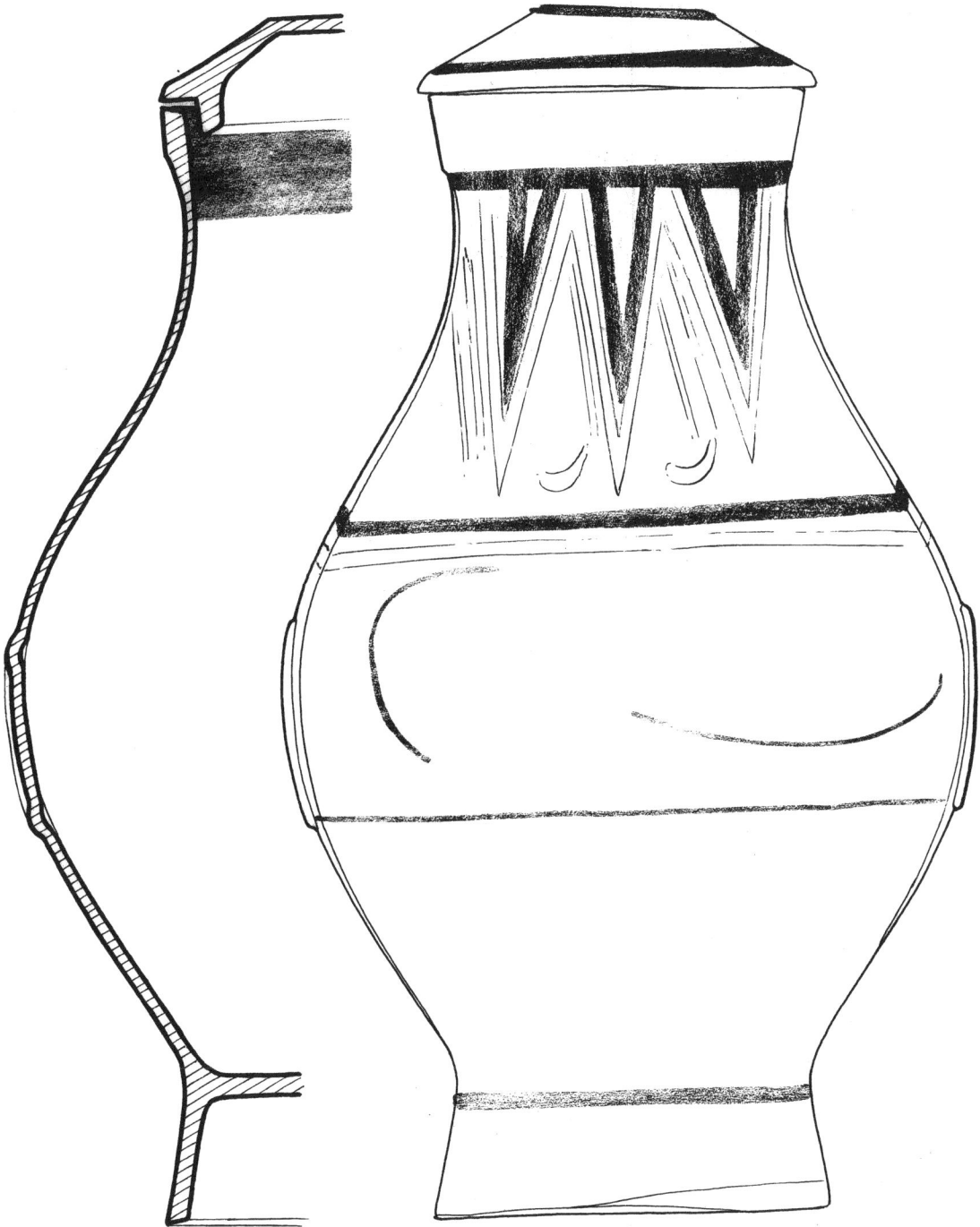

0 4厘米

图四六四 SJM55随葬陶钫

SJM55：10

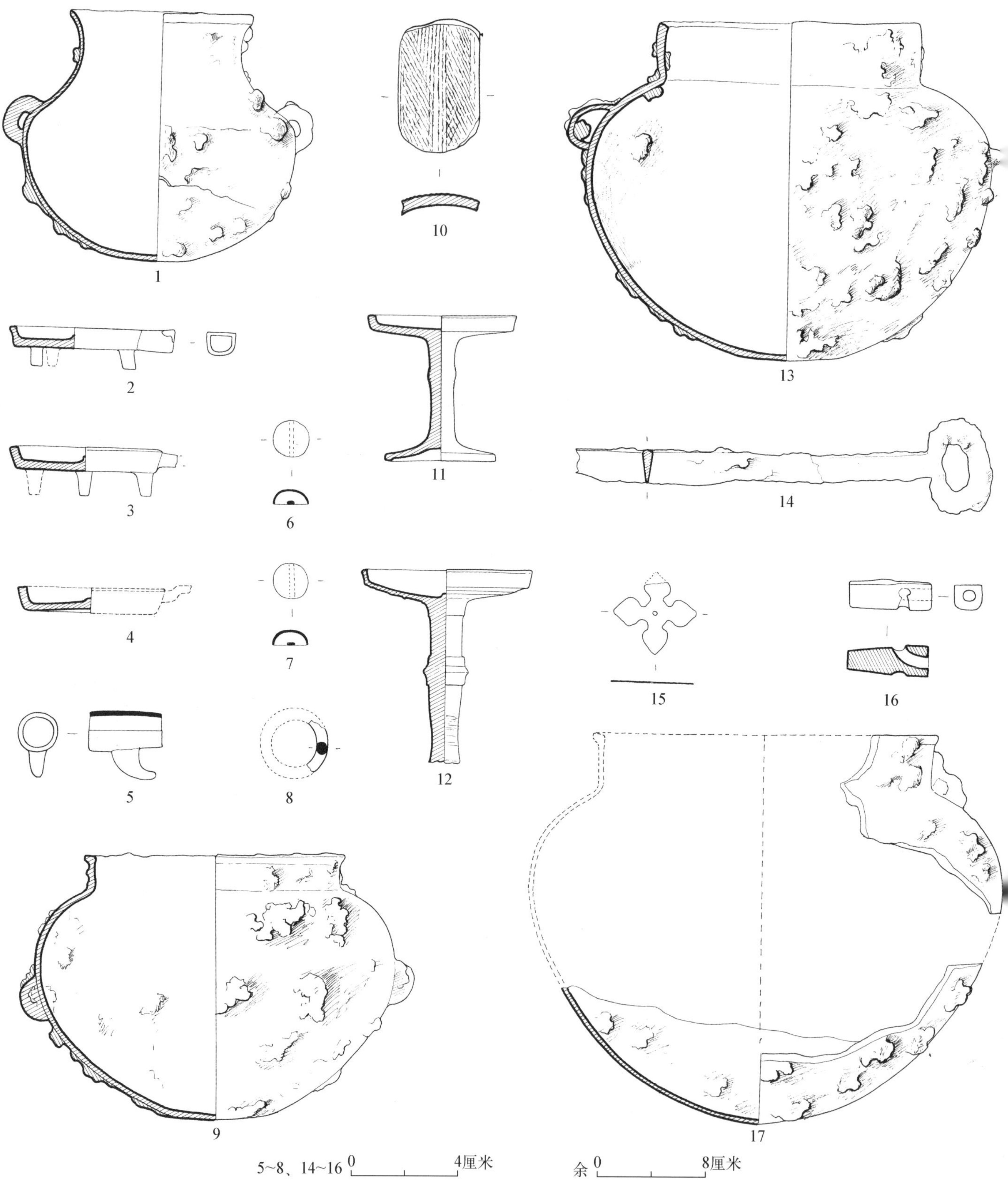

5~8、14~16 0 _____ 4厘米   余 0 _____ 8厘米

图四六五 SJM51、SJM55、SJM58、SJM61、SJM66、SJM69、SJM70、SJM77 随葬小件器物

1. 铁鍪（SJM55：5） 2、3、4、11、12. 铁灯（SJM66：10、SJM61：6、SJM55：7、SJM58：2、SJM70：9） 5. 铜盖弓帽（SJM69：13）

6、7、15. 铜柿蒂形棺饰（SJM55：2-3、SJM55：2-1、SJM55：2-2） 8. 铜环（SJM77：4） 9、13、17. 铁釜（SJM51：6、SJM70：5、SJM69：5）

10. 方陶片（SJM66：11） 14. 铁削（SJM66：12） 16. 骨器（SJM77：5）

铁鍪　1件。标本SJM55：5，侈口方唇，束颈，折肩，鼓腹，圜底，肩腹交接处饰对称环形竖耳。口径13.6、器身最大径20.2、耳宽1.6、通高19.8厘米（图四六五，1）。

铁灯　1件。标本SJM55：7，残。行灯，浅折盘，方唇，盘壁斜直，灯盘中心有一圆锥形烛钎，平底微内凹。口径约10.1、盘高约1.8厘米（图四六五，4）。

257. 2010YFSJM57

（1）位置

西北距SJM48约2.5米，东北距SJM58约1.0米。

（2）形制结构（图四六六）

墓向：270°。

墓道：位于洞室西侧。口大底小。口呈长方形，南长3.60、北长3.60、东宽2.12、西宽2.12米。

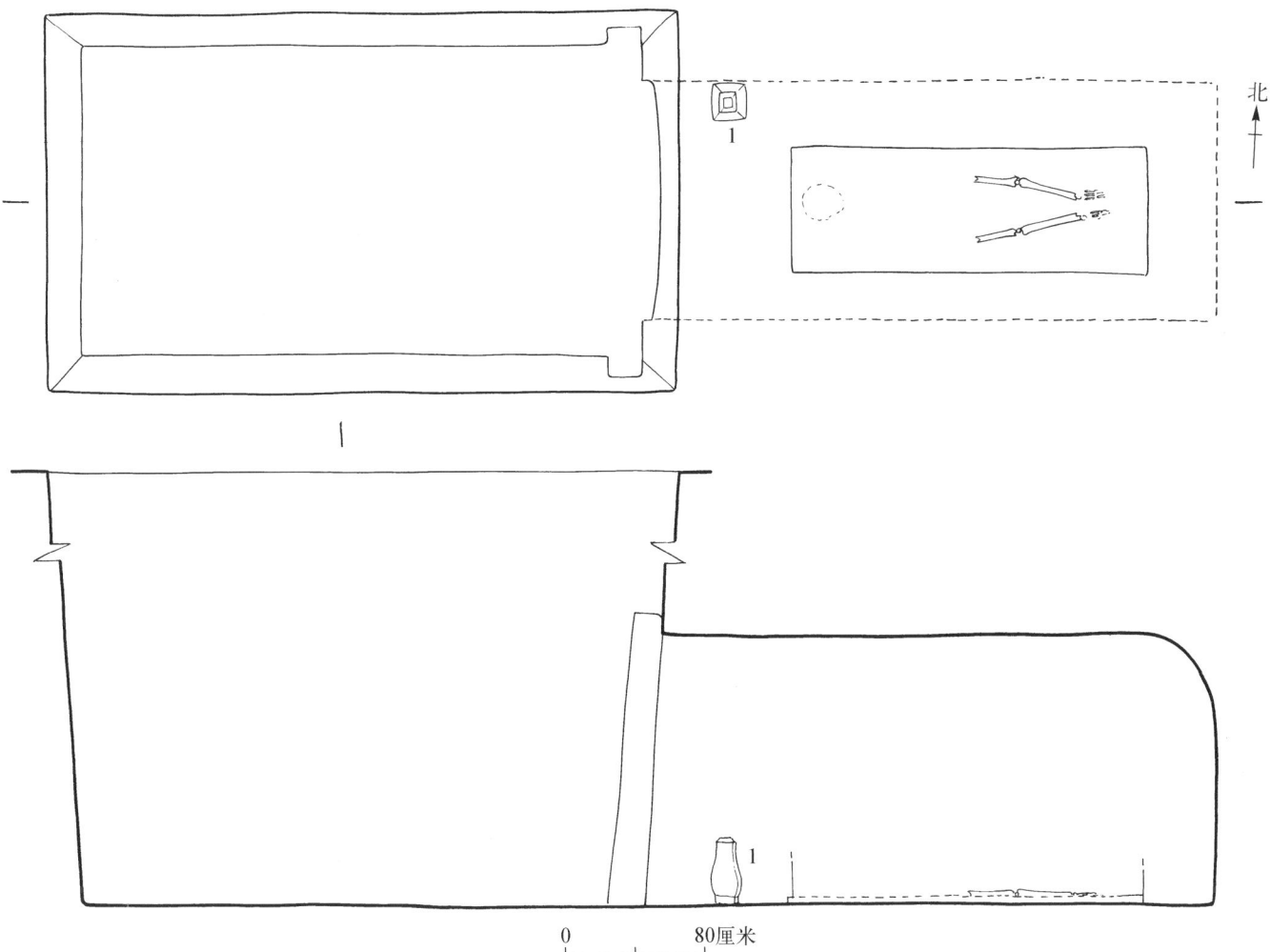

图四六六　SJM57墓葬平、剖图

1.陶钫

斜壁。平底,南长3.00、北长3.00、东宽1.74、西宽1.72米。自深4.60米。

洞室:拱形顶,直壁,平底。洞室口位于墓道东壁中部,洞室宽小于墓道底宽。洞室口南壁距墓道南壁0.20、北壁距墓道北壁0.20米。底部平面呈长方形,南长3.24、北长3.24、东宽1.32、西宽1.30米。高1.50米。

封门:木板封门,位于墓道与洞室连接处。南、北壁有封门槽,南侧封门槽宽0.20、深0.12、高1.64米,北侧封门槽宽0.20、深0.12、高1.64米。

填土:墓道为黄褐色五花土,土质较松软。洞室为黄色淤土,土质细腻,含水量较高。

(3)葬具

单棺,呈矩形。棺长2.04、宽0.70米。

(4)墓主人

仅存头骨和部分下肢骨痕迹。葬式为仰身直肢葬,头向与墓道方向相同。

(5)随葬品及其位置

仅随葬1件钫(:1),位于棺外洞室内西北角。

(6)随葬品介绍

钫 1件。标本SJM57:1,泥质灰陶。覆斗形盖,盖与器身以子母口扣合;器身侈口方唇,口外侧加厚一周泥条,束颈,溜肩,鼓腹,方形圈足微外撇;肩部对称饰一对兽面衔环状铺首,兽面纹饰较模糊,无细部纹样。肩腹交接处饰两周条带状红彩,腹下部饰一周条带状红彩,间以云纹红彩。盖高3.8、盖顶阔6.0、盖阔8.5、口阔10.6、器身最大径21.2、器身高36.9、足高3.9、足阔12.6、通高39.8厘米(图四六七)。

258. 2010YFSJM58

(1)位置

西南距SJM57约1.0米。

(2)形制结构(图四六八)

墓向:271°。

墓道:位于洞室西侧。口大底小。口呈长方形,南长3.20、北长3.20、东宽2.06、西宽2.05米。斜壁。平底,南长2.94、北长2.94、东宽1.78、西宽1.80米。自深4.64米。

洞室:拱形顶,直壁,平底。洞室口位于墓道东壁中部,洞室宽小于墓道底宽。洞室口南壁距墓道南壁0.20、北壁距墓道北壁0.16米。底部平面略呈长方形,南长3.66、北长3.70、东宽1.40、西宽1.40米。高1.40米。

填土:墓道为红褐色五花土,土质疏松。洞室为黄褐色淤土,土质较黏。

(3)葬具

单棺,呈矩形。棺长2.02、宽0.70米。棺下加棺床,棺床由4块木板横向铺设,由南向北各块木板的长、宽依次为3.22×0.38、3.22×0.40、3.22×0.28、3.19×0.30 m²。

(4)墓主人

仅存头骨、部分椎骨、下肢骨痕迹。葬式似为仰身直肢葬,头向与墓道方向相反。

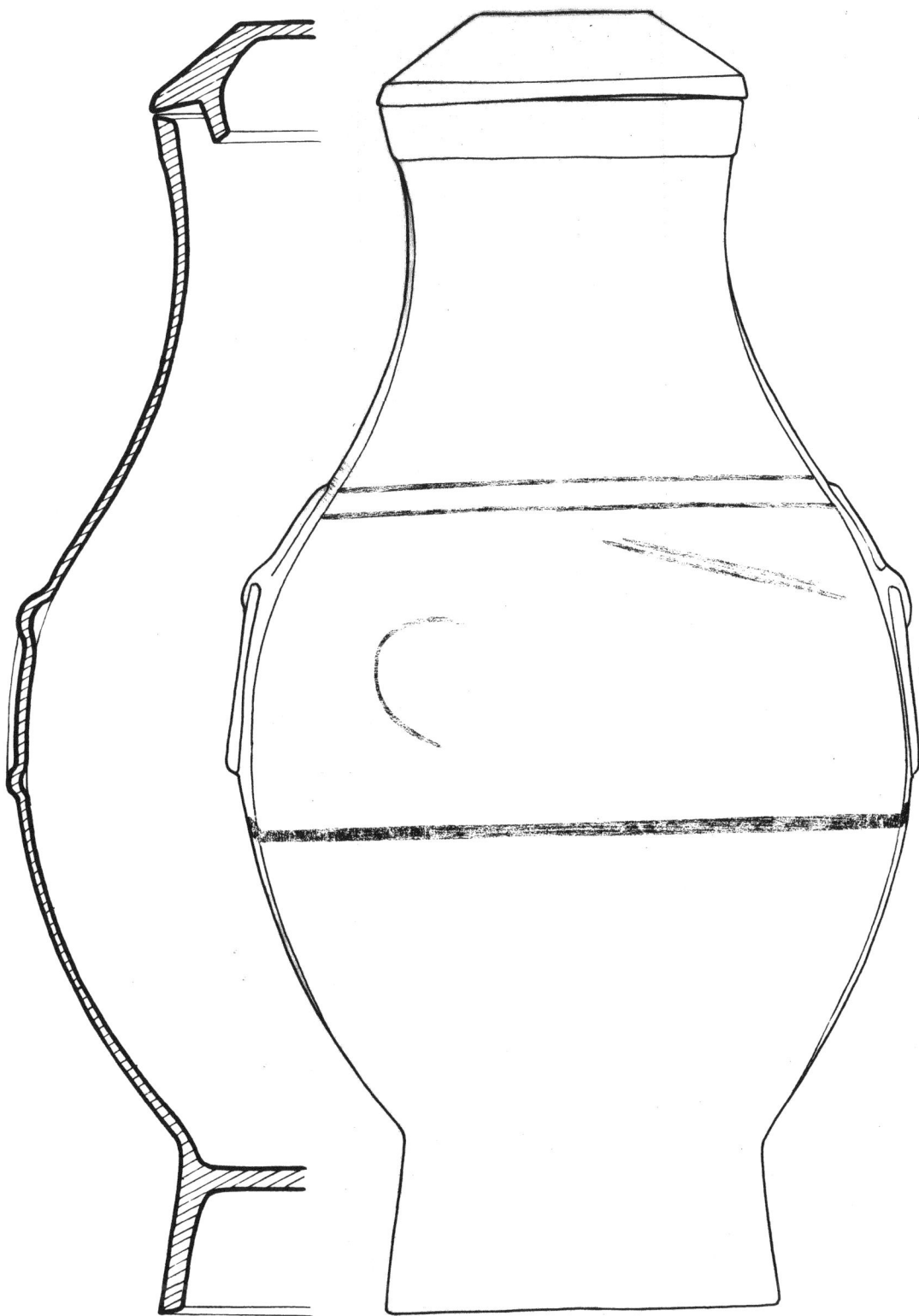

图四六七 SJM57随葬陶钫

SJM57：1

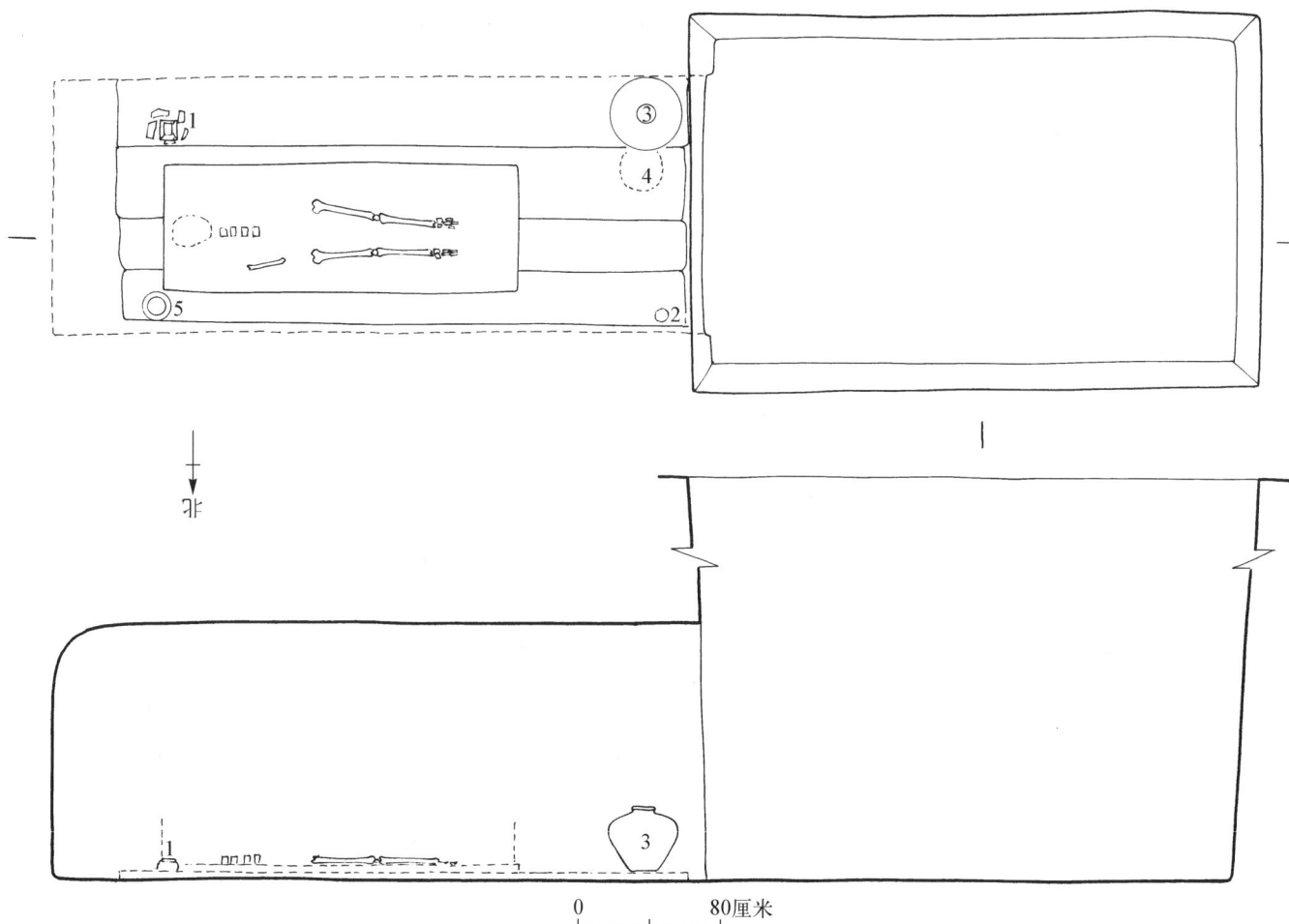

图四六八　SJM58墓葬平、剖图

1. 陶钫　2. 铁灯　3. 陶缶　4. 漆器　5. 陶罐

（5）随葬品及其位置

共5件，包括陶器3件、铁器1件、漆器1件，均位于棺外洞室内。钫（:1）位于棺外东南角，罐（:5）位于棺外东北角。铁灯（:2）位于洞室内西北角，紧邻洞室口。缶（:3）位于洞室内西南角，漆器（:4）位于其北侧。

（6）随葬品介绍

钫　1件。标本SJM58:1，盖及颈部残，泥质灰陶。溜肩，鼓腹，方形圈足微外撇；肩部对称饰一对兽面衔环状铺首，铺首立体感较强，兽面纹饰较精致、印痕清晰。腹部饰云纹红彩。器身最大径20.8、器身残高28.0、足高4.4、足阔13.5厘米（图四六九）。

缶　1件。标本SJM58:3，夹细砂灰陶。大体，小口束颈，折沿下倾，尖圆唇；隆肩，腹部整体弧收，平底。沿面及肩部饰数周暗旋纹，肩腹交接处饰一周旋纹，腹上部饰一周麦粒状绳纹，腹下部饰一周竖行绳纹。口径9.3、器身最大径39.3、底径17.0、通高29.6厘米（图四七四,9）。

罐　1件。标本SJM58:5，残碎，无法复原。

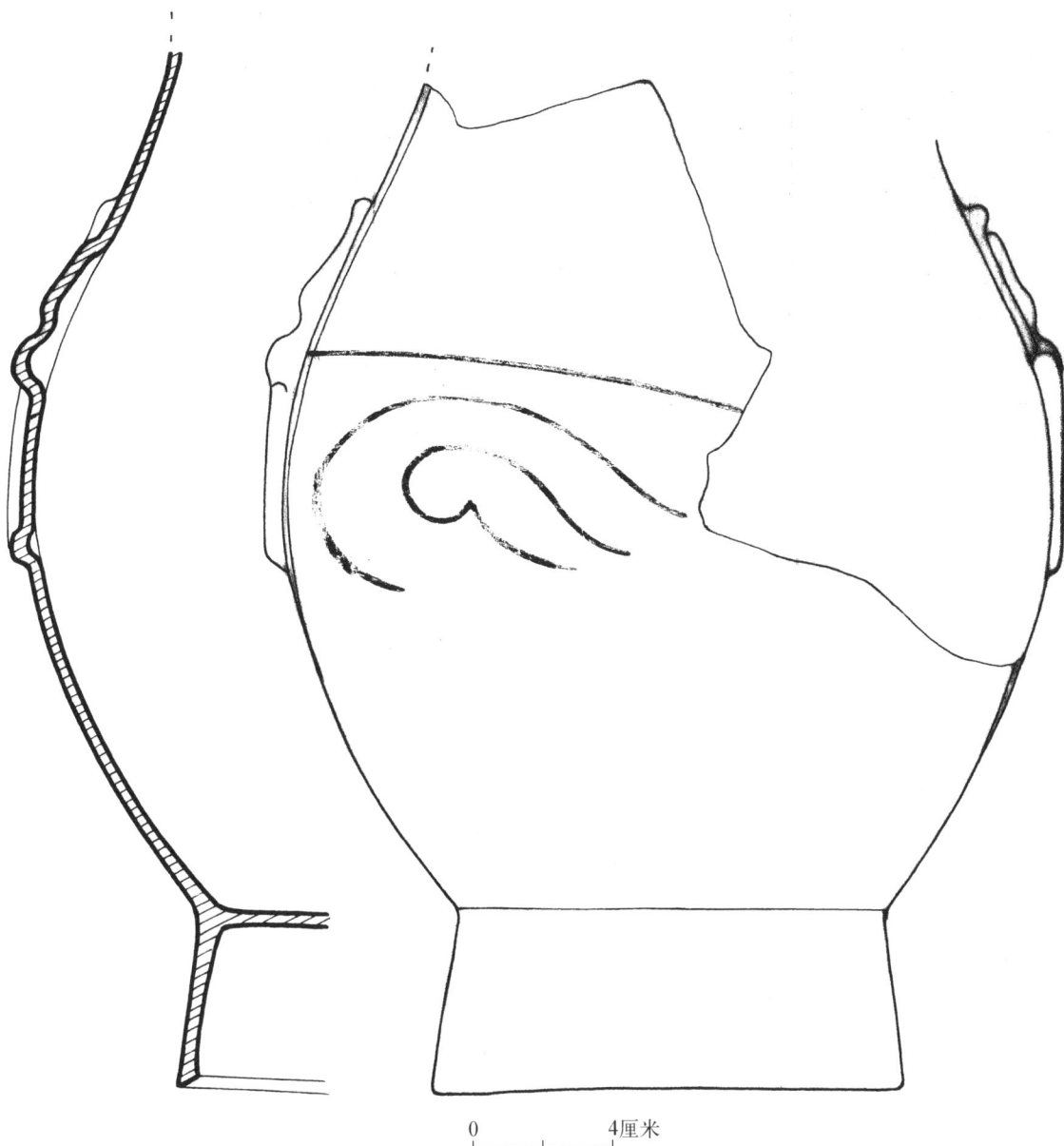

图四六九 SJM58 随葬陶钫

SJM58:1

铁灯 1件。标本SJM58:2,豆形灯。浅折盘,方唇,盘壁竖直,盘底近平,竹节状柱柄下接大喇叭形底座。盘底饰三周弦纹。口径10.5、底径8.4、通高10.4厘米(图四六五,11)。

漆器 1件。标本SJM58:4,无法提取。

259. 2010YFSJM59

(1)位置

东南距SJM58约4.2米。

（2）形制结构（图四七〇）

墓向：271°。

墓道：位于洞室西侧。口大底小。口呈长方形，南长3.28、北长3.28、东宽2.38、西宽2.38米。斜壁。平底，南长2.86、北长2.86、东宽1.70、西宽1.70米。自深4.50米。

洞室：拱形顶，直壁，平底。洞室口位于墓道东壁中部，洞室宽小于墓道底宽。洞室口南壁距墓道南壁0.10、北壁距墓道北壁0.24米。底部平面呈长方形，南长3.24、北长3.24、东宽1.32、西宽1.34米。高1.52米。

填土：墓道土色红褐色，土质较硬，经过夯打，无明显夯层及夯窝。洞室土色黄色，土质较疏松。

（3）葬具

因盗扰严重，形制和尺寸不明。

（4）墓主人

骨架被严重破坏，葬式不明。

（5）随葬品及其位置

共4件，皆陶器。钫（：D01）、簋形甑（：D02）、盛盖（：D03）、锜（：D04）散乱分布于盗洞中部，初始位置不详。

（6）随葬品介绍

钫　1件。标本SJM59：D01，泥质灰陶。覆斗形盖，盖与器身以子母口扣合；器身侈口方唇，口外侧加厚一周泥条，束颈，溜肩，鼓腹，方形圈足微外撇，肩部对称饰一对衔环。口部饰一周条带状白彩，颈部近口处饰一周条带状红彩，下接红、白色三角蕉叶纹，间以白色云纹；颈肩交接处饰条带状红、白彩各一周，肩腹交接处饰一周条带状白彩，间以八组红、白色云纹；衔环描白，圈

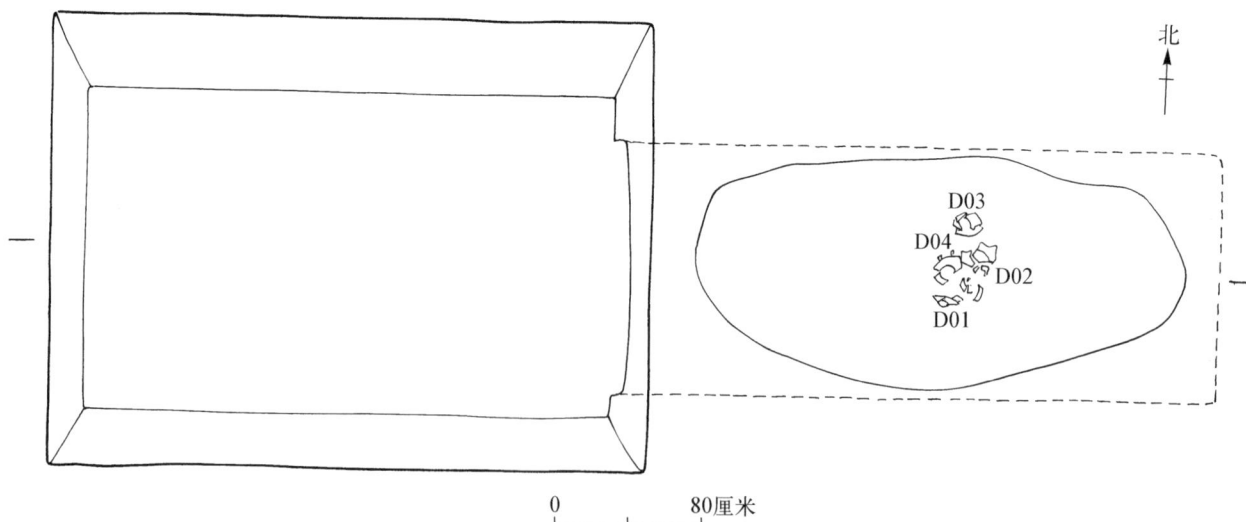

图四七〇　SJM59墓葬平面图

D01.陶钫　　D02.陶簋形甑　　D03.陶盛盖　　D04.陶锜

0 _____ 4厘米

图四七一　SJM59 随葬陶钫

SJM59：D01

足饰一周条带状红彩。盖高4.1、盖顶阔4.8、盖阔8.4、口阔9.9、器身最大径20.4、器身高35.4、足高4.0、足阔11.3、通高38.2厘米（图四七一）。

盛盖　1件。标本SJM59∶D03，泥质灰陶。盖面圆鼓，盖腹略深，上有矮圈足状捉手，盖面最高处略低于捉手上缘。盖面残存部分红、白彩。器盖口径18.3、器盖高5.0、捉手直径9.4厘米（图四七四，5）。

锜　1件。标本SJM59∶D04，泥质灰陶。小直口方唇，弧肩，肩部对称饰一对兽面衔环状铺首，铺首大而纹饰精致、印痕清晰；弧腹，圜底，腹深明显大于肩高，肩腹转折处有腰檐，腰檐较宽；腹下接三蹄足，蹄足细高。肩部近口处饰一周旋纹，肩部残存红、白彩云纹。口径7.9、器身最大径23.9、檐宽1.8、足高6.6、通高11.7厘米（图四七四，6）。

簋形甑　1件。标本SJM59∶D02，泥质灰陶。敞口，平折沿，沿面近平，方唇；弧腹，器底内壁全部被刮，刮痕较深，底内壁明显低于腹底相接处；器底戳制13个短条形甑孔，布局为中心一孔与边缘两周，圈足微内敛。口径20.8、底径10.3、通高10.5厘米（图四七四，2）。

260. 2010YFSJM60

（1）位置

西距SJM64约0.7米，被SJM65打破。

（2）形制结构（图四七二）

墓向：270°。

墓道：位于洞室西侧。口大底小。口部平面呈西窄东宽的梯形，南长3.40、北长3.40、东宽2.00、西宽1.82米。斜壁。平底，南长2.92、北长2.95、东宽1.40、西宽1.24米。自深3.60米。

洞室：拱形顶，直壁，平底。洞室口位于墓道东壁中部，洞室宽小于墓道底宽。洞室口南壁距墓道南壁0.18、北壁距墓道北壁0.18米。底部平面呈长方形，南长2.68、北长2.60、东宽0.84、西宽1.00米。高1.40米。

填土：墓道为红褐色五花土，土质疏松。洞室为青灰色塌土及淤土，土质较黏。

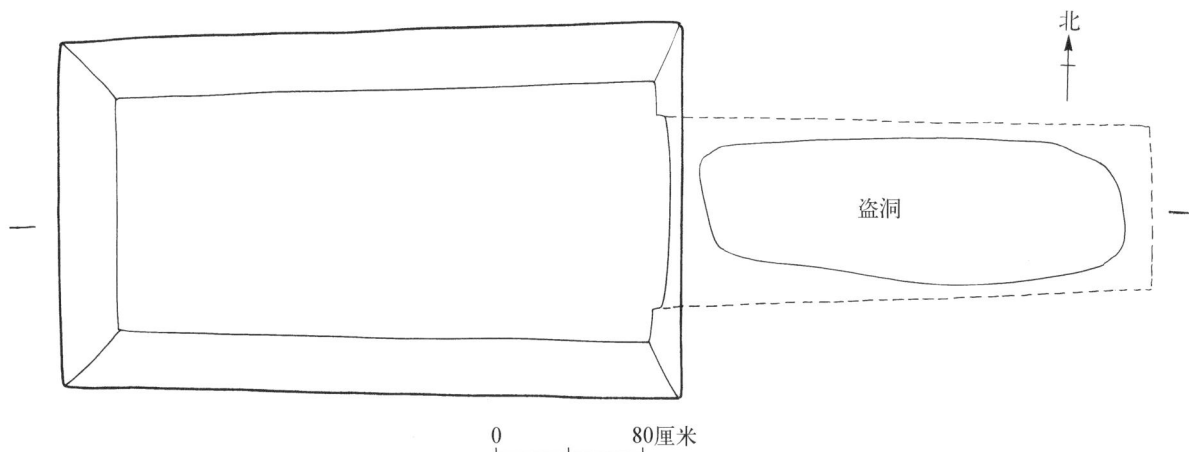

图四七二　SJM60墓葬平面图

（3）葬具

因盗扰严重,形制和尺寸不明。

（4）墓主人

骨架被严重破坏,葬式不明。

（5）随葬品及其位置

无随葬品。

261. 2010YFSJM61

（1）位置

北距SJM67约2米,西南距SJM66约0.5米。

（2）形制结构（图四七三）

墓向: 278°。

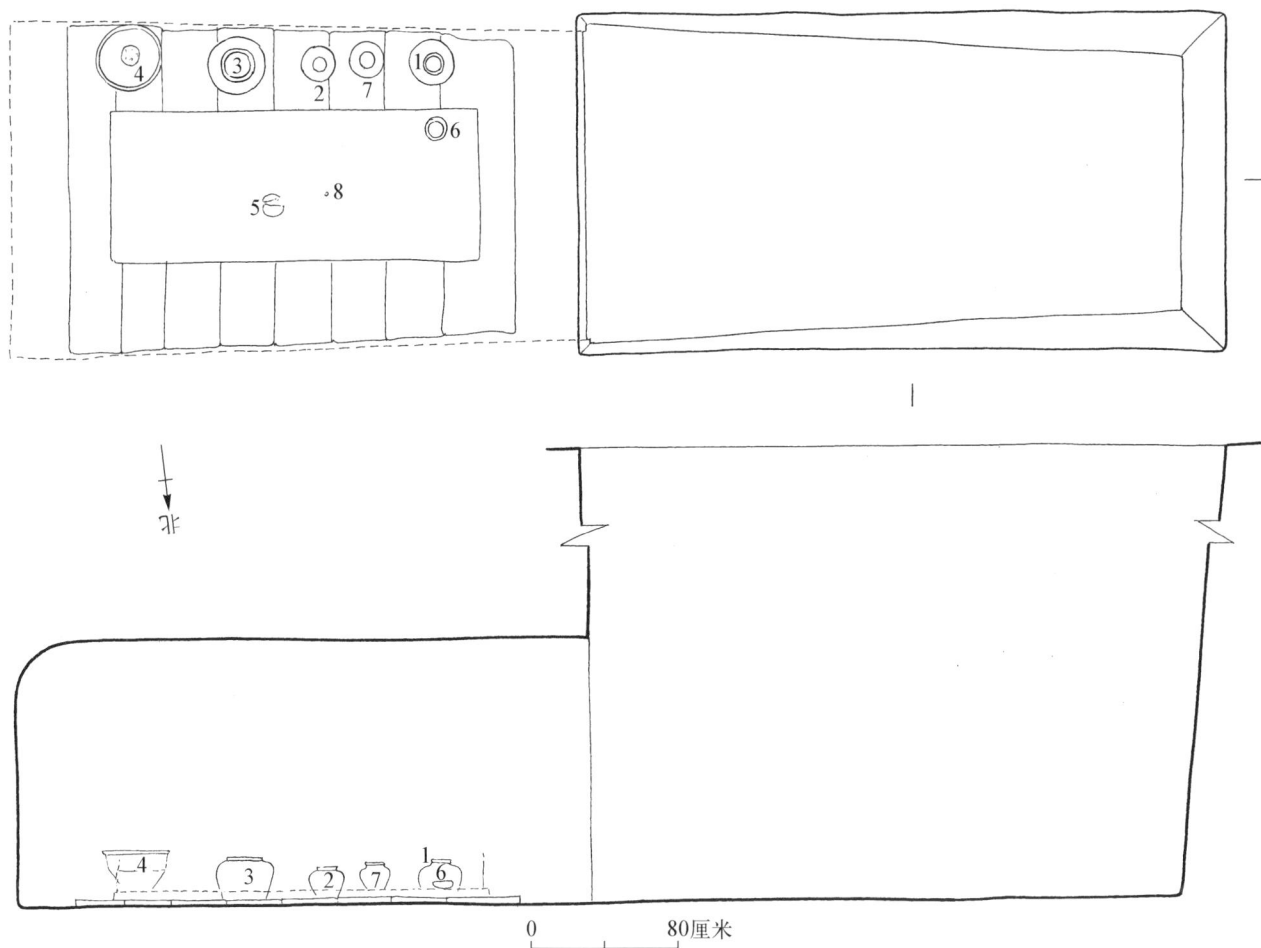

图四七三　SJM61墓葬平、剖图

1.陶小口旋纹罐　2.陶卷沿圆肩罐　3.陶鬲口釜　4.陶盆形甑　5.铜镜　6.铁灯　7.陶缶　8.铜钱

墓道：位于洞室西侧。口大底小。口呈长方形，南长3.52、北长3.52、东宽1.80、西宽1.80米。斜壁。平底，南长3.26、北长3.24、东宽1.70、西宽1.36米。自深5.36米。

洞室：拱形顶，直壁，平底。洞室口位于墓道东壁中部，洞室宽小于墓道底宽。洞室口南壁距墓道南壁0.02、北壁距墓道北壁0.02米。底部平面呈东宽西窄的梯形，南长3.10、北长3.16、东宽1.78、西宽1.60米。高1.40米。

填土：墓道为黄褐色五花土，土质疏松。洞室土色青灰色，土质较黏。

（3）葬具

单棺，呈矩形，置于墓室中间。棺长2.00、宽0.80米。棺下加棺床，棺床由8块木板纵向铺设，由西向东各块木板长、宽依次为1.58×0.40、1.60×0.30、1.62×0.30、1.66×0.30、1.70×0.30、1.70×0.30、1.72×0.24、1.76×0.28 m²。

（4）墓主人

骨架已朽成粉末状，葬式不明。

（5）随葬品及其位置

共8件，包括陶器5件、铁器1件、铜镜1面、铜钱1枚。陶器均位于棺外南侧，由西向东依次为小口旋纹罐（:1）、缶（:7）、卷沿圆肩罐（:2）、鬲口釜（:3）、盆形甑（:4），4号倒置。铜镜（:5）位于棺内中部，铜钱（:8）位于其西侧。铁灯（:6）位于棺内西南角。

（6）随葬品介绍

缶　1件。SJM61:7，夹细砂灰陶。大体，小口束颈，折沿下倾，尖圆唇；折肩，上腹略弧，下腹斜直内凹，上下腹交接处圆弧，仅以一周旋纹分界，形成"符号亚腰"，平底。肩腹交接处饰一周旋纹，上腹饰两至三周麦粒状绳纹，器身局部饰竖行绳纹。下腹有轮制痕迹。口径8.4、器身最大径34.3、底径14.0、通高30.9厘米（图四七四，3）。

小口旋纹罐　1件。标本SJM61:1，夹细砂灰褐陶，陶色斑驳不均。小口束颈，折沿下倾，沿面微内凹，尖圆唇；隆肩，肩面近口部略平，腹部整体圆弧，近底部微内凹，平底。肩及腹上部饰数周旋纹及旋断绳纹。口径8.3、器身最大径23.7、底径12.0、通高24.3厘米（图四七四，1）。

卷沿圆肩罐　1件。标本SJM61:2，夹细砂灰陶。小体，卷沿，斜方唇，唇面微内凹；圆鼓肩，弧腹，平底。上下腹交接处隐约可见竖行绳纹。下腹有修整刮痕。口径13.2、器身最大径21.2、底径11.2、通高16.5厘米（图四七四，4）。

盆形甑　1件。标本SJM61:4，夹细砂灰陶。直口，折沿微下倾，尖圆唇；折腹，上腹竖直，下腹斜直，上腹占腹部比例四分之一，平底；器底戳制13个圆形甑孔，布局为中心一孔与边缘两周。器内壁隐约可见数周暗旋纹，上腹饰三周弦纹。口径28.9、底径12.6、通高15.4厘米（图四七四，8）。

鬲口釜　1件。标本SJM61:3，夹砂灰陶，底部夹粗砂。口微侈，斜方唇，隆肩，肩面近口处略平，腹上部微弧近直，下部弧收，圜底。腹上部饰数周旋纹及竖行粗绳纹，腹下部饰横向篮纹，底部饰纵向篮纹。口径18.4、器身最大径29.3、通高24.2厘米（图四七四，7）。

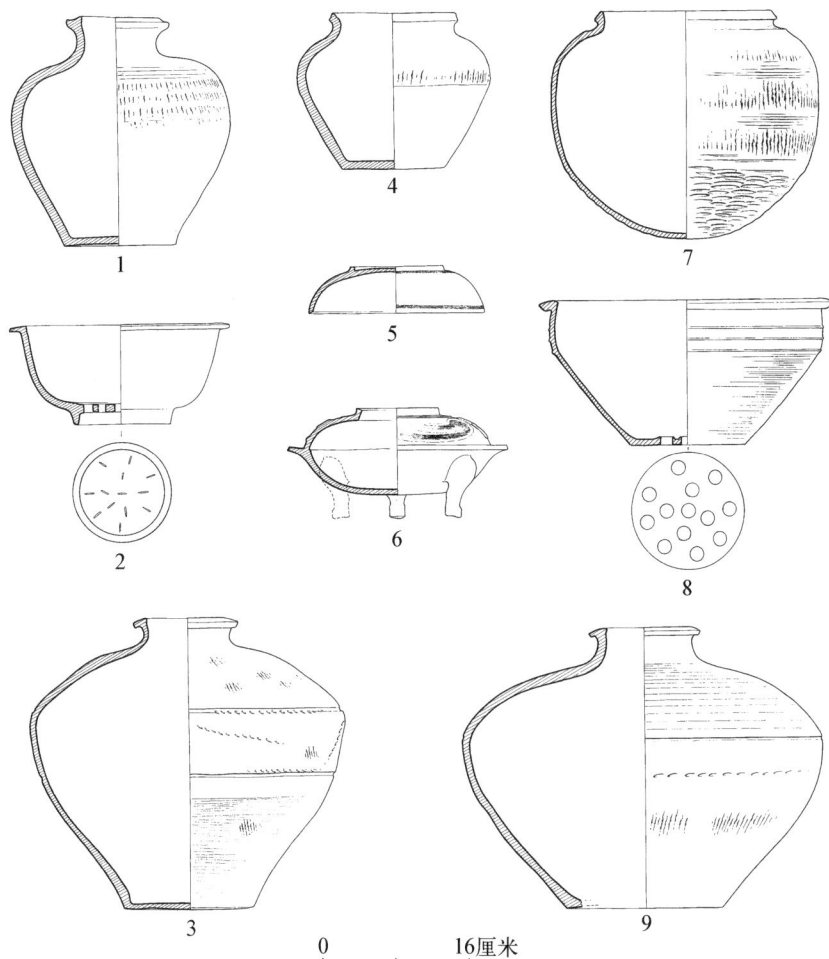

图四七四　SJM58、SJM59、SJM61随葬陶器

1.小口旋纹罐（SJM61：1）　2.簋形甑（SJM59：D02）　3、9.缶（SJM61：7、SJM58：3）　4.卷沿圆肩罐（SJM61：2）
5.盛盖（SJM59：D03）　6.锜（SJM59：D04）　7.鬲口釜（SJM61：3）　8.盆形甑（SJM61：4）

　　铁灯　1件。标本SJM61：6，柄残。行灯，折盘，盘壁斜直，灯盘中心有一圆锥形烛钎；平底下接三矮足，矮足断面呈椭圆形；长条形柄与盘口齐平，其位置与一足相应。口径10.8、盘高1.8、足高1.8、柄残长1.2厘米（图四六五，3；彩版四六，1）。

　　铜钱　1枚。标本SJM61：8，残碎，无法辨识。

　　铜镜　1面。标本SJM61：5，残。内向连弧纹镜。圆形，镜面平直；桥形钮，凹面圆形钮座；镜背饰涡纹地内向六连弧纹带，连弧纹内角饰桃形花叶；镜缘为凹面宽弦纹带。镜面残留织物痕迹。直径10.5厘米（图四七五）。

262. 2010YFSJM62

（1）位置

西北距SJM31约3.2米。

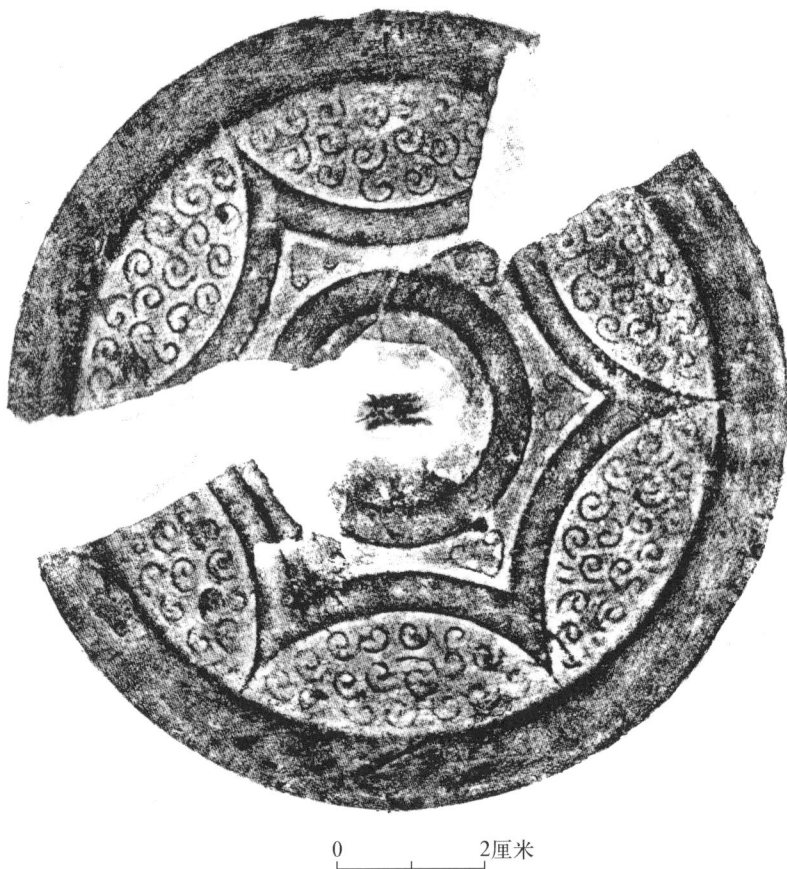

0   2厘米

图四七五 SJM61 随葬铜镜拓片

SJM61：5

（2）形制结构（图四七六）

墓向：10°。

墓道：位于洞室北侧。口大底小。口呈梯形，东长 2.88、西长 2.90、北宽 1.60、南宽 1.74 米。斜壁。平底，东长 2.38、西长 2.38、南宽 1.32、北宽 1.24 米。自深 4.76 米。

洞室：拱形顶，直壁，平底。洞室口位于墓道南壁中部，洞室宽小于墓道底宽。洞室口东壁距墓道东壁 0.12、西壁距墓道西壁 0.18 米。底部平面呈南宽北窄的梯形，东长 3.48、西长 3.50、南宽 1.12、北宽 1.02 米。高 1.40 米。

封门：木板封门，位于墓道与洞室连接处，仅残留板灰痕迹。东、西壁有封门槽，东侧封门槽宽 0.20、深 0.13、高 1.60 米，西侧封门槽宽 0.20、深 0.14、高 1.60 米。

填土：墓道土色黄褐色，土质较硬。洞室土色青灰色，土质较黏。

（3）葬具

单棺，呈梯形。置于洞室偏南。两端板长度不相等，棺侧板与端板闭合相接。棺长 2.22、北宽 0.72、南宽 0.76 米。

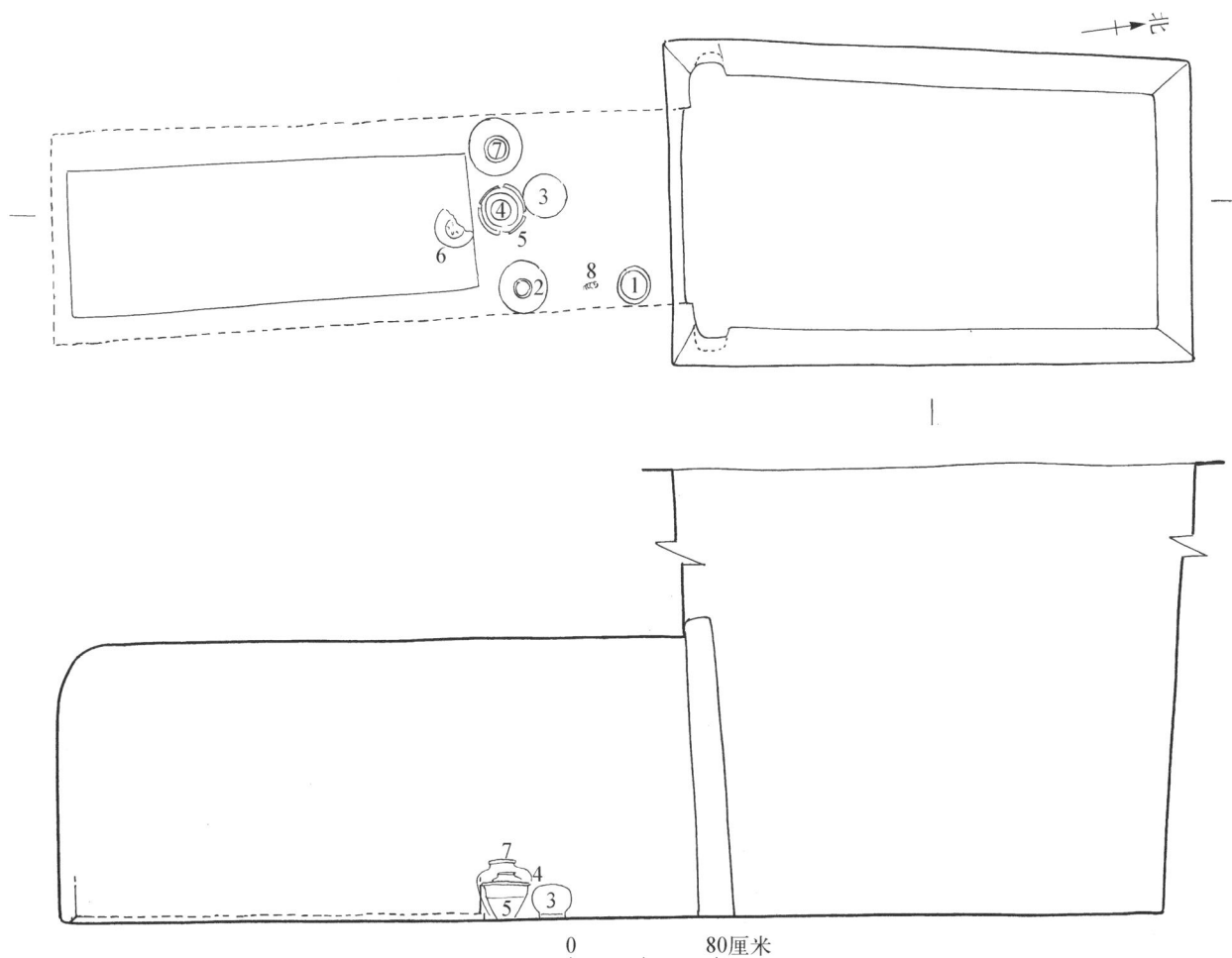

图四七六　SJM62墓葬平、剖图

1.陶罐口釜　2.陶小口旋纹罐　3.陶鬲口釜　4.陶卷沿折肩罐　5.陶盂　6.陶盂改甑　7.陶缶　8.铜钱

（4）墓主人

骨架已朽成粉末,葬式不明。

（5）随葬品及其位置

共8件（组）,包括陶器7件、铜钱1组。棺外东北侧由北向南依次为罐口釜（:1）、铜钱（:8）、小口旋纹罐（:2）。棺外北侧由西向东依次为缶（:7）、卷沿折肩罐（:4）、盂（:5）,4号叠置于5号内。鬲口釜（:3）紧邻5号北侧。盂改甑（:6）位于棺内、5号南侧,倒置,原应位于棺盖板上相应位置。

（6）随葬品介绍

缶　1件。标本SJM62:7,夹细砂灰陶。小体,小口束颈,折沿下倾,尖圆唇;微溜肩,上腹略弧,下腹斜直,上下腹交接处圆弧,以两周旋纹分界,形成"符号亚腰",平底。肩部饰数周暗旋纹,肩腹交接处饰两周旋纹,上腹饰三至四周麦粒状绳纹,下腹局部饰竖行绳纹。下腹有轮制痕迹。口径8.5、器身最大径33.5、底径16.9、通高28.5厘米（图四七七,3）。

小口旋纹罐　1件。标本SJM62:2,残碎,无法复原。

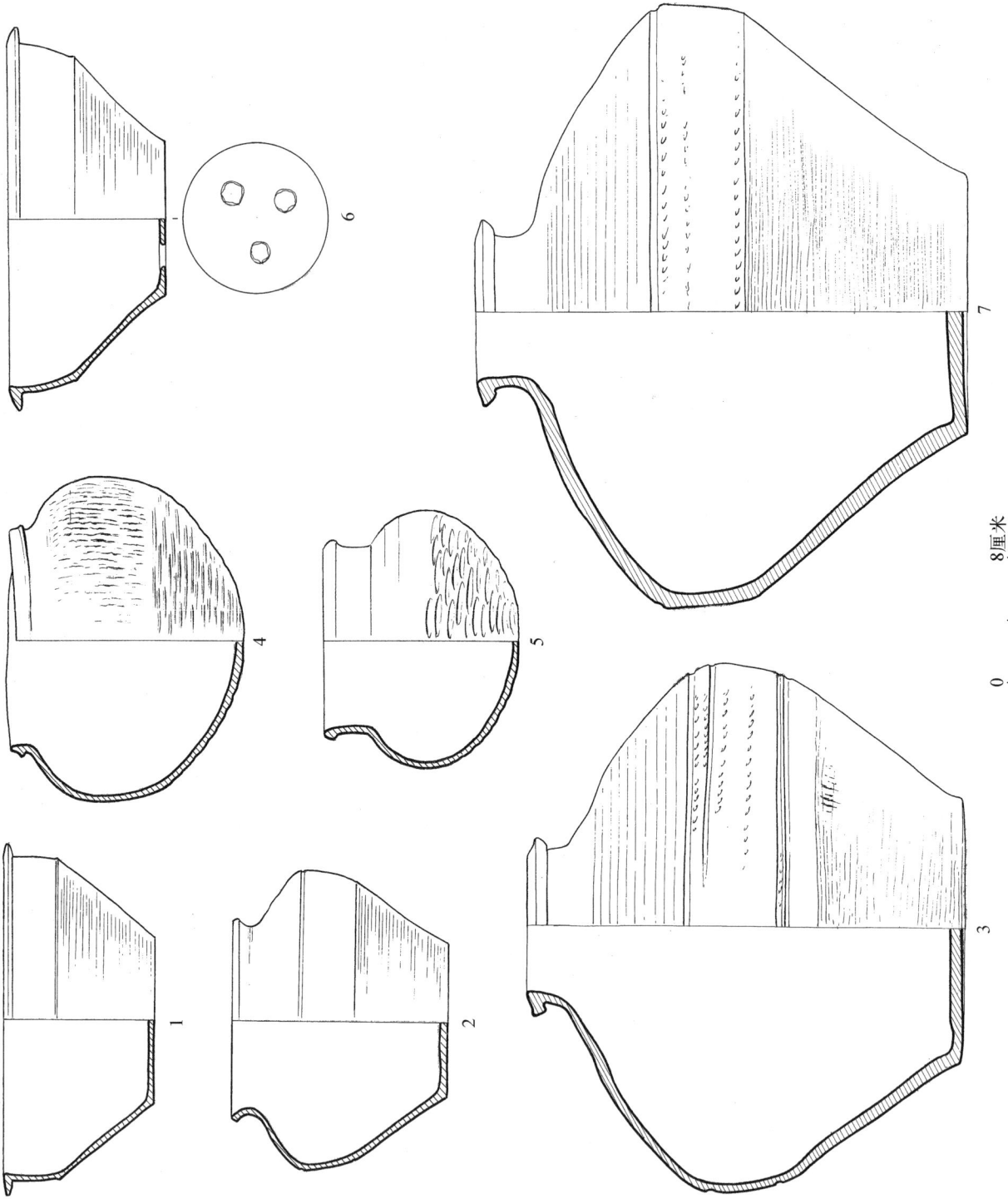

图四七七　SJM62、SJM66 随葬陶器

1. 盂（SJM62：5）　2. 卷沿折肩罐（SJM62：4）　3.7. 缶（SJM62：7，SJM66：1）　4. 两口釜（SJM62：3）　5. 罐口釜（SJM62：1）　6. 盂改甑（SJM62：6）

卷沿折肩罐 1件。标本SJM62：4，夹细砂灰陶。小体，卷沿，斜方唇；折肩，上腹略弧，下腹斜直微内凹，上下腹交接处圆弧，仅以一周旋纹分界，形成"符号亚腰"，平底。肩腹交接处饰一周旋纹。下腹有轮制痕迹。口径12.0、器身最大径18.9、底径9.8、通高14.4厘米（图四七七，2）。

盂 1件。标本SJM62：5，夹细砂灰陶。直口，折沿微下倾，尖圆唇；折腹，上腹竖直，下腹斜直，上腹占腹部比例三分之一，平底。上下腹交接处有一周折棱。下腹有轮制痕迹。口径20.2、底径10.6、通高9.9厘米（图四七七，1）。

盂改甑 1件。标本SJM62：6，夹细砂灰陶。敞口，折沿下倾，尖圆唇；折腹，上腹近直，下腹斜直微内凹，上腹占腹部比例三分之一，平底；器底凿制3个圆形甑孔，三角形布局。上下腹交接处有一周折棱。下腹有轮制痕迹。口径21.6、底径10.0、通高10.3厘米（图四七七，6）。

鬲口釜 1件。标本SJM62：3，夹砂灰陶，底部夹粗砂。口微侈，斜方唇，唇面微内凹；圆肩，鼓腹，腹部整体圆弧，圜底。腹上部饰竖行绳纹，下部饰横向篮纹，底部饰纵向篮纹。口径13.8、最大径20.9、通高15.4厘米（图四七七，4）。

罐口釜 1件。标本SJM62：1，夹砂红褐陶，底部夹粗砂。小体，口微侈，方圆唇，矮直领，圆肩，鼓腹，圜底。肩及腹上部隐约可见瓦纹，腹下部饰横向篮纹，底部饰纵向篮纹。腹底有烟炱。口径11.6、最大径16.6、通高13.0厘米（图四七七，5）。

铜钱 1组。标本SJM62：8，残碎，无法辨识。

263. 2010YFSJM66

（1）位置

东距SJM61约0.5米，西距SJM65约1.5米。

（2）形制结构（图四七八）

墓向：88°。

墓道：位于洞室东侧。口大底小。口呈长方形，南长3.16、北长3.20、东宽1.68、西宽1.64米。斜壁。平底，南长2.67、北长2.68、东宽1.18、西宽1.40米。自深2.18米。

洞室：拱形顶，直壁，平底。洞室口位于墓道西壁中部，洞室宽小于墓道底宽。洞室口南壁距墓道南壁0.07、北壁距墓道北壁0.06米。底部平面呈长方形，南长3.24、北长3.20、东宽1.28、西宽1.58米。高1.50米。

封门：木板封门，位于墓道与洞室连接处，仅残留板灰痕迹。南、北壁有封门槽，北侧封门槽宽0.20、深0.20、高1.62米，南侧封门槽宽0.20、深0.10、高1.60米。

填土：墓道土色黄褐色，土质较坚硬，经过夯打，但夯迹不明显。洞室为黄色塌土及淤土，土质较疏松。

（3）葬具

单棺，呈矩形。置于洞室偏西北，棺长2.32、宽0.68米。

（4）墓主人

骨架不存，葬式不明。

图四七八　SJM66墓葬平、剖图

1.陶缶　2、7.陶盛　3.陶钫　4.陶籃形甗　5.陶锜　6.陶卷沿折肩罐　8.陶鼎　9.陶器盖
10.铁灯　11.方陶片　12.铁削　13、14.漆器

（5）随葬品及其位置

共14件，包括陶器10件、铁器2件、漆器2件。棺外东南角由南向北依次为缶（:1）、盛（:2）、漆器（:13）。棺外东南侧由东向西依次为钫（:3）、籃形甗（:4）、锜（:5）、卷沿折肩罐（:6）、方陶片（:11），4号叠置于5号上。棺外东北角由东向西依次为铁灯（:10）、盛（:7）、器盖（:9），鼎（:8）紧邻9号南侧，漆器（:14）位于10号南侧。铁削（:12）位于棺内西南部，紧邻棺南侧板。

（6）随葬品介绍（图版一七,1）

钫　1件。标本SJM66:3，泥质灰陶。覆斗形盖，盖与器身以子母口扣合；器身侈口方唇，口外侧加厚一周泥条，束颈，溜肩，鼓腹，方形圈足微外撇；肩部对称饰一对兽面衔环状铺首，铺首立体感较强，兽面纹饰较精致、印痕清晰。口部饰白彩，颈部饰一周条带状蓝彩，下接红、白色三角蕉叶纹，间以红、白色云纹；肩腹交接处饰两周条带状红彩，腹下部饰一周条带状红彩，间以白色云纹；铺首描红，圈足饰一周条带状红彩。盖高3.8、盖顶阔5.1、盖阔7.5、口阔11.0、器身最大径

21.6、器身高36.6、足高4.3、足阔13.1、通高38.8厘米（图四七九；彩版三一，2）。

鼎　1件。标本SJM66：8，泥质灰陶。盖面微弧，盖腹较浅，上饰三半圆形乳突，乳突较小；鼎身与盖以子母口扣合，口部内沿高于外沿，沿面微内凹；弧腹较深，上下腹交接处有一周凸棱，圜底；双附耳，耳微外撇，有长方形穿，耳穿透出鼎身部分小于未透出部分；耳、足与鼎身连接处距腹部凸棱较远，蹄足较高微外撇，耳足呈五点式分布。盖面饰三组红、白、绿色云纹，乳突描红，近口处饰一周条带状红彩；双耳两侧饰红、白彩，上腹残存红、白彩各一周。器盖口径16.8、器盖高4.1、耳高5.8、器身口径15.3、器身最大径20.1、器身高10.2、足高6.8、通高16.3厘米（图四八〇，3）。

盛　共2件。泥质灰陶。盖面圆弧，盖腹略深，上有矮圈足状捉手，盖面最高处略低于捉手上缘；盖与器身以子母口扣合，口部内沿略高于外沿，沿面内凹成槽，弧腹。标本SJM66：7，平底微内凹。捉手内及盖面近口处各饰一周条带状红彩，捉手内填两组红色云纹；腹上部残存红彩。器盖口径16.5、器盖高5.2、捉手直径8.6、器身口径14.5、器身最大径18.3、器身高10.4、底径9.6、通高15.2厘米（图四八〇，2）。标本SJM66：2，平底。捉手内及腹上部残存红、白彩。器盖口径16.5、器盖高5.9、捉手直径8.4、器身口径15.9、器身最大径19.3、器身高9.4、底径11.2、通高14.0厘米（图四八〇，5）。

器盖　1件。标本SJM66：9，盖面圆弧，盖腹略深，上有矮圈足状捉手，盖面最高处略低于捉手上缘。捉手内、盖面近捉手处与近口处各饰一周条带状红彩，盖面饰红色云纹。器盖口径16.4、器盖高5.6、捉手直径7.9厘米（图四八〇，4）。

錡　1件。标本SJM66：5，泥质灰陶。小直口方唇，弧肩，肩部对称饰一对兽面衔环状铺首，铺首大而纹饰精致、印痕清晰；弧腹，圜底，腹深明显大于肩高，肩腹转折处有腰檐，腰檐较宽；腹下接三蹄足，蹄足细高。肩部近口处及近腰檐处饰条带状红、白彩各一周，间以四组红、白、绿、蓝色云纹，纹饰对称分布并以铺首间隔。口径7.8、器身最大径24.3、檐宽1.7、足高7.0、通高13.5厘米（图四八〇，7；彩版一四，5）。

簋形甑　1件。标本SJM66：4，泥质灰陶。敞口，折沿微下倾，方圆唇；弧腹，器底内壁全部被刮，刮痕较深；器底戳制9个短条形甑孔，布局为中心两孔与边缘一周，圈足微内敛。器身饰四周条带状白彩，第一、二周间以一周波浪状白彩，圈足饰一周条带状红彩。口径22.0、底径10.8、通高11.8厘米（图四八〇，1）。

缶　1件。标本SJM66：1，夹细砂灰陶。大体，小口束颈，折沿下倾，尖圆唇；折肩，腹微折，肩腹部呈"微亚腰"状，上腹竖直，下腹斜直微内凹，平底。肩部饰数周暗旋纹，阴刻"申生"二字，肩腹交接处饰一周旋纹，上腹饰三周麦粒状绳纹。下腹有轮制痕迹。口径8.9、器身最大径38.3、底径16.3、通高32.2厘米（图四七七，7；彩版二一，1）。

卷沿折肩罐　1件。标本SJM66：6，夹细砂灰陶。小体，卷沿，方圆唇；圆折肩，上腹略弧，下腹斜直，上下腹交接处圆弧，仅以一周旋纹分界，形成"符号亚腰"，平底。肩腹部交接处饰一周旋纹。口径13.8、器身最大径22.0、底径10.3、通高18.9厘米（图四八〇，6）。

方陶片　1件。标本SJM66：11，夹细砂灰陶。平面近长方形，器身微弧似瓦片状，正面中间饰竖行绳纹，两边饰斜行绳纹，背面有布纹。长9.8、宽6.0、厚0.3厘米（图四六五，10；彩版四七，6）。

0   4厘米

图四七九　SJM66随葬陶钫

SJM66∶3

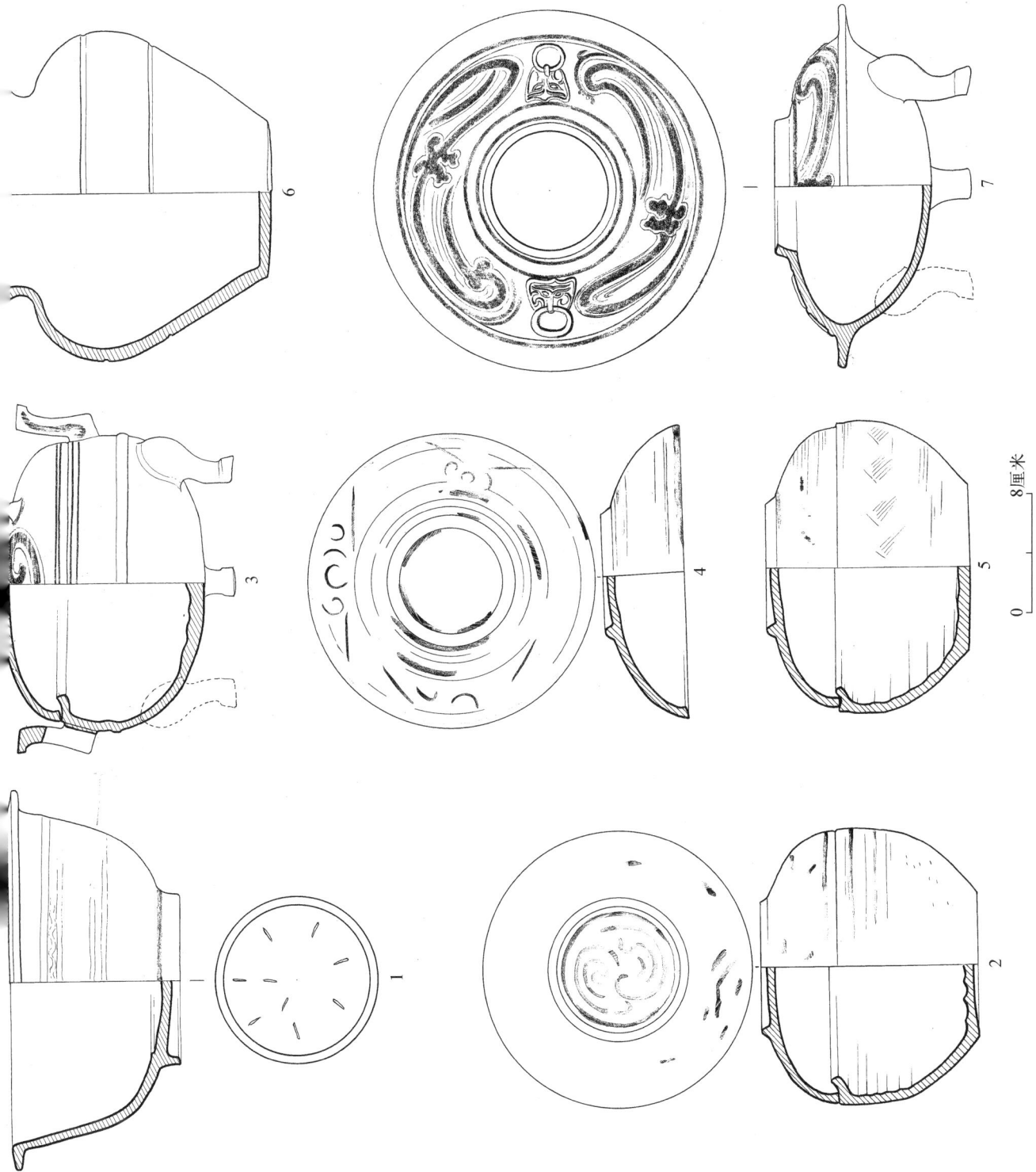

图四八〇 SJM66 随葬陶器

1.盈形甗（SJM66：4） 2、5.盛（SJM66：7,SJM66：2） 3.鼎（SJM66：8） 4.器盖（SJM66：9） 6.卷沿折肩罐（SJM66：6） 7.筒（SJM66：5）

铁灯　1件。标本SJM66：10，行灯。浅折盘，方唇，盘壁斜直，灯盘中心有一圆锥形烛钎；平底下接三矮足，矮足断面呈三角形；扁錾形柄与盘口齐平，位置与一足相应。口径9.4、盘高1.6、足高1.4、柄长2.6厘米（图四六五，2）。

铁削　1件。标本SJM66：12，锋端残。单面刃，直背直刃，削身断面呈三角形；长扁平柄，柄部略窄于刃部，圆形环首。残长15.35、刃最宽处1.20、刃厚0.35、柄最宽处1.15、环首宽3.90厘米（图四六五，14；彩版四七，4）。

漆器　共2件。标本SJM66：13，SJM66：14，无法提取。

264. 2010YFSJM67

（1）位置

北距SJM68约1.0米。

（2）形制结构（图四八一）

墓向：272°。

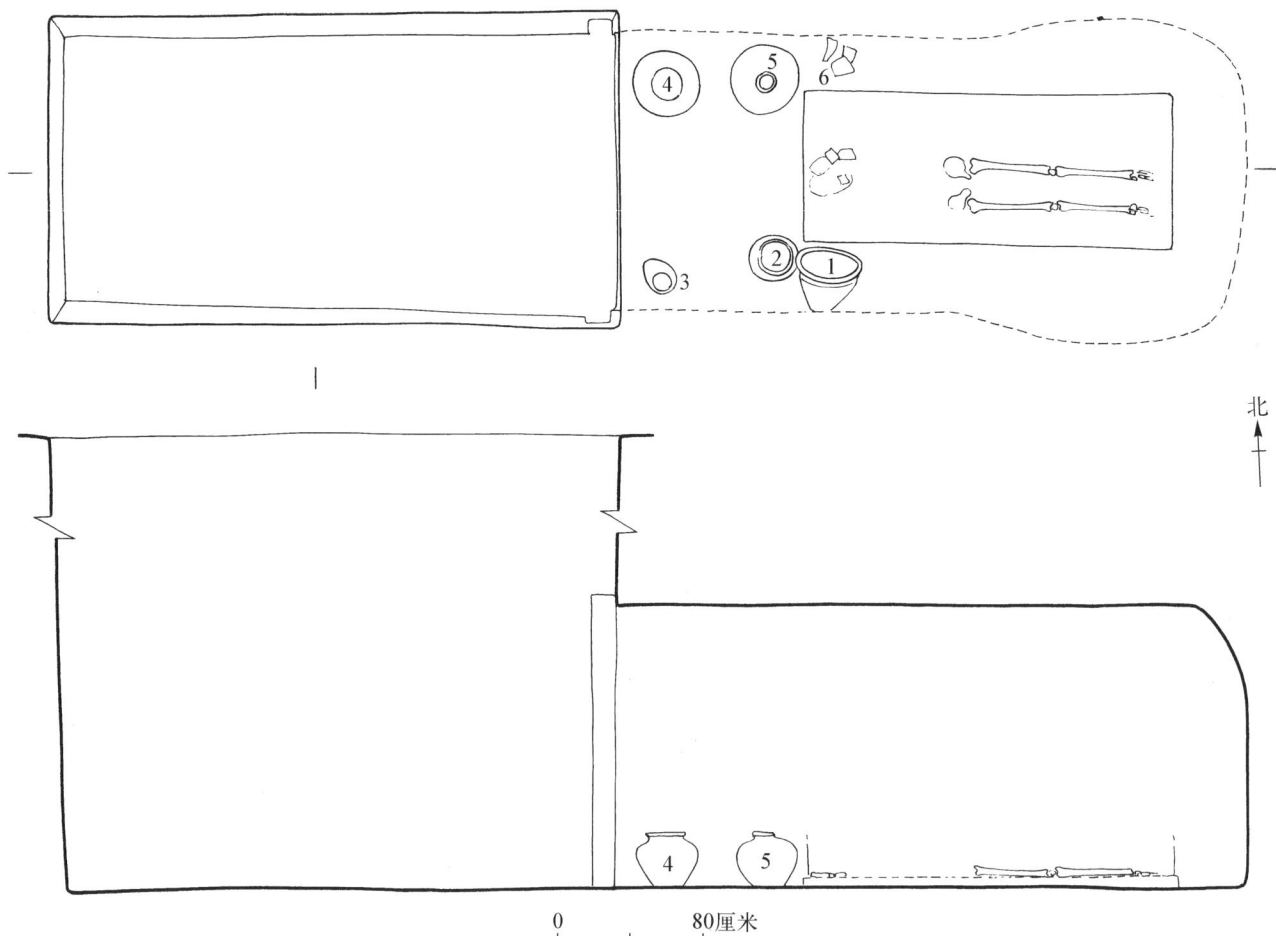

图四八一　SJM67墓葬平、剖图

1.陶盆　2.陶高口釜　3.陶罐口釜　4.陶直口折肩罐　5.陶缶　6.陶盂形甑

墓道：位于洞室西侧。口大底小。口呈长方形，南长3.10、北长3.12、东宽1.64、西宽1.66米。斜壁。平底，南长2.86、北长2.86、东宽1.40、西宽1.50米。自深3.40米。

洞室：拱形顶，直壁，平底。洞室口位于墓道东壁中部，洞室宽小于墓道底宽。洞室口南壁距墓道南壁0.04米。底部平面大致呈长方形，东部略向外鼓呈圆形，南长3.40、北长3.40、东宽1.48、西宽1.72米。高1.50米。

封门：木板封门，位于墓道与洞室连接处，仅残留板灰痕迹。南、北壁有封门槽，北侧封门槽宽0.12、深0.08、高1.62米，南侧封门槽宽0.14、深0.08、高1.56米。

填土：墓道土色黄褐色，土质坚硬。洞室为青灰色塌土及淤土，土质较黏。

（3）葬具

单棺，呈矩形。置于洞室偏东，棺长2.00、宽0.82米。

（4）墓主人

仅存下肢骨、头骨。葬式为仰身直肢葬，头向与墓道方向相同。

（5）随葬品及其位置

共6件，皆陶器，均位于棺外洞室内。棺外西北侧由西向东依次为直口折肩罐（∶4）、缶（∶5）、盂形甑（∶6）。棺外西南侧由西向东依次为罐口釜（∶3）、鬲口釜（∶2）、盆（∶1）。

（6）随葬品介绍

缶 1件。标本SJM67∶5，夹细砂灰陶。小体，小口束颈，折沿微下倾，尖圆唇；折肩，弧腹，上下腹交接处圆弧，仅以一周旋纹分界，形成"符号亚腰"，平底。肩部饰数周暗旋纹，肩腹交接处饰一周旋纹，上腹饰一至两周麦粒状绳纹。下腹有轮制痕迹。口径9.3、底径13.0、器身最大径31.8、通高26.5厘米（图四八二，2）。

直口折肩罐 1件。标本SJM67∶4，夹细砂灰陶。大体，口及肩部不规整，直口方唇；折肩，弧腹，上下腹交接处似修整出折痕，形成"象征亚腰"，平底。肩上部饰数周旋纹。口径13.2、器身最大径26.5、底径13.9、通高18.0厘米（图四八四，6）。

盆 1件。标本SJM67∶1，夹细砂灰陶。敞口，折沿下倾，尖唇；折腹，上腹近直，下腹斜直，上腹占腹部比例三分之一，平底。器内壁饰数周暗旋纹，上下腹交接处有一周折棱。上腹有不规则划痕。口径30.2、底径11.4、通高17.2厘米（图四八二，1）。

盂形甑 1件。标本SJM67∶6，夹细砂灰陶。直口微内敛，平折沿，尖圆唇；弧腹微折，上腹竖直，下腹弧收，上腹占腹部比例小于三分之一，平底；器底残留16个戳制圆形甑孔，布局为中心一孔与边缘两周。内壁饰数周暗旋纹，上腹饰四周旋纹。口径21.3、底径8.0、通高14.2厘米（图四八四，5）。

罐口釜 1件。标本SJM67∶3，夹砂红褐陶，底部夹粗砂。小体，卷沿，方圆唇，矮直颈，圆肩，鼓腹，圜底。肩及腹上部隐约可见两周瓦纹，腹下部饰横向篮纹，底部饰纵向篮纹。腹底有烟炱。口径8.9、器身最大径14.2、通高11.7厘米（图四八四，2）。

鬲口釜 1件。标本SJM67∶2，夹砂灰陶，底部夹粗砂。口微侈，斜方唇，唇面内凹；隆肩，肩面近口处略平，腹上部微弧近直，下部弧收，圜底。肩及腹上部饰数周旋纹，腹下部饰横向篮纹，底部饰纵向篮纹。口径17.6、器身最大径23.4、通高16.5厘米（图四八四，3）。

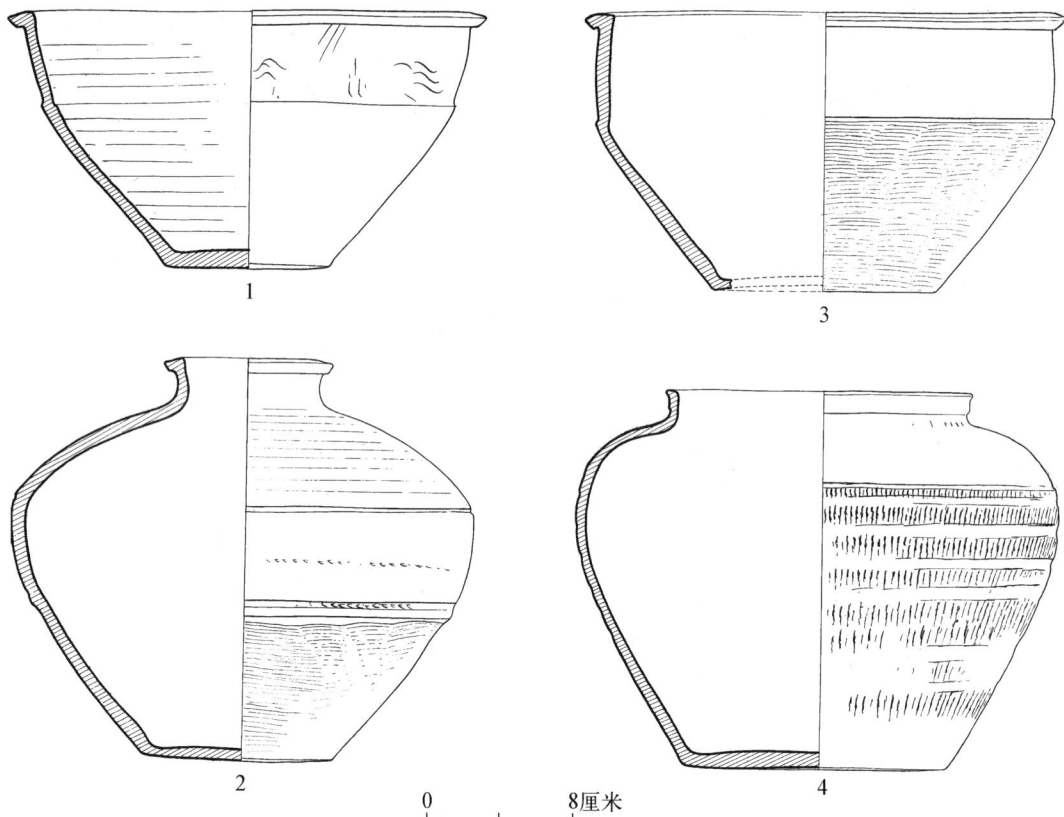

0 ___ 8厘米

图四八二　SJM67、SJM68随葬陶器

1、3. 盆(SJM67：1、SJM68：3)　2. 缶(SJM67：5)　4. 直口折肩罐(SJM68：4)

265. 2010YFSJM68

（1）位置

南距SJM67约1.0米。

（2）形制结构（图四八三）

墓向：275°。

墓道：位于洞室西侧。口大底小。口呈长方形，南长3.20、北长3.20、东宽1.56、西宽1.58米。斜壁。平底，南长2.92、北长2.92、东宽1.28、西宽1.28米。自深2.50米。

洞室：拱形顶，直壁，平底。洞室口位于墓道东壁中部，洞室宽小于墓道底宽。洞室口南壁距墓道南壁0.08、北壁距墓道北壁0.10米。底部平面略呈长方形，南长3.30、北长3.30、东宽1.06、西宽1.06米。高1.40米。

填土：墓道为黄褐色五花土，土质疏松。洞室为青灰色塌土及淤土，土质较软。

（3）葬具

单棺，呈矩形。置于洞室略偏东。棺长2.30、宽0.74米。

（4）墓主人

仅存下肢骨，其余朽成粉末状。葬式似为仰身直肢葬，头向与墓道方向相同。

0　　　　　80厘米

图四八三 SJM68墓葬平、剖图

1.陶盂形甑 2.陶小口旋纹罐 3.陶盆 4.陶直口折肩罐

（5）随葬品及其位置

共4件，皆陶器，均位于棺外西侧。由北向南依次为小口旋纹罐（∶2）、盂形甑（∶1）、盆（∶3）、直口折肩罐（∶4），1号倒置。

（6）随葬品介绍

小口旋纹罐 1件。标本SJM68∶2，口残，夹细砂灰陶。圆鼓肩，腹微弧近直，平底。肩及腹上部饰数周旋断绳纹。器身最大径22.8、底径11.5、残高22.0厘米（图四八四，4）。

直口折肩罐 1件。标本SJM68∶4，夹细砂灰陶。大体，直口方唇，口外侧有一周凹槽；圆折肩，肩面圆鼓，弧腹，平底。肩部近口处隐约可见竖行细绳纹，肩腹交接处饰一周旋纹，腹部饰数周旋断绳纹。口径19.2、器身最大径32.7、底径17.8、通高24.9厘米（图四八二，4）。

盆 1件。标本SJM68∶3，底残，夹细砂灰陶。直口，折沿微下倾，尖圆唇；折腹，上腹竖直，下腹斜直，上腹占腹部比例大于三分之一，平底。上下腹交接处有一周折棱。下腹有轮制痕迹。口径29.7、底径14.8、通高18.5厘米（图四八二，3）。

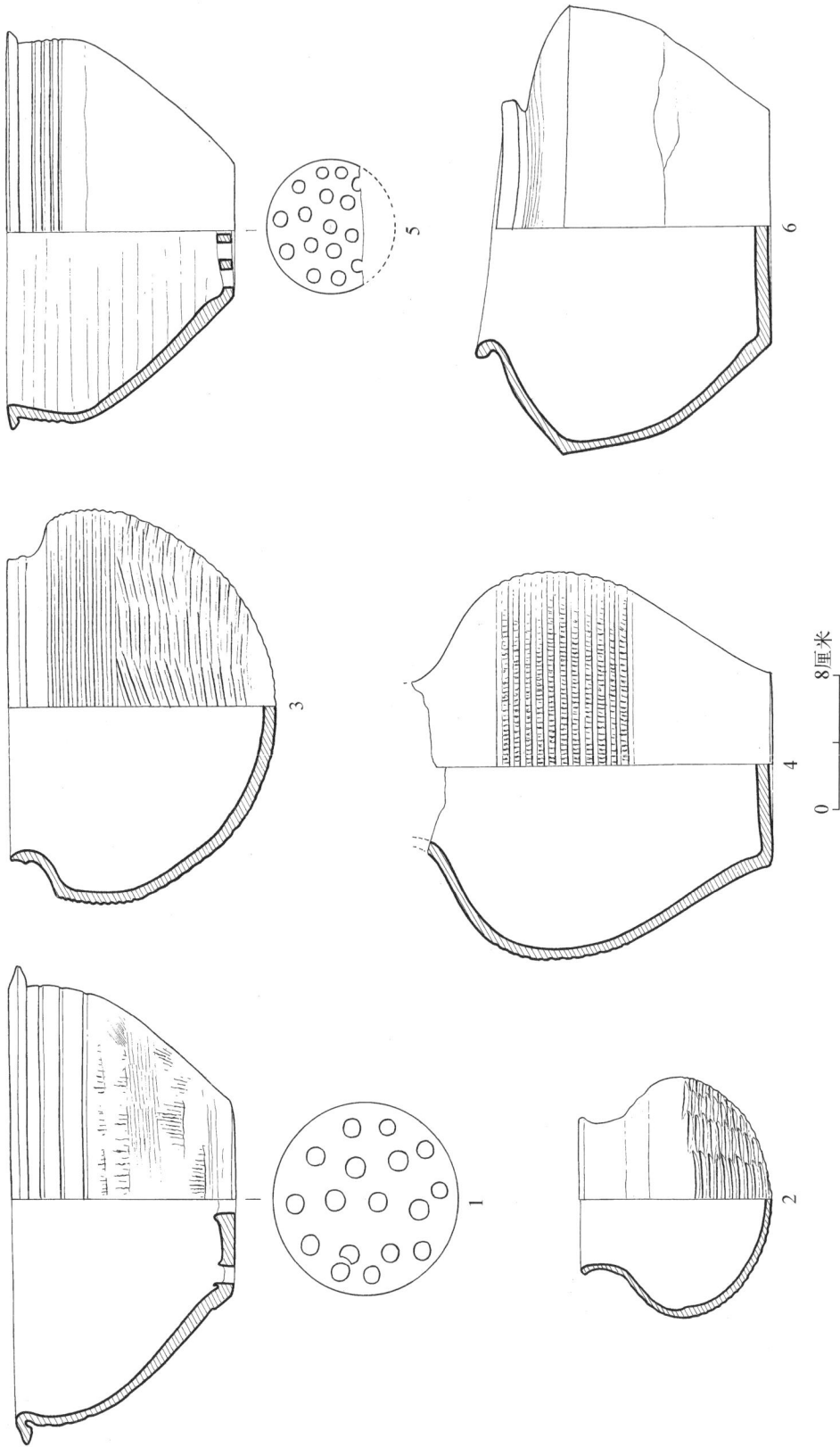

图四八四　SJM67、SJM68 随葬陶器

1、5. 盂形甑（SJM68∶1，SJM67∶6）　2. 罐口釜（SJM67∶3）　3. 高口釜（SJM67∶2）　4. 小口旋纹罐（SJM68∶2）　6. 直口折肩罐（SJM67∶4）

盂形甑 1件。标本SJM68：1，夹细砂灰陶。敞口，折沿下倾，尖圆唇；弧腹，平底，器底戳制17个圆形甑孔，布局为中心一孔与边缘两周。沿面隐约可见暗旋纹，腹上部饰三周旋纹，腹下部局部饰竖行绳纹。口径25.0、底径11.0、通高13.7厘米（图四八四，1）。

266. 2010YFSJM69

（1）位置

南距SJM75约1.3米。

（2）形制结构（图四八五）

墓向：275°。

墓道：位于洞室西侧。口大底小。口呈长方形，南长3.08、北长3.08、东宽2.00、西宽1.98米。斜壁。平底，南长2.60、北长2.60、东宽1.70、西宽1.72米。自深2.80米。

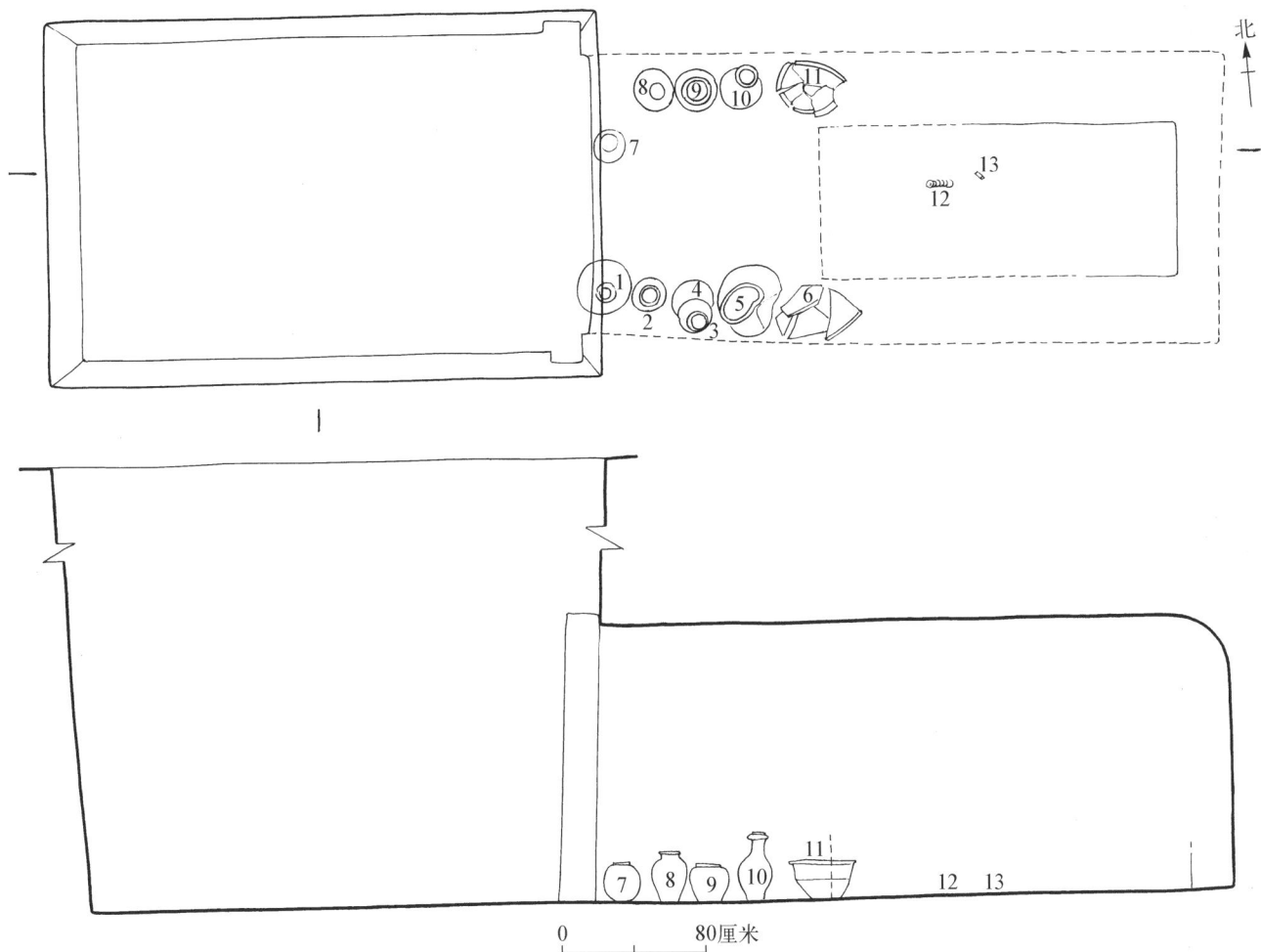

图四八五 SJM69墓葬平、剖图

1.陶缶 2.陶卷沿圆肩罐 3、4、9.陶有颈罐 5.铁釜 6.陶盆形甑 7.陶罐口釜 8.陶小口旋纹罐
10.陶蒜头壶 11.陶盂 12.铜钱 13.铜盖弓帽

洞室：拱形顶，直壁，平底。洞室口位于墓道东壁中部，洞室宽小于墓道底宽。洞室口南壁距墓道南壁0.08、北壁距墓道北壁0.12米。底部平面略呈长方形，南长3.52、北长3.52、东宽1.58、西宽1.52米。高1.50米。

封门：木板封门，位于墓道与洞室连接处，仅残留板灰痕迹。南、北壁有封门槽，北侧封门槽宽0.27、深0.08、高1.56米，南侧封门槽宽0.27、深0.08、高1.56米。

填土：墓道为红褐色五花土，土质较疏松。洞室为浅灰色塌土及淤土，土质疏松。

（3）葬具

单棺，呈矩形。置于洞室偏东。棺长2.00、宽0.82米。

（4）墓主人

骨架不存，葬式不明。

（5）随葬品及其位置

共13件（组），包括陶器10件、铜器1件、铁器1件、铜钱1组6枚。铜钱（：12）位于棺内中部略偏西，铜盖弓帽（：13）位于其东北侧。其余器物均位于棺外洞室内，分南北两排。棺外西北侧由西向东依次为小口旋纹罐（：8）、有颈罐（：9）、蒜头壶（：10）、盂（：11），11号倒置。罐口釜（：7）位于8号西南。棺外西南侧由西向东依次为缶（：1）、卷沿圆肩罐（：2）、有颈罐（：3、：4）、铁釜（：5）、盆形甑（：6），3号叠置于4号上。

（6）随葬品介绍（图版二一，2）

缶　1件。标本SJM69：1，夹细砂灰陶。小体，小口束颈，折沿微下倾，尖圆唇；溜肩，肩部占器身比例近半，腹部斜直微内凹，平底。肩腹交接处饰一周旋纹，上腹饰一至两周麦粒状绳纹。口径8.3、器身最大径31.5、底径14.0、通高27.6厘米（图四八九，1）。

小口旋纹罐　1件。标本SJM69：8，夹细砂灰陶。小口束颈，平折沿，沿面微内凹，方唇；微溜肩，腹近斜直，平底。肩及腹上部饰数周旋断绳纹。器身烧流，明显变形。口径约9.8、器身最大径约24.0、底径11.5、通高28.0厘米（图四八六，7）。

有颈罐　共3件，皆夹细砂灰陶。卷沿，方唇，唇面有一周凹槽；矮直颈，圆肩，腹上部圆弧，下部斜直，平底。标本SJM69：9，素面。口径13.8、器身最大径23.2、底径10.2、通高20.4厘米（图四八六，2）。标本SJM69：4，肩腹交接处部饰两周旋纹，上腹饰两周旋纹及两周麦粒状绳纹。肩部有铁锈痕迹。口径13.5、器身最大径24.0、底径12.3、通高20.1厘米（图四八六，3）。标本SJM69：3，肩面局部隐约可见竖行绳纹。肩腹部有铁锈痕迹。口径13.4、器身最大径21.3、底径10.0、通高18.5厘米（图四八六，5）。

卷沿圆肩罐　1件。标本SJM69：2，夹细砂灰陶。小体，卷沿，圆唇，微溜肩，腹上部圆弧，下部斜直微内凹。肩腹部共饰两组四周旋纹。口径11.0、器身最大径21.0、底径11.7、通高20.5厘米（图四八六，6）。

盂　1件。标本SJM69：11，夹细砂灰陶。侈口，方唇，沿下角较大；鼓腹，上腹近口部内敛，下腹弧收，平底。上腹饰两周旋纹。口径24.2、底径10.6、通高14.5厘米（图四八六，1）。

盆形甑　1件。标本SJM69：6，夹细砂灰陶。敞口，平折沿，尖圆唇；弧腹微折，上腹竖直，下

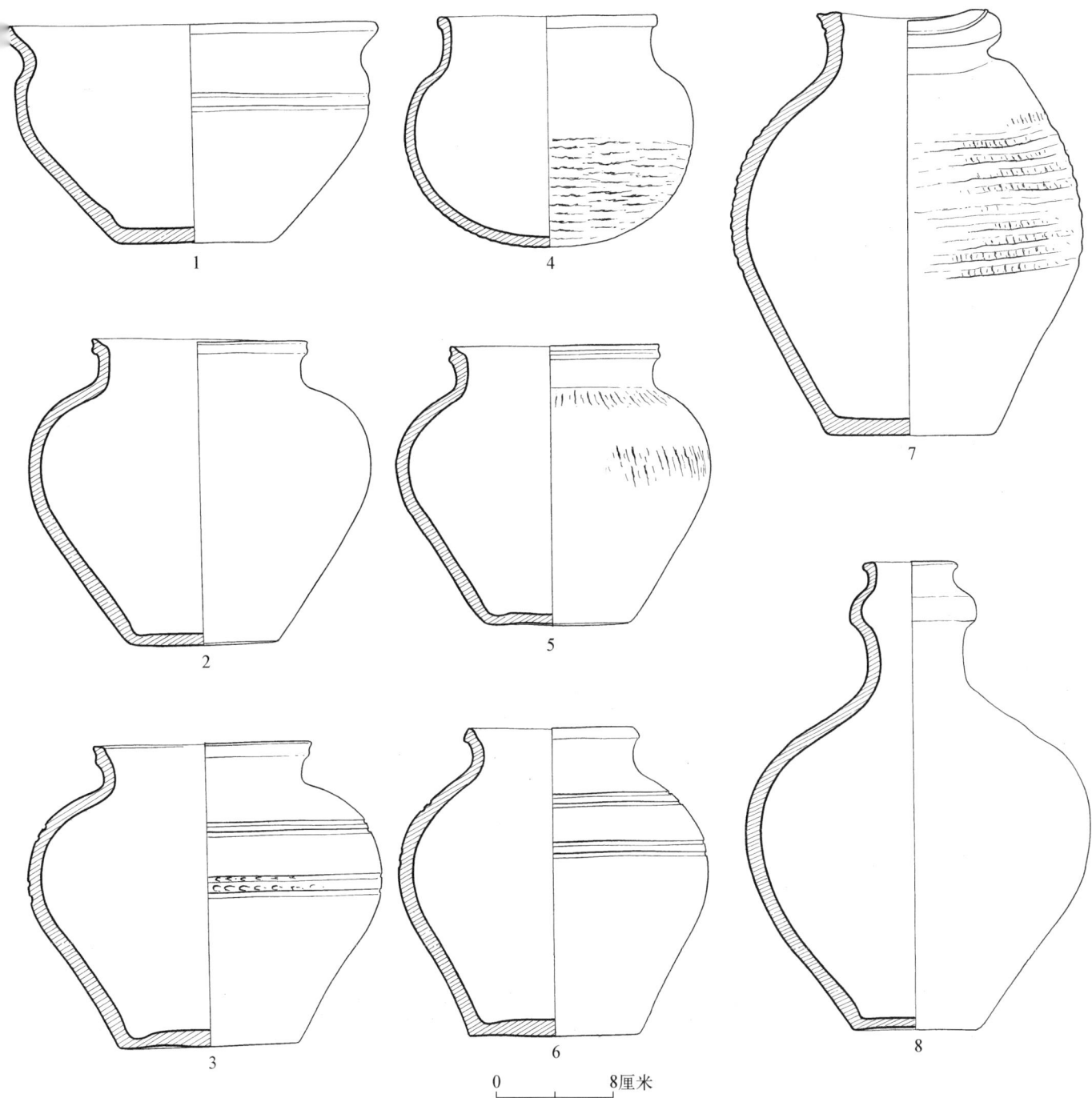

图四八六　SJM69 随葬陶器

1. 盂（SJM69：11）　2、3、5. 有颈罐（SJM69：9、SJM69：4、SJM69：3）　4. 罐口釜（SJM69：7）　6. 卷沿圆肩罐（SJM69：2）

7. 小口旋纹罐（SJM69：8）　8. 蒜头壶（SJM69：10）

腹斜直，上腹占腹部比例近半，平底；器底戳制12个圆形甑孔，布局为中心四孔与边缘一周。上腹饰三周旋纹。口径29.8、底径13.5、通高18.5厘米（图四八九,4）。

罐口釜　1件。标本SJM69:7,夹砂红褐陶,底部夹粗砂。口微侈,厚圆唇,微溜肩,鼓腹,圜底。腹及底部饰横向绳纹。腹底有烟炱。口径14.2、器身最大径19.5、通高15.7厘米（图四八六,4；彩版二九,6）。

蒜头壶　1件。SJM69:10,夹细砂灰陶。直口方唇,口部呈蒜头形,束颈,溜肩,腹上部圆鼓,下部斜直微内凹,平底。素面。口径5.0、器身最大径23.5、底径8.6、通高31.2厘米（图四八六,8）。

铜盖弓帽　1件。标本SJM69:13,管状,中空,口小底大,器身中部向上挑起一钩。口径1.20、高2.85、钩长1.20厘米（图四六五,5；彩版四四,2）。

铁釜　1件。标本SJM69:5,残。直口方唇,微出沿,矮直颈,圆肩,鼓腹,圜底略尖。口径约25.8厘米（图四六五,17）。

铜钱　共6枚,标本SJM69:12,均为"半两"。大小近同,文字各异。SJM69:12-1,文字扁平,字等于穿。"半"字头部略呈"八"字状,两横线等长,竖线出于下横线；"两"字上横线与肩等长,折肩,为"双人两"。钱径2.5、穿宽0.8厘米,重量2.5克（图四八七,3）。SJM69:12-2,文字扁平,字等于穿。"半"字锈蚀不清；"两"字上横线较短,折肩,为"双人两"。钱径2.5、穿宽0.7厘米,重量2.6克（图四八七,5）。SJM69:12-3,文字不清晰。钱径2.3、穿宽0.7厘米,重量2.1克。SJM69:12-4,文字扁平,字等于穿。"半"字头部转折,两横线等长,竖线出于下横线；"两"字上横线与肩等长,折肩,为"连山两"。有一铸口。钱径2.5、穿宽0.7厘米,重量2.4克（图四八七,1）。SJM69:12-5,文字不清晰。钱径2.4、穿宽0.8厘米,重量3.0克。SJM69:12-6,文字不清晰。钱径2.4、穿宽0.6厘米,重量2.9克。

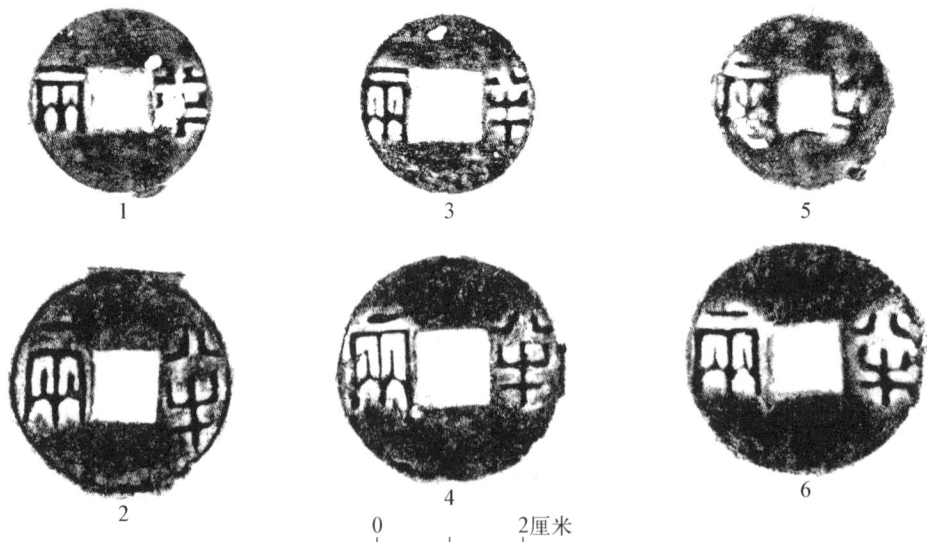

图四八七　SJM69、SJM70随葬铜钱拓片

1.SJM69:12-4　2.SJM70:13-5　3.SJM69:12-1　4.SJM70:13-1　5.SJM69:12-2　6.SJM70:13-14

267. 2010YFSJM70

（1）位置

南距SJM69约1.5米。

（2）形制结构（图四八八）

墓向：265°。

墓道：位于洞室西侧。口略大于底。口呈长方形，南长2.90、北长2.90、东宽1.67、西宽1.53米。斜壁近直。平底，南长2.70、北长2.70、东宽1.45、西宽1.32米。自深5.50米。

洞室：拱形顶，直壁，平底。洞室口位于墓道东壁中部，洞室宽小于墓道底宽。洞室口南壁距墓道南壁0.10、北壁距墓道北壁0.10米。底部平面略呈长方形，南长3.52、北长3.52、东宽1.28、西宽1.24米。高1.40米。

填土：墓道为浅红色五花土，土质较松散。洞室为浅黄色塌土，土质较硬。

（3）葬具

单棺，呈倒梯形。置于洞室偏东。两端板长度不相等，棺侧板与端板闭合相接。棺长2.10、

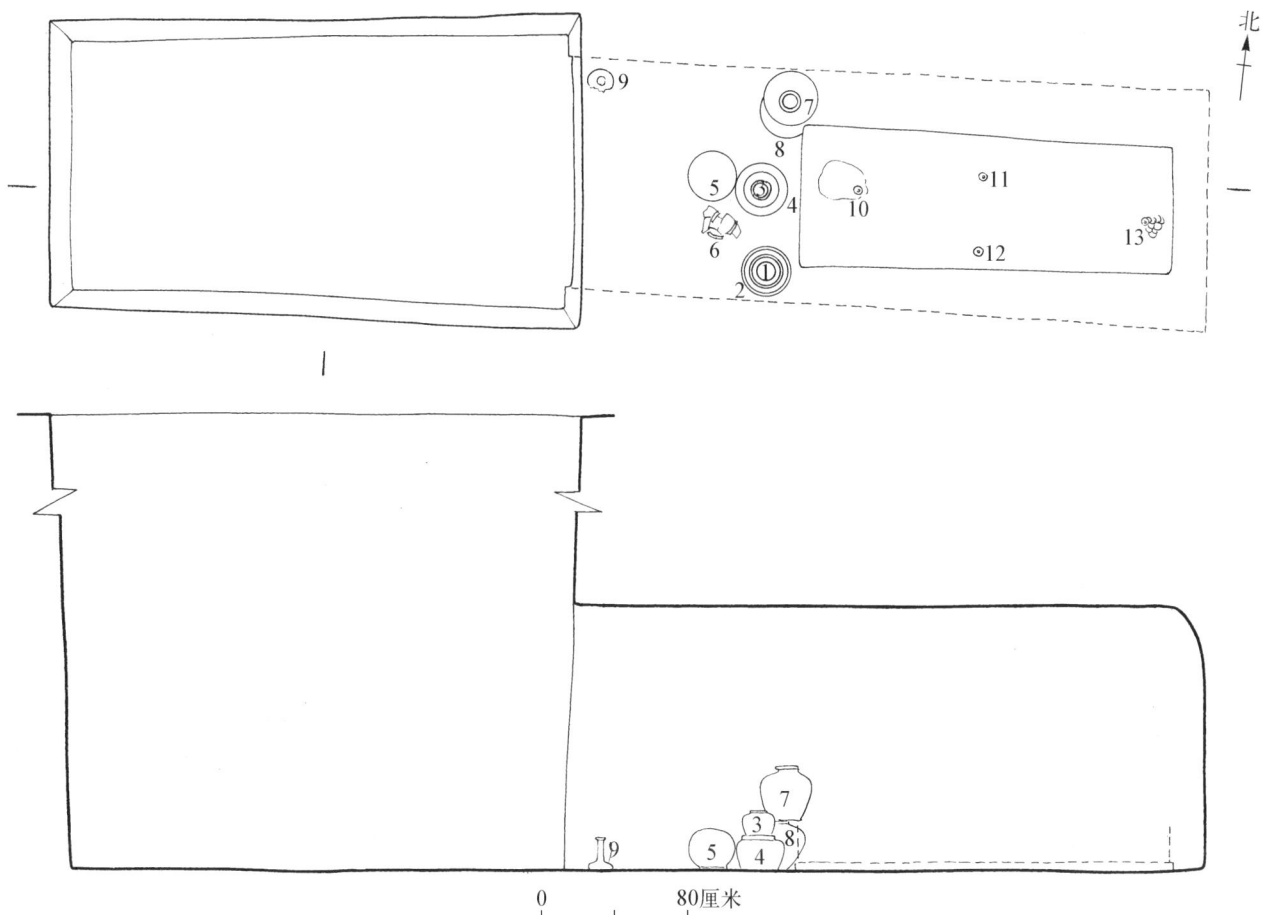

图四八八　SJM70墓葬平、剖图

1. 陶盉形甑　2. 陶盉　3. 陶小口旋纹罐　4、8. 陶卷沿圆肩罐　5. 铁釜　6. 陶罐口釜　7. 陶缶　9. 铁灯　10、11、12、13. 铜钱

东宽0.67、西宽0.79米。

（4）墓主人

仅存头骨痕迹。葬式不明,头向似与墓道方向相同。

（5）随葬品及其位置

共13件（组）,包括陶器7件、铁器2件、铜钱4组（1、1、1、21枚）。盆形甑（∶1）、盂（∶2）位于棺外西南角,1号叠置于2号内。缶（∶7）、卷沿圆肩罐（∶8）位于棺外西北角,7号叠置于8号上。小口旋纹罐（∶3）、卷沿圆肩罐（∶4）位于棺外西侧,3号叠置于4号上。铁釜（∶5）倒置于4号西侧,罐口釜（∶6）位于5号南侧。铁灯（∶9）位于洞室内西北角。铜钱（∶10）位于棺内墓主口部,铜钱（∶11、∶12）分别位于棺内墓主左、右手,铜钱（∶13）位于棺内墓主脚部。

（6）随葬品介绍（图版二三,1）

缶　1件。标本SJM70∶7,夹细砂灰陶。小体,小口束颈,折沿微下倾,尖唇;溜肩,肩部占器身比例近半,腹部斜直微内凹。肩部饰数周暗旋纹,肩腹及上下腹交接处各饰一周旋纹,上腹饰两至三周麦粒状绳纹。口径8.3、器身最大径31.3、底径14.9、通高26.0厘米（图四八九,3;彩版二一,7）。

小口旋纹罐　1件。标本SJM70∶3,夹细砂灰陶。整体形态瘦高,小口束颈,折沿下倾,沿面微内凹,尖圆唇;溜肩明显,腹上部略弧,下部斜直,平底。肩及腹上部饰数周旋纹及旋断绳纹。腹下部有轮制痕迹。口径8.7、器身最大径22.3、底径10.4、通高29.0厘米（图四九〇,2;彩版三三,2）。

卷沿圆肩罐　共2件。皆夹细砂灰陶。大体,卷沿,斜方唇,圆鼓肩,腹上部略弧,下部斜直,平底。肩部饰数周暗旋纹及一周旋纹,腹上部饰两周旋纹。下腹有修整刮痕。标本SJM70∶4,肩腹部有铁锈痕迹。口径16.5、器身最大径28.3、底径13.5、通高21.0厘米（图四九〇,1）。标本SJM70∶8,唇面微内凹。口径15.0、器身最大径29.5、底径14.0、通高21.9厘米（图四九〇,5;彩版一九,1）。

盂　1件。标本SJM70∶2,夹细砂灰陶。敞口,平折沿,尖唇;弧腹微折,上腹竖直,下腹斜直微内凹,上腹占腹部比例近半,平底。上腹饰两周弦纹。口径20.9、底径10.0、通高10.5厘米（图四九〇,3）。

盆形甑　1件。标本SJM70∶1,夹细砂灰陶。整体形态较高。直口,平折沿,尖圆唇;弧腹微折,上腹竖直,下腹斜直内凹,上腹占腹部比例近半,平底;底部戳制7个圆形甑孔,布局为中心一孔与边缘一周。上腹饰两周旋纹。口径24.9、底径12.5、通高17.3厘米（图四八九,2）。

罐口釜　1件。标本SJM70∶6,夹砂红陶,底部夹粗砂。小体,口微侈,厚圆唇,矮直颈,圆肩,鼓腹,圜底。腹下部饰横向篮纹,底部饰纵向篮纹。肩部有不规则凸起,腹底有烟炱。口径9.0、器身最大径14.3、通高11.2厘米（图四九〇,4）。

铁灯　1件。标本SJM70∶9,底残。豆形灯。浅折盘,方唇,盘壁竖直,灯盘中心有一圆锥形烛扦,圜底下接竹节状柱柄。盘底饰数周弦纹。口径12.3、残高14.3厘米（图四六五,12）。

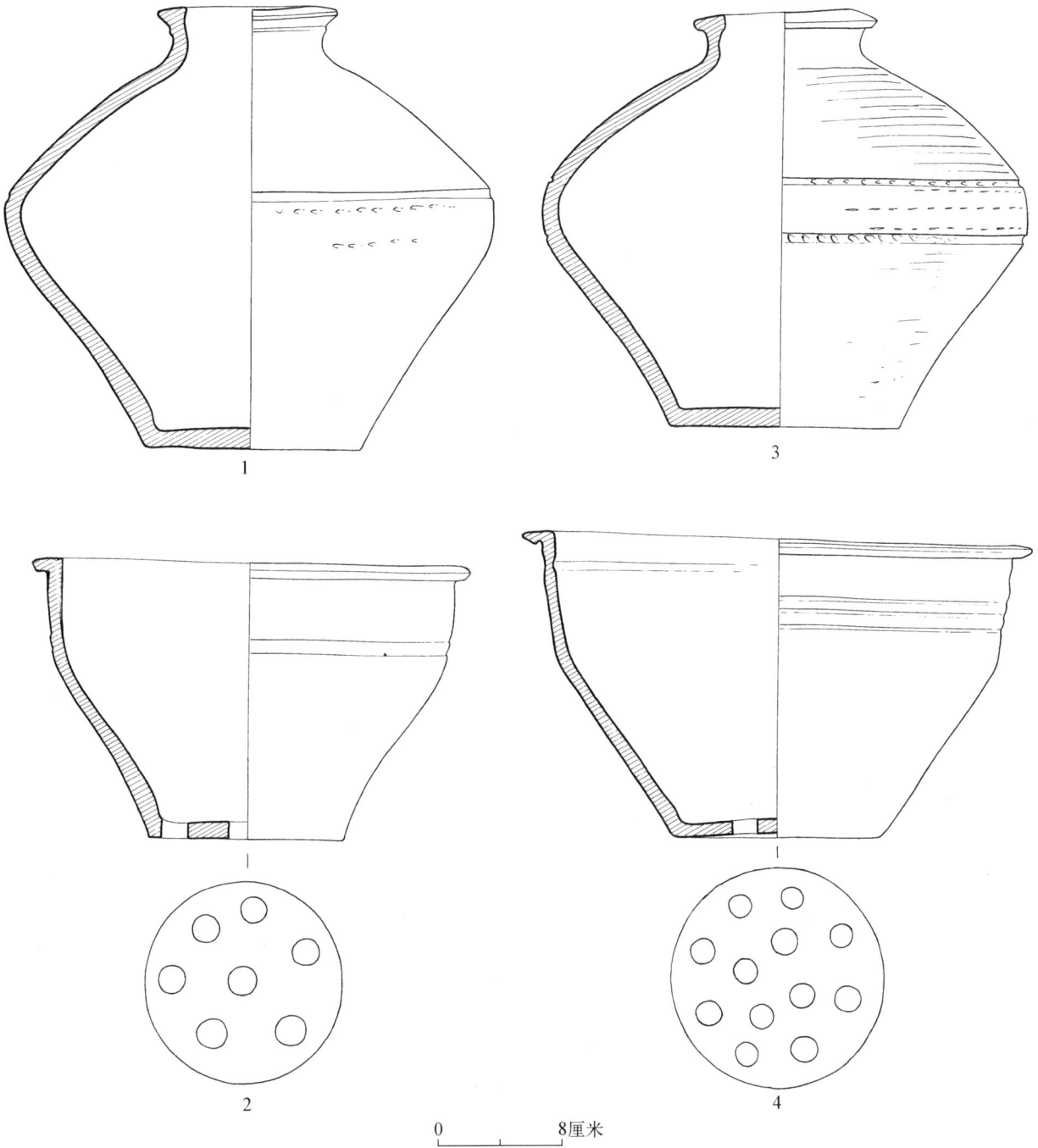

图四八九 SJM69、SJM70 随葬陶器

1.缶（SJM69：1） 2.盂形甑（SJM70：1） 3.缶（SJM70：7） 4.盆形甑（SJM69：6）

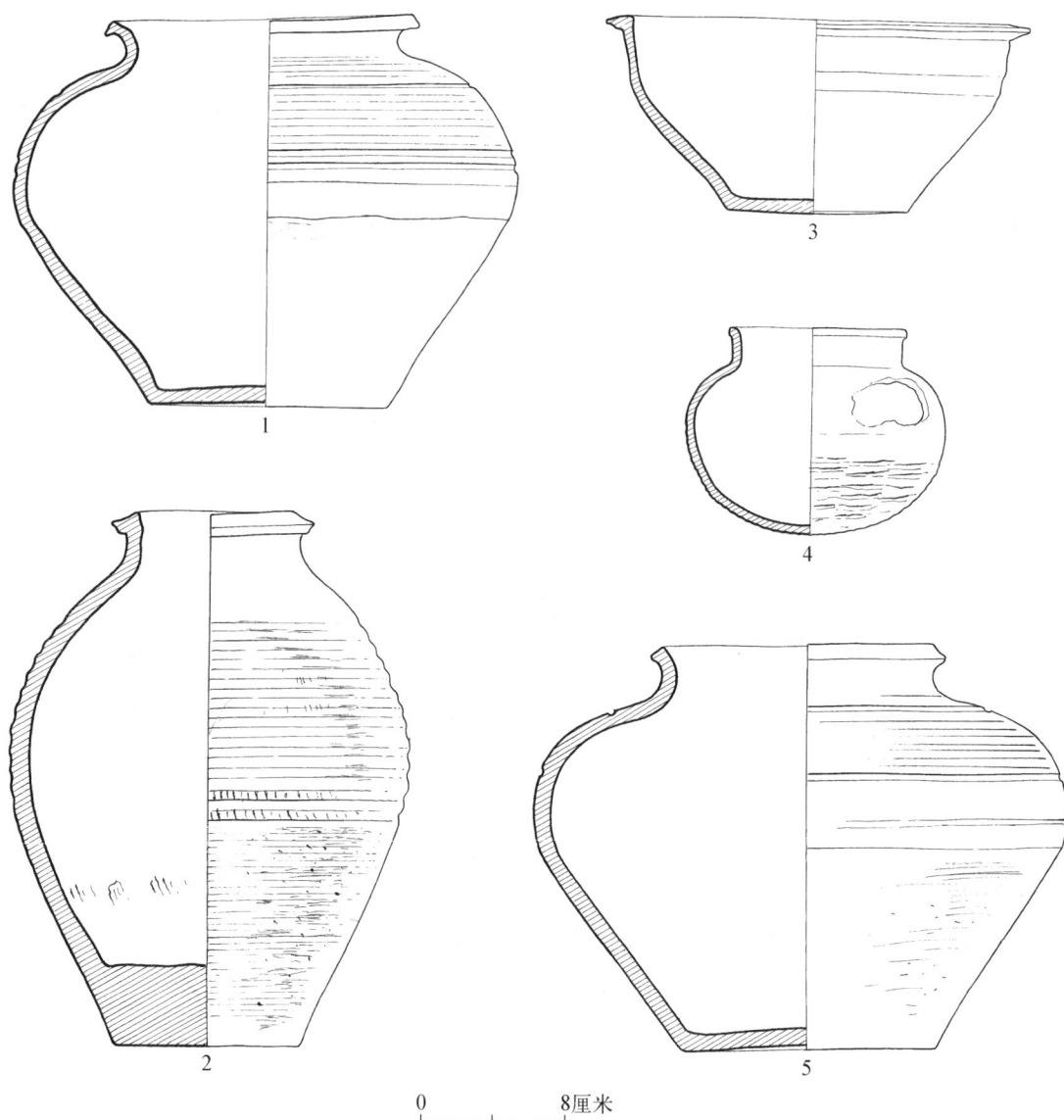

图四九〇　SJM70随葬陶器

1、5. 卷沿圆肩罐（SJM70：4、SJM70：8）　2. 小口旋纹罐（SJM70：3）　3. 盂（SJM70：2）　4. 罐口釜（SJM70：6）

铁釜　1件。标本SJM70：5，耳残。直口方唇，口微内敛，矮直颈，圆鼓肩，鼓腹，圜底近平，肩腹交接处饰对称宽桥形耳。口径19.80、器身最大径31.00、耳宽2.40、通高24.5厘米（图四六五，13）。

铜钱　共24枚。标本SJM70：10、SJM70：11、SJM70：12、SJM70：13，肉上或有孔，穿均方正。仅1枚有钱郭。偶有粘合体。多数可辨钱文的文字各异，字与穿比例不同。"半"字头部转折程度不同，两横线及竖线出于下横线的长度不等；"两"字上横线与肩长度比例不同，均折肩，"两"字内部结构亦有区别。钱缘或有铸口。铸造较粗糙。钱径3.1～3.6、穿宽0.7～1.0厘米，重量3.6～15.7克。具体形制详见表三四。

表三四　SJM70铜钱统计表

编号	种类	钱径	穿宽	重量	文字	形制	记号	附着物	图号	备注
SJM70:10-1	半两	3.1	0.9	7.4	文字不清晰					
SJM70:11-1		3.1	0.8	6	同上					
SJM70:12-1		3.3	0.8	5.6	文字凸起，字略等于穿。"半"字锈蚀不清；"两"字无上横线，折肩，为"双人两"					
SJM70:13-1		3.1	0.9	4.3	文字略凸起，字大于穿。"半"字头部呈"八"字状，下横线较短，竖线出于下横线；"两"字横线较短，折肩，人字首部较长				图四八七,4	
SJM70:13-2		3.2	0.9	10.3	文字扁平，字大于穿。"半"字头部转折，下横线较长，竖线出于下横线；"两"字上横线不明显，折肩，为"双人两"					
SJM70:13-3		3.3	0.8	10.1						
SJM70:13-4		3.2	0.9	8.2	文字凸起，字大于穿。"半"字头部转折，两横线略等于下横线，"两"字上横线较短，折肩，为"双人两"		穿上有孔			
SJM70:13-5		3.2	0.8	6.7	文字凸起，字大于穿。"半"字头部呈"八"字状，下横线较短，竖线出于下横线；"两"字上横线；为"双人两"	钱郭			图四八七,2	有1铸口
SJM70:13-6		3.2	0.8	6.7	文字扁平，字大于穿。"半"字锈蚀不清；"两"字上横线不明显，折肩，为"双人两"					
SJM70:13-7		3.3	0.8	7	文字不清晰					
SJM70:13-8		3.4	0.9	11.3	文字凸起，字大于穿。"半"字头部转折，下横线略短，竖线出于下横线等，"两"字上横线与肩略等，折肩，为"双人两"	钱缘有毛茬			图四九八,5	
SJM70:13-9		3.1	0.8	5.4	文字不清晰					
SJM70:13-10		3.2	0.8	8.8	同上					

续表

编　号	种类	钱径	穿宽	重量	文　字	形　制	记　号	附着物	图　号	备　注
SJM70:13—11	半两	3.2	0.9	7.6	同上					
SJM70:13—12		3.2	0.8	6.1	文字扁平，字大于铢。"半"字头部呈"八"字状，两横线略等；"两"字上横线不明显，折肩，为"双人两"					
SJM70:13—13		3.2	0.8	4.8	文字不清晰					
SJM70:13—14		3.3	0.9	7.4	文字扁平，字大于铢。"半"字头部呈"八"字状，两横线等长，竖线出于下横线，折肩，为"双人两"，人字首部较长				图四八七,6	
SJM70:13—15		3.2	0.7	8.5	文字扁平，字大于铢。"半"字头部呈"八"字状，两横线明显；"两"字上横线不明显，折肩，为"双人两"					
SJM70:13—16		3.1	0.7	7	文字不清晰					
SJM70:13—17		3.6	1	10	文字凸起，字大于铢。"半"字头部转折，两横线等长，竖线略出于下横线，折肩，为"双人两"				图四九八,6	
SJM70:13—18		3.3	0.7	6	文字凸起，字略略等。"半"字头部圆折，两横线略等；"两"字上横线短，折肩，为"双人两"					
SJM70:13—19				15.7	文字凸起，字略等于铢。"半"字头部呈"八"字状，两横线略略等，竖线出于下横线；"两"字无上横线，折肩，为"双人两"					2枚粘合
SJM70:13—20		3.1	0.8	5.8	文字凸起，字略等于铢。"半"字头部转折，两横线略；"两"字上横线较短，折肩，为"双人两"					
SJM70:13—21		3.2	0.9	3.6	文字不清晰					

268. 2010YFSJM71

（1）位置

东南距SJM77约1.0米，西北距SJM70约0.5米。

（2）形制结构（图四九一）

墓向：268°。

墓道：位于洞室西侧。口略大于底。口呈梯形，西窄东宽，南长3.20、北长3.20、东宽1.82、西宽1.77米。斜壁近直。平底，南长3.08、北长3.08、东宽1.52、西宽1.40米。自深4.70米。

洞室：拱形顶，直壁，平底。洞室口位于墓道东壁中部，洞室宽小于墓道底宽。洞室口南壁距墓道南壁0.16、洞室口北壁距墓道北壁0.18米。底部平面大致呈长方形，南长3.09、北长3.09、东宽1.08、西宽1.08米。高1.60米。

填土：墓道为浅红色五花土，土质较松散。洞室为浅黄色塌土，土质较软。

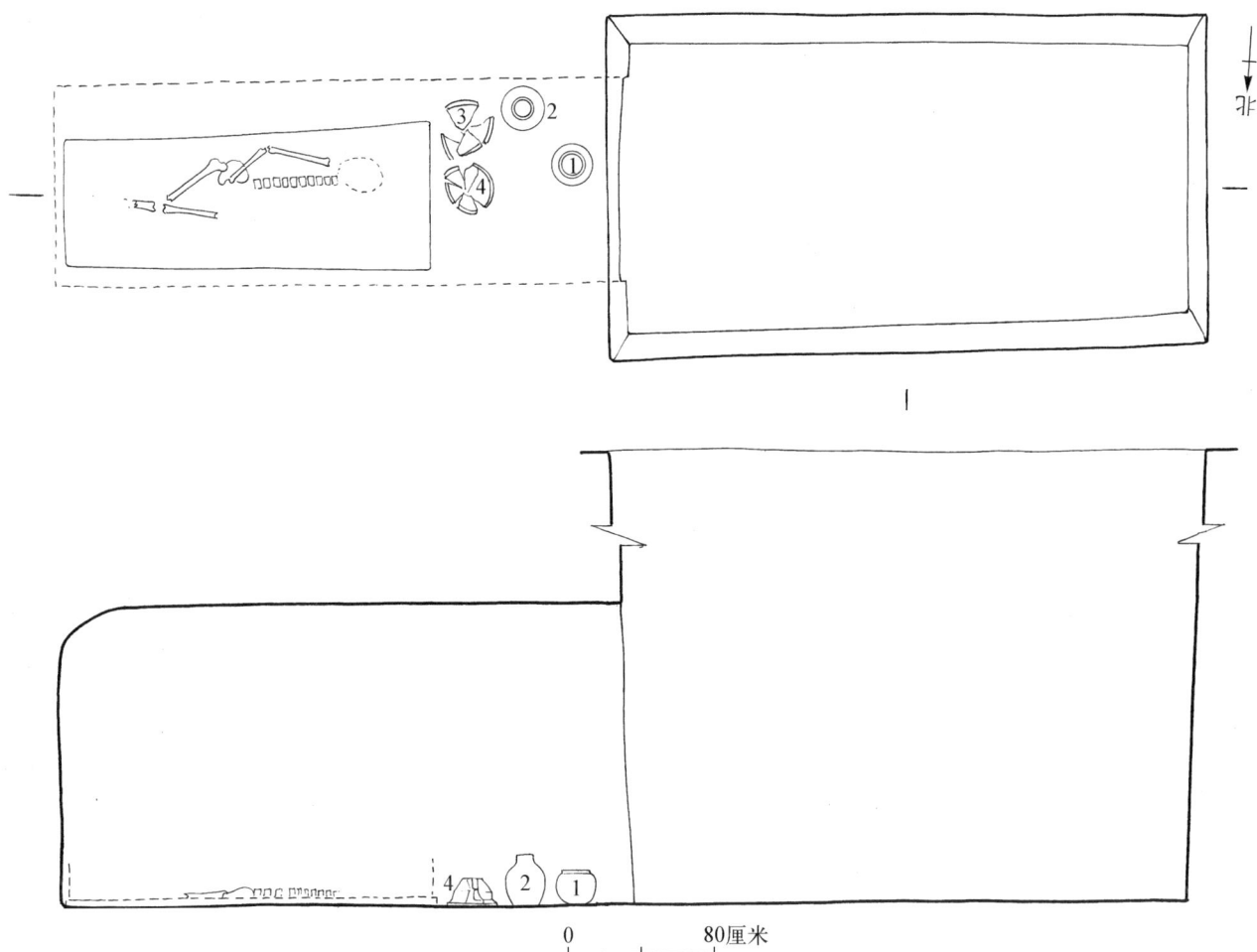

图四九一　SJM71墓葬平、剖图

1.陶鬲口釜　2.陶小口旋纹罐　3.陶盆形甑　4.陶盂

（3）葬具

单棺，呈倒梯形。置于洞室偏东。两端板长度不相等，棺侧板与端板闭合相接。棺长2.10、东宽0.67、西宽0.79米。

（4）墓主人

仅存少量肢骨、椎骨痕迹。葬式似为侧身屈肢葬，右肢内折，右手放置于腹部，下肢向左弯曲。头向与墓道方向相同。

（5）随葬品及其位置

共4件，皆陶器，位于棺外西侧。扁口釜（：1）近洞室口中部，小口旋纹罐（：2）位于1号东南侧，临近洞室南壁。盆形甑（：3）位于棺外西南角，盂（：4）位于其北侧。

（6）随葬品介绍

小口旋纹罐　1件。标本SJM71：2，夹细砂灰陶。小口束颈，折沿下倾，尖圆唇；微溜肩，腹近斜直，平底。肩及腹上部饰数周旋断绳纹。口径8.2、器身最大径23.2、底径10.3、通高26.5厘米（图四九二，7）。

盂　1件。标本SJM71：4，夹细砂灰陶。敞口，折沿微下倾，尖圆唇；折腹，上腹近直，下腹斜直，上腹占腹部比例近半，平底。上下腹交接处有一周折棱。口径23.9、底径12.5、通高9.8厘米（图四九二，5）。

盆形甑　1件。标本SJM71：3，夹细砂灰陶。敞口，折沿微下倾，尖唇；弧腹微折，上腹近直，下腹斜直微内凹，上腹占腹部比例近半，平底；器底戳制14个圆形甑孔，布局为中心数孔与边缘一周。腹上部饰两周弦纹间以一周楔形绳纹。口径31.5、底径14.2、通高18.2厘米（图四九二，3；彩版二三，3、4）。

扁口釜　1件。标本SJM71：1，夹砂红褐陶，底部夹粗砂。口微侈，斜方唇；圆肩，肩面近口处略平，腹上部微弧近直，下部弧收，圜底。腹上部饰数周旋纹，下部饰横向篮纹，底部饰纵向篮纹。腹底有烟炱。口径15.7、器身最大径23.2、通高18.5厘米（图四九二，6）。

269. 2010YFSJM72

（1）位置

南距SJM73约3.0米。

（2）形制结构（图四九三）

墓向：269°。

墓道：位于洞室西侧，大部分压在公路下。口略大于底。口呈长方形，残长1.00、东宽1.86米。斜壁近直。平底，残长0.90、东宽1.70米。自深4.20米。

洞室：拱形顶，直壁，平底。洞室口位于墓道东壁中部，洞室宽小于墓道底宽。洞室口南壁距墓道南壁0.30、北壁距墓道北壁0.28米。底部平面略呈长方形，南长2.86、北长2.86、东宽1.10、西宽1.10米。高1.40米。

壁龛：呈圆拱形，1个。位于洞室南壁近口处，人骨右侧，龛底与洞室底齐平。拱形顶，直壁，

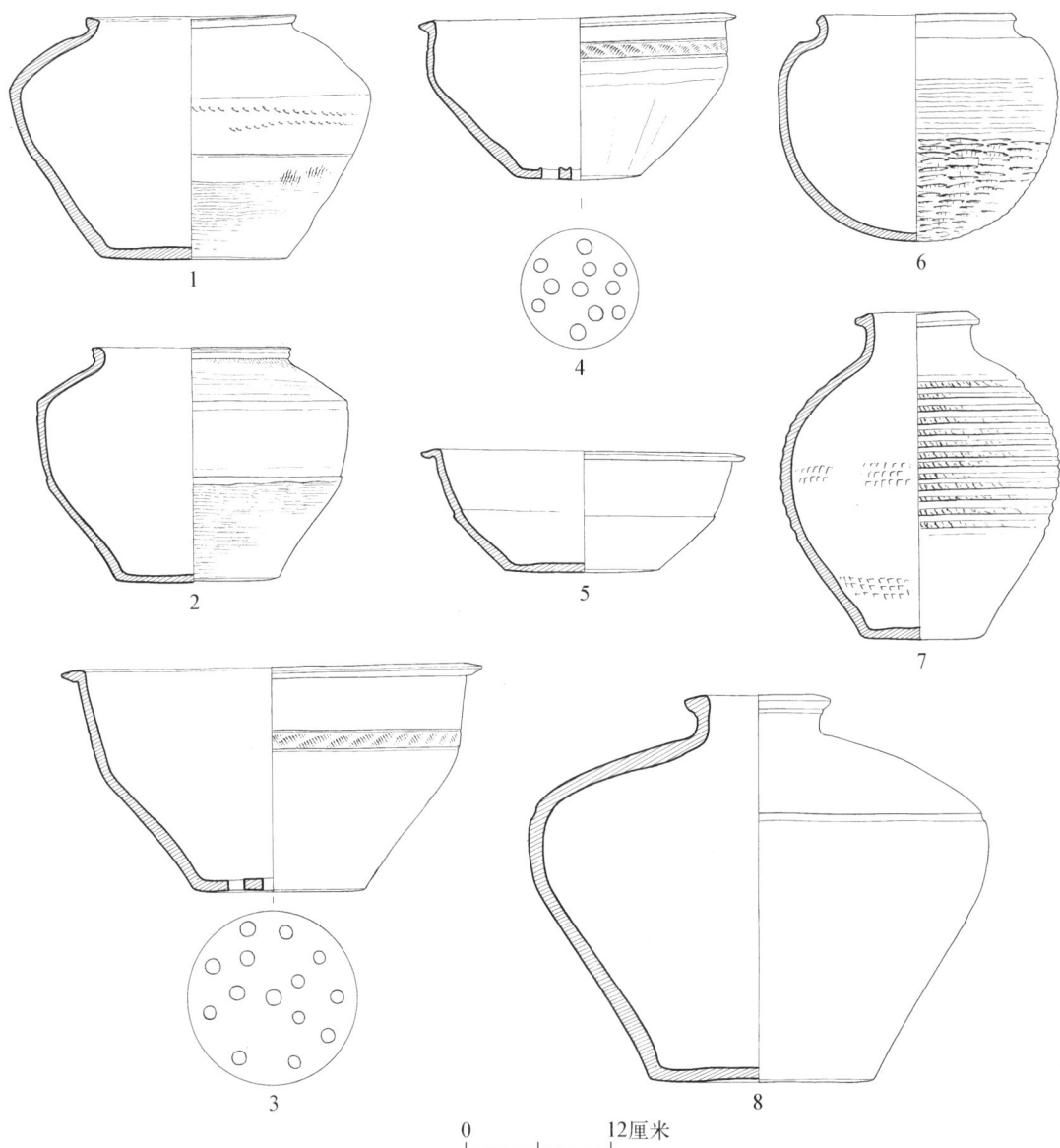

图四九二 SJM71、SJM73随葬陶器

1、2. 直口折肩罐（SJM73：4、SJM73：3） 3. 盆形甑（SJM71：3） 4. 盂形甑（SJM73：1）
5. 盂（SJM71：4） 6. 高口釜（SJM71：1） 7. 小口旋纹罐（SJM71：2） 8. 缶（SJM73：2）

平底，底部平面大致呈长方形。口宽0.40、进深0.30、高0.40米。

填土：墓道为浅红色五花土，土质较硬。洞室为浅黄色塌土，土质较硬。

（3）葬具

单棺，呈倒梯形。置于洞室偏东。两端板长度不相等，棺侧板与端板闭合相接。棺长2.14、西宽0.78、东宽0.74、厚0.05米。

（4）墓主人

仅存下肢。葬式为仰身直肢葬，头向与墓道方向相同。

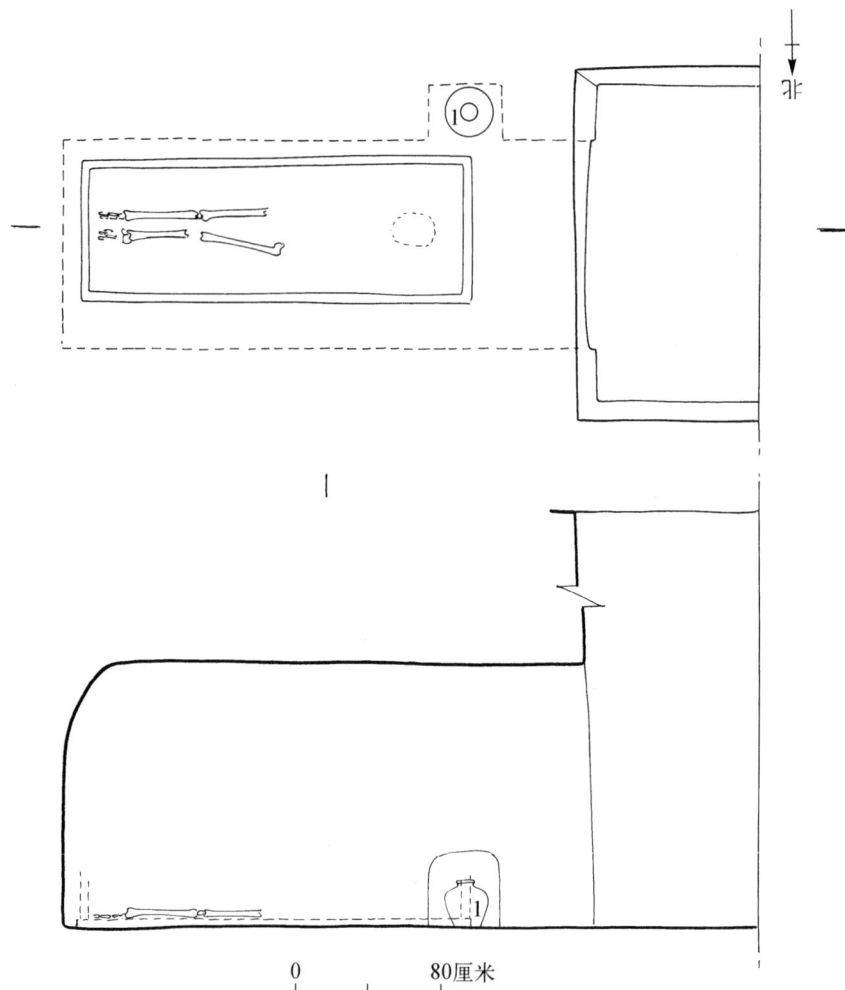

图四九三　SJM72墓葬平、剖图

1. 陶罐

（5）随葬品及其位置

仅随葬1件罐（：1），位于近洞室口、洞室南壁底部壁龛内。

（6）随葬品介绍

陶罐　1件。标本SJM72：1，残碎，无法复原。

270. 2010YFSJM73

（1）位置

北距SJM72约3.0米。

（2）形制结构（图四九四）

墓向：274°。

墓道：位于洞室西侧，大部分被压在公路下。口大底小。口呈长方形，残长1.10、东宽1.80

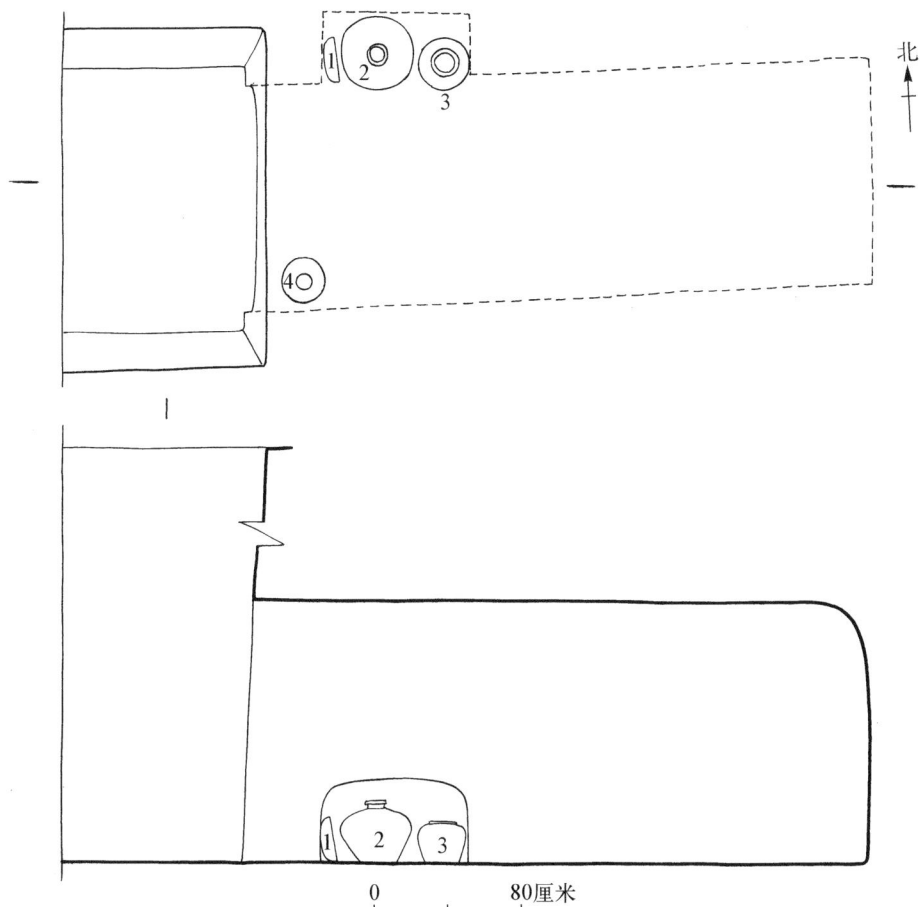

图四九四　SJM73墓葬平、剖图

1.陶盂形甑　2.陶缶　3、4.陶直口折肩罐

米。斜壁。平底,残长0.98、东宽1.40米。自深6.00米。

洞室:拱形顶,直壁,平底。洞室口位于墓道东壁中部,洞室宽小于墓道底宽。洞室口南壁距墓道南壁0.10、北壁距墓道北壁0.10米。底部平面略呈长方形,南长3.40、北长3.38、东宽1.20、西宽1.20米。高1.40米。

壁龛:呈圆拱形,1个。位于洞室北壁近口处,龛底与洞室底齐平。拱形顶,直壁,平底,底部平面略呈长方形。口宽0.80、进深0.30、高0.46米。

填土:墓道为浅红色五花土,土质松散。洞室为浅黄色塌土,土质较硬。

（3）葬具

葬具不明。

（4）墓主人

骨架不存,葬式不明。

（5）随葬品及其位置

共4件,皆陶器。盂形甑（ :1）、缶（ :2）、直口折肩罐（ :3）位于近洞室口、洞室北壁底部的壁龛内,由西向东排列。1号侧置,口向东。直口折肩罐(:4)位于洞室内西南角。

(6)随葬品介绍

缶 1件。标本SJM73:2,夹细砂灰陶。大体,小口束颈,折沿微下倾,尖圆唇;隆肩,上腹圆弧,下腹微内凹,平底。肩腹交接处饰一周旋纹,器表凹凸不平。口径8.9、器身最大径38.3、底径18.9、通高31.2厘米(图四九二,8)。

直口折肩罐 共2件。皆细砂灰陶。大体,直口方唇,上腹略弧,下腹斜直,平底。下腹有轮制痕迹。标本SJM73:4,圆折肩,上下腹交接处圆弧,仅以一周旋纹分界,形成"符号亚腰"。上腹饰两周麦粒状绳纹。口径15.3、器身最大径30.2、底径15.4、通高19.5厘米(图四九二,1)。标本SJM73:3,口外侧有一周凹槽,折肩,腹微折,肩腹部呈"微亚腰"状,下腹微内凹。肩部饰数周暗旋纹,肩面近口处隐约可见一周竖行细绳纹,肩腹及上下腹交接处各饰一周旋纹。口径15.2、器身最大径25.7、底径13.4、通高18.9厘米(图四九二,2)。

盂形甑 1件。标本SJM73:1,夹细砂灰陶。敞口,折沿微下倾,尖圆唇;弧腹微折,上腹近直,下腹斜直,上腹占腹部比例大于三分之一,平底;器底戳制11个圆形甑孔,布局为中心一孔与边缘两周。器内壁饰数周暗旋纹,上腹饰两周旋纹间以一周楔形绳纹。口径24.0、底径10.2、通高13.2厘米(图四九二,4)。

271. 2010YFSJM75

(1)位置

北距SJM69约1.0米。

(2)形制结构(图四九五)

墓向:286°。

墓道:位于洞室西侧。口大底小。口呈长方形,南长3.00、北长3.02、东宽1.80、西宽1.80米。斜壁。平底,南长2.80、北长2.80、东宽1.54、西宽1.54米。自深4.50米。

洞室:拱形顶,直壁,平底。洞室口位于墓道东壁中部,洞室宽小于墓道底宽。洞室口南壁距墓道南壁0.12、洞室口北壁距墓道北壁0.14米。底部平面大致呈长方形,南长3.56、北长3.56、东宽1.30、西宽1.30米。高1.60米。

填土:墓道为红褐色五花土,土质较硬。洞室为浅黄色塌土,土质较硬。

(3)葬具

单棺,呈矩形。置于洞室略偏北。棺长2.30、宽0.89米。

(4)墓主人

骨架不存,葬式不明。

(5)随葬品及其位置

共8件,包括陶器7件、铜钱1组7枚。铜钱(:7)位于棺内西南。其余器物均位于棺外西侧,由南向北依次为盆(:3)、盆改甑(:8)、灯(:6)、缶(:1)、罐口釜(:4)、直口折肩罐(:2)。3号叠置于8号内,皆侧置,口向西。鬲口釜(:5)侧置于8号东侧。

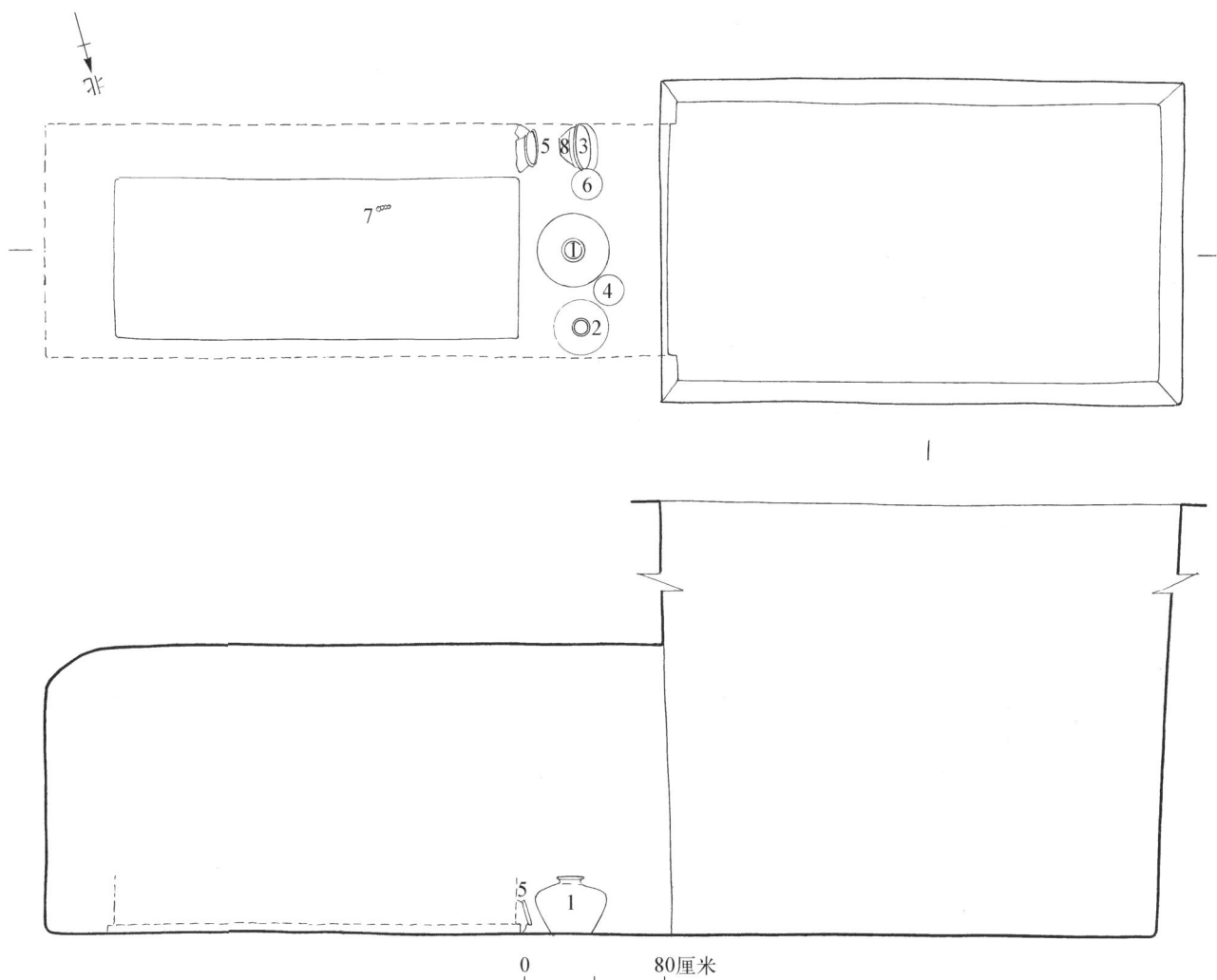

图四九五 SJM75墓葬平、剖图

1.陶缶 2.陶直口折肩罐 3.陶盆 4.陶罐口釜 5.陶高口釜 6.陶灯 7.铜钱 8.陶盆改甑

（6）随葬品介绍

缶 1件。标本SJM75：1，夹细砂灰陶。大体，小口束颈，折沿微下倾；隆肩，腹部整体斜收，下腹微内凹，平底。肩部饰数周暗旋纹，肩腹交接处饰一周旋纹，上腹饰两周麦粒状绳纹。口径8.9、器身最大径39.0、底径17.0、通高33.0厘米（图四九六，4）。

直口折肩罐 1件。标本SJM75：2，底残，夹细砂灰陶。大体，直口方唇，口外侧有一周凹槽；圆折肩，上腹略弧，下腹斜直内凹，上下腹交接处圆弧，仅以一周旋纹分界，形成"符号亚腰"。肩腹交接处饰一周旋纹。口径15.9、器身最大径27.9、底径13.9、通高19.4厘米（图四九七，7）。

盆 1件。标本SJM75：3，夹细砂灰陶。敞口，折沿微下倾，尖圆唇；弧腹微折，上腹竖直，下腹斜直微内凹，上腹占腹部比例略大于三分之一，平底。上腹饰两周旋纹间以一周楔形绳纹。上

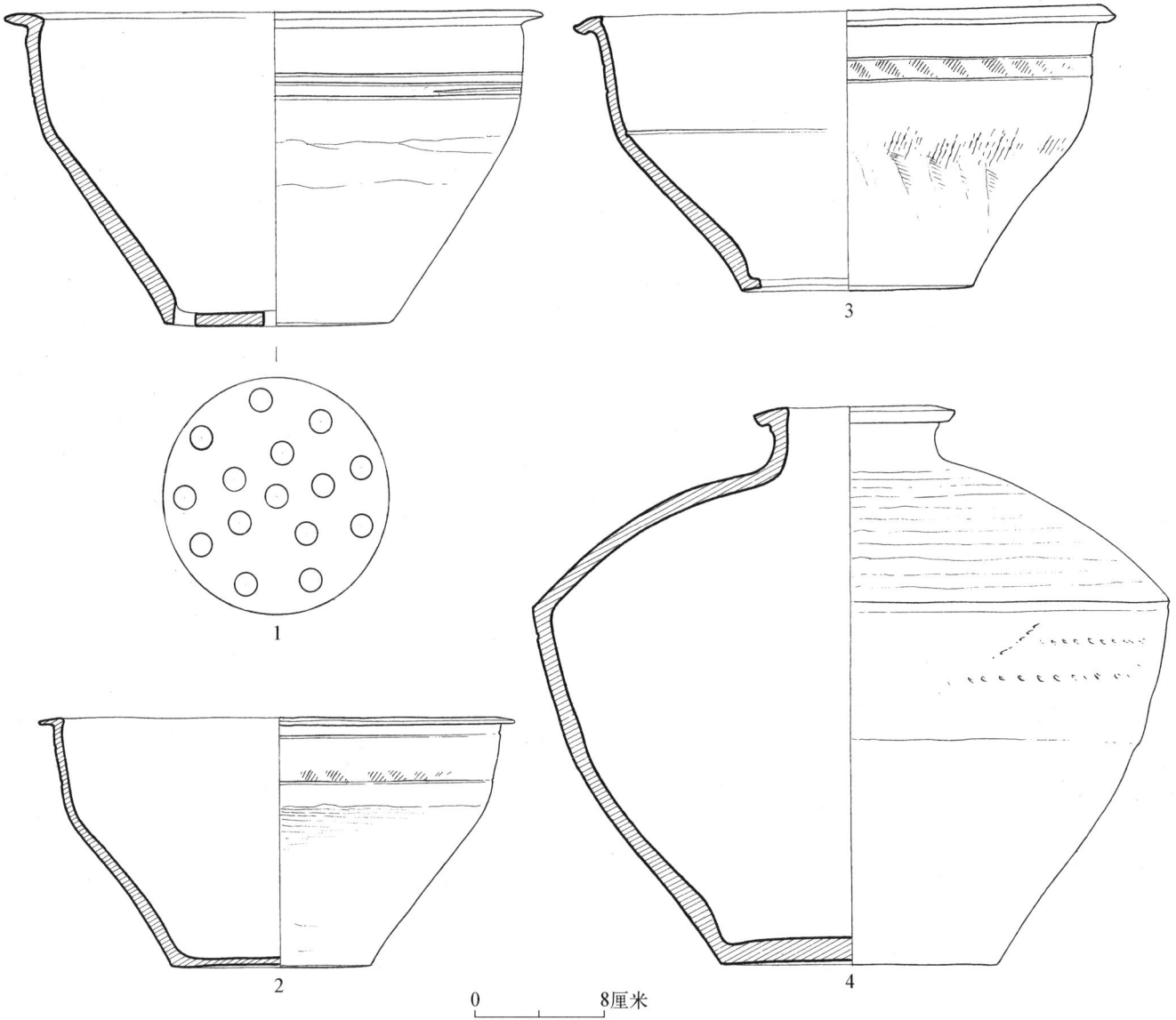

图四九六　SJM75、SJM78随葬陶器

1.盆形甑(SJM78∶3)　2.盆(SJM75∶3)　3.盆改甑(SJM75∶8)　4.缶(SJM75∶1)

下腹交接处似有折痕。口径26.8、底径12.5、通高14.9厘米(图四九六,2)。

　　盆改甑　1件,标本SJM75∶8,夹细砂灰陶。敞口,折沿下倾,沿面微鼓,尖圆唇;弧腹微折,上腹近直,下腹斜直内凹,上腹占腹部比例大于三分之一;平底,器底凿制一大圆形甑孔。上腹饰两周旋纹间以一周楔形绳纹,下腹局部饰竖行细绳纹。口径30.3、底径14.0、通高16.7厘米(图四九六,3)。

　　鬲口釜　1件。标本SJM75∶5,夹砂红褐陶,底部夹粗砂。侈口,斜方唇,唇面微内凹;隆肩,肩面近口处略平,腹上部微弧近直,下部弧收,圜底。肩面近口处隐约可见斜行细绳纹,肩部饰数周旋纹,腹部饰横向绳纹,底部隐约可见交错绳纹。口径15.9、器身最大径21.8、通高16.3厘

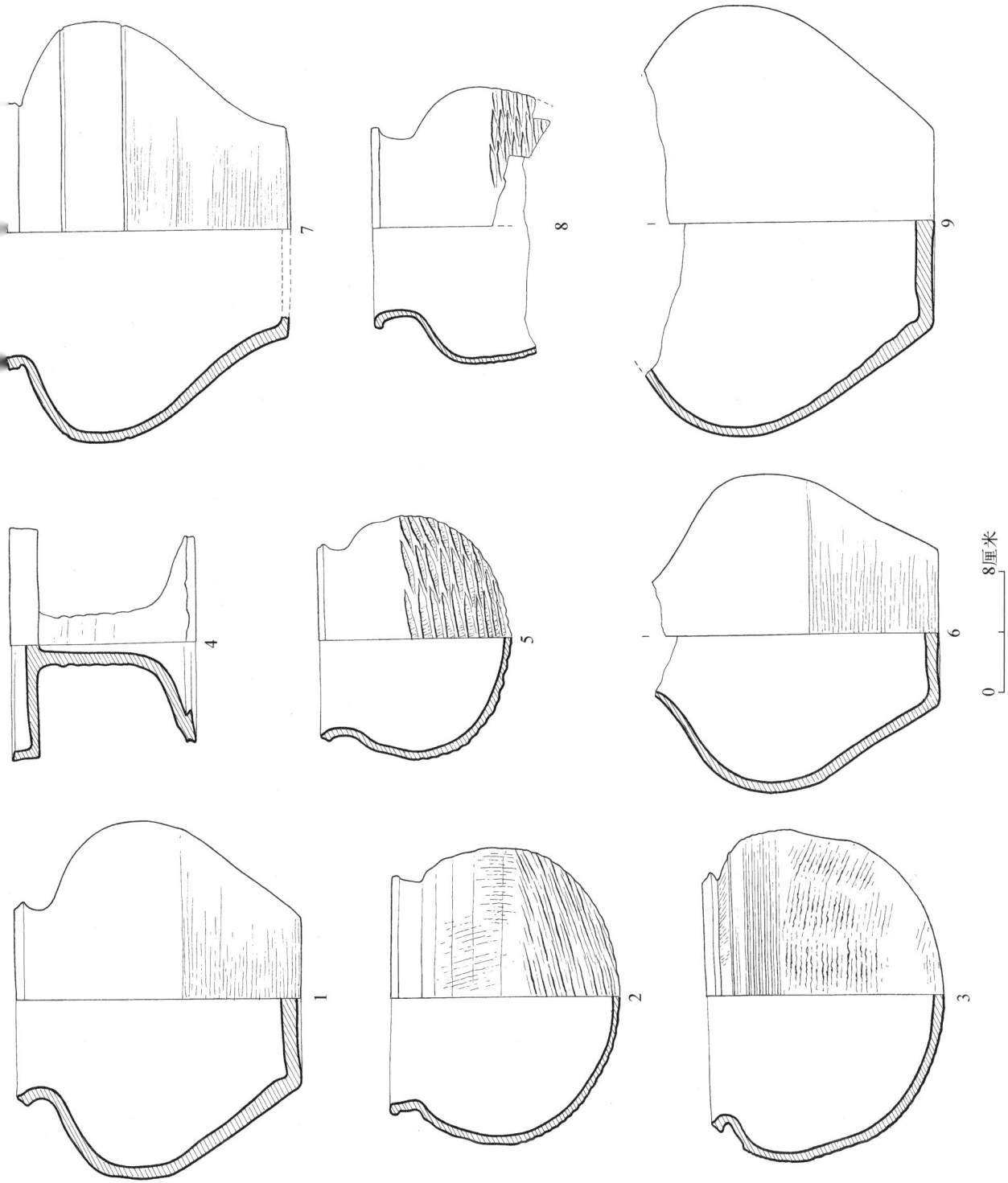

图四九七　SJM75、SJM77、SJM78 随葬陶器

1. 卷沿圆肩罐（SJM78：1）　2、5、8. 罐口釜（SJM78：2，SJM77：1，SJM75：4）　3. 高口釜（SJM75：5）　4. 灯（SJM75：6）
6、9. 卷沿圆肩罐（SJM77：2，SJM77：3）　7. 直口折肩罐（SJM75：2）

米(图四九七,3)。

罐口釜　1件。标本SJM75:4,底残,夹砂红褐陶。小体,卷沿,圆唇,矮直颈,圆肩,鼓腹。腹下部饰横向篮纹。腹部有烟炱。口径12.3、器身最大径18.2、残高10.5厘米(图四九七,8)。

灯　1件。标本SJM75:6,夹细砂灰陶。豆形灯。直口方唇,浅折盘,盘壁竖直,平底下接空心竹节状柱柄,喇叭形圈足。口径14.8、底径13.5、通高12.7厘米(图四九七,4;彩版三四,2)。

铜钱　共7枚。标本SJM75:7,均为"半两"。大小近同,文字各异。SJM75:7-1,文字凸起,字等于穿。"半"字头部转折,两横线等长,竖线出于下横线;"两"字上横线与肩等长,折肩,为"双人两"。钱径2.4、穿宽0.8厘米,重量2.6克(图四九八,2)。SJM75:7-2,文字凸起,字略等于穿。"半"字头部转折明显,两横线等长,竖线出于下横线;"两"字上横线与肩等长,折肩,为"连山两"。钱径2.5、穿宽0.9厘米,重量2.6克(图四九八,1)。SJM75:7-3,文字扁平,字等于穿。"半"字锈蚀不清;"两"字上横线比肩略短,折肩,内部锈蚀不清。钱径2.4、穿宽0.7厘米,重量1.9克。SJM75:7-4,文字凸起,字等于穿。"半"字头部转折,下横线较长,竖线出于下横线;"两"字上横线与肩等长,折肩,内部锈蚀不清。钱径2.4、穿宽0.9厘米,重量2.5克。SJM75:7-5,文字凸起,字大于穿。"半"字头部转折,两横线等长,竖线出于下横线;"两"字上横线比肩略短,折肩,"双人两"。钱径2.5、穿宽0.7厘米,重量2.7克。SJM75:7-6,文字扁平,字等于穿。"半"字头部转折,两横线略等,竖线出于下横线;"两"字上横线与肩等长,折肩,为"十字两"。钱径2.4、穿宽0.8厘米,重量2.5克(图四九八,3)。SJM75:7-7,文字不清晰。钱径2.5、穿宽0.6厘米,重量2.6克。

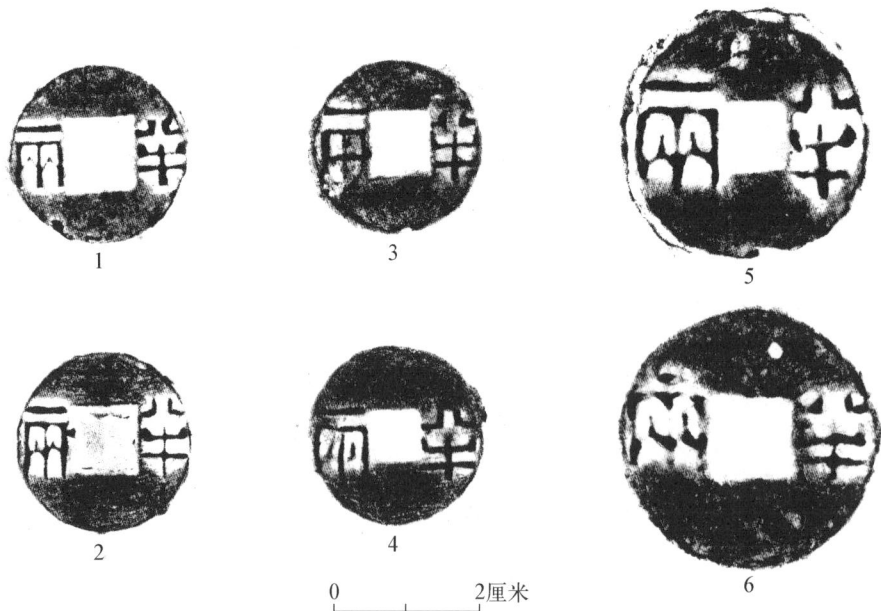

图四九八　SJM51、SJM70、SJM75随葬铜钱拓片

1. SJM75:7-2　2. SJM75:7-1　3. SJM75:7-6　4. SJM51:1-22　5. SJM70:13-8　6. SJM70:13-17

272. 2010YFSJM77

（1）位置

北距SJM78约1.2米。

（2）形制结构（图四九九）

墓向：288°。

墓道：位于洞室西侧。口略大于底。口呈长方形，南长3.10、北长3.12、东宽1.50、西宽1.50米。斜壁近直。平底，南长2.90、北长2.90、东宽1.28、西宽1.30米。自深3.50米。

洞室：拱形顶，直壁，平底。洞室口位于墓道东壁中部，洞室宽小于墓道底宽。洞室口南壁距墓道南壁0.20、北壁距墓道北壁0.20米。底部平面略呈长方形，南长2.90、北长2.90、东宽0.88、西宽0.90米。高1.40米。

填土：墓道为黄褐色花土，土质较硬。洞室为浅黄色塌土，土质较硬。

（3）葬具

单棺，呈矩形。置于洞室略偏南。棺长1.82、宽0.50米。

（4）墓主人

肋骨、椎骨和手骨不存，头骨被压碎，其余保存较好。葬式为仰身直肢葬，双脚并拢。头向与

图四九九 SJM77墓葬平、剖图

1.陶罐口釜 2、3.陶卷沿圆肩罐 4.铜环 5.骨器

墓道方向相同。

（5）随葬品及其位置

共5件，包括陶器3件、铜器1件、骨器1件。棺外西北角由西向东依次为卷沿圆肩罐（:3、:2）、罐口釜（:1），1号侧置。铜环（:4）、骨器（:5）位于墓主脚端棺外，4号在5号西北侧。

（6）随葬品介绍

卷沿圆肩罐 共2件。皆口残，夹细砂灰陶。平底。标本SJM77:2，小体，溜肩，腹上部圆弧，下部斜直微内凹。腹下部有轮制痕迹。器身最大径21.2、底径10.3、残高19.6厘米（图四九七，6）。标本SJM77:3，大体，圆肩，弧腹。器身最大径28.4、底径12.9、残高19.8厘米（图四九七，9）。

罐口釜 1件。标本SJM77:1，夹砂红褐陶，底部夹粗砂。小体，口微侈，方圆唇，唇面微内凹，矮直颈，溜肩，鼓腹，圜底。腹部饰横向篮纹，底饰纵向篮纹。腹底有烟炱。口径12.3、器身最大径16.0、通高13.0厘米（图四九七，5；彩版三〇，1）。

铜环 1件。标本SJM77:4，残。断面呈圆形，器表凹凸不平。宽0.4厘米（图四六五，8）。

骨器 1件。标本SJM77:5，长方柱状，中部束腰，一端至束腰处有穿孔。局部有铁锈痕迹。口内径0.35、束颈处宽1.10、高3.05厘米（图四六五，16）。

273. 2010YFSJM78

（1）位置

南距SJM77约1.2米，西距SJM69约6.2米。

（2）形制结构（图五〇〇）

墓向：285°。

墓道：位于洞室西侧。口大底小。口呈长方形，南长3.00、北长3.00、东宽1.50、西宽1.50米。斜壁。平底，南长2.60、北长2.60、东宽1.10、西宽1.08米。自深2.60米。

洞室：拱形顶，直壁，平底。洞室口位于墓道东壁中部，洞室宽小于墓道底宽。洞室口北壁距墓道北壁0.10、南壁距墓道南壁0.10米。底部平面呈长方形，南长2.94、北长2.94、东宽0.90、西宽0.90米。高1.28米。

填土：墓道为黄褐色花土，土质较硬。洞室土色黄色，土质较疏松，有较多生土块和淤土。

（3）葬具

单棺，似呈矩形，仅存板灰痕迹。置于洞室略偏北。棺长1.62、宽0.63米。

（4）墓主人

骨架不存，葬式不明。

（5）随葬品及其位置

共3件，皆陶器，均位于棺外西侧。卷沿圆肩罐（:1）侧置于棺西南角，口向东北。棺外西北角由东向西依次为罐口釜（:2）、盆形甑（:3），均倒置。

（6）随葬品介绍

卷沿圆肩罐 1件。标本SJM78:1，夹细砂灰陶。小体，卷沿，斜方唇，唇面微内凹；圆鼓肩，

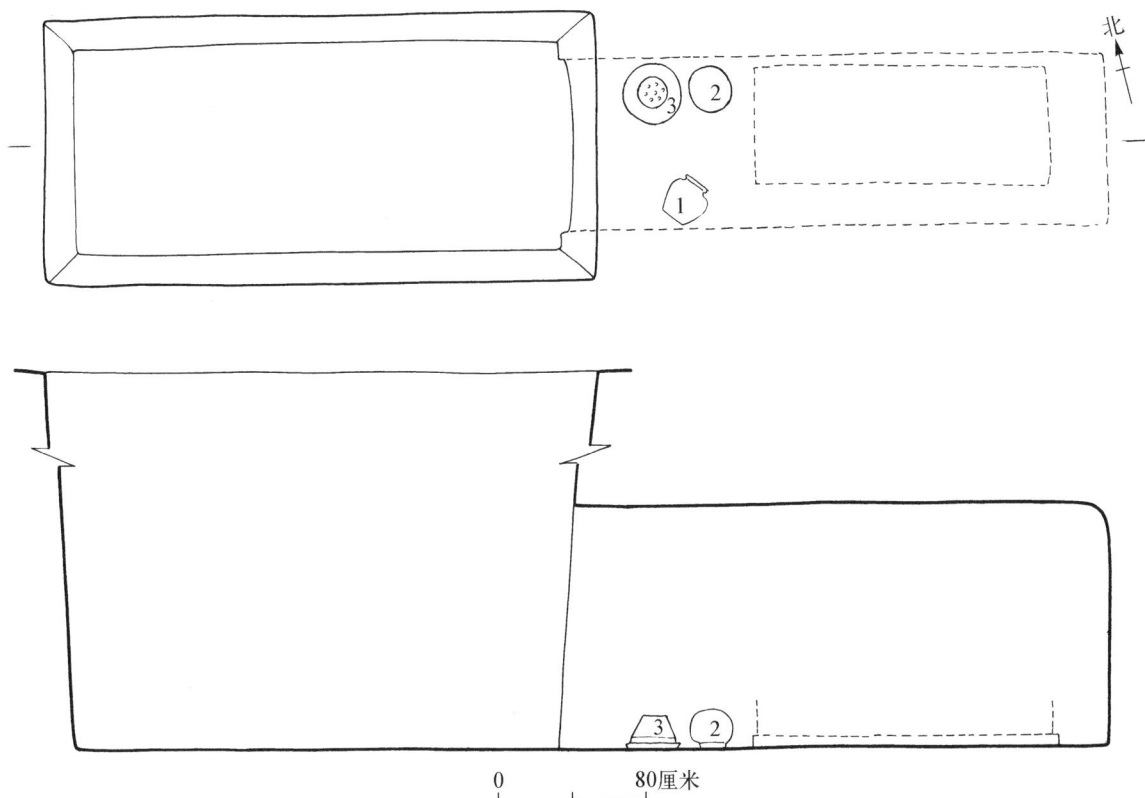

图五〇〇　SJM78墓葬平、剖图

1.陶卷沿圆肩罐　2.陶罐口釜　3.陶盆形甑

腹上部略弧,下部斜直,平底。素面。腹下部有轮制痕迹。口径12.2、器身最大径23.6、底径11.2、通高19.5厘米(图四九七,1)。

盆形甑　1件。标本SJM78：3,夹细砂灰陶。直口,平折沿,沿面微鼓,尖唇;弧腹微折,上腹微弧近直,下腹斜直,上腹占腹部比例近半,平底;器底戳制15个圆形甑孔,布局为中心一孔与边缘两周。上腹饰三周旋纹。下腹有修整刮痕。口径30.2、底径14.0、通高18.7厘米(图四九六,1)。

罐口釜　1件。标本SJM78：2,夹砂红褐陶,底部夹粗砂。小体,直口,厚圆唇,矮直颈,溜肩,鼓腹,圜底。肩部饰数周瓦纹,局部隐约可见斜行细绳纹,腹下部饰横向篮纹,底部饰纵向篮纹。腹底有烟炱。口径14.8、器身最大径19.5、通高15.3厘米(图四九七,2)。

3.3　斜坡墓道洞室墓

共21座墓葬,包括尚德发掘区16座,石家发掘区5座。按序号加墓葬号的形式分别叙述如下：

274-281：SDM59、SDM70、SDM75、SDM87、SDM91、SDM106、SDM117、SDM125

282-289：SDM128、SDM133、SDM181、SDM239、SDM240、SDM242、SDM248、SDM252

290-294：SJM17、SJM49、SJM63、SJM64、SJM65

274. 2010YFSDM59

（1）位置

北距SDM57约6.4米，东距SDM61约8.0米，打破SDM58。

（2）形制结构（图五〇一）

墓向：186°。

墓道：位于甬道南侧，未清理完毕。口底等大。口呈长方形，东、西现长8.50、北宽1.10米。直壁。底部呈斜坡状，坡度10～17°。自深3.35米。

洞室：斜拱形顶，直壁，斜底，底部倾斜度为8°。洞室口位于甬道北壁，洞室宽大于甬道宽。甬道西壁距洞室西壁0.40、东壁距洞室东壁0.18米。底部平面呈长方形，东长2.24、西长2.24、南宽1.34、北宽1.32米。高1.04米。

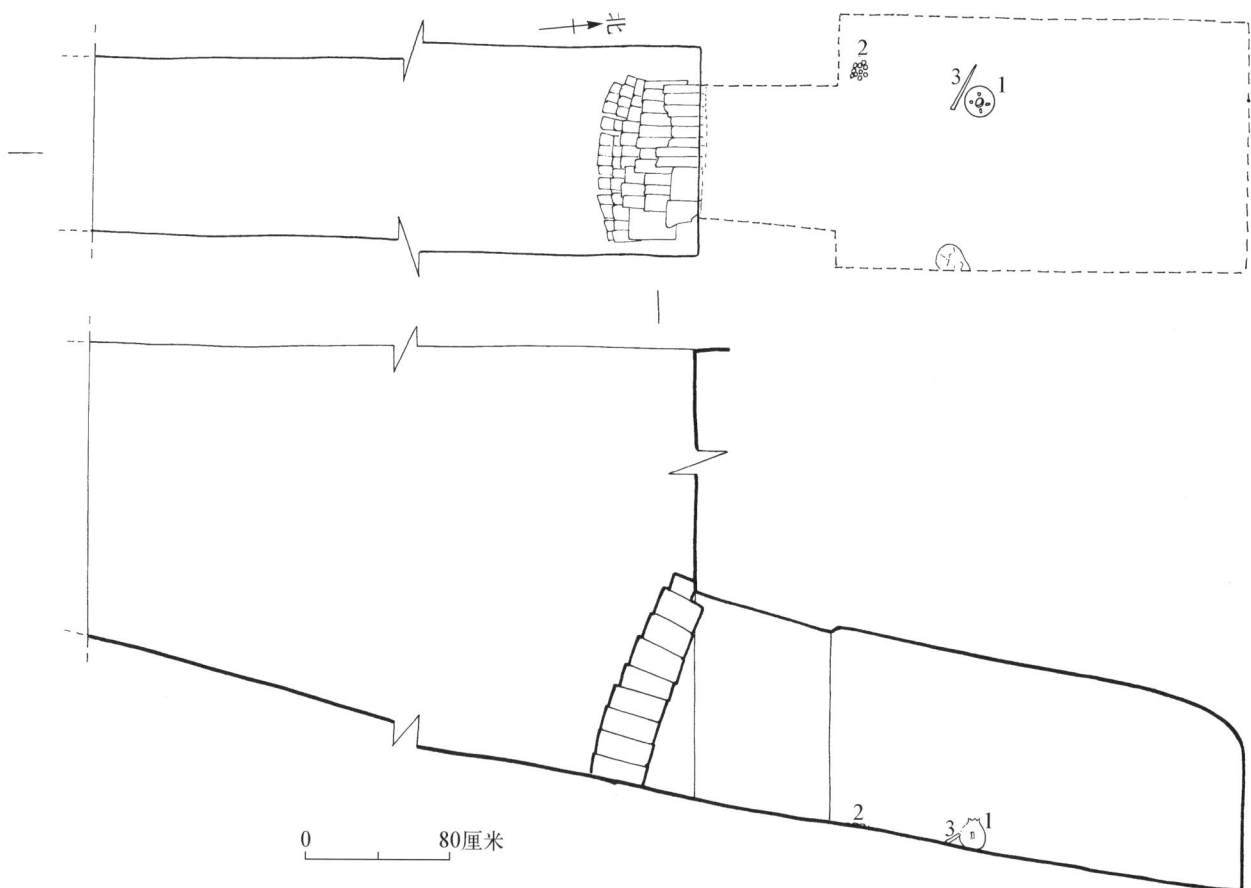

图五〇一　SDM59墓葬平、剖图

1.陶四系罐　2.泥饼　3.铜钗

封门：砖封门，位于墓道与甬道连接处。砖的堆砌方式为总体纵向垂直，上有两块砖横向水平放置，共计9层，向甬道倾斜。砖尺寸大小不一。宽0.88、进深0.58、高1.15米。

甬道：位于封门和洞室之间。拱形顶，直壁，斜底，底部平面呈长方形。宽0.70～0.76、进深0.74、高1.00～1.08米。

填土：墓道黄褐色五花土，土质坚硬。洞室土色黄褐色，土质较疏松。

（3）葬具

葬具不明。

（4）墓主人

仅存头骨，葬式不明。

（5）随葬品及其位置

共3件，包括陶器1件、铜器1件、泥饼1组11件。四系罐（：1）、铜钗（：3）位于洞室西南部，3号位于1号南侧。泥饼（：2）位于洞室内西南角。

（6）随葬品介绍

四系罐 1件。标本SDM59：1，口残，夹细砂灰陶。圆鼓肩，弧腹，肩面近口处有一对圆形穿孔，肩腹交接处对置四个桥形钮，平底。器身最大径12.7、底径4.8、残高9.6厘米（图五一四，4）。

铜钗 1件。标本SDM59：3，残剩一股。钗体细长，尖圆头。长14.00、断面宽0.35厘米（图五〇五，14）。

泥饼 共11件。标本SDM59：2，泥质。圆饼状，大小相若，一侧略拱，一侧较平，表面较粗糙。标本SDM59：2-3，直径2.85、厚1.00厘米（图五〇五，4）。标本SDM59：2-1，直径2.85、厚1.15厘米（图五〇五，5）。标本SDM59：2-4，直径3.05、厚1.05厘米（图五〇五，6）。标本SDM59：2-2，直径2.45、厚1.20厘米（图五〇五，8）。

275. 2010YFSDM70

（1）位置

东南距SDM26约9.5米，西北距SDM67约4.5米。

（2）形制结构（图五〇二）

墓向：191°。

墓道：位于甬道南侧，未清理完毕。口底等大。口呈长方形，东、西现长3.00、北宽1.00米。直壁。底部斜坡状，坡度为15°。自深3.00米。

洞室：穿窿顶，直壁，平底。洞室口位于甬道北壁，洞室宽大于甬道宽。甬道东壁距洞室东壁0.50、西壁距洞室西壁0.58米。底部平面近长方形，东长2.90、西长2.86、南宽1.96、北宽1.68米。高1.46米。

甬道：位于墓道和洞室之间。平顶，直壁，平底，底部平面呈长方形。宽0.88、进深0.30、高0.80米。

填土：墓道为黄褐色五花土，土质较松软。洞室为黄色塌土及淤土，土质较黏。

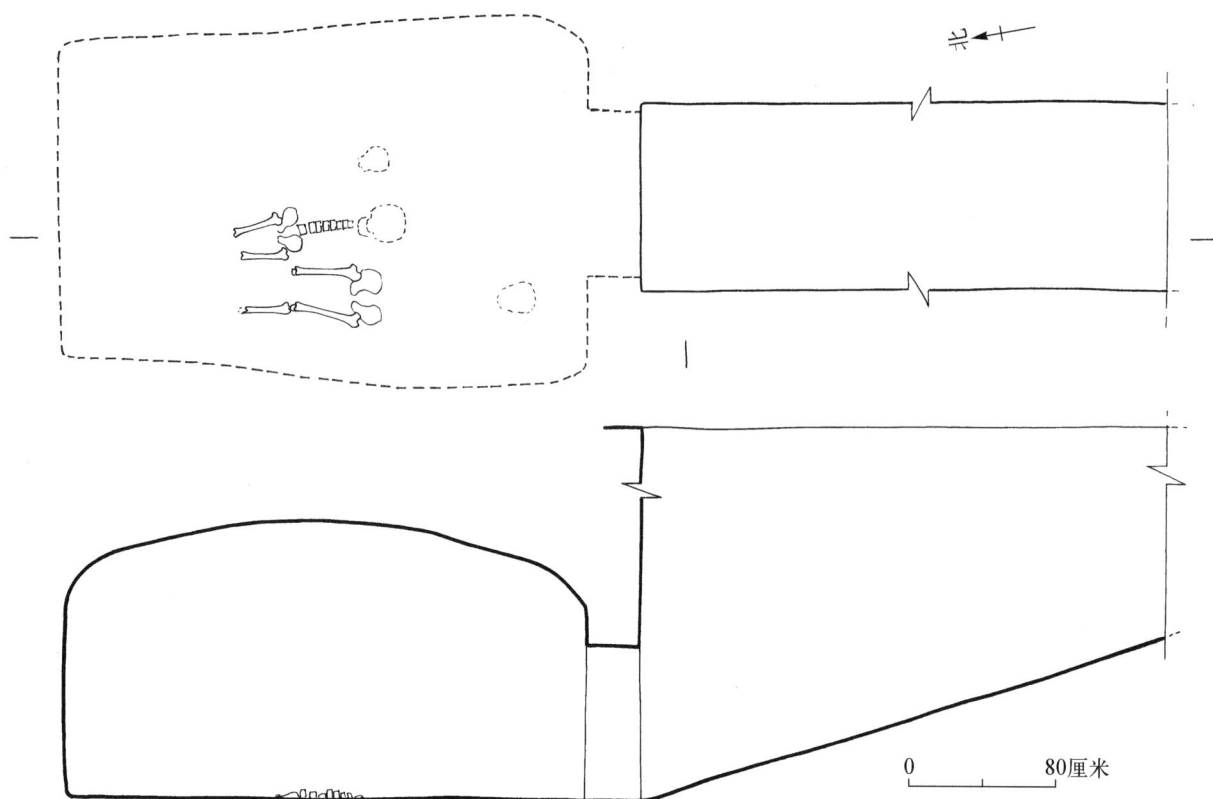

图五〇二　SDM70墓葬平、剖图

（3）葬具

无葬具。

（4）墓主人

洞室内共有3具骨架,并列放置,由西向东分别编号为人骨1、人骨2和人骨3,均朽成粉末状。人骨3骨骼较细,头骨较小,骨壁薄,被压碎,似为小孩。西侧两具葬式似为仰身直肢葬,头向与墓道方向相同。

（5）随葬品及其位置

无随葬品。

276. 2010YFSDM75

（1）位置

东距SDM23约3.3米,西距SDM74约2.8米。

（2）形制结构（图五〇三）

墓向：181°。

墓道：位于甬道南侧。口底等大。口呈长方形,东长11.5、西长11.5、北宽1.06、南宽0.73米。直壁。底部斜坡状,坡度10°。自深3.25米。

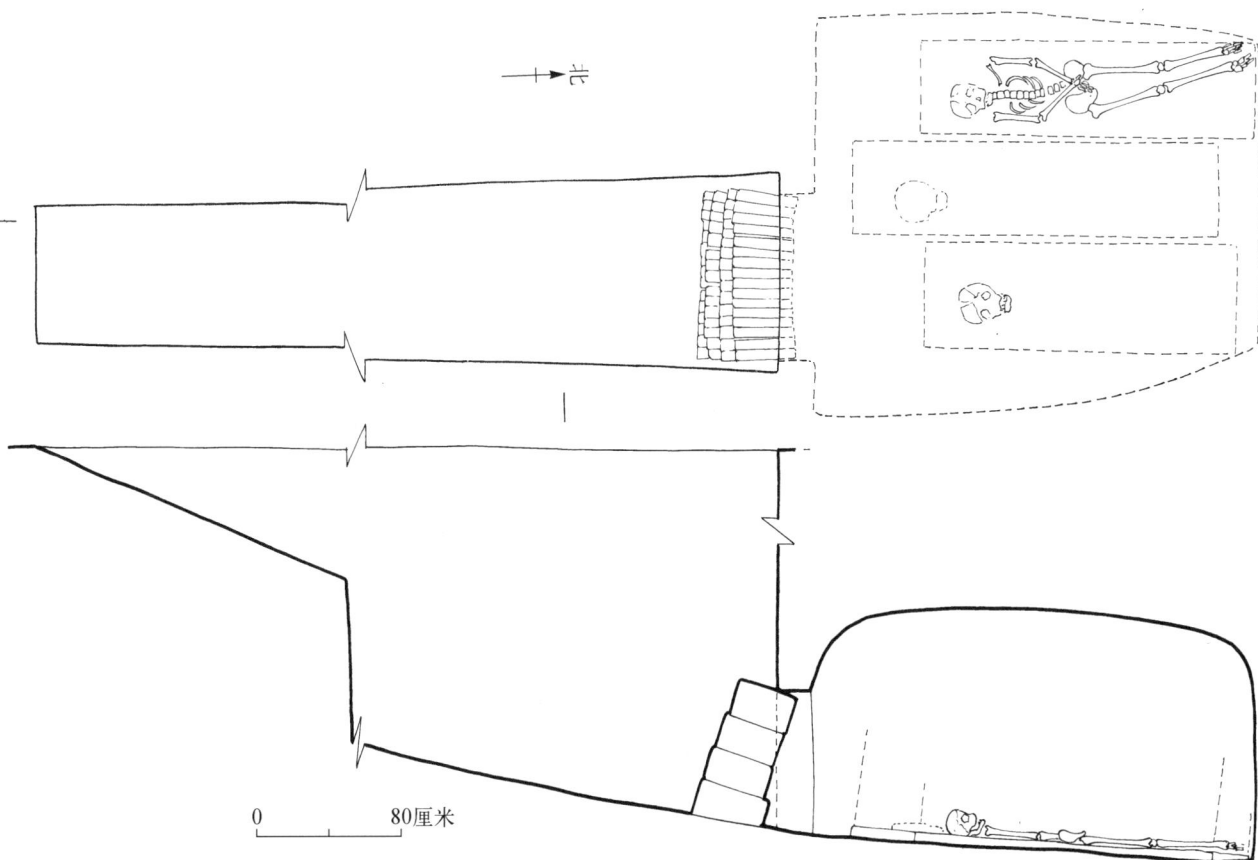

图五〇三　SDM75墓葬平、剖图

洞室：穹窿顶，直壁，底呈斜坡状，坡度为4°。洞室口位于甬道北壁，洞室宽大于甬道宽。甬道东壁距洞室东壁0.30、西壁距洞室西壁0.94米。底部平面近似梯形，东长2.44、西长2.40、南宽2.10、北宽1.60米。高1.28米。

封门：砖封门，位于墓道与甬道连接处。砖的堆砌方式为纵向垂直，共计4层，向甬道倾斜。砖的尺寸大致为0.34×0.18～0.05米。宽0.92、进深0.50、高0.72米。

甬道：位于墓道和洞室之间。拱形顶，直壁，底面呈斜坡状，坡度为10°，底部平面呈长方形。宽0.88、进深0.20、高0.72～0.76米。

填土：墓道为黄褐色五花土，土质坚硬，经过夯打，但无明显夯层。洞室土色黄色，土质较疏松，有大量生土块。

（3）葬具

单棺，三个，均呈矩形，均仅存板灰痕迹。并排放置于洞室，中间一棺略靠近封门。东侧棺长1.70、宽0.57米；中间棺长2.00、宽0.51米；西侧棺长1.83、宽0.51米。

（4）墓主人

除西侧棺的一具人骨保存较好外，其余两具均仅存头骨。西侧棺内人骨葬式为仰身直肢葬，上肢内折，双手交叉放置于腹部，双腿向西斜放，面向上。另两棺内人骨葬式不明。三具人骨头向均与墓道方向相同。

（5）随葬品及其位置

无随葬品。

277. 2010YFSDM87

（1）位置

东距SDM86约2.3米,东南距SDM72约5.2米。

（2）形制结构（图五〇四；彩版一一,1）

墓向：175°。

墓道：位于甬道南侧。口底等大。口呈长方形,东长15.00、西长15.00、南宽0.86、北宽1.10米。直壁。底部呈斜坡状,坡度为10°～25°。自深2.16米。

洞室：穹窿顶,直壁,平底。洞室口位于甬道北壁偏西,洞室宽大于甬道宽。甬道东壁距洞室东壁0.14、西壁距洞室西壁0.76米。底部平面近圆形,南长2.70、北长2.70、东宽2.52、西宽2.52米。高1.60米。

封门：砖封门,位于墓道与甬道连接处。砖的堆砌方式为上层横向水平,中间纵向水平,下层纵向垂直,共计约4层,再向下则为黄色生土。砖的尺寸大小不一。宽0.70、进深0.36、高1.20米。

甬道：位于墓道和洞室之间。拱形顶,直壁,平底,底部平面呈长方形。宽0.70、进深0.30、高2.00米。

填土：墓道为黄褐色五花土,土质坚硬,经过夯打,但无明显夯层及夯窝。洞室土色黄色,土质较疏松。

（3）葬具

两组棺床,并排位于洞室西侧。均由三块长方形木板纵向平铺而成,木板尺寸大小相若,靠东边的一组,木板均长约2.04、宽约0.27米；靠近西侧的一组,木板均长约1.90、宽0.20米。

（4）墓主人

两具骨架均仅存痕迹。葬式均为仰身直肢葬,头向与墓道方向相同。

（5）随葬品及其位置

共6件,包括铜器2件、骨器1件、泥饼1件、铜钱2组（2、2枚）。骨饰（：1）、铜钱（：3）、铜钱（：2）、泥饼（：4）均位于东侧棺内,1号、3号位于墓主口部,2号位于墓主盆骨南侧,4号位于墓主两腿之间。铜环（：5）、铜钗（：6）位于西侧棺内,5号位于墓主盆骨东侧,6号位于墓主头部。

（6）随葬品介绍

铜钗　1件。标本SDM87：6,钗体呈"U"形,断面圆形,弯折处略宽扁,尖圆头。长14.1、宽1.1、断面宽0.2厘米（图五〇五,10）。

铜环　1件。标本SDM87：5,环体已变形,呈不规则椭圆形,环壁窄扁。环内径2.15、外径2.30厘米（图五三二,5）。

骨饰　1件。标本SDM87：1,平面呈方形,有一圆形穿孔,断面呈拱形。长3.00、宽3.00、厚0.35、孔最大径0.40厘米（图五〇五,9；彩版四八,1）。

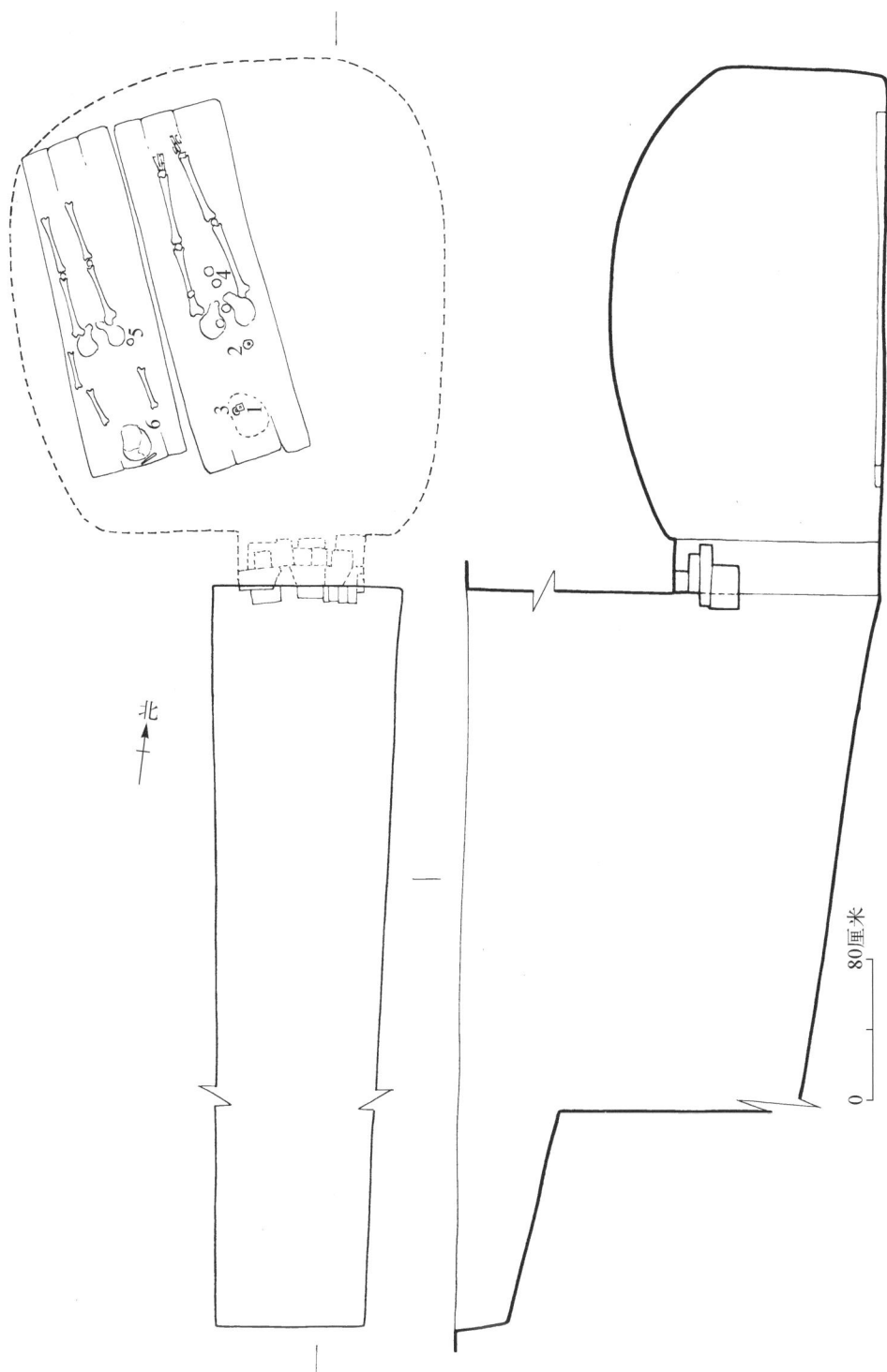

图五〇四 SDM87墓葬平、剖图

1. 骨饰 2.、3. 铜钱 4. 泥饼 5. 铜环 6. 铜钗

北

80厘米

0

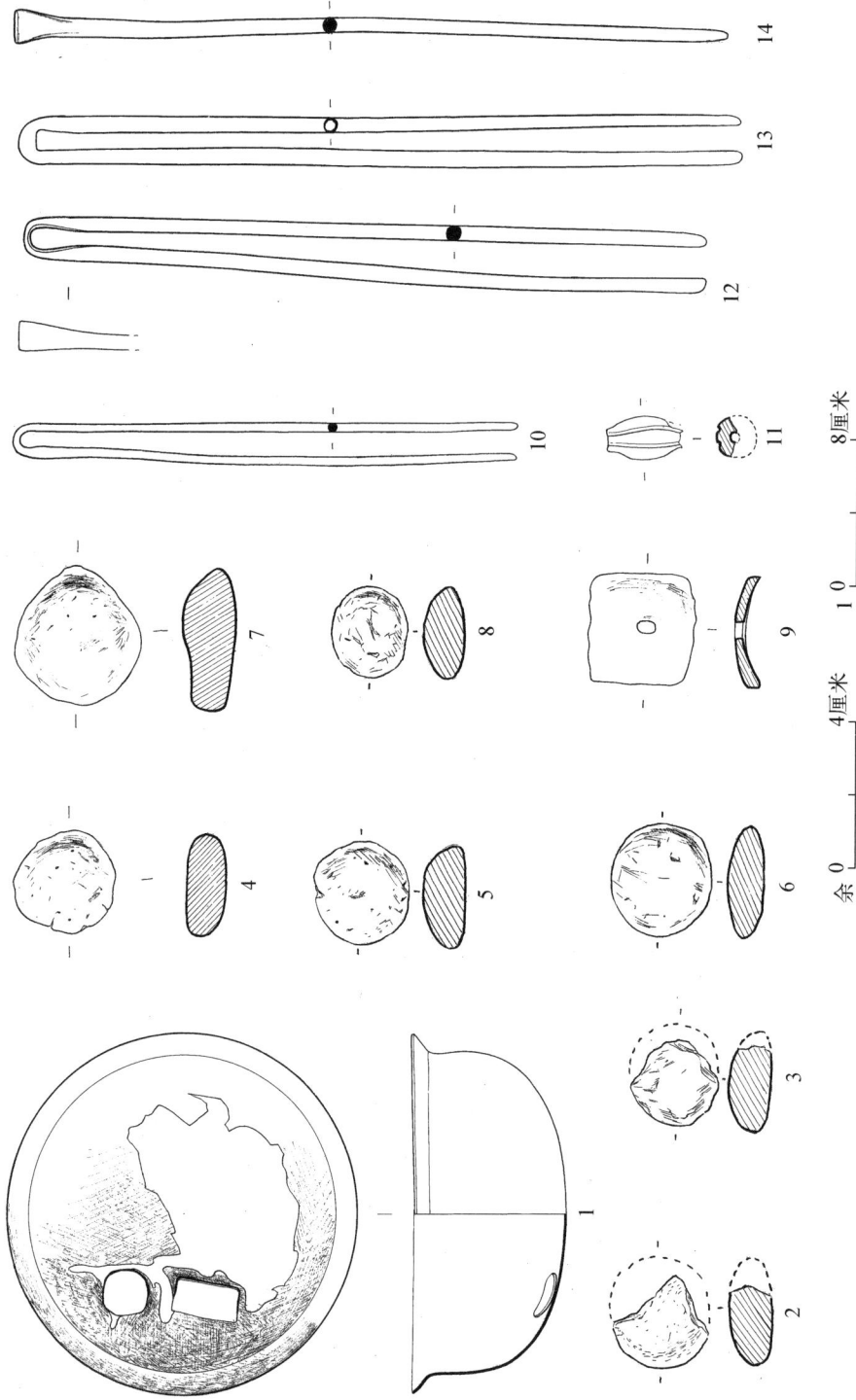

图五○五　SDM59、SDM87、SDM117、SDM128、SDM239、SDM248、SJM63 随葬小件器物

1. 铜釜（SJM63：1）　2、3、4、5、6、7、8. 泥饼（SDM128：2-1、SDM128：2-2、SDM59：2-3、SDM59：2-1、SDM59：2-4、SDM87：4、SDM59：2-2）　9. 骨饰（SDM87：1）
10、12、13、14. 铜钗（SDM87：6、SDM117：2、SDM248：1、SDM59：3）　11. 料珠（SDM239：3）

图五〇六 SDM37、SDM87、SDM239、SJM17随葬铜钱拓片

1.SDM239∶1-3 2.SDM87∶3-1 3.SDM87∶2-2 4.SDM239∶1-2 5.SDM239∶1-4 6.SDM37∶3-3 7.SJM17∶21-35 8.SDM239∶2

泥饼 共16件。标本SDM87∶4,泥质。圆饼状,大小相若,一侧略拱,一侧较平,表面较粗糙。直径3.80、厚1.45厘米(图五〇五,7;彩版三六,5)。

铜钱 共4枚。标本SDM87∶2,2枚。SDM87∶2-1,为"半两"。字迹依稀可见,但不可辨形。钱径2.6、穿宽1.0厘米,重量2.8克。SDM87∶2-2,为"大泉五十"。文字略凸起,笔画较细,字与穿等大,篆体。"大"字上横线弯曲呈拱形;"泉"字外侧呈波浪形,中间呈"T"字形;"十"字横竖垂直,竖线略长;"五"字交笔缓曲,对接三角形饱满,下横线向两侧延伸。钱径2.3、穿宽0.8厘米,重量7.9克(图五〇六,3)。标本SDM87∶3,2枚。均为"榆荚半两"。大小不同,文字皆锈蚀不清。SDM87∶3-1,钱径1.8、穿宽0.9厘米,重量0.9克(图五〇六,2)。SDM87∶3-2,钱径1.5、穿宽0.4厘米,重量1.4克。

278. 2010YFSDM91

(1)位置

西距SDM93约1.5米,东距SDM90约1.0米,北距SDM88约9.7米,打破SDM92。

(2)形制结构(图五〇七;图版一二,1)

墓向:182°。

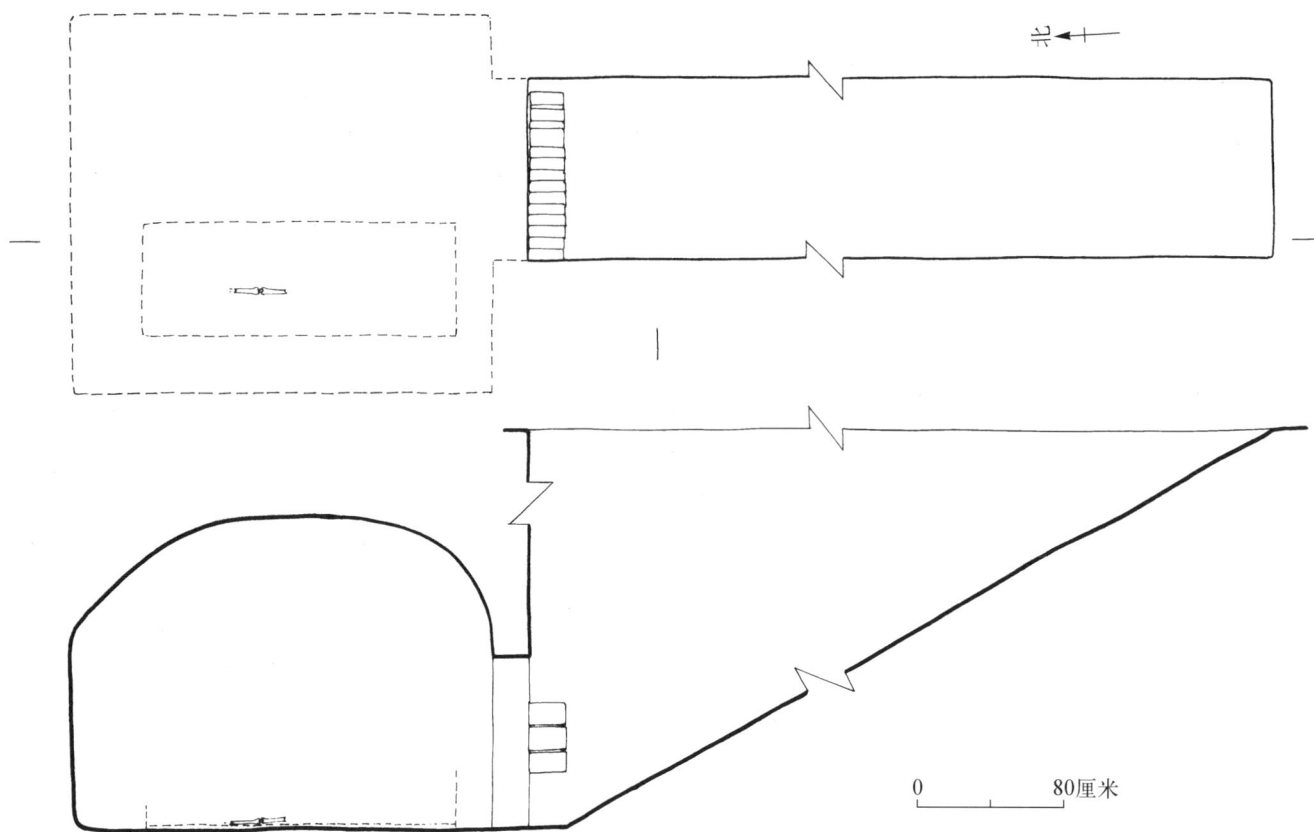

图五〇七　SDM91墓葬平、剖图

墓道：位于甬道南侧。口底等大。口呈长方形，东长12.50、西长12.50、南宽0.94、北宽0.96米。直壁。底呈斜坡状，坡度28°。自深4.65米。

洞室：穹窿顶，直壁，平底。洞室口位于甬道北壁，洞室宽大于甬道宽。甬道东壁距洞室东壁0.34、西壁距洞室西壁0.70米。底部平面近方形，东长2.30、西长2.30、南宽2.00、北宽2.00米。高1.64米。

封门：砖封门，位于墓道与甬道连接处。砖的堆砌方式为纵向倾斜，共计约3层，下部为青色淤土。宽0.96、进深0.20、（加淤土部分）高0.66米。

甬道：位于墓道和洞室之间。平顶，直壁，平底，底部平面呈长方形。宽0.96、进深0.20、高0.90米。

填土：墓道为黄褐色花土，土质较硬，经过夯打，无明显夯迹。洞室土色褐色，土质较为疏松，局部生土块较多。

（3）葬具

单棺，呈矩形，仅存轮廓痕迹。置于洞室西侧。棺长1.72、宽0.60米。

（4）墓主人

仅见少量下肢骨痕迹，葬式不明。

（5）随葬品及其位置

无随葬品。

279. 2010YFSDM106

（1）位置

西距SDM108约2.0米，东距SDM110约6.3米，打破SDM107。

（2）形制结构（图五〇八）

墓向：185°。

墓道：位于甬道南侧，未清理完毕。口底等大。口呈长方形，东、西现长2.20、北宽1.08米。直壁。底呈斜坡状，坡度20°。近甬道处为平底，长0.14米。自深2.48米。

洞室：穹窿顶，直壁，平底。洞室口位于甬道北壁，洞室宽大于甬道宽。甬道东壁距洞室东壁0.34、西壁距洞室西壁0.64米。底部平面呈长方形。东长2.40、西长2.40、南宽1.68、北宽1.66米。高1.02米。

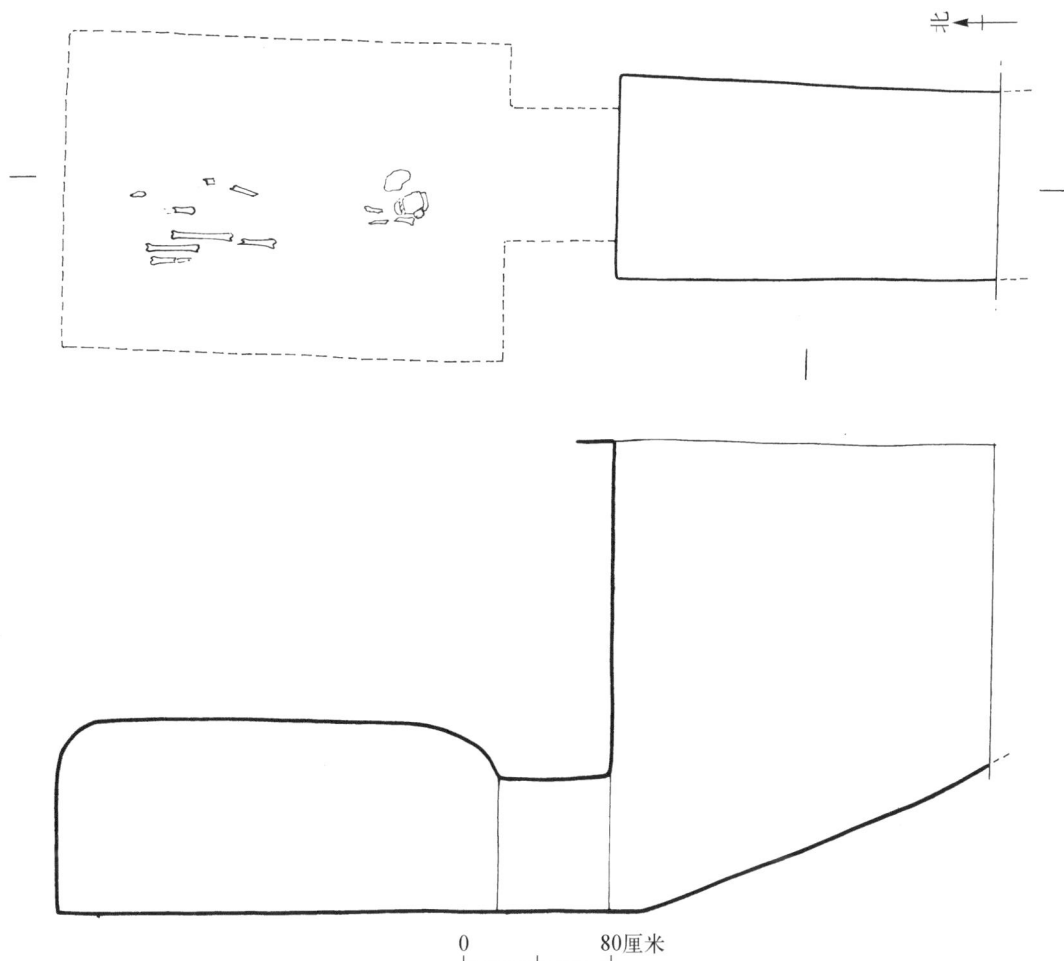

0   80厘米

图五〇八 SDM106墓葬平、剖图

甬道：位于墓道和洞室之间。拱形顶，直壁，平底，底部平面呈长方形。宽0.70、进深0.60、高0.70米。

填土：墓道为黄褐色五花土，土质较硬。洞室为黄色淤土，土质细腻。

（3）葬具

无葬具。

（4）墓主人

根据残存骨骼看，似有2具骨架，被扰乱。葬式不明，头向似与墓道方向相同。

（5）随葬品及其位置

无随葬品。

280. 2010YFSDM117

（1）位置

东北距SDM116约0.2米，东南距SDM78约10.0米，打破SDM118。

（2）形制结构（图五〇九）

墓向：190°。

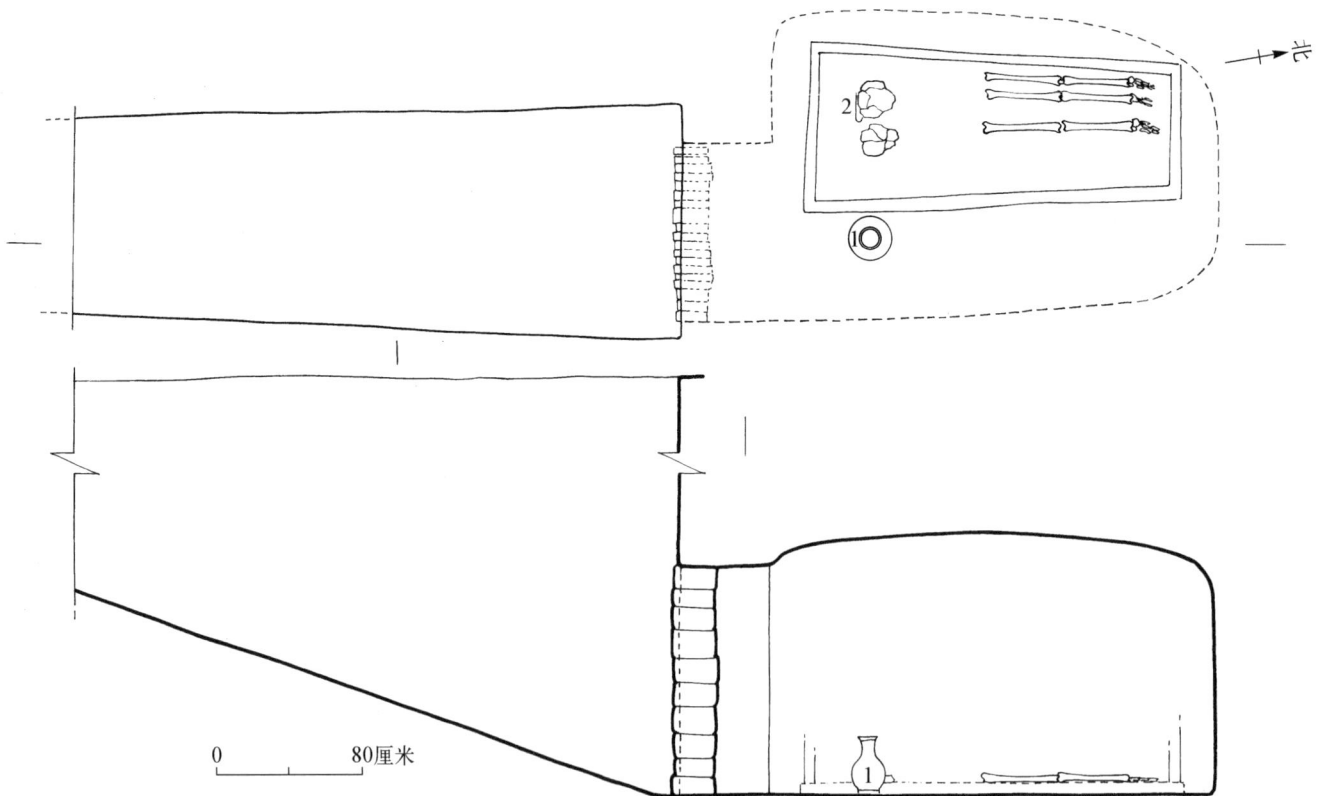

图五〇九　SDM117墓葬平、剖图

1. 釉陶壶　2. 铜钗

墓道:位于甬道南侧,未清理完毕。口底等大。口呈长方形,东、西现长3.32、北宽1.24米。直壁。底呈斜坡状,坡度18°。自深3.80米。

洞室:穹窿顶,直壁,平底。洞室口位于甬道北壁,洞室宽大于甬道宽。甬道西壁距洞室西壁0.70米。底部平面近椭圆形,北窄南宽,东长2.40、西长2.00、南宽1.60、北宽0.90米。高1.36米。

封门:砖封门,位于墓道与甬道连接处。砖的堆砌方式为纵向垂直,共计10层。砖的尺寸大小不一。宽0.92、进深0.20、高1.20米。

甬道:位于墓道和洞室之间。拱形顶,直壁,平底,底部平面呈长方形。宽0.94、进深0.50、高1.20米。

填土:墓道为深褐色五花土,土质较硬。洞室土色黄色,土质较疏松,有较多生土块和淤土。

(3)葬具

单棺,呈倒梯形。置于洞室西侧。两端板长度不相等,棺侧板与端板闭合相接。棺长2.04、南宽0.90、北宽0.72、侧板厚0.06米。

(4)墓主人

棺内有2具骨架,头骨被压碎,仅存部分下肢骨。葬式为仰身直肢葬,头向与墓道方向相同。

(5)随葬品及其位置

共2件,包括釉陶器1件、铜器1件。釉陶壶(:1)位于棺外东南侧。铜钗(:2)位于棺内墓主头部。

(6)随葬品介绍

釉陶壶 1件。标本SDM117:1,泥质红陶胎,酱釉。盘口,方唇,高束颈,圆鼓肩,腹上部略弧,下部斜直,假圈足微外撇。肩腹及上下腹交接处各饰两周旋纹。口径10.8、器身最大径23.0、底径12.9、通高29.4厘米(图五一四,6)。

铜钗 1件。标本SDM117:2,钗体呈"U"形,断面呈圆形,弯折处略宽扁。长19.10、宽1.70、断面宽0.35厘米(图五〇五,12;彩版四三,1)。

281. 2010YFSDM125

(1)位置

东距SDM120约3.2米,西南距SDM111约8.0米。

(2)形制结构(图五一〇;图版一三,1)

墓向:190°。

墓道:位于甬道南侧,未清理完毕。口底等大。口呈长方形,东、西现长2.96、北宽1.10米。直壁。底呈斜坡状,坡度13°。自深3.70米。

洞室:穹窿顶,直壁,斜底,坡度5°。洞室口位于甬道北壁,洞室宽大于甬道宽。甬道东壁距洞室东壁0.68、西壁距洞室西壁0.94米。底部平面呈梯形,东长2.30、西长2.30、南宽2.60、北宽2.30米。高1.70米。

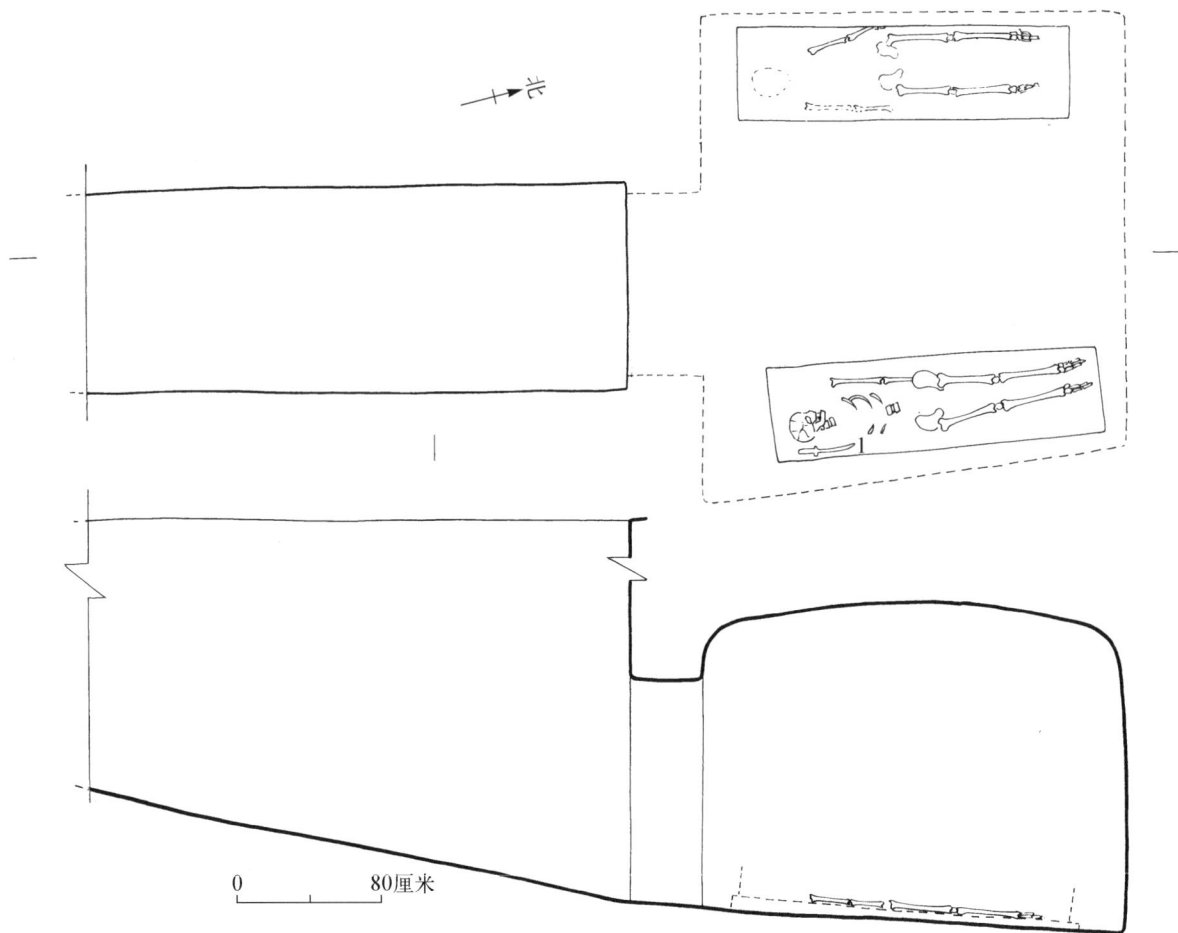

图五一〇　SDM125墓葬平、剖图

1.铁削

甬道：位于墓道和洞室之间。拱形顶，直壁。斜底，坡度2°，底部平面呈长方形。宽0.96、进深0.40、高1.20米。

填土：墓道为黄褐色五花土，土质疏松，包含物有少量碎陶片。洞室为黄褐色淤土，土质较疏松。

（3）葬具

单棺，两个，均呈矩形。置于墓室东、西两侧，棺侧板与端板四角闭合相接。两棺大小相当，长1.80、宽0.50米。

（4）墓主人

东侧棺内人骨葬式为仰身直肢葬，头向与墓道方向相同，面向西。西侧棺内人骨仅存部分肢骨，葬式似为仰身直肢葬。

（5）随葬品及其位置

仅随葬1件铁削（：1），位于东侧棺内墓主头部东侧，南北向放置。

（6）随葬品介绍

铁削　1件。标本SDM125：1，柳叶形，单面刃，削身近柄端较宽，近锋端较窄，弧收成尖，削身断面呈三角形；长扁平柄，柄部窄于刃部。削身有木鞘及织物残痕，柄部有木质残痕。刃长12.4、柄长3.6、刃最宽处2.3、柄最宽处1.3、通长16.0厘米（图五三二，6；彩版四七，2）。

282. 2010YFSDM128

（1）位置

东南距SDM57约8.0米，西距SDM129约0.5米。

（2）形制结构（图五一一）

墓向：182°。

墓道：位于甬道南侧，未清理完毕。口底等大。口呈长方形，东、西现长2.66、北宽1.10米。直壁。底呈斜坡状，坡度19°。自深2.90米。

洞室：穿窿顶，直壁，平底。洞室口位于甬道北壁偏西，洞室宽大于甬道宽。甬道东壁距洞室东壁0.30、西壁距洞室西壁0.65米。底部平面略呈长方形。东长2.50、西长2.50、南宽1.78、北宽1.50米。高1.65米。

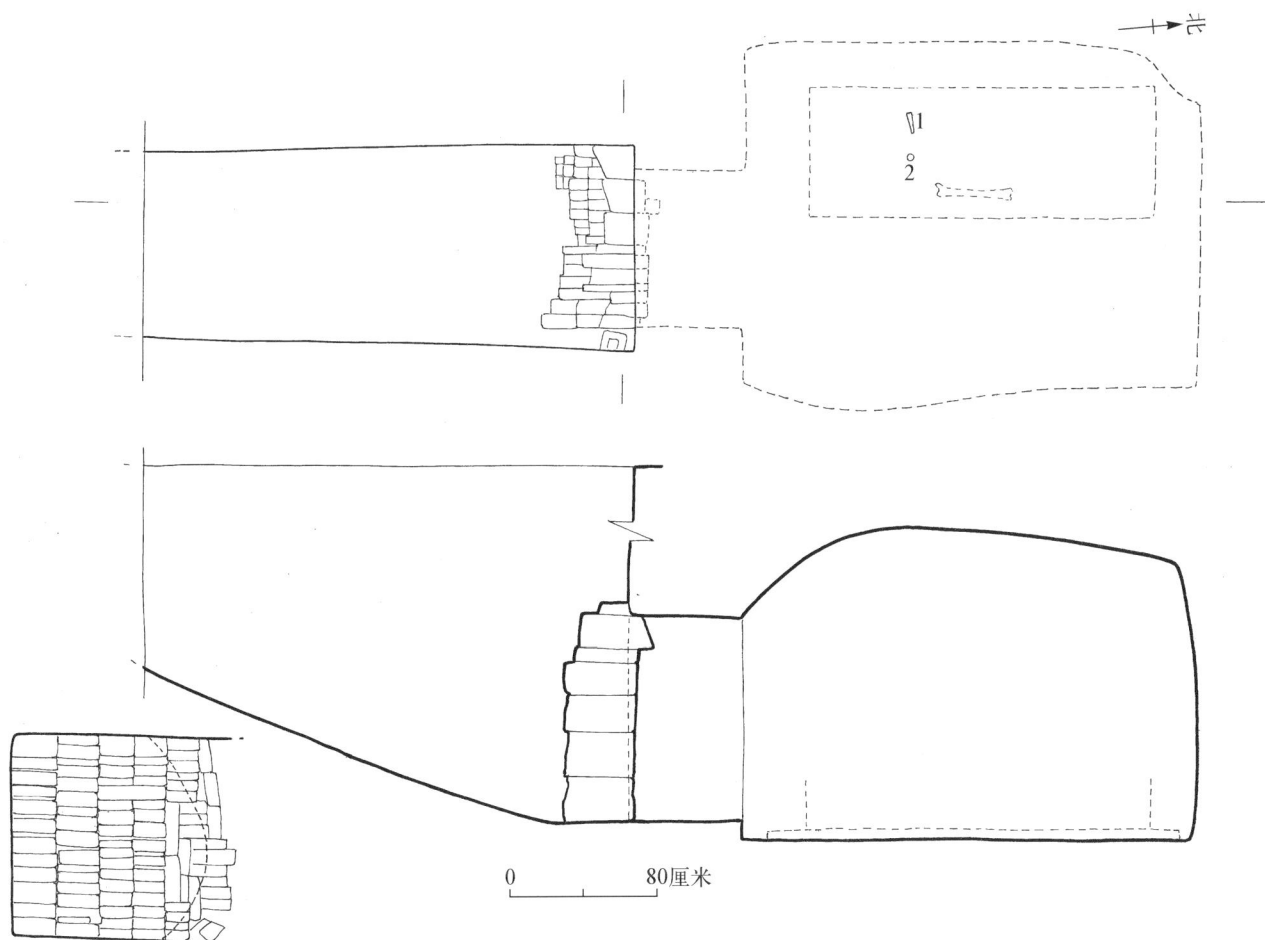

图五一一　SDM128墓葬平、剖图

1.铜镞　2.泥饼

封门：砖封门，位于墓道与甬道连接处。砖的堆砌方式总体为纵向垂直，上有一层纵向水平，中间夹杂有几块纵向水平，共计7层，最上部向甬道倾斜。砖的尺寸大小不一。宽0.98、进深0.20～0.52、高1.16米。

甬道：位于墓道和洞室之间。拱形顶，直壁，平底，底部平面呈长方形。宽0.84、进深0.60、高1.10米。

填土：墓道为褐色五花土，土质较松软。洞室土色黄褐色，土质较硬，有较多的生土块。

（3）葬具

单棺，呈矩形，仅存板灰痕迹。置于洞室西侧。棺侧板与端板四角闭合相接。棺长1.90、宽0.70米。

（4）墓主人

骨架朽成粉末状，葬式不明。

（5）随葬品及其位置

共2件，包括铜器1件、泥饼1件。铜镊（：1）、泥饼（：2）位于棺内南部，1号位于2号西侧。

（6）随葬品介绍

铜镊　1件。标本SDM128：1，残。两端呈铲状，顶端为圆拱形。长6.05厘米（图五三二，8；彩版四三，6）。

泥饼　共2件。泥质。圆饼状，大小相若，一侧略拱，一侧较平，表面较粗糙。标本SDM128：2-1，厚1.15厘米（图五〇五，2）。标本SDM128：2-2，厚1.2厘米（图五〇五，3）。

283. 2010YFSDM133

（1）位置

东距SDM132约0.5米，西南距SDM55约5.3米。

（2）形制结构（图五一二）

墓向：173°。

墓道：位于甬道南侧，未清理完毕。口底等大。口呈长方形，东、西现长2.60、北宽1.20米。底呈斜坡状，坡度16°。自深3.70米。

洞室：拱形顶，直壁，平底。洞室口位于甬道北壁，洞室宽大于甬道宽。甬道东壁距洞室东壁0.21、西壁距洞室西壁0.96米。底部平面近方形，东长2.32、西长2.30、南宽2.04、北宽2.04米。高1.28米。

封门：砖封门，位于墓道与甬道连接处。砖的堆砌方式为顶层横向水平，以下各层均纵向水平，共计19层，略向甬道倾斜。宽0.86、进深0.11～0.33、高1.02米。

甬道：位于墓道和洞室之间。拱形顶，直壁，平底，底部平面呈长方形。宽0.88、进深0.60、高0.90米。

填土：墓道为黄褐色五花土，土质较硬，经过夯打，但未发现明显夯迹。洞室为黄色塌土及淤土，土质较疏松。

（3）葬具

单棺，呈矩形。置于洞室西侧。棺侧板与端板四角闭合相接。棺长1.76、宽0.45米。

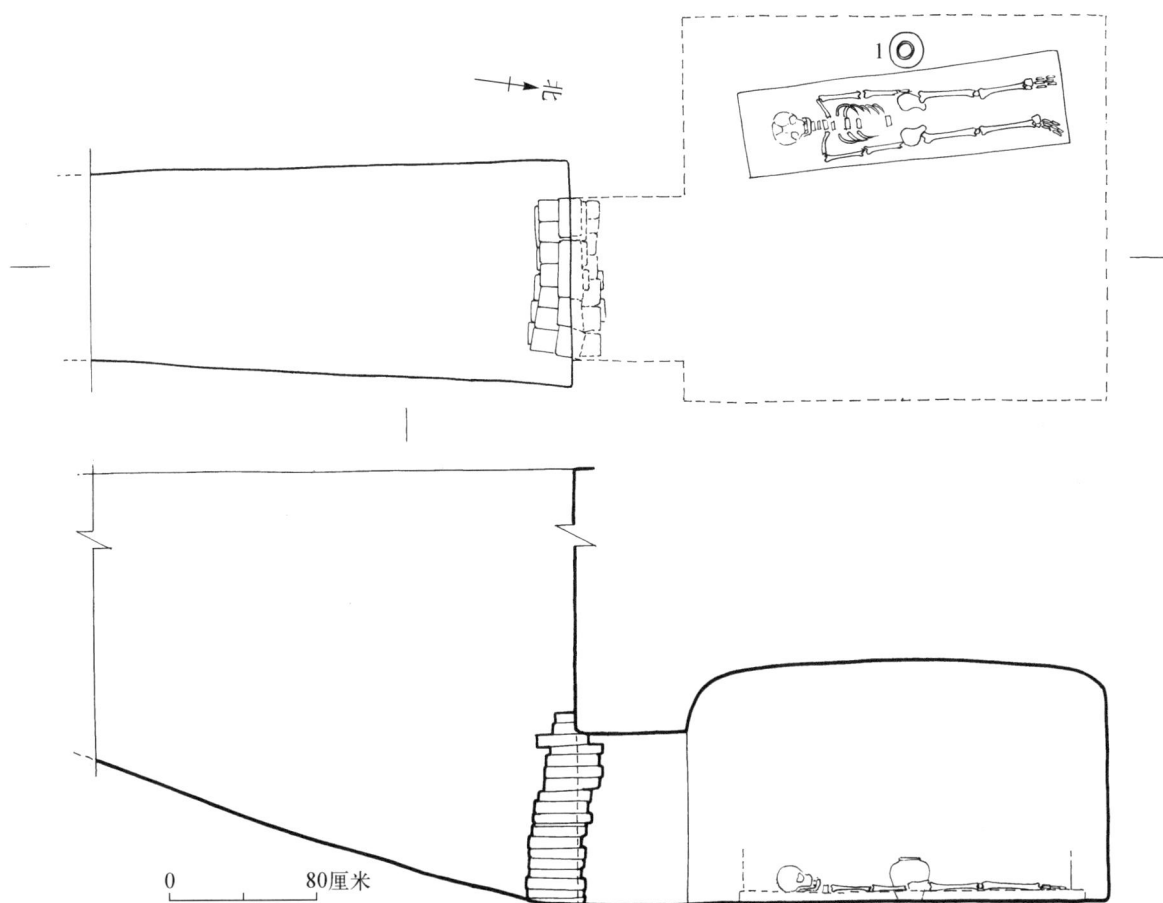

图五一二 SDM133墓葬平、剖图

1.陶罐

（4）墓主人

葬式为仰身直肢葬，上肢伸直置于躯干两侧，双手折向盆骨。头向与墓道方向相同，面向上。

（5）随葬品及其位置

仅随葬1件陶罐（：1），位于棺外西侧中部。

（6）随葬品介绍

陶罐 1件。标本SDM133：1，残碎，无法复原。

284. 2010YFSDM181

（1）位置

东距SDM180约3.0米，东北距SDM179约4.0米。

（2）形制结构（图五一三）

墓向：175°。

墓道：位于甬道南侧，未清理完毕。口大底小。口呈长方形，东、西现长5.50、北宽1.64米。

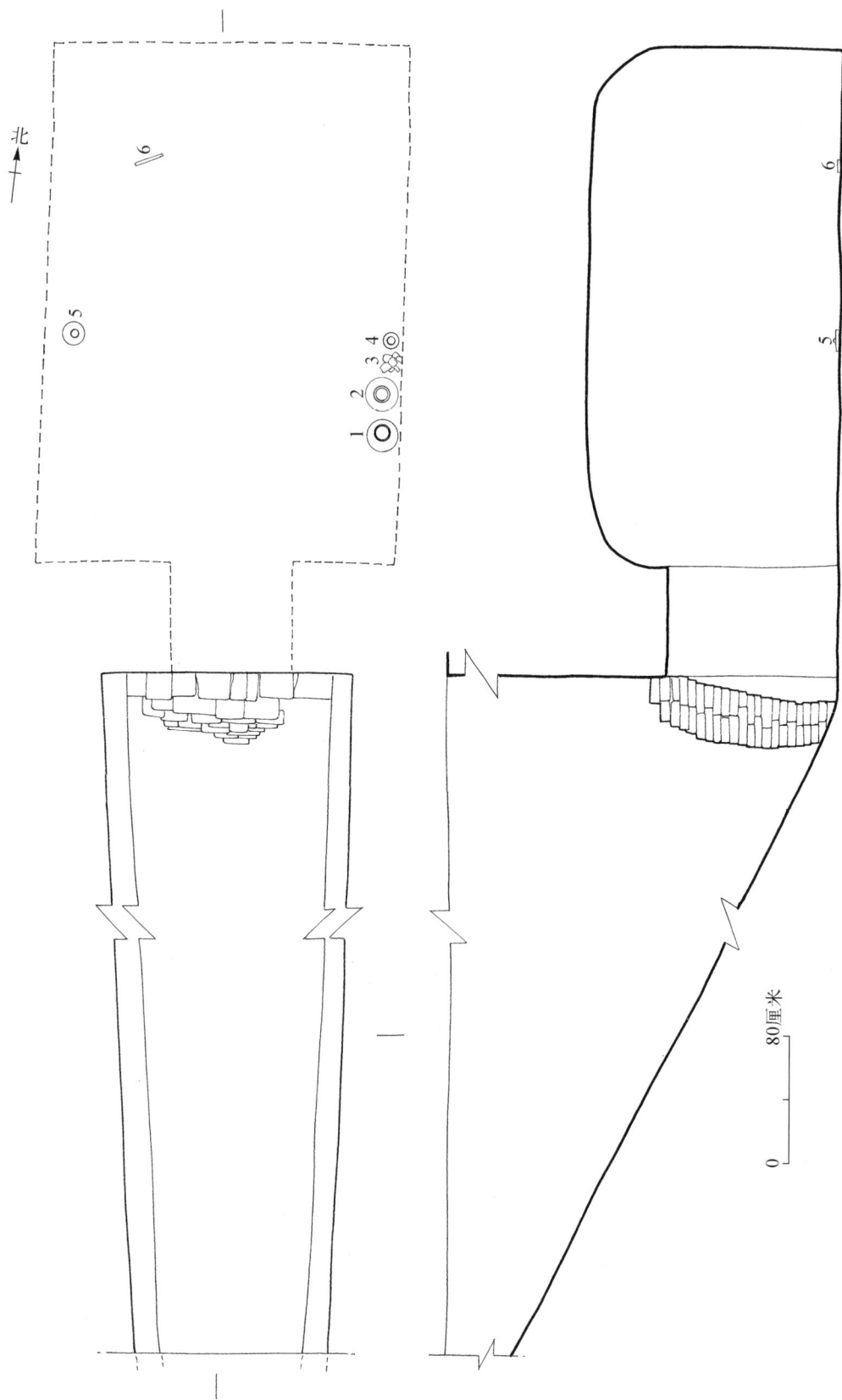

图五一三 SDM181 墓葬平、剖图

1、2、3、4. 陶有颈罐 5. 铁镜 6. 铁削

斜壁。底呈斜坡状,坡度23°,东、西现长5.40、北宽1.36米。自深3.90米。

洞室:穹窿顶,直壁,平底。洞室口位于甬道北壁,洞室宽大于甬道宽。甬道东壁距洞室东壁0.66、西壁距洞室西壁0.88米。底部平面呈长方形,东长3.20、西长3.24、南宽2.34、北宽2.32米。高1.62米。

封门:砖封门,位于墓道与甬道连接处。砖的堆砌方式为横向水平,共计22层,略向甬道倾斜。宽1.34、进深0.14～0.44、高1.20米。

甬道:位于墓道和洞室之间。拱形顶,直壁,平底,底面呈长方形。宽0.80、进深0.70、高1.10米。

填土:墓道为红褐色五花土,土质坚硬,经过夯打,未发现明显夯层。洞室土色黄褐色,土质较疏松。

(3)葬具

葬具不明。

(4)墓主人

骨架不存,葬式不明。

(5)随葬品及其位置

共6件,包括陶器4件、铁器1件、铁镜1面。有颈罐(:1、:2、:3、:4)紧邻洞室东壁,由南向北依次排列。铁镜(:5)紧邻洞室西壁中部,铁削(:6)位于洞室内西北部。

(6)随葬品介绍

有颈罐 共4件。皆夹细砂灰陶。侈口,微出沿,矮直颈,弧腹。标本SDM181:2,圆唇,圆鼓肩,平底。器身饰数周暗旋纹。口径8.6、器身最大径22.4、底径13.3、通高18.9厘米(图五一四,1)。标本SDM181:1,方唇,溜肩,平底微内凹。器身饰数周旋纹。口径8.3、器身最大径22.5、底径13.0、通高19.5厘米(图五一四,2)。标本SDM181:3,底残。方唇,唇面饰一周旋纹,圆鼓肩。口径7.2、器身最大径18.4、残高14.2厘米(图五一四,3)。标本SDM181:4,圆唇,圆鼓肩,平底。腹部有一不规则穿孔。口径4.8、器身最大径11.2、底径6.0、通高10.3厘米(图五一四,5)。

铁削 1件。标本SDM181:6,锋端残。单面刃,直背直刃,削身断面呈三角形,锋端弧收成尖;长扁平柄,柄部窄于刃部。柄部有木质残痕。残长18.4、刃最宽处2.6、刃厚0.3、柄最宽处2.2厘米(图五三二,7)。

铁镜 1面。标本SDM181:5,圆形,半球形钮。镜面有丝织物附着痕迹。直径14.2厘米(图五三二,11;彩版四六,3)。

285. 2010YFSDM239

(1)位置

东北距SDM238约4.0米,西部打破SDM232。

(2)形制结构(图五一五)

墓向:189°。

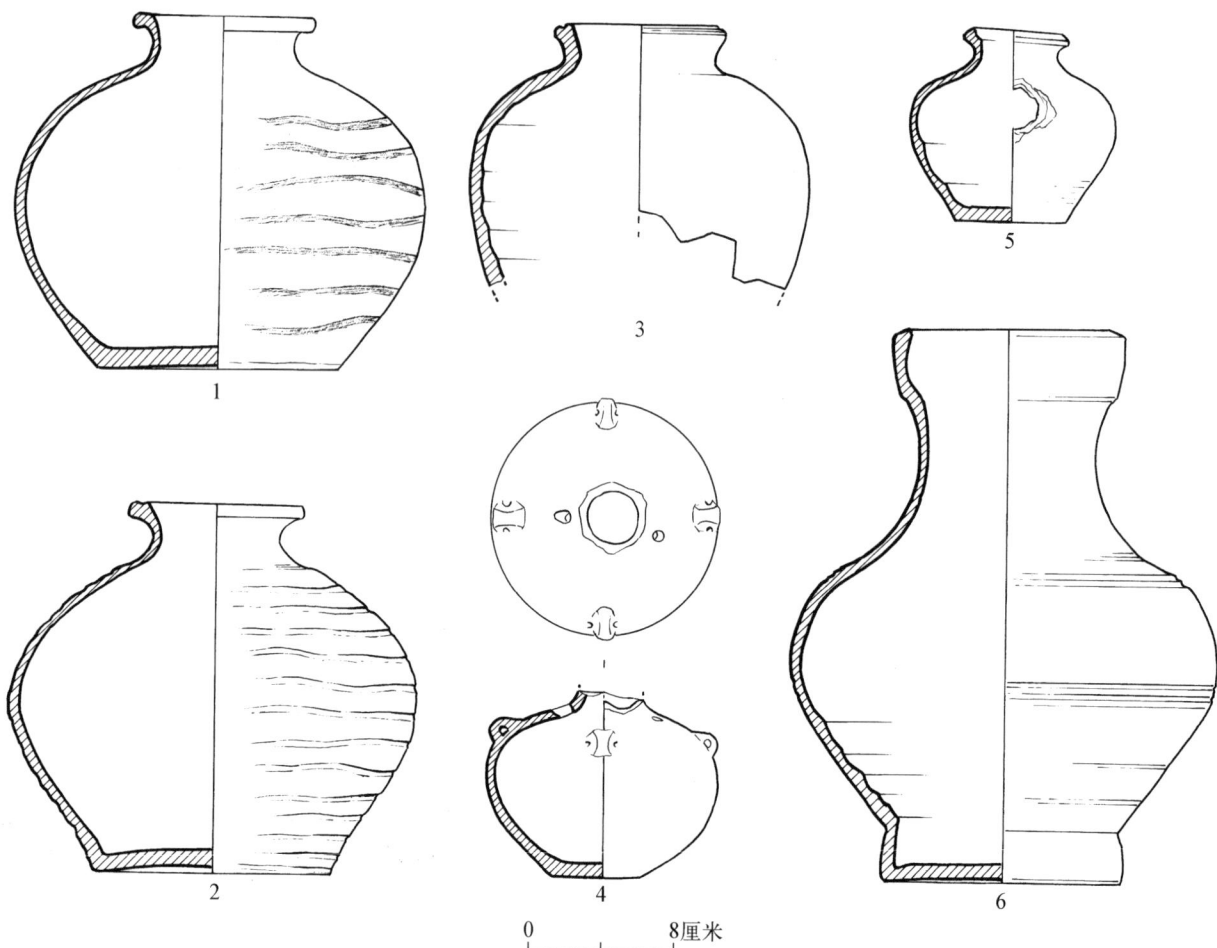

图五一四　SDM59、SDM117、SDM181 随葬陶器

1、2、3、5.有颈罐（SDM181:2、SDM181:1、SDM181:3、SDM181:4）　4.四系罐（SDM59:1）　6.釉陶壶（SDM117:1）

墓道：位于甬道南侧。口底等大。东长12.80、西长12.80、南宽0.94、北宽0.98米。直壁。底呈斜坡状，坡度约24°。自深5.00米。

洞室：穹窿顶，直壁，平底。洞室口位于甬道北壁，洞室宽大于甬道宽。甬道东壁距洞室东壁1.16、西壁距洞室西壁1.00米。底部平面略呈梯形，东长2.44、西长2.40、北宽2.50、南宽3.10米。高2.22米。

封门：砖封门，位于墓道与甬道连接处。砖的堆砌方式为上有一层砖纵向水平，其余为纵向倾斜，共计9层。砖的规格为0.36×0.12～0.08米左右。宽0.96、进深0.34、高1.00米。

甬道：位于墓道和洞室之间。拱形顶，直壁，平底，底面呈长方形。宽0.96、进深0.40、高1.00米。

填土：墓道为黄褐色五花土，土质较硬。洞室为黄色淤土及塌土，土质细腻。

（3）葬具

三组棺床，间距0.44、0.45米，并排纵向放置于墓室内。西侧棺床平铺的三块木板尺寸

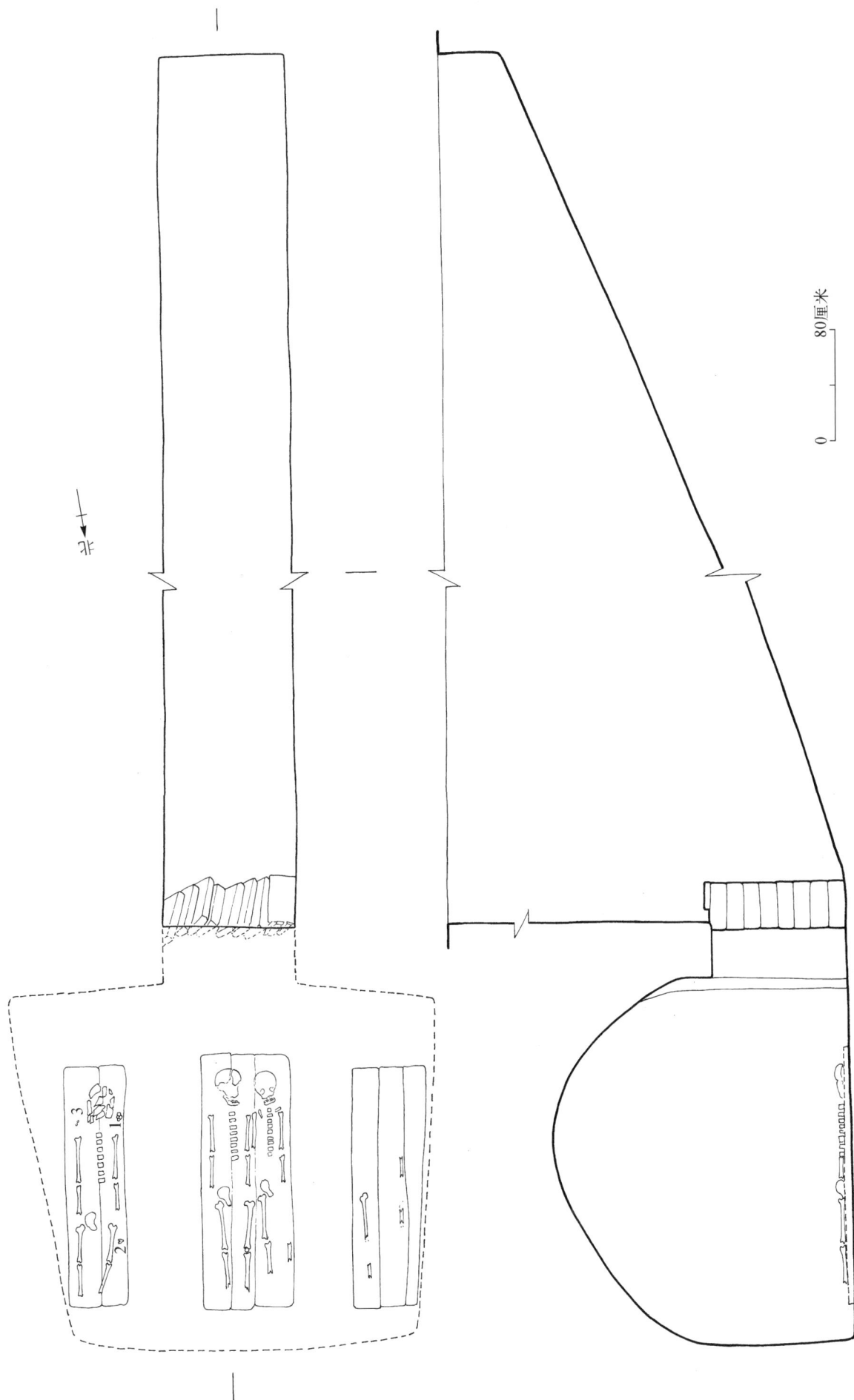

图五一五 SDM239 墓葬平、剖图

1、2. 铜钱 3. 料珠

0 ⸻ 80厘米

大小相若,长约1.73、宽0.18米;中部棺床平铺的三块木板尺寸分别为:长1.80、1.82、1.84米,宽0.30、0.18、0.22米;东侧棺床平铺的三块木板尺寸分别为:长1.75、1.72米,宽0.20、0.24米。

（4）墓主人

东侧棺床置人骨1具,中部棺床置人骨2具,葬式均为仰身直肢葬。西侧棺床人骨朽成粉末状,似为2具,葬式不明。东侧及中部人骨的头向均与墓道方向相同。

（5）随葬品及其位置

共3件（组）,包括料器1件、铜钱2组（4、1枚）,均位于东侧棺内。铜钱（:1）位于墓主头部西侧,料珠（:3）位于头部东侧。铜钱（:2）位于墓主左侧股骨西侧。

（6）随葬品介绍

料珠 共2件。标本SDM239:3,残。一大一小,整体呈橄榄形;圆穿,器表有两道凹槽,槽内填白彩。长2.05、宽最大径1.15、孔径0.25厘米（图五〇五,11）。

铜钱 共5枚。标本SDM239:1,4枚。SDM239:1-1,为"五铢",有钱和穿背郭,文字不清。郭径2.6、钱径2.2、穿宽0.9厘米,重量4.3克。SDM239:1-2,为"半两",文字不清,钱径2.1、穿宽0.9厘米,重量1.5克（图五〇六,4）。SDM239:1-3,为"榆荚半两"。文字不清。钱径1.7、穿宽0.5厘米,重量1.7克（图五〇六,1）。SDM239:1-4,为"五铢",有钱和穿背郭。"五"字交笔缓曲,对接三角形饱满;"铢"字"钅"旁头部呈三角形,下部四短竖线,"朱"字上下横均圆折。郭径2.6、钱径2.2、穿宽0.9厘米,重量2.7克（图五〇六,5）。标本SDM239:2,1枚。为"货布"。方首,圆穿,钱边及穿两面均有周郭,肉较厚,穿至两足枝分叉处两面均有一竖直线,正面有篆文"货布"。长5.8、最宽处2.4、穿宽0.5厘米,重量15.2克（图五〇六,8;彩版三九,2）。

286. 2010YFSDM240

（1）位置

西北距SDM229约7.0米,西南距SDM228约7.4米。

（2）形制结构（图五一六）

墓向:196°。

墓道:位于甬道南侧。口底等大。口呈长方形,东长14.60、西长14.60、南宽0.94、北宽0.92米。直壁。底呈斜坡状,坡度16°。自深5.25米。

洞室:穹窿顶,直壁,平底。洞室口位于甬道北壁,洞室宽大于甬道宽。甬道东壁距洞室东壁0.68、西壁距洞室西壁1.06米。底部平面呈梯形,东、西、北三边略向外弧,东长3.24、西长3.20、南宽2.68、北宽3.28米。高2.38米。

封门:砖封门,位于墓道与甬道连接处。砖的堆砌方式为纵向垂直,共计10层。砖的尺寸大致为0.20×0.14~0.04米。宽0.94、进深0.20、高1.23米。

甬道:位于墓道和洞室之间。拱形顶,直壁,平底,底部平面呈长方形。宽0.94、进深0.40、高1.00米。

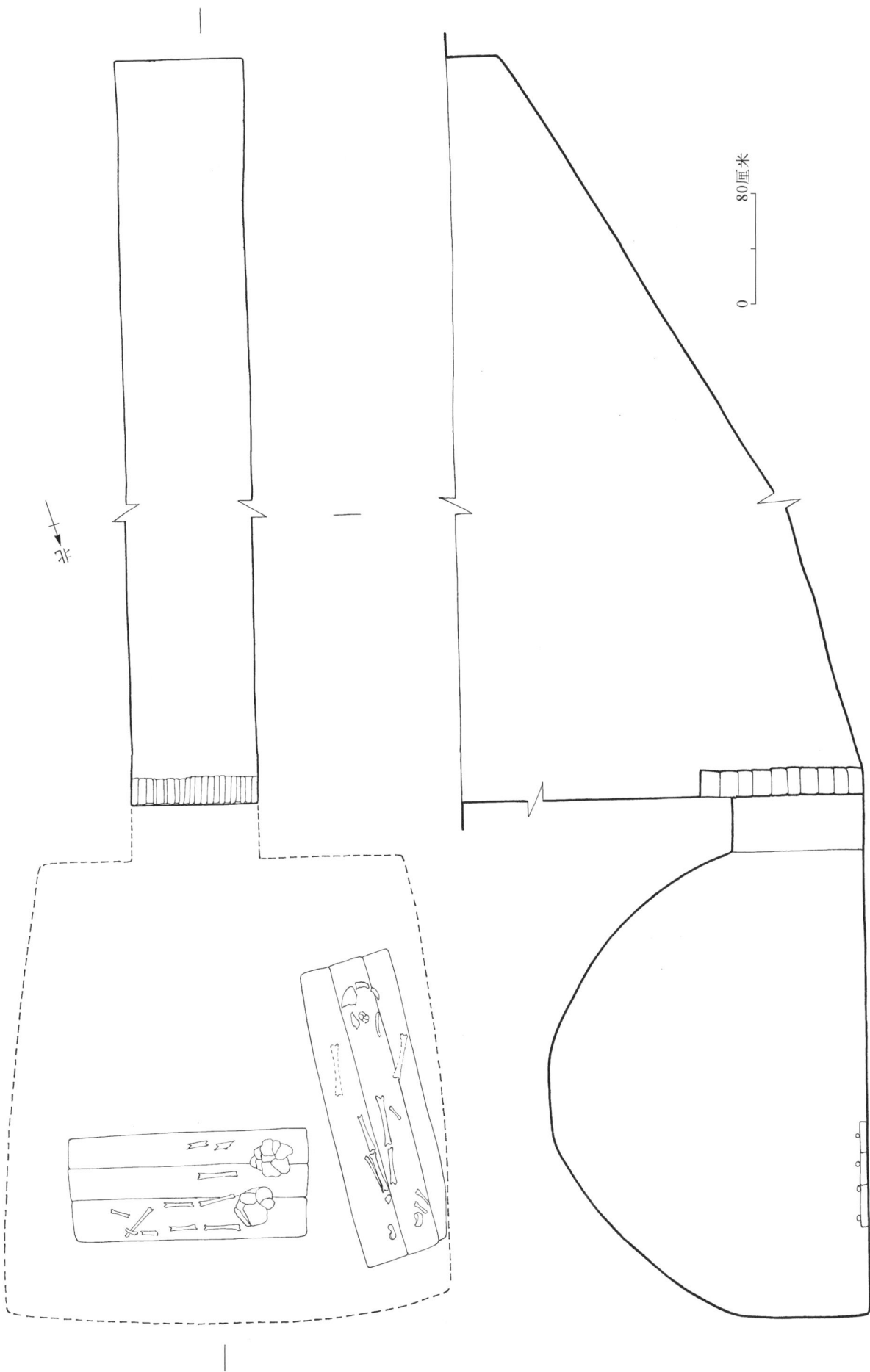

图五一六 SDM240墓葬平、剖图

80厘米

填土：墓道土色黄褐色，土质上部较疏松，下部有明显的夯土，夯土结构较乱。洞室土色黄褐色，土质较疏松。

（3）葬具

两组棺床，间距0.2米，互相垂直放置于墓室北侧和西侧，均由3块长方形木板平铺而成。西侧一组棺床的木板均长约2.13米，宽由西向东分别为：0.20、0.28、0.32米。北侧一组棺床，其长、宽由北向南分别为1.74×0.31、1.76×0.22、1.78×0.24 m^2。

（4）墓主人

西侧棺床置人骨1具，北侧棺床置人骨2具。西侧人骨头向与墓道方向相同。北侧人骨葬式似为仰身直肢葬，头向西。

（5）随葬品及其位置

无随葬品。

287. 2010YFSDM242

（1）位置

东距SDM245约6.4米。

（2）形制结构（图五一七；图版一三，2）

墓向：184°。

墓道：位于洞室南侧。口底等大。口呈长方形，东长9.90、西长9.90、南宽0.80、北宽0.80米。直壁。底呈斜坡状，坡度21°。自深4.70米。

洞室：穹窿顶，直壁，平底。洞室口位于墓道北壁，洞室宽大于墓道底宽。墓道东壁距洞室东壁1.13、西壁距洞室西壁1.12米。底部平面呈正方形。东长3.00、西长3.00、南宽3.04、北宽3.00米。高1.98米。

封门：砖封门，位于洞室口部。堆砌方式为顶层和底层横向水平，其余7层均为纵向垂直，最上二层略向洞室倾斜。砖的尺寸大致为0.38×0.16～0.06米。宽0.80、进深0.50、高1.36米。

填土：墓道为红褐色五花土，土质较松散。洞室土色黄褐色，土质松散。

（3）葬具

两组棺床，互相垂直放置于洞室内。靠近西壁的一组棺床，南北向放置，由5块长方形木板平铺而成，棺床北端的3块板稍残。2块完整的木板长约2.25、宽约0.26米；3块木板北端稍残，由东向西依次残长2.26、1.80、1.26米，宽0.38、0.20、0.20米。与之垂直的一组棺床，由4块木板平铺而成，尺寸相若，长约1.46、宽约0.20米。

（4）墓主人

骨架可辨6具。骨骼凌乱，葬式不明。

（5）随葬品及其位置

无随葬品。

北

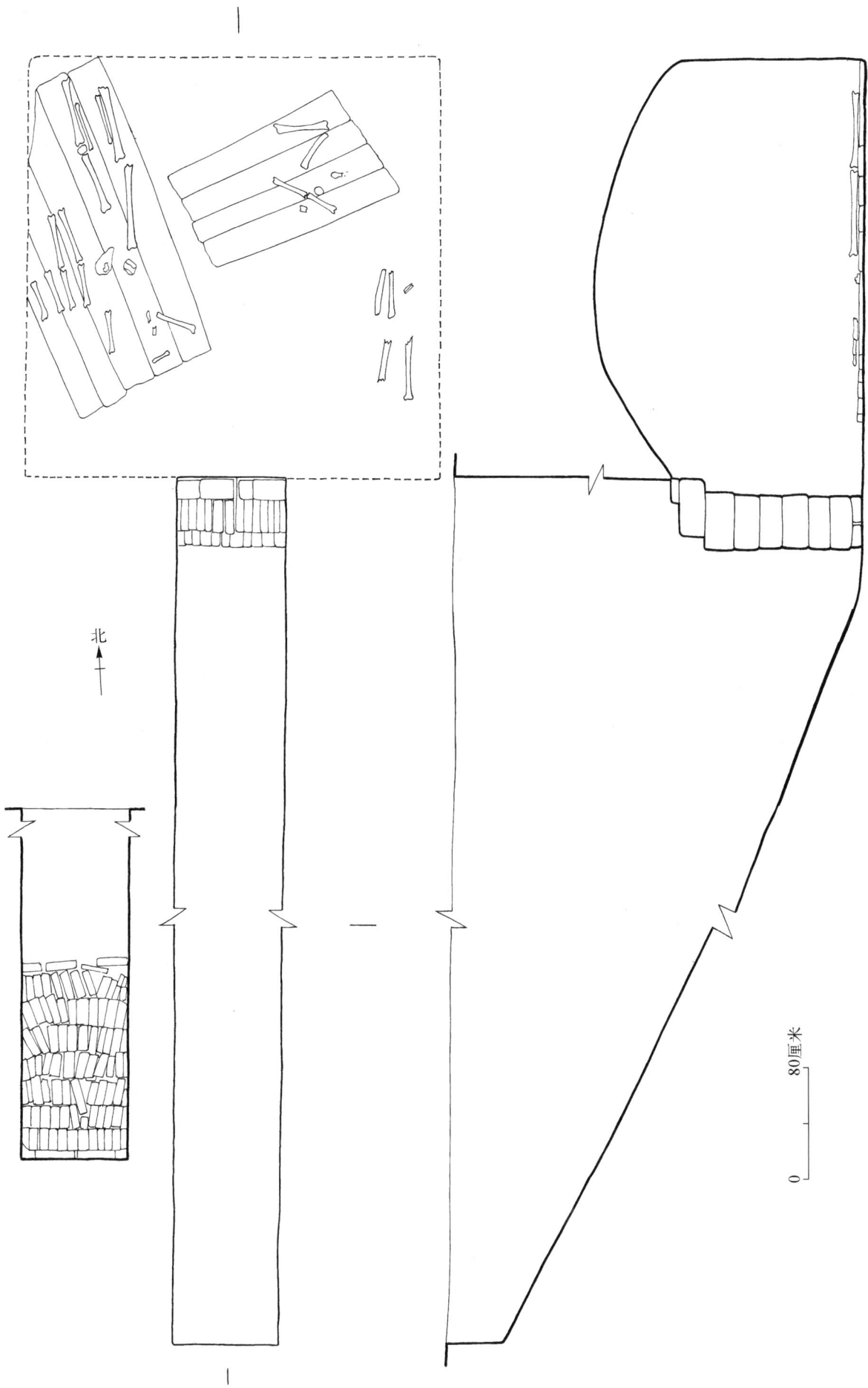

图五一七 SDM242墓葬平、剖图

0

80厘米

288. 2010YFSDM248

（1）位置

东距SDM228约3.4米，西距SDM244约3.6米。

（2）形制结构（图五一八）

墓向：186°。

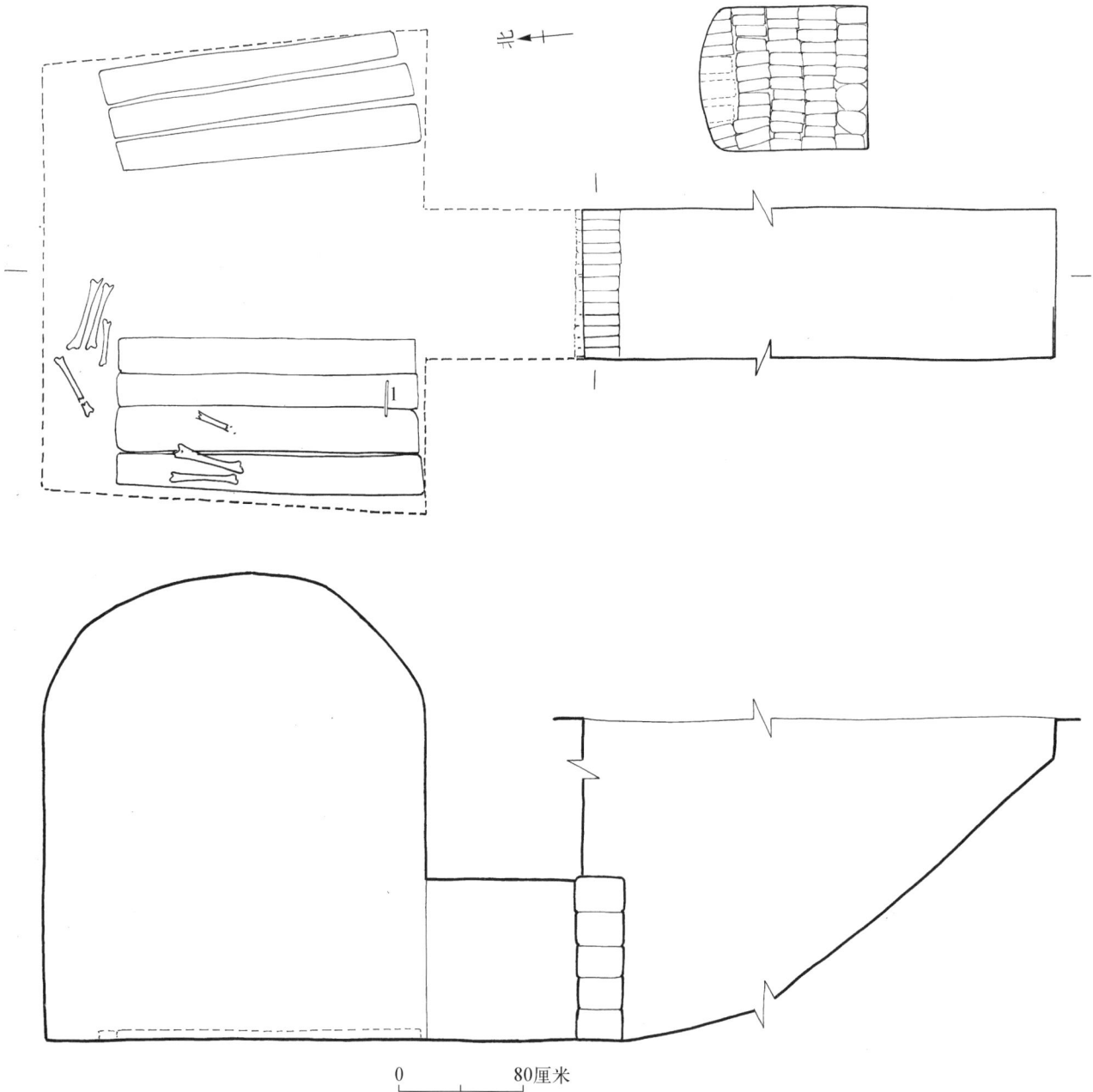

0　　　　　80厘米

图五一八　SDM248墓葬平、剖图

1. 铜钗

墓道：位于甬道南侧。口底等大。口呈长方形，东长17.00、西长17.00、南宽0.91、北宽0.92米。直壁。底呈斜坡状，坡度17°。自深3.65米。

洞室：穹窿顶，直壁，平底。洞室口位于甬道北壁，洞室宽大于甬道宽。甬道东壁距洞室东壁1.10、西壁距洞室西壁0.96米。底部平面近长方形，东长2.46、西长2.44、南宽2.98、北宽2.62米。高2.88米。

封门：砖封门，位于墓道与甬道连接处。砖的堆砌方式为底部砌2块石头，其余均纵向垂直，顶层残缺，置三块烧土，共计5层。宽0.92、进深0.28、高1.01米。

甬道：位于墓道和洞室之间。拱形顶，直壁，平底，底部平面近方形。宽0.92、进深0.99、高1.00米。

填土：墓道为红褐色五花土，土质松软。洞室土色黄色，土质较硬。

（3）葬具

两组棺床，间距1.1米，并排放置于墓室内。靠近西壁的棺床由4块长方形木板平铺而成，尺寸大小相若，长约1.97、宽约0.24米。东边的棺床略斜放，由3块长方形木板平铺而成，尺寸相若，长约1.92、宽约0.20米。

（4）墓主人

骨架可辨4具，肢骨较凌乱，均朽成粉末状。西侧棺床上有2具人骨，棺床外北侧另有2具人骨，葬式不明。

（5）随葬品及其位置

仅随葬1件铜钗（：1），位于西侧棺床南部。

（6）随葬品介绍

铜钗　1件。标本SDM248：1，钗体呈"U"形，断面呈圆形，弯折处略宽。长22.50、宽1.40、断面宽0.35厘米（图五〇五，13；彩版四三，2）。

289. 2010YFSDM252

（1）位置

东距SDM226约1.0米，西北距SDM223约4.0米，打破SDM250和SDM251。

（2）形制结构（图五一九）

墓向：195°。

墓道：位于甬道南侧。口底等大。口呈长方形，东长8.45、西长8.45、南宽0.76、北宽0.76米。直壁。底呈斜坡状，坡度为28°。自深4.40米。

洞室：穹窿顶，直壁，平底。洞室口位于甬道北壁，洞室宽大于甬道宽。甬道东壁距洞室东壁1.08、西壁距洞室西壁0.84米。底部平面近圆角长方形。东长3.06、西长3.36、南宽2.66、北宽2.60米。高1.82米。

封门：砖封门，位于墓道与甬道连接处。砖的堆砌方式为纵向垂直，共计6层。砖的尺寸大致为0.30×0.20～0.08米。宽0.76、进深0.30、高1.20米。

甬道：位于墓道和洞室之间。拱形顶，直壁，平底，底部平面呈长方形。宽0.74、进深0.38、高1.00米。

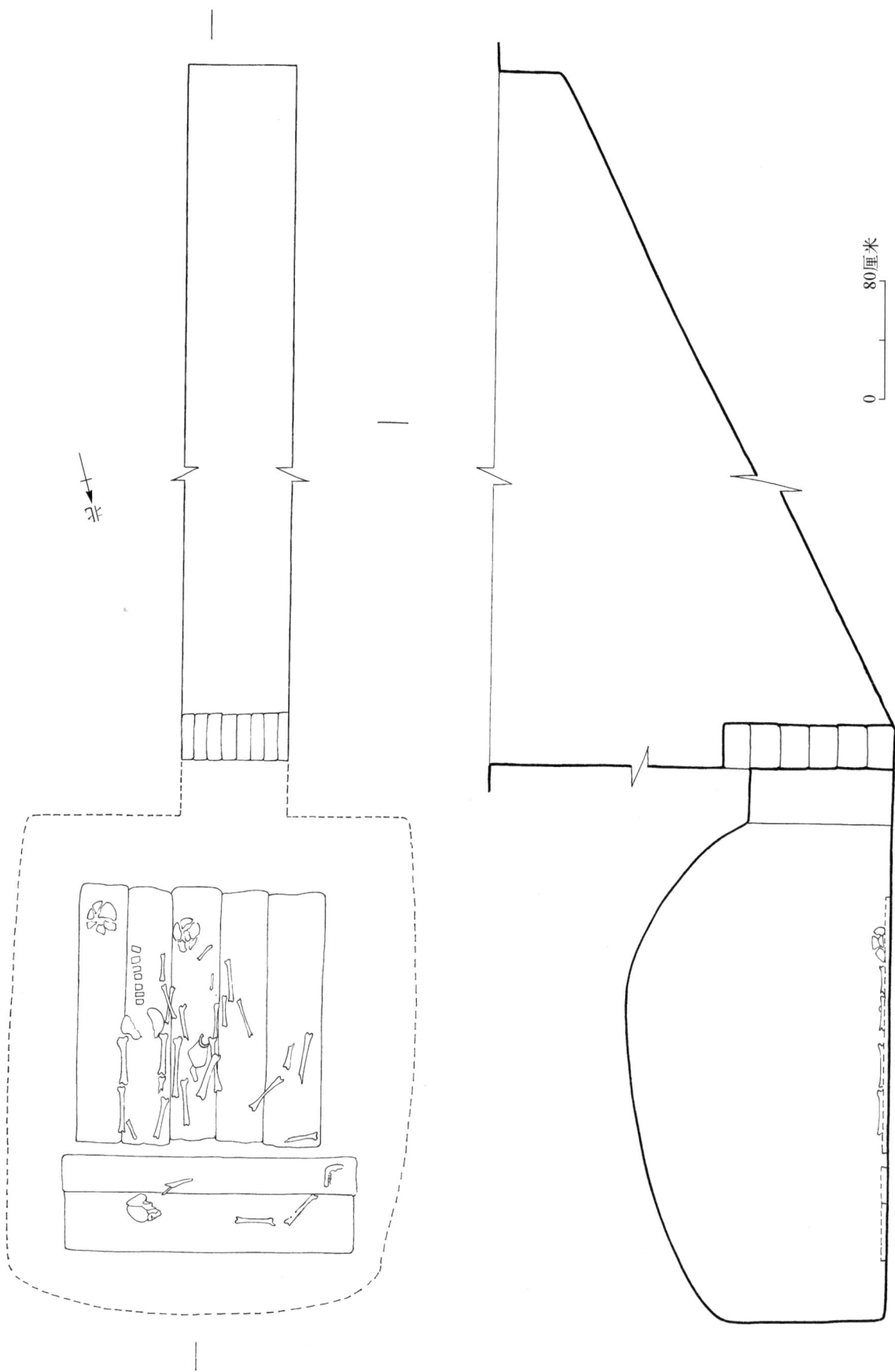

图五一九 SDM252墓葬平、剖图

80厘米

0

填土：墓道为黄褐色五花土,土质较硬。洞室为黄色塌土及淤土,土质细腻。

（3）葬具

两组棺床,垂直放置于洞室内。近洞室北壁的一组棺床,由2块长方形木板横向放置,由北向南尺寸分别为长2.02、宽0.40米和长2.06、宽0.24米;与之垂直的另一组棺床,由5块长方形木板纵向放置,尺寸相若,长约1.70～1.74、宽0.32～0.40米。

（4）墓主人

骨架可辨3具,保存较差,且凌乱不堪。靠近洞室北壁的棺床上置一具人骨,头向东,面向北;另一组棺床上置2具人骨,头向似与墓道方向相同,面向上。

（5）随葬品及其位置

无随葬品。

290. 2010YFSJM17

（1）位置

东距SJM10约13.0米,西距SJM22约8.4米。

（2）形制结构（图五二〇;图版九,2）

墓向:265°。

墓道:位于天井西侧,未清理完毕。口底等大。口似呈长方形,南、北现长0.34、东宽1.16米。直壁。底呈斜坡状,坡度17°。自深3.30米。斜坡面上有踩踏痕迹,厚约0.01米,呈青灰色。

洞室:拱形顶,直壁,平底。洞室口位于天井东壁,洞室宽小于天井宽。天井南壁距洞室南壁0.36、北壁距洞室北壁0.18米。底部平面呈长方形,南长3.60、北长3.60、东宽1.36、西宽1.36米。高1.60米。

天井:位于墓道和洞室之间。平顶,直壁,平底。底面近似方形,北侧近墓道处略向西南弧收,东长1.84、西长1.84、南宽1.76、北宽1.76米。

封门:以西侧椁端板为封门。

填土:墓道土色黄褐色,土质较硬。洞室土色黄色,土质较疏松。

（3）葬具

一棺一椁,均呈矩形。棺置于椁内东南。棺侧板与端板四角闭合相接。棺长2.10、宽0.68米。椁与墓底尺寸几近相同。椁一端板与侧板闭合相接,另一端板两端伸出两侧板外侧。椁长3.60、宽1.26,侧板长3.54米,两椁端板分别长1.26、1.58米。

（4）墓主人

骨架不存,葬式不明。

（5）随葬品及其位置

共25件（组）,其中陶器22件、铁器1件、铜镜1面、铜钱1组122枚。盂（:22）位于椁外洞室西南角。铜钱（:21）位于棺内西南角,铜镜（:23）位于棺内西北角。其余器物均位于北侧

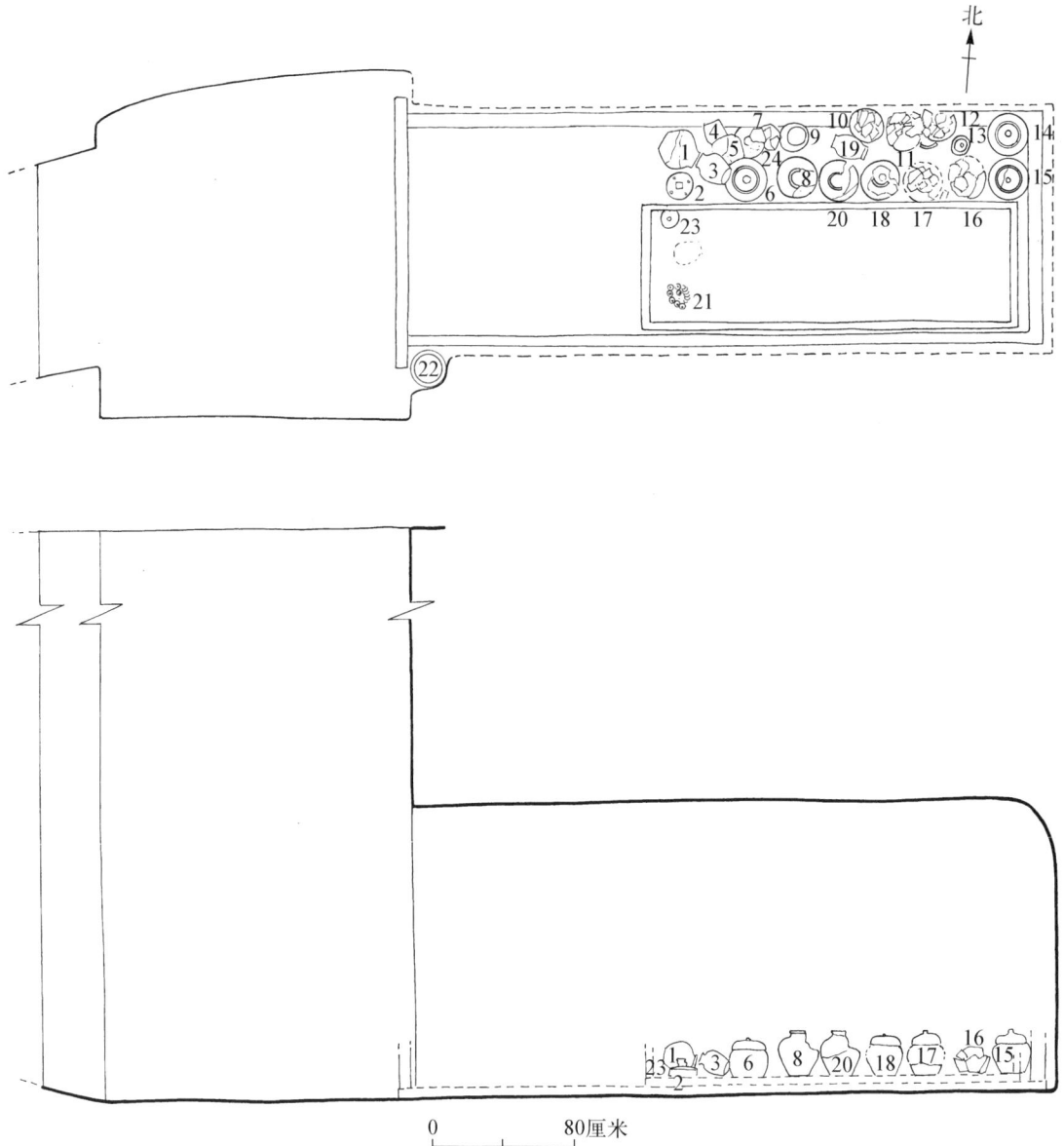

图五二〇　SJM17墓葬平、剖图

1. 陶缶　2. 陶熏炉　3. 陶小口旋纹罐　4、8、9、10、12、14、16、17、18、20. 陶有颈罐　5. 铁釜　6、11、13、15、19、24. 陶直口圆肩罐
7. 陶盆形甑　21. 铜钱　22、25. 陶盂　23. 铜镜

棺椁之间,分南北两排放置。北排由西向东依次为缶(:1)、有颈罐(:4)、铁釜(:5)、直口圆肩罐(:24)、盆形甑(:7)、有颈罐(:9)、直口圆肩罐(:19)、有颈罐(:10)、直口圆肩罐(:11)、盂(:25)、有颈罐(:12)、直口圆肩罐(:13)、有颈罐(:14),1号、4号、19号侧置,9号倒置。南排由西向东依次为熏炉(:2)、小口旋纹罐(:3)、直口圆肩罐(:6)、有颈罐(:8)、有颈罐(:20)、有颈罐(:18)、有颈罐(:17)、有颈罐(:16)、直口圆肩罐(:15),3号侧置。

(6)随葬品介绍(图版二一,1)

缶　1件。标本SJM17:1,夹细砂灰陶。小体,小口束颈,折沿微下倾,尖圆唇;溜肩明显,肩部占器身比例近半，腹部斜直内凹，平底。肩部隐约可见数周暗旋纹，肩腹交接处饰一周麦粒状绳纹。口径10.0、器身最大径33.0、底径17.7、通高31.9厘米（图五二三，10）。

小口旋纹罐　1件。标本SJM17：3，夹细砂灰陶。小口束颈，折沿下倾，沿面微内凹，尖圆唇；微溜肩，腹近斜直，平底。肩部饰数周旋纹及旋断绳纹。腹下部有铁锈痕迹。口径8.9、器身最大径19.6、底径10.8、通高24.0厘米（图五二三，6）。

有颈罐　共10件。除SJM17：18外皆带盖。皆夹细砂灰陶。浅折盘盖，折盘微弧，盖面近平，有圆形钮；器身矮直颈，微出沿，方唇，圆鼓肩，弧腹，平底微内凹。除SJM17：16素面外，皆肩部饰两周旋纹。腹下部有修整刮痕。标本SJM17：12，口径9.2、器身最大径19.1、底径11.3、器身高17.8、通高21.0厘米（图五二一，1）。标本SJM17：20，口径8.8、器身最大径20.0、底径12.6、器身高18.2、通高21.7厘米（图五二一，2）。标本SJM17：10，口径10.0、器身最大径20.6、底径11.6、器身高18.9、通高22.1厘米（图五二一，3）。标本SJM17：8，口径11.2、器身最大径21.6、底径12.6、器身高20.3、通高24.0厘米（图五二一，6）。标本SJM17：18，口径11.2、器身最大径21.7、底径12.6、通高19厘米（图五二一，7）。标本SJM17：17，盖钮中心有一小乳突。口径10.0、器身最大径21.8、底径11.6、器身高19.4、通高21.9厘米（图五二二，1）。标本SJM17：4，盖钮中心有一乳突。口径10.4、器身最大径21.5、底径12.7、器身高19.1、通高22.0厘米（图五二二，2；彩版二〇，1）。标本SJM17：14，盖钮中心有一较大乳突。罐内残留半罐植物遗存，似为粟。口径10.4、器身最大径20.5、底径12.8、器身高17.8、通高22.3厘米（图五二二，3）。标本SJM17：16，口径10.6、器身最大径21.0、底径12.0、器身高19.1、通高22.8厘米（图五二二，4）。标本SJM17：9，盖钮中心有一小乳突。口径8.6、器身最大径20.0、底径11.7、器身高17.6、通高21.3厘米（图五二二，5）。

直口圆肩罐　共6件。与10件有颈罐器身形制相同，仅口部有差异。皆夹细砂灰陶。浅折盘盖，折盘微弧，盖面近平，有圆形钮；器身口微侈，方唇，圆鼓肩，弧腹，平底微内凹。除SJM17：19素面外，皆肩部饰两周旋纹。腹下部有修整刮痕。标本SJM17：24，器盖有铁锈痕迹。口径10.2、器身最大径19.5、底径11.5、器身高18.2、通高19.1厘米（图五二一，4）。标本SJM17：19，口径10.0、器身最大径21.2、底径12.8、器身高18.2、通高21.4厘米（图五二一，5）。标本SJM17：11，口径11.0、器身最大径21.2、底径13.3、器身高19.7、通高21.4厘米（图五二一，8）。标本SJM17：6，口径10.4、器身最大径21.5、底径12.8、器身高18.6、通高24.4厘米（图五二一，9）。标本SJM17：15，盖钮中心有一较大乳突。口径11.6、器身最大径22.1、底径13.0、器身高18.5、通高23.1厘米（图五二二，6）。标本SJM17：13，盖钮中心有一小乳突，盖面饰一周旋纹。口径6.8、器身最大径11.6、底径6.6、器身高9.0、通高12.6厘米（图五二三，5）。

盂　2件。皆夹细砂灰陶。侈口，沿下角较大，方圆唇；鼓腹，上腹近口处内敛，下腹斜直，平底微内凹。上腹饰两周旋纹。标本SJM17：25，口径20.0、底径9.8、通高9.2厘米（图五二三，7）。标本SJM17：22，口径20.0、底径10.6、通高8.7厘米（图五二三，8）。

盆形甑　1件。标本SJM17：7，夹细砂灰陶。敞口，折沿下倾，尖圆唇；弧腹微折，上腹竖直，

图五二一　SJM17 随葬陶器

1、2、3、6、7. 有颈罐（SJM17：12、SJM17：20、SJM17：10、SJM17：8、SJM17：18）

4、5、8、9. 直口圆肩罐（SJM17：24、SJM17：19、SJM17：11、SJM17：6）

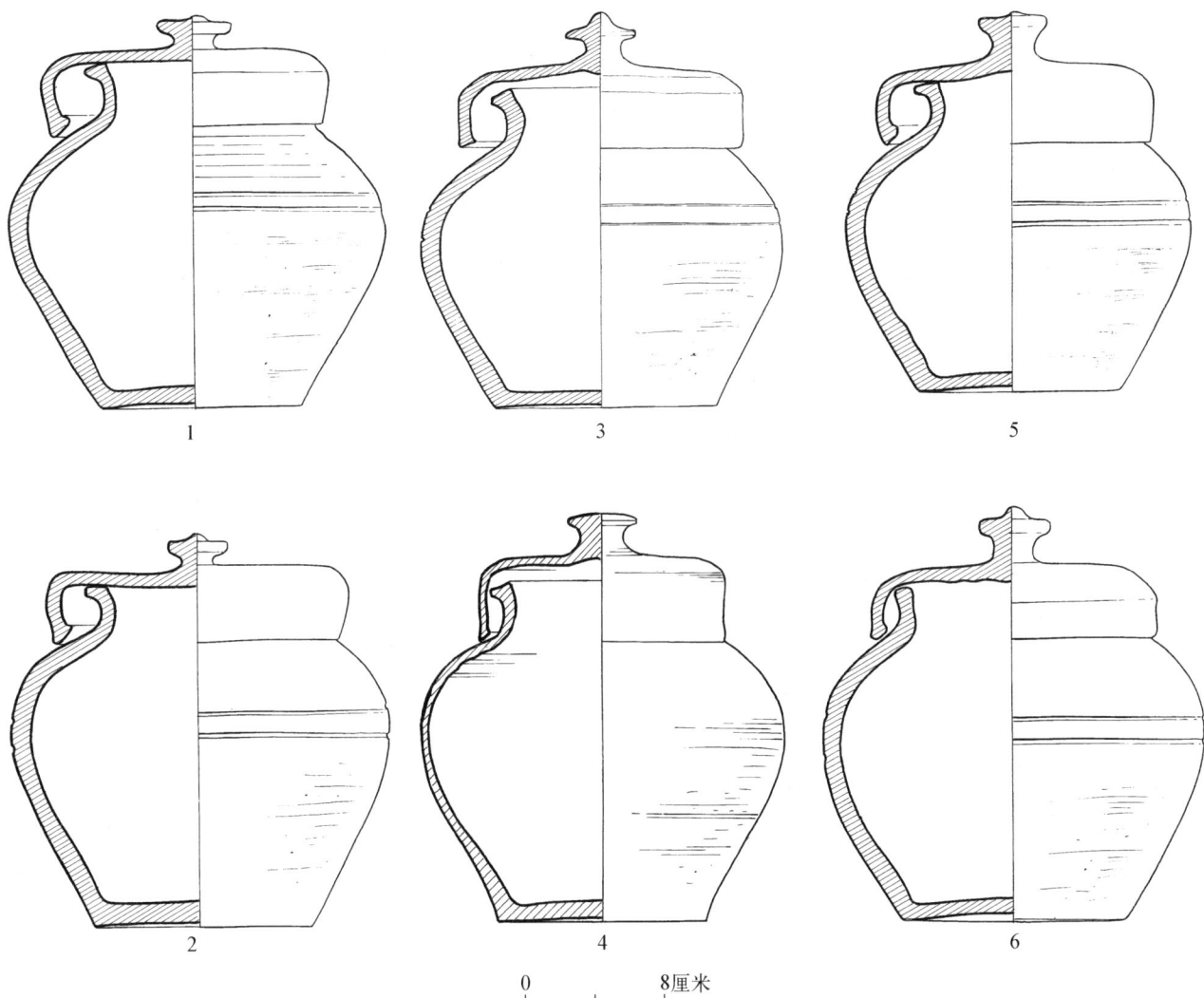

图五二二 SJM17随葬陶器

1、2、3、4、5. 有颈罐（SJM17：17、SJM17：4、SJM17：14、SJM17：16、SJM17：9） 6. 直口圆肩罐（SJM17：15）

下腹斜直微内凹，上腹占腹部比例近半，平底微内凹；器底戳制14个圆形甑孔，布局为中心一孔与边缘两周。上腹饰三周旋纹，近口部有一周刮痕。器内壁及上腹有铁锈痕迹。口径27.2、底径12.8、通高16.7厘米（图五二三，4；彩版二三，5、6）。

熏炉 1件。标本SJM17：2，夹细砂灰陶。炉身子母口微内敛，方唇，折腹，腹壁近直，圜底近平，下接竹节状柱柄，喇叭形底座；浅折盘盖，直口方唇，盖面微弧，盖壁近直；方柱形盖钮，钮顶呈喇叭状，钮中部为正方体。盖面中部为一方形框，框内对称分布12个圆孔，方形框四角各有一圆锥状突起；盖面框外及器身腹壁满饰凹三棱锥形镂孔。口径14.0、底径8.2、通高21.4厘米（图五二三，3；彩版三〇，3）。

铁釜 1件。标本SJM17：5，直口方唇，微出沿，矮直颈，圆肩，鼓腹，尖圜底。通高26.5厘米（图五三二，2）。

图五二三　SJM17、SJM49随葬陶器

1、2、9.直口圆肩罐（SJM49：5、SJM49：4、SJM49：6）　3.熏炉（SJM17：2）　4.盆形甑（SJM17：7）　5.直口圆肩罐（SJM17：13）

6.小口旋纹罐（SJM17：3）　7、8.盂（SJM17：25、SJM17：22）　10.缶（SJM17：1）

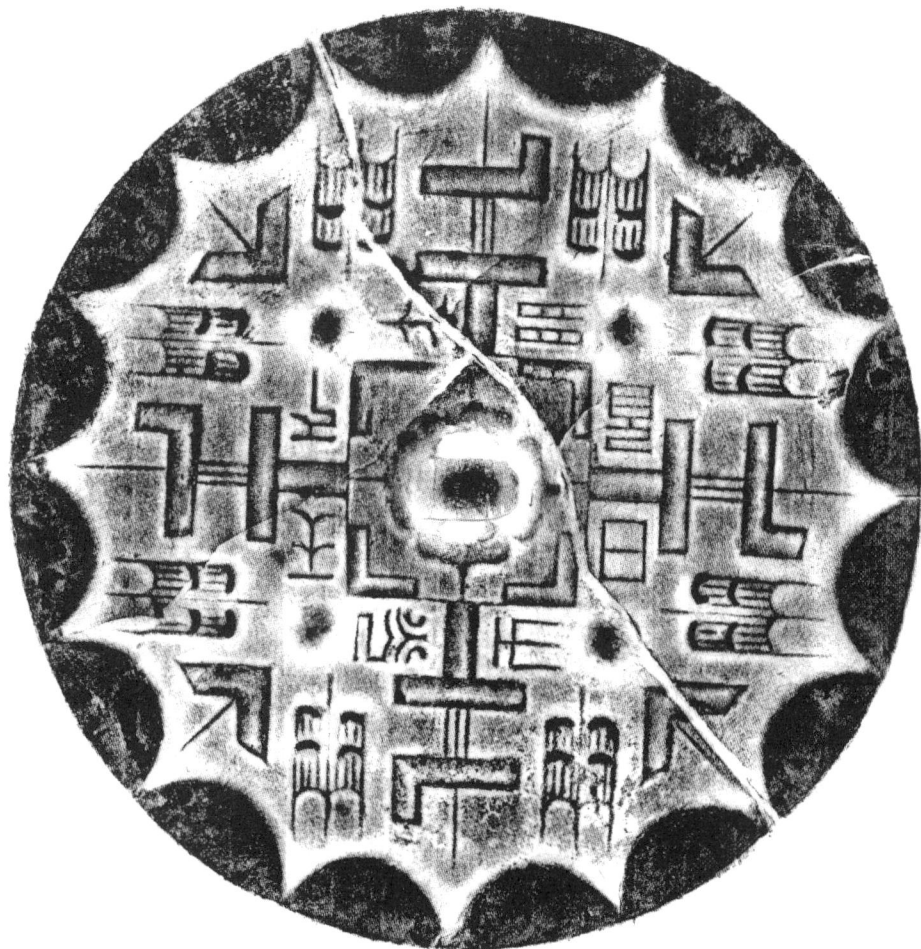

0 ————————— 2厘米

图五二四　SJM17随葬铜镜拓片

JM17∶23

　　铜镜　1面。标本SJM17∶23,博局镜。圆形,镜面平直;桥形钮,柿蒂花形钮座,镜背主体纹饰为"T"、"L"、"V"字形纹间以双层草叶纹,"T"字的纵笔及四乳钉将"见日之光,天下大明"的铭文每字隔开;镜缘为内向十六连弧纹,厚于镜体。直径12.3厘米(图五二四;彩版三七,6)。

　　铜钱　共122枚。标本SJM17∶21,其中"半两"117枚,有29枚属于粘合体。"榆荚半两"2枚,"五铢"3枚。"半两"肉上或有孔,少数穿孔较大。多数钱文不清,少数可辨钱文的文字各异,字与穿比例不同。"半"字头部转折程度不同,两横线及竖线出于下横线的长度不等;"两"字上横线与肩长度比例不同,均折肩,"两"字内部结构亦有区别。少数有一铸口,1枚有钱郭。铸造略粗糙。钱径为1.9～3.4、穿宽为0.6～1.2厘米、重量为0.6～8.2克(粘合不计)。"五铢"的钱和穿背郭明显,亦有上穿郭。钱文、形制和大小均相似,略有不同。规范程度较高。"榆荚半两"无钱文,肉较薄,形制不一,铸造较粗糙(图五二五)。具体形制详见表三五。

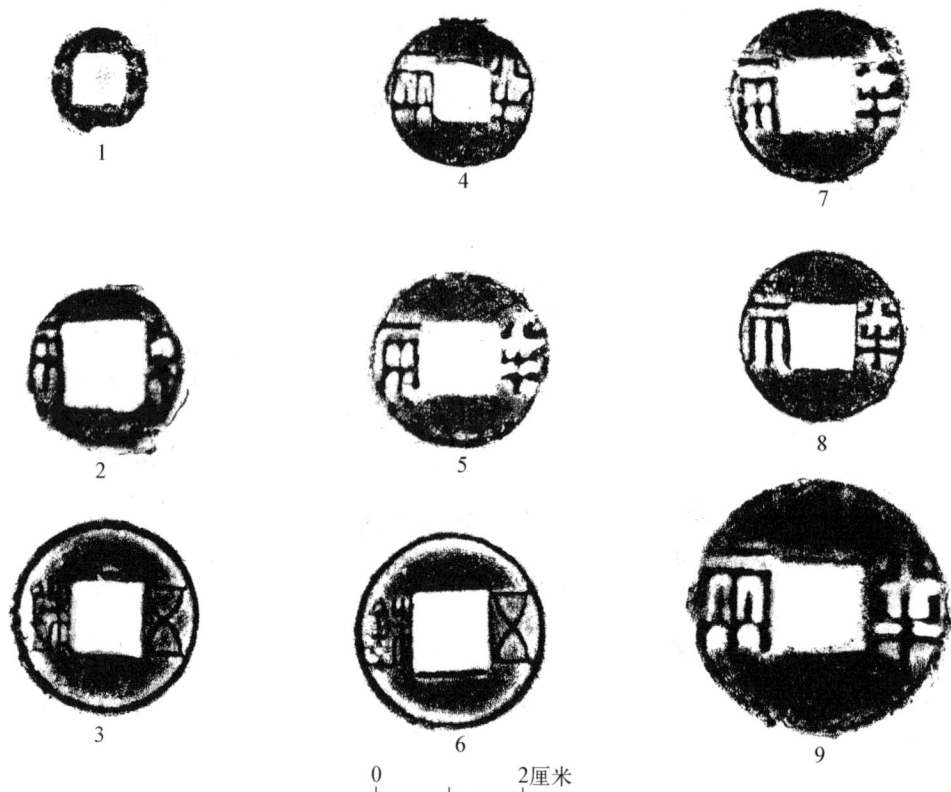

图五二五　SJM17随葬铜钱拓片

1. SJM17：21-14　　2. SJM17：21-3　　3. SJM17：21-19　　4. SJM17：21-56　　5. SJM17：21-15　　6. SJM17：21-18　　7. SJM17：21-51
8. SJM17：21-11　　9. SJM17：21-22

291. 2010YFSJM49

（1）位置

东距SJM55约10.0米，北距SJM52约5.4米。

（2）形制结构（图五二六）

墓向：103°。

墓道：位于甬道东侧。口底等大。口呈西宽东窄不规则梯形。直壁。底呈斜坡状，坡度45°。南长4.70、北长4.70、西宽0.89、东宽0.60米。自深3.00米。

洞室：拱形顶，直壁，平底。洞室口位于甬道西壁，洞室宽小于甬道宽。甬道南壁距洞室南壁0.16、北壁距洞室北壁0.24米。底部平面略呈梯形，东宽西窄，南长3.50、北长3.50、西宽0.96、东宽1.14米。高1.52米。

甬道：位于墓道和洞室之间。拱形顶，直壁，平底。底部平面呈长方形，南宽0.70、北宽0.70、东长0.54、西长1.54米。高1.80米。

填土：墓道为黄褐色花土，土质较硬。洞室为红褐色淤土，土质较疏松。

（3）葬具

洞室早期淤积较为严重，局部见草木灰，未见棺木痕迹，葬具不明。

表三五 SJM17铜钱统计表

编 号	种类	郭径	钱径	穿宽	重量	文 字	备 注	记 号	附着物	图 号	备 注
SJM17:21-1	半两		2.4	0.9	2.3	文字不清晰					
SJM17:21-2			2.3	0.7	2.5	同上					
SJM17:21-3			2.3	1	2	文字扁平、字小于穿。"半"字头部锈蚀不清，竖线长出下横线，两横线略等；"两"字上横线比肩略短，折肩，为"十字两"	穿孔较大 钱缘有毛茬			图五二五,2	
SJM17:21-4			2.4	0.9	1.3	同上					
SJM17:21-5			2.5	0.7	2.9	文字扁平、字略大于穿。"半"字头部转折，两横线略等，竖线出于下横线，折肩；"两"字无上横线，为"连山两"				图五二九,2	
SJM17:21-6			2.4	0.7	2.5	文字扁平、字略等于穿。"半"字头部转折，两横线略等，竖线出于下横线等长，折肩；"两"字上横线与肩等长，折肩，为"十字两"					
SJM17:21-7			2.4	0.7	2.9	文字不清晰					
SJM17:21-8			2.3	0.7	2.8	文字扁平、字略等于穿。"半"字头部转折，两横线略等，竖线出于下横线，折肩；"两"字上横线与肩等长，为"1字两"					
SJM17:21-9			3.1	0.8	5	文字凸起、字大于穿。"半"字头部呈"八"字状，竖线较短，下横线较短，竖线出于下横线，折肩；"两"字上横线较短，折肩，为"双人两"					

续表

编号	种类	郭径	钱径	穿宽	重量	文字	备注	记号	附着物	图号	备注
SJM17:21-10	半两		2.4	0.8	2.1	文字扁平，字略等于穿。"半"字头部转折，下部锈蚀不清；"两"字上横线与肩等长，折肩，为"双人两"					
SJM17:21-11			2.3	0.8	2.1	文字略凸起，字等于穿。"半"字头部转折，下部出于下横线略长，竖线出于下横线；"两"字上横线与肩等肩，折肩，为"1字两"				图五二五,8	
SJM17:21-12			2.3	1.2	0.8	文字不清晰	穿孔较大				
SJM17:21-13	榆荚半两		1.8	0.8	0.6	同上					
SJM17:21-14			1.4	0.7	0.4	同上				图二五,1	
SJM17:21-15	半两		2.4	0.9	2.3	文字凸起，字等于穿。"半"字头部转折，两横线等长，竖线出于下横线，折肩，与肩等长；"两"字上横线为"十字两"				图五二五,5	
SJM17:21-16			2.5	0.7	3.2	文字凸起，字略等于穿。"半"字头部转折，两横线略等，竖线出于下横线长，与肩等长；"两"字上横线为"双人两"					有1铸口
SJM17:21-17	五铢	2.5	2.3	0.9	3.8	"五"字交笔缓曲，对接三角形饱满；"铢"字锈蚀不清		穿左上角有小圆孔			
SJM17:21-18		2.6	2.3	0.9	3.9	"五"字交笔缓曲，上三角形饱近满，"铢"字腰三角形，下三角形角形，旁头部呈三角形，下部四点，"朱"字上下横均圆折	有钱，上穿和穿背郭			图五二五,6	

续表

编 号	种类	郭径	钱径	穿宽	重量	文 字	备 注	记 号	附着物	图 号	备 注
SJM17:21-19	五铢	2.6	2.3	0.9	4.2	"五"字交笔缓曲，对接三角形饱满；"铢"字"金"旁锈蚀，"朱"字上横方折，下横圆折	有锈和穿背郭			图五二五.3	
SJM17:21-20			2.8	0.8	4.7	文字不清晰					
SJM17:21-21			3.3	0.9	6.6	同上					
SJM17:21-22			3.4	1	5.5	文字凸起，字略大于穿。"半"字头部呈"八"字状，两横线略等，竖线略出下横等；"两"字上横线与肩等长，折肩，为"双人两"，人字首部较长				图五二五.9	
SJM17:21-23	半两		2.3	0.9	1.2	文字不清晰		穿上有圆孔			
SJM17:21-24			3.1	0.8	3.4	同上		同上			
SJM17:21-25			3.1	0.7	6.6	同上					有1铸口
SJM17:21-26			3.3	0.8	7.5	同上					有1铸口
SJM17:21-27			2.4	0.7	2.3	同上					
SJM17:21-28			2.4	0.7	3.2	同上					
SJM17:21-29			2.3	0.8	3.2	文字扁平，字略等于穿。"半"字头部呈"八"字状，两横线略等，竖线出于下横等；"两"字上横线等肩，折肩，为"双人两"					
SJM17:21-30			2.3	0.8	2.1	文字扁平，字略等于穿。"半"字头部锈蚀不清，两横线略等，竖线微出下横等长，折肩，为"十字两"					

续表

编 号	种类	郭径	钱径	穿宽	重量	文 字	备 注	记 号	附着物	图 号	备 注
SJM17：21-31	半两		2.4	0.7	2.9	文字扁平，字略等于穿。"半"字头部转折，两横线略等，竖线微出下横线；"两"字锈蚀不清					
SJM17：21-32			2.4	0.7	2.8	文字不清晰					
SJM17：21-33			2.4	0.8	2.4	同上					
SJM17：21-34			2.4	0.8	2.6	文字扁平，字略等于穿。"半"字锈蚀不清，"两"字上横线与肩等长，折肩，为"双人两"					
SJM17：21-35			2.4	0.8	2.4	文字扁平，字平于穿。"半"字头部呈"八"字状，两横线略等，竖线略出于下横线；"两"字横线比肩略短，折肩，为"双人两"				图五〇六，7	
SJM17：21-36			1.9	0.8	0.6	同上					
SJM17：21-37			2.1	1.1	1.5	同上					
SJM17：21-38			2.4	0.6	2.8	文字扁平，字略等于穿。"半"字头部转折，下横线略短，竖线出于下横线；"两"字上横线与肩等长，折肩，为"双人两"					
SJM17：21-39			2.7	0.8	2.3	文字不清晰					
SJM17：21-40			2.5	1	2	同上		穿上有孔			
SJM17：21-41			2.5	0.8	2.5	文字扁平，字略等于穿。"半"字头部锈蚀微出下横线，两横线略等，竖线与肩等长；"两"字内部锈蚀					

续表

编　号	种类	郭径	钱径	穿宽	重量	文　　字	备　注	记　号	附着物	图　号	备　注
SJM17：21-42			2.5	0.9	4.6	文字不清晰					
SJM17：21-43			2.5	0.9	2.9	文字扁平、字大于穿。"半"字头部转折，下横线略长，竖线出于下横线，"两"字上横线与肩等长，折肩，为"十字两"					
SJM17：21-44			2.4	0.8	3	文字扁平、字略等于穿。"半"字头部转折，两横线略等长，竖线出于下横线，"两"字上横线与肩等长，折肩，锈蚀					
SJM17：21-45			2.4	0.8	2.7	文字不清晰					
SJM17：21-46	半两		2.4	0.7	3.5	同上					
SJM17：21-47			2.4	0.8	2.5	文字凸起，字略等于穿。"半"字头部转折，两横线略等，竖线出于下横线，"两"字上横线与肩等长，折肩，内部锈蚀					
SJM17：21-48			2.4	0.8	2.9	文字不清晰					有1铸口
SJM17：21-49			2.4	0.7	2.7	同上					
SJM17：21-50			2.5	0.7	3.2	同上					
SJM17：21-51			2.4	0.8	2.2	文字凸起，字等于穿。"半"字头部呈两短横，两横线略等，竖线出于下横线，"两"字上横线与肩等长，折肩，为"十字两"	钱郭			图五二五.7	
SJM17：21-52			2.4	0.8	2.7	文字不清晰			有纤维织物		
SJM17：21-53			2.5	0.7	2.8	同上					有1铸口

续表

编号	种类	郭径	钱径	穿宽	重量	文字	备注	记号	附着物	图号	备注
SJM17:21-54	半两		2.2	1	1	文字扁平，字略小于郭。"半"字头部略转折，两横线略等，竖线出于下横线等长与肩，折肩，为"倒T两"					
SJM17:21-55			2.4	0.7	2.8	文字不清晰					
SJM17:21-56			2	0.7	1.3	文字扁平，字略大于郭。"半"字头部呈"八"字状，下横线略短，竖线略出下横线，"两"字上横线与肩等长，折肩，为"倒T两"				图五二五,4	有1铸口
SJM17:21-57			2.4	0.7	2.9	文字扁平，字略等于郭。"半"字锈蚀不清；"两"字上横线与肩等长，折肩，为"倒T两"					
SJM17:21-58			2.4	0.7	2.8	文字不清晰					
SJM17:21-59			2.4	0.7	2.5	同上					
SJM17:21-60			2.3	0.6	3.4	文字扁平，字略等于郭。"半"字锈蚀不清，"两"字上横线，折肩，为"双人两"					
SJM17:21-61			2.4	0.9	2.4	文字不清晰					
SJM17:21-62			2.4	0.9	2.4	同上					
SJM17:21-63			2.4	0.7	2.1	同上					
SJM17:21-64			2.4	0.8	2.4	文字凸起，字略等于郭。"半"字头部略转折，两横线略等，竖线出于下横线等长与肩，折肩，为"十字两"					
SJM17:21-65			2.3	0.8	2.3	文字不清晰					有1铸口

续表

编 号	种类	郭径	钱径	穿宽	重量	文 字	备 注	记 号	附着物	图 号	备 注
SJM17:21-66			2.4	0.9	2.8	同上					
SJM17:21-67			2.4	0.7	2.8	同上					
SJM17:21-68			2.1	0.9	1.1	同上					
SJM17:21-69			2.4	0.8	2.9	同上					有1铸口
SJM17:21-70			2.4	0.7	2.8	同上					
SJM17:21-71			2.9	0.8	3.7	同上					
SJM17:21-72			2.3	0.7	2.9	同上					有1铸口
SJM17:21-73			2.3	0.7	2.8	同上					
SJM17:21-74			2.3	0.6	2.6	同上					有1铸口
SJM17:21-75	半两		2.4	0.6	3.3	文字扁平，字略等于穿。"半"字锈蚀不清，"两"字上横线与肩等长，折肩，内部锈蚀					
SJM17:21-76			2.4	0.7	2.5	文字不清晰					
SJM17:21-77			2	0.8	1	同上					
SJM17:21-78			2.4	0.8	3.1	同上					
SJM17:21-79			2.4	0.7	3.3	同上					
SJM17:21-80			3.3	0.8	7.4	同上					
SJM17:21-81			3.2	0.9	8.4	同上					
SJM17:21-82			3	0.7	4.8	同上					
SJM17:21-83			2.5	0.7	2.9	同上					

续表

编 号	种类	郭径	钱径	穿宽	重量	文 字	备 注	记 号	附着物	图 号	备 注
SJM17：21-84			3.1	0.8	3.8	同上					
SJM17：21-85			2	0.9	1.1	同上					
SJM17：21-86			2.2	1	1.2	同上					
SJM17：21-87			3.3	0.8	8.2	同上					有1铸口
SJM17：21-88			2.4	0.8	2.6	同上					
SJM17：21-89			2.4	1	2.6	同上					
SJM17：21-90			2.4	0.6	3.3	同上					
SJM17：21-91	半两		2.5	0.6	3	同上					
SJM17：21-92			2.5	0.8	2.9	同上					
SJM17：21-93			2.3	0.7	3	同上					
SJM17：21-94					5.4	文字不清晰					2枚粘合
SJM17：21-95					4.8	同上					2枚粘合
SJM17：21-96					4.4	同上					2枚粘合
SJM17：21-97					5.2	同上					2枚粘合
SJM17：21-98					5.2	同上					2枚粘合
SJM17：21-99					5.5	同上					2枚粘合
SJM17：21-100					5.6	同上					2枚粘合
SJM17：21-101					5.4	同上					2枚粘合
SJM17：21-102					8.4	同上					3枚粘合
SJM17：21-103					6.2	同上					3枚粘合

续表

编　号	种类	郭径	钱径	穿宽	重量	文　字	备　注	记　号	附着物	图　号	备　注
SJM17:21-104					8.4	同上					3枚粘合
SJM17:21-105					5.2	同上					2枚粘合
SJM17:21-106					7.6	同上					3枚粘合
SJM17:21-107					8.9	同上					3枚粘合
SJM17:21-108					11.8	同上					4枚粘合
SJM17:21-109					11.5	同上					4枚粘合
SJM17:21-110					11.6	同上					2枚粘合
SJM17:21-111					21.7	同上					10枚粘合
SJM17:21-112	半两				5.1	同上					2枚粘合
SJM17:21-113					16.9	同上					6枚粘合
SJM17:21-114					29.5	同上					12枚粘合
SJM17:21-115					36.6	同上					13枚粘合
SJM17:21-116					27.5	同上					10枚粘合
SJM17:21-117					31.5	同上					11枚粘合
SJM17:21-118					27.3	同上					9枚粘合
SJM17:21-119					21.2	同上					8枚粘合
SJM17:21-120					50	同上					13枚粘合
SJM17:21-121					23.7	同上					9枚粘合
SJM17:21-122					29.3	同上					9枚粘合

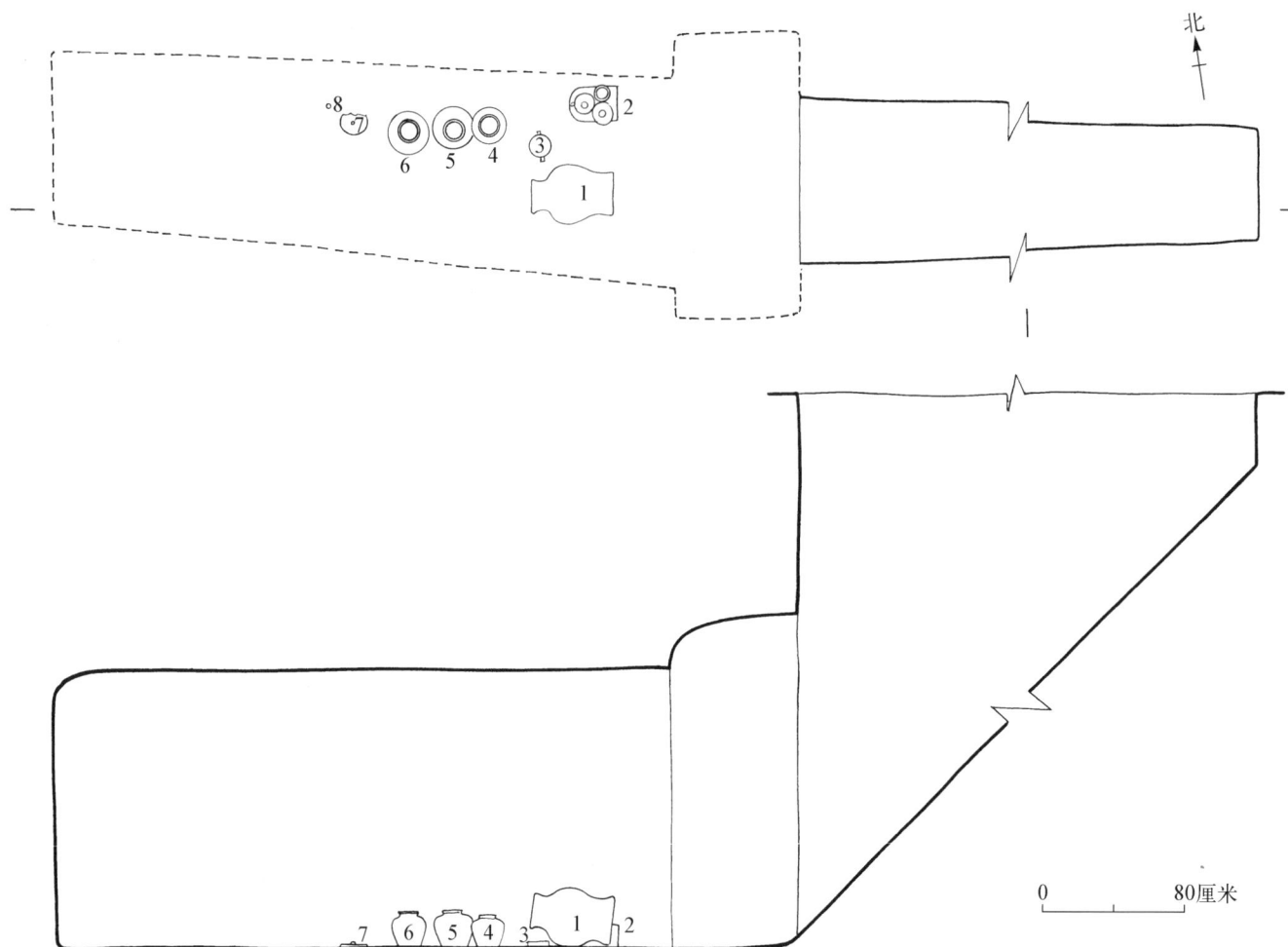

图五二六　SJM49墓葬平、剖图

1. 陶锤　2. 陶灶　3. 铁灯　4、5、6. 陶直口圆肩罐　7. 铜镜　8. 铜钱

（4）墓主人

骨架不存，葬式不明。

（5）随葬品及其位置

共8件，包括陶器5件、铜镜1面、铁器1件、铜钱1枚。铁灯（:3）、直口圆肩罐（:4、:5、:6）、铜镜（:7）、铜钱（:8）由东向西依次排列，4号、5号、6号紧邻。3号东北为灶（:2），东南为锤（:1），侧置，口向西。

（6）随葬品介绍（图版二三，2；图版二四，2）

直口圆肩罐　共3件。皆夹细砂灰陶。直口，溜肩，弧腹，腹下部斜直，底较大。素面，腹下部有修整刮痕。标本SJM49:5，斜方唇，唇部加厚，平底微内凹。口径11.4、器身最大径19.4、底径11.4、通高17.4厘米（图五二三，1）。标本SJM49:4，方唇，平底微内凹。口径12.0、器身最大径19.3、底径11.3、通高16.2厘米（图五二三，2；彩版一五，7）。标本SJM49:6，方唇，唇部微加厚，平底。口径12.7、器身最大径20.0、底径10.9、通高15.8厘米（图五二三，9）。

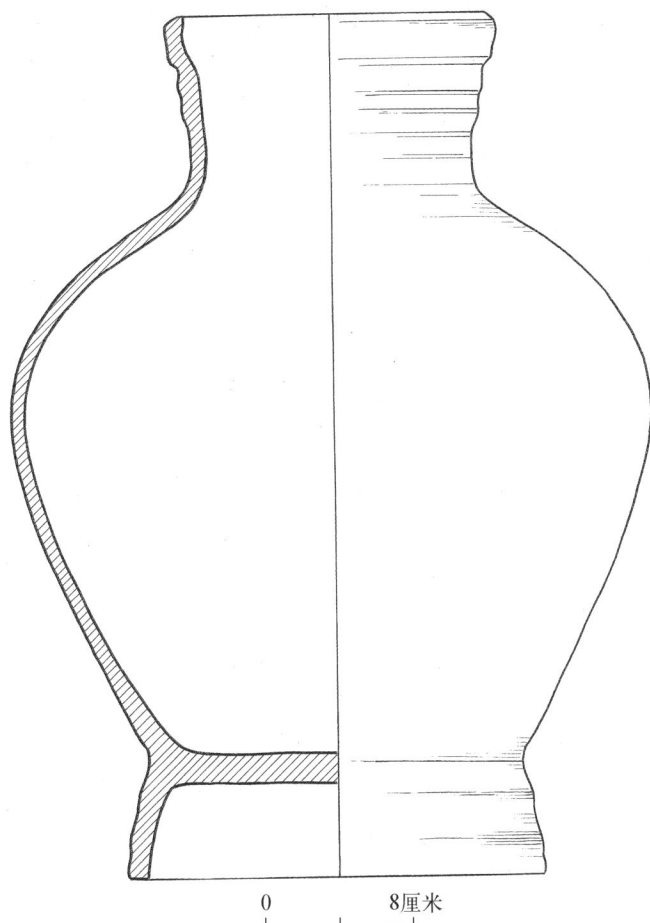

图五二七 SJM49随葬陶锤

SJM49：1

锤 1件。标本SJM49：1，夹细砂灰陶。盘口，方唇，束领，圆肩，肩面微鼓，上腹圆鼓，下腹微弧近直，圈足微内敛。颈部饰数周旋纹。口径16.4、器身最大径34.9、底径22.8、通高46.0厘米（图五二七；彩版三五，1）。

灶 1件。夹细砂灰陶。灶体1件。标本SJM49：2-1，前方后圆，平面呈马蹄形；灶面有三釜，"品"字形分布，近灶门处并排两陶釜，近烟囱处一釜，皆直口方唇，溜肩，鼓腹，圜底；灶尾有短柱形烟囱，烟囱顶部与釜口齐平；前有方形灶门，灶门落地。素面。长24.9、宽21.2、灶台高9.0、通高11.2厘米（图五二八，1）。模型灶具3件。小口旋纹罐1件。标本SJM49：2-3，小口束颈，折沿下倾，尖唇；溜肩，腹近斜直，平底。肩部饰数周旋纹，腹下部有修整刮痕。口径4.2、器身最大径10.3、底径5.2、通高12.6厘米（图五二八，2）。盆1件。标本SJM49：2-2，敞口，折沿微下倾，尖唇；弧腹，平底。上腹饰数周旋纹。口径11.8、底径5.7、通高6.8厘米（图五二八，3）。甑1件。标本SJM49：2-4，敞口，折沿下倾，尖圆唇；弧腹，平底，器底戳制14个圆形甑孔，布局无规律。上腹饰三周旋纹。下腹有修整刮痕。口径8.2、底径3.5、通高6.6厘米（图五二八，4）。

铁灯 1件。标本SJM49：3，残。浅折盘，方唇，盘壁斜直，灯盘中心有一圆锥形烛钎，盘底近平。盘底外壁有木质残痕。口径1.0、盘高2.2厘米（图五三二，3）。

铜钱 1枚。标本SJM49：8，为"五铢"。有钱和穿背郭。"五"字交笔斜直，对接三角形呈等腰三角形；"铢"字"钅"旁头部为三角形，下部四点，"朱"字上横方折，下横圆折。郭径2.6、钱径2.2、穿宽1.0厘米，重量3.3克（图五二九，1）。

铜镜 1面。标本SJM49：7，残，星云纹镜。圆形，镜面平直；博山形钮，双弦纹圆形钮座，钮座外为内向小十六连弧纹，镜背主体纹饰为两周弦纹间以乳钉纹、五星式星云纹；镜缘为内向连弧纹，厚于镜体。直径10.0厘米（图五二九，3；彩版三八，2）。

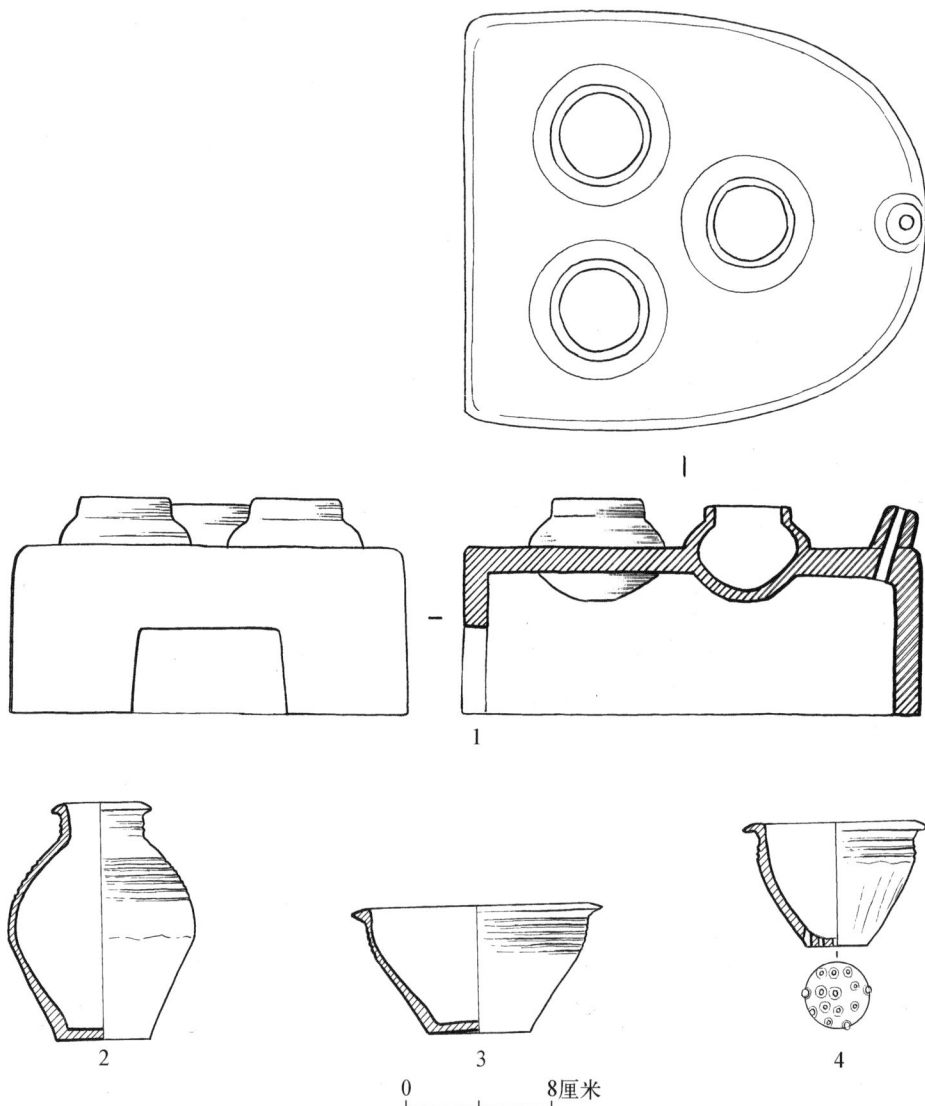

0   8厘米

图五二八　SJM49随葬陶器

1.灶体（SJM49：2-1）　2.灶具小口旋纹罐（SJM49：2-3）　3.灶具盆（SJM49：2-2）　4.灶具甑（SJM49：2-4）

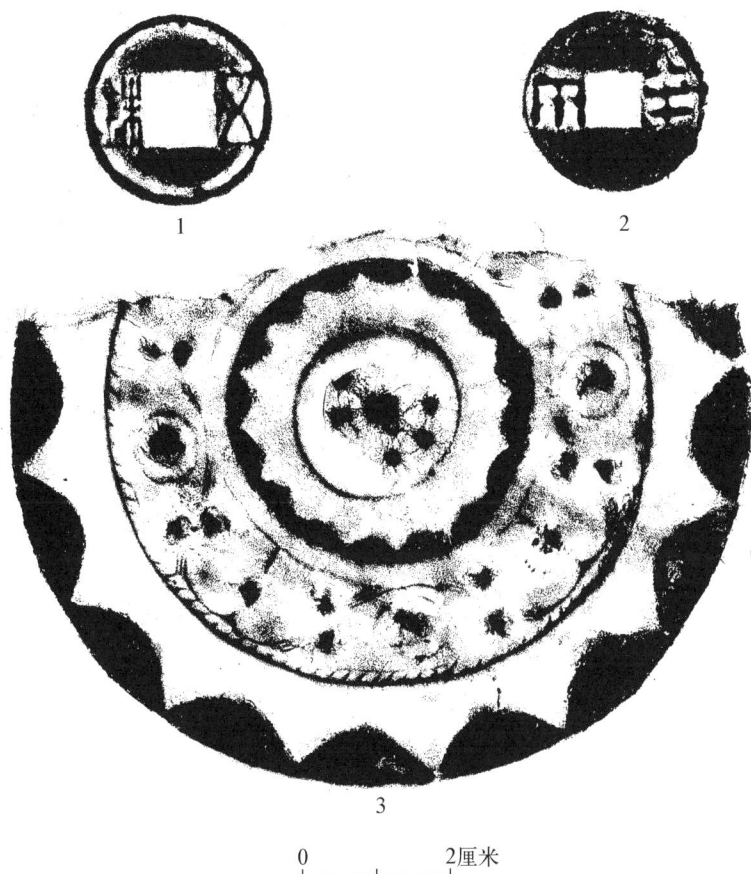

0   2厘米

图五二九 SJM17、SJM49随葬铜钱、镜拓片

1、2.铜钱（SJM49∶8、SJM17∶21-5） 3.铜镜（SJM49∶7）

292. 2010YFSJM63

（1）位置

东距SJM62约0.5米，西距SJM73约9.0米。

（2）形制结构（图五三〇）

墓向：12°。

墓道：位于天井北侧。口底等大。呈长方形。直壁。底呈斜坡状，坡度29°。东长7.66、西长7.66、北宽0.86、南宽0.88米。自深4.30米。

洞室：拱形顶，直壁，平底。洞室口位于天井南壁，洞室宽大于天井宽，分为前后室两部分。均为拱形顶，直壁，平底。前室底部平面大致呈长方形，东长1.22、西长1.34、南宽1.70、北宽1.74米。后室底部平面呈长方形，东长2.40、西长2.40、南宽1.38、北宽1.46米。前后室均高1.40米。

天井：位于墓道和洞室之间。平顶，直壁，平底。底部平面呈梯形，长0.70、北宽1.22、南宽1.70米。高2.40米。

封门：木板封门，位于天井近洞室口部，仅残留板灰痕迹。东、西壁有封门槽，西侧封门槽宽0.12、深0.20、高1.60米，东侧封门槽宽0.22、深0.22、高1.60米。

北

80厘米

0

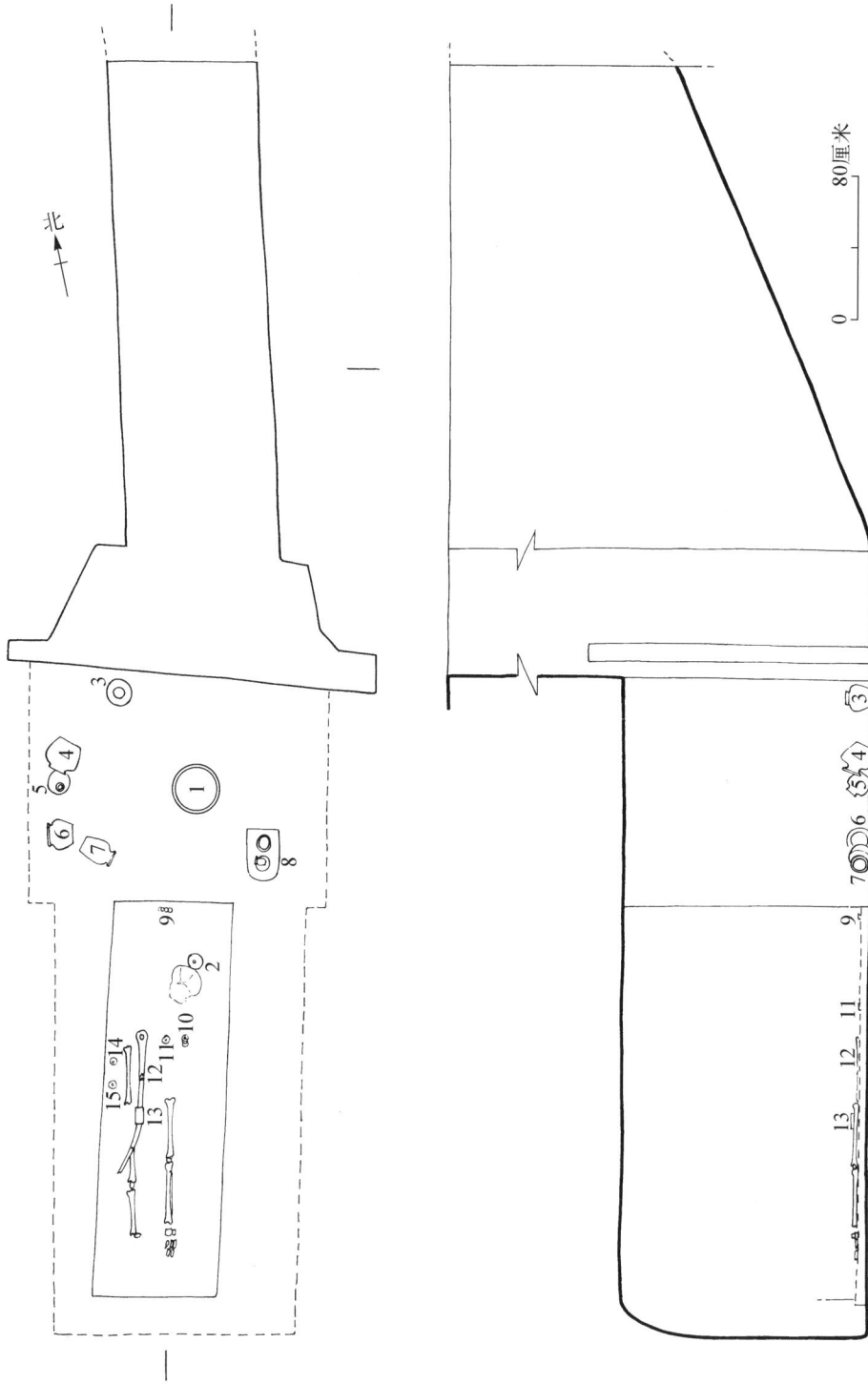

图五三〇　SJM63墓葬平、剖图

1. 铜釜　2. 铜镜　3.4.5.6. 陶直口圆肩罐　7. 陶罐形壶　8. 陶灶　9,10,11,14,15. 铜钱　12. 铁刀　13. 玉剑璏

填土：墓道为红褐色五花土,土质较硬。洞室为浅灰色塌土及淤土,土质疏松。

（3）葬具

单棺,呈矩形。置于洞室偏南。棺侧板与端板四角闭合相接。棺长2.20、宽0.70米。

（4）墓主人

头骨被压碎,残存部分肢骨。葬式为仰身直肢葬,头向与墓道方向相同。

（5）随葬品及其位置

共15件（组）,包括陶器6件、玉器1件、铁器1件、铜器1件、铜镜1面、铜钱5组。铜镜（ :2）、铜钱（ :9、:10、:11）、铁刀（ :12）、玉剑璏（ :13）、铜钱（ :14、:15）位于棺内,2号位于墓主头部北侧,9号紧邻棺北侧板中部,10号、11号位于墓主头部南侧。12号南北向放置,刀首向北,13号位于12号中部。14号、15号位于12号西侧。棺外西北侧由北向南依次为直口圆肩罐（ :4、:5、:6）,直口圆肩罐（ :3）位于4号东北,罐形壶（ :7）侧置于6号东侧。灶（ :8）位于棺外东北角。铜釜（ :1）位于棺外北侧中部。

（6）随葬品介绍（图版二四,1）

直口圆肩罐 共4件。皆夹细砂灰陶。直口方唇,溜肩,弧腹,腹下部斜直,底较大。标本SJM63:4,平底微内凹。口径10.0、器身最大径20.5、底径12.3、通高18.0厘米（图五三一,2）。标本SJM63:5,平底微内凹。口径9.8、器身最大径19.4、底径11.0、通高15.8厘米（图五三一,10）。标本SJM63:6,平底。腹上部局部饰麦粒状绳纹,腹下部有修整刮痕。口径10.6、器身最大径18.0、底径11.0、通高15.7厘米（图五三一,3）。标本SJM63:3,平底。口径9.7、器身最大径17.0、底径9.8、通高14.2厘米（图五三一,8）。

罐形壶 1件。标本SJM63:7,夹细砂灰陶。侈口,平折沿,圆唇;束颈,折肩,肩面微溜,腹近斜直,大平底微内凹。颈部饰数周旋纹。口径8.4、器身最大径15.4、底径10.7、通高17.5厘米（图五三一,9）。

陶灶 1件。夹细砂灰陶。灶体1件。标本SJM63:8-1,前方后圆,平面马蹄形;灶面有两釜,前后分布,皆直口方唇,溜肩,鼓腹,圜底;灶尾有一矮柱状实心烟囱,烟囱顶部与釜口齐平;前有方形灶门,灶门落地。素面。长29.0、宽16.8、灶台高8.4、通高10.8厘米（图五三一,1）。模型灶具4件。盆1件。标本SJM63:8-5,敞口,平折沿,圆唇,折腹,上腹竖直,下腹斜直,上腹占腹部比例过半,平底。上腹饰一周弦纹。口径9.8、底径4.2、通高3.7厘米（图五三一,4）。盆1件。标本SJM63:8-3,敞口,平折沿,方唇,折腹,上腹近直,下腹斜直,上腹占腹部比例近半,平底。下腹有修整刮痕。口径8.9、底径4.2、通高3.8厘米（图五三一,5）。小口旋纹罐1件。标本DJM63:8-2,侈口圆唇,平折沿,束颈,溜肩,腹部斜直,平底。肩部饰数周旋纹,下腹有修整刮痕。口径2.8、器身最大径5.7、底径2.0、通高8.4厘米（图五三一,6）。甑1件。标本SJM63:8-4,整体形态瘦高,敞口,平折沿,方圆唇,弧腹,平底,器底戳制2个圆形甑孔。腹上部饰数周旋纹。口径8.4、底径2.1、通高7.0厘米（图五三一,7）。

铜釜 1件。标本SJM63:1,底残。敞口,折沿内倾,尖唇,浅弧腹,圜底。素面。器底及内壁有烟炱。器内壁有一圆一方的铜片附着,应为修补所用。口径19.2、通高8.1厘米（图五〇五,1）。

铁刀 1件。标本SJM63:12,残。单面刃,直背直刃,刀身断面呈三角形;柄窄于刃,环首。

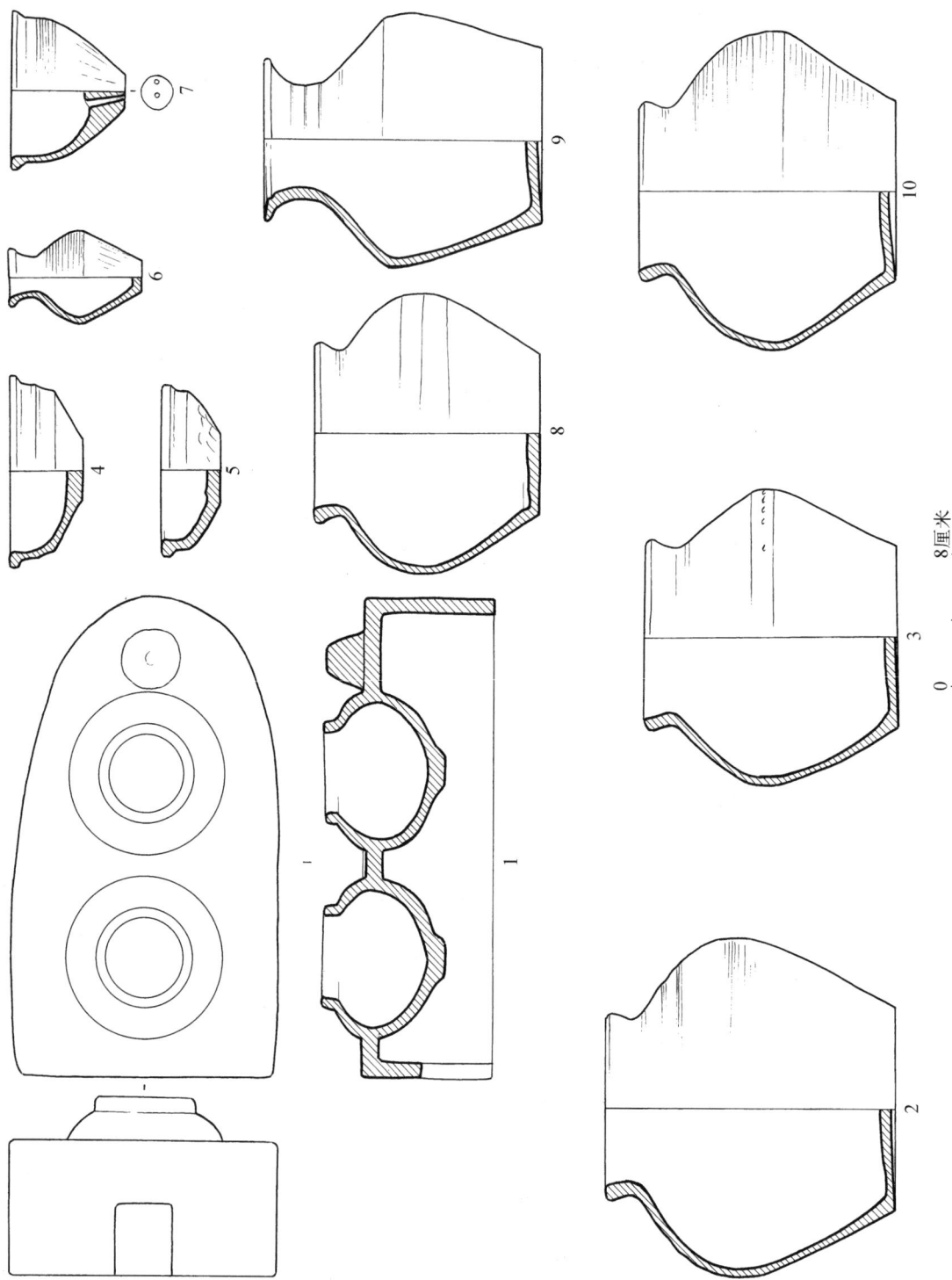

图五三一　SJM63 随葬陶器

1. 灶体（SJM63∶8-1）　2、3、8、10. 直口圆肩罐（SJM63∶4、SJM63∶6、SJM63∶3、SJM63∶5）　4、5. 灶具盆（SJM63∶8-5、SJM63∶8-3）

6. 灶具小口旋纹罐（SJM63∶8-2）　7. 灶具瓶（SJM63∶8-4）　9. 罐形壶（SJM63∶7）

残长41.30、刃最宽处3.75、厚0.80厘米(图五三二,1)。

玉剑璏 1件。标本SJM63:13,白色。整体厚重,呈长方形;正面略弧,其上有高浮雕,似弯曲蛇状图案,背为长方形,穿内外有铁锈痕迹。长5.1、宽2.3、高2.1厘米(图五三二,9;彩版四八,4)。

铜钱 共9枚。均为"五铢",皆有钱和穿背郭,形制及大小近同。标本SJM63:9,4枚。SJM63:9-1,"五"字交笔斜直,对接三角形呈等腰三角形;"铢"字"钅"旁头部为三角形,下部四长竖线,"朱"字上下横均圆折。郭径2.5、钱径2.2、穿宽1.0厘米,重量3.4克(图五三三,3)。SJM63:9-2,"五"字交笔缓曲,对接三角形饱满,近上下横线处略直;"铢"字"钅"旁头部为三角形,下部四短竖线,"朱"字上横方折,下横圆折。郭径2.6、钱径2.2、穿宽0.9厘米,重量2.8克(图五三三,2)。SJM63:9-3,"五"字交笔缓曲,对接三角形饱满;"铢"字"钅"旁头部为三角形,下部四短竖线,"朱"字上下横线均圆折。郭径2.6、钱径2.2、穿宽0.9厘米,重量4.2克。SJM63:9-4,"五"字交笔斜直,对接三角形呈等腰三角形;"铢"字"钅"旁头部为三角形,

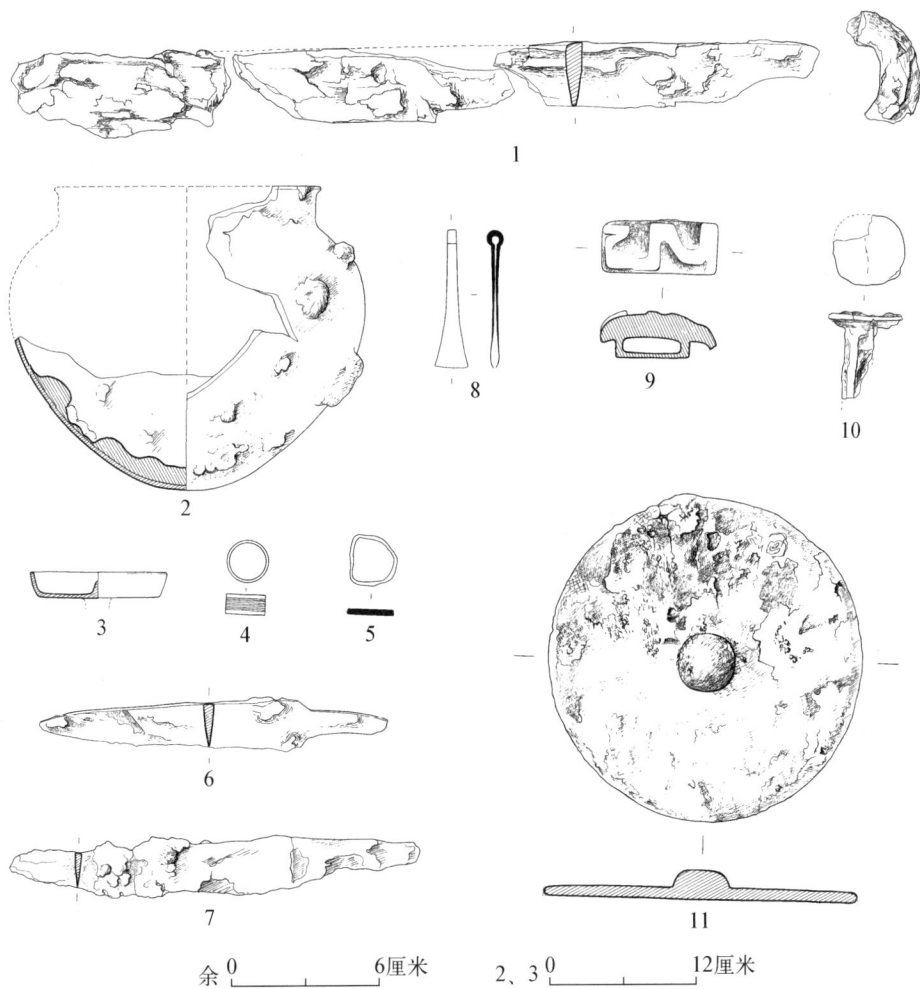

图五三二 SDM87、SDM125、SDM128、SDM181、SJM17、SJM49、SJM63、SJM65随葬小件器物

1. 铁刀(SJM63:12) 2. 铁釜(SJM17:5) 3. 铁灯(SJM49:3) 4. 铜顶针(SJM65:9) 5. 铜环(SDM87:5)
6、7. 铁削(SDM125:1、SDM181:6) 8. 铜镊(SDM128:1) 9. 玉剑璏(SJM63:13) 10. 铁棺钉(SJM65:14) 11. 铁镜(SDM181:5)

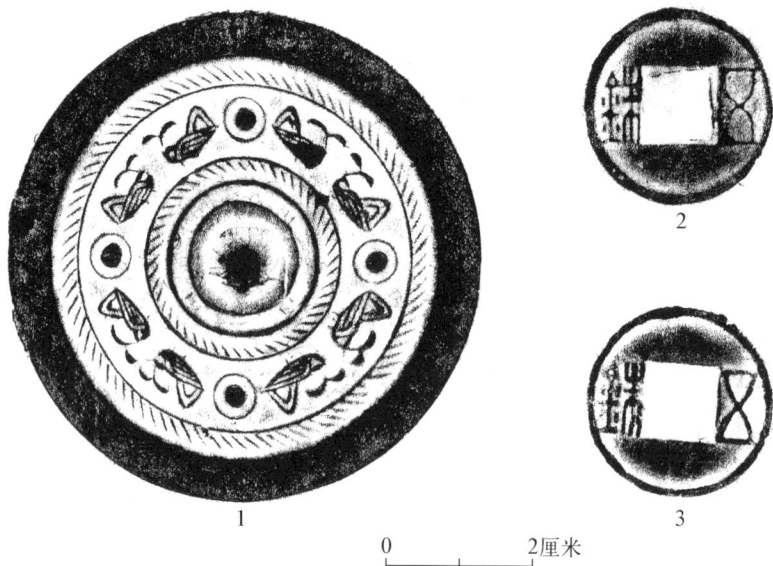

图五三三　SJM63 随葬铜钱、铜镜拓片

1. 铜镜（SJM63∶2）　2、3. 铜钱（SJM63∶9-2、SJM63∶9-1）

下部四短竖线，"朱"字上横方折，下横圆折。郭径2.6、钱径2.3、穿宽0.9厘米，重量3.5克。标本SJM63∶10，1枚。"五"字交笔斜直，对接三角形呈等腰三角形；"铢"字"钅"旁头部为三角形，下部四长竖线，"朱"字上下横均方折。郭径2.6、钱径2.2、穿宽0.9厘米，重量3.4克。标本SJM63∶11，2枚。SJM63∶11-1，"五"字交笔缓曲，对接三角形饱满；"铢"字锈蚀不清。郭径2.6、钱径2.2、穿宽0.9厘米，重量2.8克。SJM63∶11-2，"五"字交笔缓曲，对接三角形饱满，近上下横线处略直；"铢"字"钅"旁头部为三角形，下部四短竖线，"朱"字上横方折，下横圆折。郭径2.6、钱径2.2、穿宽0.9厘米，重量3.1克。标本SJM63∶14，1枚。"五"字交笔缓曲，对接三角形饱满；"铢"字锈蚀不清。郭径2.6、钱径2.3、穿宽1.0厘米，重量3.4克。标本SJM63∶15，1枚。"五"字交笔缓曲，对接三角形饱满；"铢"字锈蚀不清。郭径2.6、钱径2.2、穿宽1.0厘米，重量2.8克。

铜镜　1面。标本SJM63∶2，四乳八鸟纹镜。圆形，镜体较小，镜面平直；半圆形钮，圆形钮座；镜背主体纹饰为两组弦纹带间以两两相对的鸟纹、四乳钉纹，弦纹带内饰短斜线纹；平镜缘，略厚于镜体。近镜缘处有一穿孔。直径6.4厘米（图五三三，1；彩版三七，7）。

293. 2010YFSJM64

（1）位置

东距SJM63约0.5米，两墓并列而置。

（2）形制结构（图五三四；彩版一一，2；图版一一，1）

墓向：5°。

墓道：位于天井北侧。口底等大。口呈长方形。直壁。底呈斜坡状，坡度30°。东长2.60、西长2.60、北宽0.76、南宽0.80米。自深2.60米。

洞室：拱形顶，直壁，平底。洞室口位于天井南壁，洞室宽小于天井宽。天井东壁距洞室东壁0.14、西壁距洞室西壁0.20米。底部平面略呈长方形，东长3.60、西长3.60、南宽1.00、北宽0.98米。高1.50米。

天井：位于墓道和洞室之间。平顶，直壁，平底，底部平面呈梯形，南宽北窄，东长0.60、西长0.60、北宽0.80、南宽1.32米。高2.60米。

壁龛：呈圆拱形，1个。位于洞室东壁近口处，人骨左侧，龛底与洞室底齐平。拱形顶，直壁，平底，底部平面呈方形。口宽0.90、进深0.70、高0.70米。

填土：墓道为浅黄色五花土，土质较松散。洞室为黄褐色塌土，土质较硬。

（3）葬具

单棺，呈倒梯形。置于洞室偏南。两端板长度不相等，棺侧板与端板闭合相接。棺长2.10、南宽0.62、北宽0.70米。

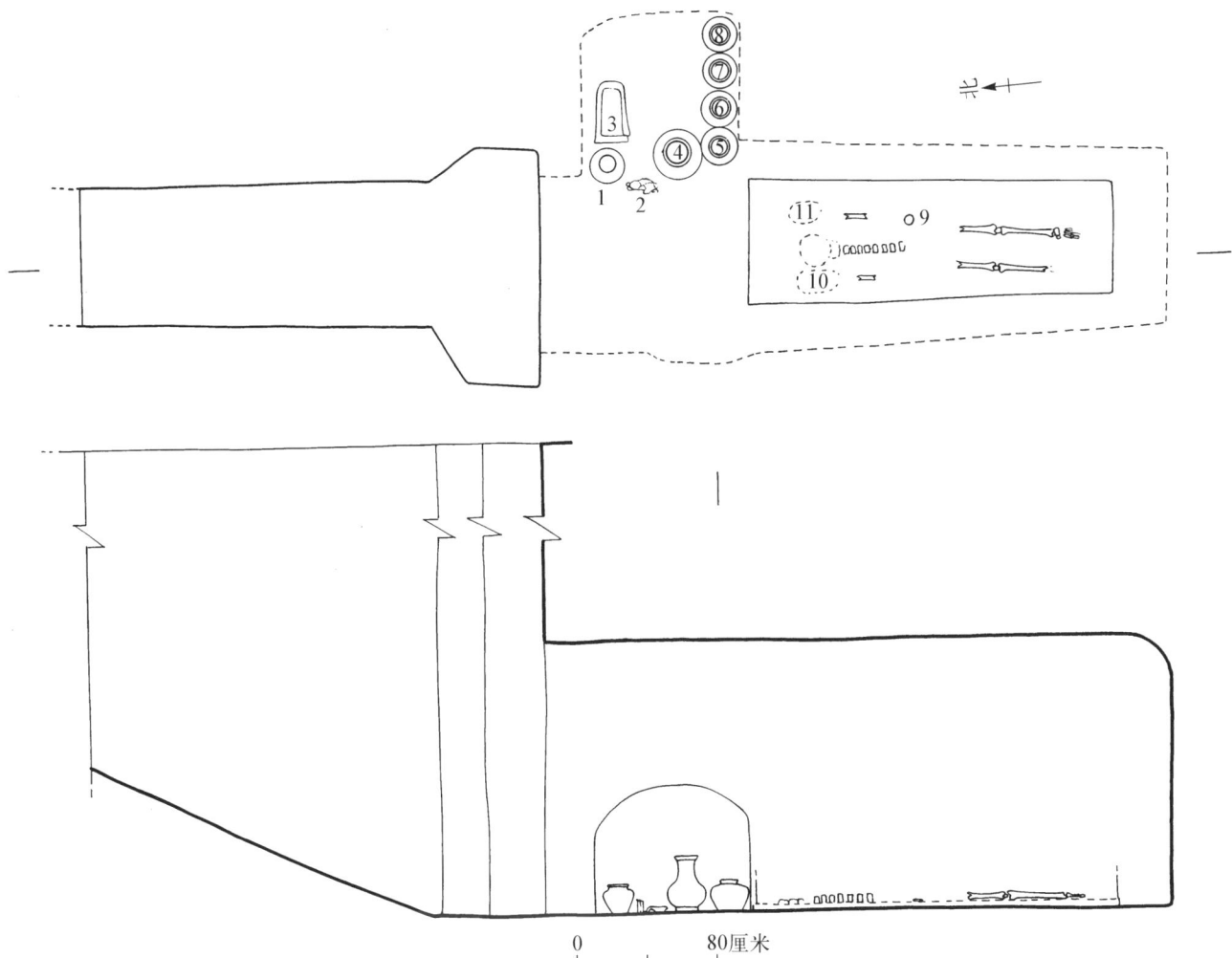

图五三四 SJM64墓葬平、剖图

1、5、6、7、8.陶直口圆肩罐 2.陶兽 3.陶灶 4.陶壶 9.铜钱 10、11.漆器

图五三五　SJM64、SJM65随葬陶器

1、2、3、4、5、6、7、8、9、10.直口圆肩罐（SJM64：6、SJM64：5、SJM64：7、SJM64：1、SJM64：8、SJM65：6、SJM65：4、SJM65：5、SJM65：7、SJM65：3）

11.灶具甑（SJM64：3-3）　12.灶具盆（SJM64：3-2）　13.壶（SJM64：4）

（4）墓主人

仅存部分椎骨和肢骨,头骨朽成粉末状。葬式为仰身直肢葬,头向与墓道方向相同。

（5）随葬品及其位置

共11件,包括陶器7件、漆器2件、陶兽1件、铜钱1组23枚。铜钱（:9）、漆器（:10、:11）均位于棺内,9号位于墓主左手,11号、10号分别位于墓主头部东、西两侧。除陶兽（:2）位于壁龛外侧,其余器物均位于近洞室口、洞室东壁底部的壁龛内。龛内北部由西向东依次为直口圆肩罐（:1）、灶（:3）,灶倒置。1号南侧为壶（:4）。龛内南部由西向东依次为直口圆肩罐（:5、:6、:7、:8）。

（6）随葬品介绍

直口圆肩罐 共5件。皆夹细砂灰陶。直口方唇,圆鼓肩,浅腹,腹部微弧近直,大平底。素面,肩腹部有轮制痕迹。标本SJM64:6,口径10.4、器身最大径20.2、底径12.7、通高16.0厘米（图五三五,1;彩版一五,6）。标本SJM64:5,口径10.6、器身最大径19.0、底径12.3、通高14.3厘米（图五三五,2）。标本SJM64:7,口径10.4、器身最大径19.0、底径13.1、通高14.0厘米（图五三五,3）。标本SJM64:1,口径10.2、器身最大径19.4、底径12.5、通高14.7厘米（图五三五,4）。标本SJM64:8,口径10.6、器身最大径20.5、底径13.0、通高16.3厘米（图五三五,5）。

壶 1件,标本SJM64:4,夹细砂灰陶。盘口方唇,高束颈,圆鼓肩,肩面圆弧,弧腹,假圈足,平底微内凹。颈部近口部饰三周弦纹,颈肩交接处、上腹及上下腹交接处各饰两周旋纹。口径15.0、器身最大径27.2、底径15.0、通高33.2厘米（图五三五,13;彩版三五,2）。

灶 1件。标本SJM64:3,夹细砂灰陶。灶体1件。标本SJM64:3-1,残碎,无法复原。模型灶具2件。甑1件。标本SJM64:3-3,底略残。敞口,平折沿,尖唇;折腹,上腹近直,下腹斜直,上腹占腹部比例一半;平底,器底戳制1个圆形甑孔。口径8.6、残高4.8厘米（图五三五,11）。盆1件。标本SJM64:3-2,敞口,方唇,弧腹微折,平底。素面。口径10.0、底径4.6、通高5.0厘米（图五三五,12）。

陶兽 1件。标本SJM64:2,泥质灰陶,通体饰白陶衣。伏卧状,弓背,耳目模糊,前腿向前平伸,头置于左前腿上,后腿蜷曲于身旁,后足分两指,尾部向左盘曲。身长16.5、卧高4.0厘米（图五三九,2;彩版三六,3）。

铜钱 共23枚。标本SJM64:9,均为"五铢",皆有钱和穿背郭,或有穿上郭。钱文清晰可辨的较多,其文字近同。"五"字大多交笔缓曲,与上下横线交接处略直,上下横略向两侧延伸,与钱郭及穿相接,偶有交笔斜直。"铢"字"钅"字头部均为三角形,下部略有差别。"朱"字上下横转折程度不同。铸造规范程度较高。郭径2.6~2.7、钱径2.2~2.3、穿宽0.8~1.0厘米,重量2.9~4.7克（图五三六）。具体形制详见表三六。

漆器共2件。标本SJM64:10、SJM64:11,无法提取。

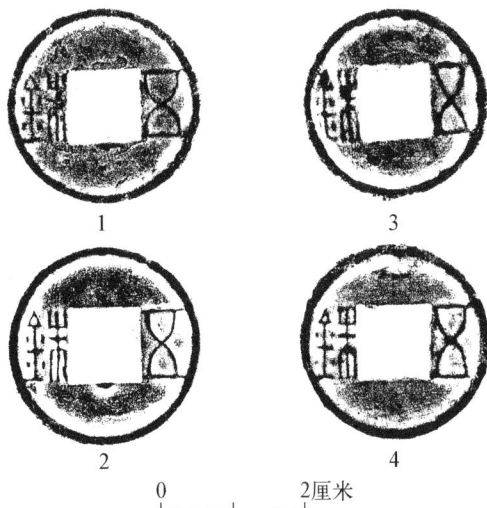

图五三六 SJM64随葬铜钱拓片

1. SJM64:9-22　2. SJM64:9-2
3. SJM64:9-3　4. SJM64:9-8

表三六　SJM64铜钱统计表

编　号	种类	郭径	钱径	穿宽	重量	文　字	形　制	记　号	附着物	图　号
SJM64：9-1		2.6	2.2	1	3.3	"五"字瘦长，交笔斜直；"铢"字"釒"旁锈蚀不清，"朱"字上下横均方折	钱 穿背郭			
SJM64：9-2		2.6	2.3	0.9	3.7	"五"字交笔缓曲，近上下横线处略直，上下横线向两侧延伸，与钱郭及穿相接，"朱"字"釒"旁头部为三角形，下部四短竖线，"朱"字上横方折，下横圆折	同上			图五三六，2
SJM64：9-3		2.6	2.3	0.9	3.5	"五"字交笔斜直，对接三角形呈等腰三角形；"铢"字"釒"旁头部三角形，下部四短竖线，"朱"字上横方折，下横圆折	同上			图五三六，3
SJM64：9-4	五铢	2.6	2.2	0.9	3.4	"五"字交笔近斜直；"铢"字锈蚀不清	钱郭			
SJM64：9-5		2.6	2.3	0.9	3.6	"五"字交笔缓曲，对接三角形饱满；"铢"字锈蚀不清	钱 穿背郭			
SJM64：9-6		2.7	2.2	0.9	4	"五"字交笔缓曲，对接三角形饱满，近上下横线处略直；"铢"字锈蚀不清	同上			
SJM64：9-7		2.6	2.2	0.9	3.8	同上	钱 穿上郭和穿背郭			
SJM64：9-8		2.6	2.3	0.9	3.3	"五"字"釒"旁头部呈三角形，下部四点，"朱"字上横方折，下横圆折	钱 穿背郭			图五三六，4
SJM64：9-9		2.6	2.3	0.9	3.9	"五"字交笔缓曲，对接三角形饱满，近上下横线处略直，与钱郭及穿相接；"铢"字"釒"旁头部不清，下部四短竖线，"朱"字上下横均方折	同上			
SJM64：9-10		2.7	2.3	0.9	4.1	"五"字交笔缓曲，对接三角形饱满，近上下横线处略直，与钱郭相接；"铢"字锈蚀不清	同上			
SJM64：9-11		2.6	2.2	0.8	4	"五"字交笔缓曲，对接三角形饱满；"铢"字锈蚀不清	钱郭			

续表

编号	种类	郭径	钱径	穿宽	重量	文字	形制	记号	附着物	图号
SJM64∶9-12		2.6	2.2	0.9	4.7	同上	钱、穿背郭			
SJM64∶9-13		2.6	2.2	0.9	4.3	文字不清晰	同上			
SJM64∶9-14		2.7	2.3	0.9	3.8	"五"字交笔缓曲，对接三角形饱满，近上下横线处略直，上下横线向两侧延伸，与钱郭相接；"铢"字"旁锈蚀不清，"朱"字上下横均方折	同上			
SJM64∶9-15		2.6	2.3	0.9	3.7	"五"字交笔缓曲，对接三角形饱满，近上下横线处略直，上下横线向两侧延伸，与钱郭及穿相接；"铢"字"钅"旁头部为三角形，下部四短竖线，"朱"字上下横均方折	同上			
SJM64∶9-16		2.6	2.3	0.9	3.6	"五"字交笔缓曲，对接三角形饱满，近上下横线处略直，上下横线向两侧延伸，与钱郭及穿相接；"铢"字锈蚀不清	同上			
SJM64∶9-17	五铢	2.6	2.3	0.9	3.8	同上	同上			
SJM64∶9-18		2.6	2.3	0.9	3.3	同上	同上			
SJM64∶9-19		2.6	2.2	0.9	3.8	同上	同上			
SJM64∶9-20		2.6	2.2	0.9	2.9	"五"字交笔缓曲，对接三角形饱满，近上下横线处略直，上下横线向两侧延伸，与钱郭及穿相接；"铢"字"钅"旁头为三角形，下部四短竖线，"朱"字上下横均方折	同上			
SJM64∶9-21		2.6	2.2	0.9	3.9	文字不清晰	同上			
SJM64∶9-22		2.6	2.3	0.9	4	"五"字交笔缓曲，对接三角形饱满，近上下横线处略直，上下横线向两侧延伸，与钱郭及穿相接；"铢"字"钅"旁头部为三角形，下部四短竖线，"朱"字上横方折，下横圆折	同上			图五三六，1
SJM64∶9-23		2.6	2.2	0.9	3.7	文字不清晰	同上			

294. 2010YFSJM65

（1）位置

西距SJM60约0.5米,打破SJM60。

（2）形制结构（图五三七;图版一一,2）

墓向:7°。

墓道:位于天井北侧。口底等大。口呈长方形,东长8.60、西长8.60、南宽0.98、北宽0.98米。直壁,底呈斜坡状,坡度23°。南端向北0.54米为平底。自深3.46米。

洞室:拱形顶,直壁,平底。洞室口位于天井南壁,洞室宽等于天井宽。底部平面呈长方形,东长3.60、西长3.60、南宽1.60、北宽1.60米。顶部由两端厚薄不同的砖嵌成,四壁由条砖错缝顺砌,底部由条砖斜向垂直铺设。高1.46米。

天井:位于墓道和洞室之间。平顶,直壁,平底,底部平面呈长方形,长0.62米、宽0.40米。底面中间铺有东西并列的3块砖,为洞室底部铺砖的延伸。

封门:砖封门,位于天井与洞室连接处。堆砌方式为顶端一层横向垂直,其余均为横向水平错缝,共计19层。宽0.74、进深0.20、高1.16米。

填土:墓道土色黄褐色,土质较疏松。洞室土色黄色,土质较疏松,有大量生土块。

（3）葬具

单棺,呈倒梯形,仅存板灰痕迹。置于洞室偏东南。两端板长度不相等,棺侧板与端板闭合相接。棺长1.71、南宽0.65、北宽0.70米。

（4）墓主人

骨架仅存痕迹。葬式为仰身屈肢葬,右下肢略向右弯曲,左下肢伸直。头向与墓道方向相同。

（5）随葬品及其位置

共14件（组）,包括陶器6件、釉陶2件、铜器1件、铁器1组、漆器1件、陶兽1件、铜镜1面、铜钱1组5枚。铜钱（:10）位于棺内墓主左肩,铜镜（:11）位于墓主头部西侧,铁棺钉（:14）位于棺内东北角。其余器物均位于棺外洞室内。釉陶壶（:1）位于洞室内东北角。1号西南侧由北向南依次为兽（:12）、樽身（:2-1）、樽盖（:2-2）、漆器（:13）、铜顶针（:9）。棺外西北侧由北向南依次为直口圆肩罐（:3、:4、:6、:7）,直口圆肩罐（:5）位于4号、6号之间的西侧,灶（:8）位于5号南侧。

（6）随葬品介绍

直口圆肩罐　共5件。皆夹细砂灰陶。直口,溜肩,弧腹,腹下部急收,小平底。标本SJM65:6,方唇。肩部饰一周旋纹。口径8.4、器身最大径18.5、底径8.0、通高15.5厘米（图五三五,6;彩版一五,8）。标本SJM65:4,厚方唇。肩部饰一周旋纹。口径9.0、器身最大径18.9、底径7.7、通高15.2厘米（图五三五,7）。标本SJM65:5,方圆唇,唇部加厚。肩部饰数周暗旋纹,肩腹交接处饰一周旋纹。口径8.0、器身最大径20.6、底径9.8、通高15.9厘米（图五三五,8）。标本SJM65:7,厚方唇。肩部隐约可见数周暗旋纹,肩腹交接处饰一周旋纹。口径9.0、器身最大径19.2、底径8.2、通高15.7厘米（图五三五,9）。标本SJM65:3,厚方唇。肩部隐约可见数周暗旋纹。

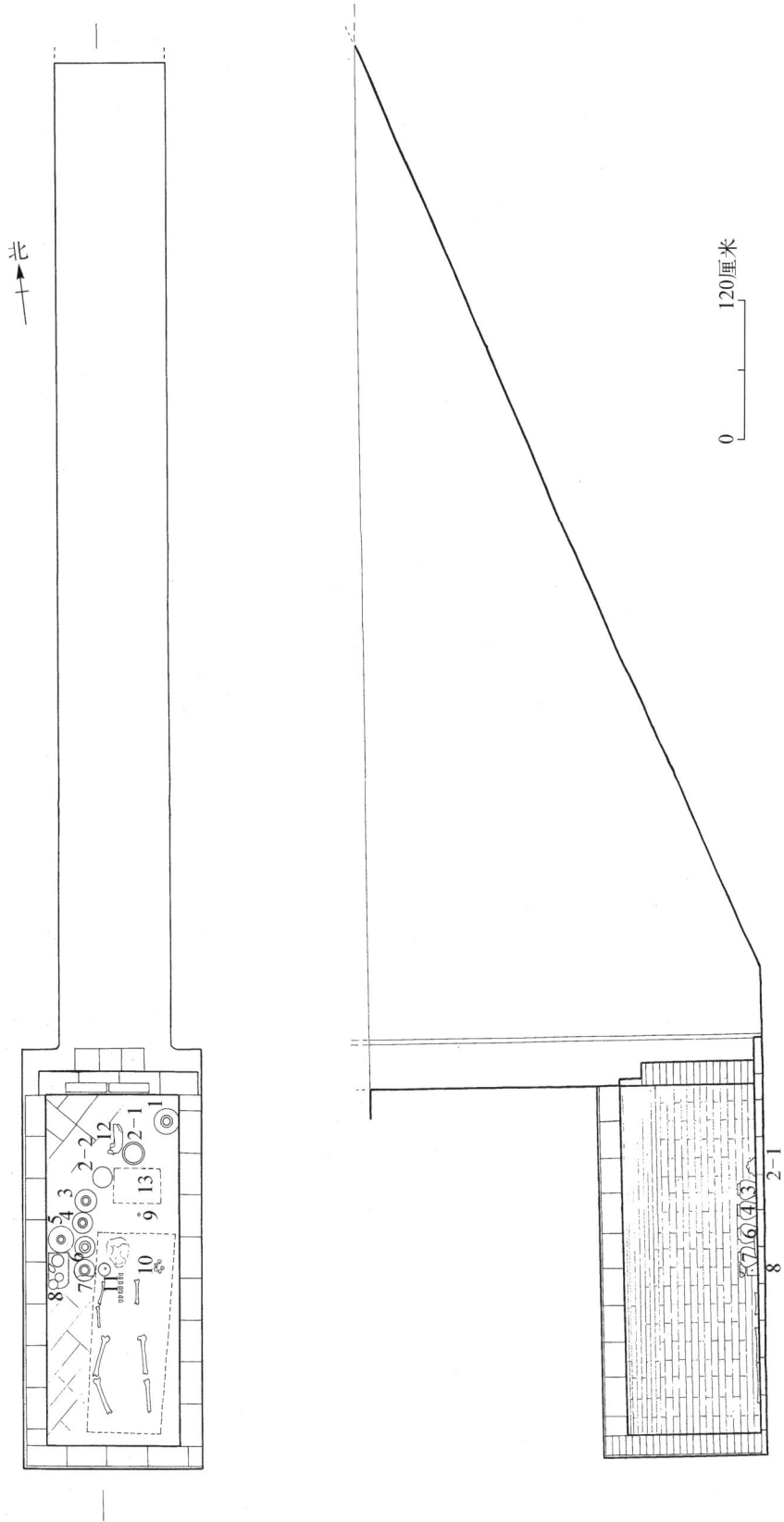

图五三七　SJM65墓葬平、剖图

1. 釉陶壶　2. 釉陶樽（2-1樽身、2-2樽盖）　3、4、5、6、7. 陶直口圆肩青罐　8. 陶灶　9. 铜顶针　10. 铜钱　11. 铜镜　12. 陶兽　13. 漆器　14. 铁棺钉

口径8.6、器身最大径18.5、底径7.6、通高15.9厘米（图五三五，10）。

釉陶樽 1件。标本SJM65：2，泥质红胎釉陶。博山形盖，盖顶山峦起伏，山峦间饰朱雀、猪、鹿、狗、马等浅浮雕，盖与器身以子母口扣合；器身直口，圆唇，深筒形腹，底附三兽形足，微外撇，兽足面目模糊。除盖内、器底、足内侧外，遍饰黄绿釉。器身饰两周弦纹，内填虎、鹿、猪、熊、龙、狗、兔、云彩和羽人等浅浮雕。口径19.7、器身高15.4、通高24.0厘米（图五三八，1；彩版三〇，6）。

釉陶壶 1件。标本SJM65：1，泥质红胎釉陶。侈口圆唇，束颈，圆鼓肩，弧腹，假圈足。除内壁、足底外，遍饰黄绿釉。口部饰一周旋纹，肩腹及上下腹交接处各饰一周弦纹，内填虎、龙、鹿、猪、狗、熊、朱雀、云彩和羽人等浅浮雕，其间对称分布一对兽面衔环状铺首。口径12.1、器身最大径24.5、底径13.0、通高32.1厘米（图五三八，2；彩版三〇，4）。

灶 1件。夹细砂灰陶（彩版三五，4）。灶体1件。标本SJM65：8-1，灶身前方后圆，平面马蹄形；灶面有两陶釜，近灶门及近烟囱处各一釜，皆直口方唇，圆肩，鼓腹，圜底，底部有乳突；灶面烟囱残，拱形灶门落地。素面。长30.0、宽16.6、灶门长5.6、宽4.5、通高11.8厘米（图五三八，6）。模型器具3件。盆1件。标本SJM65：8-2，敞口，平折沿，尖唇，折腹，上腹占腹部比例一半，平底。上下腹交接处有一周折棱。口径12.6、底径4.8、通高5.2厘米（图五三八，3）。小口旋纹罐1件。SJM65：8-4，小口束颈，折沿微下倾，溜肩明显，腹下部斜直，平底。素面。下腹有修整刮痕。口径2.1、器身最大径5.7、底径2.6、通高6.9厘米（图五三八，4）。甑1件。标本SJM65：8-3，敞口，折沿微下倾，尖唇，鼓腹，上腹近口处内敛，下腹斜直，平底，器底戳制7个圆形甑孔，布局为中心一孔与边缘一周。素面。下腹有轮制痕迹。口径9.5、底径3.2、通高5.7厘米（图五三八，5）。

铜顶针 1件。标本SJM65：9，圆环形，断面呈窄长方形。器表饰数周横向弦纹。内径1.65、外径1.80、高0.90厘米（图五三二，4）。

铁棺钉 共4枚。标本SJM65：14，圆帽钉，方柱身。标本SJM65：14-1，帽径3.4、残长3.8厘米（图五三二，10；彩版四六，5）。

陶兽 1件。标本SJM65：12，泥质灰陶，通体饰红褐色陶衣。伏卧状，弓背，耳目模糊，前腿向前平伸，头置于左前腿上，后腿蜷曲于身旁，后足分两指，尾部向左盘曲。身长17.10、卧高4.95厘米（图五三九，1；彩版三六，4）。

铜钱 共5枚。标本SJM65：10，均为"五铢"。皆有钱和穿背郭，形制及大小近同。SJM65：10-1，"五"字交笔缓曲，对接三角形饱满，近上下横线处近直；"铢"字"钅"旁头部呈等边三角形，下部四短竖线，"朱"字上横方折，下横圆折。郭径2.6、钱径2.3、穿宽1.0厘米，重量3.5克（图五四〇，1）。SJM65：10-2，有穿上郭。"五"字交笔缓曲，对接三角形饱满，上下横线向两侧延伸，与钱郭和穿相接；"铢"字"钅"旁头部呈等腰三角形，下部四短竖线，"朱"字上下横均方折。郭径2.6、钱径2.2、穿宽0.9厘米，重量3.2克。SJM65：10-3，"五"字交笔缓曲，对接三角形饱满；"铢"字"钅"旁头部呈等边三角形，下部四短竖线，"朱"字上下横均方折。郭径2.7、钱径2.2、穿宽0.9厘米，重量3.9克。SJM65：10-4，"五"字交笔缓曲，对接三角形饱满，上下横线向两侧延

图五三八 SJM65随葬陶器

1. 釉陶樽（SJM65：2） 2. 釉陶壶（SJM65：1） 3. 灶具盆（SJM65：8-2） 4. 灶具小口旋纹罐（SJM65：8-4）

5. 灶具甑（SJM65：8-3） 6. 灶体（SJM65：8-1）

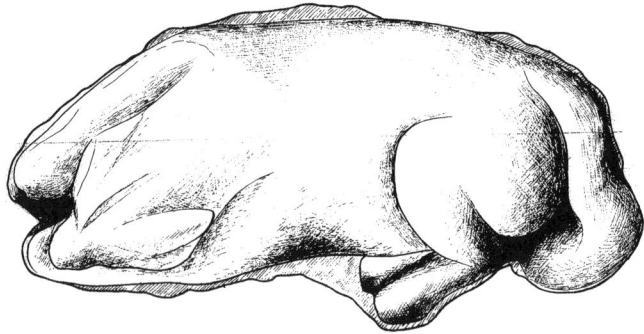

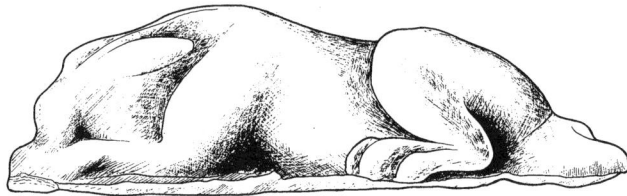

1

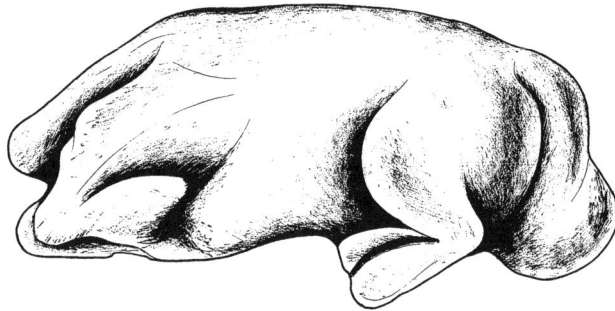

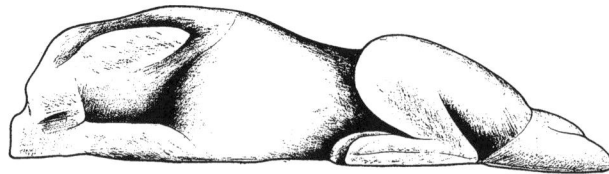

2

0 ____ 4厘米

图五三九　SJM64、SJM65随葬陶兽

1、2.陶兽（SJM65∶12、SJM64∶2）

伸,与钱郭和穿相接;"铢"字"钅"旁头部呈等腰三角形,下部四短竖线,"朱"字上横方折,下横圆折。郭径2.6、钱径2.3、穿宽1.0厘米,重量3.8克(图五四〇,2)。SJM65:10-5,文字锈蚀不清。郭径2.7、钱径2.2、穿宽0.9厘米,重量3.6克。

铜镜 1面。标本SJM65:11,日光镜。圆形,镜面平直;半圆形钮,弦纹圆形钮座,其外饰内向八连弧纹;镜背主体纹饰为两组弦纹带间以"见日之光,长□相□"的铭文带,铭文之间以涡纹和菱形方格纹相隔,弦纹带内饰短斜线纹;平镜缘,厚于镜体。直径8.0厘米(图五四〇,3;彩版三七,8)。

漆器 1件。标本SJM65:13,仅残存部分髹漆痕迹,无法提取。

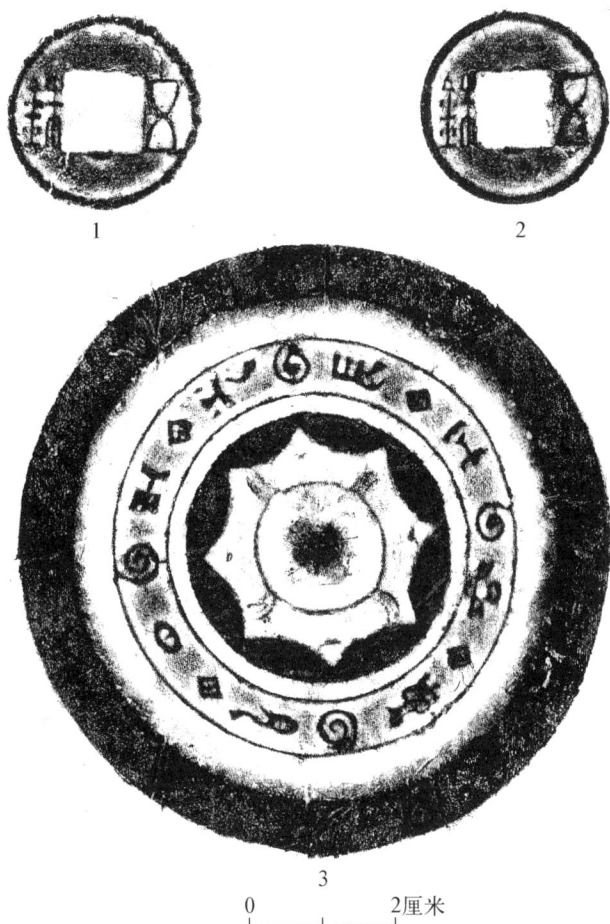

图五四〇 SJM65 随葬铜钱、镜拓片

1、2. 铜钱(SJM65:10-1、SJM65:10-4) 3. 铜镜(SJM65:11)

第四章 邰城汉墓反映的西汉文化与社会

西汉邰县地处西汉政治文化核心区域。本次发掘的墓地为邰县居民的一处墓地,更是目前关中地区发掘规模最大、墓葬数量最多、保存最为完好的西汉平民墓地,为研究汉代尤其是下层社会墓葬文化提供了重要材料。

本章将在前文墓葬材料介绍与墓地分期年代研究的基础上,着重就该墓地分期之于关中地区西汉中小型墓葬分期问题的启示谈两点新认识;同时,从分析随葬品器用制度、墓地考古学文化特征入手,探讨该墓地及关中西汉中小型墓葬的文化阶段变迁;通过对墓主人性别、族群、等级身份的考察,分析墓地结构与埋葬制度,探讨该墓地乃至关中地区西汉平民阶层的社会组织结构。进而藉此管窥关中地区西汉社会与文化的变迁。现不揣浅陋,将对相关问题的初步认识作为本报告结语申述如下,以期与同仁共讨。

4.1 关于关中地区西汉中小型墓葬分期的新认识[1]

在对西汉陶器的分类、演变规律的研究中,发现西汉陶器存在以下两方面特质。这两方面特质既是长期困扰西汉陶器分期的难点,也是突破汉墓分期问题的关键。

4.1.1 陶器的"模件化"生产

不同于史前、商周时期,西汉陶器在生产上已出现"模件化"现象。所谓"模件化",是指不同器类的某一相同部位具有相同的形制,似乎具有同一模件,通过不同模件的组合构成不同器类。这种情形至少表现为以下两点:

其一,模件口部。根据形制不同可分为缶口、直口方唇口、卷沿口、直颈厚圆唇口、子母口五类。其中直口方唇口还可细分为素面、口外侧有一周凹槽、唇面有一周凹槽三种形式。缶口对应器类包括各型缶、小口旋纹罐。直口方唇口对应的器类有折肩罐、圆肩罐、A型罐口釜。卷沿口对应的器类有折肩罐、圆肩罐、B型罐口釜。直颈厚圆唇口对应的器类为有颈罐、C型罐口釜。子

---

[1] 详见种建荣、赵艺蓬、王洋、雷兴山:《邰城汉墓陶器分期研究——关中西汉墓葬分期新探索》,《西部考古》第14辑,科学出版社,2017年。

母口对应鼎、盛。

其二，模件肩腹。最常见的就是"亚腰系"的各种肩腹，其对应的器类有各型直口折肩罐、卷沿折肩罐、Ac型缶、B型缶及部分C型盂等。

虽然不同模件部位在搭配上有一定倾向性，如直口方唇口多倾向于与"亚腰系"肩和圆肩搭配，但并不固定，更非惟一。由此可见，这种"模件化"特征，决定了西汉陶器不能像史前、商周陶器那样按照某一部位特征进行类的区分，而只能以器物的整体形态作为分类的标准。残器仅能归并于某一类器，而不宜确定为具体的器类。还需指出的是，本报告所言"模件化"，并非指制陶过程中先批量制作不同模件，再进行安装组合，而是强调工匠意识中可能存在诸多模件概念。

4.1.2　陶器的"相关性"与"演变系"

针对汉墓陶器"模件化"的特质，本报告提出器类演变的"相关性"分析。"相关性"指的是不同类、型陶器相同部位（或模件）的演变特征、演变规律、演变速率的同异关联度。"相关性"分析既可校验型式划分的正确与否，亦可厘清陶器谱系，总结时代特征。据此考察器类型式划分与演变规律，可以发现以下两点：

其一，不同器类相关部位式别演变规律近同或一致。主要表现在：鼎与盛的子母口、器盖；鼎与锜的足部、腹部；锜与钫的铺首；直口折肩罐与卷沿折肩罐的肩腹部；各型缶的肩腹部；缶与小口旋纹罐的肩部；盆盂甑类的腹部。

其二，存在跨越类、型、亚型的演变规律，即"演变系"。西汉各类器主要遵循四条"演变系"：

亚腰系，演变序列为：亚腰→微亚腰→符号亚腰→象征亚腰或亚腰消失。

溜肩系，演变序列为：隆肩→圆鼓肩→微溜肩→溜肩。

弧腹系，演变序列为：腹部整体圆弧→腹上部圆弧，下部斜直或内凹→腹部整体斜直→腹部整体斜直微内凹。

比例系，演变序列为：上腹远小于下腹→上腹略小于下腹→上、下腹比例相若→上腹略大于下腹。

还需强调，邰城汉墓地处关中腹心地区。出土陶器种类与型式，不仅普遍见于关中地区其他西汉墓地中小型墓葬，亦见诸张安世墓、阳陵陪葬墓等大型墓。邰城五期7段的分期体系基本涵盖西汉一朝，对关中地区西汉墓葬的分期具有重要参照意义，亦为关中地区西汉考古学文化分期断代提供了新标尺。

4.2　考古学文化特征

4.2.1　关于陶器器用制度的新认识[1]

邰城各类随葬陶器存在以下六方面器用现象。

---

[1]　详见种建荣：《关中邰城汉墓陶器器用特征分析》，《故宫博物院院刊》2018年第5期。王洋：《西汉陶缶赗赙说》，《考古》2016年第11期。

1. 缶罐类"单件式"

"单件式",指的是一墓中不论随葬多少陶器,器形较大的缶、小口旋纹罐、折肩罐类器仅随葬一件。随葬缶的墓葬共85座,其中随葬单件缶的墓葬81座,占95.3%。随葬小口旋纹罐的墓葬共74座,其中随葬单件小口旋纹罐的墓葬67座,占89.2%。随葬直口折肩罐、卷沿折肩罐的墓葬共122座,其中随葬单件罐的墓葬101座,占82.8%。

三类器中例外的墓葬,均随葬两件陶器。据器用现象不同,均可分为两类:(1)两器对置于墓室两侧,分属两组器群,各自器群仍遵守"单件式"。缶类如SDM122,小口旋纹罐如SDM123,折肩罐类如SDM100。(2)两器同形同大,紧邻并置,遵循"多罐同形并置"(详下)。缶类如SDM213,小口旋纹罐如SDM145,直口折肩罐如SJM40。

缶罐类"单件式"的特点,见于竖穴土坑墓、竖穴墓道洞室墓,而不见于斜坡墓道洞室墓。年代上,流行于第一至四期。

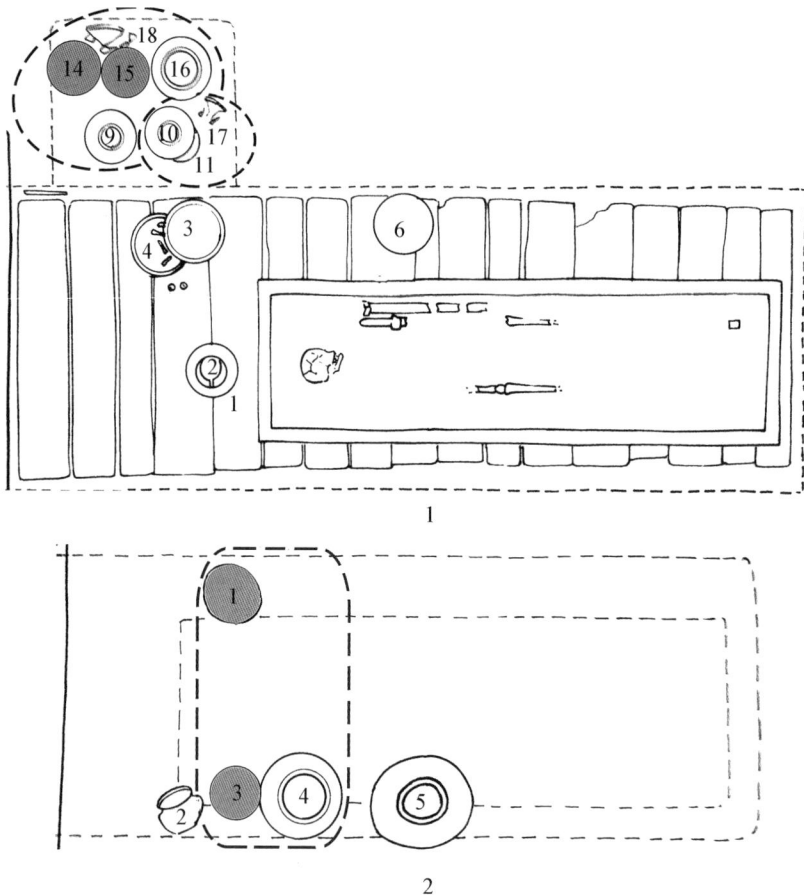

图五四一　单件器用现象的例外情况
1. SDM213　2. SDM123　(灰色为同形器)

2. "多罐同形并置"

墓葬中随葬罐类多于一件时,存在多件陶罐形制相同、大小相近的现象,在放置上集中并置。

（1）两罐同形并置

器类基本囊括所有罐类。有颈罐如SDM74，大体直口折肩罐如SDM35，小体直口折肩罐如SJM40，大体卷沿圆肩罐如SDM170，大体缶如SDM213，小口旋纹罐如SDM145。

这一器用现象主要见于竖穴土坑墓中，器类以小体罐类为主，不见于斜坡墓道洞室墓。竖穴墓道洞室墓虽存在多罐同形，但与此不同，表现有二：其一，同形同大两罐多不并置，如SJM33、SJM8、SDM121。其二，6座墓遵守同形并置，但其中5座为大体缶罐类。

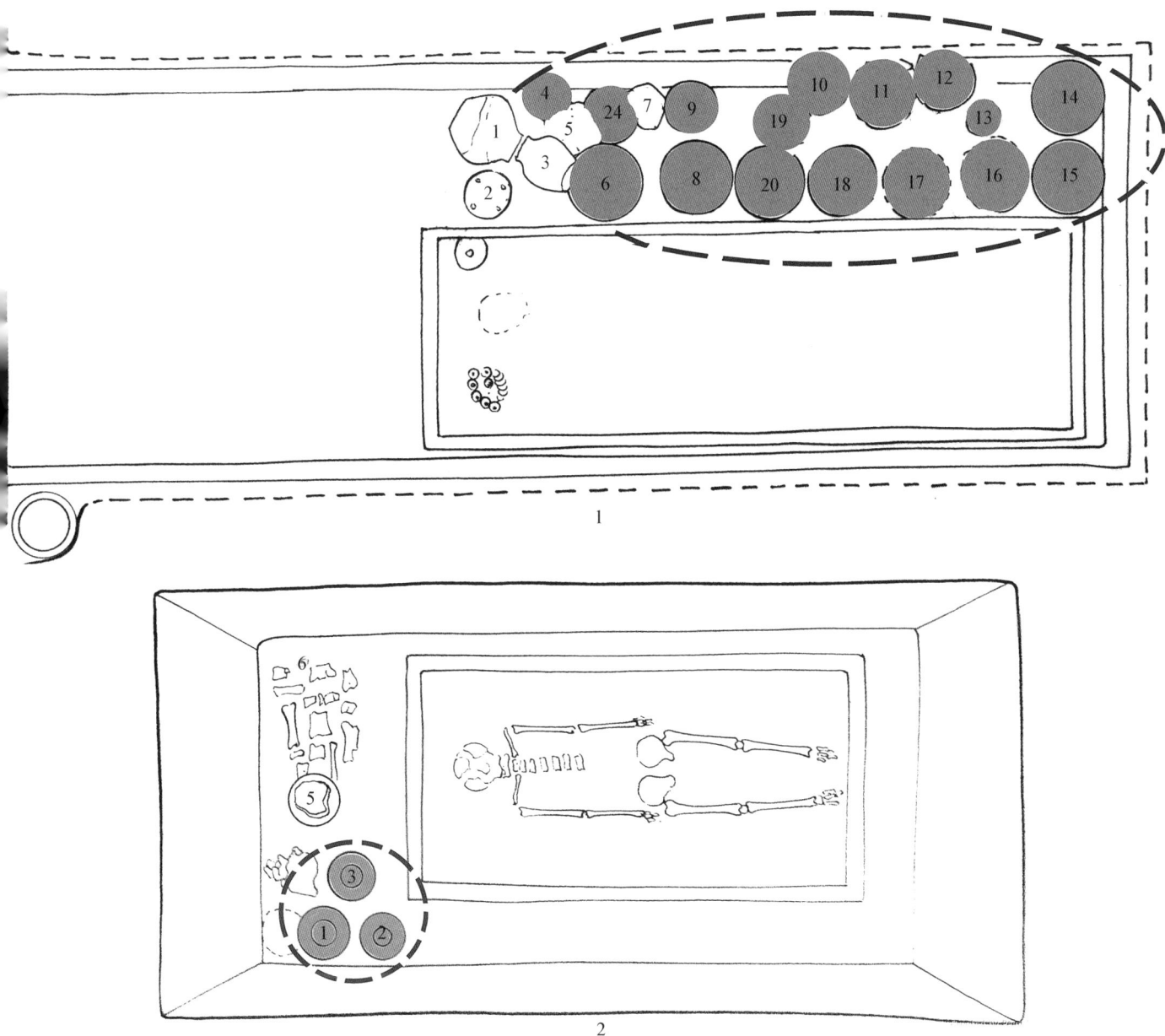

图五四二　多罐同形现象

1. SJM17　2. SDM2　（灰色为同形陶罐）

（2）三罐及以上同形并置

器类仅限定为小体的有颈罐、圆肩罐，不见"两罐同形"中器形较大的折肩罐、缶、小口旋纹罐。放置方式有两种：1）成排并置。三罐如SDM116、SDM3、SJM49，四罐如SJM63，五罐如SJM64、SJM65，十五罐如SJM17[1]。2）呈三角形并置。仅见于三罐同形时，如SDM2、SDM93、SDM228。

三罐同形并置主要见于竖穴土坑墓，四罐及以上同形并置仅见于斜坡墓道洞室墓。而竖穴墓道洞室墓中并不存在这一器用现象，虽亦有多罐同形，但并非集中并置，如SJM20、SJM69。

年代上，两罐、三罐同形主要流行于第二至四期，四罐及以上同形出现于第四期，流行至第五期。

3. 组合器用现象

（1）固定组合搭配

1）鼎盛配。随葬鼎或盛的墓葬共22座，其中一鼎配一盛的有13座，如SDM19、SDM178。还有少量一鼎配二盛的现象，如SDM164、SJM66。放置上，鼎盛一般集中放置，并与锜、簋形甑分置[2]。具体方式，或两组物空间上完全分离，如SDM150；或两组器物虽相邻，但各自集中成群，如SDM19。

2）一锜配一簋形甑。随葬锜或簋形甑的墓葬共18座，均为一锜配一簋形甑。放置上，两器一般集中放置，以簋形甑倒置于锜上为主，如SDM19。另见有簋形甑叠置于锜上，如SJM66；锜叠置于簋形甑内，如SDM160；锜倒置于簋形甑内，如SDM90；锜与簋形甑集中并置，如SDM150。

3）一瓿配一盆。随葬盆或瓿的墓葬共118座，其中一瓿配一盆的有96座，占81.4%[3]。尤为值得注意的是，部分墓葬为恪守瓿盆配的原则，故意将两件盆中的一件打制成瓿，即盆改瓿。见于SDM37、SDM190等27座墓。

4）一大灰釜配一瓿。除SDM123一墓例外，凡出大灰釜，必出瓿。

上述组合使用于竖穴土坑墓、竖穴墓道洞室墓，不见于斜坡墓道洞室墓。年代上，瓿配盆、大灰釜配瓿流行于第一至四期。鼎配盛、锜配簋形甑流行于第二至四期，但就整个关中地区的材料看，前者的出现年代远早于后者。

（2）"组合器类同形"现象

"同形"指的是一墓中随葬的固定组合器类，在形制上近同的现象。

---

[1] 在本报告形制分析中，16件罐被分为6件直口圆肩罐、10件有颈罐两类。但其器身形态完全相同，仅口部前者为直口，后者直口微出沿，形似有颈。由于差异极小，在器用制度研究中，均可看作同类同形器。16件罐中，除13号较小外，其余大小近同。

[2] 两组陶礼器的分置，或与文化因素来源不同有关。鼎盛是战国以来关中地区的本地文化因素，而锜和簋形甑是三晋两周地区文化因素，于邺城二期时才进入关中地区。见王洋：《关中邺城汉墓研究》，中山大学硕士学位论文，2013年，第107页。

[3] 将改制瓿看做瓿，统计在内。

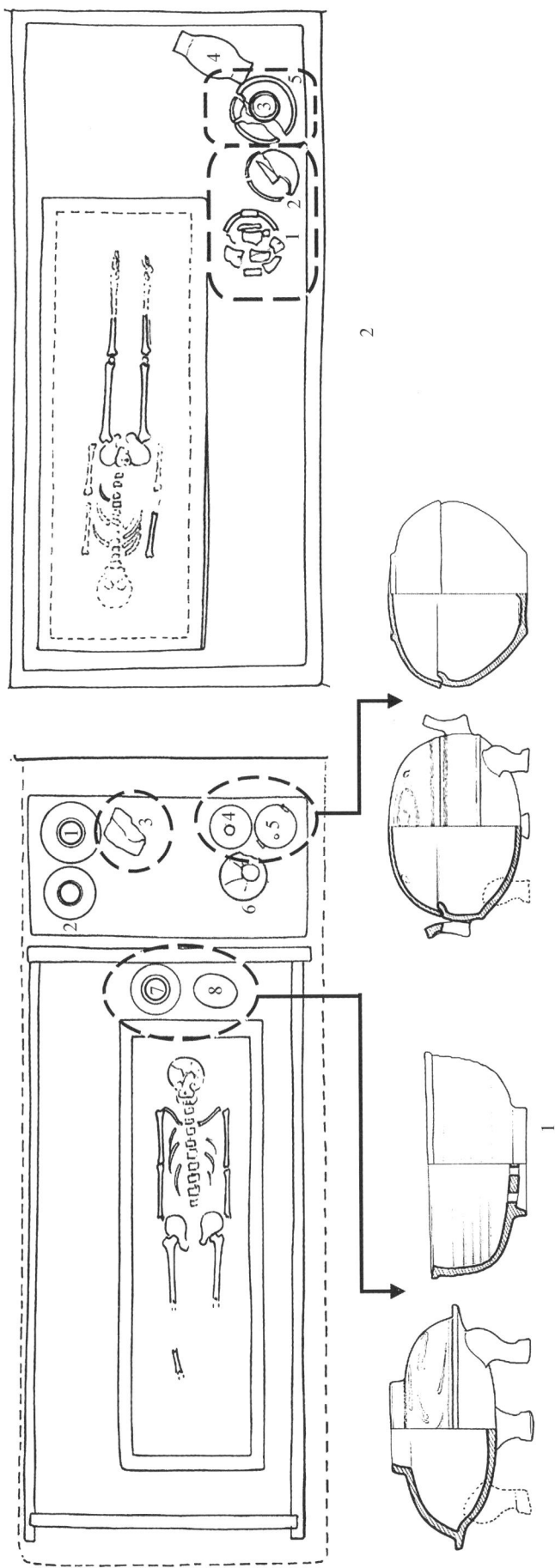

图五四三 不同组合的仿铜陶陶礼器分置现象

1. SDM150　2. SDM19

1）鼎、盛同形。同墓所配的鼎与盛器身形态一般近同,即A型弧腹鼎配A型弧腹盛,如SDM199;B型斜腹鼎配B型斜腹盛,如SDM164。在17座鼎、盛共出的墓葬中,同形的有14座,占82.4%。

2）盆（盂）、甑同形同大。"同形"即A型折腹盆配A型折腹甑,如SDM14;B型弧腹盆配B型弧腹甑,如SDM209;C型鼓腹盆配C型鼓腹甑,如SDM223。"同大"指的是同墓所配盆（盂）甑大小相若,即盆配盆形甑,盂配盂形甑。在96座盆甑共出的墓葬中,同形的有56座,同大的有66座。

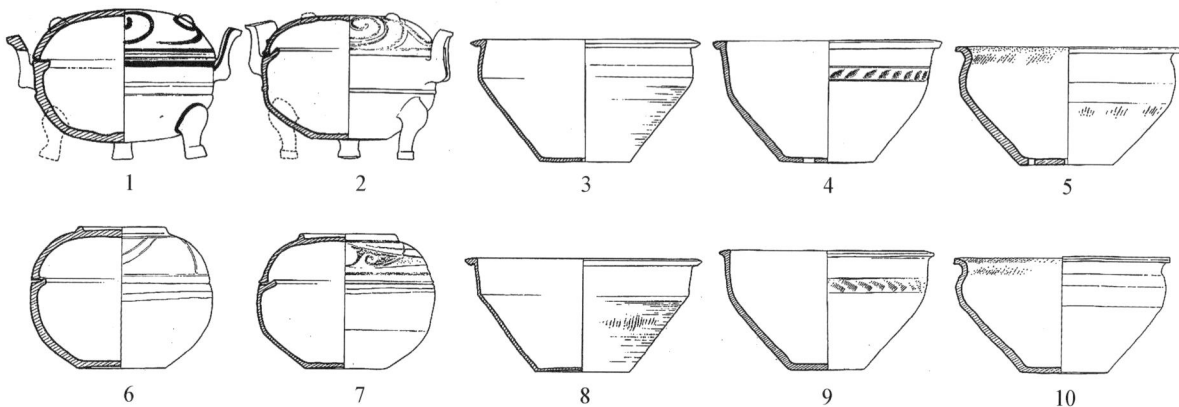

图五四四　组合器类同形现象

1. SDM199∶1　2. SDM164∶2　3. SDM14∶5　4. SDM209∶9　5. SDM223∶5　6. SDM199∶7　7. SDM164∶3
8. SDM14∶1　9. SDM209∶4　10. SDM223∶6

（3）"组合器类重器制"

"重器制"是固定组合搭配中,例外情况所遵循的器用意识。当一墓由于某种原因,未随葬整套固定组合时,往往会侧重选择组合中的某一类器。这种具有侧重倾向的器类即为组合器类中的"重器"。

1）"重鼎轻盛"。22座随葬鼎或盛的墓葬中,单出鼎的有SDM90、SDM160等5座,但无一墓单出盛。

2）"重甑轻盆"。盆甑若仅随葬其中之一,则选择甑而非盆,甚至会将唯一的盆特意打制成盆改甑。21座单随葬盆或甑的墓葬中,单随葬甑的有SDM99、SDM179等19座,而单随葬盆的仅两座。

4. 储盛器、炊器"大类分置"

储盛器包括缶、各类罐、盆,炊器包括大灰釜、甑、盆、灶。首先需要讨论的是,小红釜、小口旋纹罐、盆在大类中的归属问题。

（1）"大灰、小红分置异属"

随葬的釜,大致可分为"大灰釜"、"小红釜"两类。区别在于:1）一般大灰釜器高在15～25厘米之间,小红釜器高在9～14厘米之间;2）一般大灰釜器底无烟炱,而小红釜器底有烟炱。此外,一墓若随葬两件釜,大小必然明显有别,一般为一大灰釜配一小红釜。

在放置上,小红釜普遍与大灰釜、甑类炊器分离,而多与缶罐类储盛器紧邻,如SDM143、SDM17、SDM21;亦或单独放置,如SDM213。位置上的有意分离与使用痕迹的不同,表明古人眼中的小红釜,在墓葬中可能并不代表炊器。

（2）小口旋纹罐属储盛器

模型灶上除放置模型盆、甑外,有时还放置模型小口旋纹罐。这一现象不禁使人思考,小口旋纹罐在日常生活中是否属炊器。但通过器用现象的分析,可知小口旋纹罐属储盛器,原因有三:1）小口旋纹罐遵循缶罐类储盛器的"单件式"。2）在放置上,小口旋纹罐一般与缶罐类储盛器集中,与釜甑盆类炊器分离。如SDM123。3）一墓若仅随葬一种器类,绝大多数为缶罐类储盛器,约占墓葬总数的三分之一,仅随葬炊器的不足2%。而仅随葬小口旋纹罐的墓葬并不少见。

（3）盆兼有炊器、储盛器的功能

灶上放置模型盆、甑表明,盆属炊器。但不同于典型的炊器大灰釜和甑,盆还可作为储盛器,原因有三:1）在放置上,盆除与大灰釜、甑集中外,另存在与缶罐类储盛器紧密,与大灰釜、甑类炊器分离的现象,如SDM17、SJM40、SDM213。此外,SDM94的盆与储盛器、炊器均分置,似显示出其特殊的归属。2）盆甑虽为固定组合搭配,但一墓可单出甑,不可单出盆,盆不可单独代表炊器。3）明确为炊器的大灰釜与甑成固定组合,而不与盆成固定组合。

在辨识出上述器类属性的基础上,不难发现,储盛器、炊器在墓葬中一般分离放置,可称为"大类分置"。其具体方式有三种:

其一,两大类器分置于墓室两处,空间上完全分离。竖穴土坑墓如SDM21、SJM40,竖穴墓道洞室墓如SDM23、SDM142,斜坡墓道洞室墓如SJM49、SJM63。

其二,两大类器虽相邻,但各自集中,形成不同器群。竖穴土坑墓如SDM17、SDM35,竖穴墓道洞室墓如SDM213、SJM20,斜坡墓道洞室墓如SJM65。

其三,陶器分置于墓室两侧,每侧陶器分别遵守"大类分置",并且两侧的同类器或同大类器在位置上相对。即"大类分置"与"同类对置"相结合。这一方式主要用于竖穴墓道洞室墓,并且是此类墓"大类分置"的最主要方式,如SDM171、SJM22、SDM123。斜坡墓道洞室墓如SJM64。竖穴土坑墓中基本不见。

"大类分置"是日用陶器最基础的放置原则,是唯一在竖穴土坑墓、竖穴墓道洞室墓、斜坡墓道洞室墓中均适用,并且唯一在年代上贯穿第一至五期的器用现象。甚至在邹城五期,模型灶取代日用炊器后,仍坚持灶与罐类的分置。

5. 陶器组合的阶段性变迁

（1）日用陶器的"模型化"

"模型化"指的是日用陶器大灰釜、甑、盆、小口旋纹罐,被灶及相应灶具取代的现象。表现有二:其一,两类器同墓不共存。随葬灶的7座墓均不见日用炊器。其二,放置上,灶普遍与缶罐类分离。这一方式与"大类分置"原则相同,显示出灶在位置上也充当着炊器的角色。

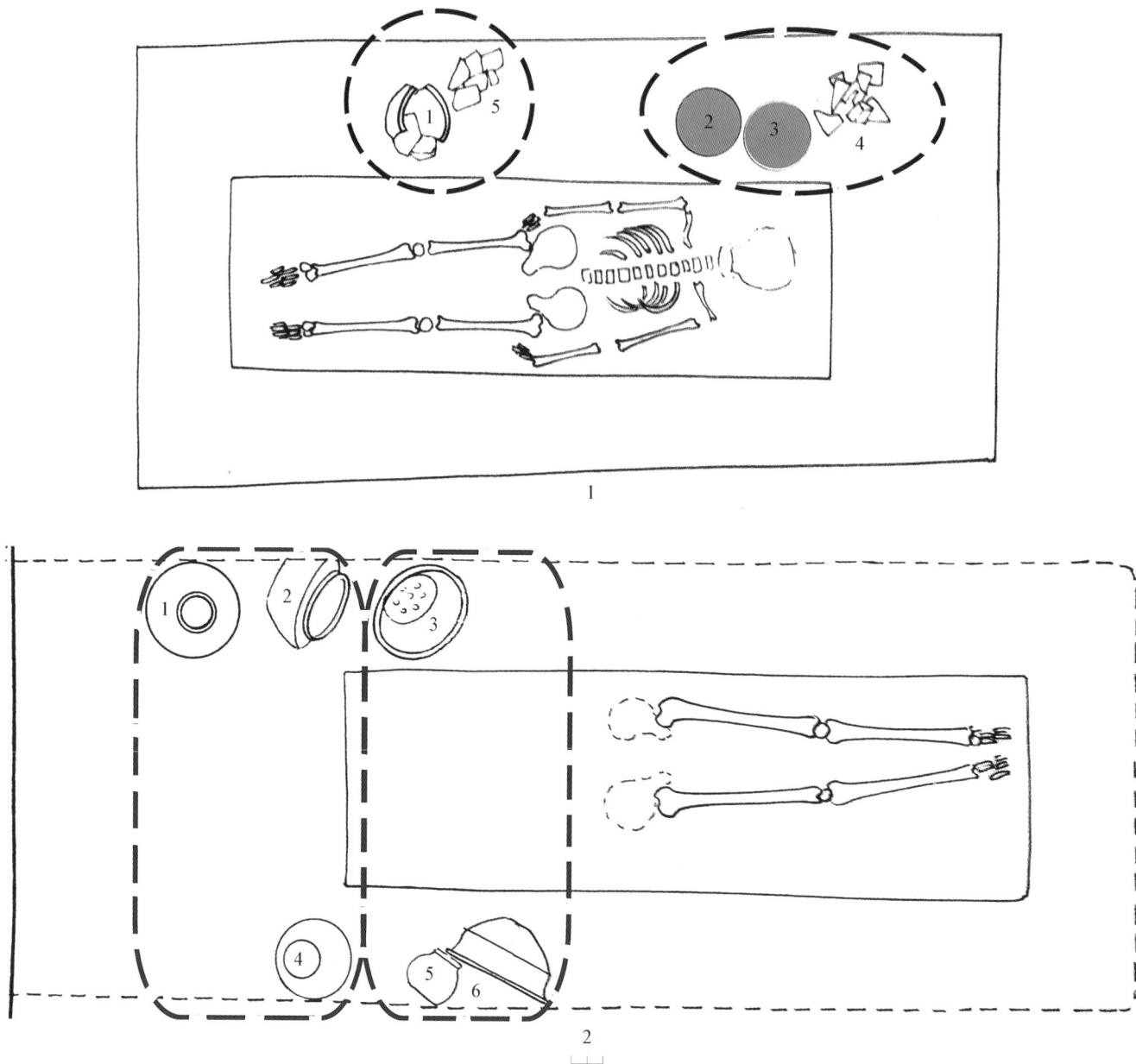

图五四五 "大类分置"的不同方式示意图

1. SJM40　2. SDM171　（灰色为同形陶罐）

该墓地的模型化进程可分两个阶段：1）第二至四期，日用陶器与灶并行。这一时期两百余座墓使用日用陶器，仅三座墓用灶。灶具的组合搭配为一灶配一模型甑、一模型盆。2）第五期，日用炊器完全被灶及模型灶具取代，炊器的模型化完成。并且在灶具的组合中另加入了一件模型小口旋纹罐，如 SJM49、SJM64、SJM65。但不论年代与墓葬形制，一墓仅随葬一套灶。

（2）日用陶器组合的变迁

可分为两个阶段：1）第一至四期，陶器组合主要有储盛器+炊器、单储盛器两类。2）第五期,缶、小口旋纹罐、釜消失,形成以灶及模型灶具、同形多罐、壶构成的新组合。

（3）陶礼器组合的变迁

可分为三个阶段：1）第一期,仿铜陶礼器的基本组合为鼎、盛、壶,如SDM132。结合关中地区其他墓地可知,此类组合上限可早至战国晚期。2）第二至四期,仿铜陶礼器基本组合为鼎、盛、锜、簋形甑、钫,如SDM89。3）第五期,仿铜陶礼器消失,取而代之的是釉陶礼器。由于邰城墓地这一时期的墓葬较少,结合关中地区其他墓地,可知组合以鼎、盛、壶、樽为主,如郑王村M110[1]。形成对邰城二期从组合到形制的"复古"[2]。

6."西汉陶缶赗赙说"

关中地区陶缶上的刻铭内容,以氏名+斗等容量、单一氏名两类为主。前者如SDM209∶13刻铭"王氏十斗",后者如SDM149∶1刻铭"王",可分别称为"某氏某斗"类、"某氏"类。我们认为这些刻铭缶为赗赙之物,原因有三：

（1）陶缶刻铭非"物勒工名"。表现有三：1）两者记法不同。物勒工名一般是在烧前在陶胚上戳印,而陶缶刻铭是烧后阴刻。2）两者句式不同。秦汉时期民营制陶作坊的物勒工名句式有两种：地名+陶工姓名+器,如"咸亭完里丹器";"地名+陶工姓名",如"咸蒲里奇"。陶缶刻铭与此不同。3）陶缶容积"名不副实"。陶缶上刻的"十斗"等容量与其实际容积不符[3],这与文献记载"物勒工名"的目的"以考其诚"相悖。

（2）陶缶"一墓多氏名"现象。即一墓内随葬的多件陶缶氏名不同,或陶缶氏名与私印姓氏不同的现象。如西安郑王村M149、M175,南郊世家M201,凤翔高庄M47等。表明部分缶非墓主生前所有。

（3）刻铭"某氏某斗"为赗赙句式。战国、西汉时期楚简中对赗赙的记载,常见赗赙人+赗赙物的句式,如曾侯乙墓简193～195、仰天湖M25简1～3、27、张家山M247遣册简15。此类句式与"某氏某斗"均为人+物的组合,或代表着相同的含义。

此外,西汉赗赙陶缶可能已经出现专门化、商业化的生产。如龙首原西医M89的两件缶铭"冯氏廿斗",其中赗赙句式中的通用部分"氏廿斗"为烧前刻划,而氏名为烧后阴刻,且"氏廿斗"三字在行文布局上已为氏名空出位置。类似的现象还见于南郊光华M91∶5、郑王村M146∶5等。

4.2.2　关于小件器用制度的新认识

1.各类小件器物的共存情况

各类小件器物在墓葬中的共存与不共存关系,在一定程度上反映着西汉社会的性别、职业区分。

[1]　陕西省考古研究院：《西安北郊郑王村西汉墓》,三秦出版社,2008年,第196页。

[2]　详见王洋：《关中邰城汉墓研究》,中山大学硕士学位论文,2013年,第112页。

[3]　如同为十斗的缶,大者如郑王村M110∶6,通高与腹径均超过40厘米,小者如郑王村M175∶1,通高与腹径均30厘米。此外,郑王村M110的十斗缶甚至大过了龙首原西医M89的廿斗缶。

　　小件按功用可归为兵器、农具、工具、文具、纺织用具、铁削[1]、铁杵臼几类。其中兵器包括戟、镞、弩机、刀、矛、镦、剑及其所配的玉剑璏、剑摽。农具包括铧、镰、铲、锸。工具包括锛、凿、锥、砥石。文具包括砚、研。纺织用具包括纺轮、顶针。

　　通过对关中地区西汉中小型墓葬的统计[2]，可以看出，兵器、文具、铁削普遍共存。而其他各器类较少共存，包括：兵器分别与农具、铁杵臼、工具较少共存；工具分别与铁削、铁杵臼较少共存；纺织用具与农具较少共存。

　　此外，各器类间的不共存现象包括：兵器与纺织用具，铁削分别与纺织用具、农具、铁杵臼，文具分别与纺织用具、农具、杵臼、工具，工具分别与纺织用具、农具，铁杵臼分别与纺织用具、农具。

2. 铁灯的陈器位置及灯台

　　铁灯一墓一件。其中竖穴土坑墓、斜坡墓道洞室墓各1例，余14例见于竖穴墓道洞室墓。值得注意的是，铁灯的摆放位置表现出高度的一致性，两类洞室墓中的15件皆置于棺外洞室的近墓道处。且多孤立出现，或置于洞室口一角，或置于洞室口中部。似乎表明墓葬中的铁灯，亦如在生界那样起到照明作用，而放置于洞室与墓道的交界处，或意味着铁灯发出的光明有引领死者灵魂的意义。

　　此外，灯座下普遍发现有宽带状木质附着痕迹，表明铁灯原应置于木质器物上。结合砖室墓中铁灯往往置于砖制灯台上的作法[3]，我们推测西汉砖室墓出现之前，可能已出现木质灯台。

3. 成套砚研的石质硬度搭配

　　一套石砚由上研下砚组成，其中研的石质硬度均大于所配的砚。如SDM192出土石砚1套2件，研与砚皆泥质岩，但研的石质硬度较砚大。SDM132出土石砚1套2件，砚为砂岩，而研为硬度较大的泥质岩。SDM213出土的研为变质岩，硬度为所见研、砚中最大者。SDM111出土两件砚皆砂岩，硬度很低。这种硬度搭配，或是便于在砚上研磨墨丸。

4.2.3　邠城与西安地区文化面貌的对比

　　邠城与西安地区的对比[4]，是县邑与都城，关中西部与中部文化面貌的对比。两地的差异主要表现在以下两方面：

---

[1] 铁削一器多用，有兵器、文房书刀等功用，故将其单归一类考察。
[2] 为确保各器类共存情况的准确性，统计的墓葬皆为单人葬墓，不包括多人同穴合葬墓。以此标准，收集了本墓地及《西安龙首原汉墓》、《白鹿原汉墓》、《长安汉墓》、《西安北郊郑王村西汉墓》中出土小件的墓葬。
[3] 麻赛萍：《汉代灯具研究》，复旦大学博士学位论文，2012年，第121页。
[4] 西安地区已发掘并刊布西汉中小型墓葬众多，如西安市文物保护考古所：《西安龙首原汉墓》，西北大学出版社，1999年。陕西省考古研究所：《白鹿原汉墓》，三秦出版社，2003年。西安市文物保护考古所、郑州大学考古专业：《长安汉墓》，陕西人民出版社，2004年。陕西省考古研究院：《西安北郊郑王村西汉墓》，三秦出版社，2008年。

1. 随葬陶器

两地器类构成与形制的差异,主要见于:(1)本墓地常见的陶釜、仿铜陶礼器锜、簋形甗很少见于西安地区。(2)本墓地二期之后消失的仿铜陶礼器壶,仍见于西安地区。(3)本墓地不见西安地区常见的仓、囷。(4)本墓地少见西安地区流行的陶灶。(5)本墓地所见小口旋纹罐的口部与缶相同,为折沿下倾、尖唇,而西安地区多为折平沿、方唇[1]。

此外,两地部分器用制度存在差异。如本墓地日用陶器的"模型化"进程明显慢于西安地区。陶灶大致于邰城一期出现,之后西安地区迅速以灶取代日用炊器(至迟于邰城三期3段早组时),并在中下层人群中普及开来,率先完成炊器的模型化。如龙首原汉墓随葬的炊器均为灶与模型盆甑,基本不见日用盆甑。其中较早者如医M92,年代相当于邰城三期3段早组。而同时期、相对远离政治文化中心的关中西部,还延续着秦文化中随葬日用炊器的做法。

2. 墓葬形制

两地均存在竖穴土坑墓、竖穴墓道洞室墓、斜坡墓道洞室墓三类,墓葬形制亦大致相同。不同之处在于,本墓地竖穴土坑墓最为多见,占墓葬总数50%强。而西安地区此类墓数量很少,以竖穴墓道洞室墓最为常见[2]。

4.2.4　文化面貌的区位分析

1. 壁龛内外随葬品考察

有壁龛的墓葬,随葬陶器多置于壁龛内。值得注意的是SDM132,壁龛内外器类不同,龛内以日用陶器为主,而头箱内均为仿铜陶礼器。此外,3件盛中2件同形盛置于头箱,皆Ⅰ式,而另一件置于壁龛,为Ⅱ式。且头箱的盛与其他陶礼器均施白陶衣,而壁龛的盛无陶衣。这种将年代有别、面貌不同的随葬品分开放置的现象,有助于理解当时器用制度,判断墓主身份。

2. 对子墓的随葬品考察

对子墓的陶器组合往往不同。或一墓随葬储盛器+炊器,而另一墓单随葬储盛器,这一方式在竖穴土坑墓中最为常见,如SDM2与SDM3、SDM68与SDM69;或对子墓中仅一墓随葬仿铜陶礼器,如SJM61与SJM66、SJM53与SJM54。由于对子墓多为夫妻并穴合葬墓,这种夫妻陶器组合的差异,有助于探讨两性差异、女性来源等问题。

3. 墓地整体的区位分析

(1)墓葬形制方面。竖穴土坑墓、竖穴墓道洞室墓各自集中成大区,彼此相对分离。墓地东

---

[1] 两种类型的小口旋纹罐是否存在年代差别,尚不能确定。

[2] 如《西安龙首原汉墓》发表的42座墓中,竖穴土坑墓仅7座,竖穴墓道洞室墓30座,斜坡墓道洞室墓5座。《白鹿原汉墓》发表的94座墓中,竖穴墓道洞室墓28座,斜坡墓道洞室墓65座。《长安汉墓》发表的139座墓中,竖穴土坑墓仅4座,竖穴墓道洞室墓107座,斜坡墓道洞室墓28座。《西安北郊郑王村西汉墓》发表的80座墓中,竖穴土坑墓仅4座,竖穴洞室墓61座,斜坡墓道洞室墓共13座。

西两部分较为单纯,东部的Ⅰ区绝大多数为竖穴土坑墓,西部的Ⅳ区绝大多数为竖穴墓道洞室墓,并且Ⅳ区与Ⅲ区(竖穴土坑墓分布区)以空白地带相间隔。墓地中部,两类墓葬间并无明显的空白地带,其交界处往往犬牙交错,但两类墓各自集中成Ⅱ、Ⅲ两区,空间上不相混淆。Ⅱ区绝大多数为竖穴墓道洞室墓,Ⅲ区绝大多数为竖穴土坑墓。

各区内仅见极个别异类墓,且异类墓一般集中成群,与其他墓葬相对间隔。如Ⅰ区内的SDM207、SDM208,Ⅲ区内的SDM182、SDM183,Ⅳ区内的SJM21、SJM28、SJM29。整个墓地的两类墓葬成"大杂居、小聚居"态势。

(2)随葬陶器方面。墓地各区域的器类种类与形制并无不同,但陶器组合差异明显。如东部的Ⅰ区多单随葬储盛器,西部的Ⅳ区多随葬储盛器+炊器。此外,SJM48、SJM57、SJM58、SJM59集中成独立一小区,均随葬仿铜陶礼器。

4.3 墓主人身份的考古学观察

4.3.1 对墓主人的性别研究[1]

确定墓主性别的方法,除常用的人骨性别鉴定外,还可利用随葬品中的"性别代码(gender code)",即具有性别指示意义的器物。但遗憾的是,西汉时期的性别代码尚不明确。

针对关中地区汉墓人骨性别鉴定欠缺的现状[2],我们探索性别代码的方法是,首先根据随葬品的共存关系,将关中西汉墓葬中的各器类分为不共存的两类;再结合人骨性别鉴定,将两类器分别判定为典型的男、女性别代码。进而根据其他器类与这两器类的共存关系、性别鉴定结果,判断其他器类是否具有性别指示意义。并利用对子墓、秦墓材料,对非典型的性别代码进行验证。

我们认为西汉关中地区,典型的男性代码有兵器、文具、工具、铁杵臼,非典型的男性代码有铁削,典型的女性代码有纺织用具。而以往认为是女性专用品的耳珰、手镯并非性别代码。

鉴此,可新增判断邺城13座墓葬的性别,男性墓包括SDM7、SDM111、SDM132、SDM230、SDM170、SDM183、SDM192、SDM213、SDM209、SJM20、SJM38,女性墓包括SDM138、SJM65。

4.3.2 对墓主人的职业研究

由于随葬品中的兵器、文具、工具、纺织用具、农具等为反映职业的实用器,随葬这些器类的人或与器类所代表的职业有关。根据这些器类的共存情况,可对墓主工作的全职与兼职、男女两性的劳动分工进行初步讨论。下文为方便表述,暂将这些器类称为"职业代码"。

兵器为士兵、军吏的职业代码,文具为文吏、儒生的职业代码,农具为农民的职业代码,纺织

---

[1] 详见王洋、刘一婷:《关中西汉中小型墓葬"性别代码"初探》,《北方文物》2017年第2期。
[2] 关中地区已发表的多部西汉墓葬报告中,仅《白鹿原汉墓》进行过人骨性别鉴定。

用具为纺织业的职业代码,工具是以木工为主的手工业代码,铁杵臼为制药之用[1],是医生的职业代码。

据前文统计可知:(1)兵器与文具、铁削共存率较高,与农具、工具、杵臼也有共存,但与纺织用具不共出。表明部分士兵也从事文书工作,也有少数务农、从事手工业,但和纺织业无关联。(2)农具出土数量较少,仅与兵器、纺织用具共存。表明务农者可从军,或从事纺织业。(3)工具出土数量较少,仅与铁削、兵器共存。表明手工业者亦可从军。(4)纺织用具出土数量较少,偶与农具共存。表明从事纺织业者较为独立,个别务农。(5)铁杵臼一般单出,偶与兵器、工具共存。表明从事医药业的人较为独立,很少从事其他职业。

此外,由于兵器、文具、工具为男性代码,纺织用具为女性代码。据此可以推知,男性主要从事士兵、军吏、文吏、木工类手工业等工作,女性则主要从事纺织业,而男女均可务农。这一认识亦与文献中的记载相符[2]。

4.3.3　对墓主人的等级研究

本次发掘的墓葬皆属小型墓。秦汉时期商业大发展,人与人之间的贫富差距除了等级的直接影响外,加入了商业活动造成的贫富分化。"富"与"贵"的区别的出现[3],给小型汉墓等级标准的确定造成了很大的困难。如SDM38随葬铜钱185枚,而墓室面积仅3.78平方米,且葬具为单棺,可能属富而不贵。而SDM214随葬铜钱581枚,墓室面积6.15平方米,葬具一棺一椁,且随葬仿铜陶礼器,可能属且富且贵。

参考以往的标准,我们试图从墓葬面积、棺椁数量、铜器与仿铜陶礼器数量等方面进行考察。总体上,这些变量间存在一定的正相关,但均不成正比;且仿铜陶礼器与铜容器同墓不共存。本报告尚不能排除财富因素,提出较为客观的等级标准。但大致可以墓室面积5平方米为界,将竖穴土坑墓与竖穴墓道洞室墓分为两级:

第一级:墓室面积5～11平方米,葬具以一棺一椁、棺椁加垫木为主。

第二级:墓室面积小于5平方米,葬具以单棺及无葬具为主。

4.4　墓　地　结　构[4]

墓地中的兆沟、空白地带、墓位关系反映着古人眼中的墓地区划,在分期的前提下,以此为基

---

[1]　白云翔:《先秦两汉铁器的考古学观察》,科学出版社,2005年,第258页。中国社会科学院考古研究所:《中国考古学·秦汉卷》,中国社会科学出版社,2010年,第619页。

[2]　彭卫:《汉代女性的工作》,《史学月刊》2009年第7期,第80～103页。

[3]　李学勤先生通过秦简上的记载,认为"有些无爵或低爵的人经济地位也会超过有较高爵级的人"。李学勤:《东周与秦代文明》,上海人民出版社,2007年,第163页。

[4]　详见种建荣:《关中邰城汉墓墓地结构研究》,《北方文物》2018年第4期。

础,结合墓主性别、葬俗特征,可探讨墓地结构及其反映的社会组织结构。

4.4.1 小区内家葬制

1. 兆沟所见墓地结构

兆沟是进行墓地区划,进而研究墓地结构的重要依据。关中西汉中小型墓葬的周围普遍有兆沟[1],但科学发掘并已刊布材料的寥寥无几。邹城墓地各处遍布兆沟,通过对尚德发掘区局部的揭露,可以看出兆沟及兆域内墓葬的布局形态,均显示出家葬制特征。表现有三:

其一,兆沟有主兆沟与从兆沟之分。主兆沟所围兆域范围较大,其内包含多个范围很小的分兆域。如主兆沟G9范围内包含G8等分兆域。似乎主兆沟是一个墓区与另一个墓区的分界线,从兆沟是主兆沟所围界域中分兆域的界标。

其二,从兆沟一般呈不封口的"区"字形,其内仅埋葬一座或两座墓,墓葬居兆域中部,墓向与兆域开口方向一致。如G2兆域内有SDM224一座墓[2],G3兆域内有SDM245、SDM247两座墓,G4兆域内有SDM227一座墓[3],G6兆域内有SDM134一座墓,G8兆域内有SDM229一座墓。这种小区内布局一两座墓的形态,与商周族葬制下大量墓葬成排成列分布差异明显。

其三,同一兆域内埋葬的两座墓葬年代近同,墓葬形制、墓向相同。如G3兆域内的SDM245、SDM247。其性质或为具有夫妻关系的对子墓。

2. 墓位关系所见墓地结构

第一至四期的墓位关系,主要有以下四种:

(1) 一小片区域内仅有单独的一座墓葬。如SJM9、SJM40、SDM200。此类墓数量较多,零星散布于各小区间。

(2) 两座期段相同或相邻的墓葬集中成群,一般两墓形制相同、大小相若、墓向近同,即通常所说的"对子墓"。此类墓至少有63组,占这一时期墓葬总数近半。就性别明确的墓葬看,对子墓的两墓均一男一女,如SDM28和SDM29,SDM57和SDM55。此类墓可能为夫妻并穴合葬墓,代表着以夫妻为核心的家庭,是该墓地最基础的社会组织。

---

[1] 关中地区,除邹城汉墓外,岐山周公庙汉代墓地钻探出多条兆沟。关中地区之外,如山西天马曲村、侯马乔村、河南三门峡等地也发现有兆沟。见北京大学考古学系商周组、山西省考古研究所:《天马——曲村(1980—1989)》,科学出版社,2000年,第999页。山西省考古研究所:《侯马乔村墓地(1959—1996)》,科学出版社,2004年,第93页。三门峡市文物工作队:《三门峡市火电厂秦人墓发掘简报》,《华夏考古》1993年第4期,第54页。

[2] G2所围范围内共发现墓葬9座,但属G2兆域内的墓葬仅SDM224一座。原因有二:其一,由于G2间接打破G4,G4兆域内SDM227的年代是三期3段早组,所以G2兆域内的墓葬年代早不过此。其二,根据兆域内墓葬布局的一般规律,墓葬应居兆域中部,墓向与兆域开口一致。

[3] SDM227外有G4、G5两重兆沟,但该墓墓向为东向,与G4开口方向一致,而与G5不同。根据墓向与兆域开口一致的规律,可知该墓属G4兆域内。

（3）一组对子墓与一或两座期段近同、形制和墓向相同的墓葬集中成群。此类墓数量较少，如SJM13—SJM12与SJM10，SJM29—SJM28与SJM21。一般3座墓葬成群，可能埋葬了同一家庭的两代人，代表包含父母与未婚子女的核心家庭。

（4）期段相邻、墓葬形制和墓向相同的多座墓葬集中成群。此类墓数量极少，如SJM75—SJM69—SJM70由南向北依次排列，年代分别为第3、4、5段。可能埋葬了祖孙三代人。

第五期及更晚的墓位关系[1]，有以下两种：

（1）一小片区域内仅有单独的一座墓葬，墓葬以多人合葬为主。一座墓内一般埋葬2到3人，如SDM75、SDM70、SDM117，可能代表着一个核心家庭。亦见有埋葬4至6人，如SDM239、SDM242、SDM248，可能代表着一个扩大家庭，由父母与已婚子女或已婚兄弟姐妹组成。

（2）一组对子墓与一座期段相邻、形制和墓向相同的墓葬集中成群。仅见SJM63、SJM64与SJM65一组，对子墓年代为第6段，SJM65为第7段。可能代表着一个核心家庭，其中年代较晚的SJM65为女性墓，或表明该家庭断嗣于此。

3. 对子墓的夫妻排位

限于人骨保存情况较差，明确墓主头向与性别的墓葬仅23组。以墓主头向为准，男性葬于女性右侧的对子墓有18组，而葬于左侧的仅5组[2]。材料虽不系统，但仍可看出对子墓中的夫妻排位，普遍遵循"男右女左"。这种排位，自第二期延续至第五期，存在于墓葬形制不同的三类墓中，可能反映了当时长期遵守的定制。表现出以夫妻为核心家葬制的稳定。

4.4.2 大区内族葬制

第一至四期的竖穴土坑墓、竖穴墓道洞室墓的使用人群，可能属不同族群[3]。原因有以下两方面：

（1）空间上，两类墓各自集中成大区，彼此相对分离，成分区而葬的族葬制形态[4]。

竖穴土坑墓集中于Ⅰ区、Ⅲ区，竖穴墓道洞室墓集中于Ⅱ区、Ⅳ区，并且Ⅲ区与Ⅳ区间以空白地带相间隔。Ⅱ、Ⅲ两区内根据墓葬空间分布，又可分为Ⅱ—1、Ⅱ—2、Ⅱ—3，Ⅲ—1、Ⅲ—2各区。

（2）葬俗上，两类墓差异明显，集中表现在陶器组合、器用现象、墓向、壁龛四方面。墓葬形

---

[1] 由于部分斜坡墓道洞室墓未发现随葬品，其年代不可定。但从墓葬形制等方面看，其中部分的年代应晚于第五期7段。

[2] 限于材料，同时考虑到对子墓的一般规律，在统计中预设两个假设。其一，一组互相平行的对子墓中，若仅一座头向明确，则假设另一座墓头向与之相同。其二，一组对子墓中，若仅一墓性别明确，则假设另一墓性别与之相反。这样的假设与样本量的限制，必然会使研究结果与真实情况有所差异，但不妨碍我们把握夫妻墓葬排位的一般规律。此外，对墓主性别的确定，依据人骨鉴定与"性别代码"。

[3] 由于第五期及之后墓葬数量过少，且仅个别墓出土随葬品，故仅探讨第一至四期的族葬制问题。

[4] 详见本章"文化面貌的区位分析"一节。

制与葬俗的不同,或许代表着族群的不同[1]。

陶器组合方面。竖穴土坑墓以单随葬储盛器为主[2],约占墓葬总数70%[3]。而竖穴墓道洞室墓以随葬储盛器+炊器为主,约占墓葬总数80%。

器用现象方面。表现有三[4]:1)两类墓均存在"多罐同形"现象,但放置上,竖穴土坑墓遵循"多罐同形并置",而竖穴墓道洞室墓有意将同形多罐分离。2)两类墓均遵循储盛器、炊器"大类分置",但具体方式不同:竖穴土坑墓中的两大类器或空间上完全分离,或相邻但各自集中成群。竖穴墓道洞室墓除包含此两种外,其主要方式是"大类分置"与"同类对置"的结合。3)小红釜单独放置的方式,主要见于竖穴墓道洞室墓,基本不见于竖穴土坑墓。

墓向方面。竖穴土坑墓以南北向为主,占墓葬总数70%强。竖穴墓道洞室墓以东西向为主,占墓葬总数近65%。

壁龛方面。两类墓葬均有壁龛,但位置存在差异,表现有二:1)从壁龛与墓主的相对位置看,竖穴土坑墓以墓主右侧、脚端为主,竖穴墓道洞室墓则以墓主左侧为主,并且各自的最主要方式不见于对方。2)从壁龛所处墓壁的高低看,无墓道竖穴土坑墓以墓壁中部为主,竖穴墓道洞室墓则以墓壁底部为主。

仍需说明,葬俗有别、分区而葬的两个族群,还存在诸多共同之处,使用着同一支考古学文化。这里的"族"可能不同于商周时期的"族属"概念,或是更低级的人群划分。

4.4.3 墓地形成过程

第一期1段:仅5座墓,主要位于发掘区的中部,各墓间相距较远。

第二期2段:墓葬数量激增,散布于发掘区的各个区域。每单个墓葬、每组对子墓间距离均较远。如SJM45与SJM31之间,对子墓SDM217、SDM218与SDM142、SDM143之间。

第三期3段:墓葬数量较二期略有增加,分布区域基本与二期相同,仅在发掘区的西端略有扩展。相比于第二期,该期墓葬间距要小。在部分第二期墓葬的周围出现第三期墓葬,且基本都是同类墓葬,表明家庭成员的扩展,或由夫妻发展为包含子女的核心家庭,或由核心家庭发展为扩大家庭。如二期对子墓SDM99、SDM100的北边出现三期墓SDM98,二期对子墓SDM83、SDM86的南边出现三期对子墓SDM84、SDM85。

第四期4段:墓葬数量骤减。在有些第三期的地点,延续现象继续存在,如三期对子墓SDM108、SDM107的北边出现4段墓SDM120。在有些区域内没有4段墓葬,表明家庭发生了断裂,如尚德发掘区东端。在个别地点还出现了新的分兆域,如对子墓SDM207、SDM208。但总体看来人数变少,断裂的家庭大于连续的。

第四期5段:墓葬数量继续减少,仅10座墓。仅在个别地点存在延续,如SJM75、SJM69、

---

[1] 通过大量统计可知,造成这些葬俗不同的原因,并非年代、等级、性别因素。
[2] 根据前述器用制度的研究,小红釜在墓葬中不代表炊器,故在统计中不将其计入。
[3] 这里的墓葬总数为出土陶器的此类墓葬总数。仿铜陶礼器墓的陶器组合,以陶礼器之外的其他陶器计,下同。
[4] 详见本章"关于陶器器用制度的新认识"一节。

SJM70由南向北排列,自3段延续至5段。在绝大多数区域都呈现断裂现象,如尚德发掘区东端、西端。

第五期及更晚:墓葬数量较第四期增加。墓地的使用人群可能发生更替,原因有三:(1)出现大量斜坡墓道洞室墓,此前流行的竖穴土坑墓、竖穴墓道洞室墓消失。(2)五期及更晚的斜坡墓道洞室墓集中于墓地中部,在分布位置上与第四期发生断裂。年代上,第四期5段与第五期6段间也存在短暂的缺环。(3)斜坡墓道洞室墓普遍打破较早其他两类墓葬、兆沟。其中,前一种打破关系有7组,占墓葬打破关系总数的50%;后一种打破关系如SDM248→G4、G5、G8,SDM239→G9。

综上所述,该墓地普遍遵循家葬制,以夫妻并穴合葬、父母与未婚子女成群埋葬为代表。此两类墓分布于墓地各处,占墓葬总数比例过半。第五期及更晚,家葬制进一步发展,将夫妻、核心家庭合葬于一墓,形成空间上单独分布的多人合葬墓。在小区内的家葬制之上,存在以墓葬形制不同形成的大区。竖穴土坑墓、竖穴墓道洞室墓可能代表两个族群,采用聚族而葬的族葬制。

4.5 文化变迁与社会变迁管窥

邰城汉墓在年代上基本涵盖西汉一朝,以此为基础,结合关中地区其他墓葬材料,可将该地区西汉中小型墓葬的文化变迁,划分为三个阶段。

第一阶段:邰城一至三期的文化面貌虽有时代差异,但一脉相承,属同一文化阶段。表现在:(1)器类构成上,皆以缶、小口旋纹罐、各类折肩罐、盆甑、釜为主。(2)"演变系"上,"亚腰系"最为突出,"比例系"上腹小于下腹,"溜肩系"尚未出现。

此外,该阶段文化虽是继承秦文化而来,但两者差异显著[1]。表现在:(1)器类构成上,邰城第一阶段出现了矮直颈红陶釜、带把釜、锜、簋形甑等,而秦文化中的大口圆肩罐、假圈足盛、圈足盛、假圈足壶、平底壶不见于邰城。(2)陶器谱系上,两文化中均存在的折腹盆甑、鼓腹盆甑、小口旋纹罐、鼎、盛的谱系不同。(3)陶器纹饰上,邰城第一阶段新出现了楔形绳纹、瓦纹,秦文化中的旋断绳纹在此阶段发生较大变化。(4)仿铜陶礼器彩绘上,秦文化的陶礼器多素面,而邰城的陶礼器均施彩绘,以各种云纹、条带纹红、白、绿、蓝彩为主。(5)葬式上,邰城以仰身直肢葬为主,极少见屈肢葬,且基本不见秦文化中蜷曲特甚的屈肢葬。

第二阶段:邰城四期继承前三期发展而来,但出现诸多新的文化特征,属新的文化阶段。表现在:(1)器类上,圆肩罐取代了此前的主要器类折肩罐,大体缶逐渐被小体缶代替。(2)"演变

---

[1] 根据滕铭予、梁云等先生的研究,战国中晚期与之前秦的考古学文化面貌发生了重大变化(见滕铭予:《秦文化:从封国到帝国的考古学观察》,学苑出版社,2003年。梁云:《战国时代的东西差别——考古学的视野》,文物出版社,2008年)。所以,邰城与秦文化的对比,主要是与战国中晚期及统一秦时期的秦文化进行对比。

系"上,此前盛行的"亚腰系"消失,转而以"溜肩系"最为突出,"比例系"上下腹比例相若。

第三阶段:邰城五期与前四期差异较大,甚至在某些方面发生了文化断裂,属新的文化阶段。表现在:(1)器类上,前期的仿铜陶礼器鼎、盛、钫、锜、簋形甑,日用陶器缶、小口旋纹罐、釜消失。形成以灶及模型灶具、同形多罐、壶构成的新组合,并出现釉陶鼎、盛、壶、樽等新器类。(2)"演变系"上,釉陶鼎、盛未按陶鼎、盛的演变规律继续发展,而呈现出对邰城二期的"复古"。"比例系"上腹略大于下腹。(3)墓葬形制上,斜坡墓道洞室墓大量出现,并出现砖室墓。(4)埋葬方式上,出现多人同穴合葬。

邰城第一阶段之前的文化变迁,大致在西汉高祖时期,显示出汉初考古学文化上的"汉承秦制",但实质上是与秦文化的"貌合神离"。邰城第二、三阶段的文化变迁,大致在史学分期的西汉晚期,可能代表着"汉文化"的一次转型。

附表

邹城墓地发掘墓葬登记表

序号	墓号	墓向	期别	形制	墓室面积(m²)	墓道长(cm)	墓道宽(cm)	墓室长(cm)	墓室宽(cm)	墓室高(cm)	葬式	葬具	头向	墓主人	随葬器物	备注
1	SDM1	109	三.3	竖穴土坑墓	2.41			250.00	96.50	120.00	仰身直肢	单棺	东	女	陶有颈罐1、陶壶形罐1、铜环1、骨饰1、铜镜形器1、石印章1、铜铃3、螺形器(?)1、残铁器1、动物骨骼1	被盗
2	SDM2	14	三.3	竖穴土坑墓	2.49			226.00	110.00	390.00	仰身直肢	单棺	北		陶有颈罐3、铜匜形器1、动物骨骼1、漆器1	
3	SDM3	16	三.3	竖穴土坑墓	3.80			292.00	130.00	284.00	仰身直肢	单棺	北		陶卷沿圆肩罐3、铜带钩1、陶盂(?)1、陶盂改瓿1	
4	SDM4	6	三.3	竖穴土坑墓	1.86			223.00	83.50	550.00	仰身直肢	单棺	北		陶高口釜1、陶缶1、铜镜1、玉合1	被盗
5	SDM5	0	不明	竖穴土坑墓	3.24			230.00	141.00	230.00	不明	不明				被盗
6	SDM6	7	二.2	竖穴土坑墓	5.68			344.00	165.00	530.00	不明	不明			陶有颈罐2	
7	SDM7	17	二.2	竖穴土坑墓	6.43			342.00	188.00	670.00	仰身屈肢	单棺	北		陶缶2、玉剑璏1	
8	SDM8	16	不明	竖穴土坑墓	9.68			430.00	225.00	120.00	仰身直肢	单棺+垫木	北	女 50~55岁		
9	SDM9	17	不明	竖穴土坑墓	2.31			250.00	92.50	93.00	仰身直肢	无	北		铜带钩1	
10	SDM10	14	不明	竖穴土坑墓	3.80			290.00	131.00	300.00	仰身直肢	单棺	北	男? 35~40岁		

续表

序号	墓号	墓向	期别	形制	墓室面积(m²)	墓道长(cm)	墓道宽(cm)	墓室长(cm)	墓室宽(cm)	墓室高(cm)	葬式	葬具	头向	墓主人	随葬器物	备注
11	SDM11	15	不明	竖穴土坑墓	3.88			276.00	140.50	256.00	仰身直肢	单棺	北			
12	SDM12	95	三.3	竖穴土坑墓	5.93			343.00	173.00	240.00	仰身直肢	一棺一椁+垫木			陶有颈罐$_1$、铜带钩$_1$	被盗
13	SDM13	106	三.3	竖穴土坑墓	5.39			321.00	168.00	280.00	仰身直肢	单棺	东		陶有颈罐$_1$、陶罐口釜$_1$	
14	SDM16	93	不明	竖穴土坑墓	3.04			276.00	110.00	210.00	仰身直肢	单棺	东	男45±岁	铜镞$_1$	
15	SDM17	98	三.3	竖穴土坑墓	5.25			328.00	160.00	350.00	仰身直肢	一棺一椁	东		陶高口釜$_1$、陶盆形甑$_1$、陶缶$_1$、陶卷沿圆肩罐$_1$、陶盆$_1$、陶有颈罐$_1$、陶罐口釜$_1$	
16	SDM19	12	三.3早	竖穴土坑墓	5.73			303.00	189.00	388.00	仰身直肢	一棺一椁	北	女	陶鼎$_1$、陶盛$_1$、陶簋形甑$_1$、陶钫$_1$、陶锜$_1$	
17	SDM21	5	三.3晚	竖穴土坑墓	5.26			307.50	171.00	360.00	不明	一棺一椁	北	男?30±岁	陶罐口釜$_2$、陶缶$_1$、陶盂形甑$_1$、陶盖$_1$、铁釜$_2$	
18	SDM22	12	不明	竖穴土坑墓	2.43			228.00	106.50	214.00	仰身直肢	单棺	北	男35~40岁		
19	SDM24	99	二.2	竖穴土坑墓	2.81			260.00	108.00	225.00	仰身直肢	单棺	东		陶钵（?）$_1$、陶小口旋纹罐$_1$、陶异类釜$_1$、陶盆形甑$_1$、陶盆$_1$	
20	SDM25	99	二.2	竖穴土坑墓	4.01			304.00	132.00	290.00	侧身屈肢	单棺	东	40~45岁	陶小口旋纹罐$_1$	

续表

序号	墓号	墓向	期别	形制	墓室面积(m²)	墓道长(cm)	墓道宽(cm)	墓室长(cm)	墓室宽(cm)	墓室高(cm)	葬式	葬具	头向	墓主人	随葬器物	备注
21	SDM26	12	二.2	竖穴土坑墓	4.47			300.00	149.00	320.00	仰身直肢	单棺	北		陶有颈罐₃、螺(?)形器₁、铜带钩₁、铜璜形器₁组、铜铃₁、骨串饰₁、铁削₁、石耳珰₁、动物骨骼₁	
22	SDM27	92	不明	竖穴土坑墓	1.69			188.00	90.00	270.00	仰身直肢	单棺	东			
23	SDM28	92	三.3	竖穴土坑墓	4.28			287.00	169.00	270.00	仰身直肢	单棺	东	男 45~50岁	陶直口折肩罐₁	
24	SDM29	90	不明	竖穴土坑墓	3.17			258.00	123.00	170.00	仰身直肢	单棺	东	女 50±岁		
25	SDM31	4	三.3晚	竖穴土坑墓	3.50			250.00	140.00	290.00	仰身直肢	单棺	北	女?	陶直口折肩罐₁	
26	SDM32	95	不明	竖穴土坑墓	2.01			216.00	93.00	330.00	不明	不明				
27	SDM33	102	不明	竖穴土坑墓	2.15			239.00	90.00	190.00	仰身直肢	单棺	东	男? 50±岁		
28	SDM34	22	二.2	竖穴土坑墓	4.29			300.00	143.00	220.00	仰身直肢	无	北	女 50~55岁	陶小口旋纹罐₁	
29	SDM35	100	二.2	竖穴土坑墓	6.34			360.00	176.00	148.00	仰身直肢	单棺	东	女 20~25岁	陶盆₁、陶高口釜₁、陶盆形甑₁、陶直口折肩罐₂、陶小口旋纹罐₁、铜镜₁、漆器₁	
30	SDM36	12	不明	竖穴土坑墓	5.41			322.00	168.00	420.00	仰身屈肢	一棺一椁	北		骨管₁	

续表

序号	墓号	墓向	期别	形制	墓室面积(m²)	墓道长(cm)	墓道宽(cm)	墓室长(cm)	墓室宽(cm)	墓室高(cm)	葬式	葬具	头向	墓主人	随葬器物	备注
31	SDM37	279	二.2	竖穴土坑墓	5.04			280.00	180.00	240.00	侧身屈肢	无	西	女? 45~50岁	铁釜1、陶小口旋纹罐1、铜钱1组、陶盆改瓶1	
32	SDM38	99	三.3早	竖穴土坑墓	3.78			348.00	108.50	410.00	仰身直肢	单棺	东		铜钱1组、陶直口折肩罐2、陶两口金1、陶盆1、陶缶1、漆器1、陶瓿形瓶1、动物骨骼1	
33	SDM39	115	二.2	竖穴土坑墓	4.48			320.00	140.00	376.00	仰身直肢	一棺一椁	东		陶瓿1、陶盂形瓶1、陶罐口金1、陶盆改瓶1	
34	SDM41	12	三.3	竖穴土坑墓	4.41			290.00	152.00	254.00	不明	单棺	北		陶缶1	
35	SDM42	9	三.3	竖穴土坑墓	2.98			257.00	116.00	110.00	不明	不明	北		陶直口折肩罐1	
36	SDM55	17	三.3	竖穴土坑墓	3.85			277.00	139.00	280.00	侧身屈肢	单棺	北	女?	陶直口折肩罐1、铜镜1	
37	SDM56	284	三.3	竖穴土坑墓	3.56			254.50	140.00	185.00	仰身直肢	单棺	西		陶有颈罐2	
38	SDM57	5	不明	竖穴土坑墓	4.80			306.00	157.00	310.00	仰身直肢	单棺	北	男?		
39	SDM58	0	三.3晚	竖穴土坑墓	2.08			259.00	80.50	210.00	仰身直肢	单棺	北	男?	陶折肩罐1	
40	SDM60	282	三.3	竖穴土坑墓	4.99			320.00	156.00	346.00	仰身直肢	单棺+棺床	西		陶直口折肩罐1、铜印章1、铜带钩1	

序号	墓号	墓向	期别	形制	墓室面积(m²)	墓道长(cm)	墓道宽(cm)	墓室长(cm)	墓室宽(cm)	墓室高(cm)	葬式	葬具	头向	墓主人	随葬器物	备注
41	SDM61	11	不明	竖穴土坑墓	2.11			248.00	85.00	360.00	仰身直肢	单棺	北			
42	SDM65	7	二.2	竖穴土坑墓	4.22			308.00	137.00	278.00	仰身直肢	单棺	北		陶直口折肩罐₁	
43	SDM67	10	不明	竖穴土坑墓	6.48			343.00	189.00	360.00	仰身直肢	一棺一椁	北		铜铃₄	
44	SDM68	275	三.3	竖穴土坑墓	3.93			289.00	136.00	280.00	仰身直肢	单棺	西		陶有颈罐₁	
45	SDM69	90	三.3早	竖穴土坑墓	5.61			350.50	160.00	450.00	仰身直肢	一棺一椁	东		陶盂₁、陶盅₁、陶罐口釜₂、陶盂形甑₁、漆器₂铜钱₁组	
46	SDM71	8	不明	竖穴土坑墓	3.86			276.00	140.00	304.00	仰身直肢	不明	北			
47	SDM72	5	不明	竖穴土坑墓	4.61			290.00	159.00	340.00	仰身直肢	一棺一椁	北	女?50±岁		
48	SDM74	10	二.2	竖穴土坑墓	3.48			250.00	139.00	300.00	仰身直肢	单棺	北	女50±岁	陶有颈罐₃、铜铃₁组、玉环₂、串饰₁	
49	SDM76	6	三.3	竖穴土坑墓	3.10			250.00	124.00	210.00	仰身直肢	单棺	北	男25±岁	陶有颈罐₁	
50	SDM77	7	二.2	竖穴土坑墓	3.86			276.00	140.00	270.00	仰身直肢	单棺	北		陶有颈罐₁	
51	SDM78	7	二.2	竖穴土坑墓	3.31			275.50	120.00	275.00	仰身直肢	单棺	北	男?40±岁	陶有颈罐₁	
52	SDM79	15	二.2	竖穴土坑墓	3.48			270.00	129.00	350.00	仰身直肢	单棺	北	女25±岁	陶盂(?)₁、陶有颈罐₂	

续表

序号	墓号	墓向	期别	形制	墓室面积(m²)	墓道长(cm)	墓道宽(cm)	墓室长(cm)	墓室宽(cm)	墓室高(cm)	葬式	葬具	头向	墓主人	随葬器物	备注
53	SDM81	90	不明	竖穴土坑墓	2.70			260.00	104.00	230.00	仰身直肢	单棺	东			
54	SDM82	99	不明	竖穴土坑墓	4.95			330.00	150.00	500.00	仰身屈肢	一棺一椁	东			
55	SDM83	20	二.2	竖穴土坑墓	5.04			289.00	174.50	450.00	仰身直肢	一棺一椁	北		铁削1、陶直口折肩罐1、陶罐口盆1	
56	SDM84	4	三.3	竖穴土坑墓	6.02			350.00	172.00	380.00	仰身直肢	一棺一椁	北		陶灶1、陶缶1	
57	SDM85	0	三.3	竖穴土坑墓	3.73			245.50	152.00	390.00	仰身直肢	单棺	北		陶瓿1、陶直口折肩罐1、陶小口旋父罐1、陶盆1	
58	SDM86	5	二.2	竖穴土坑墓	5.50			346.00	159.00	324.00	仰身直肢	一棺一椁	北		陶直口折肩罐1	
59	SDM88	96	三.3	竖穴土坑墓	6.06			319.00	190.00	280.00	仰身直肢	一棺一椁	东		陶直口折肩罐1	
60	SDM90	12	二.2	竖穴土坑墓	5.34			347.00	154.00	580.00	仰身直肢	一棺一椁	北	女40±岁	铜带钩1、陶盖2、陶卷沿折肩罐1、陶钫1、陶缶1、陶直口折肩罐1、陶鼎2、漆器2、陶篮形甄1	
61	SDM92	90	三.3	竖穴土坑墓	8.08			359.00	225.00	500.00	不明	一棺一椁	东		陶缶1	
62	SDM93	5	三.3晚	竖穴土坑墓	5.14			319.00	161.00	340.00	不明	单棺	北		铜钱、陶有颈罐1、陶卷沿圆肩罐2、陶盖1、陶盂形甄1、陶罐口盆1	

序号	墓号	墓向	期别	形制	墓室面积(m²)	墓道长(cm)	墓道宽(cm)	墓室长(cm)	墓室宽(cm)	墓室高(cm)	葬式	葬具	头向	墓主人	随葬器物	备注
63	SDM94	18	三.3	竖穴土坑墓	6.78			399.00	170.00	460.00	仰身直肢	一棺一椁	北		陶缶$_1$、陶直口折肩罐$_2$、陶盂$_1$、陶高口釜$_1$、陶盂形甑$_1$、漆器$_1$	
64	SDM95	12	三.3	竖穴土坑墓	4.94			323.00	153.00	518.00	仰身直肢	一棺一椁	北		陶直口折肩罐$_1$、陶盂形甑$_1$	被盗
65	SDM98	101	三.3晚	竖穴土坑墓	4.36			290.00	150.50	280.00	不明	无	北		陶小口旋纹罐$_1$	
66	SDM99	102	二.2	竖穴土坑墓	7.20			332.00	217.00	322.00	仰身直肢	单棺	东		陶直口折肩罐$_2$、陶盂形甑$_1$、陶罐口金$_1$	
67	SDM100	95	二.2	竖穴土坑墓	3.53			196.00	180.00	280.00	不明	单棺	东		陶直口折肩罐$_2$	西端残，长及面积以现长计算
68	SDM102	14	四.4	竖穴土坑墓	3.26			279.00	117.00	290.00	仰身直肢	单棺	北		陶小口旋纹罐$_1$	
69	SDM104	11	二.2	竖穴土坑墓	5.54			353.00	157.00	420.00	仰身屈肢	一棺一椁	北		陶卷沿圆肩罐$_1$、陶直口折肩罐$_1$、陶带把釜$_1$	
70	SDM105	13	二.2	竖穴土坑墓	5.85			336.00	174.00	310.00	仰身直肢	单棺	北		铁削$_1$、铜带钩$_1$、陶直口折肩罐$_1$	
71	SDM107	185	三.3	竖穴土坑墓	3.70			281.00	131.50	300.00	仰身直肢	单棺	南		陶小口旋纹罐$_2$、陶卷沿折肩罐$_1$、陶有颈罐$_1$	
72	SDM108	15	三.3	竖穴土坑墓	3.36			280.00	120.00	280.00	仰身屈肢	单棺	北		陶罐口金$_1$、陶直口折肩罐$_2$、陶盂形甑$_1$、陶盆$_1$	

续表

序号	墓号	墓向	期别	形制	墓室面积(m²)	墓道长(cm)	墓道宽(cm)	墓室长(cm)	墓室宽(cm)	墓室高(cm)	葬式	葬具	头向	墓主人	随葬器物	备注
73	SDM109	10	三.3	竖穴土坑墓	6.11			318.00	192.00	320.00	不明	单棺			铜钱1组、陶异类羹1、陶盆1、陶盆形甑1	被盗
74	SDM110	15	三.3晚	竖穴土坑墓	3.53			258.00	137.00	159.00	仰身屈肢	单棺	北		陶小口旋纹罐1、牌形骨器1	
75	SDM111	184	一.1	竖穴土坑墓	4.52			284.00	159.00	246.00	仰身屈肢	单棺	南		陶直口折肩罐1、石砚2	
76	SDM112	10	二.2	竖穴土坑墓	9.56			390.00	245.00	390.00	不明	单棺			陶灶1套2具、陶豆1、陶带把釜1	
77	SDM113	7	二.2	竖穴土坑墓	5.02			320.00	157.00	540.00	仰身直肢	一棺一椁	北		陶直口折肩罐1、漆器1	
78	SDM115	15	不明	竖穴土坑墓	4.64			290.00	160.00	350.00	仰身直肢	单棺	北		铁削1、铁带钩1	
79	SDM116	10	二.2	竖穴土坑墓	2.53			253.00	100.00	300.00	仰身直肢	单棺	北		陶有颈罐3、铜钱1组	
80	SDM118	12	不明	竖穴土坑墓	1.89			262.00	72.00	220.00	仰身直肢	单棺	北			西端残，长及面积以现长计算
81	SDM120	9	四.4	竖穴土坑墓	5.20			289.00	180.00	270.00	仰身直肢	单棺	北		陶有颈罐1	
82	SDM124	9	不明	竖穴土坑墓	4.21			290.00	145.00	270.00	仰身直肢	单棺	北	女 40±岁		
83	SDM129	91	四.4	竖穴土坑墓	3.13			284.50	110.00	350.00	仰身直肢	单棺	东		陶小口旋纹罐1	
84	SDM130	90	不明	竖穴土坑墓	4.80			300.00	160.00	320.00	不明	不明				

续表

序号	墓号	墓向	期别	形制	墓室面积(m²)	墓道长(cm)	墓道宽(cm)	墓室长(cm)	墓室宽(cm)	墓室高(cm)	葬式	葬具	头向	墓主人	随葬器物	备注
85	SDM132	5	二.2	竖穴土坑墓	10.97			432.00	254.00	450.00	仰身直肢	单棺	北		陶壶$_2$、陶盛$_3$、陶鼎$_1$、石砚$_1$套、玉剑璲$_1$、漆器$_2$、铜带钩$_3$、陶有颈罐$_3$、陶熏炉$_1$、陶灶$_1$、陶直口圆肩罐$_1$、动物骨骼$_1$、牌形器$_1$	
86	SDM134	7	三.3晚	竖穴土坑墓	5.03			349.00	144.00	296.00	不明	单棺	北		陶盛$_1$、陶锜$_1$、陶篚形甑$_1$、陶纺$_1$、漆器$_1$、陶鼎$_1$	
87	SDM135	20	三.3	竖穴土坑墓	3.75			274.00	137.00	310.00	仰身直肢	单棺	北		陶直口折肩罐$_1$	
88	SDM141	96	不明	竖穴土坑墓	6.11			330.00	185.00	390.00	仰身直肢	单棺	东			
89	SDM143	10	二.2	竖穴土坑墓	5.72			329.00	174.00	342.00	仰身直肢	一棺一椁	北		陶直口折肩罐$_1$、陶缶$_1$、陶罐口釜$_1$	
90	SDM145	11	二.2	竖穴土坑墓	3.36			280.00	120.00	320.00	仰身直肢	单棺	北		陶小口旋纹罐$_2$	
91	SDM146	192	三.3	竖穴土坑墓	4.64			309.00	150.00	270.00	仰身直肢	一棺一椁	南		陶罐口釜$_1$、陶小口旋纹罐$_1$、铜镜$_1$、铜钱$_1$组、铁削$_1$、铁带钩$_1$	
92	SDM148	0	四.4	竖穴土坑墓	4.78			334.00	143.00	330.00	仰身直肢	单棺	北		陶缶$_1$、陶小口旋纹罐$_2$、铁灯$_1$、陶两口釜$_1$、陶盂形甑$_1$、陶罐口釜$_1$、陶盂$_1$	
93	SDM154	93	二.2	竖穴土坑墓	5.39			317.00	170.00	400.00	仰身直肢	单棺+垫木	东		陶直口折肩罐$_1$	

续表

序号	墓号	墓向	期别	形制	墓室面积(m²)	墓道长(cm)	墓道宽(cm)	墓室长(cm)	墓室宽(cm)	墓室高(cm)	葬式	葬具	头向	墓主人	随葬器物	备注
94	SDM157	15	不明	竖穴土坑墓	3.90			260.00	150.00	315.00	仰身直肢	单棺	北			
95	SDM159	87	三.3	竖穴土坑墓	5.46			339.00	161.00	360.00	不明	一棺一椁	东		陶缶₁、陶盖₁、陶盂改甑₁、陶两口釜₁	
96	SDM160	95	三.3晚	竖穴土坑墓	3.58			317.00	113.00	498.00	仰身直肢	一棺一椁	东		陶鼎₁、陶篮形甑₁、陶罐口釜₁、陶钫₁、陶锜₁	
97	SDM162	5	三.3	竖穴土坑墓	3.06			259.00	118.00	210.00	不明	单棺	北		陶缶₁、陶盂₁	
98	SDM163	184	三.3	竖穴土坑墓	5.47			342.00	160.00	350.00	不明	一棺一椁	南		陶直口折肩罐₁、陶罐口釜₁	
99	SDM164	5	三.3早	竖穴土坑墓	4.95			339.00	146.00	380.00	仰身直肢	一棺一椁	北		陶钫₁、陶鼎₁、陶盉₁、陶锜₁、铁鍪₁、陶篮形甑₁	
100	SDM165	8	三.3	竖穴土坑墓	4.80			300.00	160.00	488.00	仰身直肢	单棺	北		陶蒜头壶₁、陶有颈罐₁、陶卷沿折肩罐₁	
101	SDM166	7	不明	竖穴土坑墓	3.78			270.00	140.00	278.00	仰身屈肢	单棺	北	女30~35岁		
102	SDM167	98	二.2	竖穴土坑墓	4.86			340.00	143.00	270.00	仰身直肢	单棺+棺床	东		陶直口折肩罐₁	
103	SDM168	15	二.2	竖穴土坑墓	4.75			288.00	165.00	236.00	仰身直肢	单棺	北		陶缶₁	
104	SDM169	5	四.4	竖穴土坑墓	5.80			336.00	172.50	320.00	仰身屈肢	一棺一椁	北		陶有颈罐₃、陶兽₁、铜带钩₁	

续表

序号	墓号	墓向	期别	形制	墓室面积(m²)	墓道长(cm)	墓道宽(cm)	墓室长(cm)	墓室宽(cm)	墓室高(cm)	葬式	葬具	头向	墓主人	随葬器物	备注
105	SDM173	13	三.3早	竖穴土坑墓	6.24			367.00	170.00	325.00	仰身直肢	一棺一椁	北		陶罐口釜$_1$、陶盂改甑$_1$、陶盂$_1$、陶盖$_1$、陶缶$_1$、陶直口折肩罐$_1$	
106	SDM176	90	不明	竖穴土坑墓	4.39			309.00	142.00	250.00	仰身直肢	单棺	东			
107	SDM177	14	三.3晚	竖穴土坑墓	5.78			368.00	166.00	460.00	不明	一棺一椁	北		陶缶$_1$、陶高口釜$_1$、陶盂$_1$、陶盆改甑$_1$	
108	SDM178	5	三.3晚	竖穴土坑墓	5.51			340.00	162.00	400.00	不明	一棺一椁	北		陶缶$_1$、陶卷沿折肩罐$_1$、陶盛$_1$、陶卷沿圆肩罐$_1$、陶钫$_1$、陶鼎$_1$、陶罐口釜$_1$、陶篋形甑$_1$、陶筒$_1$、漆器$_5$	
109	SDM179	6	二.2	竖穴土坑墓	5.77			317.00	182.00	416.00	仰身直肢	单棺	北		陶盆改甑$_1$、陶直口折肩罐$_1$、陶罐口釜$_2$	
110	SDM180	12	三.3	竖穴土坑墓	6.13			326.00	188.00	400.00	仰身直肢	单棺	北		陶直口折肩罐$_1$、陶罐口釜$_1$	
111	SDM184	345	三.3	竖穴土坑墓	5.04			300.00	168.00	170.00	仰身直肢	单棺	北		陶直口折肩罐$_1$	
112	SDM187	8	三.3晚	竖穴土坑墓	3.92			280.00	149.00	430.00	仰身直肢	单棺	北		陶直口折肩罐$_1$	
113	SDM190	190	二.2	竖穴土坑墓	3.66			300.00	122.00	170.00	仰身直肢	单棺	南	男?	陶小口旋纹罐$_1$、陶盂改甑$_1$、陶盂$_1$	
114	SDM191	90	二.2	竖穴土坑墓	4.78			331.00	144.50	350.00	仰身直肢	一棺一椁	东		陶有须罐$_2$、陶小口旋纹罐$_1$、铜带钩$_1$、铁釜$_1$、漆器$_3$、动物骨骼$_1$	

续表

序号	墓号	墓向	期别	形制	墓室面积(m²)	墓道长(cm)	墓道宽(cm)	墓室长(cm)	墓室宽(cm)	墓室高(cm)	葬式	葬具	头向	墓主人	随葬器物	备注
115	SDM193	7	三.3晚	竖穴土坑墓	4.93			320.00	154.00	390.00	仰身直肢	单棺	北		陶盂₁、陶直口折肩罐₁、陶孟形瓿₁、陶罐口釜₂	
116	SDM195	12	不明	竖穴土坑墓	4.79			309.00	155.00	260.00	不明	单棺	北		铜镜₁	
117	SDM202	15	不明	竖穴土坑墓	4.24			270.00	157.00	300.00	仰身直肢	单棺	北			
118	SDM203	16	不明	竖穴土坑墓	5.48			308.00	178.00	378.00	不明	单棺				
119	SDM204	6	三.3	竖穴土坑墓	5.12			320.00	160.00	390.00	不明	单棺			陶缶₁、陶罐₂、罐口釜₁	
120	SDM212	186	四.5	竖穴土坑墓	4.92			245.00	201.00	246.00	仰身直肢	无	南	男? 30±岁	陶小口旋纹罐₁	被盗
121	SDM216	0	三.3早	竖穴土坑墓	7.58			386.50	196.00	430.00	不明	一棺一椁			陶缶₁、陶有颈罐₂、陶直口圆肩罐₂、铜钱₁组、铜带钩₁	
122	SDM223	7	二.2	竖穴土坑墓	3.84			272.00	141.00	580.00	仰身直肢	单棺	北	女 35~40岁	陶瓦₁、陶缶₁、陶卷沿折肩罐₂、陶直口圆肩罐₂、陶孟形瓿₁、陶盂₁、铜钱₁、铜手镯₁、漆器₂、动物骨骼₁	
123	SDM227	96	三.3早	竖穴土坑墓	4.98			315.00	158.00	360.00	仰身屈肢	无	东		陶直口折肩罐₁、铜带钩₁	
124	SDM228	18	四.4	竖穴土坑墓	6.25			329.00	190.00	550.00	仰身直肢	一棺一椁	北		陶直口圆肩罐₃、铜环₁、动物骨骼₁	

续表

序号	墓号	墓向	期别	形制	墓室面积(m²)	墓道长(cm)	墓道宽(cm)	墓室长(cm)	墓室宽(cm)	墓室高(cm)	葬式	葬具	头向	墓主人	随葬器物	备注
125	SDM229	13	不明	竖穴土坑墓	5.36			298.00	180.00	340.00	仰身直肢	无	北			
126	SDM230	3	二.2	竖穴土坑墓	5.50			309.00	178.00	456.00	仰身直肢	一椁一棺	北		铜带钩$_1$,陶直口折肩罐$_1$,铜铧$_1$	
127	SDM231	7	二.2	竖穴土坑墓	4.34			273.00	159.00	300.00	仰身屈肢	单棺	北		陶卷沿折肩罐$_1$	
128	SDM234	14	二.2	竖穴土坑墓	3.60			252.00	143.00	360.00	仰身直肢	单棺	北	女40~45岁	陶直口折肩罐$_1$	
129	SDM236	10	四.4	竖穴土坑墓	4.62			280.00	165.00	420.00	仰身屈肢	单棺	北		陶小口旋纹罐$_1$,陶盂形甑$_1$,陶盖$_1$,陶高口金$_1$,陶罐口金$_1$	
130	SDM237	15	三.3	竖穴土坑墓	9.18			340.00	270.00	320.00	仰身直肢	单棺	北		陶直口折肩罐$_1$	
131	SDM244	195	四.5	竖穴土坑墓	4.16			304.00	137.00	288.00	仰身屈肢	单棺	南	女40±岁	陶小口旋纹罐$_1$,陶卷沿圆肩罐$_1$,陶盂$_1$,陶盂改甑$_1$	
132	SDM250	106	三.3晚	竖穴土坑墓	3.53			294.00	120.00	352.00	仰身直肢	单棺	东		陶缶$_1$,陶盆$_1$,陶卷沿折肩罐$_1$,陶罐口金$_2$,陶盆形甑$_1$,铁錾$_1$	
133	SDM300	5	不明	竖穴土坑墓	6.38			334.00	191.00	340.00	不明	单棺	北			
134	SDM301	3	不明	竖穴土坑墓	5.77			296.00	195.00	380.00	仰身直肢	一棺一椁	北		陶罐口金$_1$,铜铃$_{2组}$	
135	SDM302	186	四.4	竖穴土坑墓	5.27			340.00	155.00	354.00	仰身直肢	一棺一椁	南	男?	陶盂形甑$_1$	

续表

序号	墓号	墓向	期别	形制	墓室面积(m²)	墓道长(cm)	墓道宽(cm)	墓室长(cm)	墓室宽(cm)	墓室高(cm)	葬式	葬具	头向	墓主人	随葬器物	备注
136	SDM303	0	二.2	竖穴土坑墓	5.40			325.00	166.00	420.00	仰身直肢	一棺一椁	北	55+	陶盆形瓶₁、陶直口折肩罐₁、陶盆₁、陶罐口釜₁	
137	SDM305	96	二.2	竖穴土坑墓	5.78			340.00	170.00	420.00	仰身直肢	单棺	东		陶小口旋纹罐₁	
138	SDM306	354	二.2	竖穴土坑墓	5.96			331.00	180.00	278.00	仰身屈肢	一棺一椁	北		陶直口折肩罐₁、陶罐口釜₁	
139	SDM307	3	三.3	竖穴土坑墓	5.55			312.00	178.00	420.00	仰身直肢	单棺	北		陶缶₁、铜钱₁组	
140	SDM308	5	三.3	竖穴土坑墓	4.61			320.00	144.00	432.00	仰身直肢	一棺一椁	北	女 25~30岁	陶直口折肩罐₁	
141	SDM309	7	五.6	竖穴土坑墓	8.40			442.00	190.00	356.00	不明	不明			陶壶₁	
142	SDM310	0	不明	竖穴土坑墓	4.35			290.00	150.00	400.00	不明	不明				
143	SDM311	8	不明	竖穴土坑墓	4.94			380.00	130.00	380.00	不明	不明				
144	SDM312	90	二.2	竖穴土坑墓	2.75			270.00	102.00	440.00	仰身屈肢	单棺	东	女	陶小口旋纹罐₁	
145	SDM313	85	二.2	竖穴土坑墓	5.09			324.00	157.00	280.00	不明	单棺	东		陶小口旋纹罐₁	
146	SDM316	4	二.2	竖穴土坑墓	6.04			330.00	183.00	500.00	仰身直肢	一棺一椁	北		陶直口折肩罐₁	

续表

序号	墓号	墓向	期别	形制	墓室面积(m²)	墓道长(cm)	墓道宽(cm)	墓室长(cm)	墓室宽(cm)	墓室高(cm)	葬式	葬具	头向	墓主人	随葬器物	备注
147	SJM2	13	三.3早	竖穴土坑墓	5.26			363.00	145.00	420.00	不明	一棺一椁			陶卷沿折肩罐$_2$、陶盂形罐$_1$、陶鼎$_2$、陶奁形甗$_1$、陶钫$_2$、陶卷沿圆肩罐$_1$、铜钱$_1$组、陶镝$_1$	
148	SJM3	5	三.3	竖穴土坑墓	6.37			352.00	181.00	250.00	仰身直肢	一棺一椁	北		陶缶$_1$、陶罐口釜$_1$	
149	SJM4	11	三.3晚	竖穴土坑墓	3.84			310.00	124.00	310.00	仰身直肢	一棺一椁	北	男?	陶钫$_1$、陶盉$_1$、陶锜$_1$、陶鼎$_1$、陶奁形甗$_1$	
150	SJM5	5	三.3晚	竖穴土坑墓	4.67			290.00	161.00	360.00	仰身直肢	一棺一椁	北		陶盆形甗$_1$、陶罐口釜$_1$、陶缶$_1$	
151	SJM9	28	不明	竖穴土坑墓	1.51			240.00	63.00	334.00	仰身直肢	单棺	北	女 30±岁	铜钱$_1$	
152	SJM21	8	二.2	竖穴土坑墓	5.15			342.00	150.50	334.00	仰身直肢	一棺一椁	北		陶缶$_1$、陶盆形甗$_1$、陶盆$_1$、陶高口釜$_1$	
153	SJM28	180	二.2	竖穴土坑墓	5.16			324.50	259.00	310.00	仰身屈肢	单棺	南	25±	陶直口折肩罐$_1$、铁削$_1$	
154	SJM29	7	不明	竖穴土坑墓	4.44			300.00	148.00	286.00	仰身直肢	单棺	北			
155	SJM40	92	三.3	竖穴土坑墓	6.24			312.00	200.00	340.00	仰身直肢	单棺	东	男?	陶高口釜$_1$、陶直口折肩罐$_2$、陶盆$_1$、陶直口折肩罐$_1$、陶盆形甗$_1$	
156	SDM14	276	三.3早	竖穴墓道洞室墓	3.50	245.00	151.00	330.00	106.00	130.00	不明	单棺	西		陶盆$_1$、陶小口旋纹罐$_2$、陶釜$_1$、陶盆形甗$_1$、陶直口折肩罐$_1$、铜盘$_1$、漆盘$_1$、漆器$_1$、铁鍪$_2$	

续表

序号	墓号	墓向	期别	形制	墓室面积(m²)	墓道长(cm)	墓道宽(cm)	墓室长(cm)	墓室宽(cm)	墓室高(cm)	葬式	葬具	头向	墓主人	随葬器物	备注
157	SDM15	277	二.2	竖穴墓道洞室墓	4.03	310.00	154.00	325.00	124.00	150.00	仰身直肢	单棺	西		陶两口金1、陶小口旋纹肩罐1、陶直口折肩罐1、陶缶1、陶盂改甑1、动物骨骼1、铜熨斗1	被盗
158	SDM20	280	不明	竖穴墓道洞室墓		248.00	118.00				不明	不明				墓室无法清理
159	SDM23	273	二.2	竖穴墓道洞室墓	0.62	273.00	121.00	80.00	78.00	110.00	仰身直肢	单棺	西	男? 30~35岁	陶有颈罐2、陶缶1、陶盂改甑1、铜带钩1	
160	SDM62	282	二.2	竖穴墓道洞室墓	3.93	279.00	160.00	367.00	107.00	148.00	仰身直肢	单棺	西		铜盆1、陶小口旋纹罐1、陶罐口金2、陶直口折肩罐1、陶盆1、陶盂形甑1、铜带钩1、铜镜1	
161	SDM63	96	二.2	竖穴墓道洞室墓	3.28	290.00	192.00	298.00	110.00	140.00	仰身直肢	单棺	东		陶壶形罐1、陶带把釜1、陶有颈罐1	
162	SDM64	196	二.2	竖穴墓道洞室墓	3.47	249.00	168.00	267.00	130.00	132.00	仰身屈肢	单棺	北		铜钱1组、陶盂1、陶盂形甑1、陶罐口金1、陶直口折肩罐1	
163	SDM80	20	三.3	竖穴墓道洞室墓	3.58	340.00	170.00	298.00	120.00	160.00	不明	单棺	北		陶小口旋纹罐1、陶卷沿折肩罐1、陶两口金1、陶盂1、陶盂改甑1	
164	SDM89	20	四.4	竖穴墓道洞室墓	4.31	280.00	152.00	295.00	146.00	150.00	不明	单棺+棺床	北		陶盉1、漆器1、铜钱1组、铁釜1、陶釿1、陶鼎1、陶簋形甑1、陶缶1、陶小口卷沿圆肩罐1、陶小口旋纹罐1、陶盂改甑1、铜柿蒂形棺饰1组、陶钩1	

续表

序号	墓号	墓向	期别	形制	墓室面积(m²)	墓道长(cm)	墓道宽(cm)	墓室长(cm)	墓室宽(cm)	墓室高(cm)	葬式	葬具	头向	墓主人	随葬器物	备注
165	SDM97	13	二.2	竖穴墓道洞室墓	3.19	250.00	154.00	293.00	109.00	120.00	不明	单棺	北		陶有颈罐$_1$、陶小口旋纹罐$_2$	
166	SDM103	102	三.3早	竖穴墓道洞室墓	3.93	310.00	138.00	357.00	110.00	150.00	不明	单棺			陶缶$_1$、陶卷沿圆肩罐$_1$、陶小口旋纹罐$_1$、铁釜$_1$	
167	SDM114	282	一.1	竖穴墓道洞室墓	3.52	271.00	151.00	332.00	106.00	140.00	仰身直肢	单棺	西		陶缶$_1$、陶盆$_1$、陶盆改甑$_1$、陶罐口金$_2$、陶直口折肩罐$_1$、铜镜$_1$、漆器$_3$	
168	SDM121	6	四.5	竖穴墓道洞室墓	3.34	280.00	180.00	288.00	116.00	120.00	仰身直肢	单棺	北		铁灯$_1$、陶鼎$_1$、陶盛$_1$、陶钫$_1$、陶罐口金$_1$、陶卷沿圆肩罐$_4$、陶有须罐$_1$、陶盂$_1$、陶孟形甑$_1$、铜带钩$_1$、铁器$_1$、铜钱组	
169	SDM122	270	三.3早	竖穴墓道洞室墓	3.18	255.00	142.00	294.00	108.00	120.00	不明	单棺			陶缶$_2$、陶罐口金$_2$、陶盆$_1$、陶灯$_1$、陶罐口折肩罐$_1$、陶孟形甑$_1$	
170	SDM123	98	二.2	竖穴墓道洞室墓	2.18	291.00	135.00	245.00	89.00	140.00	不明	单棺			陶小口旋纹罐$_2$、陶罐口金$_2$、陶直口折肩罐$_1$	
171	SDM137	180	不明	竖穴墓道洞室墓	8.30	340.00	170.00	340.00	244.00	120.00	不明	单棺				
172	SDM138	0	四.4	竖穴墓道洞室墓	4.32	327.50	172.00	360.00	120.00	110.00	仰身直肢	单棺	北		陶罐口金$_2$、陶纺轮$_1$、陶直口折肩罐$_1$、陶盆改甑$_1$、陶直口折肩甑$_1$、陶小口旋纹罐$_1$、铜两口罐$_1$、铜镜$_1$、铜钱$_1$组	

续表

序号	墓号	墓向	期别	形制	墓室面积(m²)	墓道长(cm)	墓道宽(cm)	墓室长(cm)	墓室宽(cm)	墓室高(cm)	葬式	葬具	头向	墓主人	随葬器物	备注
173	SDM139	181	三.3晚	竖穴墓道洞室墓	3.73	263.00	143.00	311.00	120.00	120.00	不明	单棺			陶带把釜$_1$、陶南口釜$_1$、陶缶$_1$、陶盂形甑$_1$、陶盂$_1$	
174	SDM140	0	三.3晚	竖穴墓道洞室墓	3.85	300.00	137.00	335.00	115.00	130.00	仰身直肢	单棺	北		陶缶$_1$、陶南口釜$_1$、陶盆$_1$、铜钱$_1$组、陶直口折肩罐$_1$、陶盆改061甑$_1$、铜镜$_1$	
175	SDM142	10	二.2	竖穴墓道洞室墓	5.20	281.00	178.00	361.00	144.00	140.00	仰身屈肢	单棺+棺床	北		陶缶$_1$、陶南口釜$_1$、陶盆$_2$、陶盂形罐$_1$、陶直口折肩罐$_1$、陶甑$_1$、陶鏊$_1$、陶鱼$_1$、铜镜$_1$、圆陶片$_1$	
176	SDM147	5	四.4	竖穴墓道洞室墓	3.54	229.00	115.50	328.00	108.00	120.00	仰身直肢	单棺	南		陶罐口釜$_1$、陶直口圆肩罐$_1$、陶缶$_1$、陶盂形罐$_1$、陶双系罐$_1$、陶盂形甑$_1$、铜泡$_1$、铜钱$_1$组	
177	SDM149	14	四.4	竖穴墓道洞室墓	2.72	243.00	113.00	286.00	95.00	140.00	仰身直肢	单棺	北		陶缶$_1$、铁灯$_1$、陶卷沿圆肩罐$_1$、陶小口旋纹罐$_1$、陶盂形甑$_1$、陶盂$_1$、陶南口釜$_1$、陶罐口釜$_1$、陶有颈罐$_1$	
178	SDM150	358	四.4	竖穴墓道洞室墓	5.05	308.00	141.00	361.00	140.00	120.00	仰身直肢	一棺一椁	北	女	陶直口折肩罐$_1$、陶小口旋纹罐$_1$、陶纺$_1$、陶盆$_1$、陶鼎$_1$、陶带把釜$_1$、陶簋形甑$_1$	
179	SDM151	270	一.1	竖穴墓道洞室墓	3.45	288.50	184.00	314.00	110.00	160.00	仰身直肢	单棺	西		陶带把釜$_1$、陶直口折肩罐$_2$、陶罐口釜$_1$、陶盆形甑$_1$、陶盂$_1$	

续表

序号	墓号	墓向	期别	形制	墓室面积(m²)	墓道长(cm)	墓道宽(cm)	墓室长(cm)	墓室宽(cm)	墓室高(cm)	葬式	葬具	头向	墓主人	随葬器物	备注
180	SDM152	285	三.3	竖穴墓道洞室墓	3.40	283.00	138.00	336.50	101.00	130.00	不明	单棺			陶小口旋纹罐$_1$、铁釜$_1$,陶直口折肩罐$_1$,陶盆形甑$_1$,陶罐口釜$_1$	
181	SDM153	198	二.2	竖穴墓道洞室墓	3.62	298.00	170.00	315.00	115.00	120.00	不明	单棺			陶直口折肩罐$_1$	
182	SDM155	274	二.2	竖穴墓道洞室墓	4.84	313.50	150.00	336.00	144.00	150.00	仰身直肢	单棺	西		陶缶$_1$、陶盆$_1$、陶盂$_1$、陶高口釜$_2$,陶小口旋纹罐$_1$、陶直口折肩罐$_1$,漆器$_1$	
183	SDM156	11	四.5	竖穴墓道洞室墓	2.94	252.00	106.00	300.00	98.00	146.00	仰身直肢	单棺	北		陶罐口釜$_1$、陶卷沿圆肩罐$_1$、陶有颈罐$_1$、陶盆形甑$_1$、陶直口折肩罐$_1$、陶盂$_1$	
184	SDM161	196	四.5	竖穴墓道洞室墓	3.08	230.00	120.00	307.50	100.00	120.00	仰身直肢	单棺	南		陶直口肩罐$_1$、陶盆形甑$_1$、铁釜$_1$	
185	SDM170	271	四.5	竖穴墓道洞室墓	2.43	260.00	92.00	296.00	82.00	130.00	不明	单棺			陶小口旋纹罐$_1$、陶壶$_1$、陶卷沿圆肩罐$_2$、陶盂形甑$_1$、陶罐口釜$_1$、铁刀$_1$、铜钱$_{4组}$、铜镜$_1$	
186	SDM171	102	三.3	竖穴墓道洞室墓	3.84	227.00	139.00	320.00	120.00	120.00	仰身直肢	单棺	东		陶缶$_1$、陶直口折肩罐$_1$、陶盆形甑$_1$、陶小口旋纹罐$_1$、陶高口釜$_1$、陶盆$_1$	
187	SDM172	196	三.3	竖穴墓道洞室墓	3.94	237.00	147.50	340.00	116.00	130.00	仰身直肢	单棺	北	30±	陶缶$_1$、陶盂$_1$、陶罐口釜$_2$、陶盂改甑$_1$	

续表

序号	墓号	墓向	期别	形制	墓室面积 (m²)	墓道长 (cm)	墓道宽 (cm)	墓室长 (cm)	墓室宽 (cm)	墓室高 (cm)	葬式	葬具	头向	墓主人	随葬器物	备注
188	SDM174	278	二.2	竖穴墓道洞室墓	3.57	322.00	170.00	283.00	126.00	130.00	不明	单棺			陶缶$_1$、陶直口折肩罐$_1$、陶罐口釜$_2$、陶盆形甑$_1$、陶盆$_1$、漆器$_2$	
189	SDM175	188	三.3	竖穴墓道洞室墓	4.34	226.00	136.00	346.00	125.50	160.00	不明	不明			铜镜$_1$、陶直口折肩罐$_1$、陶盂形甑$_1$、陶盂$_1$、陶两口釜$_1$	
190	SDM182	5	三.3早	竖穴墓道洞室墓	3.71	302.00	176.00	309.00	120.00	150.00	不明	单棺			陶卷沿折肩罐$_1$、陶直口折肩罐$_1$、陶小口旋纹罐$_1$、陶罐口釜$_1$、陶两盂$_1$、陶盂$_1$、漆器$_1$、改甑$_1$	
191	SDM183	5	三.3晚	竖穴墓道洞室墓	2.90	288.00	128.00	290.00	100.00	140.00	不明	单棺			铁刀$_1$、陶小口旋纹罐$_1$、陶钵$_1$、陶罐口釜$_1$	
192	SDM185	89	四.5	竖穴墓道洞室墓	2.16	208.00	100.00	270.00	80.00	100.00	仰身直肢	单棺	东		陶小口旋纹罐$_1$、陶罐口釜$_1$、铜带钩$_1$、陶盂形甑$_1$	
193	SDM186	7	四.5	竖穴墓道洞室墓	5.03	244.00	148.00	384.00	131.0	150.00	仰身直肢	一棺一椁	北		陶钫$_1$、陶卷沿圆肩罐$_1$、陶直口折肩罐$_1$、陶盉$_1$、陶小口旋纹罐$_1$、陶鼎$_1$、陶碗$_1$、陶盉盖$_1$、陶盖$_1$	
194	SDM192	11	三.3	竖穴墓道洞室墓	3.24	160.00	108.00	300.00	108.00	120.00	仰身直肢	单棺	北		陶直口折肩罐$_1$、陶罐口釜$_1$、石砚$_1$套（铁削$_1$）	墓道北部未发掘，以现长统计
195	SDM194	198	不明	竖穴墓道洞室墓	3.81	252.00	113.00	300.00	127.00	110.00	侧身屈肢	单棺	北			

续表

序号	墓号	墓向	期别	形制	墓室面积(m²)	墓道长(cm)	墓道宽(cm)	墓室长(cm)	墓室宽(cm)	墓室高(cm)	葬式	葬具	头向	墓主人	随葬器物	备注
196	SDM196	274	三.3晚	竖穴墓道洞室墓	2.88	288.00	140.00	288.00	100.00	126.00	仰身直肢	单棺	西		陶缶$_1$、陶直口折肩罐$_1$、陶罐口金$_2$、陶盆$_1$、陶盆(甑)$_1$	
197	SDM197	270	三.3晚	竖穴墓道洞室墓	4.22	268.00	166.00	330.00	128.00	120.00	不明	单棺	西		陶直口折肩罐$_1$、陶盆改甑$_1$、陶缶$_1$、陶小口旋纹罐$_1$、陶罐口金$_2$、陶盆$_1$、铁削$_1$、铜带钩$_1$、漆器$_1$	
198	SDM198	187	不明	竖穴墓道洞室墓	3.57	280.00	120.00	300.00	119.00	130.00	仰身直肢	单棺	北		陶罐口金$_1$	
199	SDM199	349	三.3晚	竖穴墓道洞室墓	3.28	252.00	132.00	322.00	102.00	120.00	不明	单棺	北		陶鼎$_1$、陶盛$_1$、陶臼$_1$、陶直口折肩罐$_2$、陶小口旋纹罐$_1$、陶盛$_1$、陶钧$_1$、陶奁形甑$_1$	
200	SDM200	9	二.2	竖穴墓道洞室墓	4.84	333.00	160.00	346.00	140.00	130.00	仰身直肢	单棺+棺床	北		陶壶$_2$、铁釜$_1$、陶直口折肩罐$_1$、陶盆$_1$、陶盂形甑$_1$	
201	SDM201	191	不明	竖穴墓道洞室墓	3.37	249.00	89.00	248.00	136.00	184.00	不明	无	南		砖$_3$	
202	SDM205	189	四.4	竖穴墓道洞室墓	2.85	310.00	140.00	300.00	95.00	120.00	仰身屈肢	单棺	北		陶缶$_1$、陶钫$_1$、陶盛$_1$、陶箦形甑$_1$、陶钧$_1$	
203	SDM207	11	四.4	竖穴墓道洞室墓	4.46	284.00	150.00	372.00	120.00	130.00	仰身直肢	单棺	北		陶卷沿折肩罐$_2$、陶盛$_1$、陶缶$_1$、陶小口旋纹罐$_1$、陶钫$_1$、陶盂$_1$、陶盆形甑$_1$、铁釜$_1$、铜钱$_1$组、铜神蒂形棺饰$_1$组、陶鼎$_1$组	

续表

序号	墓号	墓向	期别	形制	墓室面积(m²)	墓道长(cm)	墓道宽(cm)	墓室长(cm)	墓室宽(cm)	墓室高(cm)	葬式	葬具	头向	墓主人	随葬器物	备注
204	SDM208	9	四.4	竖穴墓道洞室墓	4.90	292.00	189.00	338.00	145.00	120.00	仰身直肢	单棺	北		陶小口旋纹罐$_1$,陶盆$_1$,铜盉$_1$,铁釜$_1$,铜钱$_1$组,正残器$_1$,铜带钩$_1$,铁灯$_1$	
205	SDM209	275	三.3早	竖穴墓道洞室墓	5.18	288.00	164.00	370.00	140.00	130.00	仰身直肢	单棺	西		陶直口折肩罐$_1$,铁釜$_1$,陶缶$_2$,陶盆$_1$,陶小口旋纹罐$_1$,陶罐口金$_1$,铜钱$_1$组,铁剑$_1$,陶盆形甑$_1$,铜镜$_1$,穿孔梭形器$_1$,铁削$_1$	
206	SDM210	276	三.3	竖穴墓道洞室墓	2.93	256.00	153.00	305.00	96.00	130.00	不明	单棺	西		陶罐口金$_2$,陶盂$_1$,陶小口旋纹罐$_1$,陶卷沿折肩罐$_1$,陶盆改甑$_1$	
207	SDM211	195	四.4	竖穴墓道洞室墓	3.10	300.00	124.00	310.00	100.00	120.00	仰身直肢	单棺	南	女 25±岁	陶小口旋纹罐$_1$,陶盂$_1$,陶盆形甑$_1$,陶高口金$_1$,铜钱$_1$组	
208	SDM213	275	二.2	竖穴墓道洞室墓	4.68	280.00	152.00	360.00	130.00	110.00	不明	单棺+棺床	西		铜盉$_1$,铜勺$_1$,铜盆$_2$,铜钱$_1$组,陶罐口金$_1$,铁剑$_1$,铜镜$_1$,陶小口旋纹罐$_1$,陶盆形甑$_1$,铁釜$_1$,铁戟$_1$,石砰$_1$,陶直口折肩罐$_1$,陶缶$_2$,陶盆$_2$,动物骨骼$_1$	
209	SDM214	275	二.2	竖穴墓道洞室墓	6.33	280.00	168.00	410.00	154.50	160.00	不明	一棺一椁	西		铁灯$_1$,铜镜$_1$,铜钱$_4$组,铁釜$_1$,陶盂$_1$,陶鼎$_1$,陶直口折肩罐$_1$,陶钫$_1$,陶壶$_1$,陶盆形甑$_1$,铜环$_1$,铜钚$_1$,耒耜$_1$组,漆器$_2$	

续表

序号	墓号	墓向	期别	形制	墓室面积(m²)	墓道长(cm)	墓道宽(cm)	墓室长(cm)	墓室宽(cm)	墓室高(cm)	葬式	葬具	头向	墓主人	随葬器物	备注
210	SDM217	100	二.2	竖穴墓道洞室墓	3.97	254.00	142.00	310.00	128.00	130.00	不明	单棺			陶直口折肩罐$_1$、陶罐口釜$_1$、陶南口釜$_1$、陶小口旋纹罐$_1$、陶盂改甑$_1$、陶盂$_1$	
211	SDM218	105	二.2	竖穴墓道洞室墓	5.15	328.00	170.00	368.00	140.00	126.00	侧身屈肢	一棺一椁	东		漆器$_2$、陶缶$_1$、陶直口折肩罐$_1$、陶南口釜$_1$、陶盂$_1$、陶盂改甑$_1$、铜带钩$_1$、铜环$_1$	
212	SDM222	8	二.2	竖穴墓道洞室墓	3.33	350.00	126.00	320.00	104.00	140.00	不明	单棺			陶直口折肩罐$_1$、陶有颈罐$_2$、漆器$_1$	
213	SDM224	16	三.3晚	竖穴墓道洞室墓	2.56	244.00	109.00	278.00	92.00	120.00	不明	单棺			陶盆$_1$、陶盂改甑$_1$、陶罐口釜$_1$、陶小口旋纹罐$_2$、陶卷沿折肩罐$_1$	
214	SDM225	285	三.3	竖穴墓道洞室墓	2.18	210.00	121.00	186.00	117.00	100.00	不明	不明			陶卷沿折肩罐$_1$、陶盆$_1$、陶盂改甑$_2$、漆器$_1$	
215	SDM226	97	一.1	竖穴墓道洞室墓	3.89	310.00	197.00	306.00	127.00	140.00	不明	单棺	东		陶盆$_1$、陶盆改甑$_1$、陶直口折肩罐$_2$、陶罐口釜$_1$、陶缶$_1$、铜钱$_{1组}$	
216	SDM232	286	三.3	竖穴墓道洞室墓	4.28	276.00	180.00	340.00	126.00	140.00	不明	单棺+棺床			陶缶$_1$、陶罐口釜$_1$、铜铜$_1$、陶直口折肩罐$_1$、动物骨骼$_{1组}$、漆器$_1$	

续表

序号	墓号	墓向	期别	形制	墓室面积(m²)	墓道长(cm)	墓道宽(cm)	墓室长(cm)	墓室宽(cm)	墓室高(cm)	葬式	葬具	头向	墓主人	随葬器物	备注
217	SDM233	285	三.3	竖穴墓道洞室墓	2.89	272.00	140.00	301.00	96.00	130.00	仰身直肢	单棺	西		陶罐口金₂、陶盆、陶缶、陶盆改甑₁、铜钱₁组、陶直口折肩罐₁	
218	SDM238	283	三.3晚	竖穴墓道洞室墓	3.62	292.00	150.00	302.00	120.00	120.00	不明	单棺			陶卷沿圆肩罐₁、陶小口旋纹罐₁、陶罐口金₁、陶直口折肩罐₁、陶盂₁、铜钱₁组、陶盂改甑₁	
219	SDM241	274	四.4	竖穴墓道洞室墓	2.12	209.00	112.00	265.00	80.00	120.00	仰身直肢	单棺	西		陶小口旋纹罐₁、陶两口金₁、陶盂₁、陶卷沿折肩罐₁	
220	SDM245	275	三.3	竖穴墓道洞室墓	3.06	303.00	182.00	273.00	112.00	130.00	不明	单棺			陶罐口金₂、陶小口旋纹罐₁、陶盆改甑₁、陶直口折肩罐₁、陶盆₁、铜铃₁组、铜环₁	
221	SDM247	276	二.2	竖穴墓道洞室墓	3.32	269.00	134.00	325.00	102.00	150.00	仰身直肢	单棺	西		陶缶₁、陶盆₁、陶罐改甑₁、铜鍪₁、陶罐₁、陶罐口金₁、陶直口折肩罐₁、漆器₁	
222	SDM249	195	一.1	竖穴墓道洞室墓	1.30	270.00	130.00	112.00	116.00	130.00	不明	不明			陶直口折肩罐₁	墓室北部未发掘，长及面积以现长计算
223	SDM251	271	二.2	竖穴墓道洞室墓	2.63	220.00	135.00	239.00	110.00	120.00	仰身直肢	单棺	西		陶小口旋纹罐₁、陶两口金₁、陶盂改甑₁、陶卷沿折肩罐₁、陶盂₁	

续表

序号	墓号	墓向	期别	形制	墓室面积(m²)	墓道长(cm)	墓道宽(cm)	墓室长(cm)	墓室宽(cm)	墓室高(cm)	葬式	葬具	头向	墓主人	随葬器物	备注
325	SDM254	11	三.3	竖穴墓道洞室墓	3.58	291.00	170.00	325.00	110.00	130.00	不明	单棺			陶缶$_1$、陶高口釜$_1$、陶盆$_1$、陶盂形甑$_1$、铜钱$_1$组	
225	SDM304	96	三.3	竖穴墓道洞室墓	3.20	244.00	120.00	320.00	100.00	160.00	不明	单棺+棺床			陶直口折肩罐$_1$、陶罐口釜$_1$	
226	SDM315	6	不明	竖穴墓道洞室墓	3.07	255.00	105.00	254.00	121.00	170.00	仰身直肢	棺床	北			
227	SJM1	187	三.3晚	竖穴墓道洞室墓	5.32	264.00	151.00	341.00	156.00	120.00	不明	单棺			陶钫$_1$、陶鼎$_1$、陶带把釜$_1$、漆器$_2$、陶奁形甑$_1$、陶直口折肩罐$_1$、女立俑$_1$、陶小口旋纹罐$_1$、铜钱$_1$组、陶盛$_1$、陶钫$_1$	
228	SJM6	90	三.3	竖穴墓道洞室墓	3.11	340.00	92.00	280.00	111.00	160.00	仰身直肢	单棺	东		陶缶$_1$、陶罐口釜$_1$、陶盆$_1$、陶盂形甑$_2$、陶两口釜$_1$	
229	SJM7	270	四.4	竖穴墓道洞室墓	4.73	274.00	115.00	350.00	135.00	140.00	仰身直肢	单棺+棺床	西		铁灯$_1$、铁釜$_1$、陶小口旋纹罐$_1$、陶盂$_1$、陶鼎$_1$、陶卷沿折肩罐$_1$、陶钫$_1$、陶卷沿圆肩罐$_1$	
230	SJM8	285	二.2	竖穴墓道洞室墓	3.81	292.50	141.00	346.00	110.00	140.00	不明	单棺+棺床			陶缶$_1$、陶直口折肩罐$_2$、陶盂形甑$_1$、陶盆$_1$、陶盂$_1$、陶两口釜$_1$	
231	SJM10	12	三.3晚	竖穴墓道洞室墓	3.19	300.00	154.00	310.00	103.00	140.00	仰身直肢	单棺+棺床	北		铜带钩$_1$、铜钱$_2$组、陶盂形甑$_1$、陶缶$_1$、陶罐口釜$_1$、陶盆$_1$、陶两口釜$_1$	

续表

序号	墓号	墓向	期别	形制	墓室面积(m²)	墓道长(cm)	墓道宽(cm)	墓室长(cm)	墓室宽(cm)	墓室高(cm)	葬式	葬具	头向	墓主人	随葬器物	备注
232	SJM12	2	三.3	竖穴墓道洞室墓	3.26	282.00	122.50	310.00	105.00	130.00	仰身屈肢	单棺	北		陶卷沿圆肩罐$_1$、陶缶$_1$、陶罐口釜$_2$、铜钱$_1$组、陶盉形甑$_1$、陶盂$_1$	
233	SJM13	7	三.3	竖穴墓道洞室墓	3.73	310.00	139.00	319.00	117.00	140.00	不明	单棺			陶缶$_1$、陶两口釜$_1$、陶盂$_1$、陶盉形甑$_1$、陶卷沿折肩罐$_1$、陶卷沿罐口釜$_1$	
234	SJM15	272	二.2	竖穴墓道洞室墓	5.11	261.00	170.00	370.00	138.00	140.00	不明	单棺			陶灯$_1$、陶小口旋纹罐$_1$、陶盉形甑$_1$、陶盆$_1$、陶釜$_1$、陶缶$_1$	
235	SJM20	280	四.4	竖穴墓道洞室墓	5.96	200.00	110.00	420.00	142.00	140.00	不明	单棺			陶直口圆肩罐$_1$、陶罐口釜$_1$、陶钵形器$_1$、铁釜$_1$、陶盂形甑$_1$、铜印章$_1$、陶盂$_1$、陶小口旋纹罐$_1$、陶虎子形器$_1$、俾倪$_1$、车害$_1$、铜镜$_1$、铜铜$_1$、铁削$_1$、铜带钩$_2$、铁管(？)$_1$	
236	SJM22	280	三.3晚	竖穴墓道洞室墓	2.90	271.00	121.00	299.00	97.00	140.00	仰身屈肢	单棺	西		陶缶$_1$、陶盆$_1$、陶罐口釜$_1$、陶卷沿折肩罐$_1$、陶盂形甑$_1$、陶有颈罐$_1$	
237	SJM23	278	三.3	竖穴墓道洞室墓	3.94	261.00	130.00	340.00	116.00	130.00	不明	单棺			陶小口旋纹罐$_1$、陶缶$_1$、陶釜$_1$、陶盂形甑$_1$、陶卷直口折肩罐$_1$、陶卷沿圆肩罐$_1$	

序号	墓号	墓向	期别	形制	墓室面积(m²)	墓道长(cm)	墓道宽(cm)	墓室长(cm)	墓室宽(cm)	墓室高(cm)	葬式	葬具	头向	墓主人	随葬器物	备注
238	SJM26	280	四.5	竖穴墓道洞室墓	3.73	300.00	167.50	319.00	117.00	110.00	仰身直肢	单棺	西		陶有颈罐$_1$、陶盂改甑$_1$、陶盆$_1$、陶盂形甑$_1$、陶小口旋纹罐$_1$、陶直口折肩罐$_1$、铁削$_1$、陶直口圆肩罐$_1$	
239	SJM27	276	三.3晚	竖穴墓道洞室墓	3.61	330.00	180.00	328.00	110.00	140.00	不明	单棺	西		陶罐口釜$_1$、陶盅$_1$、陶直口圆肩甑$_1$、陶小口旋纹罐$_1$、陶盂形甑$_1$、陶两口釜$_1$、陶盆$_1$	
240	SJM30	197	三.3	竖穴墓道洞室墓	3.46	288.00	180.00	288.00	120.00	140.00	仰身直肢	单棺	北		陶罐口釜$_1$、陶盅$_1$、陶盂形甑$_1$	
241	SJM31	95	二.2	竖穴墓道洞室墓	2.64	210.00	126.00	259.00	102.00	120.00	不明	不明			陶罐口釜$_1$、陶盅$_1$、陶卷沿折肩罐$_2$、陶两口釜$_1$、陶盂$_1$、陶盂形甑$_1$、铁削$_1$、铜钱$_{2组}$	
242	SJM32	270	三.3早	竖穴墓道洞室墓	3.66	269.00	148.00	330.00	111.00	130.00	仰身直肢	单棺	西		铜钱$_1$、铁铧$_1$、陶带把釜$_1$、陶罐口釜$_2$、铁灯$_1$、陶缶$_1$、陶直口折肩罐$_2$、陶盆$_1$、陶盆形甑$_1$	
243	SJM33	278	三.3晚	竖穴墓道洞室墓	4.52	280.00	146.00	290.00	156.00	160.00	不明	不明	西		铁灯$_1$、铁削$_1$、陶罐口釜$_2$、陶卷沿圆肩罐$_2$、铁釜$_2$、陶卷沿折肩罐$_2$、铁釜$_1$、陶盂形甑$_1$	

续表

序号	墓号	墓向	期别	形制	墓室面积(m²)	墓道长(cm)	墓道宽(cm)	墓室长(cm)	墓室宽(cm)	墓室高(cm)	葬式	葬具	头向	墓主人	随葬器物	备注
244	SJM35	12	三.3	竖穴墓道洞室墓	5.21	280.00	162.00	330.00	158.00	140.00	仰身直肢	单棺+棺床	北		铜带钩$_1$、铜钱$_1$组、陶小口旋纹罐$_2$、陶罐$_1$、陶盂$_1$、陶缶$_1$、陶卷沿折肩罐$_1$、铁釜$_1$、陶盂改甑$_1$	
245	SJM38	276	三.3	竖穴墓道洞室墓	4.40	320.00	155.00	314.00	140.00	130.00	不明	单棺			陶小口旋纹罐$_1$、陶高口金$_1$、陶灯$_1$、陶缶$_1$、陶罐口金$_2$、陶卷沿甑$_1$、陶盆形罐$_1$、陶篮形甑$_1$、陶盂$_1$、铁矛$_1$	
246	SJM39	275	三.3晚	竖穴墓道洞室墓	5.76	270.00	155.00	360.00	160.00	150.00	不明	单棺	西		铁灯$_1$、陶缶$_1$、陶卷沿折肩罐$_1$、陶盛$_1$、陶鼎$_1$、陶盆$_1$、陶钫$_1$、陶篮形甑$_1$、陶鼎盖$_1$	
247	SJM45	10	二.2	竖穴墓道洞室墓	3.24	289.00	120.00	287.00	113.00	140.00	不明	单棺	北		陶缶$_1$、陶有颈罐$_1$、陶罐口金$_1$、铜钱$_2$组、陶高口金$_1$、陶盂$_1$、陶盂形甑$_1$、圆陶片$_1$	
248	SJM46	270	三.3晚	竖穴墓道洞室墓	5.62	300.00	134.00	360.00	156.00	140.00	仰身直肢	单棺	西		铜带钩$_1$、铜钱$_1$组、铁釜$_1$、陶盆形甑$_1$、陶直口折肩罐$_2$、陶缶$_1$、铁灯$_1$、陶盂$_1$	
249	SJM47	270	四.4	竖穴墓道洞室墓	4.98	310.00	150.00	356.00	140.00	140.00	仰身直肢	单棺+棺床	西		陶小口旋纹罐$_1$、陶高直口金$_1$、陶盂形甑$_1$、陶罐口金$_1$、铜钱$_1$组	

续表

序号	墓号	墓向	期别	形制	墓室面积(m²)	墓道长(cm)	墓道宽(cm)	墓室长(cm)	墓室宽(cm)	墓室高(cm)	葬式	葬具	头向	墓主人	随葬器物	备注
250	SJM48	268	二.2	竖穴墓道洞室墓	4.46	274.00	148.00	343.00	130.00	140.00	不明	单棺			陶钫$_1$、陶鼎$_1$、陶鸟$_1$、陶釜形甑$_1$	
251	SJM50	278	三.3	竖穴墓道洞室墓	3.18	250.00	142.50	300.00	106.00	140.00	不明	不明			陶带把釜$_1$、陶盆改甑$_1$、陶盆$_1$	
252	SJM51	280	三.3晚	竖穴墓道洞室墓	5.89	286.00	186.00	368.00	160.00	150.00	仰身直肢	一棺一椁	西		铜钱$_1$组、铜镜$_1$、铜削$_2$、陶罐口釜$_1$、陶盖$_1$、陶盖改罐$_1$、铁釜$_1$、陶盂$_1$、陶小口旋纹罐$_1$、陶直口折肩罐$_1$、陶罐$_2$、陶卷沿折肩罐$_1$	
253	SJM52	96	不明	竖穴墓道洞室墓	3.04	288.00	160.00	274.00	111.00	184.00	不明	单棺			陶罐口釜$_1$	
254	SJM53	98	三.3晚	竖穴墓道洞室墓	3.10	281.00	108.00	310.00	100.00	140.00	仰身直肢	单棺	东		陶鸟$_1$、陶卷沿折肩罐$_1$、陶小口旋纹罐$_1$、陶釜形甑$_1$	
255	SJM54	275	三.3	竖穴墓道洞室墓	4.52	360.00	178.00	340.00	133.00	150.00	不明	单棺			陶罐口釜$_1$、陶直口折肩罐$_1$、陶盆形甑$_1$、陶盆$_1$	
256	SJM55	280	四.4	竖穴墓道洞室墓	4.56	360.00	156.50	340.00	134.00	150.00	不明	单棺	东		铜带钩$_1$、铜柿蒂形棺饰$_1$组、陶直口圆肩罐$_2$、陶小口旋纹罐$_1$、铁釜$_1$、铁灯$_1$、陶鼎$_2$、陶直口折肩罐$_1$、陶盆$_1$	
257	SJM57	270	不明	竖穴墓道洞室墓	4.24	300.00	173.00	324.00	131.00	150.00	仰身直肢	单棺	西		陶钫$_1$	

邺城汉墓

续表

序号	墓号	墓向	期别	形制	墓室面积(m²)	墓道长(cm)	墓道宽(cm)	墓室长(cm)	墓室宽(cm)	墓室高(cm)	葬式	葬具	头向	墓主人	随葬器物	备注
258	SJM58	271	二·2	竖穴墓道洞室墓	5.15	294.00	179.00	368.00	140.00	140.00	仰身直肢	单棺+棺床	东		陶钫$_1$、铁灯$_1$、陶缶$_1$、漆器$_1$、陶罐$_1$	
259	SJM59	271	不明	竖穴墓道洞室墓	4.31	286.00	170.00	324.00	133.00	152.00	不明	不明			陶钫$_1$、陶籃形甑$_1$、陶盛盖$_1$、陶钫$_1$	被盗
260	SJM60	270	不明	竖穴墓道洞室墓	2.43	293.50	132.00	264.00	92.00	140.00	不明	不明				被盗
261	SJM61	278	二·2	竖穴墓道洞室墓	5.29	325.00	153.00	313.00	169.00	140.00	不明	单棺+棺床			陶小口旋纹罐$_1$、陶卷沿圆肩罐$_1$、陶两口釜$_1$、铜镜$_1$、铁灯$_1$、陶缶$_1$、铜钱$_1$	
262	SJM62	10	三·3	竖穴墓道洞室墓	3.73	238.00	128.00	349.00	107.00	140.00	不明	单棺			陶罐口釜$_1$、陶小口旋纹罐$_1$、陶两口釜$_1$、陶盂$_1$、陶卷沿折肩罐$_1$、陶盂改甑$_1$、铜缶$_1$、铜钱$_1$组	
263	SJM66	88	二·2	竖穴墓道洞室墓	4.60	267.50	129.00	322.00	143.00	150.00	不明	单棺			陶缶$_1$、陶盛$_2$、陶钫$_1$、陶锜$_1$、陶卷沿折肩罐$_1$、陶鼎$_1$、陶器盖$_1$、铁灯$_1$、方陶片$_1$、铁削$_1$、漆器$_2$	
264	SJM67	272	三·3	竖穴墓道洞室墓	5.44	286.00	145.00	340.00	160.00	150.00	仰身直肢	单棺	西		陶盆$_1$、陶两口釜$_1$、陶罐口釜$_1$、陶直口折肩罐$_1$、陶缶$_1$、陶盂形甑$_1$	

续表

序号	墓号	墓向	期别	形制	墓室面积(m²)	墓道长(cm)	墓道宽(cm)	墓室长(cm)	墓室宽(cm)	墓室高(cm)	葬式	葬具	头向	墓主人	随葬器物	备注
265	SJM68	275	三.3	竖穴墓道洞室墓	3.50	292.00	128.00	330.00	106.00	140.00	仰身直肢	单棺	西		陶盂形甑$_1$、陶小口旋纹罐$_1$、陶盆$_1$、陶直口折肩罐$_1$	
266	SJM69	275	四.4	竖穴墓道洞室墓	5.46	260.00	171.00	352.00	155.00	150.00		单棺			陶缶$_1$、陶卷沿圆肩罐$_1$、陶有颈罐$_3$、铁釜$_1$、陶盆形甑$_1$、陶罐口釜$_1$、陶小口旋纹罐$_1$、陶蒜头壶$_1$、陶盂$_1$、铜钱$_1$组、铜盖弓帽$_1$	
267	SJM70	265	四.5	竖穴墓道洞室墓	4.44	270.00	138.50	352.00	126.00	140.00	不明	单棺	西		陶盂形甑$_1$、陶盂$_1$、陶小口旋纹罐$_1$、陶卷沿圆肩罐$_2$、铁釜$_1$、陶罐口釜$_1$、陶盆$_1$、铁灯$_1$、铜钱$_4$组	
268	SJM71	268	四.4	竖穴墓道洞室墓	3.34	308.00	146.00	309.00	108.00	160.00	仰身屈肢	单棺	西		陶两口釜$_1$、陶小口旋纹罐$_1$、陶盆形甑$_1$、陶盂$_1$	
269	SJM72	269	不明	竖穴墓道洞室墓	3.15	90.00	170.00	286.00	110.00	140.00	仰身直肢	单棺	西		陶罐$_1$	部分墓道未清理，以现长统计
270	SJM73	274	三.3	竖穴墓道洞室墓	4.07	98.00	140.00	339.00	120.00	140.00	不明	不明			陶盂形甑$_1$、陶缶$_1$、陶直口折肩罐$_2$	部分墓道未清理，以现长统计
271	SJM75	286	三.3	竖穴墓道洞室墓	4.63	280.00	154.00	356.00	130.00	160.00	不明	单棺	西		陶缶$_1$、陶直口折肩罐$_1$、陶盆$_1$、陶罐口釜$_1$、陶两口釜$_1$、陶钉$_1$、陶盂形甑$_1$、铜钱$_1$组、陶盆$_2$甑$_1$	

续表

序号	墓号	墓同	期别	形制	墓室面积(m²)	墓道长(cm)	墓道宽(cm)	墓室长(cm)	墓室宽(cm)	墓室高(cm)	葬式	葬具	头向	墓主人	随葬器物	备注
272	SJM77	288	四.4	竖穴墓道洞室墓	2.58	290.00	129.00	290.00	89.00	140.00	仰身直肢	单棺	西	男? 45～50岁	陶罐口金1、陶卷沿圆肩罐2、铜环1、骨器1	
273	SJM78	285	四.4	竖穴墓道洞室墓	2.65	260.00	109.00	294.00	90.00	128.00	不明	单棺			陶卷沿圆肩罐1、陶罐口金1、陶盆形瓶1	
274	SDM59	186	不明	斜坡墓道洞室墓	2.98	850.00	110.00	224.00	133.00	104.00	不明	无		女? 50～55岁	陶四系罐1、泥饼1、铜钗1	墓道未清理完毕,以现长统计
275	SDM70	191	不明	斜坡墓道洞室墓	5.24	300.00	100.00	288.00	182.00	146.00	仰身直肢	无	南			墓道未清理完毕,以现长统计
276	SDM75	181	不明	斜坡墓道洞室墓	4.48	1 150.00	89.50	242.00	185.00	128.00	仰身直肢	单棺(3)	南			
277	SDM87	175	不明	斜坡墓道洞室墓	6.80	1 500.00	98.00	270.00	252.00	160.00	仰身直肢	棺床(2)	南		骨饰1、铜钱2组、泥饼1、铜环1、铜钗1	
278	SDM91	182	不明	斜坡墓道洞室墓	4.60	1 250.00	95.00	230.00	200.00	164.00	不明	单棺				
279	SDM106	185	不明	斜坡墓道洞室墓	4.01	220.00	108.00	240.00	167.00	102.00	不明	无				墓道未清理完毕,以现长统计
280	SDM117	190	五.7	斜坡墓道洞室墓	2.75	332.00	124.00	220.00	125.00	136.00	不明	单棺	南		釉陶壶1、铜钗1	墓道未清理完毕,以现长统计

序号	墓号	墓向	期别	形制	墓室面积(m²)	墓道长(cm)	墓道宽(cm)	墓室长(cm)	墓室宽(cm)	墓室高(cm)	葬式	葬具	头向	墓主人	随葬器物	备注
281	SDM125	190	不明	斜坡墓道洞室墓	5.64	296.00	110.00	230.00	245.00	170.00	仰身直肢	单棺(2)	南		铁削₁	墓道未清理完毕,以现长统计
282	SDM128	182	不明	斜坡墓道洞室墓	4.10	266.00	110.00	250.00	164.00	165.00	不明	单棺			铜镜₁、泥饼₁	墓道未清理完毕,以现长统计
283	SDM133	173	不明	斜坡墓道洞室墓	4.71	260.00	120.00	231.00	204.00	128.00	仰身直肢	单棺	南		陶罐₁	墓道未清理完毕,以现长统计
284	SDM181	175	五.6	斜坡墓道洞室墓	7.50	540.00	136.00	322.00	233.00	162.00	不明	不明			陶有颈罐₄、铁镜₁、铁削₁	墓道未清理完毕,以现长统计
285	SDM239	189	不明	斜坡墓道洞室墓	6.78	1 280.00	96.00	242.00	280.00	222.00	仰身直肢	棺床(3)			铜钱₂组、料珠₁	
286	SDM240	196	不明	斜坡墓道洞室墓	9.60	1 460.00	94.00	322.00	298.00	238.00	仰身直肢	棺床(2)	西/南			
287	SDM242	184	不明	斜坡墓道洞室墓	9.06	990.00	80.00	300.00	302.00	198.00		棺床(2)				
288	SDM248	186	不明	斜坡墓道洞室墓	6.86	1 700.00	91.50	245.00	280.00	288.00		棺床(2)			铜钗₁	
289	SDM252	195	不明	斜坡墓道洞室墓	8.44	845.00	76.00	321.00	263.00	182.00	仰身直肢	棺床(2)				

续表

序号	墓号	墓向	期别	形制	墓室面积(m²)	墓道长(cm)	墓道宽(cm)	墓室长(cm)	墓室宽(cm)	墓室高(cm)	葬式	葬具	头向	墓主人	随葬器物	备注
290	SJM17	265	四.4	斜坡墓道洞室墓	4.90	34.00	116.00	360.00	136.00	160.00	不明	一棺一椁			陶缶$_1$、陶熏炉$_1$、陶小口旋纹罐$_1$、陶有颈罐$_{10}$、铁釜$_1$、陶直口圆肩罐$_6$、陶盆形甑$_1$、铜钱$_1$组、陶盂$_2$、铜镜$_1$	墓道未清理完毕,以现长统计
291	SJM49	103	五.6	斜坡墓道洞室墓	3.68	470.00	74.50	350.00	105.00	152.00		不明			陶锺$_1$、陶灶$_1$、陶直口圆肩罐$_3$、铁灯$_1$套3具、铁镜$_1$、铜镜$_1$、铜钱$_1$	
292	SJM63	12	五.6	斜坡墓道洞室墓	5.61	766.00	87.00	240.00	142.00	140.00	仰身直肢	单棺	北	男	铜釜$_1$、铜镜$_1$、陶直口圆肩罐$_4$、陶罐形壶$_1$、陶灶$_1$套4具、铜钱$_5$组、铁刀$_1$、玉剑璏$_1$	长、宽以后室统计,面积为前后室总面积
293	SJM64	5	五.6	斜坡墓道洞室墓	3.56	260.00	78.00	360.00	99.00	150.00	仰身直肢	单棺	北		陶直口圆肩罐$_5$、陶兽$_1$、陶壶$_1$、陶灶$_1$套2具、铜钱$_1$组、漆器$_2$	
294	SJM65	7	五.7	斜坡墓道洞室墓	5.76	860.00	98.00	360.00	160.00	146.00	仰身屈肢	单棺	北		釉陶壶$_1$、釉陶樽$_1$、陶直口圆肩罐$_5$、陶灶$_1$套3具、铜顶针$_1$、铜镜$_1$、铜兽$_1$、钱$_1$组、漆器$_1$、铁棺钉$_1$	

注：墓葬长、宽及面积均以墓底数据统计；两侧长、宽若数值不同,则求和取中间值

后　记

　　邰城汉墓是汉代邰县聚落外围的一处大型公共墓地。2010年6月至次年1月，为配合西宝客运专线建设项目，陕西省考古研究院对铁路穿越的墓地区域进行了大规模发掘。《邰城汉墓》即为本次基本建设考古工作的成果。

　　报告主编为项目发掘领队种建荣，其他撰写作者有赵艺蓬、陈钢、张艳、严静，及应邀参加的北京大学雷兴山教授、武汉大学教师王洋。报告题名、体例框架、具体内容由主编种建荣确定；各章节内容撰写由全体作者分工协作完成。具体分工大致如下：第一章执笔种建荣、王占奎；第二章执笔种建荣、王洋、雷兴山；第三章执笔赵艺蓬、陈钢、张艳、严静；第四章执笔种建荣、雷兴山、王洋。报告审阅王占奎、雷兴山，统稿、定稿种建荣。《邰城汉墓》是全体参编人员辛勤努力的集体成果。

　　报告田野遗迹与工作照相李宏斌、邱学武，器物照相张明惠；测绘图制作李宏斌，遗迹清绘、器物图绘图董红伟、刘军杏；纹饰与文字拓片周原博物馆白阿莹；插图、图版、附表编排制作赵艺蓬、陈钢、冯文丽、李宏斌等。摘要英文翻译李勇昌。本报告执行编辑缪丹。

　　在报告即将出版之际，我们衷心感谢所有为本报告编写、出版提供支持与帮助的单位的领导、专家、同事与同学。感谢陕西省文物局的领导与相关职能部门的同志！感谢陕西省考古研究院前任与现任的领导和所有的同事，尤其是业务办、配基办的负责同志！感谢杨凌区文物局与文管所的领导与同志们！感谢北京大学刘绪教授，西北大学张宏彦、段清波、徐卫民、梁云教授，秦陵博物院侯宁彬、陕西省考古研究院田亚岐、张建林研究员等诸位专家在田野工作期间给予我们的指导！感谢来自北京大学、西北大学、中央民族大学、湖南大学、南京师范大学、郑州大学、中国社会科学院参与资料整理工作的同学们！感谢考古队全体技工师傅的辛勤付出！也感谢铁路建设方在田野工作中给予的密切配合！感谢上海古籍出版社的领导与编辑出色细致的工作！特别感谢报告外审专家焦南峰先生，于百忙中审阅报告，并不吝赐序！

　　还需说明的是，由于我们水平与阅历的局限，报告中无疑存在一些不足与瑕疵，真诚地期待业界专家和读者提出批评意见与建议，以便我们今后改进提高。

种建荣

2017年8月底于西安

Abstract

The Taicheng cemetery is located between the Shijia and Shande villages in Yangling city. The site-complex is about 82 km to the west of Xi'an and 86 km to the east of Baoji. Abundant and dense Han remains were found, including ceramic sherds with Tai inscription, nearby these two villages. The location of this site basically matches with the records in textual records about the Tai county proposed before in the literature.

In 2010 and 2011, the Shaanxi Provincial Institute of Archaeology conducted a salvage excavation at the Taicheng cemetery due to the construction of Xi'an-Baoji high-speed railways. A total of 294 tombs were excavated. More than 1,000 artifacts, including ceramics, bronze objects, and iron objects, were unearthed. Moats surrounding the cemetery were identified in addition to kilns and ash pits that are contemporary or predating the cemetery. Most importantly, a full-coverage survey and sampling investigation were conducted nearby the cemetery in order to clarify the settlement layout and site formation of the Tai county, which eventually led to the discovery of the Taicheng ironworks.

This site report published all Han tombs excavated and affiliated cemetery moats. The site report includes two major components: general summary and specific introduction, and is divided into four chapters. Chapter 1 is the introduction about the location of cemetery, geographical history, natural environment, and previous excavation in order to explain the purpose of this excavation. Chapter 2 introduces the archaeological stratigraphy in the excavation area, organization of the cemetery, and basic characteristics of tomb structure, layout, and in situ context of burial goods in tombs. In addition, this chapter provides the typological analysis of burial goods for the discussion of chronology of tombs. Chapter 3 introduces the three different types of burials. According to the sequence of tomb number, the location within the cemetery, tomb layout, structure, burial furniture, body postures, contexts of burial goods, and burial good assemblages of each tomb are introduced in the site report. Chapter 4 is the discussion about the Tai county, Han culture related and social aspects based on the burial data.

The major contribution and new understanding of this site report can be summarized as bellows:

1. Based on the typological changes, stratigraphy, and assemblages of burial goods, this site

report divided the entire cemetery into five phases and seven sub-phases. Also, by drawing reference to the dates of coins and bronze mirrors that have been found before, the site report provided specific dates for each phase. Phase I is equivalent to the period from Emperor Guo to the beginning of Emperor Wen. Phase II is equivalent to Emperor Wen and Jin. Phase III is equivalent to the period from Emperor Jin to Emperor Wu. Phase IV dates to the period from Emperor Wu to Emperor Xuan. Phase V dates to the period from Emperors Yuan, Cheng, Ai and Pi to Wong Mong period. The site report suggested that the cemetery covered the entire Western Han period, and thereby provided an important chronological reference for later Western Han archaeology. The chronology of this cemetery tried to overcome previous issues existed in the literature. Also, the site report proposed some new phenomena based on burial goods such as "pattern block production" and "matrix of related changes".

2. The site report summarized characteristics of Han archaeological cultures including the "single type of guan/fou vessel", "assemblage of multiple pieces of guan vessels", "separation of storage vessels and cooking vessels", "chronological changes of ceramic assemblages", and "guan/fou as funeral gifts". Also, the site report summarized the assemblage of other small items, the location of iron lamps, and assemblage of ink slabs and ink stones. Furthermore, the site report suggested that there are differences and similarities between the Taicheng cemetery and other cemeteries in Xi'an, which might have been related to large issues such as differences between counties and capital as well as the Western and Eastern Guanzhong. Since shaft pit tombs and catacomb tombs were relatively separated, this site report also suggested this might reflect the pattern that isolated communities of residents lived together in the same bigger settlement.

3. In terms of the burial occupants' identity, the site report suggested some artifacts might serve as "gender code" and "occupation code". For instance, the "gender code" objects for male include weapons, stationery, tools, and iron mortars. Other non-typical "gender code" objects for male include iron ring-pommeled knives. Typical gender code objects for female included ear-rings and bracelets. Also, weapons should be the occupation code for soldiers and other military official, while the existence of stationery indicates the owners should be officials or Confucian scholars. Farming tools were the occupation code for farmers. Textile tools were the occupation code for textile workers. Stationery were the occupation code for handicraft workers. Iron mortars were used for preparing medicine. Therefore, the site report concluded that male members were soldiers, military officials, civil officials, and handicraft workers. Female members engaged in textile production. But both male and female engaged in agriculture, which is corresponding to historical textual records. Also, this site report suggested the tombs area of 5 square meters could be an important criterion for differentiating all tombs into two ranks.

4. The entire organization and layout of the cemetery represented two important facts: a small cemetery zone for family members and a large cemetery area for lineage members. The site report

suggested that tombs dating from the I to IV phases were mostly joint burials of couples. Some early-died unmarried members might have been buried with their parents. During phase V family members were buried together inside the same tomb.

5. Changes of burial practices might reflect social changes. During the phase I the Han archaeological culture inherited mostly the Qin culture but already indicated certain difference. Phase II and III reflected the cultural changes that might have corresponded a major transformation of the Han culture.

In sum, the excavation of the cemetery provided not only a new dataset for the study medium-small Han tombs in the Western Han period but also an important line of evidence for the investigation of the Han county-level settlement. With all these efforts, we hope to raise more concerns in the future about the settlement archaeology in the Han period.

1. 墓地远景（由南而北）

2. 墓地中心（由西北而东南）

彩版一　邰城墓地全景

1. 探沟式解剖发掘

2. 大面积清表式发掘

3. 基槽式针对清理

4. 小探方钻探式发掘

彩版二 邯城墓地发掘过程与方法(一)

1. 探方发掘（由北而南）

2. 探方发掘（由西北而东南）

彩版三　郜城墓地发掘过程与方法（二）

1. SDM8墓主人的清理

2. SDM214墓室的清理

彩版四　郜城墓地墓葬清理（一）

1. SJM4墓室清理

2. SDM150随葬品清理

彩版五　邰城墓地墓葬清理（二）

1. 墓葬绘图（SDM12）

2. 墓地测绘记录

彩版六　邰城墓地绘图与测绘记录

1. 器物修复

2. 彩绘保护

彩版七　郜城墓地修复与现场保护

1. 讨论与研究

2. 出土铜钱整理

彩版八　郘城墓地整理与研究

1. 无墓道竖穴土坑墓SDM85

2. 无墓道竖穴土坑墓SDM303

彩版九　郘城墓地墓葬形制（一）

1. 竖穴墓道洞室墓SDM213

2. 竖穴墓道洞室墓SJM38

彩版一〇　郐城墓地墓葬形制（二）

1. 斜坡墓道洞室墓SDM87

2. 斜坡墓道洞室墓SJM64

彩版一一　邰城墓地墓葬形制(三)

1. 兆沟遗迹全景鸟瞰

2. 兆沟遗迹局部鸟瞰

彩版一二　郘城墓地兆沟遗迹鸟瞰

1. 鼎 A I 式（SDM90:8）

2. 鼎 A II 式（SJM2:5）

3. 鼎 A III 式（SDM199:1）

4. 鼎 A IV 式（SDM186:4）

5. 鼎 B I 式（SDM132:5）

6. 鼎 B II 式（SDM164:2）

7. 鼎 C型（SDM134:6）

8. 盛 A I 式（SDM132:4）

彩版一三　邙城墓地出土彩绘陶礼器（一）

1. 盛　A Ⅱ式（SDM199∶7）

2. 盛　A Ⅲ式（SDM186∶5）

3. 盛　B型（SDM164∶3）

4. 盛　C型（SJM2∶1）

5. 锜　Ⅰ式（SJM66∶5）

6. 锜　Ⅱ式（SDM164∶4）

7. 锜　Ⅲ式（SJM53∶1）

8. 锜　Ⅳ式（SDM186∶7）

彩版一四　郜城墓地出土彩绘陶礼器（二）

1. 簋形甑　Ⅰ式（SDM90：11）

2. 簋形甑　Ⅱ式（SDM19：3）

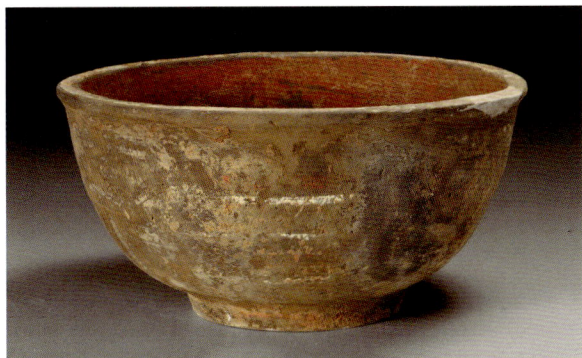

3. 簋形甑　Ⅲ式（SDM199：9）

4. 簋形甑　Ⅳ式（SDM186：8）

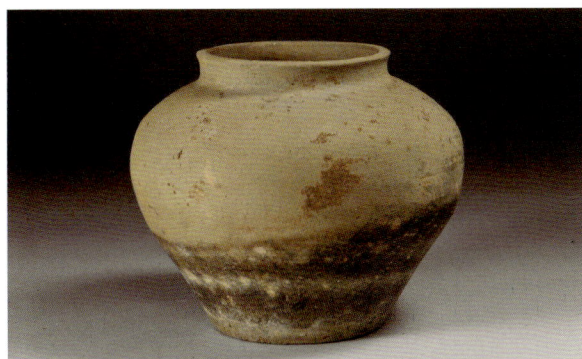

5. 直口圆肩罐　Aa型（SJM20：10）

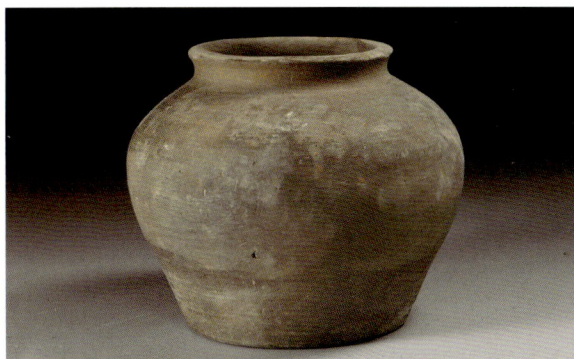

6. 直口圆肩罐　Aa型（SJM64：6）

7. 直口圆肩罐　Ba型（SJM49：4）

8. 直口圆肩罐　Bb型（SJM65：6）

彩版一五　邰城墓地出土彩绘陶礼器与日用生活陶器

1. 直口折肩罐　Aa I 式（SDM114：5）

2. 直口折肩罐　Aa II 式（SDM35：5）

3. 直口折肩罐　Aa III 式（SDM14：6）

4. 直口折肩罐　Aa IV a 式（SDM199：4）

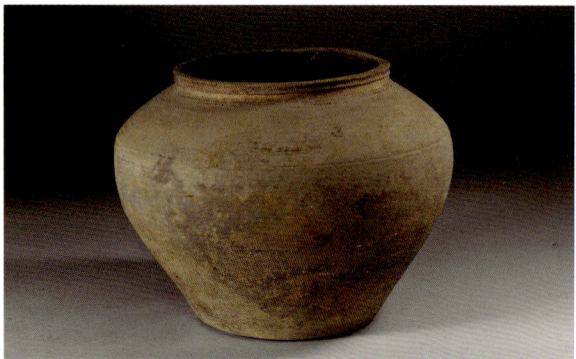

5. 直口折肩罐　Aa IV b 式（SDM31：1）

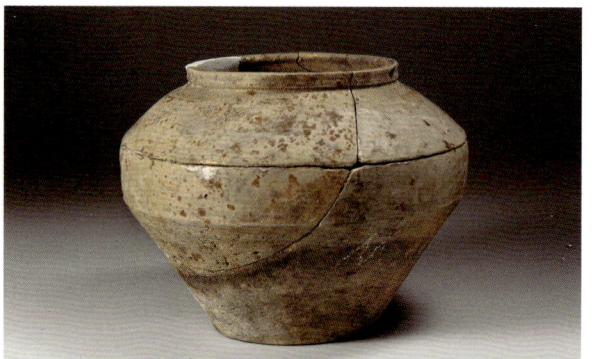

6. 直口折肩罐　Ab I 式（SDM218：4）

7. 直口折肩罐　Ab II 式（SJM8：2）

8. 直口折肩罐　Ab III 式（SDM238：6）

彩版一六　邰城墓地出土日用生活陶器（一）

1. 直口折肩罐　AbⅣa式（SJM46：5）

2. 直口折肩罐　AbⅣb式（SDM187：1）

3. 直口折肩罐　AcⅠ式（SDM64：6）

4. 直口折肩罐　AcⅡ式（SDM209：1）

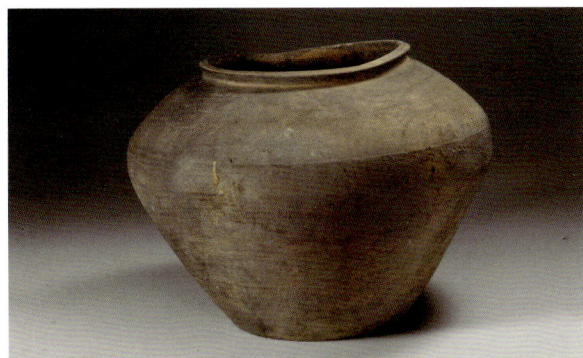

5. 直口折肩罐　AcⅢa式（SDM156：6）

6. 直口折肩罐　AcⅢb式（SDM152：3）

7. 直口折肩罐　BⅠ式（SJM32：8）

8. 直口折肩罐　BⅡ式（SDM38：3）

彩版一七　邰城墓地出土日用生活陶器（二）

1. 直口折肩罐　AbⅣb式（SJM51：11）

2. 卷沿折肩罐　AⅠ式（SDM231：1）

3. 卷沿折肩罐　AⅡ式（SDM238：2）

4. 卷沿折肩罐　AⅢ式（SDM241：5）

5. 卷沿折肩罐　BⅠ式（SDM251：4）

6. 卷沿折肩罐　BⅡ式（SDM223：3）

7. 卷沿折肩罐　BⅢ式（SJM31：4）

8. 卷沿折肩罐　BⅣ式（SDM178：2）

彩版一八　邰城墓地出土日用生活陶器（三）

1. 卷沿圆肩罐　A型（SJM70：8）　　　2. 卷沿圆肩罐　Ba型（SDM238：1）

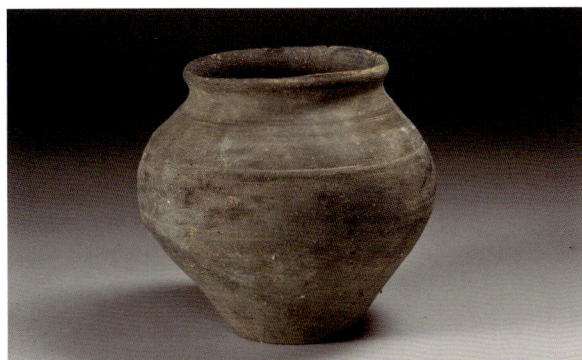

3. 卷沿圆肩罐　Bb型（SDM121：7）　　4. 有颈罐　A型（SDM222：2）

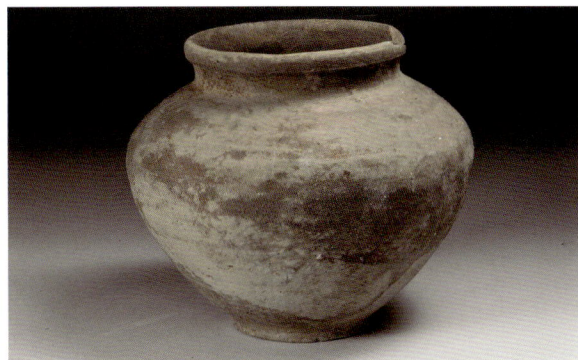

5. 有颈罐　A型（SDM132：14）　　　　6. 有颈罐　Ba I 式（SDM79：2）

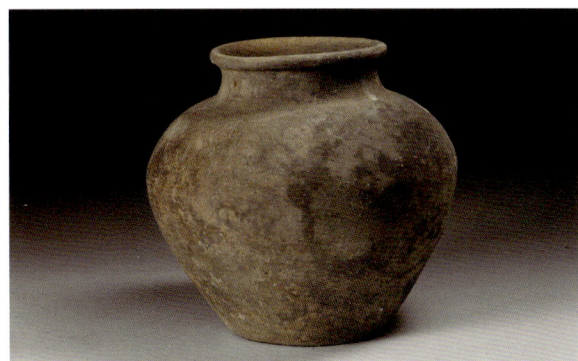

7. 有颈罐　Ba II 式（SDM76：1）　　　8. 有颈罐　Bb型（SDM121：9）

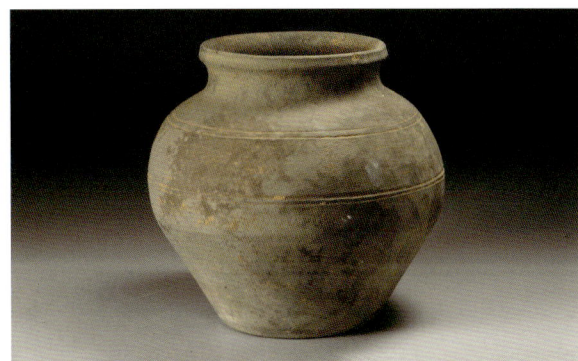

彩版一九　邺城墓地出土日用生活陶器（四）

1. 有颈罐　Bc型（SJM17：4）

2. 缶　Aa I 式（SDM90：5）

3. 缶　Aa II 式（SJM46：7）

4. 缶　Aa III 式（SDM250：1）

5. 缶　Aa IV 式（SDM89：8）

6. 缶　Ab I 式（SDM114：1）

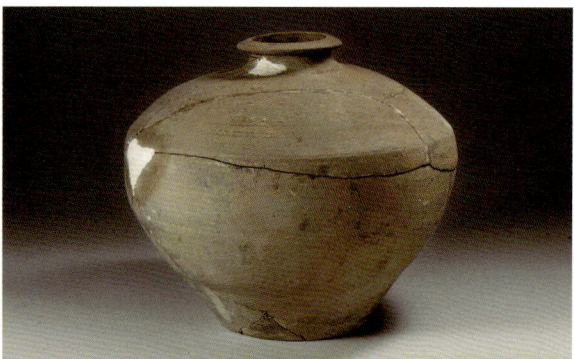
7. 缶　Ab II 式（SDM15：4）

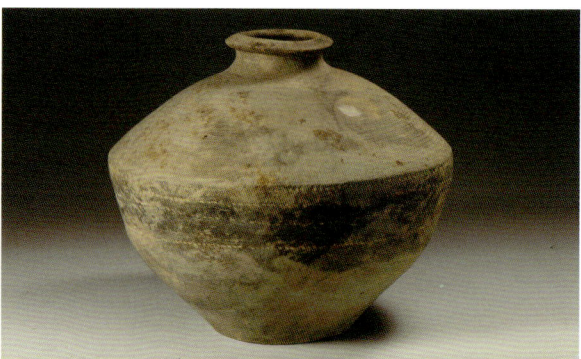
8. 缶　Ab III 式（SJM39：2）

彩版二〇　邰城墓地出土日用生活陶器（五）

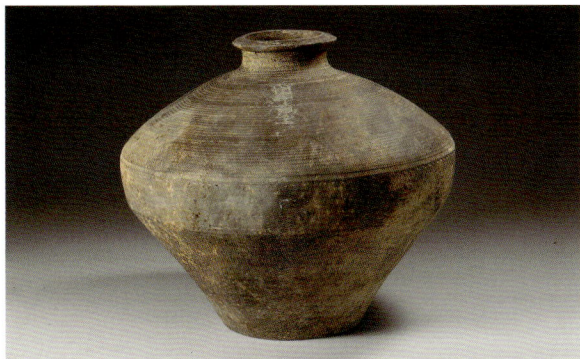

1. 缶　Ac Ⅰ式（SJM66：1）

2. 缶　Ac Ⅱ式（SDM149：1）

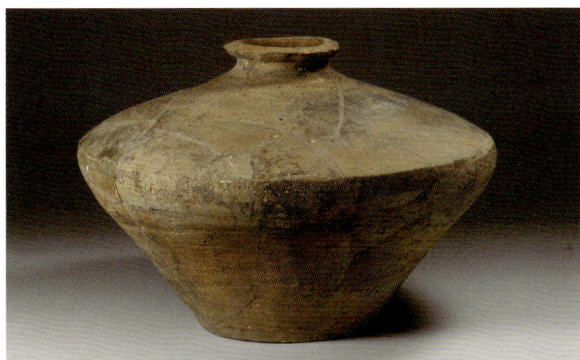

3. 缶　Ad型（SDM218：3）

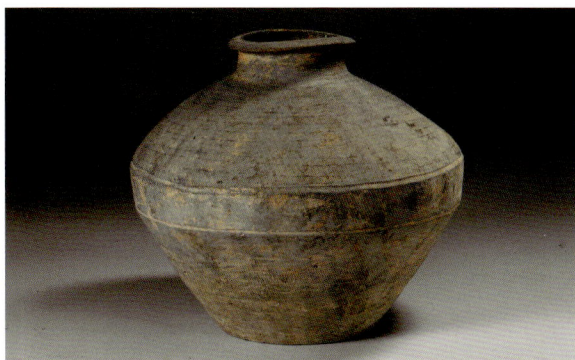

4. 缶　B Ⅰ型（SDM174：1）

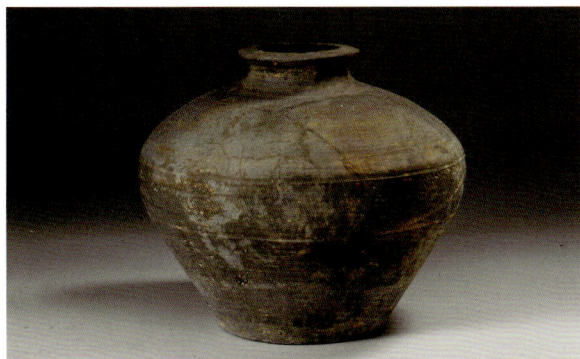

5. 缶　B Ⅱ型（SDM64：5）

6. 缶　B Ⅲ型（SDM178：1）

7. 缶　B Ⅳ型（SJM70：7）

8. 鋻　（SDM14：3）

彩版二一　邰城墓地出土日用生活陶器（六）

1. 盆　AⅠ式（SDM213：18）

2. 盆　AⅡ式（SDM224：1）

3. 盆　BⅠ式（SDM35：1）

4. 盆　BⅡ式（SDM197：6）

5. 盆形甑　AⅠ式（SJM8：4）

6. 盆形甑　AⅡ式（SDM14：5）

7. 盆形甑　AⅢ式（SJM46：4）

8. 盆形甑　BⅠ式（SDM213：10）

彩版二二　邰城墓地出土日用生活陶器（七）

1. 盆形甑　BⅡ式（SDM38：7）

2. 盆形甑底　BⅡ式（SDM38：7）

3. 盆形甑　BⅢa式（SJM71：3）

4. 盆形甑底　BⅢa式（SJM71：3）

5. 盆形甑　BⅢ式（SJM17：7）

6. 盆形甑底　BⅢ式（SJM17：7）

7. 盆改甑　AⅠ式（SDM247：3）

8. 盆改甑底　AⅠ式（SDM247：3）

彩版二三　邰城墓地出土日用生活陶器（八）

1. 盆改甑　AⅡ式（SDM179：1）

2. 盆改甑　BⅠ式（SDM114：3）

3. 盆改甑　BⅡ式（SDM197：2）

4. 盆改甑底　BⅡ式（SDM197：2）

5. 盂　AⅠ式（SDM190：3）

6. 盂　AⅡ式（SJM8：5）

7. 盂　AⅢ式（SDM238：5）

8. 盂　BⅠ式（SDM69：2）

彩版二四　邙城墓地出土日用生活陶器（九）

1. 盂　B Ⅱ式（SDM156:7）

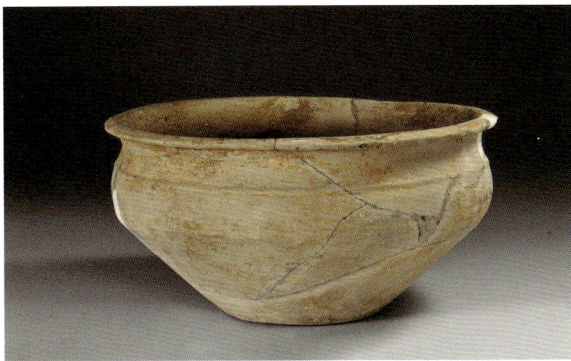

2. 盂　C Ⅰ式（SDM151:6）

3. 盂　C Ⅱ式（SDM223:6）

4. 盂　C Ⅲ式（SJM20:14）

5. 盂　C Ⅳ式（SDM121:11）

6. 盂形甑　A Ⅰ式（SDM69:4）

7. 盂形甑　A Ⅱ式（SJM22:5）

8. 盂形甑底　A Ⅱ式（SJM22:5）

彩版二五　邰城墓地出土日用生活陶器（一〇）

1. 盂形甑　BⅠ式（SDM193∶3）

2. 盂形甑底　BⅠ式（SDM193∶3）

3. 盂形甑　BⅡa式（SJM47∶4）

4. 盂形甑底　BⅡa式（SJM47∶4）

5. 盂形甑　BⅡb式（SDM121∶12）

6. 盂形甑底　BⅡb式（SDM121∶12）

7. 盂形甑　C型（SDM223∶5）

8. 盂形甑底　C型（SDM223∶5）

彩版二六　郃城墓地出土日用生活陶器（一一）

1. 盂改瓿　AⅠ式（SDM190∶2）

2. 盂改瓿底　AⅠ式（SDM190∶2）

3. 盂改瓿　AⅡ式（SDM238∶8）

4. 盂改瓿底　AⅡ式（SDM238∶8）

5. 盂改瓿　BⅠ式（SDM225∶4）

6. 盂改瓿底　BⅠ式（SDM225∶4）

7. 盂改瓿　BⅡa式（SJM51∶5）

8. 盂改瓿底　BⅡa式（SJM51∶5）

彩版二七　邰城墓地出土日用生活陶器（一二）

1. 盂改甑　ＢⅡb式（SDM244：4）

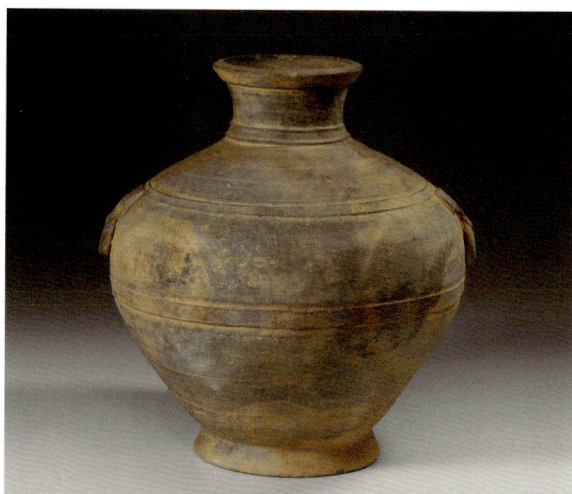

2. 仿铜壶　（SDM200：1）

3. 盂改甑　Ｃ型（SDM251：3）

4. 盂改甑底　Ｃ型（SDM251：3）

5. 鬲口釜　Ａ型（SDM35：2）

6. 鬲口釜　Ｂ型（SDM94：5）

彩版二八　邰城墓地出土日用生活陶器（一三）

1. 罐口釜　Aa 型（SDM226：3）

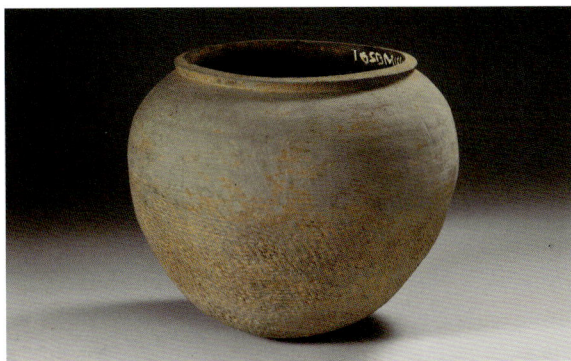

2. 罐口釜　Ab 型（SDM151：3）

3. 罐口釜　Ac 型（SDM114：4）

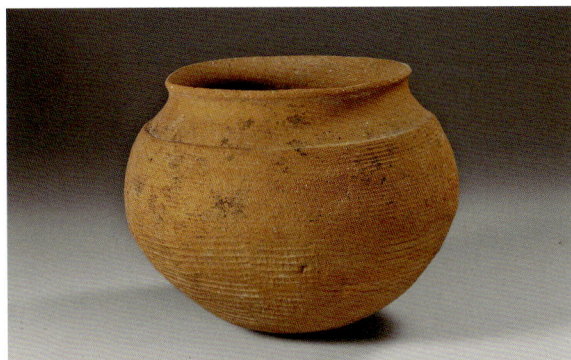

4. 罐口釜　B 型（SDM213：6）

5. 罐口釜　Ca 型（SJM51：4）

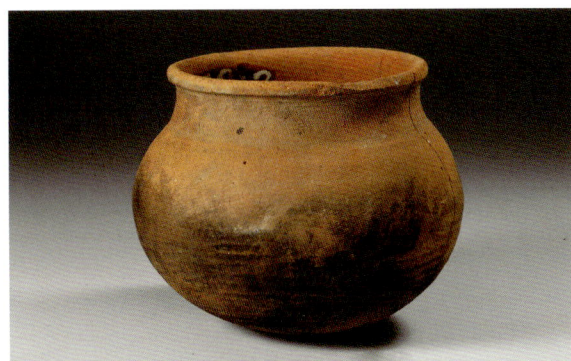

6. 罐口釜　Ca 型（SJM69：7）

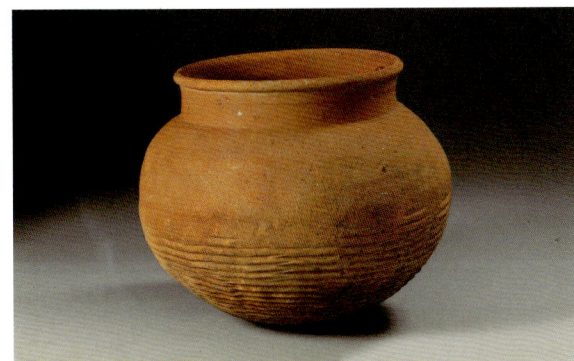

7. 罐口釜　Cb 型（SJM22：3）

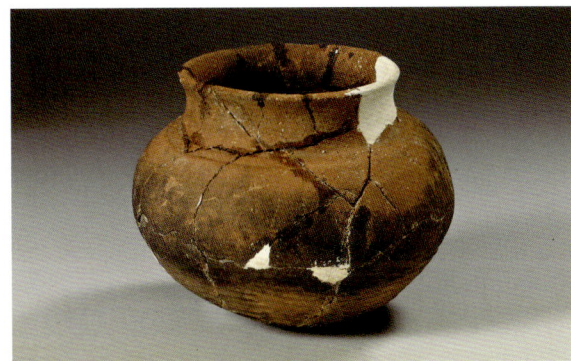

8. 罐口釜　Da 型（SDM182：4）

彩版二九　郃城墓地出土日用生活陶器（一四）

1. 罐口釜　Da型（SJM77：1）

2. 罐口釜　Db型（SDM209：6）

3. 熏炉　（SJM17：2）

4. 釉陶壶　（SJM65：1）

5. 熏炉　（SDM132：16）

6. 釉陶樽　（SJM65：2）

彩版三〇　邰城墓地出土日用生活陶器与釉陶器

1. 钫　A型（SDM214：12）

2. 钫　B I 式（SJM66：3）

3. 钫　B II 式（SJM1：1）

4. 钫　B III 式（SDM205：2）

彩版三一　邰城墓地出土彩绘陶钫

1. 钫　B Ⅳ式（SDM186∶1）

2. 小口旋纹罐　A Ⅰ式（SDM35∶6）

3. 小口旋纹罐　A Ⅱ式（SDM213∶9）

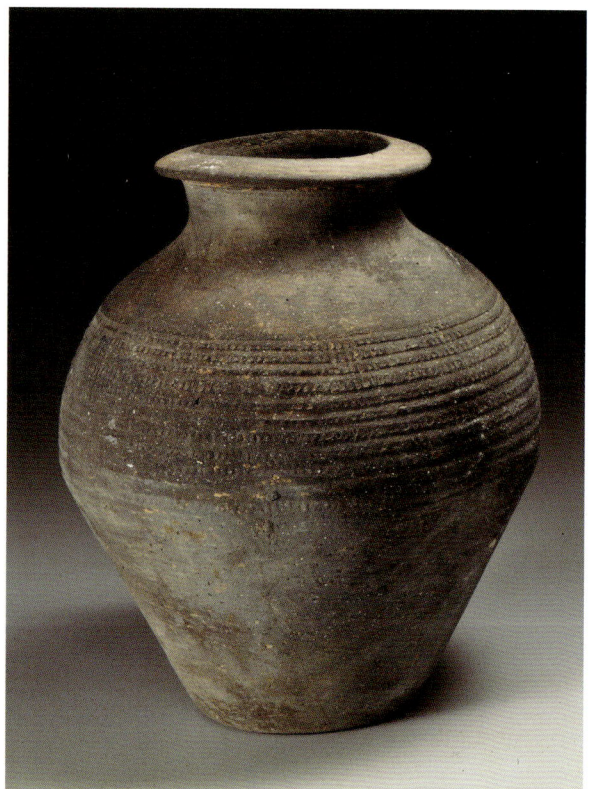

4. 小口旋纹罐　A Ⅲ式（SJM7∶3）

彩版三二　郘城墓地出土彩绘陶钫与日用陶罐

1. 小口旋纹罐　AⅣa式（SDM186：6）

2. 小口旋纹罐　AⅣb式（SJM70：3）

3. 小口旋纹罐　B型（SDM209：5）

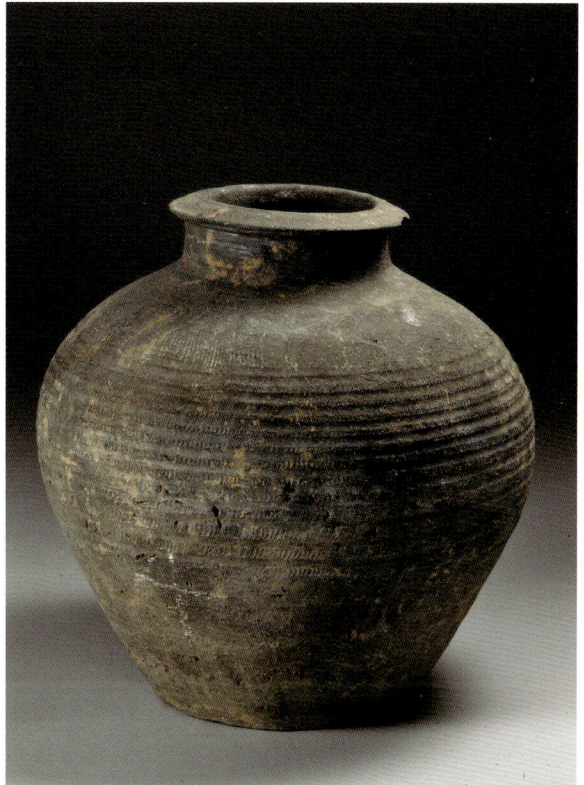
4. 小口旋纹罐　C型（SDM14：2）

彩版三三　郐城墓地出土小口旋纹罐

1. 灯　A型（SJM15：1）

2. 灯　A型（SJM75：6）

3. 灯　BⅠ式（SJM38：4）

4. 灯　BⅡ式（SDM122：3）

彩版三四　邰城墓地出土陶灯

1. 锺　（SJM49：1）

2. 仿釉壶　（JM64：4）

3. 壶　（SDM170：2）

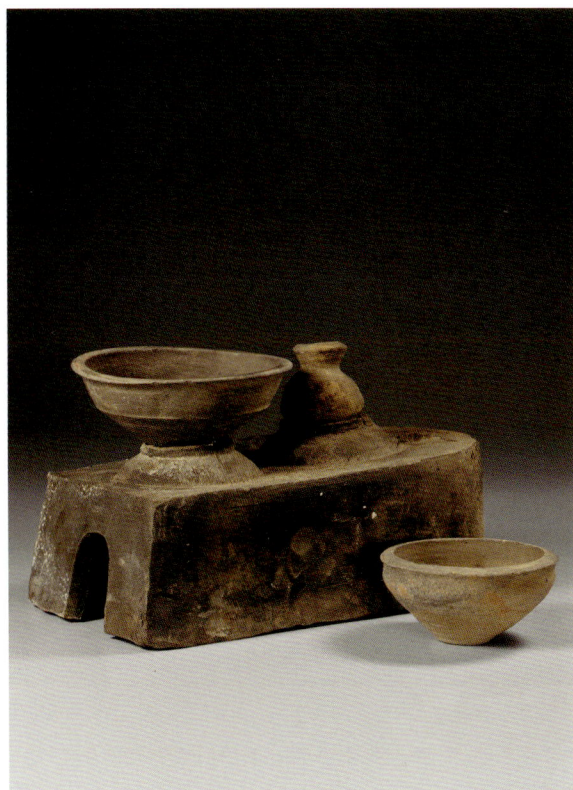

4. 灶　（SJM65：8）

彩版三五　邰城墓地出土陶锺、壶与灶

1. 蒜头壶 （SDM165：1）

2. 女立俑 （SJM1：7）

3. 陶兽 （SJM64：2）

4. 陶兽 （SJM65：12）

5. 泥饼 （SDM87：4）

6. 螺 （SDM1：9）

彩版三六　郘城墓地出土陶壶、陶俑、泥器与螺

1. 铜镜 （SDM35：7）

2. 铜镜 （SDM62：9）

3. 铜镜 （SDM140：8）

4. 铜镜 （SDM170：10）

5. 铜镜 （SDM195：1）

6. 铜镜 （SJM17：23）

7. 铜镜 （SJM63：2）

8. 铜镜 （SJM65：11）

彩版三七 郘城墓地出土铜镜

1. 铜镜 （SJM20：25）

2. 铜镜 （SJM49：7）

3. 铜钱 （SDM38：1-5）

4. 铜钱 （SDM109：1-9）

5. 铜钱 （SDM64：1-13）

6. 铜钱 （SDM207：10-1）

7. 铜钱 （SJM12：7-1）

8. 铜钱 （SJM45：5-2）

彩版三八 郘城墓地出土铜镜与铜钱

1. 铜钱 （SDM170：9-1）

2. 铜钱 （SDM239：2）

3. 铜带钩 （SDM3：4）

4. 铜带钩 （SDM12：D01）

5. 铜带钩 （SDM90：1）

6. 铜带钩 （SDM105：2）

7. 铜带钩 （SDM169：5）

8. 铜带钩 （SDM185：3）

彩版三九　邰城墓地出土铜钱与铜带钩

1. 铜带钩 （SDM9：1）

2. 铜带钩 （SDM230：1）

3. 铜带钩 （SDM60：3）

4. 铜带钩 （SDM62：8）

5. 铜带钩 （SDM132：9）

6. 铜带钩 （SDM197：9）

7. 铜带钩 （SDM132：10）

8. 铜带钩 （SJM10：1）

彩版四〇　郜城墓地出土铜带钩

1. 铜带钩 （SJM20∶28）

2. 铜带钩 （SJM46∶1）

3. 铜带钩 （SDM23∶5）

4. 铜带钩 （SDM216∶7）

5. 铜带钩 （SJM20∶26）

6. 铜带钩 （SDM208∶7）

7. 铜盆 （SJM20∶7）

8. 铜盆 （SDM62∶1）

彩版四一　郕城墓地出土铜带钩与铜盆

1. 铜盘 （SDM14：7）

2. 铜鍪 （SDM213：1）

3. 铜熨斗 （SDM15：D01）

4. 铜勺 （SDM213：2）

5. 铜铃 （SDM74：4）

6. 铜铃 （SDM301：2）

7. 铜璜形器 （SDM26：6）

8. 铜环 （SDM214：16）

彩版四二　郘城墓地出土铜容器与杂器

1. 铜钗 （SDM117：2）

2. 铜钗 （SDM248：1）

3. 铜镦 （SDM213：8）

4. 铜锏 （SJM20：24）

5. 铜镞 （SDM16：1）

6. 铜镊 （SDM128：1）

彩版四三　邰城墓地出土铜装饰品、车马器、兵器与工具

1. 铜锛 （SDM230：T01）

2. 铜盖弓帽 （SJM69：13）

3. 车軎 （SJM20：23）

4. 俾倪 （SJM20：22）

5. 铜环 （SDM245：8）

6. 玉环 （SDM74：5）

彩版四四 邰城墓地出土铜工具、车马器及玉环

1. 石耳珰 （SDM26：10）

2. 铜印章 （SDM60：2）

3. 石印章 （SDM1：10）

4. 陶印章 （SJM20：8）

5. 铁灯 （SDM148：3）

6. 铁锛 （SJM32：2）

彩版四五　邰城墓地出土骨器、印章与铁器

1. 铁灯 （SJM61：6）

2. 铁鍪 （SDM14：T01）

3. 铁镜 （SDM181：5）

4. 铁带钩(附铜钱) （SDM146：6）

5. 铁棺钉 （SJM65：14）

6. 铁戟 （SDM213：13）

7. 铁剑 （SDM213：7）

8. 铁矛 （SJM38：10）

彩版四六　郘城墓地出土铁器

1. 铁刀 （SDM170∶7）

2. 铁削 （SDM125∶1）

3. 铁削 （SJM26∶8）

4. 铁削 （SJM66∶12）

5. 陶鱼 （SDM142∶6）

6. 方陶片 （SJM66∶11）

7. 陶纺轮 （SDM138∶3）

8. 圆陶片 （SJM45∶9）

彩版四七　郜城墓地出土铁器与陶杂器

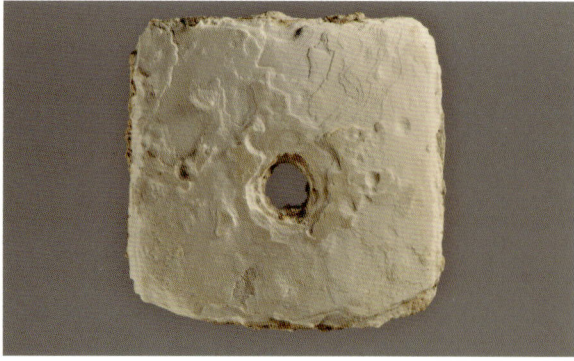
1. 骨饰 （SDM87：1）

2. 玉残器 （SDM208：6）

3. 料珠 （SDM214：15）

4. 玉剑璏 （SJM63：13）

5. 石砚 （SDM111：2）

6. 石砚 （SDM132：6）

7. 牌型骨器 （SDM110：2）

8. 穿孔梭形器 （SDM209：11）

彩版四八　邰城墓地出土骨、玉、石、陶杂器

1. SDM111

2. SDM151

图版一　邰城墓地一期1段典型墓葬

1. SDM104

2. SDM132

图版二　郜城墓地二期2段典型墓葬(一)

1. SDM142

2. SDM214

图版三　邰城墓地二期2段典型墓葬(二)

1. SDM223

2. SJM21

图版四　郜城墓地二期2段典型墓葬(三)

1. SDM1

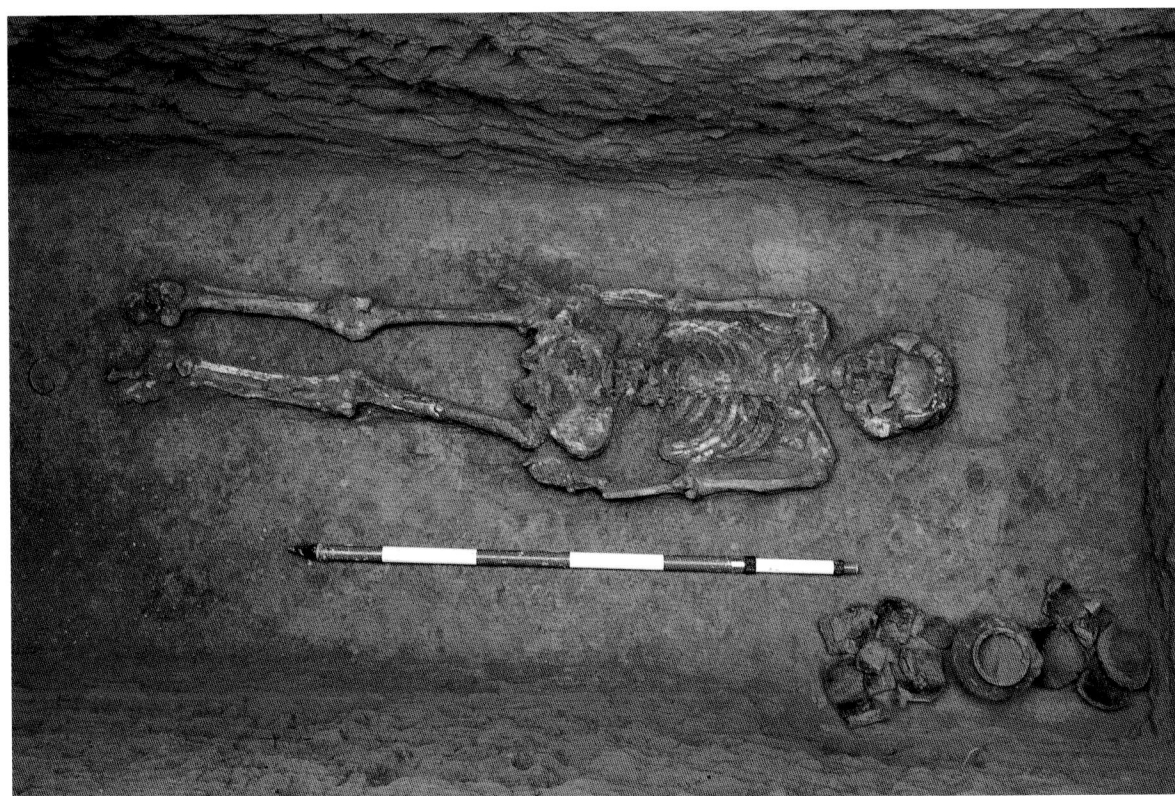

2. SDM3

图版五 郜城墓地三期3段典型墓葬(一)

1. SDM14

2. SDM94

图版六　邰城墓地三期3段典型墓葬（二）

1. SDM140

2. SDM178

图版七　邰城墓地三期3段典型墓葬(三)

1. SDM150

2. SDM228

图版八　郘城墓地四期4段典型墓葬(一)

1. SJM7

2. SJM17

图版九　郐城墓地四期4段典型墓葬（二）

1. SDM156

2. SDM186

图版一〇 郜城墓地四期5段典型墓葬

1. SJM64（五期6段）

2. SJM65（五期7段）

图版一一　邰城墓地五期6段、7段典型墓葬

1. SDM91

2. SDM118

图版一二　邰城墓地期段不明墓葬（一）

1. SDM125

2. SDM242

图版一三　邰城墓地期段不明墓葬(二)

1. SDM151

2. SDM226

图版一四　郜城墓地一期1段墓葬典型陶器组合

1. SDM132

2. SDM213

图版一五　郐城墓地二期2段墓葬典型陶器组合（一）

1. SDM214

2. SDM251

图版一六　邰城墓地二期2段墓葬典型陶器组合（二）

1. SJM66(二期2段)

2. SDM173(三期3段早组)

图版一七　郐城墓地二期、三期墓葬典型陶器组合

1. SDM182

2. SJM32

图版一八　邰城墓地三期3段早组墓葬典型陶器组合（一）

1. SDM199

2. SJM22

图版一九　邰城墓地三期3段晚组墓葬典型陶器组合（二）

1. SDM89

2. SDM149

图版二〇　邰城墓地四期4段墓葬典型陶器组合（一）

1. SJM17

2. SJM69

图版二一　邰城墓地四期4段墓葬典型陶器组合（二）

1. SDM170

2. SDM186

图版二二　邰城墓地四期5段墓葬典型陶器组合（三）

1. SJM70（四期5段）

2. SJM49（五期6段）

图版二三　郘城墓地四期、五期墓葬典型陶器组合

1. SJM63（五期6段）

2. SJM49（五期7段）

图版二四　郜城墓地五期7段墓葬典型陶器组合